U0906617

(2004)

中国人民银行金融研究重点课题获奖报告

中国人民银行研究局 编

中国金融出版社

责任编辑：张　铁
责任校对：刘　明
责任印制：程建国

图书在版编目（CIP）数据

中国人民银行金融研究重点课题获奖报告．2004（Zhongguo Renmin Yinhang Jinrong Yanjiu Zhongdian Keti Huojiang Baogao．2004）/中国人民银行研究局编．—北京：中国金融出版社，2005.6
ISBN 7－5049－3762－2

Ⅰ．中…　Ⅱ．中…　Ⅲ．金融—中国—文集　Ⅳ．F832－53

中国版本图书馆 CIP 数据核字（2005）第 071135 号

出版发行　中国金融出版社
社址　北京市广安门外小红庙南里 3 号
市场开发部　（010）63272190，66070804（传真）
网上书店　http://www.chinafph.com　（010）63286832，63365686（传真）
读者服务部　（010）66070833，82672183
邮编　100055
经销　新华书店
印刷　保利达印务有限公司
尺寸　169 毫米×239 毫米
印张　34.5
字数　693 千
版次　2005 年 8 月第 1 版
印次　2005 年 8 月第 1 次印刷
印数　1—4590
定价　48.00 元

中国人民银行2004年重点研究课题
评审委员会

前　言

2004年是中国人民银行监管职能分离后的第一年。为更好地履行制定和执行货币政策、维护金融稳定和提供金融服务三大职能，加强对宏观经济、金融形势的预测和分析，提高货币政策决策的前瞻性和科学性，防范和化解金融风险，中国人民银行进一步加强了研究工作，并决定在各分行、营业管理部，省会（首府）城市中心支行单独设立专门的研究机构，副省级城市中心支行明确了负责研究工作的职能部门；总行研究局负责研究规划和具体组织指导系统研究工作，并协调对重大问题的综合研究。

为此，针对2003年以来经济金融工作热点、难点、疑点问题，经过多次研究，最后确定货币政策与宏观调控、金融改革与发展、金融稳定与风险防范、金融服务与中央银行内部管理、国际金融与外汇管理、区域经济与金融六个方面共46个研究课题。这是中国人民银行自1998年以来首次在全系统布置重点研究课题，这些研究课题基本上反映了金融理论和实践的最新动向。各课题组得到了所在单位领导的全力支持，课题组成员在大量和细致的调研基础上认真研究，很好地完成了各自承担的重点研究任务，有些成果已运用于实践，并取得了很好的效果。

中国人民银行领导对这批重点课题十分重视，对研究成果非常关注，成立了“中国人民银行重点研究课题成果评审领导小组”，完善和制定了“中国人民银行重点研究课题成果评审办法”，并在公开、公平、公正的基础上以不记名的方式评选出一、二、三等奖。为了使大家的优秀成果更好地发挥作用，广泛应用，特将获奖的20个课题以《中国人民银行金融研究重点课题获奖报告》（2004年）公开出版发行，以飨读者。由于篇幅有限，部分课题进行了压缩，全书按获奖名次排序。今后，中国人民银行重点研究课题获奖成果将以此形式每年系列出版发行。希望这些研究成果能够起到抛砖引玉的作用，激发出更多优秀的科研成果。

中国人民银行研究局

2005年4月11日

目　录

亚洲区域金融合作及中国在区域金融合作中的作用

中国人民银行研究局课题组

课题主持人：景学成　张　涛

主要参与者：高圣智　孙　青　赵庆明

第一章　区域金融合作的理论与实践

一、区域金融合作理论

（一）著名的货币联盟理论：最优货币区理论

最优货币区理论（蒙代尔，1961）是第二次世界大战后，随着区域性经济一体化发展而产生的。所谓最优货币区是指由不同国家或地区组成的一种货币联盟，区域内实行单一的共同货币，或虽有几种货币但相互之间具有无限可兑换性，其汇率互相钉住，保持稳定，对外则统一浮动，以求在总体上达到宏观经济政策的最优效果，即对内稳定物价、控制失业，对外维持国际收支的平衡。蒙代尔认为，需求转移是引起收支不平衡的主要原因，浮动汇率只能解决两个不同货币区之间的需求转移问题，而同一货币区内不同地区之间的需求转移只能通过生产要素的流动来解决。也就是说，具有生产要素高度流动性的几个地区可以组成一个货币区。

蒙代尔提出的最优货币区理论，在西方经济学家中引起了广泛的争论，不同的学者提出了不同的最优货币区标准。1963年，美国经济学家罗纳德·麦金农指出，应当用经济高度开放性作为最优货币区的一个标准，一些相互间贸易关系密切的经济开放地区，应组成一个共同的货币区，并在区内实行固定汇率，对区外其他国家则实行浮动汇率制度。由于麦金农把重点放在贸易账户上，忽略了资本流动的影响，于是伊格拉姆提出，将国际金融高度一体化作为一个最优货币区的标准。另外，彼得·凯南提出以产品多样化作为确定一个最优货币区的标准；爱德华·托尔和托马斯·威利特认为一些具有相同的政策态度，即所谓“政策一体化”的地区，能成功地组成一个最优货币区；G. 哈伯勒和 G. M. 弗莱明则提出以通货膨胀率的相似性作为确定最优货币区的标准。

最优货币区理论作为一个不断发展完善的理论，它为货币一体化提供了理论依据，并指导了实践的发展。几十年来，在欧洲货币联盟的发展过程中，凡是在货币政策上严格遵循上述基本原则的国家，最终都顺利地加入了货币联盟，而希腊、瑞典等国则由于没有达到实现货币联盟所要求的基本条件而失去了首轮参加单一货币联盟的资格。

（二）其他较有影响的金融合作理论及相关理论

1. 区域货币联盟的内生趋同理论

区域货币联盟本身就会促进各成员国的经济趋同，这被称为“区域货币联盟的内生趋同”（Frankel，Rose，1998）。具体说就是建立区域货币联盟的国家不需要严格满足传统的最优货币区理论的条件，因为区域货币联盟的国家拥有统一货币，将会刺激区域经济一体化，经济一体化本身就有助于实现各成员国经济趋同。该理论认为区域内各经济体进行货币合作的政治意愿是促成区域货币联盟的关键。

2. “三元悖论”

“三元悖论”理论对区域金融货币合作有指导意义。在金融全球化背景下，开放资本项目的国家通常总希望宏观经济管理能达到三方面的目标，即：维持资本自由流动，汇率不大幅度波动，国内货币政策保持高度独立性。然而这三个目标经常难以同时兼顾，最多只能满足其中两项，此现象称之为“三元悖论”。开放资本项目最担心的就是汇率大幅度波动，且国内货币政策难以保持独立性。事实上，一国的利率和汇率是难以同时控制的，有时只能丢一个保一个。一国要么实行浮动汇率，对短期资本流动实施控制；要么加入区域货币联盟（如欧元区），为了金融一体化而放弃主权。毫无疑问，区域金融合作也不能完全回避“三元悖论”。

（三）关于亚洲区域金融合作理论方面的探讨

1. 关于建立亚洲区域性货币联盟的讨论

大多数经济学家都不同程度地支持建立亚洲货币联盟。Eichengreen 和 Bayoumi（1999）运用最优货币区理论对亚洲进行实证分析后认为，尽管亚洲经济、金融和欧洲有很大不同，一些国家金融市场是开放的，还有些国家的市场是严格管制和封闭的，但是具备在区内实行统一货币政策的可能性。Choi（2002）认为亚洲具备组成货币联盟的可能，但是现在的劳动力市场流动性不如西欧高，而且中国和日本这两个区内大国面临的冲击是不对称的。Bayoumi（2000）考察了东盟的情况，认为东盟区域性货币安排的现存条件没有达到欧盟 20 世纪 90 年代初签署《马斯特里赫特条约》时的水平，但是差距并不很大。Baek 和 Song（2002）运用 Eichengreen 和 Bayoumi（1999）所使用的方法对东亚各国进行研究发现，中国香港、印度尼西亚、日本、韩国、马来西亚、泰国和中国台湾省这些经济体面临的供给冲击很相似，可以组成货币联盟。Sabhasri 和 Janevathanavitya（2001）认为，韩国、马来西亚、菲律宾、新加坡和泰国等国具备加入日元货币区的条件。Yuen（2000）提出了从局部到整体的建立亚洲货币联盟思路。他认为，先由马来西亚与新加坡、韩国与日本、中国香港与中国台湾省这三对经济体分别使用各自单一货币，在条件成熟时让其他经济体参加进来，并最终合并形成单一的亚洲货币。

2. 关于联盟区内汇率制度安排方面的讨论

有很多文献分析了建立货币联盟的关键——区内汇率制度安排。麦金农（1999）认为发展中国家存在“害怕浮动”现象，钉住主要贸易伙伴国的货币要优于独立浮动，东亚各经济体应该采取钉住美元的汇率制度，在亚洲危机之后这些经济体的货币事实上又正式或非正式地钉住美元。与之相反，关志雄（2000）认为钉住美元存在许多内在缺陷，尤其认为，美元对日元汇率的波动会导致东亚各经济体宏观经济的不稳定，应该采用与以日元占相当高权重的一揽子货币相联系的有管理的浮动汇率制度。

二、主要区域金融合作组织评述

在世界很多地区，区域金融合作的主张已有很长的历史，最早的可以追溯到1379~1814年西欧国家出现的货币联盟，如莱茵河货币联盟和（中世纪）商业同业公会的货币联盟。在此我们重点讨论几个比较典型并产生较大影响的货币联盟。

（一）区域金融合作的成功典范：欧洲货币一体化

1957年3月，法国、德国、意大利、荷兰、卢森堡和比利时6国签订了《罗马条约》。1958年1月欧洲经济共同体正式成立。1969年12月，欧共体正式将建立欧洲货币联盟定为目标，并进而在1970年出台的“韦尔纳计划”中提出用10年的时间建立欧洲货币联盟（EMU）。1971年欧共体6国部长会议通过了一项关于从1971年至1980年，用10年时间建立货币联盟的计划的协议。协议规定分三个阶段①实现货币联盟的目标。1979年3月，欧洲货币体系正式建立，

① 第一阶段从1971年初至1973年底，主要目标是缩小成员国货币汇率的波动幅度，着手建立货币储备基金，以支持稳定汇率的活动，加强货币与经济政策的协调，减少成员国经济结构的差异；第二阶段从1974年初至1976年底，主要目标是集中成员国的部分外汇储备以巩固货币储备基金，进一步稳定各国货币间的汇率，并使共同体内部的资本流动逐步自由化；第三阶段从1977年初至1980年底，共同体将发展成为一个商品、资本、劳动力自由流动的经济统一体，由固定汇率制度向统一的货币发展，货币储备基金向统一的中央银行发展。

大多数成员国的货币都加入了欧洲货币汇率机制，成员国货币汇率波动幅度在上下2.25%（意大利除外）。同时创建"埃居"为欧洲货币单位。1989年"德洛尔计划"问世，该计划更进一步提出了从1990年7月分三个阶段实施欧洲货币联盟，标志着向货币一体化又迈了一大步。

由于欧洲货币体系并没有完成欧洲货币联盟的主要目标，因此于20世纪80年代后期，欧洲货币联盟和创立单一货币的计划再次启动。1992年欧共体成员国签署《马斯特里赫特条约》，并于1993年正式实施。《马斯特里赫特条约》最终确定了建立欧洲货币联盟的具体实施步骤，并为加入欧洲货币联盟的国家制定出可操作的标准。从此之后，欧共体改称为欧洲联盟（欧盟，EU）。1999年欧盟区域内的单一货币——欧元问世，成为欧元区十一个成员国的官方货币，成员国货币作为欧元的从属货币与欧元一并流通，欧洲中央银行负责制定欧元区的货币政策。2002年1月1日，欧元走出账面，取代欧元区各国货币成为欧元区内流通的单一法定货币，从而最终完成货币一体化。欧元的成功启动将货币一体化理论推向全新的高度，同时为区域性货币联盟的发展提供了宝贵的经验和启示。

以上按时间序列，我们简要回顾了欧元产生的历程。不容忽视的是一项新的区域合作安排，最终能否得到认可并建立起来，不仅仅是个经济问题，更是个政治问题。20世纪60年代后期，由于美欧之间经济差距的缩小，对美元霸权的反对也日益强烈。然而法德任何一方均不具备对抗美元的能力，联合与合作则是最佳策略。在此共识下，法国和德国相互做出了重大妥协和让步，在一体化所涉及的政治经济等重大问题上达成共识，自此法德合作成为欧洲经济一体化和货币一体化的基础和核心。

（二）半途而废的区域金融合作：拉丁货币联盟

最早的、正式的、真正具有法律意义和历史价值的区域金融合作是1865年由法国、比利时、意大利、瑞士、西班牙、希腊等10个国家（大致分两批）共同参加的拉丁货币联盟。法国拿破仑凭借其军事实力征服意大利、比利时、瑞士等国家之后，强行在这些国家推行法郎体系，货币本位是金银复本位制。但因不同政府发行相同的金银币，"劣币驱逐良币"的现象不断发生，于是为降低投机活动给各国经济带来的负面影响，1865年由法国牵头，在巴黎召开了成立拉丁货币联盟会议，将成员国之间的货币关系以条约形式确定下来。此次会议是"首次重要的国际间会议，是惟一一次达成过协议的国际货币会议"（Russel，1898）。货币联盟成功运行几年后，到1871年，由于德国突然率先废除金银复本位制，采用金本位制，法、德矛盾加深，成员国纷纷退出联盟，并相继发行了本国货币，拉丁货币联盟便逐步走向灭亡。

拉丁货币联盟没有成立一个超国家的货币机构；各成员国的货币发行、流通和兑换以及货币政策的合作等作为国家主权的重要象征并不因结盟而丧失；拉丁货币联盟中没有约束成员国的中央货币机构和政治机制，缺乏牢固的政治联盟的保障，无法协调共同的经济和货币政策，每个成员国都按照自身利益而不是联盟整体利益行事。这些问题和特性，加上受到第一次世界大战的打击，拉丁货币联盟于 1914 年崩溃。拉丁货币联盟所确立的一个国家货币能够在其他国家流通的这一原则，突破了货币仅是一国主权象征的约束，而且首次以条约的形式在如此广大的范围内创建共同货币联盟，为以后欧洲货币联盟的建设和发展提供了有益的经验。

三、亚洲区域金融合作现状

目前亚洲区域金融合作已经在一些领域有了实质性的进展。其中最重要的合作，一个是货币互换[①]机制的运行与《清迈倡议》（CMI）的实施；二是亚洲债券基金（ABF）的设立；三是各层次的政策对话机制的建立。

（一）《清迈倡议》

2000 年 5 月，在泰国清迈举行的东盟及中、日、韩（东盟 +3，10 +3）财长和中央银行行长会议通过了《建立双边货币互换机制》的倡议（简称《清迈倡议》）。该倡议主要内容是在“10 +3”框架下为稳定地区金融市场，建立双边货币互换协议网络。具体是，区域内各国在自愿的基础上，根据共同达成的基本原则签订双边互换协议，承诺在必要时向与之签约的国家提供适当规模的资金，用于帮助其解决短期国际收支或流动性问题。此后，在“10 +3”框架下举行了一系列落实《清迈倡议》的会议，签署了一系列协议。

《清迈倡议》的通过与实施标志着东亚金融合作取得实质性进展，表明了亚洲国家在货币和金融合作方面的信心，极大地鼓舞了各方参与货币和金融合作的热情。到目前为止，中、日、韩与东盟主要 5 国（印度尼西亚、菲律宾、马来西亚、泰国和新加坡）之间已经签署了 15 份双边货币互换协议，总规模为 265 亿美元。还有一份双边货币互换协议正在谈判中。预计全部互换总额将达到 275 亿美元。详见表 1。

---

① 货币互换安排指一国以本币购买对方国家拥有的可兑换货币或本币，并在约定的未来某一时刻按照购买时使用的汇率、用先前购得的可兑换货币或对方国家货币购回本币的金融交易。此类货币互换交易可以理解为一国以本币作为抵押，获得对方货币或可兑换货币贷款。

表 1 东盟加中日韩货币互换磋商进展（截至 2004 年 2 月 4 日）

	互换双方	互换币种	签约日期	签约数额（美元）
1	日本—韩国	美元/韩元	2001 年 7 月 4 日	20 亿
2	日本—泰国	美元/泰铢	2001 年 7 月 30 日	30 亿
3	日本—菲律宾	美元/比索	2001 年 8 月 27 日	30 亿
4	日本—马来西亚	美元/林吉特	2001 年 10 月 5 日	10 亿
5	中国—泰国	美元/泰铢	2001 年 12 月 6 日	20 亿
6	中国—日本	人民币/日元	2002 年 3 月 28 日	30 亿等值
7	中国—韩国	人民币/韩元	2002 年 6 月 23 日	20 亿等值
8	韩国—泰国	美元/泰铢	2002 年 6 月 25 日	10 亿
9	中国—马来西亚	美元/林吉特	2002 年 10 月 9 日	15 亿
10	韩国—马来西亚	美元/林吉特	2002 年 7 月 26 日	10 亿
11	韩国—菲律宾	韩元/比索	2002 年 8 月 9 日	10 亿等值
12	日本—印尼	美元/印尼卢比	2003 年 1 月	30 亿
13	中国—菲律宾	人民币/比索	2003 年 8 月	10 亿等值
14	日本—新加坡	美元/新元	2003 年 11 月	10 亿
15	中国—印尼	美元/印尼卢比	2003 年 12 月 30 日	10 亿
16	韩国—印尼	谈判中	谈判中	（估计 10 亿）

根据《清迈倡议》建立的应急资金供应机制有助于帮助成员国防范或及早化解金融风险，防止形势恶化及传染，从而有利于增强本地区的金融稳定性。但与欧洲货币体系中对应的欧洲货币基金相比，东盟加中日韩互换协议的性质及设立目的存在很大的差别。欧洲货币基金的目的是平抑联合浮动汇率机制中的汇率波动，而清迈协议没有包括汇率协调内容，所以东盟加中日韩互换协议是在区内不同的汇率机制和不同汇率政策下运行的，目的是防止货币冲击危机及其扩散，具有局限性。而且双边货币互换协议能否达到预定的作为未来防御投机性冲击机制的效果也不很明朗。一是因为规模过小，所有的双边货币互换协议都到位，其总金额也就 200 亿美元左右，与国际金融市场大规模投机基金相比，可以说是微不足道。二是缺乏独立性。双边货币互换协议是国际货币基金组织金融援助的补充，是在区域监督机制建立起来之前的一种权宜之计，影响其机制的灵活性和作用的及时发挥。

（二）亚洲债券基金（ABF）

2003 年 6 月 2 日，根据我国香港的建议，东亚及太平洋地区中央银行行长会议组织（EMEAP）宣布与国际清算银行（BIS）合作建立亚洲债券基金（Asian Bond Fund，ABF）。该基金由 EMEAP 各经济体从其官方储备中出资建立，由国际清算银行（BIS）按特定基准进行被动式管理。由于亚洲各国目前的债券市场发展不尽完善，经济发展差异较大，为使该基金尽快投入实际运行，并为日后的进一步发展打下基础，EMEAP 各成员一致同意先期建立以美元计值的亚洲债券基金，初始规模限定为 10 亿美元，投资于 EMEAP 成员（除日本、澳大利亚和新西兰以外）8 个经济体发行的一揽子主权和准主权美元债券。随着区内债券市场的发展，亚洲债券基金未来的发展方向将包括投资于本币债券。亚洲债券基金第一期于 2003 年正式启动，总规模为 10 亿美元。继成功发起亚洲债券基金一期（ABF1）之后，EMEAP 即着手研究投资于成员本币债券市场的方案，即亚洲债券基金二期（ABF2），以切实体现亚洲债券基金推动本地区债券市场发展的宗旨。经过一年多的艰苦努力，EMEAP 于 2004 年 12 月 16 日宣布由该组织成员出资设立的亚洲债券基金二期即将启动。亚洲债券基金二期的总额约为 20 亿美元，分为泛亚债券指数基金（Pan - Asian Bond Index Fund，PAIF，下称泛亚基金）和债券基金的基金（Fund of Bond Funds，FoBF，下称母子基金）两个平行基金，分别针对区域市场和各成员市场。两个基金均由各成员从其官方储备中出资，投资于 8 个成员的主权与准主权本币债券。

亚洲债券基金的建立，表明地区金融合作已经从建立象征性和临时性危机防范应急安排，发展到了更根本性的、旨在建立长远区域金融合作市场基础的本源上来，标志着亚洲货币金融合作从危机应急机制开始向纵深发展。关于亚洲债券基金有两点值得注意。第一，有人认为亚洲债券基金是亚洲货币联盟的重要前奏，有可能和东盟加中日韩货币互换一道，演变为亚洲货币基金的框架。第二，在 EMEAP 内成立亚洲债券基金，可能增强日本在区内货币金融合作组织中的力量。EMEAP 的成员有 11 个，除了中国、印度尼西亚、日本、韩国、马来西亚、菲律宾、新加坡和泰国等东盟加中日韩国家外，还包括澳大利亚、新西兰和香港地区。澳大利亚和新西兰介入亚洲货币金融合作，体现了日本的政府意图，以避免其在该组织的相对孤立地位。

（三）建立政策对话与监督机制

目前，亚洲区域内主要的政策对话和监督机制包括 4 个区域性财政部部长和中央银行行长会议组织（参见表 2）。

表 2 主要区域性财政部部长和中央银行行长会议组织

	ASEAN 10	ASEAN + 3 13	MFG 14	EMEAP 11
成立时间	1996. 8	1999. 4	1997. 11	1991. 2
中国		▲	▲	▲
日本		▲	▲	▲
韩国		▲	▲	▲
中国香港			▲	▲
新加坡	▲	▲	▲	▲
文莱	▲	▲	▲	
柬埔寨	▲	▲		
印度尼西亚	▲	▲	▲	▲
老挝	▲	▲		
马来西亚	▲	▲	▲	▲
缅甸	▲	▲		
菲律宾	▲	▲	▲	▲
泰国	▲	▲	▲	▲
越南	▲	▲		
澳大利亚、新西兰			▲	▲
美国、加拿大			▲	

资料来源：Kuroda and Kawai（2002）.

东盟监督机制 东盟监督机制建立于 1998 年 10 月。这是第一次在一个区域内由发展中国家组织建立起信息交换、政策对话和对可能出现的不利于成员国家经济的变动和事件提供政策建议的机制。根据这一机制安排，东盟财长每年就政策协调会晤两次。这一机制包括两个组成部分，一个是对主要经济与金融指标出现的各种非正常变动提供早期探测的监控机制；另一个是提供应对政策建议的互相检查机制。东盟监督协调单位（ASCU）对成员国最近的经济和金融形势进行分析，并出版东盟监督报告（ASEAN Surveillance Report）。与此同时，亚洲开发银行（ADB）通过出版东盟经济展望（ASEAN Economic Outlook）和专题研究报告，和提供技术支援来协助东盟监督程序的运行。

马尼拉框架组 马尼拉框架组（MFG）是在 IMF、世界银行、ADB 和国际清算银行（BIS）的共同支持下的一个具有高层次监督对话机制的区域性合作论坛，主要由财政部和中央银行副手参与。尽管马尼拉框架组为区域高层次政策提供了平台，但没有任何常设秘书处和自身资金来源，2003 年以来，会谈的频率从一年平均两次减少到一次。

东亚及太平洋地区中央银行行长会议组织——EMEAP　EMEAP 建立于1991 年，由日本银行和澳大利亚储备银行统领建立，属于一种论坛。论坛的主要目的是促进区域监督和信息交换，以及促进金融市场的发展。它的主要活动包括中央银行行长的年会，副行长的半年会，以及三个工作组。由于没有常设秘书处，论坛的组织运作由成员中央银行轮流执行。1997 年以来，EMEAP 中央银行政策对话演变为东盟中央银行论坛（ASEAN Central Bank Forum）。

东盟 +3 经济评论和政策对话　1997 年 12 月，东盟 10 国和中、日、韩第一次会谈共同商讨地区的和平、稳定和安全问题。1999 年 4 月，东盟 +3 财长达成共识，即通过东盟 +3 框架来加强东亚地区的自助机制，并推动 2000 年 5 月建立东盟 +3 经济评论和政策对话（ASEAN +3 Economic Review and Policy Dialogue，ERPD）。在这一机制下，东盟 +3 财长举行年会，讨论政策问题和互换信息，财政部和中央银行副手为年会做准备。东盟 +3 经济评论和政策对话机制关注的重点问题包括在东亚地区协调宏观经济风险的管理、监测区域资本流动、增强银行业和金融体系、改革国际金融框架，以及提高自助机制。

目前，从职能上看，亚洲的各种政策对话机制普遍比较松散。比较而言，目前的马尼拉框架组在监督质量和政策对话的坦诚性方面比其他机制更有优势。而对于东盟 +3 框架下的监督机制改进方面的最大挑战可能在于如何提高运作效率。如何强化政策对话机制，是否需要制度化安排来实现更有效率和更具有约束力的对话平台，在东亚地区尚没有一个被普遍接受的方案。

第二章　亚洲区域金融合作的必要性和可行性分析

一、亚洲区域金融合作的外部压力与内在需求

亚洲在货币领域的合作明显滞后于贸易、投资和经济合作的发展，在新的欧元和美元国际货币体系中，它面临着区域金融合作的强大外部压力和内在需求。

（一）亚洲区域金融合作的外部压力

1. 经济金融全球化及国际货币体系的缺陷需要区域金融合作

经济全球化促进了金融全球化的飞速发展。主要标志是：发达国家基本全部取消了国际资本流动限制，国内金融市场逐步开放，与国际金融市场日益融合，并形成相互依赖的态势；国际金融市场以几个国际金融中心为依托，通过信息网络和金融网络形成全球统一、不受时空限制、无国界的全球金融市场。这一切表明，金融全球化已成为金融业发展的主要趋势，并且是不可逆转、不可抗拒的潮流。

然而，现行国际货币体系的汇率制度安排与金融全球化的矛盾日益尖锐。过

去，国际资金的流动主要服从于国际贸易的需要。如今，金融全球化已成为一种相对独立的国际金融活动，国际资本流动以惊人的速度增长。外汇交易已基本上脱离了与贸易和直接投资相关的经济活动，各种短期资金的流动和衍生产品交易已成为外汇交易的主体。在这种发展趋势下，汇率的变动经常与一国贸易和经常项目变化脱节，进而与一国基本经济状况脱节。此时，国际货币体系应适应金融全球化所带来的这种变化，加强国际货币的协调，以减少汇率不规则大幅度振荡对世界经济的不利影响。然而，现行国际货币体系因存在严重缺陷，即不平等性、不均衡性，其经济政策的制定与执行效果受制于美元的汇率变动，汇率制度的不平衡性日益严重。汇率无规则的大幅动荡和货币危机的频繁爆发成为20世纪80年代以来国际货币领域内的经常现象。因此，国际社会普遍感到区域性金融合作的必要性。

2. 降低溢出效应需要区域金融合作

溢出效应含有两方面意思：一是市场溢出和溢入，指国际资本市场危机影响到国内资本市场；二是政策的溢出和溢入，指一国货币政策可能影响他国货币政策，也可能被他国货币政策影响，它一般通过贸易渠道和资本流动渠道溢出。开放经济是互相影响的，一国政策的收益和成本会在多国内分摊。随着经济金融的全球化，亚洲各国（地区）之间的经济纽带联系越来越紧密，国与国之间既有竞争关系，又有共生关系。亚洲各国如果不能在金融货币领域达成制度化的协调机制，那么各国的货币政策很可能通过"外溢效应"对其邻国经济甚至整个区域经济产生影响。缺乏协调机制和谈判机制的、各自为阵的货币政策必将削弱区域内金融监管的总体效能。东南亚金融危机的爆发和逐步蔓延已经警告亚洲，如果缺乏恰当的货币协调机制，这些孤立的小型开放经济体就极易被外部冲击各个击破。因此加强本区域内的金融协调与合作，建立自已独立的货币区，已是降低溢出效应的一个现实选择。

3. 抵御金融危机与降低传染效应需要区域金融合作

金融全球化的快速发展，一方面使全球资本快速流动，另一方面使各国相互依赖程度加深，同时也带来了很大负面效应，即接连不断的金融危机。进入20世纪90年代，欧洲货币体系首先爆发危机，随后发展中国家及转型经济体先后共发生了5次较大的金融危机。一是拉美国家的债务危机，二是墨西哥金融危机，三是东亚金融危机，四是拉美（巴西和阿根廷）金融危机，五是俄罗斯金融危机。

大量研究证明，传染效应确实是许多国家发生金融危机的重要原因之一。货币危机的传染表现为一个国家的货币危机可能导致另一个国家发生货币危机。1992年英国英镑、意大利里拉的贬值导致了欧洲货币系统危机；1994～1995年墨西哥比索危机殃及整个南美以至亚洲国家；1997年泰国危机演变为东南亚金融危机，最后又传染至俄罗斯和拉美，传染后果一次比一次严重，危机传染之复杂和冲击力之大令人们措手不及。金融危机的传染性使得金融危机日益成为一种区域甚至跨区域的现象。在巨额的国际投机资本的冲击面前，任何一个单独的国家都难以维持本国货币的稳定，尤其是对普遍对美元存在严重依赖性、金融体系普遍存在脆弱性的亚洲国家来说更是如此。而国际货币基金组织（IMF）作为最后贷款人的作用十分有限，在货币危机发生后无法提供及时和充足的国际流动性支持，发展中国家不能完全依赖 IMF。目前，亚洲区域共有 2 万亿美元的外汇储备，如果亚洲各国携手合作，那么，任何国际投机者都难以得逞。

4. 解决“三元悖论”问题需要区域金融合作

如前所述，在汇率稳定、资本自由流动和货币政策的独立性这三者中，一国最多只能择其二。一国政府放弃本国货币政策自主性的政治成本和代价可能很大，在金融全球化潮流下，已经开放资本项目的国家再回到资本管制的难度更大。在一个开放国际资本市场的世界上，随着国内政策制定的政治化，货币合作将是浮动汇率制之外不可缺少的选择。

5. 区域金融合作有利于减少对短期资本流入的需求

东亚国家传统上储蓄率很高，但由于国内及本区域的资本市场不发达，这些储蓄被投向发达国家，又在循环中以融资的方式回到本区域，一般是短期的银行贷款。这是东亚国家的弱点，最终易导致危机。只有开展货币合作，发展本区域资本市场才能减少对短期资本的需求，从而减少受攻击的可能性。

（二）亚洲区域金融合作的内在需求

1. 区域合作是各国追求自身发展及应对其他地区挑战的现实要求

区域自由贸易安排可以产生“贸易创造”与“贸易转移”作用。开发本区域的优势，推动区内贸易与其他经济关系的发展是区域合作的主要动因。亚洲各国以出口导向的发展战略为主，经济发展受外部环境的影响很大。目前，丰富的劳动力仍然是亚洲各国的比较优势。如果亚洲国家的出口商品相互竞争，不进行区域经济分工协作，那么这种恶性竞争将恶化亚洲各国的贸易条件，导致汇率竞贬，或出现巨额贸易赤字，经济大幅波动。区域内的经济协作和分工有利于避免区域内出口贸易的恶性竞争，同时扩大区域内部市场也会大大增强亚洲各国应付外部经济波动的冲击。

2. 区域经济金融合作可作为通向经济金融全球化的中转站

在经济全球化发展过程中，世界各地的经济区域化或区域合作具有明显的加强趋势，开放的区域主义正逐步为大家所接受，区域经济合作变得日益重要了。一方面，经济金融全球化推动了同一区域内各国在经济与金融活动中加强合作与交流；另一方面，世界经济区域化、集团化为金融全球化提供了现实可操作的外部环境，如果管理得当，区域经济合作将促进与推动经济全球化。经济区域化与经济全球化的发展并不南辕北辙，而是并行不悖。可以说经济区域化正在成为通向经济金融全球化的中途驿站。

二、亚洲区域金融合作的有利条件和障碍

（一）亚洲区域经济金融合作的障碍

与欧洲甚至与其他正在进行的金融货币合作相比，目前，亚洲区域的金融合作还是比较初级、原始和松散的。东亚合作的进程从经济合作开始，以经济合作为重点，虽然也逐步发展起了政治对话等合作机制，但目前的东亚合作还主要是由东盟牵头，在“对话合作”机制下进行，缺少制度性安排，真正的区域合作的“制度性”组织和基本原则还没有建立起来。

1. 注重强调非正式性和达成共识，但缺乏制度性安排

西方国家的多边协议和国际合作所遵循的原则是重视彼此的立场和分歧，并通过正式的制度确保利益的妥协和合作的实现。比如在欧盟货币一体化的历程中，各国通过磋商和妥协达成了若干个协议，其中最著名的是《马约》，它详细阐明了欧洲货币一体化的具体实施步骤，想加入欧洲货币联盟之国的操作准则都清清楚楚写在《马约》中，是区域内各国必须遵循的共同协议和规章，至今欧洲央行仍依据此协议评判那些想加入欧元区国家的资格。

相反，在亚洲区域合作过程中，逐渐形成的是一种独特的“亚洲传统”，即强调非正式性和达成共识（Lewis，1999），缺乏制度性安排。亚洲区域合作的历史可以追溯到1967年东盟成立。东盟最初是出于政治和地区安全目的建立的。20世纪80年代之后，由于东亚经济相互依赖程度加深，亚洲区域合作朝着经济合作的方面发展，1992年东盟倡议建立区域内自由贸易协议。东亚危机后出台了一些对话和论坛。这种“亚洲传统”的缺点是使货币联盟缺乏制度化的监督机制，也没有谈判机制，面临置信度问题，像欧盟那样的制度化合作可能是可置信的，而以单边自由主义为特色的货币合作就可能因不可置信而成为逆效合作。而金融货币方面的区域合作是需要从制度上让有关国家让渡部分金融管辖权和货币政策主权的。

2. 缺乏“领头人”和共同的政治意愿

首先，目前在东亚地区缺乏领袖国和强烈的共同政治愿望。很明显，东亚地区不存在像西半球中具有领袖地位的美国，也不存在具有对称合作性质的国家联盟，如欧洲的德法联盟。法德两国的密切合作，离不开两国尤其是德国的妥协和让步。尽管德国拥有经济上的霸权，但由于是第二次世界大战的战败国，其政治上的影响力受到限制，必须在重大问题上得到法国支持；而法国则希望通过法德联合主导欧洲内部事务，并以此作为在国际上拥有更大发言权的筹码。为了各自

的利益，两国均需要更紧密的合作来获得在国际政治、经济中的更高地位。为此，法德两国克服了种种政治分歧。

其次，欧洲货币一体化之所以能够成功还因为有强劲稳定的德国马克。亚洲目前尚无法形成这样强有力的依托。日本虽是亚洲经济最强的国家，然而，日元的国际化程度并不高，不仅无法和美元匹敌，而且与欧元出现之前的德国马克相比也存在较大差距。尤其是日本本国利益的独立化和其战争犯罪的历史，使亚洲国家在感情上和理智上都难以接受以日本为核心的联盟或是以日元为基础的单一货币体系。中国作为一个大国的独特地位以及近些年综合实力的不断提高，使中国在整个区域金融合作中的重要性日益增强。但是，中国不发达的金融市场、相对落后的经济发展水平、相对封闭的金融部门，以及人民币汇率制度调整的不确定性，使得短期内中国也不可能充当领袖国。

最后，欧洲货币一体化及拉丁货币联盟的成败充分表明在货币区内不仅要实行共同的货币政策和财政政策，还需要政治上的一致，共同的政治意愿与政治合作对于加强货币协调与合作至关重要。与之不同的是，亚洲由于历史、地域、经济、文化、宗教等方面的差异和相当的封闭性决定了亚洲政治一体化格局很难形成。亚洲无论大国或小国历来在主权和利益上有强烈的独立性，缺乏西欧国家那种经历战争重创后寻求合作发展的强烈意愿和共识，国家主权与利益格局的强烈独立性大大强于欧洲各国。目前亚洲国家在经济贸易金融方面的合作与协调有所发展，但这种合作动力主要来源于金融危机的冲击，来源于预防和应付危机的传染性这一共同的经济利益，而当金融合作推进到一定程度，尤其是进入货币合作阶段，各国面临是否放弃货币主权的时候，共同的政治利益起决定作用。只有当亚洲各国在政治上和国家利益上的共性大于差别性时，政治和货币权的统一才有可能。

3. 各国在经济制度、发展水平等方面存在巨大差距

亚洲各国在经济制度、发展水平和经济结构等方面存在的巨大差距是亚洲区域经济金融合作进展缓慢的重要原因，也是进一步推动亚洲货币合作的重要障碍。(1) 经济发展水平参差不齐。以人均 GNP 计这一地区的经济发展水平可分为四个层次，日本为第一层次，亚洲四小龙为第二层次，中国与亚洲四小虎为第三层次，其他国家如越、柬、老为第四层次。人均 GDP 最低的印度与最高的日本相比，相差 80 ~ 90 倍。(2) 各国与地区之间生产要素的流动性较差，对要素流动的限制多，其中人员流动的限制更严格，流动性最强的资本也受到一定的限制，在金融危机后这种限制进一步加强。(3) 各国经济开放度差异很大。货物和服务业出口占 GDP 的比重比较高的新加坡、马来西亚等均超过了 100%，而较低的如缅甸还不到 5%。而且与欧洲货币联盟各成员国对联盟内部出口均占其总出口 50% 以上、相互依存度较高且比例相近的情况不同，东亚一般对美国市场的依赖较大，如日本、新加坡等对北美、澳大利亚及欧洲的出口比例都远高于其对东亚内

部的比例。(4) 东亚的金融市场一体化程度较低。东亚的金融市场中除了香港、新加坡的国际化程度较高之外，其余的都限于本国或本地范围内，亚洲美元市场不发达，金融一体化的程度较低，其中最为典型的是长期债券市场的发展滞后。

(二) 亚洲区域金融合作的有利条件

1. 亚洲区域金融合作具有很强的驱动力

推动亚洲货币合作的基础和需求是存在的，因为亚洲经济金融合作有着很强的驱动力。其一是经济之间日益加强的相互联系及推动经济增长的机制。在经济合作中，最重要的是推动自由贸易区的建设。从现实的情况来看，无论是关税还是非关税，东亚区域内部的水平都较高，有必要通过区域金融合作及通过建立自由贸易区，使东亚区域的经济贸易关系发展由以“市场导向”转向以“制度导向”为主。

其二是有广泛的金融合作共识。亚洲金融危机后，亚洲各国政府纷纷对区域性货币联盟纷纷提出构想和倡议(已经付诸实施的在此不赘述)。日本率先提出了“亚洲货币基金(AMF)”的设想，倡议组成一个由中日韩和东盟参加的亚洲货币基金，筹集1000亿美元资金，为遭受货币危机的国家提供援助。1999年10月，马来西亚总理马哈蒂尔在“东亚经济峰会”上提出建立一个完全属于东亚地区的基金“东亚货币基金”。1999年初，香港金融管理局总裁任志刚认为，为避免金融危机重演，亚洲应发展稳定、透明的债券市场，同时加强货币合作，设立类似欧元的亚洲单一货币。2000年，韩国经济学家提出了类似于IMF借款总安排(General Agreements to Borrow, GAB)的亚洲借款安排(Asian Arrangements to Borrow, AAB)的建议。此外，2001年5月在夏威夷举行的东盟10+3财长会议公告中提到了建立东盟10+3的早期预警系统。目前亚洲开发银行正设法开展技术上的援助，以便支持东盟10+3早期预警系统的发展。这种援助将支持早期预警系统模型的开发，建立与早期预警系统相关的宏观谨慎指标的“核心”等。

2. 亚洲区域经贸合作、次区域经贸合作正在迅速发展

目前，东亚地区自由贸易安排大体有两种形式：一种是小范围的，如东盟自由贸易区；另一种是双边的，如日本与新加坡的紧密经济关系、中国与东盟正在谈判的自由贸易区等。近年来，亚洲次区域经济合作正在迅速发展，特别是“次区域增长三角①”的兴起尤为突出。1989年亚太区域出现了最早的一个“增

① “增长三角”是一种跨国性(或跨区域性)的多边经济合作区，一般是在地理位置邻接的3个或几个国家(区域)之间相交错的三角区域，利用相互间的经济互补和政策协调，发挥规模经济和比较利益优势，通过出口导向促进该区域经济的共同增长。这种经济合作因而也被称作“小区多边合作”，它具有跨国经济特区的性质，但与一般的跨国经济特区又有所不同。

长三角”——新柔廖增长三角。此后，“增长三角”这种新颖的小区域经济合作形式，因其有利于促进自由贸易和更有效地利用国际资源、资金和技术，并具有切合实际、灵活、便利、建设周期短、费用小、见效快、互补性强和开放自由的特点，很快引起东亚各经济体的广泛兴趣与仿效，“三角合作”不断出现，如“东北亚经济圈”、“湄公河流域经济合作构想”、“华南经济圈”、“图们江流域开发计划区”、“环日本海经济圈”、“环黄海经济圈”等等。

“增长三角”作为一种典型的亚太次区域合作模式，已取得了巨大成功，其迅猛发展可带动周边以至更大范围的经济合作与增长，并对亚洲经贸、金融合作起巨大的推动作用。

3. 亚洲完全有经济实力来设立并实施应付危机的应急或救援机制

据最新统计，仅中国（9632. 38 亿美元，包括香港和台湾）、日本（8191. 4 亿美元）、韩国（1990. 7 亿美元）三国的外汇储备总和就已接近 2 万亿美元。印度外汇储备已高达 1247. 6 亿美元。估计亚洲各国外汇储备总和目前已超过 2. 2 万亿美元。即使将亚洲储备中的 10% ~20% 用作地区应付危机的资金，参加国也能够很容易地克服任何清偿危机，而不需要来自其他国际金融机构的帮助。

4. 中国的崛起为亚洲区域金融合作提供了新的发展契机

改革开放以来，中国经济的快速发展以及所实行的睦邻友好、与邻为善、与邻为伴的对外政策为亚洲区域金融合作奠定了坚实基础。在亚洲金融危机发生时，中国坚持人民币不贬值，并且给予遭危机打击的国家以力所能及的援助，为东亚经济摆脱危机做出了巨大贡献，也赢得了国际社会的普遍赞扬。进入 20 世纪 90 年代，中国经济持续高速增长，已成为东亚经济发展新的拉动力量，在区域经济中发挥着日益重要的作用。许多战略投资家认为，中国的发展是亚洲命运的一个决定性因素。中国贸易管制的进一步放松将会使中国的需求增加，从而使亚洲的实际收入状况得到改善，中国是对亚洲出口货物的最大的潜在需求源泉，同时又可作为销往经合组织产品的生产基地。中国的这种双重作用对亚洲未来的实际生产总值增长起重要作用，对今后亚洲经贸、金融合作将会起决定性的推动作用。

第三章　现阶段推动亚洲区域金融合作的重点

一、现阶段亚洲区域金融合作的模式

由于亚洲各国在经济、社会、文化、历史等方面存在巨大差异，亚洲各国的经济指标与“最优货币区”理论提出的标准相差尚远。但是，在经济全球化与区域经济一体化迅猛发展的国际潮流下，亚洲经济一体化将是本地区的惟一选择，而且是必然要选择的发展道路，也是本地区永久和平与繁荣的必由之路。我们认为，亚洲区域货币联盟不可能一步到位，亚洲区域金融合作的启动和发展，应从最具可行性的领域入手，先易后难，政经互促，双边合作和经济合作应当成为优先领域。

（一）初期可建立多边松散型、双边紧密型的金融合作

从欧洲的经验来看，区域货币联盟也不是一步到位的，大体上经历了 2 个阶段。第一阶段是松散联盟，即货币一体化还处于较低级的阶段，其表现为：各成员国保持独立的本国货币，但成员国货币之间的比价是固定的，对成员国以外的国家则实行自由浮动；在货币联盟中，各成员国仍然对资本的流动实行某些限制；各成员国的国际储备部分集中管理，但各自保持独立的国际收支；继续采取独立的货币政策和财政政策等。第二阶段是紧密联盟，即货币一体化已经达到很高的程度，其表现为：联盟内部通行一种货币，设立一个共同的中央银行；各成员国之间不再保持独立的国际收支；实行资本市场的统一，放弃独立的货币政策等。

研究表明亚洲不同国家和地区之间的经济关系紧密程度不同，相互之间的依赖程度也有所差别，因此，就目前的状况而言，亚洲应该走多重货币联盟之路，可以考虑采取“梯度推进”模式，即在几个次区域中先让比较发达的货币区率先实现单一货币，其他次区域完成了货币一体化后，就可以在几个货币区的基础上逐步开展更高层次上的货币合作，实现大体上囊括亚洲各国的区域统一货币。当然次区域还可分成次次区域，比如东亚各国和地区可划分为三个次次区域：首先是包括中国的内地、台湾地区、香港和澳门特别行政区在内的次次区域货币联盟，其中港澳还可先走一步，港澳金融一体化比较容易实现，具有可操作性；其次是包括日本和韩国的日韩货币区，主要考虑日韩各项指标比较接近；再次是包括东盟各国的东盟货币区。但是，也不能排除在一部分国家之间，例如东盟，出现紧密联盟的形式。东盟关于建立货币联盟的倡议，已经得到有关国家的积极响应。

（二）初期亚洲金融合作应以流动性提供机制为核心

在货币联盟中，两个重要的机制是流动性提供机制和稳定汇率机制。在欧洲货币体系中，稳定汇率机制处于核心地位。但这一点现阶段在亚洲很难行得通。在欧洲货币体系建立之前，欧洲各国货币即实行联合浮动，所以把汇率稳定机制作为货币联盟的核心顺理成章。而对亚洲来说，目前区内各经济体汇率制度安排存在极大差异，一端是日本、韩国的独立浮动，另一端是中国香港的

联系汇率制，中间还有中国的有管理浮动，泰国、菲律宾、印度尼西亚的貌似独立浮动，其实只不过是比危机前稍加灵活的有管理的浮动汇率制，另外还有马来西亚的钉住汇率制等等，因此在短期内很难做到区内汇率制度的统一，而以防范区内风险为目的的流动性提供机制为核心的货币合作亚洲各国和地区则能普遍接受。当然，在以流动性提供机制为核心的亚洲货币联盟中，稳定汇率机制也是十分必要的。因为区内汇率不能实现稳定，就谈不上货币联盟。目前亚洲的稳定汇率机制可通过政策协调来解决，另外，亚洲各国货币事实上都不同程度地钉住美元的特点，客观上也为区内货币提供了一个汇率稳定的基础和机制。虽然从长期来看，钉住美元不利于货币联盟的发展，但从现实情况看它是一种更为实际和有效的政策选择。因此，近期亚洲区域金融合作应该坚持以流动性提供机制为核心的货币联盟作为发展选择，因为以流动性提供机制为核心的货币金融合作是目前区内的现实，有利于区内经济金融稳定，符合亚洲大多数国家的利益。

（三）初期亚洲金融合作将保持“亚洲传统”的模式

亚洲货币联盟初期仍将保持“亚洲传统”这一特色。这种强调非正式性和达成共识的“亚洲传统”并不适合区域货币合作。区域货币合作意味着各国需要部分让渡制定货币政策和其他国内经济政策的自主权，因此弹性的“亚洲传统”不利于货币联盟的深入发展。但是对于多元化的亚洲来说，这种传统的优点是保证在初期让更多的国家参与进来。1998 年 7 月，泰国外长提出了所谓“灵活干预”（Flexible Engagement）原则作为“互不干涉内政”原则的补充，这一建议得到了菲律宾的支持，但是亚洲作为整体可能还难以接受“灵活干预”原则。因此，只有在货币联盟达到较高阶段以后，才会以条约的形式对亚洲货币联盟的目标、推进步骤和时间表做出明确安排，督促各国共同努力，加强国际协调。在这之前，亚洲货币联盟仍将保持“亚洲传统”。

（四）加强政策对话

任何一项制度的创建，离不开政策设计和政府意愿去推动。亚洲区域货币合作的初级阶段更应在此方面努力。目前，亚洲应该充分利用“10 + 3”框架，继续开展防范危机扩散和强化各经济体的政策对话。亚洲每个国家需要增加本国经济政策的透明度并且定期协调彼此的宏观经济政策。在贸易政策方面，亚洲国家应该协调各自的发展战略和产业政策，建立区域内的国际分工体系，这样可以防止过度的竞争和资源浪费，保证各国出口的可持续性和经常账户的平衡。在宏观经济政策方面，亚洲各国应定期研究和交流贸易伙伴国的宏观经济状况并根据这些研究和交流协调彼此的宏观经济政策，互相提供有关资本流动的完全信息，同时，各国还应该在金融监管和建立早期预警体系等问题上进一步加强合作。

二、从金融合作的区域范围和合作内容看亚洲区域金融合作的切入点和重点

（一）从大处着眼，小处着手：亚洲区域金融合作先从东亚展开

从近中期看，亚洲尚不能因循欧盟和北美自由贸易区的由一两个国家作领袖国这样一种模式。因为中国、日本甚至韩国都各有优势，又各有不足。尽管中国的实力、影响力及其在亚洲的作用有很大提高，但从经济方面看其作用尚不能与日本相比，人民币与日元相比，日元是硬通货，人民币还不是自由兑换货币。日本与美国和德国比也没有资格作领袖国。但因为东亚是亚洲的龙头，是亚洲经济最发达，经济贸易关系最紧密，合作条件最好的地域，因此，当前最迫切需要研究的是东亚的经济金融合作问题。而从近年来东亚地区区域金融合作的发展来看，“10+3”应该是东亚的核心部分，东亚地区金融合作应该围绕“10+3”展开，只有首先在这一框架下寻求这一地区的金融合作的主导作用，开展紧密合作，才能促进今后全亚洲区域金融合作向前推进。

（二）近期亚洲区域金融合作重点

1. 强化《清迈倡议》

如果《清迈倡议》的货币互换网络停留在目前这种仅具象征意义的合作阶段，是没有任何意义的，很有可能会逐渐消逝。目前要寻求新的发展动力，使其向更加成熟、更加实用的流动性支持机制发展。强化《清迈倡议》的具体措施主要包括两个方面。一是将信息交换和政策对话过程机构化。这一机构化包括建立快速决策方式和成立提、还款协调管理机构；建立为避免借款国经常性借款、滥用借款和在资金运用方面的道德风险的监督管理机构。二是需要考虑在货币互换方面，扩大货币互换规模，扩大《清迈倡议》的范围，而且可考虑由各方成员出资形成基金，用于干预外汇市场，或满足危机紧急救援需求。

2. 推动地区债券市场发展

发展地区债券市场的主要障碍是本地区大多数国家国内的债券市场不发达，而且在一些低收入国家普遍存在资本管制。因此，发展地区债券市场的路径实际上应该包括两条：一个是发展国内的债券市场；另一个是发展区域债券市场。两者之间的关系是互相促进的，特别是对于那些国内金融市场处于初期发展阶段的国家来说，要将一个有序的发展国内市场的计划纳入到参与区域市

场发展之中。我们认为，在初级阶段推动亚洲区域债券市场发展要从区内先发行美元、欧元或其他可兑换币种的政府和准政府债券入手，与此同时区内各成员国应提高各国国债市场的流动性，等条件成熟以后成员国公司债券可加入亚洲区域债券市场。

3. 区内贸易投资逐步自由化

通过强化区内主要经济体之间的基础投资、贸易联系，包括投资便利、贸易往来和生产要素的自由流动，创造区内金融工具基础需求，为中期实现更大稳定性的汇率协调机制以及实现区内货币市场与资本市场联网建立基础。

（三）近、中期汇率制度、政策方面要逐步协调

前面我们讲过，危机后亚洲各国和地区又回到了正式的和非正式的钉住美元制。从目前看，采取钉住美元的汇率政策是一种更为实际和有效的政策。但是，从长期来看，采取钉住美元的汇率政策不利于东亚国家的经济合作和经济一体化进程。亚洲发展中国家长期经受着汇率不稳定的肆虐。尤其是日元对美元汇率的不稳定给亚洲国家带来很大的损害。自从20世纪80年代中期以来，日元对美元的汇率上升，亚洲各国和地区的经济增长率也随提高，这时往往还伴随着泡沫经济的扩张，资产价格快速上扬。日元相对疲软，亚洲各国和地区的增长也随之减速，资产泡沫崩溃（关志雄，2000）。为了实现货币的稳定性，为了推动东亚地区经济一体化进程，亚洲国家中长期还是应该建立起一个类似欧洲货币体系（EMS）的固定汇率区，在近期也应有所作为。

近期，应该先从东亚地区做起。东亚地区首先要注意加强金融和公司部门，提高该地区金融部门的稳健性。同时在政治和技术层面上就实行地区货币合作的框架进行探讨、研究，达成一致。随后，当该地区的金融部门较为稳健后，各国可增加汇率机制方面的协调。这可以通过许多方式实现：最普遍的方法是共同钉住三大国货币篮子，可以设或不设波动区间。在此期间，应考虑目前的一些实行钉住汇率体制的国家，如中国、马来西亚是否应放弃这种体制，其他东亚国家实行的有管理的浮动汇率体制是否应该调整，转向更加协调、灵活的体制。但这并不是说所有的东亚国家必须很快以相同的权重钉住共同的篮子。不同国家可以先以不同的速度和方式向这种方案靠拢。那些有条件的国家可以先实行篮子货币体制，条件不成熟的国家可以后加入，逐步推广。即使在东盟国家，也可分为东盟5国和越、柬、老两大组。此外，汇率机制协调将涉及很多因素，如各国的货币政策需纳入协调机制、扩大《清迈倡议》的范围、所有成员国应将部分储备纳入亚洲储备总库，最终建立东亚货币基金。

第四章 从中国的影响和作用及其与东亚其他国家的关系寻求推动亚洲金融合作的核心

一、中国的影响和作用及其与东亚其他国家的关系

中国作为亚洲大国对推动亚洲区域金融合作负有不可推卸的责任，随着中国经济的发展和开放，中国与亚洲各国经济金融的关系将日益密切，亚洲各国与中国经济的相互依赖程度也会提高。就亚洲区域金融合作而言，中国需要亚洲金融合作这一机制来为中国经济发展营造良好的外部环境，而亚洲金融合作离开了中国的参与也不可能成功，至少是不完全的。简而言之，中国离不开亚洲金融合作，亚洲金融合作也离不开中国。

（一）中国的影响和潜力

正确认识中国的地位、影响和潜力是中国制定参与和推动亚洲金融合作策略的重要前提。

1. 已确立的经济大国地位及前景展望

改革开放20多年以来，中国经济保持了高速增长，从总量上来看，中国已经进入大国经济的行列。

从国内生产总值（GDP）来看，根据当年名义汇率计算，2002年中国的国内生产总值为11590.17亿美元，居当年世界第6位。根据易纲和范敏（1997）测算出的1994年中美两国PPP为1∶4.2，考虑到1994年到2002年中美两国通货膨胀率变化，那么2002年底中美两国的PPP应为1∶3.97，由此计算2002年中国的GDP可达25792.9亿美元，超过德国居世界第3位；若根据胡祖六（2003）提出的人民币温和低估10%～15%来计算，2002年中国的GDP应为13757.62亿美元至14565.86亿美元之间，大于法国的经济总量，与英国的经济总量大体相当。据国际货币基金组织按购买力平价最新公布的计算结果，2003年中国的经济总量已占世界生产总值的12.6%，排在美国和欧盟之后居世界第三位。另据胡祖六、约翰·安德森（2003）的分析，从购买力平价来看，中国目前的经济规模已是世界第二，仅次于美国。

据2003年5月间法国国际关系研究所推出的《21世纪世界贸易》研究报告预测，到2050年，中国的国内生产总值在世界经济中的比重将由目前的18%上升到24%，跃居世界第一位。2003年12月，美国高盛在其公开发表的《BRICs梦想：通往2050之路》中“预言”：以美元计，中国很可能会在未来4年赶超德国，在2015年赶超日本；到2039年，中国经济规模将超越美国。就目前中国

的经济总量来看，无论采取哪种汇率来计算，中国都已是居世界前6名之内的经济大国。国内外学术界一直认为，在未来中国仍能保持高速增长，经济总量将很快成为居世界前列的经济大国。

2. 中国已经成为贸易大国

从在世界贸易中所占的地位来看，我国也已跻身世界贸易大国。据海关最新统计，2003年我国对外贸易大幅增长，进出口总值达8512.1亿美元，比上年净增2304亿美元，增长37.1%，其中出口4383.7亿美元，增长34.6%；进口4128.4亿美元，增长39.9%，全年实现贸易顺差255.3亿美元。2003年中国的商品进出口额有望在世界排名中提升到世界第3位。

根据最新的数据，中国在2004年度的进出口总额已超过1万亿美元，成为仅次于美国、德国超过日本的世界第三大贸易国。

3. 中国已经成为国际及区域货币事务的主要参与者之一

从中国在IMF中所占的份额来看，也已跻身世界前10位。在国际货币组织中，除了美国、日本、德国、法国、英国前五位的国家享有指定董事席位外，沙特、中国、俄罗斯三国是作为单独的选区选出自己的执行董事，事实上享有与前五位国家同样的权利，而意大利、加拿大两国是与其他国家组成选区选出执行董事。

中国的重要性在1997年的亚洲金融危机中已得到充分验证。当时，中国政府对外承诺人民币不贬值，使得亚洲国家货币避免了新一轮的竞争性贬值，并为其他国家战胜国际投机大鳄给予了有力的支持，也为世界经济的稳定发挥了很大作用。此外，危机发生后，中国政府为遭受危机国家的经济重建提供了大量的美元贷款和援助。中国政府在亚洲金融危机时期的表现不仅得到了东亚各国的普遍赞誉，更充分显示了中国在亚洲区域金融合作中的重要性。

中国已成为亚洲区域金融合作中的主要参与者。亚洲金融危机后，区域金融合作成为亚洲各国开展合作的重要领域。中国政府是《清迈倡议》的主要倡导者之一，从2001年12月至今，中国在《清迈倡议》下，先后分别与泰国、日本、韩国、马来西亚、菲律宾和印度尼西亚签署了双边货币互换协议（表1）。到目前为止，中国与“10+3”有关国家签署货币互换协议的工作已经全部完成，共签署了6份双边货币互换协议，总金额为105亿美元，是仅次于日本的第二大出资者。另外，中国积极参加亚洲债券市场研究，而且是亚洲债券基金第一期（ABF1）5个出资最多的国家之一。目前中国正积极参与亚洲债券基金第二期（ABF2）的讨论和方案设计。

中国是亚洲各极中最重要的一极，亚洲的各项事务离不开中国的参与。无论是将东亚各国划分为“10+3”，认为存在中国、日本、韩国和东盟四极，还是认为中国与日本像西欧经济一体化中的德国和法国一样是亚洲经济金融合作的核心，中国都是亚洲事务中最重要的一极。根据国际上多家机构的预测，到2015年，中国将取代日本成为亚洲最大的经济体。无论这一预测是否能够如期实现，中国经济对亚洲各国的带动作用将日渐显现和更加重要。

（二）中国目前与东亚国家的经济联系

1. 东亚各国是中国最主要的贸易和投资伙伴

日本、韩国、东盟等东亚各国是我国最主要的贸易和投资伙伴，它们的重要地位远远超过美国和欧盟（参见表3、表4）。

表3 中国的主要贸易伙伴（2003年底）

排名	贸易伙伴（占中国进出口总额的%）	进口来源（占中国进口总额的%）	出口目的地（占中国出口总额的%）
1	日本（15%） 欧盟（15%）	日本（18%）	美国（19%）
2	美国（14%）	欧盟（13%）	欧盟（17%）
3	东盟（9%）	东盟（12%）	日本（13%）
4	韩国（8%）	韩国（11%）	东盟（7%）
5	其他（39%）	美国（8%）	韩国（5%）
6		其他（38%）	其他（39%）

资料来源：根据www. cei. org. cn提供的数据计算。

表4 东亚、欧盟和美国在中国实际利用外资中的地位

单位：亿美元，%

年度	东亚		欧盟		美国		总计	
	金额	比重	金额	比重	金额	比重	金额	比重
1991	34.78	80.33	2.66	5.70	3.31	7.09	46.66	100.00
1992	99.00	87.68	2.68	2.37	5.19	4.60	112.91	100.00
1993	233.33	84.02	6.90	2.48	20.68	7.45	277.71	100.00
1994	278.98	82.18	15.44	4.55	24.91	7.34	339.46	100.00
1995	302.35	79.97	21.52	5.69	30.84	8.16	378.06	100.00
1996	327.14	77.64	27.37	6.50	34.44	8.17	421.35	100.00
1997	338.08	74.70	41.71	9.22	32.39	7.16	452.57	100.00
1998	308.25	67.80	39.79	8.75	38,98	8.57	454.63	100.00
1999	264.85	65.69	44.79	11.11	42.16	10.46	403.19	100.00
2000	250.39	61.50	44.79	11.00	43.84	10.77	407.15	100.00
2001	291.67	62.22	41.83	8.92	44.33	9.46	468.78	100.00

说明：东亚包括日本、中国香港、中国台湾、韩国、印度尼西亚、马来西亚、菲律宾、泰国和新加坡；1991～1996年的欧盟数字为13国数字，不包括希腊和葡萄牙；1991～1996年的数字包括直接投资和其他投资，其余年的数字均指境外直接投资。

表3表明，（1）到2003年年底，中国最大的贸易伙伴是日本和欧盟。这两个最大贸易伙伴分别占中国进出口总额的15%；第二大贸易伙伴是美国，占中国进出口总额的14%；东盟和韩国分别占9%和8%。（2）中国进口来源地主要是东亚和欧洲地区，其中日本是中国最大的进口来源国，占中国进口总额的18%；美国是中国最大的出口目的地，占中国出口总额的19%；欧盟为中国第二大出口地区，占中国出口总额的17%。（3）中国对美国市场的依赖仍然很强。但是如果我们将东盟、日本和韩国作为一个贸易伙伴，中国与这一地区的贸易额超过美国与欧盟的总和。

根据表4，中国利用的外资中来自东亚经济体的部分远远超过欧盟和美国。

2. 中国已成为东亚各经济体的重要出口地和经济增长动力

中国经济的持续快速增长也促进了东亚各国和地区对中国的出口贸易，并拉动了各国和地区的经济增长。在8个主要东亚经济体的出口总额中，对华出口所占比重已达到较高的水平，在2002年这一比重达到8.8%。其中，韩国对华出口已占其出口总额的14.7%，增长最快的菲律宾在2002年对华出口增长了200%，对华出口占其出口总额的比重从2001年的2.3%提高到2002年的6.2%（参见表5）。

表5　东亚各经济体对华出口额及占各自出口总额的比重

		日本	韩国	中国台湾	新加坡	马来西亚	泰国	菲律宾	印度尼西亚	合计
2001年	出口额（亿美元）	317.0	181.9	47.5	53.3	37.6	28.6	7.9	32.8	706.6
	占总额的比重（%）	7.8	12.1	3.9	4.4	4.2	4.4	2.3	5.0	6.7
2002年	出口额（亿美元）	399.6	237.5	99.5	68.6	63.1	35.5	24.5	40.2	968.8
	占总额的比重（%）	9.6	14.7	7.6	5.5	6.5	5.2	6.2	6.1	8.8
2002年比2001年	增长%	26.2	30.8	110.6	30.2	65.8	24.1	200.0	21.2	37.1
	比重增加（百分点）	1.8	2.6	3.7	1.1	2.3	0.8	3.9	1.1	2.1

资料来源：日本贸易振兴会网站 http：//www.jetro.go.jp/ec/j/trad/dxcel/matrix。

中国经济持续快速增长不仅带动东亚各经济体对华出口的迅速扩大，而且中国越来越成为高度依赖外需的东亚经济增长的主要动力。即便是作为东亚第一经济大国的日本，其目前的经济回升也在很大程度上得益于对华出口。如在2002

年度，日本实际GDP增长1.2个百分点，其中对华出口的贡献率达到56.4%，即0.68个百分点。由于多数东亚国家和地区对华贸易存有顺差，中国经济已经成为它们经济增长的主要拉动力。

3. 中国—东盟自由贸易区的建立将日益密切中国与东亚各国的经济联系

2001年11月6日，在文莱召开的第五次中国—东盟（10+1）领导人会议上，中国与东盟领导人签署了《中国—东盟自由贸易区框架协议》，共同启动了中国—东盟自由贸易区的建设进程。中国—东盟自由贸易区在2003年7月1日开始实行，将于2010年建成，届时的中国—东盟自由贸易区将是一个拥有17亿人口、国内生产总值近2万亿美元、贸易额达1.2万亿美元的经济区域，将成为仅次于美洲自由贸易区、欧盟的世界第三大自由贸易区。

在与东盟的双边贸易中，中国多年来一直处于逆差，自由贸易区的建立必将进一步促进东盟各国的经济增长和发展。中国—东盟经济合作专家组的研究分析表明，中国—东盟自由贸易区建成后，中国对东盟的出口将增加106亿美元，增幅55.1%，东盟对中国的出口将增加130亿美元，增幅48%。自1990年以来，中国与东盟的贸易额以年均约20%的速度递增。根据中国的统计，2003年，中国与东盟之间的贸易额达到了历史性的782亿美元，比1978年增长了90倍。2003年10月1日，中国和泰国正式实施两国间蔬菜及水果产品贸易的零关税。这是在《中国—东盟全面经济合作框架协议》“早期收获”方案下，中国和东盟为加速取消关税，以实现2010年建成世界第三大自由贸易区这一目标而在操作平台方面迈出的第一步。东盟秘书处的统计数据显示，截至2004年7月，东盟与中国之间涉及早期收获计划产品的贸易额达到了11.1亿美元，比2003年同期增长42%。其中东盟对中国出口6.8亿美元，同比增长约50%。

2003年10月，在印度尼西亚的巴厘岛，中国与东盟签署了《中华人民共和国与东盟国家领导人联合宣言》，明确提出在2005年实现双方年贸易额达到1000亿美元的目标。而仅仅一年后，中国商务部副部长安民即宣布，从目前的发展趋势看，这一目标有望在2004年就提前实现。

2004年11月29日，在老挝万象中国与东盟正式签署了《中国—东盟全面经济合作框架协议货物贸易协议》，标志着中国与东盟自由贸易区全面启动。签署协议当日决定2005年在马来西亚举办首次东亚首脑峰会。

（三）中国与日本的关系

我们认为，中日经济相互需求、相互补充，两国不仅在推动区域经济合作方面相互需要，而且在许多重大国际事务中也存在着许多共同战略利益，两国经济的进一步合作具有坚实基础。

1. 中日经济发展相互需求相互补充

长期以来，中日经济合作一直是两国关系克服困难、不断发展的主要推动力。就中国而言，日本是向中国提供政府贷款最多的国家，是中国改革开放后学习和借鉴、吸引外资和引进技术的主要对象国。

目前，中国经济继续保持稳定发展，而日本经济当前正处于深刻的历史性调整之中，按照结构改革的目标，日本将向产业高级化的方向发展，不断创新产业，同时把已经成熟的产业和技术向海外转移，今后继续扩大海外生产的规模将是日本必然的选择。随着中国经济的快速发展，对日本企业扩大海外生产和销售的吸引力越来越大。中国需要从日本获得技术、资金和管理经验，日本经济的进一步发展更有赖于中国广阔的市场和廉价的劳动力资源。由于中日两国经济发展阶段仍然存在着较大差异，这就决定了中日经济、贸易结构的互补性将是长期的，而且对双方都有利。

2. 中日两国不仅在双边经济上存在互补关系，在推动地区经济合作中也相互需要

1997 年发生的亚洲金融危机对包括日本在内的亚洲国家冲击巨大，成为促使东亚各国深刻认识美国的影响力并对之产生反感的契机。随着东南亚各国对国际货币基金组织提出的结构要求不满的增大，金融自由化带来的对美国资本的依赖、固定汇率政策下与美元体制的密切联系，"华盛顿共识"下的 IMF 政策等因素促使东亚各国进一步增加了亚洲意识。正是在这一背景下，日本提出的"亚洲货币基金"设想在受到美国反对的情况下，却得到了东亚各国的普遍支持。

目前，中日两国在推动地区合作应对经济全球化风险的问题上已形成共识，其标志是 1998 年发表的《中日联合宣言》。朱镕基总理在 2000 年访日的一次演讲中指出："地区经济合作是中日合作的重点领域之一，中国重视日本对地区经济发展的影响和贡献，中国将在东亚合作框架下加强与日本的协调。"小泉首相在 2002 年"博鳌论坛"的演讲中指出："日中两国在改革和加强相互依存关系的道路上前进的同时，谋求促进其他亚洲各国的经济结构改革和调整，从而构筑更广泛的亚洲合作体制。"日本的方针是：以中日合作为前提，以"10 + 3"框架为中心，逐步在能源、环境、货币金融及贸易投资等领域促进合作，并以多边合作的方式向中国和东盟提供政府开发援助等。

3. 中日两国在许多重大国际事务中也存在着共同战略利益

中日两国分别是亚洲最大的发展中国家和发达国家，双方不仅在经济上存在互补关系，在推动地区经济合作中相互需要，而且在一些重大国际事务中也存在着许多共同战略利益。中国坚持以经济现代化建设为中心，需要一个稳定的周边环境，要争取包括日本在内的发达国家的资金和技术援助；日本谋求进一步发展经济和扩大国际政治影响，离不开中国的理解和支持。

20世纪90年代泡沫经济破灭以后，由于经济出现衰退，日本放弃了在经济上同美国分庭抗礼的想法，重新回到追随美国的传统立场。但是，日本也未必甘于做美国的附庸，双方围绕控制与反控制始终明争暗斗。可以说日本一直都没有放弃追求与其经济大国地位相符的政治大国地位的努力。日本拒绝由美国提供“情报保护伞”，自行研制和发射侦察卫星就是一例。而日本要成为世界政治大国，不能无视中国的国际作用；要成为联合国安理会常任理事国，也必须得到中国的认可。日本若想在亚太地区发挥主导作用，就必须抗衡美国的影响，摆脱美国的控制，因此也需要借助中国来牵制美国。

中国作为具有世界影响的政治大国，正积极推进经济现代化建设，谋求建立公正、合理、平等的国际政治经济新秩序；日本作为世界上名列前茅的经济大国，要求扩大国际政治作用；双方在同一时期、同一地缘空间，以不同方式、在不同领域谋求新的崛起，使中日两国在推进世界格局多极化问题上有较多的共同语言和协调行动的可能性。我们认为，中国成为经济大国和日本在坚持和平发展道路的前提下走向政治大国都是不以人们客观意志为转移的必然趋势。

二、加强中日经济、金融合作是推动亚洲区域金融合作的基础和核心

我们认为，正确认识和处理中日两国之间的政治经济关系，从经贸领域、金融领域和共同推动地区经济合作三方面入手，进一步推进中日经济金融的合作与融合，是推动亚洲区域金融合作的基础和核心。

（一）正确认识和处理中日关系

东亚经济一体化一般被分为四极，即东盟十国、中国、日本和韩国。虽然暂时没有谁具有绝对主导力量，但事实上，其中最重要的两极就是中国和日本。无论韩国和东盟承认或接受与否，亚洲区域金融合作的成功与进展将主要取决于中国与日本之间的合作，如果中日之间不能够达成合作，亚洲区域金融合作从根本上讲就无法实现。

日本作为世界第二大经济强国，与中国近在咫尺，在经济、外交等许多方面与中国存在共同利益。但是，另一方面，它不仅在历史上与中国有着复杂的恩怨，现实中也与中国有许多利益的冲突和竞争。对于中国来说，未来一二十年能不能抓住机遇，实现中华民族伟大复兴的重要性超过了一切，其他的一切矛盾和对立都要服从这一大道理。因此，正确认识和处理中日关系极为重要。

第一，稳定中日关系对改善中国战略地位具有十分重要的意义。冷战结束后，中美日三国间已经形成某种程度的互动关系。尽管三者之间不存在明确的敌对关系，也不存在两方联合对付另一方，一方所得导致另一方受损的“零和”

关系。但是，任何一对双边关系的变化都会影响到另外两对关系。

第二，中日加强合作可以稳定我国的周边环境。中日两国“一衣带水”，互为对方最为重要的邻国，只有与对方和睦相处，加强合作，才能为自己争取到一个稳定的周边环境。从地缘政治的角度看，虽然中日这两个处于战略上升期的大国之间很容易滋生竞争意识，但双方都必须明确，在现代条件下，中日两国“和则两受其利，斗则两蒙其害”。

第三，日本作为世界第二经济大国，与中国近在咫尺，在我国现代化建设中发挥的作用是美国、俄罗斯等国难以替代的。在双边经济利益层面上，中日间的相互依存正在急速扩大。中日经济在质量和结构上互补性大、竞争性小，21 世纪将是中日经济形成高度分工与合作、共同促进发展与繁荣的世纪。

中日经济关系在我国未来发展进程和国家战略中占有重要地位，是亚洲区域金融合作的基础和核心。我们应努力寻找和扩大两国共同战略利益的交汇点，以经济合作为龙头，促使中日关系健康、稳定地向前发展。21 世纪是一个充满历史机遇与挑战的时代。中日两国只有高瞻远瞩，从大局出发，超越矛盾，携手合作，才能在未来严峻的挑战中获得“双赢”，才能共创和平与经济繁荣的新前景。

（二）进一步加大经贸领域里的合作力度

目前，日本已连续 11 年成为中国最大贸易伙伴国，中国连续 9 年为日本第二大贸易伙伴国，2003 年中日贸易额达 1335 亿美元，增幅高达 31%。随着中国市场潜力的显现和日本产业结构调整的需要，“投资拉动贸易”的特点非常鲜明，日本企业在华巨额投资建立生产研发和销售基地，汽车、钢铁、原材料业和服务业出现一轮高过一轮的投资热潮。中日两国经济互补性强，合作潜力大。双方应以长远的战略眼光看待中日经贸合作，不受国际国内政治因素影响，积极培育新的合作增长点，推动双边经贸合作从量的增长转为质的提高。

1. 在产业结构的提升过程中加大合作力度

日本目前需要向海外转移的产业，已经不是 10 年甚至 20 年前那种高污染、高能耗、低收益的产业，多数是能够取得较丰厚利润、具有相当科技含量的传统制造业。如汽车、机电、石油化工、高速铁路等。因此，它要求吸纳投资的国家具备相应的条件，在基础设施、劳动力素质、产品市场等方面都有较高的要求。这些条件并非所有发展中国家都具备，而在中国却一应俱全。

2. 积极促进高新技术领域的合作

在日本传统制造业寻找出路纷纷进入中国市场的同时，日本的软件开发、IT 产业也加速与中国合作。例如，NEC、富士通等通讯企业大量增加从中国的软件订购，日本 IBM 把电子商务和网络软件开发业务转移到中国，计划将在华开发人员增加7倍。

3. 实行“走出去”战略，支持中资企业进入日本市场

2001年上海电器集团收购日本秋山印刷公司，开创了利用并购获取关键技术的对日投资模式。日本贸易振兴会（JETRO）上海代表处于2003年12月在上海市首度举办了促进中国企业进军日本的交流会，来自鹿儿岛、福岛、神户等县市的20多个日本地方政府及相关企业参加了该交流会。目前，已有100余家中国企业在日本落户。

（三）大力拓展金融领域的合作空间

推动中日两国金融的融合，应从进一步加强两国双边金融合作和共同推动地区金融合作两方面入手。

1. 积极推动双边金融合作

进一步发展两国中央银行间的友好合作关系。日本银行具有较强的独立性，长期与我友好，目前两国中央银行已有24年定期交流历史，双方均在对方设有代表处。双方还于2002年3月签署了双边货币互换协议，在遇有紧急事态和金融危机发生时一方可向对方兑换相当30亿美元的外币。目前，两国中央银行已一致同意：定期进行业务交流；遇有国内重大金融政策调整时及时通报对方；在国际和区域合作事务中协调立场，共同发挥主导性作用。

进一步加强两国金融监管部门的协调与沟通。目前，日本的商业银行在中国大陆设立分行20家，是在华设立分行最多的国家。同时，中国银行、交通银行、中国工商银行和中国建设银行也相继在日本设立了分行。这就要求两国金融监管部门及时互通监管信息、加强合作，建立有效的监管协调机制。

2. 共同探讨亚洲地区金融合作新模式

1997年在吉隆坡举行东盟成立30周年纪念活动时中日韩三国首脑应邀出席，“10+3”协调机制在此时机得以启动。“10+3”把东南亚与东北亚连接成亚洲框架，这一框架的成果中，尤其值得再次一提的是2000年5月“10+3”财长会议达成的《清迈倡议》。《清迈倡议》是把若干双边协定集合在一起的金融合作新模式，其本身并不是多边协定，但其中却含有多边合作框架的潜在可能。我们应以此为切入点，与日本共同推动本地区金融合作新机制的最终建立。

（四）共同推动区域经济一体化

经济全球化与区域经济一体化是当今世界经济发展的两大潮流。以西欧、北美为主要代表，世界各大区域和次区域都在构筑本区域共同体。在环太平洋地区存在着亚太、东亚、东南亚和东北亚三个层次的区域、次区域结构。目前，亚太地区存在着亚太经济合作组织（APEC），东南亚存在着东盟，在东亚层次有

"10+3"协调框架。东亚合作机制的形成之所以缓慢，主要是因为东北亚合作滞后造成的，其主要原因又在于中日两国未就推动东亚合作达成战略共识。但是，在2001年中国解决了加入世贸组织的首要课题之后，参与地区框架的态度急速转变，2001年与东盟就开始进行自由贸易协定谈判达成一致，同年还在上海主办了亚太经济合作组织会议。中国对地区合作的积极变化对已经积极在参与的日本来说，成为推动地区机制化的良好机遇。小泉首相对中国与东盟加强关系表示了支持，并提议日本与东盟缔结自由贸易协定，强调这一自由贸易协定就是包含亚太国家（东盟、日本、中国、韩国、澳大利亚、新西兰）的地区框架。

第五章 中国参与亚洲金融合作的原则和策略

中国的经济实力和发展潜力决定了中国在亚洲金融合作中的地位和作用，中国作为重要的一极，为了积极推动亚洲金融合作的顺利开展，以及在合作各方的利益争夺中充分保护自身利益，必须制定自己的参与原则和策略，既要坚持原则，又要在既定的原则下灵活、积极应对。

一、中国参与亚洲货币合作的基本利益及总体原则

亚洲区域金融合作将首先、主要在东亚展开，东亚合作的核心是东盟加中日韩。货币合作对不同参加国的作用是不同的。亚洲的现实是区域大国（日本和中国等）如何获得合理的动态的发言权，以及较小型的开放经济体如何获得名义的内部锚来稳定其货币汇率，防范外部投机性攻击。

（一）中国参与亚洲货币合作的基本利益

从静态、短期来看，类似货币互换、亚洲货币基金这种较浅层次的金融合作对中国都是有利的，但如果立刻建立货币联盟，对中国的利益不是很大。现阶段，中国参与建立诸如东盟加中日韩的货币联盟，尽管中国实力增强了，人民币能在其中发挥一定的作用，但由于发展水平、经济实力仍远低于日本，作用将很难超过日元，这种情况有碍于人民币国际地位的提升。而且，在货币联盟内，对像中国这样的发展中国家来说，实际上要把其发展的机会让其他联盟内成员国共享，这也是日本积极谋求从货币联盟着手区域经济合作的重要原因。

然而从动态、长期来看，货币联盟对中国的作用要大得多。

第一，目前，亚洲区内事实上钉住美元的汇率制度对区内货币关系的稳定起到了积极作用。如果亚洲区内越来越多经济体实行更大弹性的汇率制度，货币关系稳定将成为突出问题，金融货币方面的合作有助于解决这个问题。

第二，目前，人民币已在周边的蒙古、越南、缅甸、韩国、香港、澳门等国

家和地区流通，在其中有些国家还被视为与美元相当的“硬通货”。从长远来看，我国需要人民币成为主要的国际货币，但是从当今的国际环境来说，与美元、欧元、日元的国际化道路相比，人民币国际化面临更多更艰险的困难，从目前意见比较一致的人民币国际化的道路——先区域化再国际化来看，人民币的国际化首先需要周边国家的支持和合作，即人民币区域化。

第三，中国的金融开放，如资本项目开放，也离不开区域金融合作的支持。我国的资本项目至今仍实行较为严格的全面管制，然而，从金融全球化的发展趋势以及中国未来需要开放的领域来看，资本项目开放也将是必然趋势。区域金融合作将起到防范风险，抵抗危机的作用。

第四，中国潜在的金融危机威胁离不开区域金融合作。1997 年中国之所以躲过了亚洲金融危机的传染，主要原因是当时中国实行严格而全面的资本管制，国际游资没有自由进出中国的渠道，否则，我们也不可能躲过那一劫！就目前我国的经济现状来看，存在的问题、缺陷并不比 1997 年时的东南亚诸国少。有经济学家指出今后中国是最有可能发生金融危机的国家。在未来，中国资本项目开放和人民币自由兑换以后，不可能再拒国际游资于门外了。因此，中国与周边国家共同构建起防范金融危机的良好机制是预防金融危机威胁的最有效的措施之一。

第五，随着亚洲经济在世界经济中的地位提升，亚洲应该在世界货币体系中占据应有的位置。一个强大的亚洲，需要一个强大的亚洲货币，区域性货币联盟有助于强大的亚洲货币的形成，或者提高亚洲货币的地位。

第六，随着经济合作向更深、更高层次发展，自然会产生货币合作的要求，而且货币合作反过来又会推动经济领域的全面合作进程。

（二）中国参与亚洲货币合作的总体原则

中国在未来的亚洲金融合作中应至少把握住以下原则：

第一，未来的亚洲金融合作应该充分考虑亚洲经济、政治格局将发生的变化，即充分考虑亚洲新兴国家未来的成长趋势，以使亚洲金融合作框架拥有足够的弹性以反映变化中的力量对比；

第二，中国参加亚洲金融合作应与中国在各个时期的发展阶段与国际实力相匹配，以不损害长期内中国的政治、经济利益为底线；

第三，在亚洲金融合作中，短期内中国的利益不能受到损失，长期内则要在争取共赢局面的同时获得和中国国际地位相称的政治、经济利益；

第四，在亚洲金融合作中要充分考虑不同时期国际强权的反应，最大限度地争取统一战线，以保障中国的和平崛起；

第五，正确处理中日关系，在推动亚洲区域金融合作中，没有日本的参与，也不会取得成功。在谋求与日本的合作中，在坚持日本正确认识和解决历史问题的基础上，要权衡中国的利益得失，灵活对待中日间出现的各种问题。

二、中国参与东亚金融合作的策略

（一）政治经济策略

在短期内（目前～2009年），中国仍然属于低收入水平国家，主要精力应该放在深化国内改革与发展。在亚洲金融合作中的作用应体现在完善现有金融合作安排，落实已达成的各项金融、贸易协定，进一步紧密同东盟以及其他亚洲重要国家之间的经济和政治关系；该阶段可以考虑进一步推动两岸三地的贸易、金融联系；与此同时尊重现行国际秩序。

在中期内（2010～2019年），此时中国已经基本完成工业化和现代化，可以也应该在亚洲和世界舞台上有更大的作为。这一阶段中国在亚洲金融合作中所起的作用是：(1) 在全面落实中国—东盟自由贸易区建设的同时，可以通过向其他亚洲国家进一步开放市场以加强同亚洲国家（尤其是印度、中亚和俄罗斯远东地区）之间的经贸联系，集中精力推动亚洲统一大市场的建设，为进一步发展金融合作打下基础；(2) 利用两岸三地的联合优势，在大中华经济圈筹建区域金融中心，发展地区金融市场，并优先鼓励人民币在中亚和俄罗斯远东地区使用；(3) 应尽量争取日本的合作，说服其放弃建立日元区的企图，转而构建包括人民币和日元在内的亚洲一揽子货币篮子，作为未来亚洲货币的发行基础；(4) 在这一过程中应充分考虑东盟国家和韩国的利益，同时应该在更广泛的基础上将印度也拉进亚洲金融一体化的建设过程。总之，这一阶段将成为决定亚洲金融合作未来走向和成效的关键阶段。

在中长期内（2020～2029年），中国将成为亚洲第一大经济实体，新的亚洲政治、经济新秩序应该在这一阶段完成重构过程，为此中国的作用应该体现在：(1) 应该成为亚洲地区经济的发动机和领头羊，为亚洲国家的出口和经济增长提供市场和动力，推动亚洲经济、金融一体化进程；(2) 应该使人民币或者以人民币为主要权重的亚洲货币成为亚洲国家主要储备货币和交易单位。

在长期内（2020年以后），中国将成为世界经济强国之一，此时中国的作用范围应该超越亚洲区域，而在全球框架下谋求改革原有国际政治、经济秩序，以使国际格局反映全球实力对比的新变化。

未来世界形势究竟会发生什么变化并不为人所晓，但作为一项长期性的战略规划与设想，中国至少应当采取如下策略，以保证中国在每一阶段的战略利益。

(1) 符合地缘政治、经济的要求，首要的是完善并深化同周边国家的关系，积极推动两岸三地的经济和金融一体化，稳定同美国、日本的关系。

（2）应该充分吸取拉丁同盟的失败和欧洲货币一体化相对成功的历史经验。历史经验表明，从长远来看，集体联盟要比单个霸权国家支配下的国际秩序更具稳定性和灵活性。在相当长的时间内，中国的经济总量仍将低于日本和美国，以人均收入水平来看更是将长期处于相对较低阶段，因此，在金融合作中应该充分联合本地区大国，争取日本、印度等国的合作。

（二）中国参与亚洲金融合作的各阶段经济战略

中国参与东亚金融合作的各阶段目标和措施包括如下几个方面。

1. 短期目标和策略（目前~2009年）

中国参与东亚金融合作的短期目标和策略包括：首先，积极推动《清迈倡议》，使之由象征性安排演化为具有货币基金性质的合作机制；其次，积极参与东亚债券市场的建设和支付结算等金融市场基础设施建设；再次，暂时可以接受美元地位而不能接受日元霸权；最后，推进人民币成为周边地区贸易和投资交易的关键货币。

相应的国内配套措施包括：首先，赢得时间以调整国内产业结构，增强综合经济实力，增加区域合作中的能力和谈判筹码；其次，完善国内债券市场、外汇市场、各种形式外汇交易工具，完善人民币汇率形成机制；再次，适时调整人民币汇率制度，使之更具有灵活性；最后，适时放松资本项目的管制，以逐步消除参与地区金融合作的国内的制度性障碍。

2. 中期目标和策略（2010~2019年）

中国参与东亚金融合作的中期目标和策略包括：首先，积极推进摆脱美元在东亚地区的控制地位的进程；其次，实现人民币周边化，推进人民币成为周边地区贸易和投资交易的关键货币；再次，通过参与东亚债券市场和货币市场的建设推动人民币成为东亚载体之一；最后，考虑有人民币参与的东亚汇率联合机制。相应的国内配套措施最核心的是实现资本项目下交易的基本可兑换性。

3. 长期目标和策略（2020年以后）

从长期来看，在中国实现资本项目的彻底开放的同时，在区域金融合作方面可能的三种蓝图：实现人民币国际化，人民币成为东亚地区主要的贸易计值、资产交易和储备货币；参与以人民币为核心货币之一的东亚汇率联合机制；形成东亚单一货币。

三、培育和推动人民币作为亚洲载体货币的技术步骤

培育和推动人民币成为亚洲载体货币，对中国和亚洲地区经济社会的长远发展具有重大意义。首先，它将增加人民币需求，美元将不再具有从各国变相掠取货币发行税、并由此影响别国的货币政策的优势。其次，减少汇率风险。钉住美

元易招致美国等西方对冲基金的投机炒作，采用人民币作为载体货币将更易于监管和控制。最后，还有助于减小流动性风险。以美元作为载体货币时存在赫斯塔特（Herstatt）风险①，需进行两步交易，采用人民币作为载体货币，将为将来的亚洲货币市场消除这种风险。

（一）创造人民币作为亚洲载体货币的基本条件

要使人民币发展成为亚洲货币市场载体货币，需要首先培育以下几个条件。

第一，培育载体货币使用的基础条件：增加亚洲货币间的直接交易。通过鼓励本币结算和交易，减少对美元的依赖，亚洲货币交易也将逐步活跃起来。对人民币而言，在人民币全面放开以前，港币首先应为此争取先机。

第二，发展和丰富金融债券市场。放开金融管制，发展国库券和其他货币市场，使持有该介质货币者可以随时变现。

第三，充当载体货币的货币市场必须具备畅通的信息网络。信息充分是市场发展的基本条件，货币市场尤其如此。

（二）采取政策措施培育人民币作为亚洲载体货币

即便上述基本条件均已具备，人民币也未必就能够作为亚洲载体货币如期出现并被市场接受。市场选择一种载体货币，关键是看其交易成本，而交易成本又主要取决于交易额大小。在外汇市场交易额主要由投机交易造成，与实际贸易需求并不直接相关。因此，在实际需求不变的情况下，也可以使交易额大增，从而降低交易费用。这就意味着可以考虑通过改善政策措施，如在可控制的某个区域内放开金融交易管制，以提供便利的交易结算服务等措施激励降低交易成本。在监管能力逐步提高和经贸实力不断增强的情况下，逐步扩大该市场范围，利用正反馈循环增强该载体货币的地位。几个可能的政策选择包括：

第一，逐步放开人民币资本项目。资本项目的开放是降低规章制度成本，获得人民币流动性的基本前提。但是，在资本项目没有完全开放以前，并非没有推动其成为载体货币的事情可做。相反，建立自由投资贸易区，推行以人民币进行区内投资贸易结算，鼓励人民币债券在区内的跨境交易等措施，将为人民币的全面开放提供宝贵经验。

第二，改变钉住美元为钉住一揽子货币，最后完全自由浮动。钉住美元在外

---

① 赫斯塔特风险是跨境风险中的一种，也称为不同币种结算风险。它是指由于两种货币结算体系之间存在时差，外汇交易的一方履行了交付一种货币的责任，但却未收到交易对手交付的另一种货币造成的风险。这种风险最初得名于1974年，当时德国的一家私人银行（赫斯塔特银行）在一笔马克/美元交易中，由于收、付未能在美元和马克两个结算体系同时进行而导致破产。

汇市场上的重要作用是减少在银行间外汇市场上与美元进行交易时的交易成本，但是这也容易受到投机商冲击。放弃钉住美元意味着大规模减少对美元的需求，从储备到交易放弃对美元的全面依赖，将使美元失去前面所述交易的正反馈优势。

第三，降低结算风险。建立现代化支付结算体系。在总额实时支付系统（RTGS）平台上的异种货币对付系统①（PVP）将有效地降低结算风险，使得银行间外汇交易结算成本降到极限。采用总额实时支付系统平台还将大规模释放现有支付体系下的在途资金占用，有效帮助货币当局提高监管能力。可见，总额实时支付系统的建立，将使国内和区域内人民币银行间交易额迅速扩张，交易成本和交易风险极大程度地得以降低。建立异种货币对付系统的前提条件是建立总额实时支付系统网络。先建网和先联网的总额实时支付系统将优先占有交易便利，从而优先增加交易量，降低交易成本，使市场长期将其选择为载体货币。

第四，提高债券流动性。在支付结算和债券交易系统联网的基础上，推动人民币—港币债券的联动发行和交易。在中国内地、香港、台湾、澳门大中华投资贸易圈内，鼓励以人民币计值的投资、贸易及其支付结算，探索发行和交易人民币债券，扩大人民币和人民币债券的交易额和流动性，降低交易成本。

参考文献

1. 雷志卫：《欧洲货币联盟的理论基础与动作机制》，2000。

2. 冯昭奎：《对日关系的艰难求索》，载《世界经济与政治》，2004（5）。

3. 宋国友：《东亚区域贸易协定的发展与美国霸权的变迁》，载《世界经济与政治》，2004（7）。

4. 朱青：《欧元与欧洲经货联盟——欧洲货币统一的理论与实践》，中国人民大学出版社，1999。

5. 周八骏：《迈向新世纪的国际经济一体化》，上海人民出版社，1999。

6. 张幼文：《世界经济学》，立信会计出版社，1999。

7. 华民：《国际经济学》，复旦大学出版社，1998。

8. 胡军：《华南区域经济一体化》，暨南大学出版社，1996。

9. 何伟刚：《港澳货币金融一体化可行性与先行性分析》，载《上海金融》，1999（12）。

10. 何伟刚：《港澳货币政策合作　维护过渡期金融稳定》，载《金融内参信息》，1999（98）。

① 异种货币对付系统是利用联网的 RTGS 系统，将两种货币交易时收、付指令自动匹配，同时进行的货币交易系统。

11. Paul R. Krugman and Maurice Obstfeld, International Economics: Theory and Policy, 4th edition, New York: Harper Collins, 1997.

12. Orlin Grabbe, International Financial Markets, 3rd edition, Englewood Ciffs, Prentice - Hall, 1996.

13. John Greenwood, Exchange Rate Regimes and Monetary Stability, Asian Monetary Monitor, July - August, 1994.

Ario Baldassarri and Robert Mundell, The Single Market and Monetary Unification, St. Martin's Press, 1993.

通货膨胀目标制

——国际经验与借鉴意义

中国人民银行调查统计司课题组

课题主持人：唐思宁

主要参与者：王　毅　王振营　向晓岚

自从1989年新西兰储备银行首先引入通货膨胀目标的货币政策框架以来，无论是发达国家、发展中国家，还是经济转轨国家纷纷步其后尘，先后采用了通货膨胀目标，国际货币基金组织也在新兴市场经济国家极力推行这一政策框架（安德列·沙赫特等，2002），有学者甚至建议在采用"只干不说"战略的格林斯潘领导下成功地执行了货币政策的美联储和采用稳定取向战略也成功地将通货膨胀及其预期保持在低水平的欧洲中央银行采纳通货膨胀目标：

> "我们认为通货膨胀目标是一个非常有前途的货币政策战略，可以预言随着越来越多的中央银行和政府部门认识到它的好处，通货膨胀目标将成为货币政策的标准方法。"（Bernanke et al.，1999）

一、通货膨胀目标的操作架构

通货膨胀目标化政策是一货币政策操作架构，在此架构下央行预先设定一个未来特定期间内所欲达到的通货膨胀目标，并运用各项货币政策工具来达到该目标。通货膨胀目标制下的货币政策操作程序如下：（1）预先设定一个中期的通货膨胀目标，据以充当执行货币政策的锚；（2）使用诸如产出缺口、货币总量、利率、汇率、预期通货膨胀率、资产价格及主要原料价格等经济变量来预测未来的通货膨胀率，并采用相应的政策操作缩小通货膨胀预测和通货膨胀目标之间的差距；（3）检验货币政策的执行成果，再将结果反馈至下期的货币政策，如此的反馈过程将导致实际通货膨胀率长期收敛至通货膨胀目标区，并以此构建物价稳定的基石；（4）对外宣布政策态势的变化，并将操作目标调整到所需水平。

通货膨胀目标之货币政策架构有三项主要特征：（1）通货膨胀目标为一中长期目标；（2）须预估未来的通货膨胀率；（3）为达成通货膨胀目标，在衡量未来通货膨胀的预测值之下，以短期利率作为货币政策的操作目标，不再设定其他的中间目标。因此，货币政策架构转变为以中期通货膨胀预测值为基础的前瞻性事前防范（preemptive）方式，同时侧重于短期操作目标与物价稳定之最终目标间的紧密关联性，相对于传统货币政策而言，通货膨胀目标化政策已不再使用货币总量或汇率①等中间目标（参见表1）。

表1　通货膨胀目标制基本架构

货币政策架构	操作制度
通货膨胀目标化	政策工具→操作目标→ ↑ →最终目标 信息变量
中间目标化	政策工具→操作目标→ 中间目标 →最终目标

从货币政策操作上看，在通货膨胀目标制下，货币当局直接的行动对象主要是短期利率，包括中央银行贴现率以及银行间市场的拆款利率（call rate）。货币当局从事公开市场操作、政府债券的发行、央行票据的发行、最低贷款利率的限制等措施，都是为了使短期利率达到适意的水平。其他变量，如货币总量、利率差距（interest rate spread）及货币条件指数（MCI）等，亦一并纳入考虑范围。因此，在此架构下，试图找出短期利率影响物价的传递管道就变得相当重要。为其建立货币政策的执行计划，必须考虑短期利率对物价的影响效果，如时间滞后、回归系数等。

（一）通货膨胀目标的设定

1. 通货膨胀目标之决定权

根据 Alina Carare 等人（2002）针对 20 个采用通货膨胀目标制国家所进行的调查研究显示，其中有 8 个国家是由央行自行设定通货膨胀目标，如瑞典、芬兰、澳大利亚及西班牙等。其余 12 个国家或由政府（通常为财政部）设定与宣布通货膨胀目标，但会事先与央行磋商，如英国；或由政府与央行联合设定通货膨胀目标，如新西兰及加拿大（参见表2）。

表2　通货膨胀目标的设定

	国　家
目标宣布主体	
中央政府	巴西、冰岛、以色列、挪威、英国
中央银行	智利、哥伦比亚、芬兰①、墨西哥、波兰、西班牙①、瑞典、泰国
政府和中央银行联合宣布	澳大利亚②、加拿大、捷克、匈牙利、新西兰、韩国、南非

---

①　芬兰或许是个例外，其在 1992 年 9 月实施通货膨胀目标制后，直到 1999 年 1 月采用欧元之前仍然使用汇率（与德国马克保持 ±2.5% 的较窄的波动区间）为其货币政策的中间目标。

续表

项　　目	国　　家
价格指数（缺墨西哥）	
消费者价格指数（CPI）	澳大利亚②、巴西、加拿大、智利、哥伦比亚、匈牙利、冰岛、以色列、新西兰⑤、挪威、波兰、西班牙、瑞典
核心/基础（underlying）CPI	捷克、芬兰、韩国、南非⑥、泰国、英国⑥
点目标或区间目标	
点目标	哥伦比亚、芬兰、墨西哥、挪威、西班牙、英国
区间目标	巴西、匈牙利、冰岛、韩国、瑞典
2个百分点以内	澳大利亚、加拿大、智利④、捷克、以色列、波兰
大于2个百分点	新西兰、南非、泰国
通货膨胀目标的时间范围	
年度目标	韩国⑦、墨西哥、波兰、南非
年度目标，提前数年公布	巴西、哥伦比亚、捷克、匈牙利、西班牙、泰国⑧
时间范围不确定	澳大利亚②、加拿大③、智利④、芬兰、以色列、新西兰⑤、瑞典、英国

资料来源：Alina Carare，et al，2002；Bernanke 等人，1999；各国中央银行网站。

① 芬兰和西班牙指1999年1月引入欧洲单一货币（欧元）之前。

② 澳大利亚：1998年从核心通货膨胀指数转为CPI，但后者已经扣除利率的变化。通货膨胀目标是整个经济周期的平均值。

③ 加拿大：多年目标，定期审议。

④ 智利：始于2001年。

⑤ 新西兰：目标指数在1998年从核心通货膨胀指数转为CPI，但后者已经扣除利率的变化。基本上没有期限，但是目标协议在行长任期结束时到期。

⑥ 南非和英国仅从其价格指数中扣除了抵押利息。

⑦ 韩国也公布中期目标。

⑧ 泰国的目标为2000～2002年的季度平均值。

政府间接地承诺以财政政策支持通货膨胀目标的实现，可加强通货膨胀目标的可信度。Debelle 和 Fischer（1994）认为，中央银行（取决于它的独立程度）往往会选择一个在政府看来是过高的目标，因此代表社会的偏好的政府应该为中央银行制定目标。但是，政府的视野是短期的，因此政府可能会偏爱高于长期最优通货膨胀率的目标。政府和中央银行联合宣布通货膨胀目标，或者中央银行积极与政府和社会讨论通货膨胀的后果，都能够解决这方面的矛盾。因此，那些由政府设定通货膨胀目标的国家，通常强调货币政策目标及政策工具须分开由不同的部门来设定与操作，一般而言，中央银行仍保持工具的独立性，当中央银行在目标通货膨胀率的合适水平方面与政府有不同意见时，它仍然会公开表示自己的意见，政府多半只是扮演监督的角色。

在中央银行立法明确规定货币政策的首要目标为物价稳定，但是并没有规定具体目标的国家（如波兰、西班牙和瑞典），通常由中央银行来公布通货膨胀目标。智利中央银行和芬兰中央银行的货币政策目标被泛泛地定为货币稳定，它们也宣布通货膨胀目标，这表明中央银行有能力将法律授予的使命解释为维护国内物价稳定。中央银行宣布通货膨胀目标，是向公众保证履行它的责任，增加货币政策的可信度。可信度之所以提高是因为宣布通货膨胀目标意味着政府把制定货币政策目标的权力下放给了中央银行。

2. 长期通货膨胀目标

长期通货膨胀目标的选择似乎取决于目标价格指数向上偏差的程度以及经济刚性的程度。关于实行通货膨胀目标制国家的最优长期通货膨胀目标问题目前仍存在争论。最适通货膨胀目标设定为零或近于零并不理想，主要理由为：第一，根据最近的研究显示，由于固定权数指数的衡量误差以及未充分计算商品质量的提升，各国官方所公布的 CPI 年增率往往高估实际的物价水准状况。第二，Akerlof 等人（1996）指出名义工资通常具有向下刚性（down - ward rigidity）。如果通货膨胀目标为零或接近于零，则实质工资必定僵固而无弹性，进而降低劳动市场的配置效率，长期而言，将导致自然失业率的上升。因此，只有在通货膨胀目标值为正的情况下，才可使实质工资下降，并维持名义工资的上升率低于通货膨胀率。第三，避免经济陷入通货紧缩之风险。基于此，即使央行欲使真实的通货膨胀率为零，最好仍使通货膨胀目标大于零。究竟最适度通货膨胀目标水准应为多少方为适当，Akerlof 等人（1996）认为若考虑名义工资向下僵固的效果，央行应将通货膨胀目标设定为1% ~2%。然而，若再加上 CPI 的衡量误差1% ~2%，则最适度通货膨胀目标应为2% ~4%。这一目标也说明，允许实际利率在经济周期的低谷阶段为负值是重要的[①]。若通货膨胀率度量偏差较小并且工资是弹性的，较低的长期通货膨胀率可能是合理的。

综观采用通货膨胀目标的工业国家，除新西兰外，一般所设定的长期通货膨胀目标均大于零，且一般在1% ~3% 之间，新兴市场国家稍高。对一个新兴市场国家而言，制定适当的长期通货膨胀目标的技术不确定性比一个工业国家更为严重。由于数据收集的限制和数据质量改善的重要性，消费物价数据的向上偏差问题更为严重。另外，结构性变化的步伐越快，意味着对劳动生产率增长速度以及工资弹性程度了解越少。智利、捷克、以色列、波兰等国已表示有意要实现与它们贸易伙伴相近的长期通货膨胀率。

---

① 还可参阅 Fortin（1996）和 Summers（1991）。然而，这些研究没有考虑到这样的可能性，即一个成功的通货膨胀目标制框架可能改变预期形成过程。这可以影响价格和工资的形成，从而降低长期通货膨胀率。

从促进经济持续稳定成长的角度看，中长期维持通货膨胀率于较低的水准是有利的，但是当通货膨胀率已经很高时，短期内要使通货膨胀率急剧下降并不适当。目前，采用通货膨胀目标的国家，倾向将通货膨胀目标区间逐年向下调整。

在规定长期通货膨胀目标的同时，例外条款规定在何种情况下偏离通货膨胀目标是可以容忍的。这个条款的选择和设计反映了各国对灵活性和可信性的权衡和取舍。目前，只有加拿大、捷克、新西兰和南非等国在通货膨胀目标制框架中包括了例外条款，以增加框架的灵活性。例外条款预先指出了在何种情况下可以偏离目标，同时要求中央银行明确回到原来的通货膨胀目标路径需要的时间，或者要求中央银行制定一条新的目标路径。例外条款的缺点是会被随意援引，不能应对所有潜在的冲击。因此，情况不完全明朗时使用例外条款会损害通货膨胀目标框架的可信性和可靠性。迄今为止，只有新西兰在 1990 ~ 1991 年和 1993 ~ 1994 年石油和木材的价格没有包括在基本通货膨胀期间启动了例外条款（Bernanke et al，1999）。

3. 价格指数的选取

选择合适的价格指数，需要在可控性和可信度两方面进行权衡和取舍。对于通货膨胀目标之选取，一般皆采用广义的物价指数，包括消费者物价指数（CPI）及 GDP 平减指数。其他所有的价格指数都无法取代消费价格指数（CPI）。这是因为消费价格指数是最好的、被更新最快的价格指数，是经济预测的核心，公众最容易理解，而且资料的取得较为及时，且精确度高，较少修正，不容易受中央银行操纵。后者虽然较能反映整体经济活动对一般物价的影响，惟资料取得有较长的时间滞后，且经常修正，争议较大。① 但是，消费价格指数通常包含中央银行无法控制的因素（如行政价格、贸易条件、间接税）和利息，因此，政策紧缩可能造成通货膨胀的虚假上升。基于此，上述国家皆选取消费者物价指数（CPI）（或零售物价指数，RPI）作为通货膨胀目标之依据。

剔除了某些或所有这类因素的核心消费价格指数可以解决上述问题。由于实施通货膨胀目标国家所关注的是中长期物价水准的变化，故实际上在采用 CPI 时，多会先剔除某些暂时性的外生因素，调整之后称为基准（underlying）或核心（core）CPI。惟那些因素为暂时性的外生因素，以及这些因素至何种影响程度方需剔除，仍有争议。一般对于供给面的外生冲击，如间接税提高及能源价格剧升，均予以剔除，因为这类因素对物价水准的影响“一次即止”（once - and - for - all），属暂时性的变动。虽然上述国家皆倾向根据基准或核心 CPI 设定通货

---

① 另外一个选择是 GDP 平减指数，它包含了在一国领土内生产的所有最终产品和服务的价格。在通货膨胀目标制框架内使用 GDP 平减指数的缺点是缺乏早期数据，数据更新太慢，这样会损害透明度和可信度。

膨胀目标，但所剔除的项目仍因各国经济情况而异。

大多数新兴市场国家选用消费价格指数，是因为它为公众所熟悉，可以提高数据的可信度（表3）。各国选用消费价格指数（英国选取的是零售价格指数）的动机通常与各国的具体情况有关。然而，由于核心价格指数比当前的综合消费价格指数可更好地预测未来的消费价格指数，各国总是同时监测核心通货膨胀指数（其定义因各国的情况不同而有很大区别）。例如，在以色列的消费价格指数中，管制价格和极端波动的价格（蔬菜、水果和住房的价格）约占40%；但是，由于它是经济指数化的基准，同时中央银行无法操纵，因此以色列选用了消费价格指数。巴西由于有恶性通货膨胀的历史，选用消费价格指数是为了取信于公众。如果一国的统计机构编制了核心价格指数，而且该核心价格指数又为公众和私营部门所接受，那么选用核心价格指数是有益的。

表3 货币政策的操作目标和主要政策工具

	操作目标	主要政策工具
新兴市场国家		
巴西	隔夜银行同业拆借利率（SELIC）	使用国库券或中央银行发行的债券进行公开市场操作（OMOs）
智利	与CPI挂钩的实际隔夜银行同业拆借利率，时滞为20天	通过中央银行票据和回购协议（repos）进行公开市场操作
哥伦比亚	隔夜回购利率	使用回购和政府债券进行公开市场操作
捷克	两周的银行间同业拆借利率	每日拍卖期限为两周的回购协议
以色列	银行短期贷款和银行存款的利率	对银行的定期和每日贴现窗口贷款，以及使用国库券的公开市场操作
匈牙利	短期的银行间同业拆借利率	每周对两周的中央银行存款和三个月的中央银行票据进行拍卖
韩国	银行间同业拆借隔夜利率	使用政府债券进行公开市场操作
波兰	为期28天的波兰国民银行票据利率	使用中央银行票据进行公开市场操作
南非	隔夜回购利率	使用政府债券进行公开市场操作
泰国	两周的回购协议利率	使用回购协议进行公开市场操作
工业国家		
澳大利亚	银行间隔夜利率	使用回购和政府债券单向交易进行公开市场操作，以及外汇市场掉期（swaps）
加拿大	隔夜利率	通过备用便利强化操作区间
芬兰	短期的货币市场利率	使用政府债券进行公开市场操作
新西兰	银行间同业拆借隔夜利率	使用回购和政府债券单向交易进行公开市场操作，以及外汇市场掉期（swaps）
挪威	银行间同业拆借隔夜利率	按存款和间接贷款的固定比例进行公开市场操作
西班牙	银行间同业拆借隔夜利率	使用政府债券和中央银行票据进行公开市场操作
瑞典	一周的银行间利率	使用回购协议进行公开市场操作
英国	两周的银行间利率	使用回购协议进行公开市场操作

资料来源：Alina Carare，et al（2002）；中央银行网页。

消费价格指数可以是全国性的，也可以是区域性的。选择哪一种性质的指数主要取决于数据的及时程度和公众关注的程度。多数国家选用全国性的消费价格指数，巴西和南非选用了口径较窄（只包括城市）的消费价格指数。

在价格的衡量方面，自然应考虑如何应对资产价格泡沫。实行通货膨胀目标制的中央银行通常只从影响通货膨胀的角度来观察资产价格和相关的资本流动。主流观点认为，货币政策应针对商品与服务市场的通货膨胀；只有当资产价格通过财富效应影响需求进而可能影响通货膨胀时才予以考虑（Kent & Lowe, 1998）。但是，一些中央银行担心"非理性"的资产价格泡沫，因为如果存在对资产市场有利的价格趋势的内在依赖，价格的迅速下跌在某些情况下可能影响金融体系的稳定。然而，当前流行的看法认为不应该在货币政策操作中直接着眼于资产价格，而应该采取措施防止金融体系受资产价格波动的不利影响。但是，由于新兴市场国家的金融市场比较落后，对于突然且快速的资产价格下跌，即使意味着通货膨胀会突破目标范围，中央银行可能更倾向于采取保护性的立场。

4. 点目标和区间目标

在采用目标区间的前提下，不大可能发生明显偏离目标的情况。既然没有一个准确的目标点，区间目标的宽度预先表明中央银行可以容忍通货膨胀在中间点上下波动的幅度。即便如此，灵活性的大小取决于宣布的目标区间的宽度与点目标下可接受的偏离程度的关系。区间越大，通货膨胀预期的焦点和中央银行的目标承诺就越模糊。决策者可能担心在实际操作中，有人会把目标区间的上限，而不是中间点当成目标。由于公众更容易理解点目标，一些国家（芬兰、西班牙和英国）更愿意强调点目标或是附带区间的点目标（例如，巴西和瑞典）（参见表3）。宽区间和窄区间的选择取决于冲击出现的频率、冲击的严重性以及中央银行的可信度。为了明确地引导通货膨胀预期，大多数中央银行制定了点目标或两个百分点以内的窄幅区间目标。工业国家和新兴市场国家都倾向于这样做。巴西、新西兰和南非等国是重要的例外，这些国家选择幅度略宽的目标区间，主要是因为它们的目标价格指数包括了中央银行所无法控制的一些容易波动的因素。

一些国家调整了目标区间的宽度。部分新兴市场国家先制定一个窄幅目标，以便强调货币政策承诺的目标和控制通货膨胀的预期目标，逐步从爬行汇率区间转向通货膨胀目标制框架。当放宽的浮动汇率区间开始增强对于国内价格的影响，中央银行就会放宽目标区间的幅度。比如，以色列同时放宽汇率幅度与通货膨胀目标区间的幅度，以减少偏离通货膨胀目标的次数。在1996年12月新西兰把通货膨胀目标区间从0~2%放宽为0~3%。在这之前的几年中，由于存在着通货膨胀向上的压力，利率居高不下，因此，新西兰储备银行与新组成的联合政府之间达成妥协，放宽通货膨胀目标的区间，并且取得了成功。

5. 目标期限（time horizon）

在通货膨胀水平偏高的国家里，设置短期目标时间可以加快通货膨胀率的下降。货币政策可以通过调整通货膨胀目标应对冲击，而不必调整货币政策的松紧程度。许多新兴市场国家除了宣布长期通货膨胀目标以外，还制定了反通货膨胀的年度目标。各国可以提前宣布反通货膨胀的进程（例如，捷克），也可以逐年宣布（例如，波兰）。总的来说，如果中央银行使通货膨胀下降比预期快，制定年目标可以较为容易地把通货膨胀锁定在较低水平。此外，因为中央银行没有向公众承诺实施一个事后看来有可能过于雄心勃勃的反通货膨胀的具体计划，年度目标可以为缓冲短期的通货膨胀冲击和减少产出波动留有更多余地。

在公众监督下定期检查通货膨胀是否达到目标有助于对实际的通货膨胀进行跟踪，可以最大程度地落实责任。一旦通货膨胀偏离或将要偏离既定目标，公众会要求中央银行解释其中的原因以及采取何种对策。为了便于公众监测，通货膨胀目标一般都是在月或季滚动的基础上以年度同比变化表示。若定期检查为一年一次，例如，将通货膨胀目标定为本年12月对上年12月的变化，则会减轻中央银行对于一年通货膨胀结果的责任，同时这种检查的结果不能反映该年的通货膨胀情况。

（二）设置货币政策操作工具

一些开放经济体的中央银行使用利率和汇率（货币状况指数，MCI）的平均值作为操作目标或者以此作为传递政策意图信号的途径。使用货币状况指数是因为在小型开放经济体中很难预测政策调整是通过汇率还是利率影响总需求和通货膨胀。货币状况指数是汇率和短期利率的加权平均值减去它们在基期的值。该指数可以是名义值，也可以是实际值。使用的权重是由汇率和基准利率对总需求的相对影响决定的。在实际操作中，货币状况指数作为向公众传递中央银行货币政策态势的有效手段之一，已经被一些市场参与者的预期和不同的汇率波动可能对指数的走势产生不同的影响这一事实复杂化了。这些市场参与者预期，为了保证货币状况指数不变，汇率波动（即使是每日的波动）可能被利率调整所抵消（Freedman，1995）。20世纪80年代末加拿大首次使用了这样一个指数，但1998年春季降低了它作为信号工具的作用。新西兰公布了预测的货币状况指数走势和波动幅度，但于1998年中转而运用利率为操作目标，以减少利率的波动性，这种波动性曾使理想的政策态势的传达复杂化。

所有实行通货膨胀目标制的中央银行运用以市场为基础的货币政策工具，以便将作为操作目标的利率保持在理想的水平上。以单方交易或回购形式进行的公开市场操作是通货膨胀目标制框架下中央银行通常使用的货币工具（表3）。大多数中央银行运用公开市场操作使国内货币市场流动性状况与公布的操作利率保持一致。公开市场操作的形式主要有中央银行购买或销售财政或中央银行债券，操作对象通常是商业银行。

实行通货膨胀目标制的中央银行似乎很少运用直接工具对流动性实行积极的管理。货币政策直接工具，诸如法定准备金、贷款限额和流动资产比率要求等，只能偶尔进行调整。直接工具的这一特点意味着它们不能有效地抵消通货膨胀冲击和传送中央银行的政策意图信号。相反，以市场为基础的工具可以根据通货膨胀冲击进行快速调整，并且更容易实行微调，能够实现理想的政策态势以及传送有关政策展望变化的信号。这些考虑表明以市场为基础的工具对在通货膨胀目标制下实施货币政策是极其有用的。

大多数实行通货膨胀目标制的国家根据通货膨胀或预期通货膨胀偏离目标的程度和产出缺口调整短期利率。一般地，许多研究表明，中央银行的利率设定遵循泰勒规则，即利率根据当前和滞后的变量（如通货膨胀和产出缺口的偏离）而进行调整（Taylor，1999）。在通货膨胀目标制下，利率反应函数比在其他政策框架里更具前瞻性，原因是政策变化、通货膨胀以及避免产出过度波动的愿望之间存在时滞。在巴西，中央银行在其模型模拟中使用了三个利率反应函数：一个外生的利率路径、泰勒规则与系统变量的线性组合以及最优反应函数产生的利率路径。实际上，中央银行通过运用所有与通货膨胀预测有关的信息进行判断来补充上述方法。新兴市场中央银行必须更多地运用判断，因为它们的模型具有不确定性。许多变量的信息都有时滞，可能需要修正。与发达国家相比，新兴市场可能面临更大和更持久的冲击，其模型的参数也具有不稳定性。

对大多数中央银行而言，在一个流动性短缺的货币市场，中央银行作为资金供应的垄断者，能够有效地影响市场利率。相反，当中央银行作为资金的需求方时，它们必须同其他资金借入者进行竞争，因而对市场利率的影响程度也就较弱。一些新兴市场经济国家，如捷克、波兰等国的央行在开始实行通货膨胀目标制时都是市场资金的净供给方（净债权人），它们通过持有政府发行的可交易债券向市场提供流动性。其后，由于实行通货膨胀目标制条件的成熟和大量境外资金的流入，这些国家的央行需要通过发行中央银行票据（central bank securities）吸收金融市场上过多的流动性，中央银行也转变为净债务人。另外一个可资利用调节市场流动性的措施是调节银行准备金水平，将市场上过多的储备自动转入中央银行。由于中央银行的操作需要加强对金融机构流动性的监控，因此中央银行应该在发展、监控一个高效、稳健的银行间支付清算体系中担当重要角色。对采用通货膨胀目标制的中央银行而言，既然任何的市场不稳定都会影响社会公众对货币政策态势的理解，因此健全的支付清算体系益显重要，不少新兴市场经济国家，如巴西、捷克、波兰和南非等在实行通货膨胀目标制时都改革了其支付清算体系。

（三）通货膨胀的预测

对新兴市场国家来说，通货膨胀预测尤其具有挑战性。由于数据缺陷，经济结构仍在变化和它们的经济对冲击所表现出的脆弱性，新兴市场国家较少依赖统计模型来预测通货膨胀。对新兴市场国家来说，总需求和供给指数有更大的权重。较大权重反映了实际冲击的重要性和缺乏其他以市场为基础的指数。供给冲击对中等收入新兴市场国家似乎尤其重要。新兴市场国家可以得益于引入或完善通货膨胀指标。有几个国家的中央银行已经与统计部门合作，确定通货膨胀的核心测量方法，提供有关通货膨胀走势的信息。中央银行也可以根据市场情况确定或开发新的通货膨胀指标。

中央银行用来预测通货膨胀的结构模型有重要的共同要素。这些要素包括开放经济的需求曲线，菲利普斯曲线，国际资产市场均衡条件和货币政策反应函数。这些要素已经被广泛用于中央银行行为、货币政策规则和牺牲率等实证分析中（Taylor，1999）。另外，这些要素也是一些中央银行建立的新的大型宏观计量经济模型的核心。这些模型包括加拿大银行的季度预测模型（QPM）和美国联邦储备委员会的 FRB/U. S. 模型。

还有若干工业国家运用了大型的宏观经济模型。这些模型可以为那些已经实行通货膨胀目标制一段时间，而且宏观经济关系稳定的国家提供有益的政策指导。加拿大和新西兰使用大型动态模型进行预测。大多数工业国家也使用小型结构模型来研究一个特定的部门或关键的变量，评价关键部门的发展（刘斌，2003）。

与此相反，新兴市场国家较少地依赖数量模型。它们实行通货膨胀目标制只有几年，经验不足，因而不能作出模型的可靠估计，另一个原因是它们的经济结构关系仍在发生变化。但是，大多数实行通货膨胀目标制的新兴市场国家的中央银行发现，使用更多资源发展这些可供未来更多地使用的模型是值得的。巴西、捷克和以色列都根据工业国家中央银行通常使用的模型发展了 3 ~ 4 个方程模型（安德列・沙赫特等，2002）。

由私人机构甚至是中央银行进行的通货膨胀预期调查对通货膨胀目标制是有用的。调查的形式可以直接对市场和消费者的通货膨胀预期进行抽样调查（新西兰），也可以是中央银行对市场通货膨胀预期的调查进行总结（英国）。加拿大和新西兰运用私人部门进行定性调查。此外，中央银行工作人员对市场参与者所进行的非正式调查也可以提供有用的信息。

除了用于通货膨胀预测外，模型还可以在其他重要的方面为货币政策提供帮助。小型模型可以帮助中央银行考虑政策传导渠道。更重要的是，模型可以用作政策讨论的框架，甚至帮助解释说明通货膨胀预测的结果，这对透明度来说是至关重要的。英格兰银行首创、后被其他国家广泛采用的以扇形图说明通货膨胀预测概率分布，是最近对通货膨胀解释进行改进的结果，而这种改进借助了数量模型（Allen，1999）。

时间序列模型较少考虑经济结构，但是能够提供较好的短期预测，并且能为较大的结构模型提供一致性检验。通货膨胀总指数、指数的构成部分或其他关键通货膨胀指标的单变量模型相对容易建立，同时允许对经济情况进行频繁的评价。新西兰运用这些模型的结果，预测最近的历史数据以外的两个季度的通货膨胀。多变量时间序列模型（例如，向量自回归）能够考虑时间序列间的同期相互作用，而不必进行结构假设。巴西、智利和以色列的中央银行也采用了这种模型。

实际上，通货膨胀预测基于对若干指标变量、数量经济模型和定性判断的综合使用。实行通货膨胀目标制的中央银行通常首先分析其经济模型所得出的结果和其他各种通货膨胀指标，然后在通过与所有经济部门接触所获得的定性信息的基础上作出判断，最后得出关于稳妥的货币政策态势的观点。

（四）信息披露与沟通

各国中央银行在报告通货膨胀前景方面的做法各不相同，在通货膨胀前景分析方面有很大差异。巴西、智利、瑞典和英国等国的中央银行提供“扇形”的通货膨胀前景图，以定式概率的方式展示在两年内通货膨胀前景面临的不确定性。智利、新西兰、瑞典和英国等国的中央银行在其报告中专门有一部分讨论与通货膨胀前景有关的风险，巴西、新西兰和英国等国的中央银行还公布以模型为基础的经济预测结果。其他国家的中央银行在这方面则有所保留。由于通货膨胀前景存在很大的不确定性，它们至多对未来12~24个月的通货膨胀进行定性的点估计。

表4　实行通货膨胀目标制国家的信息公布

国家	通货膨胀报告			公布用于通货膨胀展望的研究/模型
	频率	最初公布时间	通货膨胀展望	
工业国家				
澳大利亚	半年一次 每季度更新	1997年5月	两年点估计，需讨论	是/是
加拿大	半年一次 每季度更新	1995年5月	一年点估计，需讨论	是/是
新西兰	每季度	1990年3月	详细的多年经济预测，需讨论	是/是
瑞典	每季度	1993年10月	两年点扇形图，需讨论	是/是
英国	每季度	1993年2月	两年扇形图表，需讨论	是/是

续表

国家	通货膨胀报告			公布用于通货膨胀展望的研究/模型
	频率	最初公布时间	通货膨胀展望	
新兴市场国家				
巴西	每季度	1999 年 7 月	两年点扇形图，需讨论	是/否
智利	3 次/年	2000 年 5 月	两年扇形图表，需讨论	是/是
捷克	每季度	1998 年 3 月	一年区间，需讨论	无/无
以色列	半年 1 次	1998 年 2 月	没有估计	是/一些
波兰	每季度	1995 年	定性的讨论	是/否

资料来源：根据 Carare Alina, et. al. , 2002; Andrea Fracasso, et. al, 2003；以及各国中央银行网站信息综合。

为了增加透明度，政策行动会立即通过新闻发布方式予以公布。一般来讲，中央银行通过新闻发布来宣布政策态势的变化，同时还说明变化（或者没有变化）的原因。除此以外，中央银行还向其他团体介绍政策变化。实行通货膨胀目标制的中央银行与其他国家的中央银行一样，除了公布关于经济形势的正式报告以外，越来越多地通过高级官员向各阶层听众（包括新闻媒体）介绍经济形势。这样有助于增进公众对于中央银行货币政策和中央银行绩效的了解。在巴西，中央银行的高级官员举办讲座，对私营企业和媒体进行货币政策目标和实施方面的教育。加拿大中央银行的宣传包括向媒体吹风、在公众集会上讲话以及与私营经济的各种团体进行讨论，在这些讨论中可以进行经济和金融信息的双向交流。

为加强责任追究制度，还采用了其他沟通形式。实行通货膨胀目标制的工业国家的中央银行以及巴西、智利、以色列和波兰等国的中央银行致力于出版内部研究报告，增加公众对于影响通货膨胀前景的基本经济关系和金融关系的理解。这些中央银行正在加倍努力，通过互联网散发内部研究论文，并举办会议。在会上，中央银行研究人员和外部专家可以讨论当局感兴趣的问题。迄今为止，只有工业国家、智利和以色列等国的中央银行详细地公布了它们用来预测通货膨胀的模型。其他新兴市场国家一直不愿意这样做，主要是因为其模型有待完善，并且还会随着经济的发展而发生较大变化。

（五）汇率制度的转换

在实行通货膨胀目标制的国家中，有不少是从汇率目标制转变过来的（表6）。虽然目前看新兴市场经济国家的中央银行比工业化国家的中央银行更经常地干预外汇市场，但减少对外汇市场的干预却是发展趋势。新兴市场国家从汇率制度过渡到完全的通货膨胀目标制框架有慢速和快速轨道。智利和以色列是在制定汇率目标时宣布其通货膨胀目标的。近年来，新兴市场国家如巴西、波兰和南非在放弃原先的货币政策框架并承诺实行通货膨胀目标制后，很快地实行了通货膨胀目标制。

对那些想采取渐进方法的新兴市场国家而言，智利和以色列的经验为如何最大限度地减少汇率与物价稳定之间固有的冲突提供若干有益的借鉴。在初期新通货膨胀目标被宣布之后，由于汇率对开放经济体的实际部门和汇率稳定十分重要，成为决策者目标函数中的一个独立变量。由于政策目标及市场情况发生了变化，智利对爬行汇率区间的许多特征（宽度、爬行速度、参考货币篮子、对称程度以及中心平价水平）也作了相应修正。随着时间的推移，通货膨胀目标和汇率区间之间的冲突最后通常都是在有利于前者的情况下得到解决。1995 年中期，为了应对货币升值压力，以色列将爬行汇率区间扩大到 14%（1997 年扩大到 28%，1999 年扩大到 40%），这说明了汇率权重在不断下降。智利也不断地放宽汇率区间，并于 1999 年 9 月放弃了这一制度。

智利和以色列都对外汇市场进行了合理的干预，保持汇率变化不超出预先公布的爬行区间。为了保证汇率维持在区间内，智利中央银行对外汇市场进行了频繁和有力的干预。同样地，以色列银行也进行了对冲性外汇干预，确保在资本流入时，以色列货币（谢克尔）升值不超出规定区间。

表 5 在实行通货膨胀目标制前的汇率制度

新兴市场国家	
巴西	爬行汇率区间
智利	爬行汇率区间
以色列	爬行汇率区间
南非	浮动汇率，兼实行非正式通货膨胀目标制，公布了广义货币增长的指导
转轨中国家	
捷克	爬行汇率区间，以货币增长指导及降低通货膨胀目标为补充
波兰	爬行汇率区间
匈牙利	钉住一篮子外币的爬行汇率区间
工业国家	
澳大利亚	浮动汇率
加拿大	浮动汇率
芬兰	钉住欧洲货币单位（Euro）
新西兰	浮动汇率
西班牙	欧洲货币体系汇率机制（ERM）内的汇率区间
瑞典	钉住欧洲货币单位（Euro）
英国	欧洲货币体系汇率机制（ERM）内的汇率区间

资料来源：国际货币基金组织：《各国汇兑安排与汇兑限制》；中央银行网页；Jiri Jonas and Mishkin, Frederic，2003。

二、采用通货膨胀目标制的条件

（一）制度条件

1. 具有独立性的央行

中央银行的独立性指的是在三个大的领域必须排除或大大削减政府的影响：人事方面的独立性、融资的自主权和政策的独立性，而后者可以区分为目标的独立性和工具的独立性（艾芬格等，2003：57-59）。最近货币经济学的主要贡献之一是发现中央银行独立性的高低攸关物价稳定。在理论方面，根据时间不一致问题及其解，强调独立的央行能够信守其低通货膨胀的承诺，提高政策的可信度从而影响实体经济；在实证研究方面，许多研究者研究了制度设计对货币政策的影响（Alesina & Summers，1993；Cukierman，1992；Fischer，1994），他们考察了不同国家的法律，以构建一个中央银行独立指数。这个指数根据了各种特点，例如，银行领导人的任职年限，政府官员对银行理事会的影响，以及政府与中央银行之间接触的频繁程度。然后研究者考察了中央银行独立性与宏观经济状况之间的关系。结果皆发现央行独立性与通货膨胀率呈现负相关。有独立中央银行的国家，例如，德国、瑞士和美国，往往平均通货膨胀率低；相反，中央银行独立性低的国家，例如，新西兰和西班牙，因其政治和经济交互影响，限制了央行不受政府的影响、自主地选择政策目标的能力，势必经历较高与波动较大的通货膨胀率，往往平均通货膨胀率高，央行执行货币政策的可信度降低。研究者还发现，中央银行独立性和实际经济活动之间是无关的，特别是中央银行的独立性与平均失业、实际GDP平均增长，或者实际GDP变动之间无关。中央银行的独立性看来为一些国家提供了免费午餐：它有降低通货膨胀率之好处而没有任何明显的代价。因为这些理论和实证研究发现，央行法制上的独立性已被视为是致力于物价稳定的可信赖承诺。

根据上述结论，近年来许多国家开始修改自己的法律，赋予其中央银行更大的独立性。1989~1991年间，新西兰、智利及加拿大皆通过立法提高央行的独立性；德意志联邦银行及瑞士国家银行是高度独立性的央行典范，德、瑞亦因而维持一段长时间的低通货膨胀率，证实了央行独立性对物价稳定的贡献；1992年欧盟《马斯特里赫特条约》要求欧盟会员国赋予央行更大独立性以建立新的欧洲央行体系①；1997年日本政府亦修改日本银行法，并自1998年4月1日生效；此外，英国亦加强英格兰银行的独立性使其有更多自主权以决定并执行货币及利率政策。

① 根据马斯垂克条约，对中央银行独立性的准则为，必须禁止中央银行听命于政府。央行总裁任期至少需五年以上。此外，应禁止购买央行政府公债，并禁止对政府融通。

表6 采用通货膨胀目标制的前提条件

条件	原理
制度性条件	
法律框架	对货币政策的目标应有明确的表述和衡量标准；对目标的制定应由政府与央行之间的协议明确
中央银行的独立性	中央银行应有一定的自由余地去实现既定的通货膨胀目标。央行至少应具有政策工具的独立性
透明度与责任制	应明确中央银行实现物价稳定的责任；央行自身也应加强与政府、市场和公众的定期沟通，即透明度目标
经济条件	
宏观经济稳定	财政和货币政策不协调的情况下，通货膨胀目标制是不能平稳运作的。必须设计与货币政策协调统一的财政政策
浮动汇率制度	灵活地实现量化的通货膨胀目标主要利用国内的政策手段左右货币状况；长期地同时钉住汇率稳定和物价稳定是不可能的
发达的金融市场	充分竞争并具有高度流动性的金融市场有强烈的价格稳定偏好，并能提供有用的通货膨胀预期
货币政策传导通畅	政策制定者必须对政策措施最终传导到主要经济总量的时间和强度有一个充分的理解
有效的政策工具	中央银行至少应有一个主要的政策工具向市场传递货币政策的意图，特别是调节通货膨胀预期
技术条件	
通货膨胀的预测能力	通货膨胀预期可以视为通货膨胀目标的名义锚，这意味着中央银行应该是向前看的，依据通货膨胀预测决定政策取向，政策应具有前瞻性
全面的经济信息的可获得性	充分发展的金融市场可以为货币政策决策提供有用的信息。同时，经济信息应及时、准确

资料来源：根据 Carare，Alina，et al，2002，以及 Siklos and Ábel（2002）整理。

所有实行通货膨胀目标制的国家在其法律框架中均确保中央银行运用货币政策工具的独立性。每个新兴市场国家在实行通货膨胀目标制框架之前，都在中央银行立法中确立运用货币政策工具的独立性。在工业国家中，有两个国家（瑞典和英国）最近才确立了运用货币政策的独立性。澳大利亚、加拿大和新西兰等国正式允许政府对中央银行的政策决定拥有否决权，但是，过去 30 年中这三个国家的政府从来没有使用过否决条款。在运用货币政策工具的独立性降低通货膨胀预期方面，英国是一个例子。1997 年 5 月 6 日，英国财政大臣宣布给予英格兰银行独立运用政策的权力。之后，通货膨胀的预期大大降低了（沙赫特，2002）。

表 7　中央银行的法律框架

中央银行法律框架	国　家
货币政策目标	
以国内价格稳定为首要目标	新西兰、匈牙利、冰岛、韩国、波兰、西班牙、瑞典、英国、泰国、墨西哥、捷克、哥伦比亚
以稳定币值为首要目标	芬兰、挪威、中国
稳定币值和其他目标	巴西、澳大利亚、加拿大、智利、以色列、南非
操作工具的独立性	澳大利亚①、巴西、加拿大①、智利、哥伦比亚、捷克、芬兰、匈牙利、冰岛、以色列、韩国、墨西哥、波兰、新西兰①、挪威、南非、西班牙、瑞典、英国
政府赤字融资	
限制	加拿大、哥伦比亚、捷克、韩国、墨西哥、挪威、南非、泰国
禁止	巴西、智利、芬兰、匈牙利、冰岛、以色列、波兰、西班牙、瑞典

资料来源：Carare Alina, et al, 2002。各国中央银行网站。

①　澳大利亚、加拿大和新西兰在日常货币工具运用上有独立性，但政府有否决的权力。

中央银行独立性的提高还意味着对政府财政赤字的货币化融资的限制。欧洲经济和货币联盟的第二阶段从 1994 年元旦开始，成员国有责任废除国内立法中与《马斯特里赫特条约》和欧洲中央银行体系（欧洲中央银行）规约不一致的部分，包括禁止中央银行为政府赤字融资；瑞典在 1999 年修正中央银行立法时也作出这样的改变。与工业国家相比，新兴市场国家政府债务水平更高，表明一定水平的政府支出货币化更容易在这些国家引发通货膨胀。所有采用通货膨胀目标制的新兴市场国家的中央银行法律框架都明确限制或禁止中央银行为政府支出融资。这些限制反映了新兴市场国家从财政赤字货币化引发高通货膨胀中所得到的教训。限制中央银行对财政赤字融资还包括禁止中央银行在二级市场上购买政府证券。

2. 透明度、可信度与责任追究制

实施通货膨胀目标制的国家采用多项提高货币政策一致性与透明化的手段：第一，央行公布前瞻性的通货膨胀报告或货币政策报告，涵盖对未来通货膨胀及产出成长的预测，对为什么改变货币态势的解释等内容，在某些国家尚须向国会提出报告；第二，公开货币政策委员会的会议记录；第三，货币政策委员会的成员或央行行长必须接受国会质询；第四，若通货膨胀率偏离目标，在某些国家，央行行长必须公开致函国会或向政府解释通货膨胀目标无法达成之原因，以及货币政策委员会未来将采行何种行动来加以矫正。

采用通货膨胀目标机制的国家，其央行政策立场可透过上述沟通渠道，广泛地向一般社会公众、金融市场投资人及政治人物宣传下列几项重大事项：（1）货币政策的目标与其限制，以及采用通货膨胀目标机制的理论基础；（2）如何制定合宜的通货膨胀目标值水准；（3）在目前经济环境下，如何达成预定的通货膨胀目标；（4）针对实际值与目标值间之差异，提出合理的解释等等。由于各国央行不遗余力的沟通，降低了民间部门对货币政策、利率及通货膨胀等之不确定性预期，有助于其各项计划之拟定，让社会公众充分理解央行的功能与权限，鼓励各界对其现行货币政策的成效进行公开辩论，以有助于厘清在执行货币政策过程中，央行与政治人物间各自应承担的权责。

一旦货币政策丧失可信度，将提高公众对通货膨胀的预期，加大使通货膨胀回复至可控制水准的成本，因此可信度对货币政策极为重要。如果货币政策恪守维持物价稳定来强化其可信度，短期内可能增加不必要的产出波动，因为在短期内通货膨胀与经济成长之间具有交替关系，即使就长期而言负斜率的交替关系并不存在。可信度与弹性可能必须加以权衡。一般而言，通货膨胀目标化政策容许短期内放松通货膨胀以换取经济成长。泰勒规则更表明，即使采用严格通货膨胀目标，由于产出扮演决定未来通货膨胀的重要角色，中央银行仍会将产出纳入其反应函数，产出的考虑仍然是重要的。中央银行对产出的重视程度可以通过反应函数中给予产出的权数大小所反映，其程度也反映在通货膨胀目标化制度的设计上，例如目标区间（targeting bands）及政策期间（policy horizon）。

另外，明确的责任追究制是成功实现通货膨胀目标的关键，因此所有实行通货膨胀目标制的中央银行在货币政策操作上都是透明的。在通货膨胀目标制中，因为从货币政策实施到影响通货膨胀存在一定的时滞，不断地监测政策承诺是否兑现是很困难的，所以应当有明确的责任追究机制。与此形成鲜明对照的是汇率和货币供应量目标制，这两种目标制可以较容易地实现不间断的目标监测。此外，责任追究制可以使货币政策免受外部政治压力的影响。

3. 对中央银行的结构影响

（1）内部决策：实行通货膨胀目标制之后，中央银行的内部决策过程出现了重要变化，许多中央银行采纳了更广泛的意见，并且为了提高以判断为基础的决策质量降低了组织结构的集中化程度。塞森（Thiessen，1998）认为，这种改善很大程度上归功于确定了一个清晰目标，即实现硬性的通货膨胀目标，同时还归功于在货币政策对通货膨胀的影响存在较长时滞的条件下，为了尽可能实现目标而建立的有效的框架。特别是人们需要对突破目标进行解释和辩护，导致中央银行就采取的政策措施的适当性展开更集中的讨论，减少了决策被推迟的可能性。

在通货膨胀目标制的政策实施过程中，通货膨胀预测占有关键的地位，对新兴市场国家提出了严峻的挑战。新兴市场国家的中央银行的工作已经从管制转向政策制定。此外，尽管许多新兴市场国家的中央银行在建立模型方面积累了一些经验，已经完成了模型建立工作，但它们的职员在运用前瞻性通货膨胀模型，判断通货膨胀前景与适当货币政策反应等方面仍缺乏实践经验。

不同背景的人参与决策程序有助于形成一个正确的判断。尽管这不是实行通货膨胀目标制的前提条件，但在一些实行通货膨胀目标制的国家已经重塑中央银行的治理结构，允许非专业的中央银行家以全职或兼职的身份直接参与货币政策决策。尽管这种趋势并不一定与实行通货膨胀目标制直接相关，如日本银行、欧洲中央银行和美联储等中央银行也设立了货币委员会，但是它有助于确保在决策中考虑到更广泛的意见。对许多中央银行来说（如波兰、南非和英国），这意味着告别过去中央银行关于货币政策问题的观点主要由个人作出的做法（例如，中央银行行长在与高级职员磋商后作出决定）。

与关键经济部门的官员建立新型的关系也会提高通货膨胀目标制框架下的货币操作的政策水平。许多中央银行（不仅仅是实行通货膨胀目标制的中央银行）已经开始与公司、工业协会、工会和大学等一系列机构的管理人员建立关系。除了有助于更好地理解货币政策目标和货币政策态势的理论外，这种联系能够提供国内经济的现实定性信息，对经济模型的信息是一个补充。

（2）货币政策委员会：中央银行的正式货币政策委员会通常通过投票来决定货币政策。大多数设立委员会的中央银行已经使用了正式的投票程序，委员会在中央银行治理结构中已得到正式承认，委员通常并不需要服从委员会主席（通常是行长）。加拿大银行重视决策上的共识，反映了在委员会成员之间建立团队环境的愿望。委员会成员都是直接向行长负责的全职官员。

在大多数情况下公布一致决定，投票记录不予公布。除巴西、捷克、波兰和英国（瑞典也在一定程度上与这些国家相似，委员会的一名成员有时公开反对委员会的决定）外，实行通货膨胀目标制的中央银行通常发布新闻公告反映达成共识的观点或一系列没有署名的观点。为这一方法辩护的理由是不披露的做法能促进对货币政策决策更自由和更坦诚的讨论。与此相反，英国官员认为公布投票记录有利于建立更透明的政策程序，鼓励货币政策委员会成员更独立地思考，因为他们知道公众要他们为投票负责（Allen，1999）。

还有人主张，在货币操作的时间上应较少地采取相机抉择的方法。除了澳大利亚和加拿大，为了增加透明度，大多数国家在实行通货膨胀目标制后货币操作的时间是定期的。部分原因是在通货膨胀目标制框架下，政策重点通常是中期通货膨胀前景，而不是金融市场的日常变化。这也是中央银行操作中的一个普遍趋势。一些非通货膨胀目标制国家的中央银行例如美国联邦储备委员会最近也降低了货币政策操作中相机抉择的次数。

（3）中央银行的组织结构：新兴市场国家实行通货膨胀目标制，通常伴随着中央银行经济分析重点和职员要求重点的变化。实行通货膨胀目标制似乎并没有给主要工业国家中央银行的资源要求带来重大影响，原因是许多中央银行已经拥有致力于增进银行对经济和货币传导机制了解的训练有素的分析队伍。相反，许多新兴市场国家的中央银行必须提高其分析能力，对经济分析和数据管理活动重新定位，以便能够收集数据，建立定期预测通货膨胀的模型，以及能够确认短期利率与通货膨胀之间的主要中心渠道。例如，南非储备银行积极地聘用和培训新的职员，以便中央银行改善经济监测和模型建立能力，形成一种预测通货膨胀并确定采取适当政策措施的框架。在巴西，实行通货膨胀目标制伴随着决定吸引在经济学和模型技术方面有特长的职员，帮助中央银行集中进行经济分析和研究活动。目前，这些活动主要用于预测通货膨胀所需要的和增进中央银行对货币传导机制理解所需要的模型建立工作（Leone，1999）。考虑在将来实行通货膨胀目标制的新兴市场国家也认识到有类似的需要。

实行通货膨胀目标制似乎也改变了职员在监测金融市场方面所发挥的作用。在实行通货膨胀目标制之前，从事金融市场活动的职员，特别是在实行固定汇率制的中央银行内的职员，在持续监测市场和为了保证利率和汇率达到目标而进行交易方面发挥着积极的作用。随着通货膨胀目标的推广，这些职员的作用似乎有所变化。在通货膨胀目标制中，货币政策的重点是金融市场的中期发展而不是日常的变化。因此，那些监测市场的职员现在要花费更多的时间获取市场对未来通货膨胀和货币政策态势方面的预期，而通过市场持续监测交易的时间就要相对减少。

（二）经济条件

1. 良好的财政状况

良好的财政状况对通货膨胀目标制的成功运作至关重要。采用通货膨胀目标的货币政策要求货币政策不能为财政状况所左右，因此应杜绝有可能破坏通货膨胀目标可信度的对政府债务的货币化弥补。缺少财政纪律约束会破坏中央银行运用政府债券实施有效货币操作的能力，使货币政策变得复杂。而且，严重的财政不平衡促使中央银行实施偏紧的货币政策，表明中央银行履行控制通货膨胀的承诺。加拿大银行在 20 世纪 90 年代初的货币政策即受到这种约束。当时，庞大的公共债务和财政赤字限制了放松货币的空间。新兴市场国家通常在向通货膨胀目标制过渡前就巩固了其财政状况，而工业国家往往是在实行通货膨胀目标制之后才改善了财政状况。在开始向通货膨胀目标制过渡前，除了巴西以外，新兴市场国家的净政府债务占 GDP 的比重有所下降。与此相反，在实行通货膨胀目标制之前，工业国家政府债务有所上升，结构性财政收支状况通常有所恶化（Carare，2002）。上述差异反映出有必要对新兴市场国家发出更明确的信号，即较差的财政状况并不会威胁新通货膨胀目标制框架，特别是因为新兴市场国家通常拥有较高的国内债务水平，关键是对财政赤字的货币化渠道的禁止。

制度建设有利于保证对财政赤字货币化的有效约束。除了前文中所提到的保证中央银行的独立性，在法律条文中明确体现禁止财政向中央银行融资以外，由政府和中央银行联手制定通货膨胀目标也是一个有效的途径。因为联合设定的通货膨胀目标值明确建立在对未来财政状况展望的基础之上，能有效避免财政和货币政策的冲突。

2. 金融体系的稳定与发展

对于尝试建立通货膨胀目标制框架的新兴市场经济国家而言，由于这些国家更易于遭受金融危机的攻击，促进金融稳定益显重要。但对于发达国家而言，似乎金融稳定并非采用通货膨胀目标必须的先决条件，芬兰、新西兰和瑞典在引入通货膨胀目标制的前几年都经历过金融部门的危机，欧洲工业国家是在欧洲货币体系下的汇率机制危机后不久实行通货膨胀目标制的，这表明当时市场意识到，这些国家的汇率与均衡汇率非常接近，政策对可信的通货膨胀目标提供了足够的支持。而大多数新兴市场国家是在实行了若干年的稳健政策及汇率稳定之后实行通货膨胀目标制的（安德列·沙赫特等，2002）。如果一国放弃钉住汇率制度而采用通货膨胀目标制，那么就需要采取措施以减少金融部门受汇率贬值的冲击。

在引入通货膨胀目标之前，许多新兴市场国家都采取了提高其金融体系稳定的措施，加强金融体系的稳健性（soundness），包括对不良金融机构进行破产重组，对金融机构、证券市场及其基础支持体系采用国际公认的稳健标准和指南执行监管。

除了金融稳定以外，金融市场的功能健全便于通货膨胀目标下货币政策意图的表达。在一个高度深化和富有流动性的金融市场中，资产价格的变动能够向中央银行传达实体经济和市场预期的信息。另外，发达的金融市场自身就有利于消除短期的经济冲击，降低潜在的易变资产价格的波动性，而不过分依赖于货币政策措施去保护市场的稳定。

金融市场的功能健全同样有利于提高中央银行货币和外汇操作的效果。中央银行为了执行货币政策，管理其资产负债表和国家的外汇储备，以及必要时发挥其最后贷款人的角色向金融机构提供信贷支持，通常需要在金融市场中进大规模交易而不扭曲主流（prevailing）市场利率。这一点对通货膨胀目标制国家特别重要，因为其需要用一种有效而透明的方式执行货币政策操作并保证对市场产生的不确定性最小。因此采用通货膨胀目标制的国家应尽力促进金融市场的发展和功能完善。从货币政策操作的需要出发，发展一个高流动性的国债市场意义重大。许多采用通货膨胀目标制的新兴市场国家已经采取措施，深化、扩展国债市场，其政策措施各有千秋，依其市场情况而定（Carae et al，2002）。例如，一些国家（如巴西、冰岛、墨西哥、新西兰、南非和瑞典）通过债券转换（bond switch）或债券合并（bond consolidation）加速基准发行（benchmark issues）从而致力于提升市场的流动性；同时，南非还建立了正式的债券交易和清算机构，匈牙利、墨西哥和南非引入了一级交易商系统。

3. 货币政策工具的有效性

货币的传递管道大致区分为价格及数量管道，前者可再区分成经由利率、汇率及资产价格管道，后者则经由货币及信用管道。货币论者传统上强调货币数量，假设货币需求函数是稳定的，而凯恩斯学派则基于投资函数具稳定性之观点，着重于利率的价格函数。在开放经济中，货币态势的变化和通货膨胀之间的政策渠道通常有直接和间接两种（Svensson，1998；Ball，1999）。在短期内，利率的上升通过汇率升值降低进口商品的价格，直接降低通货膨胀率。在长期内，利率上升首先减弱通货膨胀预期和降低商业投资，然后减少消费，造成汇率升值，从而使支出从贸易品转向非贸易品，最后间接降低通货膨胀率。当然，中央银行不能依赖汇率将政策变化传导给预先设定的通货膨胀率变化，即使随着时间的推移，汇率已经成为主要的短期政策工具。市场将决定某项政策变化是否主要通过汇率或市场利率而影响通货膨胀。此外，货币政策将通过改变财富及总需求间接地影响通货膨胀。

以货币政策工具影响操作目标的可控性而言，选定为操作目标的短期利率必须满足下列条件：（1）该短期利率为影响长期利率或实质变量之独立外生变量，逆向的关系则不存在；（2）具备可控制性，因此央行可以利用适当的政策工具调整短期利率；（3）其具有的宣示效果（signaling effect）亦相当重要，因为央行可有效地将货币政策意图传达至一般公众，借此，一旦改变操作目标，透过影响通货膨胀的预期将对短期利率及长期利率产生影响。

缘于此，为强化货币政策的传递机制，加强央行对操作目标的控制能力，积极发展短期货币市场及间接货币政策工具，以及政府不干预市场、不扭曲利率结构，相当重要。

4. 采纳通货膨胀目标制时的通胀水平

迄今为止，通货膨胀目标制框架还未曾在通货膨胀率较高时用来降低通货膨胀水平。大多数国家在开始实行通货膨胀目标制时都有较高的通货膨胀率，且实行的是爬行汇率制，需要在较长的过渡期内降低通货膨胀水平，以减少对实体经济的冲击。智利和以色列是新兴市场经济国家中最早宣布实行通货膨胀目标制的，当时两国的通货膨胀率都高达两位数，从爬行汇率体制转向全面的通货膨胀目标制花的时间较长，由于这两个国家结构性政策和财政政策的不断改进，减轻了降低通货膨胀率的难度，它们的经验具有一定的启发性。而巴西、捷克、波兰和南非等国的过渡期就较短。

三、经验总结

（一）优势

通货膨胀目标制之优点，主要包括：

1. 通货膨胀目标制最显著的优势是创建了一个以控制通货膨胀为目标的货币政策框架，且这种框架有助于将公众注意力从不利于货币政策的短期干预转移到较低和稳定的长期物价水平上，这种转变有利于宏观经济的稳定和增长。建立这种机制也是以产出与通货膨胀在长期和短期中的关系的认识为基础的。

2. 通货膨胀目标制最具前瞻性与事先防范（preemptive）功能。由于货币政策对通货膨胀的影响存在时滞，要将通货膨胀置于中央银行控制之下，就迫使决策者重视对通货膨胀未来变化的预测，向前展望，而不要局限于当前的经济走势，以在通货膨胀爆发之前，即可事先有效地将其压制而予以化解，因此，通货膨胀目标制本身就是一个前瞻性的政策方法。

3. 量化的通货膨胀率目标增强了货币政策的透明度，并为通货膨胀预期提供了一个约束增强的名义锚，强化了中央银行对货币政策成败担负的责任和约束，无形中亦降低了央行落入时间不一致陷阱的可能性。

4. 通货膨胀目标制能自动阻绝第二波及后续工资上涨效应的发生，将有助于减缓因短暂的货币贬值所带来的通货膨胀冲击。例如加拿大于1991年2月央行采用通货膨胀目标制后不久，新施行的商品与劳务税（Goods and Services Tax; GST），它属于类似增值型的间接税。以往的经验显示，该税制实施后，对物价的冲击应很大。倘若当时加拿大央行未采取通货膨胀目标制，则极可能引发严重的制轮带动（ratcheting up）型通货膨胀。然而，GST税率的提高仅造成物价一次上涨，并未产生第二波或第三波的工资上涨。另外一个例子是1992年英国和瑞典两国联袂退出欧洲汇率稳定机制（ERM），并放任货币贬值而未爆发通货膨胀的成功经验。一般而言，汇价持续贬值，引发通货膨胀，主要是因出口增加及进口价格上升，以及连带引发国内工资上涨的后续效果。然而这些因果关系却未发生在这两个国家，其原因为通货膨胀目标制自动阻绝了第二波及后续之工资上涨效果的发生，有助于减缓因短暂性贬值所带来的冲击（米什金，1999）。

5. 通货膨胀目标制有助于中央银行的制度性改革，也有助于在反通货膨胀背景下总体的结构性改革。如前文所述，时间不一致问题可能误导决策当局过度热衷于扩张性的货币政策，以为它是扩充产出规模及创造就业机会的万灵丹。不过，时间不一致问题可能来自行政部门对央行施压，要求其采取过度扩张性货币政策。因此，央行采用通货膨胀目标制，将有助于降低行政部门对央行不当施压的可能性，如果政府部门参与货币政策目标的制定，还有助于利用通货膨胀目标制在一定程度上约束财政政策。

（二）劣势

1. 导致通货膨胀的许多因素非货币政策所能控制，尤其对通货膨胀率偏高且通货膨胀预测误差较大的新兴市场国家而言，这是一个特别棘手的问题。通货膨胀目标战略所遇到的最大的问题是通货膨胀并不能完全置于货币当局的控制之下，因为影响通货膨胀的因素有很多，除了货币政策影响（如货币政策传导存在时滞，政策传导过程中存在不确定性）以外，它还要受到许多其他非货币政策因素（如当前的经济状况以及经济运行面临的未来冲击，特别是政策时滞时期产生的冲击等）的影响。既然通货膨胀并非中央银行能完全控制，就很难区分出在能够观察到的通货膨胀中有多少是由一两年前采取的货币政策措施造成的，有多少是由货币政策措施采取后新出现的经济冲击导致的，这意味着中央银行不应该对通货膨胀负完全的责任，钉住通货膨胀的目标自然就十分困难。

2. 由于货币政策效果存在时间较长的时滞问题，通货膨胀目标制难以适时提供货币政策效果的最新信息。以一个货币总量为中介目标，原则上可以提供一种客观上可测量的手段，货币当局和公众能够及时监测货币政策的恰当性及中央银行的行为效果。相反，若以通货膨胀为目标，由于从实施政策到看到政策对目标变量（通货膨胀）产生的实际影响之间有一个很长的时滞，无从即时提供有关货币政策效应的最新信息，让社会公众及市场人士参考。同时，通货膨胀目标制对实质经济面的影响比较不明确，在采用通货膨胀目标制的初期，通常公众担心减低通货膨胀水平会对产出与就业增长带来低且不稳定的负面作用，也会导致在高通货膨胀时期采用通货膨胀目标制的初始阶段中央银行可能出现信誉问题。

3. 对政策的评价将依赖于通货膨胀预测，而预测本身的可信度就值得怀疑，特别是在建立关于预测的历史记录之前。再加上利率变化通过“长期而多变”的时滞的许多不同渠道影响通货膨胀，至少在一段时间内，体制变革可能导致对在制定货币政策工具中，对通货膨胀及其影响的预测方法的不确定性增加，而这些方法是实施能够清晰说明的通货膨胀目标战略的基础。由此，加重了对通货膨胀目标制的成效进行评估的困难，使通货膨胀目标制的责任和透明度大为减弱，通货膨胀目标战略的许多潜在的好处也就难以实现。

4. 当这个框架过分僵硬时，会影响货币工具的稳定性。这个框架还需要良好的财政状况，一旦存在长期的大规模财政赤字，难免财政赤字货币化，导致货币贬值，通货膨胀随之而至，甚至通货膨胀目标制的崩溃。另外，在通货膨胀目标制下通常以浮动汇率为前提，可能导致汇率大幅波动，能否忽视汇率波动对该国国际收支及金融稳定的影响，是一个值得探讨的课题。对于小型开放经济而言，尤其如此。

（三）有待解决的问题

从时间上看，采用通货膨胀目标制以来基本上是全球物价逐渐趋稳的时期，全球经济也没有遭受大的经济危机的冲击，因此，通货膨胀目标制的实际效果仍然需要更长时间的检验，对其诸多的关键问题做出肯定性结论还需要经历若干次经济周期和恶劣环境的考验。即便是在过去的十多年全球主要国家居民消费价格的走势都异常好的环境下，采用通货膨胀目标制的国家也同样经历了一些意外的经济波动，而且有些经济波动是以货币不稳定的形式表现出来的，如资产价格的不稳定、金融体系的不稳定，以及汇率危机等等。特别是在全球性通货紧缩压力一直存在时，如何在通货膨胀目标制下避免陷入类似日本20世纪90年代以后的经济萧条，仍然是一个未能解决的问题。因此，通货膨胀目标制的实践者面临的最大问题或许就是，通过校准（calibrating）利率保持了商品和服务品价格的稳定是否就意味着实现了货币稳定？如何处理好资产价格与经济稳定（货币稳定）的关系，处理好货币稳定和金融稳定之间的关系，无论在理论上，还是在实务操作上，都值得进一步研究。

从操作方面看，预测通货膨胀对前瞻性货币政策而言举足轻重，但通货膨胀预测显然是有局限性的（conditionality），中央银行如何在利用通货膨胀预测的有用信息之同时，又有效地避免通货膨胀预测的制约？中央银行在多大程度上可以依赖于对产出缺口的估计，产出缺口的变动又能在多大程度上影响通货膨胀水平？解决这类问题，似乎又在一定程度上回到了中央银行行事哲学的老问题上去了。

从技术层次上看，为什么在通货膨胀目标制下汇率变动的因素似乎对通货膨胀的影响很小？这反映出的是通货膨胀目标制的本质特性，还是近来经济周期的特征（peculiarity）？大部分采用通货膨胀目标制政策的国家是在发生货币危机（currency crisis）时引进该机制的，由于当时货币贬值而导致通货膨胀率急剧上升。结果，货币危机过后较低的通货膨胀率究竟是源自于币值的回升，或归功于通货膨胀目标化政策奏效，在短期内难以评价。另外，合理的通货膨胀水平到底是多少，通货膨胀目标的期限多长为宜，通货膨胀目标的波动范围多大合适，如何合理界定免责条款，衡量物价稳定到底用什么物价指数合适，如何处理物价与汇率、资产价格的关系等技术上的问题也有待进一步探究。[①] 实际上，这些技术面问题的后面是货币经济学基本问题的论争。

由于通货膨胀目标是以年度物价波动幅度来衡量的，这就会出现在实现年度

---

① 关于后几个技术上的具体问题，可以参见 Mishkin 和 Schmidt - Hebbel（2002）的讨论。

物价稳定目标的同时，在长期中却导致了物价水平较大幅度的偏离。例如，对2%的通货膨胀目标而言，每年消费物价上涨1.5%是稳定的，但如果连续三年物价都上涨1.5%，累计的物价上涨幅度已经达到3.375%，显然，远超过以稳定中长期物价水平为己任的通货膨胀目标制的初衷。基于此，有学者提议用钉住价格水平（price - level targeting）替代通货膨胀目标，真正实现物价水平的长期稳定。

（四）价格水平目标：通货膨胀目标的替代目标

价格水平目标与通货膨胀目标存在明确的区分：价格水平目标是指要达到一个稳定的初始价格水平（$P_t^* = 100$），而通货膨胀目标只是将物价水平变动的幅度控制在即定的目标上。通货膨胀目标一般情况下是一个大于零的正数，在极端严格时也可以为零（$\pi^* = 0$）。

价格水平目标最大的优点是减少了长期价格变化的不确定性。通货膨胀目标与长期价格水平发展的严重不确定性密切相关：未来价格水平变化随着时间距离的增加而线性增大。而在价格目标下，如果价格水平一直保持稳定，那么经济主体就能够根据其切实的计算而毫无顾虑地签订长期名义合同，即使是超过合同期限，价格水平也是可预期的（短期波动除外）。这样使公众有一个明确的通货膨胀预期，既有利于长期投资行为的形成，也有利于劳动市场长期工资合同的形成，即便在价格刚性的情况下，这也更有利于长期的产出增长。Svensson（1996b）也指出，价格目标在货币政策缺乏信誉时和在冲击持久不去时比通货膨胀目标引起的波动要小。正因为这样，有学者建议用价格水平目标替代通货膨胀目标。

但也存在着反对的意见，主要是在价格水平目标下，任何引起价格水平偏离目标的波动都必须加以抵消。于是物价稍一上涨，就要求采取紧缩政策以降低价格水平，从而使短期通货膨胀率波动的幅度更大，这种短期波动会由于名义刚性对生产水平的反作用而引起巨大的负福利效应。同时，大部分合同都只会在相对短的期限内执行完毕，而长期合同则通过指数化得到保证，因此，与价格水平目标的短处相比，其长期价格水平的不确定性比较低而获得的收益，是微不足道的。另外，由于统计最终消费物价存在高估的偏差，将货币政策目标钉在价格水平不变上，有可能陷入通货紧缩的危险，使货币政策效果下降，执行困难。出于这些原因，实践中，中央银行家们通常更倾向于通货膨胀目标而不是价格目标。也有研究者（Mervyn King，1999）认为可以在通货膨胀目标中加入一个错误矫正（error correction）的承诺，一旦通货膨胀目标错失，要求中央银行在未来给予一定程度的弥补。但一般公众对理解错误矫正模型这一术语是困难的，这一提议显然有损通货膨胀目标透明、易懂的优点。

到目前为止，学术界对通货膨胀目标和价格水平目标孰优孰劣尚没有形成一致的观点①。从传统看法中得到的最一般的结论是，通货膨胀目标和价格水平目标之间的选择涉及低但频繁的价格水平的不确定与高且频繁的通货膨胀和产出的不确定之间的权衡。Mishkin 和 Schmidt - Hebbel（2002）认为，这一问题将是未来货币政策领域公开论争的主要议题。

① 关于这一问题的探讨，见 Stanley Fischer（1994），Goodhart and Vinals（1994）的文章，Haldane（1995）中的文章，加拿大银行的会议论文集（2000）中的几篇文章，以及斯文森（1999a）的文章。

海峡两岸金融合作发展研究

中国人民银行福州中心支行课题组

课题主持人：刘连舸

主要参与者：郑航滨　梁晖晴

“海峡西岸经济区”发展战略是福建省委和省政府以科学发展观为指导，在新世纪新阶段从不断发展变化的客观实际出发，重新审视福建省在国内、国际分工体系中所处位置，与时俱进，开拓创新，把福建的发展融入全国发展的大局，为提高区域经济综合竞争力，加快福建改革发展步伐而提出的重大发展战略。立足这一战略定位，金融业要更好地发挥现代经济的核心作用，金融宏观环境建设和金融长远发展规划都应有更高、更新的站位，以促进海峡西岸经济区繁荣。海峡西岸经济区金融开放的重点是推动闽港澳台两岸四地金融合作与交流，总体思路是：在“统一祖国，一国两制”的方针下，坚持优势互补、平等合作、共同发展的原则，在广泛推动两岸经贸合作发展的同时，积极发展两岸金融合作关系。在措施上务实求进，在方法上先易后难，在政策上先试后行，在策略上灵活变通，先民间后官方，先近期合作措施后中长期规划，循序渐进，实现全面合作。

一、海峡两岸贸易、投资发展特点和趋势

（一）海峡两岸经济合作发展趋势

一是台湾在大陆投资排行榜首。台资在大陆投资已经占海外投资总额的47%。台湾的241家上市公司投资祖国大陆已经占了40%。祖国大陆也是台商最大的直接投资地，截至2004年底大陆累计批准台资项目约8万个，实际使用台资420亿美元。二是两岸贸易由小额贸易向大宗贸易发展。根据商务部统计，1997～2004年10月两岸贸易额达2930亿美元，占台湾地区对外贸易总额的20%；大陆从台湾进口额约2456亿美元，占大陆进口总额的15%；在此期间台湾对大陆顺差达到1981亿美元，大陆是台湾地区最大的出口市场和贸易顺差来源地，台湾也已成为大陆第四大贸易伙伴。如果没有祖国大陆，台湾1/3的产品没有销路。三是台湾高科技产业落户大陆，如中华映管到马尾投资

后，吸引了46家电子资讯厂商随同落户。四是台商投资已经形成相对集中，逐渐北上西进的态势。五是台湾居民向大陆回迁。过去是移居美国，现在是向大陆转移。目前移居到长江三角洲的台湾居民已经超过30万人，在大陆经商的约有50万人，而台湾人口仅2300万，中国大陆已经成为仅次于美国的台湾居民移居地。

（二）建立海峡西岸经济区区域优势

福建省平潭县距台湾新竹市仅71海里，福建省现有台属100多万人，70%的台湾人祖籍福建，语言同为闽南语系。福建省1979年在沿海设立台轮停泊点和台胞接待站，1981年成立了专门的对台贸易公司，1988年经国务院批准在福州、厦门设立了四个台商投资区，1997年4月开始启动福州、厦门与高雄港之间的海峡两岸集装箱班轮定点直航，两个对台直航试点口岸都在福建省。闽台经济合作经营成本最低，福建省的对台贸易额约占全国的10%。海峡两岸旅游合作具有优势，福建省和台湾地区旅游资源十分丰富，大量的台胞来福建旅游观光，闽台两地的旅游合作前景广阔。福建省与台湾地区有着相近的地理气候条件，发展农业合作的优势得天独厚，福州、漳州作为首批海峡两岸农业合作试验区，已经取得了显著的成效。

（三）福建省是台商贸易和投资的热点地区

一是利用台资规模不断扩大，台湾已成为福建省第二大外资来源地。截至2004年6月底，我省累计批准台资项目7881项（不含第三地转投资的台资项目），合同台资142亿美元，实际到资102亿美元。合同台资和实际到资在全国台资中占比分别为20%和27%，在全省利用外资中占比分别为18%和22%。二是台商投资产业结构不断优化，已从初期以纺织、服装等劳动密集型产业为主，转向精密仪器、电子、石化、汽车等技术、资金密集型产业发展，目前制造业合同台资占全省合同台资总额的60%。三是台商投资福建省已从过去的投石问路、零星分散，开始形成产业化，出现了行业整体性转移、上中下游产业配套发展的趋势。全省出现像冠捷电子、华映光电、灿坤电器、东南汽车、翔鹭化纤等一批台资龙头企业，并初步形成了相互依存的产业链。四是台商投资区建设日臻完善，马尾、杏林、海沧、集美四大台商投资区成为对台招商引资的热点。五是农业利用台资持续升温。福建省现有福州、漳州两个闽台农业合作试验区，全省累进引进台湾农业良种2000多个，有100个良种得到规模化推广应用，引进台资农业企业1400多家，合同利用台资17亿美元，实际到资11亿美元，设备4000多台套，农业仅次于制造业成为台资在福建省的第二大投资领域。

（四）海峡两岸贸易方式多样化

一是正常贸易规模扩大。据福州海关统计，2001～2003 年闽台一般贸易合计为 97 亿美元，其中对台进口分别为 84 亿美元，对台出口合计为 13 亿美元，福建省对台贸易逆差合计为 71 亿美元。福建省对台贸易进出口占全国总量的 15%；其中对台出口占全国的 10%；对台进口占全国的 15%。台湾已成为福建省最大的进口来源地。闽台贸易以加工贸易方式和外商投资企业为主，其进出口占福建省对台贸易较大比重。二是对台小额贸易依然保持增长。所谓对台小额贸易是指台湾地区居民用 100 吨以下的船只，直接到祖国大陆指定口岸（对台小额贸易点）与大陆经批准有经营权的对台小额贸易公司进行每船每航次进出口限额各为 10 万美元的货物交易。福建省共有 32 家对台小额贸易公司，2003 年全省对台小额贸易出口总额 3704 万美元，同比增长 19.6%，进口总额 205 万美元；2004 年上半年出口总额 1889 万美元，与上年同期持平，进口总额 242 万美元。三是民间自发交易发展较快。民间自发贸易的主要方式为海上渔钞交易，即福建省渔民将捕获的高档水产品直接在海上出售给台湾渔民并收取新台币现钞，交易主要集中在该省沿海的连江、平潭、龙海、霞浦等县市，每年交易金额达数亿新台币。民间自发贸易的另一方式为连江县的“马祖贩”。连江县黄岐港距马祖列岛仅 8000 米，当地现有 21 艘专门从事海上交易的“马祖贩船”，主要出口马祖军民所必需的农副产品、水产品、土特产品和其他生活用品。结算主要通过地下钱庄、民间收兑船只运送或个人携带出境等方式。地下钱庄和民间汇兑在一定程度上填补了两岸民间贸易结算渠道。由于不经第三地中转，其特点是结算成本低和速度快，突破了台湾当局为两岸“三通”设置的人为障碍。

（五）近洋渔工劳务合作基本稳定

福建省向台湾渔轮输送近洋渔工劳务起始于 1989 年前后，目前已经形成沿海一线从北到南较合理的经营布局，基本上满足了台湾各渔港台轮就近便捷聘用渔工的需要。闽台近洋渔工劳务合作已成为我省对外劳务合作的重要组成部分。截至 2003 年底全省对台近洋短期渔工劳务合作共签合同约 3 万份，合同金额 2 亿美元，外汇收入 1 亿美元，共派出 20 万人次；2003 年末在外对台短期渔工约 1 万人。

（六）两岸试点直航增长迅速

1997 年 1 月 22 日两岸航运界在香港达成协议，1997 年 4 月 19 日开始福州、厦门两港与高雄之间的试点直航，但“不通关、不入境”，仅限集装箱运输。1997 年厦门轮船总公司“盛达”轮从厦门首航台湾高雄，从而结束了台湾海峡两岸航运中断48年的历史。两岸试点直航的成功经营给两岸全面双向直航积累了丰富的经验。本着“不应台湾当局所图，回应金马民众所需”的原则，按照个案处置方式，积极推动我省沿海与金门、马祖地区的直接往来。截至2004年2月底，福建沿海与金、马、澎间共直接通航3026航次，“两门”航线往来278332人次，“两马”航线往来18042人次，据不完全统计，到福建的台胞累计超过547.68万人次，福建赴台交流1718批13217人次。“两马”、“两门”直航2004年上半年已突破18万人次。

（七）海峡两岸金融往来日益密切

从2001年2月开始台湾当局允许岛内外汇指定银行（DBU）进行两岸金融业务往来。之后台湾当局陆续允许DBU可与外资银行在台分行的国外业务部（OBU）、大陆银行及其海外分支机构、外资银行在大陆分支机构办理两岸汇款及进出口外汇业务，允许OBU及海外分支机构与大陆银行及其海外分支机构、大陆在海外的法人机构、个人开展金融业务往来。台湾当局特别制定的《金门马祖与大陆福建地区金融业务往来作业规定》允许金门、马祖的金融机构与福建省的金融机构间接办理汇款及进出口外汇业务，汇款货币限于人民币和新台币之外的货币。两岸相继加入世贸组织后，台湾当局调整两岸金融往来政策，修改《台湾地区与大陆地区金融业务往来许可办法》逐步开放岛内银行、证券和保险机构到大陆设立咨询联络机构。现台湾岛内共有7家银行获准在大陆设立代表处；9家保险公司和1家保险经纪人公司设立了12个代表处；12家证券公司设立了17个代表处。有25家岛内银行和16家外资银行在台分行的OBU获准与大陆银行开展业务。福建省是大陆最早与台商商谈合资组建银行，推动两岸金融合作的省份之一。

（八）政策阻滞使地下物流和资金流相伴而生

由于通过第三地物流中转费时费力且成本高昂，因此两岸的地下物流就应运而生。地下物流又称“地下邮包”，其运作模式为由台湾承运人组织货物打包运到马祖，再由马祖渔船在海上过驳给黄岐“马祖贩”，最后交付给在大陆的收货人（主要是台资企业及台商）。根据调查，目前由马祖海域到福州的地下物流收费为每公斤30元新台币，日均物流量为1000件（每件约25公斤），物流商品主要为台资企业所需零配件及台商日常自用品，主要流向福建、江苏、广东等台商密集区。目前对地下物流两岸均视为走私，如台湾当局2003年7月31日修订的《试办金门马祖与大陆地区通航实施办法》规定“金门、马祖以外之台湾地区物品，未经许可不得经由金门、马祖转运大陆地区。违者依海关缉私条例处罚。”

（九）两岸跨境收支规模日益扩大

一是两岸跨境收支申报统计。根据福建省国际收支申报统计表明，2003 年福建省对台湾对公付汇 27.2 亿美元，其中贸易项下付汇 26.8 亿美元，服务项下付汇 3824 万美元；因公收汇 25 亿美元，其中贸易项下收汇 24.9 亿美元，服务项下收汇 696 万美元。2003 年度对台湾因私收入 14219 万美元，因私支出 624 万美元。二是以人民币计价结算的出口收入规模不断扩大。根据福建省国际收支申报统计表明，对台小额贸易出口收入以人民币计价结算试点单位漳州市东山、云霄对台小额贸易出口收入以人民币计价结算全年达到 2000 笔、金额月均达 1 亿元。三是银行信用证业务发展迅速。福建省内银行对部分在大陆设立的大型台资企业贷款和开立信用证业务情况：福建省中行直接开往瑞穗实业银行台北分行的信用证顺利付款，这是 2002 年福建省成功办理的直接开往台湾的信用证业务。两岸贸易结算多采用信用证（L/C）或电汇（T/T）方式。2002 年福建省中国银行国际结算业务对台湾地区往来统计：开证笔数 245 笔，金额 6758 万美元；议付托收笔数 229 笔，金额 770 万美元；汇出汇款笔数 1699 笔，金额 19351 万美元；汇入汇款笔数 3823 笔，金额 1507 万美元。每年对台结算量平均增长 30% 以上。

二、海峡两岸新台币流出入规模、渠道和问题

（一）台湾地区新台币流入福建省的规模和渠道

长期以来台湾当局出于政治意图将人民币视为“非法货币”，现在仍作为“有价证券”看待。对在台制造人民币假钞以“扰乱金融”论处，但是刑罚相对较轻，而对制造外币假钞则以“制造伪钞”定罪。但台湾地区海关对台胞携带少量人民币出入境基本上采取默许态度。由于台湾当局对两岸金融往来实行“间接、第三地”原则，对两岸经贸往来人为设置障碍，增加了汇兑成本，台湾工商界和银行界希望能直接通汇直至办理新台币和人民币的汇兑业务。据东亚银行福州代表处向其台北分行了解，为适应加入世贸组织后两岸经贸发展要求，台湾银行界都向台湾当局申请要求开办新台币和人民币兑换业务，但一直没有得到台湾当局批准。新台币在福建的民间流通量日渐增多，据统计 2001 年福建省中国银行系统兑入 6036 万新台币，2002 年兑入 7571 万新台币，2003 年兑入 9215 万新台币。新台币在福建民间流通量与实际流通量存在差距。据 2002 年对福建省 10 个县抽样调查，对台贸易平均每年新台币流量 2 亿 ~ 3 亿元新台币，民间新台币流通量达 20 亿 ~ 30 亿元新台币。据 2002 年厦门海关不完全统计，每年携入厦门市的新台币在 10 亿元以上。据台湾媒体 2002 年调查认为，目前有 100 亿以上的新台币在大陆流通。各方统计数据表明，大量的新台币在境内民间流

通，但经正常渠道从银行体系兑入的新台币量比重逐年下降。新台币流入福建省的渠道：

1. 海上小额贸易。对台贸易一般以收取美元为主，部分以新台币结算，但在海上交易的小额贸易中主要以新台币结算。连江县黄岐镇对台民间贸易，现有贸易船22艘，出口贸易额2001年为4000万元人民币，2002年为6000万元人民币，2003年为4000万元，2004年上半年为1200万元，结算货币以台币为主，约占70%~80%，年流入新台币约为12000万元。龙海市浯屿岛渔村有300艘渔船，年创产值1.05亿元，其中60%~70%是收取新台币。平潭县从事台湾民间渔货交易渔轮20艘，2003年对台民间小额输出贸易约446多万美元。福清市对台小额贸易年均达1500万美元，莆田市对台贸易平均达1.5亿美元。台湾渔民来大陆沿岸采购在台湾畅销的海产品，如云霄特产的花蛤、巴非蛤等贝壳类海产品以及高档鱼类。

2. 对台劳务输出。近年来福建省年均输出对台渔工1.5万~2万人，创汇数千万美元，其中部分为新台币收入。1995~2000年全省输出渔工8.79万人次，合同金额6740万美元，实际创汇4967万美元。连江县每年赴台劳工约有500人，按人均携回5万元新台币测算，年流入新台币2500万元。莆田市每年输出赴台劳务约8000人次，外汇收入860万美元。

3. 两岸探亲旅游人员。截至2003年底，15年间台胞赴大陆旅游观光人数累计超过2740万人次。台胞进入大陆主要携带美元、港元等可自由兑换货币，但也会随带一些新台币。两岸人员往来表现在：一是近几年台胞入境探亲人数呈逐年增加趋势，每年从厦门入境的达到15万~20万人次。同时台资企业陆续进驻厦门也使大量台籍员工涌入厦门，目前受聘在厦门台资企业工作的台籍人员已超过5000人，这些均导致新台币流通量相应增加。近年仅连江县黄岐镇流入的新台币就达2.5亿元。据诏安县调查，台胞每人次携带入境的新台币约2万元，按全省台胞年均入境人数25万人次的保守估计，台胞年均携入新台币可达50亿元。二是大陆人员赴台探亲旅游和结婚。2003年平潭新增涉台婚姻1668人，加上历年的涉台婚姻共计3806人，据抽样调查2003年从平潭流出新台币近1.8亿元。云霄县每年约有500人赴台探亲，在台滞留短则一个月、长的一年。大陆去台湾探亲人员将台湾的亲朋好友赠送的新台币带回，或是把探亲期间在台湾打工赚的钱带回大陆。三是台胞到大陆朝圣或捐赠修缮文物，也是新台币流入大陆的一个渠道。每年到莆田市湄洲岛妈祖庙朝圣的台胞有数万人，每年捐款约200多万元新台币。

4. 台轮船员采购流入。福建省沿海有33处台轮停靠点，每年有大批来自台湾的渔船前来避风、采购、补给和维修。据抽样调查统计，仅平潭县近年来就接待来自台湾地区的船只12300多艘次，人员9万多人次；云霄县接待台湾渔民

5554 人次。台湾渔民在福建口岸一般停留 2~3 天，若维修船只则时间更长，除生活费用开支外，台湾渔民还会采购一些日用品回台。

5. 台资企业的部分投资款或前期投资费用。据抽样调查，2000 年台湾在福建省 16 个市县设立企业 2228 家，投资额 68.7 亿美元，每家企业投资额平均为 308 万美元，低于台湾当局超过 500 万美元汇出申报限额的规定。某些中小型和来料加工型台资企业的设备和原材料通常是由其台湾母公司提供或代为采购，资金多为母公司以贸易信贷方式垫付，产品 90% 以上出口。在两岸金融机构没有直接往来以及台湾当局管制较严的情况下，出现携带外币和新台币入境作为投资前期各种费用和投资初期的注册资金，设备用新台币作价，形成出口收汇抵扣等台资企业特有的投资和资金运作形式。

6. 通过第三种货币和第三地间接流入。据抽样调查统计，近年厦门台胞入境人均携带现金折合约人民币 2 万元，其中美元约为 1500 美元，人民币约为 5000 元，新台币约为 1 万元。主要原因是美元便于携带、消费、流通和兑换，同时，为了规避两岸的出入境监管以及考虑现金携带不安全，选择通过地下钱庄（银楼）或者大陆的亲戚朋友的帮助，采用直接在台湾支付新台币，在大陆支取所需人民币的做法，在价格上比通过银行兑换更为优惠。由于目前大部分的台胞须经由第三地比如港澳进入大陆，台胞通常在港澳就将新台币换成人民币直接携带入境。

7. 地下钱庄非法流入。近年公安、工商、外汇管理部门联手打击外汇黑市表明，两岸地下钱庄活动十分猖獗且手段先进，已从携带通关发展到走私通道，以及异地兑付。据福州外汇管理局查处的台湾与大陆地下汇兑案例，从 1992 年起由台籍案犯亲属在台湾收集款项携带或汇入大陆，由该犯在外汇黑市上非法炒卖，所得人民币交付大陆收款人，违法金额折人民币达 1.43 亿元。

8. 对台小额贸易支出。对台贸易公司向台胞采购在大陆比较紧俏的台湾产品，例如金门高粱酒等，平潭县贸易公司从台湾进口音像制品和日常用品等，半年就有相当 65 万美元的新台币回流。由于台湾燃油价格较大陆低，所以沿海渔民以出售渔产品收入的新台币向台湾渔轮购买柴油。据调查仅龙海市浯屿岛村每年向台轮购买柴油就达 2.5 亿元新台币。

9. 通过外汇黑市进行兑换。通过黑市收兑的新台币仍占流入大陆新台币总量的绝大部分。究其原因主要是由于 2004 年以前中国银行规定新台币只能兑入不能兑出，并且不能挂牌交易，由于官方兑换价格的限制以及银行兑换网点的限制，给外汇黑市投机者可趁之机，由于外汇黑市能给新台币兑换者更多的“便利”和“实惠”。通过推算，中国银行收兑和民间贸易支付新台币两条渠道所吸收的新台币数量有限，从侧面印证了流入外汇黑市是新台币在大陆的主要流转方式。但黑市上这部分新台币并不完全沉淀在大陆，而有以下主要去向：一是在境内卖出，最终流向境外。主要需求对象是返台人员及以现钞支付对台民间贸易的进口货款。由于受美元偏好以及大陆黑市新台币价格吸引力小的影响，返台人员大多选择购买美元携带出境，购买新台币的数量很少。二是通过渔船运往台湾。这部分主要为闲置的新台币现钞黑市头寸或为弥补台湾地下钱庄（银楼）的新台币头寸缺口。三是沉淀大陆黑市，以应付日常黑市现钞买卖的不时之需，黑市交易量远远超过银行收兑额。据抽样调查，泉州晋江围头黑市交易点每年成交量约5000万元新台币。邻近厦门的龙海市每年约有2500万元新台币流入厦门外汇黑市。平潭县每年至少有5亿元新台币通过非法途径流出，黑市收兑的新台币主要用于海上贸易和台资企业工资发放等。

（二）新台币回流渠道和滞留福建省的情况

1. 新台币回流出境。新台币在大陆不能流通，只能在一些特定口岸民间交易中使用，且新台币的兑换渠道不畅通，在中国银行兑换牌价不合算，所以台胞携入的一部分新台币未消费完又被携带回台，估计这一渠道流出的新台币约为20个亿（测算方法为：流入数量抽样估计扣除中行收兑数量再扣除停留大陆内数量）。未经兑换而直接持有的新台币用于支付对台民间贸易进口、携带出境、消费以及收藏。对台民间贸易进口支付新台币主要来源于对台民间贸易出口收入，新台币收支数量有限。携带新台币入境消费剩余部分直接携带出境，因受携带新台币入境标准和总量有限规定，其数量不大。持新台币进行消费受制于新台币可兑换性差、币值偏软以及真伪不易辨别，绝大部分新台币无法进入正常的消费渠道。目前大陆的商场、免税商店、酒店均拒收新台币，甚至连台胞购物中心也不收新台币，因此持新台币进行消费只是零星数量，用于民间收藏量可忽略不计。

2. 通过银行进行兑换。据中国银行福建省分行统计，2001～2003年5月共兑入新台币2.2822亿元。2001～2003年厦门中国银行系统收兑的新台币数额合计为1.26亿元新台币。由于现钞押运出境要先送深圳集中，再运往香港最后运入台湾清算，运保费较高且承担汇率风险，经济效益不明显，银行办理此项业务的积极性不高，加上外汇黑市上新台币的兑换价格明显高于银行收兑价格，使银行收兑量波动比较大并呈下降趋势。由于种种原因，每年通过福建省金融机构收兑的新台币不足1亿元，2003年全省中国银行兑入新台币9215万元，2004年1～10月底中行兑入的新台币9750万元，与实际流通量存在较大差距。

3. 其他非法新台币兑换渠道。主要通过两岸地下钱庄或是在大陆台资企业和关联企业之间私自进行兑换和计价结算。具体运作如下：在台湾直接将新台币存入地下钱庄（银楼）或大陆台资企业的指定新台币账户，而后在大陆直接支取人民币；或在大陆直接将人民币存入地下钱庄或台资企业指定人民币账户，而后在台湾直接支取新台币。目前这种“地下通汇”以两岸地下钱庄（银楼）运作为主。而在最终解决两岸资金交易头寸缺口时，地下钱庄（银楼）则通过贸易定价转移方式或直接通过渔船运送现钞来实现货币头寸补差。

（三）福建省银行收兑新台币情况及存在的问题

1. 20 世纪 90 年代开办新台币解付人民币发给侨汇券业务。早在 1991 年，国家外汇管理局批准中国银行、工商银行、农业银行、建设银行、交通银行、中信实业银行收兑新台币、菲律宾比索、泰国铢。根据 90 年代台湾同胞、华侨、外籍华人回来探亲、旅行期间，送给国内亲友一些新台币、菲律宾比索或泰国铢的情况，上述银行经批准：均可收兑居民持有的新台币解付人民币，列入侨汇收入统计，享受侨汇待遇，发给侨汇券，不能转为丙种存款。100 元新台币现钞买入价为 17.89 元人民币，100 菲律宾比索现钞买入价为 16.37 元人民币，100 泰国铢现钞买入价为 19.85 元人民币，上述三种货币的现钞买入价发生变动时，外汇管理局将通知各分局和中国银行总行。上述三种货币的现钞买入价属于内部通融兑换价，不对外挂牌，不登报，凭居民身份证收兑。收兑台胞、华侨、外籍华人持有的这三种货币，应兑付外汇券。尽管新台币在大陆还不能作为合法的流通手段与有价证券，但为适应两岸人员交往与经贸关系的发展，大陆银行系统内部规定了按美元汇率标准折算而来的新台币与人民币汇价，在某种意义上承认了新台币为一种特殊的通货或有价证券。1998 年，中国银行厦门分行、福州分行与马江支行率先开办新台币兑换人民币（外汇券）业务，但仅限于在中国银行内部挂牌收兑新台币现钞，不能办理新台币现汇兑换，也不能办理新台币现钞、现汇的卖出和支付业务。由于内部收兑不宜公开宣传，黑市交易仍很盛行，近年福建省通过金融机构收兑的新台币呈逐年下降趋势，近三年年均收兑量约 7000 万元新台币，与估计的流通量存在巨大差距。

2. 福建省是全国惟一的新台币兑出业务试点。2003 年 6 月经国家外汇管理局批准，2003 年 12 月 28 日正式开始在福建省福州、厦门、漳州、泉州、莆田五个地区的中国银行分支机构在实行新台币兑入业务的基础上，允许办理一定范围的新台币现钞的兑出业务。新台币现钞兑换业务暂不实行公开挂牌。这项政策有利于海峡两岸人员经商和旅游往来，改善了台商来闽投资的金融环境。新台币现钞兑入和兑出范围：

一是新台币现钞兑入业务范围：台胞以及境外（含香港、澳门特别行政区）个人入境携入的新台币现钞；境内居民个人持有的新台币现钞；境内机构持有的新台币现钞；其他符合现行大陆外汇管理规定的新台币现钞兑入需求。

二是新台币现钞兑出业务范围：临时来大陆的境外个人，出境时未使用完的人民币；境内机构台籍、外籍、华侨、港澳地区员工的工资、津贴；因公、因私赴台的大陆人员的新台币兑换需求；参加两岸直航的轮船公司的有关费用；有关机构和人员在两岸活动中产生的合理的新台币兑换需求。根据省中国银行统计自2003年12月28日福建省福州、厦门、泉州、漳州、莆田五地市中国银行获准试点开办新台币兑出业务以来，至2004年10月末福建省五个地区共兑出新台币计20笔，金额53.06万元新台币。福建省试点开办新台币兑出业务标志着银行在满足两岸交往中的合理汇兑需求方面迈出了突破性一步。但与两岸投资贸易汇兑需求以及同期银行新台币兑入量3053万元新台币比较，福建省新台币兑出业务仍有拓展余地。

3. 新台币滞留原因及出现的问题。一是银行兑换新台币业务低调宣传。新台币收兑没有公开挂牌，只有内部收兑价格，有相当一部分的台资企业、台胞以及赴台探亲考察的大陆居民、社团不了解福建省中国银行已开办新台币兑出业务。或者是赴台人员考虑到汇率不合适，导致银行兑入量大于兑出量。

二是银行受理网点仅限批准的地区，兑出入新台币总量不匹配。目前福建省仅限于五地市中行分行营业部可办理新台币兑出业务，而中行辖内所有开办“外币兑换”业务的网点均可办理新台币兑入业务。银行主要考虑现钞运输成本，中行各分行负责将新台币买入，集中达到一定数量后逐级上缴，统一在指定地点关口押送出境托收清算，银行较高的运营成本，难以和地下外汇黑市低廉的“电话成本”竞争。根据现行大陆外汇管理规定，只有持有效银行兑换水单方可兑回原币。银行有时无法辨别台湾同胞未使用完人民币来源的合法性，在离境时无法完全兑换回新台币携出，而兑换成其他外币则增加兑换手续费和汇率变动损失。

三是新台币兑出仅限于现钞。当前银行办理新台币兑出仅为现钞业务，考虑到携带的安全和便利，出境台胞更愿意向银行兑入美元并存入“国际信用卡”赴台消费，导致银行新台币兑出基本为小额现钞且数量有限。

四是银行掌握新台币汇率信息滞后，担心因汇率变动造成经营损失，对办理新台币兑换业务持谨慎态度。根据外汇管理规定，新台币买入价由中国银行总行拟定，其价位低于黑市价格，新台币持有者不愿到银行兑换。新台币是不可兑换货币，在大陆不准流通，在银行正常兑换之外的新台币通常流向黑市和地下钱庄。根据对黑市抽样调查，2004年3月底银行新台币钞买价为23.97元/100新台币，外汇黑市买入价为24.6元/100新台币；银行新台币卖出价为25.21元/100新台币，外汇黑市卖出价为24.9元/100新台币，而且黑市可以提供两岸新台币非法“地下通汇”业务，减少赴台因携带大额现钞带来的风险。外汇黑市的“便利”和“经济”吸引部分个人新台币兑换需求和非法外汇跨境流动。

五是在大陆的台资企业大多为台湾企业的子公司，台湾母公司是资金调度中心，大陆子公司是加工生产基地，在企业之间的债权债务表现为新台币，却无法以新台币结算，必须通过港币和美元为中介套算，使企业承受两次手续费损失并承受外汇兑换风险。根据调查，台商人民币利润要么是继续扩大在内地的投资，要么按照国际上的兑换比率，私下进行人民币与新台币间的兑换。对经过中国香港、美国等第三地金融机构的转汇渠道，由于中间手续费太高，通常只有台湾大型跨国公司较多使用。

六是合法的“地上转汇”与非法的“地下新台币通汇”方式并行。目前两岸间的国际结算业务均通过台币、人民币以外的第三种货币如美元、港元等可兑换货币进行转汇。这种转汇可分为“直接转汇”和“间接转汇”两种模式。“直接转汇”主要在台湾地区离岸国际业务银行（OBU 银行）与大陆外资银行之间直接进行。根据调查，这种模式的交割期限是当天汇款，当天入账，成本为汇款手续费加上电报费，约为汇款金额的1‰～1.25‰，汇兑损失包括在台湾需将新台币兑成美元等外币的兑换损失，以及在大陆可能存在美元兑换成人民币的兑换损失，汇兑损失约为2.7‰。“间接转汇”主要为台湾地区（离岸国际业务银行）或者本岛外汇指定银行（DBU 银行）的海外分支机构通过大陆中资银行的海外分支机构与大陆中资银行进行。交割期限通常为当天汇款，2～3 个工作日入账。但大陆内地欠发达地区的中资银行由于外币清算速度慢，实际交割期可能延长为4～5 天。成本比“直接转汇”多出经由第三地操作的手续费。台湾岛内新台币与美元可自由兑换，台资企业倾向于持有美元，愿意采用“转汇”形式，但可能带来两次兑换汇率损失；增加了中转时间、资金占用利息、汇率变动风险以及手续费支出等，无形中助长了两岸地下钱庄新台币通汇盛行。

4. 海峡两岸银行业合作存在的问题及其成因。目前障碍主要还是政治因素。一是台湾当局现行的大陆政策存在障碍。由于担心两岸经贸关系的发展将使岛内经济更加依赖大陆，资金流向大陆，台湾当局极力阻挠两岸贸易、大额投资和金融合作，造成目前大陆向台湾单方面开放金融市场的局面，大陆银行要想全方位与台湾同业展开合作仍存在各种障碍。大陆地区资金进出台湾地区管理及处罚，准用外汇管理条例有关规定；有重大影响的，由台湾“中央银行”会同有关机关予以限制或禁止；对两岸经贸、金融交往实行“原则许可，例外禁止”，如台湾当局许可本岛外汇指定银行对大陆金融机构办理汇款业务，仅限于人道主义直接汇款；办理“大陆出口、台湾押汇”厂商的再汇出款项，汇出金额不得大于押汇金额等。对台湾岛内金融机构未经许可办理大陆的存汇款业务或从事金融投资等活动严格监管，一经查获，就可能被处以新台币 300 万～1500 万元以下的罚款。外汇指定银行违反者，由“中央银行”按情节轻重，停止其一定期间经营全部或一部分外汇业务，甚至可能被处新台币 200 万元以上 1000 万元以下罚款，并限期停止或改正；不改正或重犯者处行为负责人 3 年以下有期徒刑、拘役或并处以新台币1500万元以下罚金。台湾岛内金融机构未经台“财政部”许可，与大陆金融机构往来或投资大陆设立分支机构，其负责人可能被处3年以下有期徒刑、拘役或并处以新台币100万元以上500万元以下罚金。

二是两岸金融管理体系存有差异。双方金融发展水平、金融制度和会计制度、金融国际化和市场化进程、银行作业标准、程序和制度等均存在差异。大陆实行严格利率、汇率管制。台湾外汇管制已经放松，台湾当局规定岛内居民个人一年内累计汇出岛外款项最高金额可达500万美元，公司汇出岛外限额5000万美元，个人每年累计汇入汇款限额100万美元。两岸金融管理当局尚未建立监管协作关系和相应的协调机制，两岸银行业的监管准则、货币政策制定和实施依据，对金融市场的调节和干预力度不同。

三是两岸银行业尚未实现全面的直接通汇。目前两岸银行间直接通汇必须“绕道”美国和中国香港，或者通过台湾离岸银行（OBU），且仅限于开证、押汇、托收、汇款、贸易融资、担保项下的贷款等业务。

四是两岸还未实现人民币和新台币之间现钞的完全兑换和现汇的直接结算。主要是通过第三种货币进行套汇结算。这种方式虽然能基本满足贸易结算和民间交往的需求，但在资金到位速度及节约成本方面均存在不足，同时也导致地下钱庄非法交易的盛行，扰乱了两岸正常的金融秩序。

五是信息不对称造成大陆银行难以对在大陆注册的台商企业资信开展调查。尽管台资银行掌握大量关于台商的企业资信信息，但大陆银行却难以获得，造成在融资贷款方面银行对企业资信难以评估，风险控制难以把握。

三、海峡两岸人民币流通使用状况和发展趋势

（一）两岸贸易和民间人民币流通规模测算

一是自2001年12月批准福建省东山关区试办人民币进出口核销业务以来，据福建省对台小额贸易申报统计，2002～2004年3月止全省对台以人民币计价结算出口收入13821万元。二是据中行福建省分行统计数据，2003年中行系统兑入9215万新台币，按2003年内部折算率1元新台币兑0.03031美元计算折271万美元。1990～2003年福建省中行系统累计兑入新台币折美元累计23369万美元，按内部折算率计算累计兑出人民币约20亿元。三是根据福建省旅游局统计台湾同胞2002年到福建旅游人数60万人次，如果按规定的标准每人次可以兑换人民币6000元测算，可兑换人民币约36亿元。根据人民银行深圳分行2001年抽样调查统计数据表明，内地居民出境人民币携带率为87%，人均携带额3874元，境外居民入境人民币携带率为91.7%，人均携带额1232元。根据上述数据综合测算，在台湾岛内和大陆的台湾同胞持有人民币（包括人民币存款）

存量大约40亿~60亿元。通过对台小额贸易、中国银行兑入新台币兑出人民币和旅游出境携带人民币三种渠道流量估算，流出入台湾的人民币现金流量每年大约5亿~10亿元，约占福建省货币供应量650亿（M_0）的0.77%~1.5%，影响有限。但是随着人民币成为强势货币，海峡两岸贸易、投资、消费、旅游中使用流通人民币的规模逐步扩大，对大陆央行货币供应量的影响会越来越大。

（二）人民币在台湾地区流通现状

长期以来，台湾当局不允许人民币在岛内流通和自由兑换，两岸经贸往来主要以美元作为支付与结算手段，间接形成人民币与新台币之间的折算率或汇率。但实际上，岛内私下的人民币兑换与流通早已有之，尤其是随着大陆经济的快速发展，人民币逐渐成为强势货币，不仅岛内旅游景点、杂货店、银楼及旅行社等私下接受人民币的现象十分普遍，而且通过“地下汇款公司”的非法兑换与交易也很盛行，其做法一般是由台湾母公司将新台币汇到指定账户．然后在大陆台商所在地取得人民币，通过上述“一手交新台币，一手交人民币”的方式完成通汇。由于看好人民币坚挺前景，不少台湾民众开始在大陆开立人民币账户，投资、贸易、消费中使用人民币。为反映日益密切的两岸经贸往来对新台币汇率的影响，台湾“中央银行”已将人民币列入计算新台币实质汇率的加权货币范围，拟在台湾银行挂牌人民币，显示人民币及其兑新台币汇率在台湾经济发展中的地位正迅速上升，人民币在台湾地区合法兑换的客观需要日益增强。为规避新台币对人民币的汇率风险，台湾金融监管部门从2003年8月6日起开放岛内银行的离岸国际业务，办理以美元交割人民币的无本金交割远期外汇（NDF）和无本金交割之汇率选择权（NDO）业务，表明台湾地区已逐步迈出开放人民币业务的步伐。

1. 人民币流入台湾渠道。由于人民币不是自由兑换货币，在台岛内流通的只能是人民币现钞。人民币入台渠道主要是大陆的台胞从海关携入、从事两岸小额贸易的渔民收入、地下钱庄经营者通过地下渠道流入等。人民币在台湾本岛流通的现钞流量较少，因为台湾的信用工具种类多，使用方便，而且携带超限标准现钞进出台湾受到海关限制。人民币在台沉淀的方式：一是爱好收藏各种货币的收藏家或是部分居民认为人民币的票面图案设计新颖美观且有一定的收藏价值，因此有部分人民币留存于民间；二是到大陆经商和旅游的台胞返回时将人民币带回；三是与大陆有贸易投资往来的台湾商人持有人民币。根据调查，台湾当局规定，旅客每人携带新台币进出岛限额各8000元。台湾同胞个人一年内累计汇出岛外款项最高金额可达500万美元，公司汇出岛外限额5000万美元，个人每年累计汇入款限额100万美元。台湾已于1987年放宽外汇管制，台湾同胞到大陆之前通常在第三地如港澳、纽约、新加坡等地兑换人民币或其他可兑换货币。

2. 人民币在台的兑换机构。在台湾外汇市场上人民币不作为外汇交易实际币种，银行也没有公开挂牌兑换。在金门、马祖、澎湖等两岸小额经贸较活跃的地区民营银行可询问到新台币和人民币兑换汇率，但没有公开挂牌。台湾民间从事人民币兑换的机构主要是银楼金店、旅行社、兑换店、日杂店、饮食店和地下钱庄。旅行社为大陆入台人员将人民币兑换为新台币，主要是为游客提供“附带服务”和导游赚取汇差，便于大陆人员进入岛内消费支出，而后又将人民币用于来大陆旅游的台胞旅行消费支出；个别商店有标明使用人民币的牌子，但没有公开挂牌标明兑换价。据调查了解，在台湾有部分银楼金店提供人民币兑换服务，其人民币兑换新台币的“汇率”是通过与美元汇率进行转换折算，与大陆外汇黑市上的价格接近。台湾地下钱庄在台湾实行外汇管制时期主要从事美元等外汇和新台币地下汇兑，现在主要从事人民币和新台币兑换、民间借贷等地下金融活动。台湾北部地下钱庄比南部活跃，兑换汇率也有差异，通常是以美元作为人民币和新台币折算的交叉汇率。

3. 人民币在台用途。目前人民币在台的流通只限于民间，主要是经营大陆商品的商店和旅游品商店，金店和个别菜市场可以用人民币支付，个别旅游景点有时也收取人民币。但在金、马、澎等两岸小额贸易活跃的地区，由于和大陆往来比较频繁，使用人民币数量较大。台湾居民持有人民币主要用途：一是到大陆经商支付部分贸易货款。二是到大陆旅游购物。2001 年到福建旅游的台湾人达 48 万人次。三是回乡馈赠亲友、赴内地就学就医和居住生活开支。在台老兵回大陆探亲通常带几万元人民币入境捐赠亲友等开销。四是到大陆购买房地产和其他投资。2002 年福州招商月期间仅马祖台胞在福州购买房地产大约 3000 万元。五是进入大陆 A 股市场投资。目前已有台湾资金通过私募基金、QFII 和其他委托投资形式涉足大陆的 A、B 股市场，由于台湾股市发展较大陆股市成熟，大量的台资在两岸证券市场之间流动套利。六是有部分台湾洗钱资金通过投资大陆产业或者其他地产、娱乐行业变相转移利润和躲避监管。由于台湾外汇储备充足但是当地政府政策限制，台胞投资大陆一般都是通过第三地汇入可自由兑换货币。投资大陆的人民币来源大部分是通过福建沿海渔民海上小额贸易交换的渠道，以及地下钱庄、“打数形式”和在内地台湾子公司与关联企业实现价格转换。随着两岸往来的增加，人民币在岛内流通的数额呈增加的趋势，使用的范围也逐步扩大。

4. 在台湾地区人民币与其他货币的兑换结算主要方式：一是易货结算方式；二是现钞结算方式。由于银行结算渠道不畅，携带新台币或美元现钞从事贸易较为普遍。现钞结算具有操作简便、灵活，便于周转的特点，因此现钞结算在两岸贸易出口结算中占主导地位。三是“对打结算”或称“打数结算”方式。这是一种企业之间私下进行的境内外商业信用结算方式，具有逃套汇政策风险。做法是大陆台资甲企业出口货物后，在台湾自行销售收回新台币，为了避免汇兑损失和出入境携带现钞的风险，与在台湾做进口而急需新台币的大陆台资乙企业进行协商，乙企业按当日汇率在境内将对等的人民币打入甲企业账户进行结算。四是通过第三地银行间接进行的现汇或者现钞结算方式。五是双方银行之间的直接代理行和账户行结算方式，这是两岸银行业期望达到和努力实现的结算模式。目前只有中俄在黑龙江边境贸易中采取签订代理行协议的方式。

5. 福建省对台小额贸易人民币核销试点。2001 年 11 月国家外汇管理局批准福建省东山关区的对台小额贸易出口允许收取人民币办理核销。该政策参照我国与邻国边境小额贸易有关做法，结合我省对台小额贸易实际，允许对台小额贸易以人民币支付和结算，即允许对台小额贸易公司出口以人民币货款办理核销，同时建立对台小额贸易出口收入人民币国际收支统计申报制度。这一办法的出台对我省对台小额贸易出口有积极影响。2002 年对台小额贸易以人民币计价核销试点开始在福建省漳州市东山关区实施。根据统计，2003 年福建省漳州市对台小额贸易出口额、出口量和台轮停靠船次均出现下降，全年对台小额贸易出口 793 万美元，同比下降 12.57%，其中出口收入人民币笔数 909 笔，金额 6053 万元，同比分别下降 32.42% 和 14.23%。对台小额贸易中人民币核销政策客观上削弱了对台小额贸易与外汇黑市交易的联系。台商在东山本地设有代理人，即委托东山本地居民办理寻找货源、验货、收购等具体事项。实行人民币核销政策之后，代理人将用于核销的人民币存入对台小额贸易专用账户，由于用于核销的人民币都是通过代理人在专用账户进出，台商并未实际介入核销。代理人资金来源于台商支付给代理人的保证金和代理人自有资金，向台商收取的只是代理手续费用。对台小额贸易中人民币核销政策试行之后，人民币在整个对台小额贸易核销过程中发挥着主导作用，通过黑市进行新台币与人民币之间兑换的非法交易减少，客观上削弱了对台小额贸易与外汇黑市的联系。

四、海峡两岸近期和中长期金融合作的政策研究

（一）海峡两岸金融合作近期发展思路

1. 加深闽台两地金融界之间的业务交流和人员互访。建议增加两岸人员往来便利措施，鼓励福建省与台湾地区金融界开展金融业务磋商，举办金融培训项目和研讨会。可考虑由福建省金融学会与台湾地区相应的金融同业协会或科研院校建立定期交流机制，加强与台湾地区金融界的联系。福建省金融学会及银行业、保险业和证券业协会等学术团体、社团组织，应与台湾银行同业公会等金融业社团机构建立合作关系，保持定期的沟通，建立信息共享机制。以此加强对两岸金融界共同关心的金融相关议题，如金融监管体系及其运作、外资银行在两岸

的发展、以及人民币和新台币在两岸流通等的学术交流，对银行、证券、保险等中高级人才进行综合与专项相结合的业务或风险管理培训。可考虑先在金门、马祖举办交流活动，待时机成熟之后，可与台湾本岛金融界开展交流活动。

2. 鼓励台资来福建省设立各类金融机构，敦促台湾地区批准福建省金融机构赴台设立办事机构。目前福建省尚无一家台资金融机构，与促进闽台金融合作交流的形势和需求极不相称。建议比照内地与香港签订的《关于建立更紧密经贸关系的安排》(CEPA)，放宽台湾银行、财务公司、证券公司、保险公司在福建设立法人机构或分支机构的条件。放宽条件，优先让福建金融机构赴台湾设立分支机构、办事处。同时也鼓励台资金融机构和台资财团进入福建省参股商业银行，直接或间接设立合资银行，拓宽台湾金融资本进入福建省的渠道。允许具备条件的台资集团设立财务公司，以利解决融资问题。设立证券和产业投资基金等互惠型基金，吸收台湾资本，间接进入福建省证券市场和进行产业投资。福建省银行同业公会和台湾地区银行同业公会分别代理两岸银行业对两地企业的征信或者合资成立征信中介机构。

3. 拓展银行新台币收兑业务地域网点并完善定价机制。随着海峡两岸经贸和人员往来的不断增加，新台币在福建省流通量日益增多。建议扩大新台币收兑业务在福建省辖区的地域和机构范围。在地域方面，从目前的福州、厦门、泉州、漳州、莆田扩大到全省九个地市；在机构方面，先由目前的中国银行福建省分行扩大到中国银行和兴业银行，再逐步扩大到其他外汇指定银行。同时，应准确把握，合理加强新台币兑出业务的宣传。积极引导这些合理的新台币兑换需求从“地下”走向银行。进一步开发银行汇兑业务品种和完善定价机制。

4. 扩大两岸贸易、投资和旅游人民币的流通使用范围和限额。一是扩大福建省对台小额贸易出口收取人民币办理核销的试点范围。2001 年下半年，国家外汇管理局出台了《福建省东山县对台小额贸易出口核销管理试行办法》，允许在东山以人民币办理出口核销。《福建省东山县对台小额贸易出口核销管理试行办法》出台以来，基本上满足了两地对台小额贸易发展的需要。基于对台小额贸易在深化两岸交流、推动直接三通、促进两岸和平统一方面的独特作用，以及对台小额贸易多以现钞交易为主，难以按一般进出口贸易那样足额收汇核销的特殊性，建议国家外汇管理局把在福建省东山关区试行的对台小额贸易人民币核销特殊政策扩大到我省沿海全部对台小额贸易点。二是放宽人民币携往台湾的限制。随着我省对台交往的日益增多，出入境旅游游客、商务公干人员多次往来大陆和台湾地区人士或流动渔民人数和消费金额不断上升。建议台胞及赴台人员进出入境可携入人民币的限额由现有的 6000 元提高到 2 万元，以后逐渐与国际接轨(通常是 1 万美元的标准)，提高到能满足边境贸易和旅游开支的水平。三是积极推行对台经贸往来以人民币作为计价货币，进出口可用人民币计价或可自由兑换货币作为计价货币，进出口最后都用美元或其他可自由兑换货币清算。对台口岸经有关部门批准，商业银行可以办理新台币现钞收兑业务。福建沿海地区与金门、马祖和台湾岛渔民海上小额贸易允许收受人民币、新台币或其他可兑换的货币，但是不得在黑市非法交易。

5. 实行贸易和投资便利化政策，创造直接通汇的宽松环境。宣传直接通汇模式，方便来闽投资者了解汇路，方便投资款汇入。允许台商企业在省内外资银行和大陆银行开立的外汇账户资金（从境外汇入）划转台资企业资本金账户作为投资款，争取两地银行互相设立办事机构，直接办理新台币与人民币的汇款和兑换。探讨台商投资以人民币、新台币计价，同时允许台商企业汇出利润或清算时以新台币或者人民币作为结算货币。针对一些台商要求以现钞投资或通过台商个人账户转入资本金，建议考虑台湾地区投资管制的特殊性，对确认资金合法来源后按个案办理。根据新台币使用范围的扩大相应增加新台币兑出功能、开设新台币外汇账户，放宽新台币在贸易和资本项下计价结算范围。

6. 建立海峡两岸货币清算机制。随着两岸经贸合作领域的扩大，以及人员交往的日益频繁，台湾地区与祖国大陆的经贸关系将越来越紧密。安排双边清算对促进“三通”极有意义。建议国家有关部门和人民银行总行授权人民银行福州中心支行具体负责，安排两岸货币兑换、清算工作。在官方清算渠道尚未建立之前，指定兴业银行和台湾地区的商业银行建立双边清算协议。具体设计思路：该行与台湾岛内银行签订清算支付协议，建立双边清算关系，并在台湾设立分支行。大陆商业银行和金融机构吸收的新台币可以移存兴业银行，由该行统一对台清算。按外债管理有关规定，兴业银行与台湾的商业银行签订“授信协议”将清算差额转化为两行之间借贷，事后定期办理登记。在兴业银行未在台湾设立分行的情况下，双边清算可选择一家香港当地注册的银行作为最终清算行。台湾岛内收兑的人民币现钞运到香港卖给最终清算行；兴业银行收取的新台币也卖给最终清算行。如兴业银行在台湾设立了分行，双边收兑的人民币现钞和新台币可以直接清算，不必通过香港中转，双边清算的内容和范围可以随之调整、扩大。在试点期间，两岸银行涉及的货币“清算支付协定”和“授信协议”应适用第三地法律。

7. 对两岸民间收兑和地下钱庄实行堵、疏并行策略，促进两岸民间贸易在发展中规范。福建省连江“马祖贩船”和涪屿海上渔钞交易等两岸民间自发贸易存在不规范之处，特别是在货币选择及结算渠道等方面与现行外汇管理法规存在冲突，在一定程度上滋长了对地下钱庄和民间汇兑的需求。对从事新台币收兑的地下钱庄或民间收兑可考虑采取必要的措施加以限制和引导，将危害控制在最小范围，待条件成熟时再彻底取缔，同时逐步疏通银行结算渠道，最终将两岸资金结算完全纳入银行体系。从长远看，地下钱庄毕竟扰乱和冲击了正常的外汇市场秩序，在条件成熟时必须打击和取缔。为此，首先应加强本外币携钞出入境管理，加强对本外币携钞规定的宣传，明确违规超带的处罚规定；建立携带人民币现钞出入境申报制度，申报不实或不申报应相应承担经济民事责任；建立现钞跨境监测系统。其次应加强大额外币现钞存取款报备管理，监测个人大额资金跨境流动，加强反洗钱及打击“地下钱庄”，具体包括加强立法，制定和完善国际收支申报制度；加强外汇管理局与有关部门的合作监管。

8. 加强大陆与台湾岛内货币和金融监管部门合作。为两岸民间经贸往来提供优良金融服务的同时，要进一步加大力度严厉打击外汇黑市交易、地下钱庄，规范两岸金融市场发展。两岸金融监管部门共同制定反洗钱和反走私法律，共同打击地下钱庄与非法跨境洗钱行为，维护两岸正常经济金融秩序。加大外汇管理法规宣传力度。公安、工商部门、外汇管理等部门共同配合，建立两岸金融和司法信息交流机制。

（二）海峡两岸金融合作中长期发展规划思路

1. 参照CEPA建立海峡自由贸易区和金融合作实验区。一是比照内地与香港签订的《关于建立更紧密经贸关系的安排》的政策，建立海峡自由贸易区和金融合作实验区，建立金、马、澎与福建沿海零关税区，密切闽台港澳两岸四地金融合作关系。CEPA以及现行的货币管理模式为两岸提供了可资借鉴的经验。大陆与台湾作为不同的关税区，应遵守世贸组织的规则，减少贸易和金融交往的障碍，促进投资贸易自由化。要采取优惠政策，鼓励并大力扶持福建企业通过香港特区，以“第三地”迂回投资台湾岛内金融机构，参资、并购台湾岛内民营银行。降低金融业务市场准入门槛，缩短申请人民币业务资格的时间，以及审查有关盈利性资格时由过去内地单家分行考核转变为多家分行整体考核。

二是积极推动两岸企业和股份制银行在香港、台湾和大陆证券联交所相互上市。允许台湾资本以私募基金、个人投资、第三方投资、QDII、QFII等形式投资大陆证券市场。鼓励海峡两岸保险机构互设代表处和分支机构。

三是吸收台资和台商投资参与重组福州、泉州和厦门市三家城市商业银行，统一组建福建省商业银行股份有限公司。第一步允许台湾岛内企业、社团法人或个人分别投资福州、泉州和厦门市三家城市商业银行，投资比例不超过上述三家银行注册资本的25%，不改变其内资银行的性质；第二步做强、做大福建省市级财政控股的小银行，允许台湾岛内企业、社团法人或个人参资，由福州市商业银行发起，泉州和厦门市商业银行参与组建福建省商业银行股份有限公司。充实福建现有三家城市商业银行资本金达到商业银行法规定的最低标准，提高资本充足率，建立现代金融企业制度，完善法人治理结构，增强业务竞争力，扩大银行授信能力。

四是推动海峡两岸银行离岸金融业务试点。在福州、厦门金融机构开办离岸金融业务试点，实现两岸直接通汇业务。敦促台湾地区允许祖国大陆银行到台湾地区设立分支机构并开办国际金融业务（OBU）。在目前台湾当局对两岸贸易、投资流动仍设有政策障碍的情况下，建议选择福厦两地各一家银行作为离岸金融合作试点，由人民银行牵头，银监会、证监会、保监会组成协调小组共同制定方案和办法。

2. 直接通汇，从“小三通”尽快向“大三通”过渡。由于人民币和新台币都不是可自由兑换货币，所以两岸汇款只能通过美元等可自由兑换货币进行清算。充分利用世贸组织的对等原则和国民待遇原则，促使台湾当局抓紧修改限制大陆资金到台湾投资的相关政策，促进两岸经贸、银行和民间的双向交流。只要台湾当局允许台湾地区银行和大陆银行直接通汇，两岸银行签订代理行协议，交换密押便可实现直接通汇。具体措施：一是在台资企业办理外汇登记时宣传直接通汇模式，方便来闽投资者了解汇路，方便投资款汇入。允许台商企业在省内外资银行和中国银行开立的外汇账户资金（从境外汇入）划转台资企业资本金账户作为投资款。探讨人民币与新台币汇兑清算问题，直接办理新台币与人民币的汇款和兑换。金门的台湾银行和土地银行经其总行批准授权，可以与福建省的中国银行和兴业银行按上述办法开展结算业务。二是在“两马两门”（厦门—金门、马尾—马祖）“小三通”谈判中，增加大陆银行收兑新台币现钞清算的内容，解决当前中国银行收兑新台币现钞必须经香港清算，成本居高不下的问题。三是支持福建省内银行与在香港和澳门已经设立分行的台湾岛内银行建立同业往来代理关系，开办同业拆借，订立授信额度。鼓励福建省内银行与台湾岛内银行联手发放银团贷款，满足福建省内台资项目启动和台资企业生产流动资金需求。积极支持福建省内银行与台湾岛内银行设在金门马祖岛上的分支行合作对现行开通的海上直航配套设施建设提供融资和货币兑换等金融服务。支持兴业银行与台湾岛内银行建立银行卡联网，便利闽台经贸往来、企业和个人的资金汇划和结算。

3. 建立闽台流通货币兑换和清算机制。签订双边支付协定，认可人民币为支付货币。尽快研究签订中央银行双边支付协定，互设或单设双边本币结算账户，将人民币跨境流动纳入金融体系等相关问题。两岸金融管理部门协商互设金融机构办理人民币业务，或者在港澳地区的中资银行申请赴台湾设立分行，或者允许大陆和港澳地区银行与台湾关联银行进行股权置换和购并。推动人民币在台湾银行间金融市场交易，促进人民币汇率形成机制的优化。增加在台湾地区办理人民币业务的分支机构。在台湾和港澳地区开办人民币离岸业务，进行人民币国际化的试验。

一是先开展人民币的存贷款业务，其他业务逐渐推开；严格控制业务开办行的市场准入审查，可考虑先由一些港澳地区中资银行以及在大陆已经开办分支机构的台湾银行进行试点，取得经验后再扩大范围。为降低台湾银行运钞成本，减少运钞风险，在港澳和台湾地区建立人民币兑换周转库，扭转和弥补港澳台银行兑换业务人民币短缺状况。台湾银行通过港澳银行作为代理行，台湾银行人民币空头时，从港澳银行代理行兑换周转库提取，当人民币多头时，则存放该库，隔夜利息由中央银行按国内商业银行标准统一支付。根据香港每年500亿元、澳门20亿元、台湾60亿元人民币流通量的估算以及现钞与现汇1∶10的经验数据，可估定香港周转库55亿元、台湾6亿元人民币限额，然后根据市场情况调整。每天香港台湾周转库人民币存量超过周转限额部分次日须运回大陆境内人民银行发行库，完成人民币现钞回流。

二是在福州和厦门建立对台离岸金融中心。台湾于2001年成立了离岸金融中心，2003年又推出台湾本岛外汇指定银行与大陆银行直接通汇。在目前两岸货币均为不可兑换货币和直接通汇（特别是台湾本土银行对大陆）受到限制的条件下，福建省可向中国人民银行总行申请开办对台离岸业务试点，允许在台湾居住的同胞在福建省内的试点银行开立人民币离岸账户，亦允许在大陆的台商在福建省内的试点银行开立新台币离岸账户，减少台湾方面的政策障碍，方便两岸资金的汇划与清算。

三是借鉴伦敦的欧元结算系统（EuroCHAPS）模式。1999年1月1日欧元推出后，欧洲中央银行建立了一个用于结算欧元的跨境结算系统（TARGET）。由于英国没有加入欧元区，为保持伦敦作为欧洲主要金融中心的地位，英格兰银行在同一天启动了一个以英格兰银行为中心的欧元结算系统（EuroCHAPS），所需30亿欧元周转头寸通过发行欧元票据所得款项购买欧元债券并进行回购获得。由于英国各商业银行均在英格兰银行开立了欧元结算账户或二级结算账户，而英格兰银行在欧元区国家中央银行开立了欧元结算账户，因此伦敦的欧元结算系统是一个双向的跨境即时支付系统。伦敦的欧元结算系统推出后已成为跨境第二大欧元结算系统和三大欧元结算系统之一。目前，大陆地下钱庄、港澳公开找换店和台湾的金店银楼与伦敦欧元结算系统的运作机制十分相似，最大的相同之处是“跨境”，不同之处是地下钱庄、银楼、找换店发生了本外币之间的兑换，而伦敦欧元结算系统只是欧元的跨境调拨。可以借鉴伦敦欧元结算系统（EuroCHAPS）模式，两岸四地金融管理部门共商建立类似伦敦欧元结算系统的人民币离岸结算系统，逐步解决两岸人民币现钞流通问题，但是最终解决港澳和台湾地区人民币流通问题要依靠在港澳台地区建立正式的人民币结算和清算系统。

4. 鼓励两岸四地开展人民币信用卡等代理业务。允许福建省内的银行与台湾的银行签订贷款授信额度协议，允许福建省内的银行与台湾的银行联合开展对两岸项目发放银团贷款、资信评估、理财融资、代理国际信用卡和人民币信用卡等业务。规范和鼓励港、澳、台银行开展人民币信用卡代理收单业务，对于有内地分行或者代理行的港澳台银行，允许将收单量对等人民币规模作为其内地分行的人民币来源；对于没有内地分行的，允许其在内地人民币拆借市场上拆放。鼓励海峡两岸商业银行发行在周边国家和地区使用的人民币国际卡，与境外特约商户实行“刷人民币，收人民币”的协议。同时，加强内地居民和境外游客携带人民币现钞出境申报制度，准确掌握人民币出入国境的流量，并在此基础上科学测算境外人民币的存量。

5. 逐步放宽两岸贸易、投资和汇兑外汇管理措施。一是探讨台商对福建省投资以人民币、新台币计价，同时允许台商企业汇出利润或清算时以新台币作为结算货币。但新台币现钞不得在境内流通。针对一些台商要求以现钞投资或通过台商个人账户转入资本金，建议考虑台湾当局投资管制的特殊性，对确认资金合法来源后按个案办理。台湾在大陆设立的金融机构的对外借债作为外债统计，而台湾在大陆的分行向大陆内的企业、个人贷款不作外债统计。二是增加新台币业务经营网点。在对台小额贸易区、两岸直航的客、货运码头或附近地区增加新台币的收兑网点。根据新台币使用范围的扩大相应增加新台币兑出功能、开设新台币外汇账户。三是放宽新台币在贸易和资本项下计价结算范围。两岸贸易和投资项下允许以人民币和新台币计价结算，大陆银行相应增设新台币结算业务，台湾银行增设人民币结算业务。避免汇率风险。但应结合大陆对台外汇收支顺逆差总体情况，审慎、渐进进行。四是新台币消化可以与台湾方面协商，借助“小三通”政策，将大陆收兑的新台币直接押送至金门兑付美元，以降低两岸银行透过第三地如香港收兑新台币的成本。

6. 两岸银行以商业行为自定汇率办理货币收兑。一是参照港元尤其是澳门元的方法来定位新台币。在新台币的发行问题上，考虑到台湾方面多年来积累的发行经验以及台湾大众的持币心理、持币习惯，可以设想今后一段时期内新台币仍由台湾省发行，为新台币通汇创造一个稳定的环境。提高新台币定价的合理性，参照国际外汇市场行情，调整新台币钞买价和钞卖价，缩窄现钞买卖价之间的价差，使银行的收兑价格更为合理。同时改进新台币定价机制，探讨将目前由中国银行总行对新台币定价的方法改为由各地的中行根据自身人民币和新台币头寸情况，结合国际行情，以国家公布的美元交易基准汇价为依据，在规定的浮动幅度内自行套算人民币对新台币的买卖价，并报当地外汇管理局和中国银行总行备案。二是拓宽新台币的兑换渠道。将新台币收兑业务由中国银行承办扩大到授权其他商业银行网点办理。二是允许全省 35 个台轮停靠点经授权办理新台币收兑业务的金融机构以商业行为挂牌、自行消化新台币现钞。祖国大陆各商业银行可根据外汇市场人民币对美元的汇率，参照国际金融市场行情，制定相应的人民币对新台币的汇率，银行以商业行为自定汇率在银行柜台标示。三是两岸金融监管当局共同商讨两地银行业务的市场准入协议，大陆银行试行开办新台币业务，拓展新台币兑换结算业务，以减少新台币的运保费用，解决境内银行新台币出路问题。台湾岛内银行试行开办人民币业务，拓展人民币兑换结算业务。两地最后按授权协议的银行和汇路进行人民币和新台币清算。至于两岸经济金融发展水平决定企业更愿意采用何种货币结算，可以由企业自愿选择。

7. 探讨建立两岸四地统一货币机制。随着我国加入世贸组织后，金融外汇管理体制的改革进程加快，人民币成为国际化货币已是目标。而人民币实现国际化之前，必先完成人民币的区域化。(1) 短期目标是实现人民币在台湾岛内成为可接受的流通货币，在贸易、旅游和投资中广泛地使用人民币。(2) 中期目标是探讨建立台湾特别行政区货币，简称“特区货币”。逐步通过区域货币的过渡与金融的长期合作，加强两岸金融融合和协调机制。通过两岸金融管理部门的货币互换安排和汇率协定，解决两岸结算和货币流通中的清算问题。(3) 长期目标是两岸四地可以探讨在一个中国的前提下建立亚洲中国经济区，成立统一货币“华元”。人民币在两岸四地具备实现区域化的条件，从人缘、地缘、经济发展水平与经贸交往程度、人民币流通状况等多方面因素考虑，两岸四地实现人民币国际化条件最好。一是经济高速发展，两岸四地已构建了市场经济体系，低通货膨胀与低财政赤字，经济增长率居世界前列；二是地理位置有利于人民币的流动、扩散、回流和管理。三是经济、金融模式和外汇管理改革进程相似。目前相互间的贸易量已占各自贸易总额的60%左右，而这个比重与欧元建立中期相仿。四是两岸四地外汇储备7000亿美元，两岸四地合计外汇储备高居世界首位，已成为亚洲金融经济的稳定指数，完全有能力维持“华元”的汇率稳定。“华元”的统一和稳定的汇率，人民币的区域化将有利于避免汇兑损失与汇率风险、优化区内的资源配置、提高区内各自对外竞争力，促进中国经济区内部贸易机会，扩大整体性效益；有利于吸引国际资金流入并可避免国际游资利用两岸四地内部财务杠杆原理投机套利，实现“多赢”格局。随着两岸四地对统一货币逐步达成共识，同时借鉴欧元成功的经验以及加入世贸组织后所形成的共同协定，可以缩短“华元”磨合的时间。

参考文献

1. 周小川：《继续维护和发展内地与香港的金融关系》，载《金融时报》，2003－09－20。

2. 周小川：《强调大力推进支付清算系统建设》，载《金融时报》，2005－01－01。

3. 周小川：《中国银行业改革迈上新台阶》，载《国际金融报》，2004－

11－08。

4. 周小川：《中国反洗钱现状与未来》，载《科学决策》，2004（10）。

5. 吴晓灵：《解析本币政策与外币政策的协调》，载《中国外汇管理》，1996（4）。

6. 吴晓灵：《外汇管理要注意新形势下的新问题》，载《中国外汇管理》，2003（1）。

7. 吴晓灵：《金融综合经营趋势——中国金融控股公司模式选择》，载《科学决策》，2004－09。

8. 刘廷焕：《解析银行卡产业发展政策》，载《WTO 经济导刊》，2003（10）。

9. 易纲：《中国的货币政策与汇率政策》，载《宏观经济研究》，2002（11）。

10. 胡晓炼：《我国国际收支和结售汇形势分析》，载《中国外汇管理》，2001（11）。

11. 唐双宁：《在第二届国际金融论坛年会上的讲话》，载《金融时报》，2004－11－12。

12. 唐双宁：《国有商业银行股份制改革》，载《金融时报》，2004－11－12。

13. 刘连舸：《搭建闽港金融合作平台，推动海峡西岸经济区发展》，载《福建金融》2004（9）。

14. 刘连舸：《海峡西岸经济区建设和闽台金融合作》，载《第十届两岸金融学术研讨会论文集》。

15. 刘连舸：《积极参与泛珠区域金融合作，加快海峡西岸经济区发展》，载《南方金融》2004 年增刊。

16. 福建省金融学会主编：《台湾金融动态与研究》2004（1～5），载《台湾金融动态与研究》增刊。

17. 欧阳卫民：《两岸金融研究》，厦门大学出版社，2003。

18. 中国金融学会、台北金融研究发展基金会编：《第十界两岸金融学术研讨会论文集》。

19. 张邦钜：《台湾的金融和银行》，北京出版社，1985。

20. 杨胜刚：《台湾金融制度变迁与发展研究》，中国金融出版社，2001。

21. 郑航滨：《货币与利率套期保值》，厦门鹭江出版社，2001。

22. 郑航滨：《人民币在台流通及新台币在福建省流通问题》，载中国人民银行《金融参考》。

23. 郑航滨：《海峡两岸金融和外汇管理改革进程与借鉴》，载《福建金融管理干部学院学报》，2002（6）。

24. 郑航滨：《新台币流动状况与两岸金融交往政策研究》，载《福建金融》，1998（2）。

25. 郑航滨：《外债管理理论与实践》，福建地图出版社，1989。

26. 郑航滨：《海峡两岸货币流动现状与金融合作发展对策》，载《福建金融管理学院学报》，2003（2）。

27. 李豫川：《石油美元青睐离岸基金》，载《中国证券报》，2004－09－30。

28. 万军：《澳门银行办理人民币业务清算方案浅析》，载《深圳金融》，2004（10）。

29. 万建华：《创建我国银行卡支付品牌　积极应对国际竞争》，载《银联文化》，2004（8）。

30. 中国银联福州分公司、福建省职业技能鉴定指导中心编：《福建省银行卡从业人员培训教材》，2004。

31. 杨化军：《现代化支付系统城市处理中心网络建设经验谈》，www.ccw.com.cn。

32. 中国银联战略部：《国际银行卡市场研究》，中国银联网，2004－09－01。

33. 中国银联网：《银行卡产业季度分析报告》，2004－09－27。

34. 潘国华主编：《香港模式与台湾前途》，中国国际广播出版社，2004。

35. 《银联卡首次走出国门，人民币自由兑换再跨一步》，载《第一财经日报》，2004－12－30。

36. 郑航滨：《实施“走出去”发展战略，改善我国贸易和投资格局》，载《福建金融管理干部学院学报》，2004（1）。

37. 郑航滨：《建立人民币汇率调控的本外币政策组合机制》，载《福建金融管理干部学院学报》，2004（4）。

38. 郑航滨：《把握CEPA机遇提升福建金融业综合竞争力》，载《福建金融管理干部学院学报》，2004（6）。

39. 郑航滨：《人民币汇率执行效果分析和本外币调控政策研究》，载《武汉金融》，2004（9）。

40. 新华网，2004－01－07。

41. 《21世纪经济报道》，2004（1～12）。

42. 郑航滨：《探析影响企业出口换汇成本的秘密》，载《中国外汇管理》，2004（9）。

43. 郑航滨：《离岸金融发展与海峡两岸金融合作机制研究》，载《南方金融》，2004（10）。

44. 郑航滨：《人民币在资本项目下可兑换的改革条件和进程》，载《广西金融研究》，2004（11）。

45.《外资投行窥视中国不良资产》，载《金融时报》，2004－12－31。

46. 台湾《经济日报》，2004（1～12）。

47. 中国社会科学院台湾研究所：《台湾研究》，2004（1～6）。

48. 厦门大学：《台湾研究集刊》，2004（1～4）。

49. 福建省金融学会主编：《台湾金融资料剪辑》，（1～72）。

50. 郑航滨：《人民币在台流通及新台币在福建省流通的问题》，载中国人民银行《金融参考》，2001（12）。

51. 郑航滨：《新台币流通状况与新世纪两岸金融合作构想》，载国家外汇管理局《中国外汇管理》，2000（2）。

金融支持西部大开发问题研究

中国人民银行西安分行课题组

课题主持人：敖惠诚

主要参与者：孙天琦　钱　皓　王　倩

杨　岚　刘社芳

1999 年 9 月 22 日，党的十五届四中全会正式提出“西部大开发战略”。2000 年 1 月，国务院成立西部地区开发领导小组，实施西部大开发战略拉开帷幕。实施西部大开发战略以来，国家在西部投入了大量的人力、物力和财力，出台了许多倾斜性的政策，西部地区基础设施建设迈出实质性步伐，结构调整和对外开放取得初步进展，生态环境保护和建设得到加强，西部大开发初见成效。但是，正如《国务院关于进一步推进西部大开发的若干意见》中所指出的，西部发展还面临许多矛盾和问题：基础设施落后仍然是制约西部地区发展的薄弱环节，生态环境局部有所改善、总体恶化的趋势尚未扭转，水资源短缺矛盾突出，教育、卫生等社会事业严重滞后，人才不足、流失严重等。我们的研究也表明，西部工业化进程徘徊不前，自主发展能力较弱。

本课题重点研究下一阶段西部大开发中金融如何更好地发挥作用。

一、金融支持西部大开发战略实施情况回顾与总结

（一）5 年来出台的金融支持西部大开发战略的政策措施

1999 年以来，国家先后出台了《关于实施西部大开发若干政策措施的通知》和《关于西部大开发若干政策措施的实施意见》两个纲领性文件，要求金融机构不断加大金融信贷支持力度。围绕以上两个纲领性文件，中国人民银行、国家政策性银行和国有独资商业银行总行积极制定了金融支持西部大开发的政策措施和实施意见，明确了金融支持西部大开发的重点。2000 年 3 月，在西安召开的西部大开发金融服务座谈会上，戴相龙行长从支持西部地区基础设施建设和生态环境保护建设等六个方面提出了金融支持西部大开发的政策措施和工作重点。国家开发银行制定出台了《关于支持实施西部大开发战略的指导意见》，提出充分发挥开发银行的政策性导向作用，加大对西部大开发的金融支持力度。

在中国人民银行总行的指导下，中国人民银行西安分行先后制定出台了《金融业支持西部大开发、促进西北五省区经济持续稳步快速发展的指导意见》、《关于进一步改进和完善对中小企业金融服务的指导意见》、《关于金融业大力支持农业产业化经营的指导意见》以及改进信贷服务、增加信贷投入、支持外贸企业扩大出口等一系列指导性文件，同时拟定了《商业银行高新技术贷款管理办法》和《农村信用社扩大利率浮动管理暂行办法》，引导金融机构加大信贷投入，促进金融支持西部大开发。

（二）西部地区各级金融机构积极贯彻落实金融支持西部大开发政策措施，效应明显

1. 1999 年以来西部经济增长势头良好

实施西部大开发战略以来，在国家积极的财政政策和稳健的货币政策的共同作用下，西部地区经济增长势头良好。从西北与全国的经济增长比较看，1999、2000、2001、2002、2003 年全国经济增长率分别为[①] 7.1%、8.0%、7.5%、8% 和 9.10%，西北五省区经济增长率分别为 8.14%、8.74%、9.09%、9.4% 和 10.86%。2004 年 1～3 季度全国增长 9.50%，西北五省区经济增长 12.02%。西部大开发开局良好。

表 1　2000～2004 年全国、西北五省区经济增长情况　　单位：%

	1999 年	2000 年	2001 年	2002 年	2003 年	2004 年前 3 季度
全国	7.1	8.0	7.5	8.0	9.10	9.5
江苏	10.1	10.6	10.2	11.6	13.6	14.8
西北五省区	8.1	8.7	9.1	9.4	10.86	12.02
四川	5.6	9.0	9.2	10.6	11.8	13.1
陕西	8.4	9.0	9.1	9.7	10.9	12.7
甘肃	8.3	8.7	9.4	9.4	10.1	11.7
宁夏	8.2	9.0	12.0	12.4	12.2	10.5
青海	8.7	9.8	10.1	10.2	12.1	12.1
新疆	7.1	8.2	8.1	8.1	10.8	11.8

数据来源：2003 年以前数据来源于 2004《中国统计年鉴》，2004 年前 3 季度数据为各省公布数据。

2. 农村经济平稳发展，工业生产顺利进行

近 5 年来，西部地区各级部门积极适应市场经济发展的变化，努力推动农业和农村经济结构的战略性调整，发展特色农业和生态农业，农业综合生产能力不

① 文中基础数据来源于 2003 年《中国统计年鉴》和相关省份统计年鉴，有特殊说明的除外。

断提高，较好地实现了农民增收和农村经济发展的目标。以陕西省为例，2003年，陕西省实现农林牧渔业总产值540.1亿元，较上年增长5.1%；农民人均纯收入达1675.7元，较1998年增加270.11元。陕西省工业经济规模不断扩大，工业运行质量不断提高。1998～2003年，陕西省工业增长速度年均增长11.5%①，2003年实现工业增加值834.76亿元，占全国工业增加值的1.56%，较1998年提高0.23个百分点；2003年规模以上工业企业实现利润147.69亿元，较上年增长57.7%。

3. 中国人民银行有效配合国家积极财政政策的实施，灵活运用货币政策工具，保持货币供应量适度增长，引导商业银行加大对基础设施、基础产业的贷款投入

（1）1998年1月央行取消对商业银行的贷款限额控制，实行“计划指导，自求平衡，比例管理，间接调控”，商业银行按信贷原则经营的自主性增强。

（2）1998年将法定存款准备金率由13%下调到8%，1999年11月进一步下调到6%，金融机构流动性增加，据估计可用资金增加近8000亿元②，支持了以国债发行为主的积极的财政政策的实施。

（3）1998年以来连续五次降息，固定资产贷款利率下调2.34个百分点，对启动投资、促进消费、引导预期，减少企业利息支出，支持资本市场发展，降低国债发行成本，发挥了重要作用。

（4）1998年5月恢复公开市场操作，积极运用国债回购，投放基础货币，对增加市场流动性，促进贷款投放，适当增加货币供应量起到了重要作用，同时注意适时从二级市场购入国债现券。

（5）执行金融稳定工作计划，有效化解金融风险，主要工作包括组建信达、长城、东方、华融等四家金融资产管理公司，向资产管理公司发放再贷款，支持其从国有独资商业银行收购不良资产和支持债转股；支持和配合财政部发行2700亿元特别国债，补充国有独资商业银行资本金，提高其资本充足率等，发挥了货币政策保证金融稳定的作用。

（6）对商业银行因出现资金不足而向央行提出的再贷款要求，给予合理的再贷款支持。

（7）改进对农业的信贷支持。1997～2002年12月末，人民银行共安排支农再贷款额度1236亿元，对支持农村信用社发放农户小额信用贷款与农户联保贷款发挥了重要作用。推广农户小额信用贷款以来，全国共有3.1万家农村信用社

① 1998～2002年工业增长速度数值来源于历年《陕西统计年鉴》分行业国内生产总值指数中的工业计算，2003年数据来源于陕西省统计局公布的数据。

② 当然也采取措施，发行特种金融债券来对冲金融机构过高的流动性。

开办了农户小额信用贷款，占农村信用社总数的89%，1.7万家农村信用社开办了联保贷款，占农村信用社总数的49%。约有4657万户农户获得小额信用贷款，有1027万户农户获得联保贷款，两项合计受益农户总数达5684万户，占贷款需求农户数的49%，占全部农户数的25%①。

4. 信贷总量逐年增加，信贷环境有所改善。经济的发展带动了金融发展，而金融的发展又支撑了经济的快速增长

实施西部大开发战略以来，西北五省区各级金融机构认真贯彻执行稳健的货币政策，努力增加信贷投放，调整和优化信贷结构，不断改善金融服务，确保了地方经济金融的平稳健康发展。1998~2003年，西北五省区金融机构各项存款共增加6663.81亿元，各项贷款共增加3697.28亿元；截至2004年12月末，西北五省金融机构各项存款余额为12265.38亿元，占全国各项存款余额的5.1%；金融机构各项贷款余额为9333.61亿元，占全国各项贷款余额的5.3%。同时，金融机构不良贷款减少，不良贷款比例逐步下降。

5. 贷款投向结构继续优化，重点支持了工农业生产和基础设施建设项目

一是加大农业信贷投放力度，促进农村经济发展。西部地区各级金融机构认真贯彻落实中央关于发展农村经济的各项政策措施，紧紧围绕农民增收、农业生产增长和农村经济发展，努力增加对农业的信贷投入。截至2004年12月末，西北五省区金融机构农业贷款余额为707.36亿元，占各项贷款余额的7.58%，较1998年末提高1.38个百分点。二是配合工业生产的高速增长，工业贷款稳步增加。截至2004年12月末，西北五省区工业贷款余额为1400.68亿元，占各项贷款余额的15%，基本满足了企业生产资金的有效需求。三是满足西部大开发建设的资金需求，基本建设贷款增加较多。截至2004年末，西北五省区金融机构基本建设贷款余额为2187.03亿元，占各项贷款余额的23.43%，较1998年末提高12.21个百分点，重点支持了交通、通讯、电力等重点基础设施项目的建设，推动了西部大开发战略的有效实施。

（三）金融支持西部大开发中存在的主要问题

1. 经济发展水平和产业结构层次较低，经济发展的内在动力不足

从陕西省三次产业内部结构看，第一产业中农业占比较大，并以传统种养殖业为主，农业生产的综合效益不高，农业规模化经营不够，产业化水平较低；第二产业中仍以能源、机械、军工、纺织等传统产业为主，产业技术升级压力较大，工业生产层次低，工业化程度不高；第三产业虽然发展相对较快，但传统商业、餐饮业比重较大，金融等现代服务业发展缓慢，对第一、第二产

① 数据来源：中国人民银行对外发布的2002年货币政策执行报告。

业效率的提升作用较弱。产业内部结构的不合理导致三次产业之间的相互促进和带动作用不强，资源在产业间难以得到有效配置和高效利用，影响了经济发展的内在动力。

2. 金融组织体系不健全，金融业发展相对滞后

从西部地区银行业的组织结构看，四大国有独资商业银行在金融市场中仍占据垄断地位，股份制商业银行、城市商业银行、农村信用社等中小金融机构市场份额小，资金实力弱，竞争力不足。以陕西省为例，截至2004年，陕西省内共有4家国有独资商业银行、3家政策性银行[①]、7家股份制商业银行、1家外资银行、3家城市商业银行、3家城市信用社和1000多家农村信用社法人机构。从非银行金融机构看，证券公司和保险公司的机构数量较少、发展速度慢、业务范围窄。截至2004年12末，陕西省仅有证券公司4家[②]、保险机构1293家。2003年，陕西省股票及基金交易量为894.16亿元，证券交易总额为1916.11亿元，分别约占全国交易总量的1.34%和2.01%；同期，陕西省实现保费收入74.89亿元[③]，仅占全国保费收入总额的1.93%。金融组织体系不健全在一定程度上阻碍了资金在金融市场上的自由流动，影响了资金的有效配置，不利于金融业的全面发展。

3. 金融机构资金来源与信贷资金供给相对不足，与地方经济增长对资金的需求尚有一定差距

近年来，西部各省份金融机构各项存款稳步增长，但受经济发展水平的制约，企业效益总体表现不佳，居民收入增长缓慢，信贷资金来源相对不足。2004年末，西北五省区金融机构各项存款余额为12265.38亿元，仅占全国的5.1%，较1999年末有小幅提高。其中，企业存款余额为3795.69亿元，储蓄存款余额为6590.93亿元，分别占全国企业存款和储蓄存款余额的4.48%和5.51%。同时，西北五省区信贷投入虽然不断增加，但与区域经济发展对资金的强烈需求相比，信贷资金总量仍然不足。2004年末，西北五省区金融机构各项贷款余额为9333.61亿元，占全国各项贷款余额的5.3%，占比较1999~2003年均有不同程度下降。相比之下，西北五省区国内生产总值占全国的比重却不断上升，由1999年的5.05%持续上升为2003年的5.45%，2004年前三季度仍保持在5.38%的比重。因此，金融机构资金来源和信贷资金供给相对不足的情况与地方较快的经济增长对资金的需求还有较大差距，一定程度上制约了西北地区经济的持续发展。

---

① 除国家开发银行、农业发展银行为省级分支机构外，进出口银行设有代表处。

② 证券营业部为65家。

③ 该数据包括财险和寿险。

4. 信贷结构性矛盾依然突出，与经济结构的调整步伐不一致

一是中长期贷款增加较多，份额较大，短期贷款占比较小，期限结构不均衡。1998～2003年，西北五省区金融机构中长期贷款年均增长33.50%，占各项贷款增加额的62.68%；短期贷款年均增长4.28%，占各项贷款增加额的23.21%。二是农业贷款、工业贷款总量与增量占比均较小，与两者在促进经济增长中的重要地位不相符。2004年，西北五省区工业增加值GDP占比达到40.54%。相比之下，农业贷款和工业贷款的投放则相对较小。2004年末，西北五省区金融机构农业贷款、工业贷款余额分别为707.36亿元和1400.68亿元，分别占各项贷款余额的7.58%和15%。三是基本建设贷款占比较大，银行的潜在风险较为集中。2004年末，西北五省区金融机构基本建设贷款余额占各项贷款余额的23.43%，较1998年底提高了12.87个百分点。这种信贷投入的过度集中同时意味着风险的集中，一旦资金运作的某一环节出现问题，银行将面临严重的违约风险。

5. 资金资源在城乡分布不均，县域经济金融发展薄弱

从近年来资金的地区分布来看，金融机构的资金来源和运用都集中于城市，而县域的资金供应不足，加之1998年以来国有独资商业银行从县域范围内的战略性退出，使原本资金供应就不足的农村金融更加薄弱。2003年，陕西省西安市及其他地市城市金融机构各项存款为3908.2亿元，占全省金融机构各项存款余额的85.09%；各项贷款余额2808.4亿元，占陕西省各项贷款余额的79.12%。同期其他县域地区金融机构各项存、贷款余额则分别仅占全省各项存、贷款余额的14.91%和20.88%。这种资金在城乡地区分布的不均进一步制约了县域经济的发展，导致城乡经济差距的继续扩大，而这种差距的扩大只会在更大程度上收缩县域的金融服务功能，造成农村经济金融相互制约的恶性循环。

6. 货币市场体系建设和业务发展滞后

陕西省货币市场的发展以2001年末西安市金融机构隔夜同业拆借系统和外汇交易中心西安分中心的建立为契机，逐步走上了规范运作、稳步发展的道路。从近几年的发展来看，虽然交易量增长较快，交易成员不断增加，市场发展日趋活跃，但是与发达地区及全国相比，金融机构参与市场交易的数量较少，交易量规模较小。截至2004年末，陕西省金融机构全国银行间同业拆借网上交易成交43亿元，约占全国的0.30%；债券回购交易累计成交1476.9亿元，同比下降27.9%；债券现券交易累计成交126.4亿元，同比下降73.13%。由于货币市场的发展滞后对金融机构在资产负债结构调整、流动性管理、盈利能力的提高等方面有一定的负面影响，因此阻碍了中央银行货币政策的有效传导，影响了货币政策在地区间的执行效果。

7. 资本市场发展缓慢，直接融资渠道较窄

从西北地区资本市场的总体情况看，已上市公司再融资能力较弱，除少数几家公司符合再融资条件外，多数公司都不符合再融资条件；而拟上市公司则普遍存在着资产规模小、盈利水平低、改制遗留问题较多等缺陷，因此后备上市资源缺乏，对地方经济发展的支持作用有限。截至2004年12月底，西北地区有上市公司95家（不包括暂停上市的长岭股份有限公司），其中在上海交易所上市的公司有61家，在深圳交易所上市公司35家（包括陕长岭）；均为A股，无B股和H股；总股本258.95亿股，流通股本104.12亿股，总市值1276亿元，流通市值497亿元。1998年初~2004年末，西北地区通过证券市场直接融资（新股发行、已上市公司增发、配股等形式）约272亿元。目前，西北五省区现共有证券公司11家，证券营业部143家，证券公司和营业部分别占全国的5.9%和4.8%。

二、国外落后地区开发模式的比较及启示

（一）美国模式

1. 以立法为主，建立制度化的区域开发保障体系

以法律形式支持区域开发，是美国“西进运动”的一大特色。为了确保西进运动的推进，1785年美国政府制定了第一个法令，之后一系列有关土地开发的法案纷纷出台。如1854年8月国会通过《地价递减法》、1862年通过《宅地法》、1873年3月通过《鼓励西部草原植树法案》、1877年3月颁布《沙漠土地法》等。在开发南部“阳光地带”时，国会于1933年通过了《麻梭浅滩与田纳西河流域开发法》、1961年政府颁布《土地再开发法》、1965年出台《公共工程和经济开发法》、《阿巴拉契亚区域开发法》等，一系列有关区域开发法案的颁布，使美国区域开发具有了制度化和规范化的激励机制和保障体系。

2. 重视基础设施建设，优先发展交通运输业

重视基础设施建设，优先发展交通运输业，改善投资环境，是美国西部开发启动的基本思路。从1801~1850年的50年间，修通了从马里兰的坎伯兰城到西弗吉尼亚和俄亥俄交界处的惠林的“坎伯兰大道”，全长834公里，打通了东西部大通道；开通了伊利运河、费城—匹兹堡运河、切萨比克—俄亥俄运河等。在铁路建设方面，联邦政府实行了“积极资助、参与管理”的政策。1830~1860年间对西部铁路建设投资12.54亿美元，先后修通了南北太平洋铁路、中央与联邦太平洋铁路等5条干线级铁路。1860年后，进一步加大铁路建设的力度，到1890年，西部铁路通车里程由1860年的3000英里猛增至7.2万英里，占全国的43%。四通八达的交通网络的建立，一方面促进了全国统一大

市场的形成，另一方面大大加速了西部经济的专业化、商品化进程，推动了西部经济发展。

3. 政府提供财政援助，增加区域开发的资金投入

第二次世界大战后，美国政府为了加快南方各州工业发展，适时地把发展军事工业同促进落后地区经济发展结合起来，有计划地在“阳光地带”进行大型军事、国防、宇航的投资和研究。仅1975年就投入资金308.49亿美元，到1984年，西南部得到国内6995.28亿美元财政支出的57.1%，有效地改善了西南部的基础设施条件，使西南部地区的军事工业、飞机制造业迅速发展起来。

4. 依靠高科技、形成区域增长中心，实现跨越式发展

犹他州位于美国中西部，面积22万平方公里，35%的土地系沙漠和干旱地带，属于传统的农业和矿业区。20世纪80年代末、90年代初，州政府看到高科技这一新的经济增长源，及时调整经济结构，推动高新技术产业化。冷战结束后，犹他州的经济年增长率一直保持在7%左右，远高于全国平均增长率。到1997年底，犹他州已拥有各类高科技公司2600家，仅盐湖城地区南北160公里的狭长地带就有各类高科技公司2120家。犹他州已成为美国最大的软件业生产基地。

（二）日本模式

1. 北海道综合开发法规体系

《北海道开发法》于1950年4月制定，1951年实施，是日本战后第一部地区性的区域开发法，成为开发北海道的基本法。此后，其他一些全国范围的区域开发法，如《促进低开发地区工业开发法》（1961年）、《振兴产炭地区临时措施法》（1961年）、《促进新产业都市的建设》（1962年）等也适用于北海道。

2. 北海道区域开发行政体系

北海道开发行政体系是以北海道开发厅为主体和以北海道地方政府为主体构成的国家和地方二级开发行政体系。北海道开发厅长官为内阁大臣，代表中央政府，确保中央政府的行政措施符合北海道的实际，确保政令畅通。北海道开发厅在北海道开发方面拥有制定综合发展规划，统管预算、推进法定事业项目的实施、监督北海道东北开发公库的权限。北海道开发局作为中央驻北海道的地方分支机构，从事有关北海道开发规划的调查工作，实施和完成农林水产省、运输省、建设省所管辖的国家直接项目，建设国道、河流、水库、运输海港、渔港、机场、农业基础设施，对北海道厅（北海道地方政府）和其下面的市村町实施的地方政府项目进行补助和指导；也接受地方公共团体、住宅都市建设公团、日本铁路建设公团、区域振兴建设公团等委托进行有关建设项目的设计、施工和管

理。这种通过北海道开发厅—北海道开发局的行政体制，确保跨省（部）、跨部门的综合开发行政。

3. 北海道综合开发规划

根据北海道开发法，自1951年开始共编制了6次《北海道综合开发规划》，由内阁表决批准。第一次规划（1952~1962年）的主要内容是把振兴产业发展作为重点，集中开发以电力为中心的资源，加强道路、港湾等产业基础设施建设，扩大和完善农业生产基础设施，建设国土保护设施，提高农林水产业的生产率，积极发展矿工业。第二次规划（1963~1970年）的主要任务是产业构造和高度化，集中力量促进农林水产业的现代化，建立综合交通体系，促进经济增长点的开发和建设。第三次规划（1971~1977年）的主要任务是建设高效和高福利的社会，主要政策是开发和振兴现代产业，确立新交通、通讯、能源运输体系，保护国土和开发水资源，促进自然保护和旅游资源，建设中心城市圈和形成广阔范围的生活圈。第四次规划——"新北海道综合开发规划"（1979~1987年）的主要任务是形成安全的综合环境，主要政策目标是建设适合核心产业发展的基础设施，形成多核心型的增长中心区域，建设地方中心城市，促进城市与农村有机联系，建设主干交通以促进北海道与本州的直接连接，形成北方型的社会文化环境。第五次规划（1988~1997年）的主要目标是将北海道建设成为一个对日本长期发展作出贡献的实力强大的北海道，作为北方圈的国际中心，促进北海道的国际化。第六次规划（1998~2007年）的主要目标有5项：即把北海道建设成为粮食基地和扶持增长型产业发展，形成北方交流圈，建设自然环境保护基地，建设全国观光和休养基地，创造具有安全和富裕的人民生活场所。

4. 北海道开发财政

北海道区域开发财政主要靠国家（中央）开发预算进行统管，单独列支。北海道开发厅依据《北海道开发法》和《北海道综合开发规划》，统一管理和调整北海道综合开发需要的公共预算，分别配给建设、农林、运输等中央部门设在北海道的分支机构。以此确保北海道开发财政，同时诱导民间部门进行投资。对重点开发项目采取了提高国库补助负担率的特殊措施，扩大国家直接管理投资项目范围。例如，北海道的河流、国道、一般港口、渔港、机场建设项目的国家财政补助要高于其他地区，分别为67%、67%、50%、50%和67%。通过国家高负担率和大范围地实施直接管理项目的方式，确保国家项目在北海道顺利实施。

5. 北海道区域开发的政策性金融

北海道区域开发的政策性金融以"北海道东北开发公库"为中心，实施形式多样的金融借贷措施。1956年成立了"北海道东北开发公库"，作为扶持北海道综合开发的政策性金融机构，根据国家综合开发北海道的区域政策和地区的需求，对民间投资项目提供长期和低息贷款，以引导民间金融机构的投融资。作为政策性金融机构，公库具有四大显著功能：（1）支持创新型高风险事业，向新事业提供资金（周期弥补功能）；（2）向城市基础社会司等投资回报较长的事业提供资金（周期弥补功能）；（3）向研究开发等低收益事业提供资金（收益弥补功能）；（4）向力量不强的地方企业提供资金（信用弥补功能）。截至 1998 年 3 月底，公库投融资累计达 4.5 万亿日元，乘数作用下吸引了 2.3 倍、相当于 10.5 万亿日元的投融资。此外，还有日本开发银行、中小企业公库、农林中央公库等政府系统金融机构也在北海道各自的专门领域提供了优惠贷款。

（三）巴西模式

1.“向西进军”——首都西迁工程

1940 年，为解决地区经济发展不平衡问题，巴西提出了“向西进军”计划，希望通过国家经济重心西移和唤起国民情感的方式，开发西部落后地区，全面建设国家，巴西政府最终选择以首都内迁作为实施计划的第一步。1960 年，新首都巴西利亚建成后，以其为中心的公路网络建设也相继完成。内陆边远落后地区对国家的向心力得到增强，开发计划得以加快。

2. 建立“发展极”计划

巴西政府按地区经济特点划分开发范围，先后建立了东北部开发管理局、中西部开发管理局、亚马逊地区开发管理局等多个地区开发机构，负责地区开发事务。在地区开发中，一条重要举措是立足当地资源优势，建立“发展极”，仅在亚马逊地区，政府就确立了 15 个“发展极”，各“发展极”都具有自身特色和优势，形成了不可替代的区域经济增长中心，促进了地区经济平衡发展。

（四）经验借鉴及启示

1. 强有力的政府干预

国家对落后地区的开发本身就是一种政府行为。迈达尔的“累积因果论”认为，“市场的作用倾向于扩大而不是缩小地区间的差别”。在市场机制作用下，不管由于什么原因，一旦地区间发展水平与发展条件出现差距，条件好而且发展快的地区，就会在发展过程中不断地为自己累积有利因素，从而进一步制约落后地区的发展。要改变这种情况，缩小地区差距，惟一可行的办法就是国家进行强制干预。美国、日本和巴西等国开发落后地区的实践证明，对落后地区的开发，不仅有利于国内的稳定，而且极大地增强了国家的经济增长后劲，在政治上、社会上和经济上都有显著的效益，要承担西部大开发庞大工程，必须有政府强有力的参与和支持。

2. 成立统一的开发机构

美国罗斯福执政期间成立了具有权威性的全国机构——地方再开发署和经济开发署，统一协调各部门的开发工作，还专门成立了田纳西河流域管理局。日本为开发北海道，在中央政府设立北海道开发厅（厅长为国务大臣）和北海道公库（政策性金融机构）。两国的成功经验表明，政府重视，建立稳定有效的开发机构，管理机制健全并制定一套科学合理、生产、社会和生态效益并重的开发规划，保持政策的连续性，是将土地贫瘠、经济落后、灾害频繁、资源衰竭的不发达地区整治成为工农业生产发达、经济繁荣、环境优美、生态平衡的先决条件。

3. 重视法律支持

市场经济比较成熟的国家在开发落后地区时，都很重视法律支持。美国先后通过了《地区再开发法》、《加速公共工程法》、《公共工程与经济开发法》、《人力训练和发展法》、《农村发展法》、《联邦授援区法案》、《阿巴拉契亚区域开发法》等法律。日本对北海道的开发是以1951年5月1日《北海道开发法》的正式颁布为标志开始的。反观巴西，在进行区域开发时主要采取制定“方案”、“规划”、“计划”的形式，由于其具有法律效力，收益受政府更迭和国内外形势变化和影响，而且，由于不需要像制定法律那样经过严格的讨论和审批程序，容易受制定人的主观意志影响，出现所谓的“丰碑工程”、“政绩工程”，给国家造成巨大的损失。事实上，巴西在区域开发过程中也确实出现了许多这方面的问题。

4. 确保开发资金

日本对北海道地区开发采取如下方法确保开发所需资金：（1）法律规定中央财政支付职责，国家不拖欠，并与产业布局政策一起实施；（2）扩大国家直接管理的公共投资项目范围，提高中央对北海道的公共投资项目的国库补助率；（3）加大中央的转移支付和税收差别等政策；（4）根据地方财政收入情况，国家通过向地方转移支付对地方财政进行补贴，当地方为了地区开发而减免地方税收，导致地方财政收入减少的时候，国家通过支付地方转移支付税对减少的部分进行补助；（5）提高北海道地方的举债比率和缓和限制条件；（6）通过国家的出资设立专项开发政策金融基金，引导民间融资和投资扶持中小企业。

5. 重视增强地区“造血”机能，实现区域可持续发展

美国政府规定，经济开发区必须首先制定出总体经济开发方案，具体说明需要取得政府多少资助，在多长时间内，通过什么具体途径可以使得该地区能够不再依赖政府的援助，能够独立自主地发展经济。只有方案被认为确实可行时，它才有资格取得政府的资助。根据“开发重于救济”的要求，在开发资金分配上

遵循“最有潜力者优先”的原则。美国1965年通过的《阿巴拉契亚区域开发法》明确规定：“对这一地区进行的公共投资将集中投放到今后增长潜力最大，因而国家投入的资金可望得到最大收益的地区。”综观各国，进行区域开发都是以城市为核心展开的，如美国墨西哥湾沿岸城市带、皮德蒙城市带、佛罗里达城市带，西部的西雅图、旧金山、洛杉矶城市带等。

三、进一步支持西部大开发的金融政策措施

本部分按照符合市场规律、符合区域经济发展实际的原则，从货币政策（最终目标、中介目标、操作工具、传导机制）和金融政策等几个方面具体分析货币和金融政策如何关注区域经济发展的不平衡。

（一）简述

关于全国经济发展的不平衡与统一的货币政策之间的矛盾很多研究都有涉及，对于矛盾的解决，主要有两种观点：第一种观点认为统一的货币政策应该区域化；第二种观点认为问题不在货币政策，关键是要优化区域经济结构，提高投资收益率。

第一种观点：货币政策区域化。

1. 统一的准备金制度

张志军（1999）指出，随着我国东西部经济转轨不同步状况的加剧，统一的存款准备金制度不利于地区经济的协调发展：（1）西部发展水平滞后，存款增长能力低下，在东部金融机构承受能力范围内的准备金率可能就会使西部原本就不足的资金供给更加匮乏，货币创造能力更加低下。（2）西部地区在经济结构方面也存在较大问题，支柱产业一元化甚至支柱产业缺失的现象十分严重，货币资金利用效率不足，而统一的法定存款准备金更加抑制了支柱产业的培育和发展。（3）西部地区的货币乘数长期低于东部及全国平均水平，资金供给一直紧张，在很大程度上也是统一的存款准备金造成的，因为西部地区本来在货币信用水平上远远低于东部，支付结算工具和技术运用不足①。

2. 统一的再贷款制度

现行支农再贷款、紧急再贷款、扶持发展性再贷款、头寸再贷款等各种再贷款，虽然有的已经体现区域差别，但是在限额、利率、期限、条件、权限等方面，很多文献还认为向欠发达地区倾斜不够。

① 刘锡良（2000）也指出，因为超额准备金不是均等地分布在各银行，各地区的经济发展程度不同，银行规模大小有差别，法定存款准备金率的统一变动对各家银行的影响也就不一致，往往是对大银行有利而对小银行不利，甚至导致小银行陷入严重的资金周转不灵的困境。

3. 统一的再贴现制度

王煜（2000）指出我国再贴现业务是“集中管理、统一调度、不层层切块”，优先支持商业汇票使用广泛、贴现业务量较大的地区和银行；优先支持跨省、跨地区间进行贴现与再贴现业务；优先支持符合国家行业、产业政策，信用好的承兑、贴现业务；优先支持承兑、贴现及再贴现行为规范、管理制度健全的地区和银行。认为这一规定对西部不利，因为相对东部来说，西部在商品交易秩序、商业信用等方面相对较差，同时票据市场发展缓慢，在统一的再贴现率、再贴现规模管理下，贴现、再贴现业务的发展极为滞后。

4. 统一的信贷政策

张望（2003）指出央行各大分行制定区域性信贷政策的自主权十分有限，长期来沿用习惯的上管一级的管理模式，分行一般不敢突破总行的各项制度细则，大多转发总行的文件，对总行未规定禁止也没有规定可以实施的有关业务，各地也不突破。各商业银行总行一般也是转发中国人民银行的有关规定，各地区的一级分行难以发挥应有作用。

5. 统一的机构准入和业务准入制度

1995 年颁布、2003 年重新修订的《中华人民共和国商业银行法》，对金融机构的必备条件、进入的资本金门槛及业务范围等方面都做了统一的规定，对于金融机构外汇业务的资本金，也是全国统一标准。张志军（1999）指出由于地区经济发展不平衡，对资本金的统一要求也欠合理。因为东西部的经济金融实力存在巨大的差距，对相同的资本金的承受能力也是大不相同的，客观上就导致中西部地区法人类金融机构绝对量远比东部省市少，金融系统动员资金的能力低，对区域经济的支持力度无法达到应有的水平。

6. 统一的利率政策

张志军（1999）认为，中央银行对不同地区实施同一种利率，实际就是对发达的东部地区投资行为的一种变相补贴，或者说是对中西部不发达地区投资行为的一种变相征税。他指出，统一的利率管制在事实上已形成了实际利率和官方利率并存的双轨利率格局，表现为东部沿海地区的实际利率已基本实现市场化，而西部仍严格执行统一的官方利率，导致实际利率长期接近为零甚至为负，这一方面导致西部银行惜贷和西部资金外逃，另一个方面还加剧了西部地区资金紧张的状况，并在很大程度上产生保护落后、抑制先进的负面效应。

央行一些分支机构（主要是欠发达地区）也反映目前统一的货币政策使得它们工作缺乏手段，监管职能分离出去后，基本就剩下金融服务职能，货币政策方面几乎没有主动作为的空间，已经影响了央行分支机构在辖区的地位和权威性。

对于如何改进货币政策，更好地符合区域经济发展实际，现有文献提出了很多对策建议：（1）货币政策战略目标方面，针对我国地区发展不均衡的现状，建议在大方向基本统一的全国货币政策目标下，针对不同地区的经济发展状况设定相应的货币政策目标侧重点。经济较为发达的东部地区可以以控制通货膨胀、保证经济稳步发展为主。而经济不够发达的中西部则可以促进充分就业，促进经济加快发展为主。（2）在调控方式上，东部以间接调控为主，中西部则可采取间接调控和直接调控相结合的模式。（3）在货币政策工具方面，提出加强对准备金制度、利率体系、再贷款和再贴现政策的改革，使货币政策工具体现出地区化和差异化，比如有人建议人民银行赋予9个大区分行更大的自主权，允许中西部大区分行掌握更大的贷款利率下浮空间，东部大区分行掌握更大的贷款利率上浮空间。（4）优化金融机构的结构和地区设置。（5）人行各大区分行应具有较多的制定区域性信贷政策自主权，在人总行总体的指导性调控政策基础上，按照区域经济的特点实行因地制宜、分类指导的信贷政策。徐联初（2003）指出，央行"分支行要在总行实施统一货币信贷政策的前提下，对制定符合辖区经济发展实际的区域性货币信贷政策作一些必要探索和尝试，促进地区经济结构调整和发展"。人民银行万州中心支行课题组（2004）指出要"把国家货币信贷政策与本地实际情况有机结合起来，可以考虑按不同经济区域制定实施区域货币信贷政策"。

第二种观点：优化区域经济结构，提高投资收益率。

魏革军（2001）认为，我国货币政策地区传导的差异，是不同地区经济发展水平差异的反映；对中西部地区实施差别利率，差别存款准备金是行不通的；货币政策在西部传导效果相对较差，并不是统一货币政策的问题；解决货币政策传导差异的根本出路在于改善中西部地区货币政策运行的环境，推进结构性改革，提高西部地区投资收益率。同时充分发挥政策性银行的作用，引导资金投向，并以欧盟为例，其解决成员国间货币政策传导的差异，主要是要求成员国致力结构调整，满足趋同条件，而不是货币政策区域化。

（二）货币政策：应对区域差距的作用空间

1. 货币政策最终目标

2003年新修订的《中国人民银行法》中对我国货币政策最终目标的表述为："保持货币币值的稳定，并以此促进经济增长。"撇开多目标与单一目标的争论，就促进经济增长的基本含义看，它是促进全国经济增长，全国经济增长就是各地区经济增长，而不是仅仅促进个别地区经济增长。如果部分地区经济长期不增长，发展严重落后，作为宏观调控主要政策的货币政策不会坐视不管。所以，货币政策的最终目标中包含有对地区经济增长的关注，没有必要、也不可能给予中央银行分支机构权限。

2. 货币政策中介目标

目前我国货币政策的中介目标包括 M_1（短期指标）、M_2（长期指标）、现金、信贷规模等。对于各地区而言，关注的应该还主要是信贷规模，从信贷规模的增长情况来把握区域景气波动的信息，从信贷资金的配置结构来分析区域经济结构的变化。由于各地区之间直接融资、间接融资、民间借贷发展不平衡以及产业结构差异导致资金周转速度、使用效益不同，所以各地区信贷规模变化与景气波动的关系必然也是差异很大。在这一点上，央行总行以及分支机构作为空间很大，关键是要重视对区域经济运行的分析，提高监测分析水平，目前该做的很多事一些分支机构做得还远远不够。

3. 货币政策工具

就可否体现区域差别而言，可把货币政策工具分为四类。

第一类：已经在区域性地使用，并体现出了区域差异，但是今后可以进一步研究基于区域实际的区域差别。

（1）再贷款

①支农再贷款。综合考虑各地区的经济结构、农村信用社历史包袱、地方政府财政能力、当地资金供求状况和支农再贷款的经济效益与社会效益，结合当地信用社的资产负债情况，进一步探索区域差别化的投放与管理，适当向欠发达地区、农业大区农村信用社倾斜。

a. 支农再贷款期限和支持范围。要根据当地农业产业结构，合理确定支农再贷款的投向和期限。目前，支农再贷款“最长期限为 1 年，展期不得超过 1 年（可跨年度使用）”。再贷款的用途限定为“集中用于对农户贷款”。这能够满足以种植业为主的传统农业生产需求，但现阶段农村经济日益发展，随着农业产业结构的调整，农业产业化、小城镇化进程加快，对支农再贷款的需求在结构和期限上呈现多样化，比如果业、畜牧业以及农业产业化项目期限需求可能在 3 年以上，支农再贷款在投向和期限的限制，已经导致了有些农村急需发展的项目得不到资金支持，同时又有部分支农再贷款资金闲置的现象。所以可以使支持范围适当扩大，期限在现行 1 年加展期一年的基础上再放宽 1 ~ 2 年，具体由央行分行和省会中心支行结合辖区农业发展情况合理确定，这样才能适应现代农业规模发展的需要。

b. 支农再贷款利率。现行的利率政策，一方面低收入农户感到负担沉重，另一方面由于央行再贷款是信用贷款且利率优惠，有较大的利差，比组织存款便捷，导致有些农村信用社出现弱化自主营销、过分依赖人民银行再贷款的问题。我们认为，再贷款利率不是市场价格性利率，可以结合央行的资金成本，探索有差别的利率政策，对经济情况较好地区的农村信用社适当调高再贷款利率，激活农村信用社市场营销、开拓创新的积极性。而对欠发达地区再贷款可以给予适当的利率优惠（优惠1个百分点以内，现行年利率是2.25%），同时作为条件，引导信用社合理确定农户贷款利率，避免出现一浮到顶（上浮50%，达到8.37%）的做法，对落后贫穷地区农户贷款的利率不浮动或少浮动（比如30%以内），降低农户成本。

c. 支农再贷款限额。根据农业总量、结构、农业在GDP中的贡献、农业产业化程度、农村人口比重、金融机构贷款余额中农业贷款的比重、小城镇化进程等多项指标，合理确定支农再贷款的规模。对存量部分可以根据各地实际，进行区域间调剂，适当向欠发达地区倾斜。

d. 合理配置与使用审批权限。强化分行调控，规范审贷制度，加强监督管理，禁止出现挪用，确保使用效果。

这里的问题是从操作向上讲作用也有限，因为总行支农再贷款原则已经调整。

②紧急再贷款。紧急再贷款的使用（包括与之相关的存款准本金的动用）必须体现基于风险处置（支付救助和关闭撤销两大类）的差别化，不适于简单体现区域差别化，不可体现区域倾斜。

a. 存量资产清收。对中小金融机构救助性紧急再贷款，在控制风险的前提下，可以探索根据机构不同情况，通过减免息、结合当地城乡经济发展实际准许进行新的低风险资产运用（比如新老划断、封闭运行）等方式，扶持走向发展之路。在对其不良再贷款的清收中，借鉴资产管理公司处置不良贷款的办法，将部分有效益的不良贷款折价卖给实力较强的其他金融机构或企业，加快清收步伐。进一步加强对撤销城市信用社再贷款使用情况的监督检查，做好央行资产保全工作，将风险降到最低限度。

b. 期限。按规定救助性紧急贷款的最长期限为2年，并可展期1次，展期期限不得超过原贷款期限。而化解支付风险是一个漫长的过程，短期内难以组织大量的资金用于归还再贷款，形成再贷款到期后多次展期或逾期，越是欠发达地区，这个问题越严重。所以应加强对发生支付危机的城乡信用社和城市商业银行的调查研究，根据支付风险实际，合理确定紧急再贷款的期限。

c. 利率。对发生支付风险而使用紧急再贷款数量较大的金融机构不须按季归还再贷款利息，利息可以挂账、欠息，待支付困境过后逐步归还紧急再贷款本息，缓解其困境期的资金压力。

d. 合理配置审批权限。在防范道德风险[①]的前提下，可以适当下放部分权限给分行，规范审批程序，提高审批效率，不可错过化解风险的时机。

① 主要是地方政府和地方金融机构，要防止把紧急贷款作为弥补信贷资金缺口和亏损的资金来源，加大人民银行紧急再贷款的风险。

③扶持型再贷款。就目前看，经济欠发达地区金融机构再贷款存在的主要问题是利率偏高、期限偏短、总量偏少。支持发展性再贷款的区域差别化同样也可以从以下几个方面研究：a. 利率；b. 额度；c. 期限；d. 获取的条件。

④头寸再贷款。头寸再贷款原则上不可有区域差别，但是可以从以下两个方面研究更加科学的头寸再贷款管理。

a. 使用范围。头寸再贷款要重视央行分支机构辖区法人类金融机构。目前四大国有商业银行一级法人统一调控资金，资金相对宽裕，资金供给渠道畅通，但是其当地分支机构有时却套取成本低的人民银行短期再贷款，而真正需要资金支持的地方法人类金融机构得到支持的难度较大。

b. 增加限额。合理调控，适当增加欠发达地区限额。比如，大额支付系统启用后，虽然系统规定了弥补当天头寸不足的四个渠道，但是实际情况是真正发生头寸不足时，某种程度上高额罚息再贷款成为惟一的来源，所以导致需求增加。

短期头寸再贷款利率不可搞区域差别。

（2）窗口指导

基于对辖区经济金融充分研究基础上的信贷指导意见，窗口指导虽然不具备法律效力，但是从实践看，金融机构还是非常重视的，因为其间有一种信号，显示了地方政府、央行当地机构的发展导向和政策取向。目前值得结合欠发达地区研究制定的信贷政策的方面：

①结合欠发达地区基础设施建设任务重，中长期贷款需求大的特点，研究信贷政策，创新贷款担保方式，延长贷款期限，规范开展项目收费权质押贷款，支持水、电、路、热、气、通讯等发展，同时探索此类资产证券化。

②老工业基地改造的信贷支持。

③高新技术产业发展的信贷支持。

④小城镇建设的信贷支持。

⑤配合有关部门，健全中小企业信用担保、再担保、担保业监管体系，支持中小企业发展。

同时，会同有关部门研究完善对国家重点扶持发展的西部基础设施建设、高新技术产业发展、产品结构调整、技术改造等项目的贷款贴息政策。

央行分支机构进一步提高通过运用信贷指导意见、产业发展论坛等方式进行窗口指导的水平，比如2003年度的房地产业，有关分行其实可以提前进行软约束的房地产风险提示。

第二类：没有区域差别，但值得进行区域差别研究（不代表就可以）的工具。

（3）再贴现

①再贴现规模。在再贴现规模的分配上，可以适当向欠发达地区倾斜。

②再贴现条件。在规模之内，调整具有再贴现资格的票据种类，可以体现政府产业发展政策（支持或者限制）、区域发展政策意图[①]，引导金融机构和社会资金投向。

③在管理体制上，可以对有条件的地方适当下放再贴现转授权窗口。并把部分调控的浮动权给分行。

建立基于整个市场资金供求状况、经济发展需要、票据市场发展状况以及票据期限、种类的再贴现率确定机制是以后的发展方向，目前再贴现率浮动空间已经很大，已经是市场性价格，不是区域差别。

从现实情况看，由于历史的原因和现实的困难，我国西部地区工业化程度低，票据市场相对不发达，因此中央银行即使实行了差别化的再贴现政策，给予经济相对落后地区以优惠措施，但实际效果不会太大。所以央行目前的重要任务之一是支持西部地区金融机构积极发展票据尤其是商业票据业务，培育和扶持西部票据市场的发展[②]。

（4）部分直接调控手段的科学运用

美国社区再投资法给我们的启示是如何促进金融机构在资金来源地进行适当比例的资金运用，尤其是在县域、在欠发达地区的资金运用，不能仅仅成为抽水机。根据陆符玲（2003）的研究，美国为了反对社区内或者城市内的银行和存款及信贷机构由于风险原因，歧视低收入地区，拒绝给其发放贷款的做法，1997年通过的《社区再投资法》明确参加保险的联邦银行和存款机构，必须帮助满足其经营业务所在整个社区的信贷需求和便利，包括中低等收入居民的信贷需求。要求金融机构定期公布满足其所在社区信贷需求的纪录，并且监管机构在其申请总行迁移、建立或者迁移分支机构、申请收购其他机构、转换全国性特许银行和向存款保险公司申请存款保险时，将该机构满足其所在社区信贷需求的业绩作为重要参考因素。该法促进了相关机构增加网点、改进服务，积极满足社区客户的信贷需求。陆符玲提出，由于我国经济发展不平衡，地区发展差距大，很多存款类金融机构从欠发达地区吸收存款后拆借到发达地区，导致欠发达地区资金缺乏，央行有必要促成此类法律，用强制手段解决欠发达地区存款资金对地区经济发展的作用。

我们认为，目前可以结合我国存款类金融机构的实际，研究对金融机构在资金来源地资金运用的鼓励或者限制，重点应当是对欠发达地区非法人类金融机构

---

① 在美国，由于多元型银行体系的存在，各个区域性联邦储备银行根据各地区经济开发的不同程度，可以自行确定不同的贴现率，通过对贴现率的调整以期促进区域性投资的增长和区域经济的发展。

② 2003年以来，西安分行对促进辖区商业承兑票据业务发展起到了很大的作用。

（如国有商业银行基层分支机构——二级分行和县支行）的存贷比例、上存资金比例或者增量部分的存贷比作出强制性限制，保证适当比例的资金运用在当地。可以选择部分地区进行试点，看其影响到底有多大。

但是要保证这种限制与城市化、工业化不矛盾，不是倒退回直接控制，不是强制向非效率投资。因为工业化、城镇化的表现之一就是包括资金在内的各种生产要素向城市、工业的集中。

（5）存款准备金

从长远看，我国存款准备金率会逐步降低，存款准备金也逐步会体现机构差别，由于各地区机构发展的差异必然导致存款准备金率在地区间也表现出一定的差异。

第三类：没有必要人为区域差别化，但本身就具有区域差别的可能。

（6）利率工具[①]

我们认为，利率作为资金的价格，其市场化改革已经向前推进了一大步，从长期看没有必要搞区域差别化。因为在逐步由市场决定的前提下，利率本身基于资金供求、风险分析就可以体现出差别，这种差别化的一个方面就是区域的差别化。

需要指出的是，市场化过程中利率体现出的区域差别化，可能不利于欠发达地区，那么与很多人呼吁的区域差别化（即给欠发达地区优惠利率）的初衷就背道而驰。就通过利率区域差别化甚至优惠而言，有人所呼吁的低贷款利率、高存款利率在理论上是矛盾的，实践上也是行不通的，如果改成低贷款利率、低存款利率，那么银行的资金来源又如何保证，最终的结果必然是资金外流反而加剧。至于高存款利率、高贷款利率，对银行而言资金成本高，对效益不太好的欠发达地区企业来讲也是利息负担重，难以达到信贷多投放的目的，同时，银行终究是银行，不是风险投资机构，即使有的贷款通过高利率可以投放出去，银行也不会去冒这个与高利率相关的高风险。

利率是市场价格，对于欠发达地区而言，关键要抓住利率市场化改革的契机，优化区域经济结构，提高投资收益率，这样才能从根本上解决问题。在这一点上，我们同意魏革军的观点。

第四类：不能搞区域差别化，但是对区域经济金融有影响的工具。

（7）公开市场业务

---

① 为了促进落后地区经济发展，发达国家在区域经济的开发中往往采用有差别的利率政策，各国采用最多的是低利率政策。如在80年代初期，法国为了复兴老工业地区经济，提出了“再工业化”计划，并且专门设立了“再工业化”贷款基金，以优惠的利率发放贷款。对于直接发放给企业的贷款，通常利率为16%，而这种区域性优惠利率约为10%；对于间接发放的贷款，利率一般为12%～14%。

中央银行通过在金融市场上公开买卖有价证券，调节信用与货币供给，对各地法人类金融机构的资金运营、资产结构的影响是显而易见的。但该项工具不可进行区域差别化。

(8) 汇率

汇率显然不能体现区域差别。

(三) 其他金融政策应对区域差距的作用空间

从中短期看，我国货币政策传导还主要靠信贷渠道，除了以上货币政策工具外，金融组织结构也是影响信贷渠道的主要方面，所以可以在整合存量金融资源的同时，根据各地经济发展水平的差异，降低欠发达地区机构市场准入门槛，发展地方法人类金融机构，拓展既有机构的业务范围，完善地方金融组织结构。

1. 发展地方法人类金融机构，形成间接融资与直接融资互为补充、“商业金融+合作金融+政策金融+民间借贷”市场化合理分工、各机构多样发展的金融组织体系

(1) 适当降低中西部欠发达地区设置区域性商业银行、非银行金融机构的准入门槛

对于欠发达地区而言，整合存量金融资源，强化金融创新，改进金融服务是关键，设立增量机构不是关键。但是，客观地讲，全国统一的准入门槛与经济发展的不平衡是存在一定的矛盾的，可以在统一的资本充足率前提下研究降低欠发达地区设立金融机构的资本金要求①。2004 年 12 月银监办通（2004）281 号关于《在城市信用社基础上改制设立城市商业银行有关问题的通知》指出继续开展在城市信用社基础上改制设立城市商业银行的工作。该通知指出：申请社人均资产至少应达到 600 万元人民币（经济欠发达地区至少应达到 500 万元人民币）以上，这里体现了区域差别，但是该通知中申请社的资产规模不得低于 15 亿元人民币这一条规定就把欠发达地区很多城市信用社关在了改制为城市商业银行的大门之外。

(2) 研究设立支持欠发达地区经济发展的政策性银行或股份制银行（比如

① 这一点国际上有先例，如美国依据各地区不同情况，在设置商业银行的资本金上做出了不同要求：银行所在地不到 6000 人的，最低资本金为 5 万美元；6000～5 万人的，资本金为 10 万美元；超过 5 万居民的，最低资本金额为 20 万美元。这种依据地区差异对商业银行资本金所做的不同规定，对促进经济落后地区的金融发展是十分有利的。

西部发展银行）的必要性和可行性①

以设立西部发展银行为例，可以研究成立政策性金融机构的可行性，比如：可由西部地区各地方政府、国内金融机构、国际金融机构以及国内外企业集团发起设立，注册地选择西安；资金来源可以主要通过在境内外发行西部开发类金融债来解决。这样，既能加大政策金融对欠发达地区经济发展的支持力度，也能更好地引导商业金融的资金投入②。

或者研究在整合现有存量金融机构的基础上，成立西部股份制发展银行的可行性。初步设想：第一，市场定位。西部发展银行主要提供经央行、监管当局核准的各项业务（存、贷、结算、贴现、同业拆借、外汇、信用证、代理收付、保管箱等）。在区域上立足西部，面向全国，带动促进整个西部地区的经济发展。在服务对象上定位于支持民营企业、乡镇企业，重点支持西部地区经济效益

---

① 以西部发展银行为例，应该是有可行性的：（一）法律依据。按照《中华人民共和国公司法》、《中华人民共和国商业银行法》以及相关法律法规设立，法律依据充足。（二）具有很大的市场空间。第一，资金需求旺盛。西部按人口或者按面积平均的基础设施密度与全国平均水平相差很大，历史欠账较多，比如2002年底整个西部地区土地面积占全国71.5%，但是铁路营业里程占全国的37.2%，公路里程占全国的41.1%，高速公路占全国的22.9%，学校、电力、能源、通讯、公路、铁路、机场、水利设施以及城市化等方面今后还需要大的发展，而资本是西北地区最稀缺的生产要素，在较长一段时间内将保持旺盛的资金需求。第二，资金供给充足。2002年，西部12省区全部金融机构各项存款余额为27259.14亿元，其中储蓄存款15284亿元，储存存款占各项存款的比重高于全国，资金供给充足。而且，西部发展银行还是面向全国。第三，现存金融机构在西部金融资源配置上的缺陷，使其不能充分满足这些资金需求，这为西部发展银行提供了很大的市场空间。（三）具有良好的经营环境。第一，国家西部大开发战略稳步推进，西北经济社会快速发展。第二，在当地监管部门的有效监管下，金融秩序稳定，金融运行健康稳健。第三，陕西等西部省份近几年基础设施建设加快，产业结构趋于合理化，高新技术产业、果业、畜牧业、旅游、装备工业和能源重化工业等优势特色产业迅速崛起。所有制结构发生重大变化，非公有制经济发展迅速。陕西等省人才储备丰富，西安高新技术产业开发区具有自主知识产权的产品位居全国各开发区之首，众多的各学科海外人才正在回流。（四）具有实力的民间投资。近几年西部地区非公有制经济发展迅速，其对GDP的贡献在稳步增加，民间投资能力在不断提高。先后有民营企业发起设立西部信用担保公司，入股西安市商业银行（西安市商业银行增资扩股至10亿元人民币顺利实现）、西宁商业银行、永安保险公司以及城市信用社、租赁公司、证券公司、信托公司等，资本金动辄就在数亿元人民币。西部发展银行更可以吸引沿海发达地区的投资者和海外战略投资者入股。（五）有国外的类似经验可供借鉴。美国鉴于本土幅员辽阔，建国初期各地经济发展差异巨大的现实，逐步形成了自己特殊的单一银行制度。根据统计，目前美国拥有5000多家国法银行，18000多家州法银行。同时，美国依据各地区不同情况，在设置商业银行的资本金上做出了不同要求。这些制度促进了银行间的有效竞争，使得货币政策在不同的区域得到全面贯彻执行，对经济落后地区的经济金融发展起到了非常大的作用。

目前我国东西部地区发展不平衡，有必要探索建立适合西部地区经济发展阶段的金融组织体系。我国东部地区的浦东发展银行、深圳发展银行、福建兴业银行在组建之初都是区域性商业银行，加上城市信用社、城市商业银行，都为区域开发作出了积极贡献，积累了很多有益的经验。

② 日本的冲绳振兴开发金融公库，就是为开发边远的冲绳地区提供长期资金的金融机构，同时兼办其他政策性金融机构在冲绳的业务；意大利的南方金融租赁公司，是为开发南方落后地区而设立的，专门为南方中小企业优惠出租先进技术设备和生产流水线。

好的高新技术、基础设施建设、生态环境保护工程、现代农业发展等有利于西部经济长远发展、能够奠定西部自主发展能力的项目。第二，组织结构。西部发展银行采取总分行制，实行一级法人、分级经营管理的体制。总行设在西安，并首先在西部地区省会城市设立分支行。第三，资本金。人民币50亿元以上，以民间资本为主，地方政府不参股，政府绝对控股和直接控股的企业不参股。适当时候可以增资扩股，公开上市，扩大规模。吸引东部沿海民间资本投入。第四，引进合格的境外战略投资者，投资比例不超过25%（否则将成为外资银行）。发挥境外投资者在风险管理、财务分析等方面的技术优势，建立规范的资本约束、资产负债比例管理、风险管理体系，确保管理先进，经营稳健。第五，西部发展银行要做到体制突破、机制突破与理念创新、服务创新。体制突破就是要以民间资本为主组建。机制突破就是要建立现代商业银行制度，按照《公司法》、《商业银行法》经营，政府不能干预银行经营，股东也不能进行关联交易。核心是要建立规范的公司治理结构，股东大会、董事会和经理层要依法分别设立，依法履行各自职责。聘请有丰富金融工作经验的专家任独立董事，确保独立、懂事，充分发挥其在审计、风险管理等方面的积极作用。理念创新就是要以非公有制经济、中小企业为服务对象。服务创新就是要借鉴国外以及沿海发达地区先进经验，结合西部地区实际，创新金融工具，提高金融服务效率和质量①。

（3）出台优惠政策，推动西部地区城市商业银行的整合

监管当局《城市商业银行监管与发展纲要》指出，“要努力探索和实践城市商业银行间的联合与重组，提高经营管理水平和抗风险能力。要在市场化和自愿原则下开展资本、资产的重组和机构联合，提高单体银行的抗风险能力和经营管理资源的合理调整和配置。在做强、做大的基础上，实现跨区域经营与发展。”这里应该对于西部地区城市商业银行的整合给予一定的政策支持：①营业税减免，用以消化历史包袱。城市商业银行的绝大部分包袱系成立前的老账。因为目前金融机构营业税税率为5%，城市商业银行、城市信用社的营业税虽然属于地方税，但根据《中华人民共和国营业税暂行条例（国务院令［1993］第136

① 这里必须明确：（一）机构不是第一的，有效的金融服务才是第一的。在争取增量金融资源的同时，要重视整合存量金融资源，充分发挥现有金融资源的作用，形成前文所述“商业金融+合作金融+政策金融+民间借贷”市场化合理分工、“银行（银行、信托、租赁、财务公司、典当、担保等）+证券+保险”各机构多样发展的金融组织体系。（二）地方政府要强化风险意识，规范政府行为。如果设立西部发展银行，地方政府要汲取历史教训，强化风险意识，不能插手高管人员配备，不能干预银行日常经营，避免重蹈信托、城市信用社的覆辙。（三）给予可能的政策支持，比如税收优惠、央行再贷款倾斜等。（四）提高投资回报是关键，否则金融机构注册地虽在西部，但长时间内会逐步把业务重点转向回报率高的东部沿海。

号)》第二条“营业税税目、税率的调整由国务院决定”；第六条“除了所列出的可以免征营业税的项目外，其他营业税的免税、减税项目由国务院规定。任何地区、部门均不得规定免税、减税项目”。地方政府不可以出台优惠政策减免。②参照农村信用社改革的政策，给予城市商业银行所得税减免。③税前核销呆坏账。

（4）有一种思路是在国家开发银行内部设立西部开发项目专门机构，专门的机构加上专业的人员，应该能够更好地推进对西部大开发项目的信贷支持

不过客观地讲，我们认为，西部大开发中政策性金融作用的发挥空间不在成立新机构，而在从贷款期限、价格、项目条件等方面探索更加优惠的政策，真正发挥政策性金融的作用。这一点，政策性金融过去做得不够，似乎没充分体现政策性金融的作用，不过在 2004 年 11 月的中国西部论坛上，国家开发银行表示将继续贯彻国家西部大开发战略，坚持向西部地区倾斜的信贷政策，下一步对西部地区的贷款投放和贷款比例都要适度增长。

贷款期限上，西部的公路项目可以延长到 25 年，城市收费道路可以延长到 18 年，不收费的道路和桥梁可以延长到 12 年。在贷款利率上，根据人民银行的规定，商业银行可以自由上浮利率，但开发银行对西部的贷款原则上不上浮利率，有些经济社会效益较好、政策性较强的项目可适当下浮利率。在资金供应上，开发银行承诺将保证放款，根据工期、合同及时安排资金，确保建设工程进度。在项目法人建设和信用结构上，开发银行将根据西部地区的具体情况，在既防范风险、又支持经济发展的原则下，实行更灵活的政策。此外，根据西部地区投资项目缺少资本金的问题，开发银行还将通过提供软贷款的方式，为西部地区的重点基础设施项目补充资本金。

开发银行根据世界银行、亚洲开发银行的成功经验，准备进一步扩大对西部地区的技援贷款，支持西部地区加强规划工作。技援贷款为零利率，仅在发放贷款时一次收取贷款发行额 0.5% 的手续费，借款人通常是西部地区省、地（市）政府的计委、经委或具备法人资格的项目发起人。技援贷款主要用于项目前期工作，包括综合开发规划、项目筹划、项目论证、技术与市场等专题研究以及编制预可行性研究报告等相关费用的支出。

开发银行表示，2004 年还将积极配合国债资金，加强与其他金融机构的合作，集聚和引导全国的资金用于西部，保证西部地区重大建设项目的资金需求，2004 年拟安排西部地区贷款 755 亿元，占开发银行全年贷款规模的 30%，比 2003 年提高 3.1 个百分点。在贷款投向上，除继续支持西气东输、西电东送、水利枢纽、交通干线等重大建设项目外，还要加强对城市基础设施、资源开发、资源转化及特色经济等领域的支持力度。

由此看来，关键是利用好这些政策，似乎重点不应是成立专门部门。

2. 适当扩大政策性金融的支持范围，探索部分业务准入的区域差别

农业发展银行业务范围可以向生产领域延伸，把具有较好收入现金流、能够还本付息的农业产业化、农业高新技术、农村基础设施建设、生态环境建设、农村水电工程等作为信贷支持重点，真正发挥政策性银行的示范作用，避免其他商业金融变成政策性机构。进出口银行也要加大对西部地区以装备工业为主的产品的支持力度。进出口银行的专项信贷资金可以研究向西部地区倾斜，在保证资产质量的基础上，优先满足机电产品和高新技术产品出口大企业、大项目的融资需求。

部分业务准入也可以研究区域差别化，做到既防范风险，又切合区域实际，比如外汇资本金可以研究类似资本充足率的动态比例管理，使欠发达地区金融机构外汇资本金与其外汇资产业务相匹配，减少外汇资本金闲置。

3. 创新政策性金融支持方式

研究制定国家政策性银行法律法规，规范政策性银行各项业务，发挥政策性银行在西部大开发中的主导作用。引入投资银行有关做法，盘活存量资产，还可考虑由开发银行收购或控股一家或几家上市信托公司进行资本运作，提高资本回报率，不断配股增资，注入优势资产，并分拆上市。对于西部重点专营性项目，由开发银行牵头，组织国有商业银行银团和其他商业银行参加的银团贷款；对于个别重大技术改造贷款，也可由国有商业银行牵头，开发银行参与组织银团贷款，分散项目投资风险。对于风险较大的高新技术产业和环境保护项目，政策性贷款可作为类似优先股或入股信贷起保证作用，诱导商业银行信贷资金流向和流量。对于地方特色的工业和农业项目，由政策性银行与当地商业银行合作，在严格筛选项目的基础上，由政策性银行向商业银行批发贷款。另外，可参照世界银行和亚洲开发银行对基础设施和能源开发方面的做法，向西部地区提供技术援助资金，用于贷款项目前期准备和论证，将政策性银行的政策导向前移，降低金融风险。加大政策性金融在西部大开发中的支持力度，增加政策性贷款的数量，延长贷款期限，提高西部大开发实际可用资金量。

4. 增进既有金融机构的功能

（1）深化农村信用社改革，充分发挥农村金融主力军作用。抓住这次改革机遇，把农村信用社办成产权清晰、管理科学、激励约束机制健全、法人治理结构完善，主要为“三农”服务的金融机构。

（2）在区域间接融资市场处于主导地位的四大国有商业银行要结合各地区经济发展实际，完善内部信贷经营管理体制，不可全国一刀切。第一，对各地区分支机构要根据当地经济发展水平、行业发展特点和信贷业务种类，实行信贷管理政策的区域差别化，要做到集中有度，审批及时，科学授权授信。第二，适当加大欠发达地区分支机构呆坏账核销规模。针对西部地区分行目前不良贷款比例

仍然较高的实际，如果再次剥离，可以向西部地区倾斜。第三，对欠发达地区分行上存、下借资金实行差别利率政策。适当降低借款利率，根据资产负债期限匹配程度等因素，上缴总行的二级准备金比率也可研究适当降低。

5. 制定优惠政策，鼓励外资金融机构来西部设立分支机构，提高西部金融市场的开放程度

这一点监管当局日前已经表示中国银行业将进一步扩大开放，其中将重点支持外资银行向中西部和东北地区发展，优先受理外资银行在上述地区开设分行和参股中资银行的申请。

6. 积极发展非银行金融机构业务，拓展西部大开发资金融通渠道

（1）积极发展融资租赁业

发展融资租赁业是西部国有工业，尤其是装备工业企业技术改造和产业升级的需要；是西部中小企业发展的需要；也是西部高新技术企业发展的需要，有利于克服银行技改贷款的不足。当前西部地区一些省会城市有相对良好的经济基础、广阔的市场需求和人才相对集中的优势和条件，可以争取在西部一些省会城市设立几家租赁公司（或争取其他地区的有实力的租赁公司在西部成立分公司或代表处）。政府出面协调，由西部境内的有关大中型企业集团和公司参与共同发起，按照《公司法》及有关规定，以规范的公司制方式组建。资本金募集范围，包括财政资金、有实力的企业集团和公司入股，一定比例的民营企业和外资入股等。

（2）稳妥地发展信托业

建议允许西部地区单独保留和完成重组的信托公司设立产业投资基金和风险投资基金，开办投资银行和集合资金信托业务，以手续费和佣金等委托人支付的报酬为主要业务收入，发挥“受人之托，代人理财”的专家理财优势，支持西部地区产业结构的调整和高新技术的发展。

7. 大力发展西部地区的证券市场，加大直接融资比例

（1）监管当局应该研究支持西部欠发达地区企业直接融资的政策

无论从发行上市公司的选择、发行价格的确定、发行方式改为市值配售等等来看，市场化、规范化是主要的政策取向，这些都充分体现了我国证券市场监管体制由行政化向市场化的转变，是明显的进步。但由此很可能产生一种结果，即在证券市场运行机制逐步市场化的趋势下，西部地区由于企业资产负债率高、投资回报低、竞争力相对低，从证券市场可融来的资金越来越少，直接融资渠道对于西部大开发的作用可能会降低。作为证券监管机构，要不要在市场化的大背景下研究证券市场支持欠发达地区发展的举措，是需要进一步思考的问题。

（2）西部地区要注重培养自主发展能力

一方面通过国有企业的股份制改革明晰产权，通过股权转让引进新的经营管

理理念和先进技术，提高国有企业的市场竞争力；另一方面，通过政策扶持和培育有创新能力、具有核心技术知识产权和市场前景的中小型高技术企业，积极推荐民营企业通过资本市场获取发展资金。推动西部地区产业结构和所有制结构进一步完善。

（3）健全和完善西部地区的资本市场体系结构

在积极推动西部地区企业在国外创业板、国内主板和中小企业板块上市融资的同时，建立完善产权交易中心，促进资本要素流动，支持经济发展。

（4）发展地方企业和公司债券

①在严格控制风险的基础上，鼓励符合条件的企业通过发行公司债券筹集资金，改变债券融资发展相对滞后的状况，丰富债券市场品种，促进资本市场协调发展。加大发行债券数额，可考虑将发债主体从大型国有企业和国有控股公司扩展到商业银行等金融机构、上市公司和民营企业集团。特别是将占据金融资产90%左右的商业银行作为企业债的投资主体，培育长期的理性投资主体，避免企业债市场投机操作。鼓励民营企业集团发行公司债券，建立比较规范、严格的公司债券市场，完善金融结构体系、防范金融风险。其中，国有企业、国有控股公司和四大国有商业银行发行“企业债券”，上市公司、民营企业集团和证券公司等发行“公司债券”。改变严格的额度管理和审批制度，扩大企业债发行主体和发行规模，有效地匹配企业债的供给和需求，保持企业债市场供求平衡，有效解决许多资质较好的中小企业融资问题，促进企业债市场真正发展。

②制定和完善公司债券发行、交易、信息披露、信用评级等规章制度，建立健全资产抵押、信用担保等偿债保障机制。充分利用银行间债券市场为代表的场外报价驱动交易方式，促进企业债二级市场发展，满足企业债券投资大宗批发的特性和非连续性交易需求。加强评级机构的权威性和独立性，构筑企业债市场合理的信用评级机制，增强评级机构的公信力，建立信用评级统一的规范和持续跟踪评级制度、强制性信息披露制度，形成有效的市场化风险定价机制。

（5）争取发行市政债券

尽管《中华人民共和国预算法》第二十八条规定：“除法律和国务院另有规定外，地方政府不得发行地方政府债券”，但许多变通措施已经出现，发行市政债券具有现实的可行性。目前，西部12省（区）资本市场发育缓慢，深度不够，目前仅有上市公司277家，占全国上市公司总数的21.8%。为了发挥西部地区的比较优势，可借鉴国外开发贫困地区的经验，选择一些收益稳定的基础设施项目进行试点，公开发行项目债券，以项目稳定和可靠的收益率吸引民间资金流入市政建设、公共事业建设和能源建设。

为避免发行市政债券的消极影响，规范投资工具，一是制定市政债券发行的严格审批制度，发行地方政府债券要通过规范的BOT特许协议方式，明确地方政府与项目公司的责权利关系。二是加强对地方政府资信与债务清偿能力的监控，明确地方政府的市场定位，政府不得为企业债券建立财政偿债基金，为信托计划出具确认文件或承诺。三是市政债券的收益理论上应高于国债低于公司债券和股票，而且市政债券的价格一般也较少波动，发行范围严格局限于本地区，以消除资金由于跨地区流动造成地区间发展差距扩大。

（6）支持西部地方证券公司的发展

首先，现有的证券公司要强化内部管理，理顺法人治理结构，建立完善的投资决策咨询信息系统和人力资源支持系统，提升公司在行业内的竞争力；其次，在条件具备的情况下，通过增资扩股或者股份制改造引进外资机构及其他战略投资者进入西北地区证券经营机构，增强公司实力，引进先进的经营管理理念和技术手段；再次，拓展网上证券交易业务，开发较发达县域证券投资交易客户资源，维持并提高经纪业务收入，同时谨慎开展自营业务和代客理财业务；最后，拓宽证券公司的融资渠道，争取更多的西北地区证券经营机构进入全国银行间货币市场实现短期融资，充分利用证券公司股票质押贷款和证券公司在银行间货币市场发行短期融资券等政策，实现公司发展的中长期融资。

8. 发挥西部资源和科技优势，建立产业和科技风险投资基金

投资基金具有集合投资、专家理财、分散经营、收益稳定的特点，在区域经济开发中能够发挥重要的作用，意大利的南方发展基金、巴西的亚马逊投资基金都是较为成功的例子。目前，在西部大开发中可以利用国家开发银行的信用优势、项目评审技术以及管理中瑞合作基金的经验，发起设立西部产业投资基金，将众多闲散资金聚合成巨额资金，充分发挥产业投资基金成长性、收益性和专家理财的低风险功能。设立西部风险投资基金，集合投资募集资金，以组合投资方式分散风险，主要对创业时期未上市的新兴高科技企业做股权投资。当前发展西部风险投资基金，有助于加快西部科技创新，实现科技成果转化，消除科技成果转化率低的资金瓶颈制约。西部地区西安市、重庆市、成都市综合科技实力居全国前列，然而受制于高科技投入资金太少，西部高科技优势难以充分有效地发挥。因此，以信托投资公司来发展风险投资基金，可以对不具备上市资格的新兴高科技导向企业进行投资，促进高新技术产业的发展，及时实现科研成果向市场的转化。西部产业创业基金和风险投资基金，主要用于高新科技开发和发展，初期运行阶段，政府应给予一定的税收优惠并减少资金入市的政策障碍，大力鼓励保险资金、社保基金、企业年金等各类合规资金入市，吸引更多的资金来源，促进基金发展和其他合规资金入市的良性互动。

9. 以保险业处于快速成长战略转型期为契机，大力发展西部保险业

（1）根据西部地区特点，适时开办有特色险种

大力发展投资连结险产品等储蓄替代产品，探索保险证券化产品，加强对金

融创新的知识产权保护。加强银保合作，探索复合型产品，重点在寿险、非寿险及再保险领域创造巨大的发展空间。

(2) 研究制定优惠政策

在市场准入方面给予政策倾斜，鼓励发展一批专业健康保险公司、信用险公司、责任保险公司、工业保险公司等。制定保险企业融资优惠政策，鼓励保险公司通过证券、债券市场多渠道筹集资金，有效解决资本金短缺和偿付能力不足的问题，形成持续、动态的保险资本汇集机制，满足支持西部大开发的资金需要。

(3) 设立西部农业保险机构，支持农业发展

总结我国农业保险发展20多年的经验教训，结合西部地区实际，尽快建立政府主导下的、政府与商业保险公司“混合经营”的农业保险制度，充分发挥国家农业产业政策、财政税收政策、金融政策和保险相关政策的作用，建立多层次体系、多渠道支持、多主体经营的农业保险制度。政策性农业保险业务可获得相应的中央和地方的财政税收优惠政策，商业性业务可由保险经营主体按照商业化原则经营，享受中央税收和地方财政优惠政策。

10. 加快推进西部地区担保业的发展

基于西部大开发中发展中小企业和民营经济的形势需要，积极鼓励和引导多种经济成分参与担保公司投资，探索成立再担保公司，构建多层次、全方位的担保体系。健全担保公司担保规则，健全法人治理结构。吸取信托业教训，建立有效的担保业监管体系。

上海房地产市场发展周期与金融运行研究

中国人民银行上海分行课题组

课题主持人：盛松成

主要参与者：李安定　刘惠娜　许加银　周　鹏

张红梅　金艳平　姜天鹰

当前我国房地产市场正处于快速发展阶段，房地产市场与金融运行之间相互影响日益显著。房地产市场作为宏观经济的一个子系统，具有周期发展的特征，研究和利用房地产市场发展周期，科学决策，稳步实施金融调控，推进金融改革和开放，对于防范房地产泡沫与金融风险，促进经济、金融健康发展具有重要意义。

一、房地产市场发展周期研究

（一）房地产市场发展周期的研究方法

房地产市场发展周期是指房地产经济按照上升—下降—上升的规律依次循环，产业扩张与产业收缩交替出现的现象。房地产市场荣衰更迭的现象在市场经济国家普遍存在，例如1980～1990年欧洲的写字楼市场资本价值上涨了400%（同期一般消费价格只上涨了150%）；1990年后市场开始走弱，到1993年部分写字楼市场资本价值已累计下跌50%。[①]

房地产市场周期发展的现象很早就受到关注。最早也最多被引用的是库兹涅茨在1930年发表的《生产和价格的长期变动》，其中对大量美国建筑业的统计资料进行分析，认为在美国建筑业中15～25年的周期波动表现得特别明显，这个建筑业周期实际上也就是房地产周期。此后国内外许多专家对房地产市场周期进行专门研究。

---

① Bertrand Renaud, *The* 1985 – 94 *Global Real Estate Cycle*: *Its Causes and Consequences*, *The World Bank Working Paper* 1452 May 1995.

研究房地产市场发展周期的关键问题分别为：

1. 判断周期所选用的指标。国外文献中房地产市场周期的判断指标一般是房地产价格，但根据研究目的不同，所选取指标也会变化，例如罗纳德·凯泽（Ronald W. Kaiser，1997）就是以房地产投资回报率为指标进行分析的。就我国来说，由于房地产市场历史短，统计体系尚在健全之中，市场化的价格——供求传导机制尚未形成等原因，难以采用国外通常采用的价格指标，现有研究通常采用综合指数分析。本文在判断上海房地产市场发展周期时采用投资增长率、价格增长率和综合指数三种方式进行分析。

2. 如何判断一个完整周期。在第二次世界大战以前，对房地产市场周期的研究与对宏观经济周期的研究一样，均是经典的四个阶段，即复苏—繁荣—衰退—萧条。但第二次世界大战后，经济发展中出现了新的情况，例如有的周期衰退和萧条时间很短，只有明显的波峰，而没有明显的波谷，或者房地产市场增长率发生了变化，但并没有形成绝对值的大起大落。那么在这种情况下，是不是一个完整的周期很难明确界定。因此关于周期的理论也有了进一步的发展，在理论研究中出现了“波动”这一提法，本文将类似上述波动的情况也列入周期。

（二）房地产市场发展周期的形成原因

经济周期的原因一直是经济学家研究的中心问题，流派众多。凯恩斯主义认为总需求不足会导致经济偏离长期均衡经济；弗里德曼通过实证观察，认为货币变化是经济严重衰退的原因而不是结果；20 世纪 80 年代以来，新凯恩斯主义认为，经济总量波动的原因既可能来自需求，也可能来自供给；获得 2004 年度诺贝尔经济学奖的芬尼·基德兰德（Finn Kydlard）教授和爱德华·普雷斯科特（Edward Prescott,）教授开创了真实经济周期理论，他们认为产生周期主要是由于技术进步等供给方面因素影响而形成的。

房地产市场是宏观经济的组成部分，其形成原因不外乎内因和外因。

1. 房地产市场内生因素

房地产商品的生命周期。生命周期既包括商品损坏消亡即失去可用性形成的周期，也包括由于产品更新改进形成的周期。房地产商品与一般商品不同，它是由土地与土地上的建筑物两方面构成，一般来说土地是永恒的，使用年限自然也是永恒的，土地上的建筑物使用年限也很长，甚至能达到上百年，因此由其绝对寿命影响的周期一般不易察觉。比较常见的是房屋建筑式样上的进步引致的周期，由于土地的区域性、稀缺性与不可再生性，会对不同区域房地产结构形态产生影响，例如 20 世纪上海的典型住宅先后经历了传统建筑—石库门—苏联式工房—现代公寓房几个阶段，每一次都伴随着大规模的建筑物更新。商品的生命周期决定了其市场周期。

房地产商品需求与供给不同步形成周期。在由于各种原因引起的房地产市场需求上升时，交易增加，价格上升，但投资不能迅速增加，出现求大于供的局面；在市场需求已经得到满足，价格也已经上涨较高时，需求下降，而由于房地产商品供给的滞后性，在前期高额利益驱动下增加投资产生的房地产商品此时才能形成现实供给，供大于需的情况出现。供需的不平衡产生了周期。

2. 房地产市场外部因素

宏观经济周期。房地产经济是宏观经济的一部分，房地产市场发展周期与经济发展周期高度相关。房地产市场周期一般滞后于宏观经济周期。在宏观经济复苏后，对办公、商用、居住的房地产商品需求也同时会增加。此时，房地产市场发展周期开始启动。随着经济形势的向好，对房地产商品的需求进一步加大。在宏观经济达到顶峰并开始下行的时候，房地产市场还会继续繁荣一段时间，甚至有可能在宏观经济已经开始走下坡路的时候，房地产市场才会达到平衡。宏观经济周期步入衰退，对房地产商品的需求下降，房地产市场自然会跟随走入下降通道。宏观经济通过收入和投资两个渠道对房地产市场产生影响。例如宏观经济复苏时，一方面居民可支配收入增加，对房地产的购买力增加；另一方面投资增加，大规模的市政建设使房地产商品价值上升，土地稀缺性得以实现，房地产价格上涨。两方面因素共同作用，推动房地产市场走向繁荣。宏观经济出现波动乃至萧条时，居民可支配收入减少，投资缩减，房地产价格也会随之下降，房地产市场则走向低迷。

政府政策。（1）房屋土地政策。例如20世纪末在中国实施的住房制度改革，对推动全国城市房地产市场新一轮周期的开始起到了重要的作用。土地的转让方式改变，例如由划拨到拍卖，就会推动土地使用成本的提高，使房地产价格提升。（2）城市规划政策。大规模的城市化和城市规划的改变都会推动新房地产发展周期的启动。（3）财政金融政策。宽松的财政金融政策都会起到推动房地产市场发展的效果。例如宽松的财政政策一般是以扩大固定资产投资、增加基本建设为手段的，而这本身就对刺激房地产市场的供给和需求两方面都能发挥作用。宽松的金融政策同样会扩大房地产市场的供给和需求。反之，紧缩的财政金融政策则会控制供给与需求。另外不同的税收政策也会对房地产市场产生影响。（4）人口政策。在人口控制、人员流动限制的情况下，房地产的需求会受到抑制；一旦人口自由流动，流入地房地产需求会迅速增加，而流出地的房地产市场需求则会减弱。

投资（投机）因素。房地产商品生命周期的长期性以及土地的稀缺性决定了它具有一定的保值功能；同时房地产商品可以用于出租与经营获取收益，使其具有一定的增值功能。房地产商品不仅满足人们居住消费的需要，同时又可供投资、收藏使用，因此其兼具消费品与投资品的双重特征。消费品与投资品市场的规律是不一样的。消费品市场主要由供求关系决定，投资品市场则还要受投资收益、资金价格杠杆等的影响。例如在资金价格低时，相关投资品市场就会繁荣，而资金价格上涨必然会降低相关投资品的需求。较之消费品，投资品更易形成大起大落与周期波动。投资品市场最常见的发展模式是：

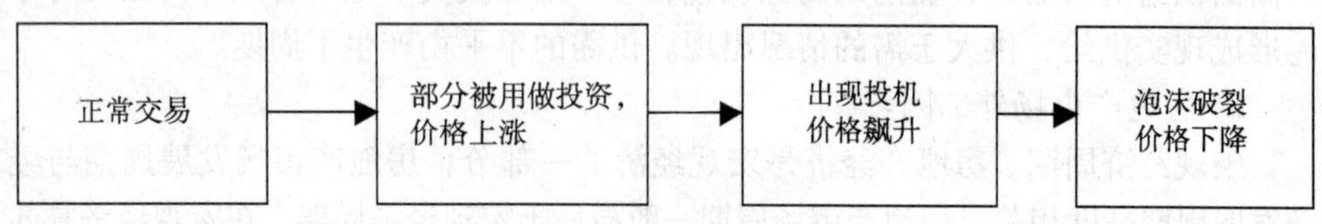

房地产市场也受这个规律影响。

（三）房地产市场发展周期的阶段

尽管实践中有不同表现形式，但一般来说，一个典型的房地产市场周期会经历以下四个阶段：

1. 复苏阶段

房地产市场经过一段时间的低谷后，在宏观经济复苏等因素的影响下，需求开始上升，房地产供求关系开始逐步改善，购房者逐渐增多，房地产交易量有所增加，房价止跌回升，由于供给不能同步增加，会一方面消化部分前期烂尾楼，另一方面带动期房的销售。房地产空置率大幅下降。

随着房地产市场的回升，人们对其评价由负面转向正面，由此刺激房地产开发投资逐渐增多，少数房地产投机者开始入市寻找机会。土地市场和三级市场开始活跃，物业开发与建设加速开展。与房地产业密切相关的建筑业、建材业等行业也快速发展，由此推动了房地产业的进一步扩张。

2. 繁荣阶段

繁荣阶段将达到周期循环的波峰。这一阶段的主要特征是：房地产价格越涨越高，房地产开发企业对土地及物业的开发项目与建设数量进一步增大，其他行业的企业也因为丰厚的利润而进入房地产市场。房地产投机增加。

随着房价的过度上涨，真正自用购房者大多被迫退出市场，交易额下降。由于前期市场消化的房地产商品数量多，房地产租赁市场交易量与租金水平开始有所下降。

这时，警惕房地产市场泡沫的言论开始出现，为了防范风险，政府或金融机构开始出台一系列限制炒楼的政策措施，如提高银行利率、压缩投资规模、收紧银根等。

3. 衰退阶段

随着房地产紧缩政策效应的显现，房地产市场在交易价格和交易数量两个方面都出现萎缩、衰退的趋势，房地产市场的乐观情绪逐渐被悲观情绪取代。

此时的房地产市场已经十分脆弱，来自政策面的或者市场面的突发性利空消息或事件都可能导致房地产价格开始急剧下挫，有价无市的现象被打破，房地产泡沫开始破灭。一些实力较差、抗风险能力较弱的开发商因资金债务等问题而宣告破产。

4. 萧条阶段

经过一定的危机和衰退之后，房地产市场进入萧条阶段。房地产销售价格和租金水平继续沿着衰退期以来的跌势下降，个别楼盘价格下跌惊人，空置率居高不下，房地产商破产成为普遍现象。

此时，政策面转好。为了缓解房地产市场的过度萧条，减少不利影响，政府逐渐减少对房地产的限制性政策，部分放宽对房地产投资、交易等方面的限制，以期待房地产市场有所稳定或回升。

（四）房地产市场发展周期的长度

由于研究角度和判断标准的不同，房地产市场周期的长度并不相同。霍默·霍伊特（Homer Hoyt，1933）在分析了芝加哥100年的地价、房租及各种房地产活动数据之后指出其存在一个18年的周期。米勒（G. R. Mueller）和拉珀索（S. P. Laposa，1995）在总结前人研究成果的基础上，对31个大城市1967～1993年的办公用房市场数据进行分析，认为按照周期时间长短和波幅大小，有四种周期，但最常见的是7.25～8年。罗纳德·凯泽（1997）年在分析了美国1919～1996年的房地产相关数据及研究成果之后认为存在一个长达50～60年的长周期。但一般比较公认的按照价格划分的美国房地产市场周期是18～20年，日本是9～10年，中国香港是8年。

对我国房地产市场周期的长度也还未形成一个统一的看法。例如，孟小苏认为中国的房地产周期大约为7～8年，中国社会科学院“房地产周期波动研究”课题组采用合成增长指数对1981年以来的中国房地产市场进行分析后，认为可以分为四个周期，分别为1981～1983年、1984～1990年、1991～1996年，1997年至今，似乎还没有形成有规律的时间长度。这主要是由于我国经济正处于转型期，作为宏观经济一部分的房地产市场也正处于转型期，尚未形成一个固定的周期模式。

（五）不同概念的房地产市场发展周期及其相互影响

房地产市场周期包括交易周期、价格周期、投资周期、产出周期等。分别是指房地产商品成交量、价格、投入资源、供应量的增加—减少—增加的反复过程。

房地产市场的几种周期之间互相影响，互相作用。在房地产市场周期的前期，交易额上升会使价格上涨，价格上涨刺激投资，投资又决定了产出；在周期的后期，价格的过度上涨，会使交易下降，进而减少投资与产出。一般来说，房地产这几个周期按照发展阶段先后顺序为：交易—价格—投资—产出。见图1。

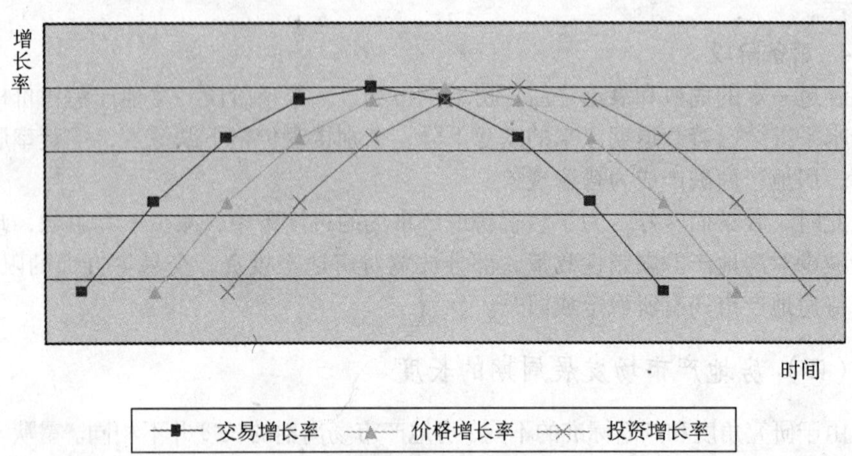

图1 房地产市场周期传导示意图

一般市场发展轨迹为：

在上升阶段，需求（交易）增加，引致价格上升，投资机会出现，投资增加，产出滞后增加，市场活跃。

在下降阶段，需求（交易）萎缩，引致价格下降，投资收益下降，投资减少。

（六）房地产市场发展周期的不利影响及防范措施

房地产市场发展周期作为一种经济现象，本身无可厚非，但它通常会带来一些负面影响，不容忽视。例如资源配置效率下降。市场波动在偏离均衡点后，会给参与者以错误的信号，造成资源配置错误。如市场繁荣时过多的资源投入，而市场萧条时资源投入不足。市场的大起大落使得需求者可能以高于正常价格的代价购得房产，而供给者在市场衰退时被迫拥有大量“烂尾楼”，造成资源浪费、效益下降。

房地产市场衰退和萧条阶段对金融和宏观经济会产生一些不利影响。现代房地产市场无论是供给还是需求对金融的依赖度都很强，还能够带动建材、钢材、家电等多个行业，在房地产市场泡沫破灭后，必然形成金融不良资产，众多相关行业需求下降，由此可能引发金融危机甚至经济危机。

为了防范由于房地产市场发展周期带来的不利影响，一般政府会在市场高涨时采取提高利率、限制信贷、增加供应量等措施，在市场低迷时采取降低利率、鼓励信贷、减少供应量等措施，目的均是减小周期中的波动幅度，拉长复苏与繁荣阶段，缩短衰退与萧条阶段，从而将不利影响降到最低。

二、上海房地产市场发展周期

上海房地产市场在改革开放以后恢复，经过 20 多年的发展，已经成为一个市场化程度比较高，交易规模大，一、二、三级市场完善的重要市场，并逐渐出现高涨—回落—高涨的周期波动现象。

（一）对上海房地产市场发展的基本判断

上海房地产市场虽然有了很大发展，但仍处于一个长周期的上升阶段，未来发展潜力很大。

第一，人均居住面积处于较低水平。根据世界银行 1991～1993 年对全球 53 个城市的调查显示，人均居住面积工业化国家为 35. 8 平方米，经济转型国家为 17. 6 平方米，所有城市平均为 13. 8 平方米。另据调查，1990 年前后巴黎人均居住面积为 28. 5 平方米，台北为 26. 1 平方米。① 2003 年上海人均居住面积为 13. 8 平方米，可见上海的居住水平仍处于比较低的层次，整体来看在过去 20 年乃至未来 10 或 20 年间上海的房地产市场都是一个增量为主的处于上升阶段的市场。

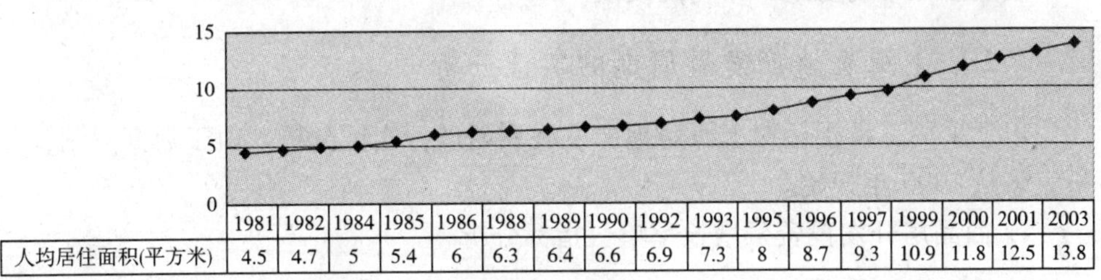

	1981	1982	1984	1985	1986	1988	1989	1990	1992	1993	1995	1996	1997	1999	2000	2001	2003
人均居住面积(平方米)	4.5	4.7	5	5.4	6	6.3	6.4	6.6	6.9	7.3	8	8.7	9.3	10.9	11.8	12.5	13.8

图 2 上海市人均居住面积增长（1981～2003 年）

第二，房地产业增加值占 GDP 的比重较低。从国外房地产发展状况看，美国、日本、英国房地产增加值占 GDP 的比重分别达到 11. 2%、12. 8%、22. 4%；美国几个经济发达的州，房地产增加值占 GDP 的比重更是高达 14%～15%。加利福尼亚州的房地产增加值高达 2090 亿美元、占 GDP 的比重为 15. 5%，纽约州房地产增加值达到 1110 亿美元，占 GDP 的比重为 13. 9%。② 而上海 2003 年房地

① 上海社会科学院房地产业研究中心：《上海居住现状与住宅建设适度规模研究》。http://www. realestate. gov. cn（中国住宅与房地产信息网）。

② 上海市房产经济学会：《上海房地产波动规律研究》。

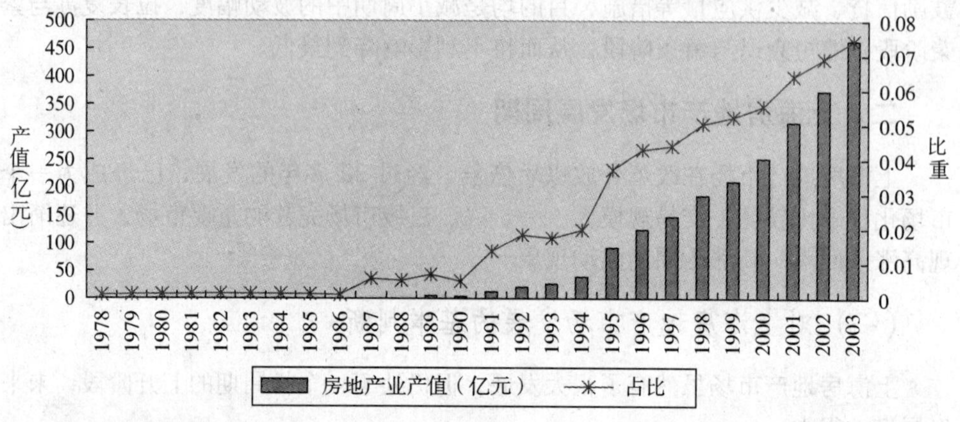

图3 上海市房地产业产值占 GDP 比重（1978~2003年）

产产值占 GDP 的比重仅为7.4%，发展空间还比较大。

第三，上海城市未来发展前景。国家已经同意了上海建设国际经济、金融、贸易、航运中心的总体规划；长江三角洲已经成为全国经济最活跃的区域之一；成功申办2010年世界博览会。这些都是未来上海城市发展的强大推动力量，城市的发展必然带动房地产市场的发展。

（二）上海房地产发展周期的实证分析

以下采用三种指标对上海房地产发展周期进行实证分析。由于数据限制，分析大多从1990年开始。

1. 商品房开发投资额增长率单一指标分析

表1 上海市固定资产投资额中房地产开发投资总额及增长率[①]

年 份	1987	1988	1989	1990	1991	1992	1993	1994	1995
房地产开发投资额（亿元）	0.97	1.68	1.85	8.16	7.59	12.71	22.04	117.43	466.2
增长率（%）	—	73.2	10.1	341.1	-7.0	67.5	73.4	432.8	297.0
三年移动平均的增长率（%）	—	—	141.5	114.7	133.9	44.6	191.2	267.7	257.0
年 份	1996	1997	1998	1999	2000	2001	2002	2003	2004
房地产开发投资额（亿元）	657.79	614.23	577.12	514.83	566.17	630.73	748.89	901.24	743.27
增长率（%）	41.1	-6.6	-6.0	-10.8	10.0	11.4	18.7	20.3	20.9
三年移动平均的增长率（%）	110.5	9.5	-7.8	-2.3	3.5	13.4	16.8	20.0	—

注：①除特别说明外，本表及后文数字均来源于上海市统计局。

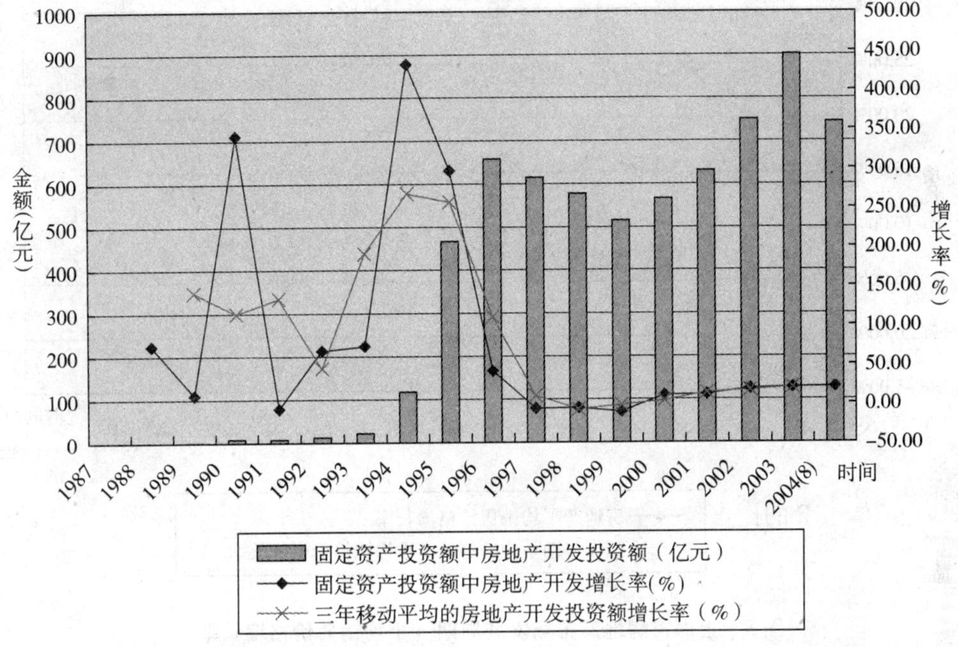

图4 上海市房地产发展周期（房地产投资增长率单一指标）

从图4可以看出，1992~1999年是一个比较完整的从上升到回落的投资增长率周期。1994年房地产开发投资额增长率达到432.8%，为历史最高，1999年则下降为-10.8%，为历史最低。2000年之后新的周期开始，但波动幅度明显减小。

2. 商品房平均销售价格增长率单一指标分析

表2 上海市商品房平均销售价格增长率

年　份	1991	1992	1993	1994	1995	1996	1997
增长率（%）	18.01	16.04	24.40	2.70	18.57	24.42	-0.03
三年移动平均增长率（%）	—	19.48	14.38	15.23	15.23	14.32	11.19
年　份	1998	1999	2000	2001	2002	2003	2004（8）
增长率（%）	9.19	-2.03	4.18	8.44	6.93	23.80	22.60
三年移动平均增长率（%）	2.38	3.78	3.53	6.52	13.06	17.78	—

从图5可以看出，除了1997年、1999年，上海市房地产平均销售价格基本上都处于上升通道中，但增长速度有所不同。1991~1997年增长较快，此后放慢，2001年之后又快速增长。如果以价格增长率来划分周期的话，可以认为1991~2000年是一个周期，2001年开始一个新的周期。

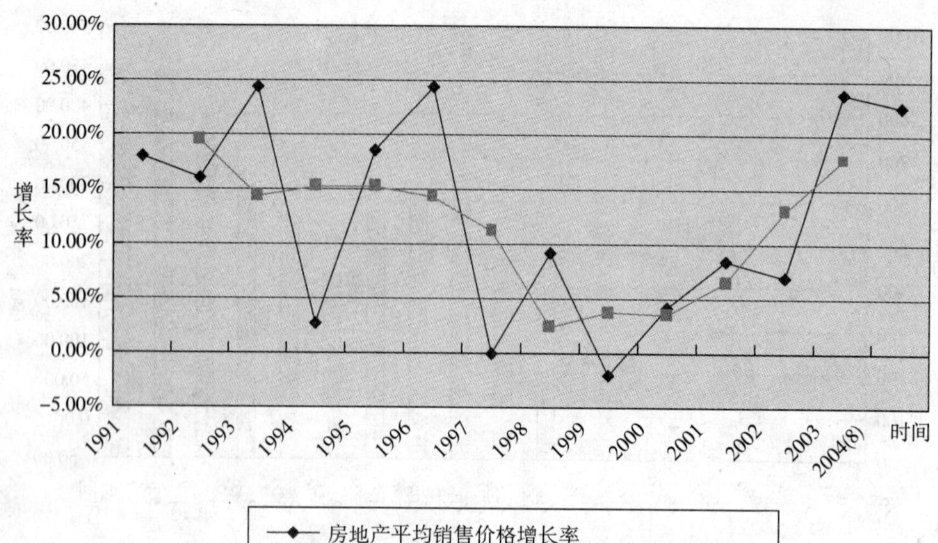

图 5 上海市房地产市场发展周期（平均销售价格增长率）

3. 房地产综合指数分析

采用以下公式计算房地产综合指数。①

房地产综合指数 = 房地产开发施工面积增长率 ×0.1 + 房地产开发竣工面积增长率 ×0.1 + 商品房开发投资总额增长率 ×0.2 + 商品房销售额增长率 ×0.4 + 商品房平均销售价格增长率 ×0.1 + 房地产业产值增长率 ×0.1

表 3 上海市房地产合成增长率指标 单位:%

	房地产业产值增长率	商品房开发投资总额增长率	房地产开发施工面积增长率	房地产开发竣工面积增长率	商品房平均销售价格增长率	商品房销售额增长率	合成增长率指数	3 年移动平均后的合成增长率
1991	225.07	-0.13	8.55	72.27	18.01	9.31	36.09	
1992	68.01	65.35	37.03	8.41	16.04	-0.79	25.70	102.57
1993	28.81	566.93	251.86	174.14	24.40	211.52	245.92	94.12
1994	48.18	40.30	-14.15	6.63	2.70	-4.15	10.74	160.18
1995	133.54	143.93	288.63	105.27	18.57	351.23	223.88	90.59
1996	36.12	58.77	18.34	72.46	24.42	25.67	37.15	91.49

① 合成增长指数计算方法引用自：中国社会科学院“房地产周期波动研究”课题组：《中国房地产周期波动：解释转移与相机政策》，载《财贸经济》，2002（7）。

续表

	房地产业产值增长率	商品房开发投资总额增长率	房地产开发施工面积增长率	房地产开发竣工面积增长率	商品房平均销售价格增长率	商品房销售额增长率	合成增长率指数	3年移动平均后的合成增长率
1997	18.71	13.41	-11.05	21.29	-0.03	19.66	13.44	28.22
1998	25.69	-14.60	1.39	6.85	9.19	81.67	34.06	17.08
1999	13.55	-8.86	-6.15	-6.18	-2.03	13.99	3.74	18.28
2000	19.56	18.65	8.66	11.92	4.18	22.17	17.03	12.81
2001	25.88	12.37	8.38	8.99	8.44	25.06	17.67	17.06
2002	17.92	22.67	14.55	10.79	6.93	17.33	16.48	22.79
2003	24.17	25.64	20.57	25.55	23.80	49.24	34.23	26.58
2004（8）	12.30	20.90	15.10	2.10	22.60	49.10	29.03	

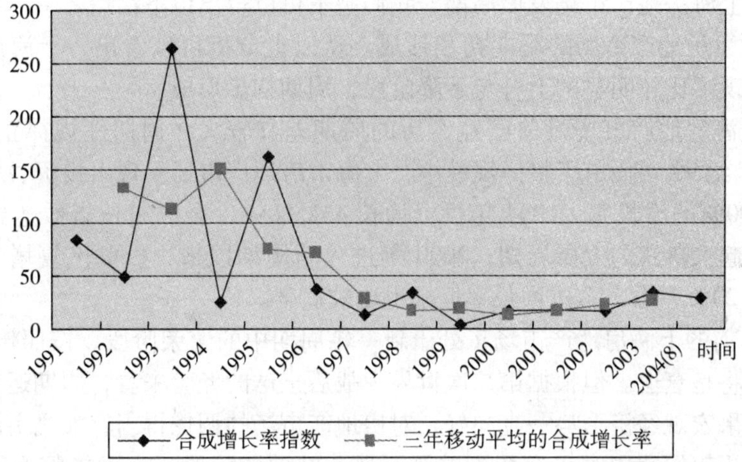

图6 上海市房地产发展周期（合成增长率指数）

从图6可以看出，上海房地产市场在20世纪90年代前半期经历了一个高涨阶段，后半期进入相对低谷，2000年之后逐渐回升，但增长速度明显比90年代前期减少。

（三）上海房地产市场发展周期的基本结论

综合上述分析，上海房地产发展可以分为以下三个周期：

第一周期（1978～1991年） 这个周期是起步阶段，随着经济改革在各行各业的逐步展开，上海房地产业从无到有，逐步发展起来。但总体规模仍比较小，年度投资额均低于10亿元。

第二周期（1992～1999年） 这个周期是一个完整意义上的周期，经历了一个大起大落的过程，大致可以分为过热和调整两个阶段。（1）过热。1992、1993年全国房地产市场都进入一个快速发展时期，上海在浦东开发的有力推动下，房地产市场迅速发展。1992～1994年3年时间，固定资产投资中的房地产开发投资就实现了从10亿元向100亿元的突破，1994年达到117.43亿元，当年增幅432.8%。（2）调整。房地产和经济过热导致了很高的通货膨胀率，1993年下半年，国家开始进行适度从紧的宏观调控，房地产业自然成为本次调控的重点。上海的房地产投资增速也开始逐渐减缓。1997、1998、1999年甚至出现了负增长。

第三周期（2000年至今） 受国家住房制度改革、商业银行开办住房抵押贷款业务等的推动，房地产业开发投资增长率开始回升，2000年恢复正增长。但比较而言，这一轮发展并没有形成类似上一轮超过100%的增幅，反映市场已经相对冷静，当然也受基数规模已经较大的影响。

关于上海房地产市场发展周期，我们基本可以得出以下结论。

1. 上海房地产市场的周期初步形成。从以上分析可以看出，上海房地产经济已经出现了比较明显的上升与下降阶段，周期初步形成。

2. 上海房地产市场目前已经经历的周期差异较大，周期性规律正在形成。例如20世纪90年代由于整体规模小，上海市房地产市场呈现出投资、施工面积等超过100%的增长率，1994年投资增长432.80%，合成增长指数达到150.3，是一个大起大落式的发展周期；2000年进入新周期以来，投资恢复增长，但始终保持在20%左右，合成增长率振幅也比较适度。

3. 目前的上海房地产市场正处于新一轮周期中的繁荣阶段。按照传统理论，繁荣之后将是衰退。但根据第二次世界大战后全球的经验来看，周期运行模式多样化。如果宏观经济形势一直向好，对房地产市场的调控得当，加之上海目前人均居住面积较发达国家仍有相当差距，处于补课的阶段，有可能将繁荣阶段拉长，或进入低速增长阶段。

（四）上海房地产市场发展周期的影响因素

目前，上海房地产市场总体来看是处于长周期中的上升阶段，但仍表现出了投资额的增减变动以及价格的增幅快慢，主要原因是：

1. 宏观经济周期

1992年以后，上海的改革开放进入一个新时期，大规模固定资产投资带动经济迅速增长，但1993年下半年开始出现过热迹象，宏观经济整顿使经济增长以及房地产开发增长放缓，之后整个经济进入一个平稳发展阶段。进入新世纪后，宏观经济出现“拐点”，进入一个新的发展阶段，与房地产发展周期基本吻合。

2. 城市建设投资

上海近年来着力城市基础设施建设，轨道交通建设、大型公共绿地建设、市政项目建设等一方面提高了房地产商品的价值，一方面产生大量动迁需求。而申博成功后，上海进入新一轮投资周期。城市建设促进了房地产供给与需求，而城市建设年度间的不均衡也易造成房地产市场的波动。

3. 政策性因素

住房制度改革。1998 年上海开始落实停止实物分房政策，长期压抑的个人住房需求被大规模释放，供给也由计划转向市场。市场被极大地激活。

税收政策。税收调控是房地产市场波动的重要影响因素。1999 年对符合一定条件的个人购买的普通住宅，销售时免征营业税；个人购买自用普通住宅，暂减半征收契税；2000 年暂停征收固定资产调节税；以及上海市一度实行的购房抵扣个人所得税等政策都对 2000 年以来的房地产市场进入新一轮繁荣发挥了积极推动作用。

金融政策。下文将详细分析。

4. 投资（投机）因素

上海房地产商品作为投资品的功能已经被充分挖掘，因此市场往往会受投资或投机因素的影响，产生超调现象。如在投资比重过高情况下，价格超过实际可承受水平，就会引起市场的回调。上海市统计局 2003 年底的一份抽样调查显示，上海市 2003 年的投资率已经达到 16%，接近国际上 20% 的警戒线。

三、上海房地产金融运行研究

（一）上海房地产金融发展回顾

上海房地产金融在房地产市场恢复后逐渐起步，伴随着房地产及金融的市场化而不断发展完善，同时也推动了房地产市场的发展。

1. 1992 年以前

1988 年，为了配合各地的房改和房地产金融业务的发展，中国建设银行成立了专门的机构，开发了房地产流动资金贷款、固定资产贷款等。但这时的房地产贷款数额小，受限多。

1990 年，上海建立住房公积金制度，随后全国开始推行房改建立住房基金，房地产金融有了自营性房地产业务和办理住房基金、住房公积金、政策性住房金融业务，运用政策性资金的闲置发放房地产贷款（即委托贷款）。

2. 1992 ~ 1999 年

（1）房地产市场上升阶段。90 年代初，全国盛行“开发区”热、圈地热，大量银行信贷资金由商业银行通过违规拆借和自办公司等用于圈地、炒地。

90年代前期，一批房地产公司通过发行股票方式筹资，上海的公司包括中华企业、兴业房产等。

（2）房地产市场过热阶段。为了抑制过热的房地产市场，1993年国家开始进行整顿并实行从紧的金融政策。中国人民银行规定专业银行的新增房地产贷款纳入当年的信用计划和固定资产投资计划，并开始清理绕规模贷款、违规拆借和商业银行自办经济实体。1993～1996年自营性开发类贷款没有新增，只能发放委托贷款维持。在资本市场方面，房地产开发公司被禁止上市。

（3）房地产衰退、萧条时期。房地产泡沫破灭使参与其中的机构包括商业银行、证券公司形成了大量坏账。

1998年，中国人民银行颁布了《个人住房贷款管理办法》，规定所有商业银行对所有购买自有普通住房的都可以发放个人住房贷款，此后个人住房贷款迅猛发展。同年央行取消了我国实行多年对商业银行的贷款规模管理，实行资产负债比例管理，房地产开发贷款突破了过去的规模限制。1999年下半年，国务院原则上同意房地产企业重新恢复上市筹资，此后北京天鸿宝业、深圳金地和南京栖霞建设等先后上市，上海没有新的房地产开发公司上市，但部分上市公司通过配股、增发、可转债等方式再次募集资金投入上海房地产市场。这些都在客观上为上海房地产市场走向复苏提供了条件。

从上面的回顾我们可以看出，在近十多年上海房地产市场发展中，宽松的金融政策往往是房地产市场复苏的先导，而在房地产市场发展到繁荣阶段，存在泡沫时，政府及金融调控和监管部门往往采用金融手段抑制市场过热。

（二）上海房地产金融运行现状

上海房地产金融从无到有，发展迅速。已经从单纯的房地产信贷发展到资本市场、信托等多个领域。金融对房地产市场发展发挥了重要作用，与此同时，房地产市场的波动对商业银行等金融机构也形成相当影响。

1. 房地产信贷①

随着房地产市场的发展壮大，房地产信贷业务规模逐渐增加。主要有以下两个特点：

（1）房地产信贷在商业银行信贷中的地位举足轻重。2004年9月末，上海商业银行自营性人民币房地产贷款余额占各项贷款余额的比重达到33.6%。

（2）房地产信贷对房地产市场的支持由单纯地支持供给，转而同时支持供

① 以下关于房地产信贷的数字来源于中国人民银行上海分行，除特别注明外，范围限于中资商业银行人民币信贷。

给和需求两个方面，后者的比重已经超过前者。上海金融机构于1998年推出住房抵押贷款，1999、2000年增长率连续超过100%，其后增长率自然产生回落(见表4)。2004年9月末，上海市中资金融机构自营性个人住房贷款余额为2293亿元，占全部房地产贷款余额的62.9%。从商业银行层面来看，由于认为个人住房抵押贷款风险小于开发企业贷款，也有意提高前者投放比重，降低后者比重。

表4 上海市个人住房贷款余额及增长率

年份	1998	1999	2000	2001	2002	2003	2004（9）
个人住房贷款余额（亿元）	77.6	159.3	344	638.8	1090.8	1765.5	2293
增长率（%）		105.3	115.9	85.7	70.7	61.8	47.5

（3）房地产融资外资化。中国人民银行上海分行2004年的一份研究报告显示，上海房地产领域外资化十分明显。如表5所示，外币贷款已经占到房地产开发贷款的相当比重，形成对本币贷款的替代。

表5 上海市房地产开发环节新增本外币贷款

单位：亿元

	新增本币贷款	新增外币贷款	外资流入	外币贷款占本外币贷款比重
2001	108.23	139.63	47.76	56.33%
2002	249.97	105.86	109.51	29.75%
2003	256.22	186.16	150.00	42.08%
2004（1~5）	107.23	43.46	72.74	28.84%

2. 房地产上市公司

利用资本市场融资，投向上海房地产市场的公司主要包括三类：

（1）上海的9家地产上市公司。例如中远发展2002年1月增发募集资金7亿元，全部投入其在上海的中远两湾项目。

（2）外地的房地产上市公司。许多全国性房地产公司如万科股份、金地集团、新湖创业在上海均有建设项目。万科2000年以来利用可转债等方式募集投向上海房地产市场的资金超过10亿元。

（3）非地产类上市公司在上海进行房地产开发。2002年10月，钢铁企业浦东不锈通过与上海三家公司实施超过8亿元的巨额关联交易，转向房地产业。

表6 上海地产类上市公司汇总[①]

上市公司代码	上市公司名称	B股代码
600641	中远发展股份有限公司	—
600648	上海外高桥保税区开发股份有限公司	900912
600833	上海第一医药股份有限公司	—
600663	上海陆家嘴金融贸易区开发股份有限公司	900932
600675	中华企业股份有限公司	—
600639	上海金桥出口加工区开发股份有限公司	900911
600603	上海兴业房产股份有限公司	—
600638	上海新黄浦置业股份有限公司	—
600634	上海海鸟企业发展股份有限公司	—

注：①本表根据上海证券交易所的分类方法，在其他分类中世茂股份（600823）等也被列入地产类上市公司。

上市公司投资于上海房地产市场，有些是利用募集资金，有些是利用自有资金，有些是通过资产置换，总体数字难以统计，但累计应该超过100亿元。

3. 房地产信托

2001年以来，《信托法》、《信托投资公司管理办法》和《信托投资公司资金信托业务管理暂行办法》先后颁布，信托投资公司以资金信托为突破口，谋求新的发展，其中部分为房地产信托。房地产信托可以采取股权投资和债权投资两种方式。例如由上海爱建信托设立的永泰花苑重大工程配套商品房项目资金信托计划就是计划将募集到的1.5亿元资金以增加注册资本的方式投资到房地产开发公司，两年后股份转让，受益人获得投资收益作为信托收益。

截至2004年9月30日，上海市信托投资公司的房地产信托余额达到65.43亿元（其中部分投向外地房地产项目），占其全部受托资产的21.86%。[①]

2004年10月18日，中国银监会公布《信托投资公司房地产信托业务管理暂行办法》（征求意见稿），向社会征求意见，征求意见稿主要有两点突破：一是对房地产信托的资金用途做了较大扩展。除可用于开发商品房项目外，还可用于土地收购及土地前期开发、整理；投资于不动产经营企业进行商业楼房及住房开发、建造；购买土地商业楼房或住宅并予以出租；以住房抵押贷款方式运用。二是取消了信托合同200份的限制。规定单个集合信托计划接受的合同份数可以不受200份的限制，但存续期限不得少于3年，最低募集金额不得少于5亿元。

① 本数据来自上海银监局。

此外，在进一步规范资金信托管理方面，还在发行备案制基础上增加了核准制，强调了要委托商业银行担任房地产信托资金的保管人，以及规定房地产信托资金的受托方、保管方和使用方不得为同一人，且相互之间不得存在关联关系。

新的房地产信托业务管理办法从促进发展和防范风险两方面对房地产信托进行了规定，将极大地推动这项业务的发展，房地产信托将成为房地产金融的重要内容。

4. 房地产基金

即以房地产作为主要资金用途的基金产品。2003 年 9 月国内第一只房地产基金“精瑞基金”正式发布。由于我国的《产业基金法》尚未出台，该基金仍是以投资公司的方式运作，采取私募的方式募集中国香港、台湾地区和德国等地的资金进行经营。应当指出的是，《信托投资公司房地产信托业务管理暂行办法》（征求意见稿）中的突破实际上使房地产信托业务具有了一定的产业基金特征：一是扩大了基金的规模；二是降低了单份信托产品的数额。

（三）近阶段对房地产金融的宏观调控措施及效果

房地产市场的持续快速发展，金融调控与监管部门意识到必须切实防范由房地产市场波动造成的金融风险。早在 2001 年中国人民银行就发出《关于规范住房金融业务的通知》，强调加强开发贷款的管理，要求贷款四证齐全、企业自有资金不低于 30%，强化个人住房贷款管理，严禁发放零首付，提出期房的按揭规定。但当时整体的市场氛围是较为宽松的。

2003 年 6 月颁布的《中国人民银行关于进一步加强房地产信贷业务管理的通知》（121 号文件）规定房地产开发企业申请银行贷款，其自有资金（指所有者权益）应不低于开发项目总投资的 30%，对购买高档房、第二套房的消费贷款不再按比同期同档次贷款利率优惠的水平执行。2004 年 2 月 26 日中国银监会发布了《商业银行房地产贷款风险管理指引》（征求意见稿）突出要求商业银行加强对房地产信贷风险的防范。

2003 年以来，中国人民银行先后对存款准备金率进行调整，并于 2004 年 10 月 29 日提高商业银行存贷款利率。这些措施也能发挥一定的提高房地产投资成本、抑制房地产投资（投机）的效果。

目前来看，这些调控措施在上海发挥了一定效果，但未达到预定目标。主要表现在房地产贷款增速放缓，但在全部贷款中的比重继续上升。2004 年 9 月末，上海市金融机构自营性房地产贷款余额同比增长 33.9%，增幅较上年同期回落 21.4 个百分点。但这是在国家进行宏观调控，几乎所有贷款增速都下降的情况下实现的。房地产贷款在全部贷款中的比重由 2003 年底的 29.6% 上升到

33.6%。

出现这一情况的原因一是由于缺乏实施细则，部分政策没有完全落实，如上海市高价房的标准始终没有明确，商业银行无法实施121号文件中的相关要求；二是本次加息幅度小，而且政策出台不久，效应还未完全显现。

综合以上分析，房地产市场决定房地产金融，房地产供给与需求的规模决定了房地产金融的投向与规模。上海房地产金融适应房地产市场的发展与需要而发展，从无到有，形式越来越多，范围渐广。同时，房地产金融又对房地产有积极的反作用，对房地产市场的发展变化起到乘数放大效应，因此若金融政策失当，会危及房地产业乃至整个经济与金融。房地产金融已经成为金融的重要组成部分，房地产金融既是商业银行、信托投资公司新的主要利润增长点之一，又是风险的主要集聚点之一。一旦房地产市场发生重大波动，对金融机构的冲击可想而知。

四、上海房地产市场发展周期与金融运行关系的研究

（一）房地产市场发展周期不同阶段与金融运行的关系

房地产是资金密集型产业，房地产市场与金融运行相互作用、关系密切。房地产发展周期与金融运行也发生密切联系，房地产市场发展周期不同阶段与金融运行的关系是不同的。

1. 复苏阶段

这一阶段的主要特征是受到包括金融因素在内的各种因素共同推动而导致的需求增加，例如日本20世纪80年代地产泡沫成因中很重要的因素就是长期的超低贴现率的诱导，以及当时的金融自由化推动新金融资产规模的迅速扩大，使大量资金源源不断地流向土地和股票等资产。促使房地产市场复苏的金融因素包括：

（1）宽松的货币政策。如长期的低利率会刺激房地产投资。

（2）放松管制和金融自由化。美国、欧洲等国家在20世纪七八十年代金融自由化后，融资渠道多元化与融资便利均推动了房地产市场的繁荣。

（3）金融全球化，外资流入。例如伯特兰·雷诺（Bertrand Renaud，1995）对1985~1994年的全球性房地产周期进行分析，认为国际原因是金融市场的全球化，其中最主要的引致渠道是日本房地产泡沫-日元流向全球-全球房地产泡沫。

（4）金融创新。如我国开办住房抵押贷款后，使居民需求转变为有效需求，对于新一轮房地产周期的开始起到了推波助澜的作用。

与此同时，复苏阶段虽然市场需求增加，但供给不足，因此前一个周期的积压房产和金融不良资产被消化，房地产金融业务开始增加。

2. 繁荣阶段

这一阶段房地产市场需求、供给同时增加，价格上涨。房地产开发商、建筑商通过融资扩大建设规模；购房者通过融资扩大投资规模；由于价格上涨，以房地产商品作为抵押的借贷也受到欢迎；房地产金融在金融体系中的比重上升。此外，由房地产业带动的建材、家电等相关行业效益上升，也对宏观经济和金融产生有力推动。

3. 衰退阶段

这一阶段房地产市场供给大量增加，需求下降，价格停止上涨甚至下跌。供给增加是前期金融支持的结果，需求却可能是由于当期的金融条件改变，包括：货币政策紧缩，如提高利率、收缩信贷、资本外流等。

4. 萧条阶段

这一阶段房地产市场供大于求，产品积压，价格下跌。部分投入房地产市场的信贷资金、直接投资风险暴露，以房产为抵押的借贷也受到影响。我国在20世纪90年代地产泡沫破灭后银行形成了大量不良资产，有些至今仍难以解决。严重时甚至会引发金融危机，影响金融稳定。例如东南亚各国在前一时期过量的房地产投资（投机）给以后的金融危机埋下了隐患。金融机构对房地产金融变得谨慎。

此外，由于房地产市场带动作用消失，建材等相关行业经营效益下降，对宏观经济与金融也产生不利影响。

（二）上海房地产发展周期与经济金融指标相关关系分析

下面主要利用前文中的房地产综合指数，与经济、金融指标进行相关分析。

1. 与GDP相关关系分析

从图7可以看出，尽管房地产综合指数波动幅度比较大，但其与GDP增长率的趋势却基本一致，20世纪90年代前期较高，后期走低，本世纪后进入一个新的增长阶段。进行相关分析，它们的相关系数达到0.899。

2. 与消费物价指数相关关系分析

从图8可以看出，上海市房地产发展综合指数与居民消费物价涨幅在20世纪变化趋势比较一致，近年来逐渐背离。经过相关分析，1992～1997年两者的相关关系为0.703，而1998年以后则变为-0.580。反映房地产商品的投资品属性逐渐显现，甚至开始向与一般消费品价格走势相反的方向发展。

这也可以从另一个角度解释为什么近年来货币供应量增大，而居民消费物价上涨幅度不大的现象，房地产商品价格涨幅大，吸收了部分货币，但其价格指数未被统计入消费物价指数。

3. 与存贷款规模相关关系分析

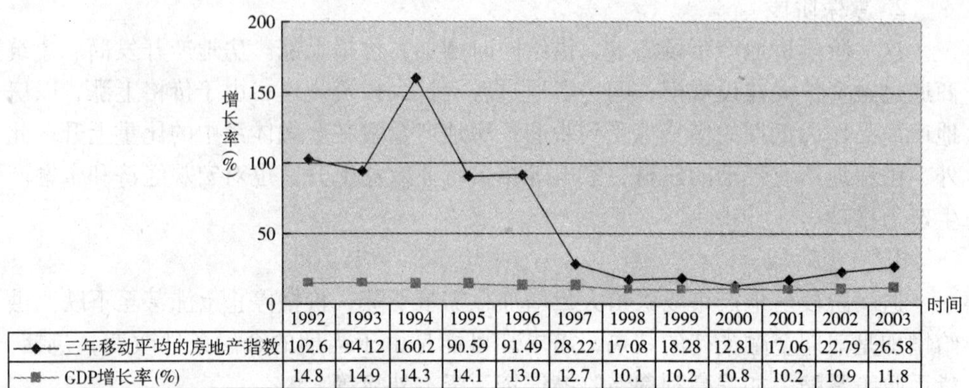

	1992	1993	1994	1995	1996	1997	1998	1999	2000	2001	2002	2003
三年移动平均的房地产指数	102.6	94.12	160.2	90.59	91.49	28.22	17.08	18.28	12.81	17.06	22.79	26.58
GDP增长率(%)	14.8	14.9	14.3	14.1	13.0	12.7	10.1	10.2	10.8	10.2	10.9	11.8

图 7 上海市房地产综合指数与 GDP 增长率

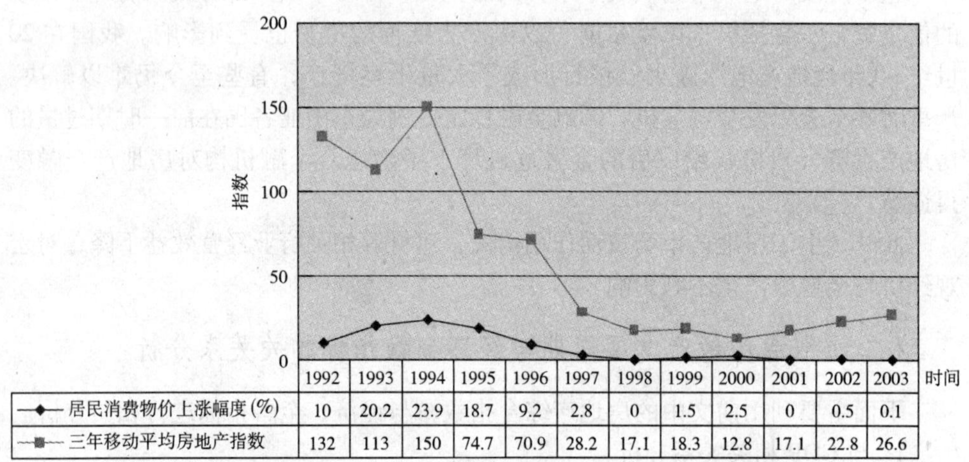

	1992	1993	1994	1995	1996	1997	1998	1999	2000	2001	2002	2003
居民消费物价上涨幅度(%)	10	20.2	23.9	18.7	9.2	2.8	0	1.5	2.5	0	0.5	0.1
三年移动平均房地产指数	132	113	150	74.7	70.9	28.2	17.1	18.3	12.8	17.1	22.8	26.6

图 8 上海市房地产综合指数与居民消费物价指数

从图 9 可以看出，虽然房地产市场大幅波动，上海市房地产市场发展综合指数与存款、贷款、储蓄存款增长率的变化趋势仍比较相似。经做相关分析，房地产市场发展综合指数与存款、贷款、储蓄存款增长率相关系数分别为 0.881、0.748、0.829，反映房地产市场周期波动受社会资金量的影响较大。进一步做回归分析发现，银行存款每增长 1%，房地产综合指数就上涨 3.8。

4. 与房地产信贷相关关系分析①

① 本部分数字来源于中国人民银行上海分行，由于条件限制，只能取得 1998 年以来中资商业银行的本币房地产信贷统计数字。

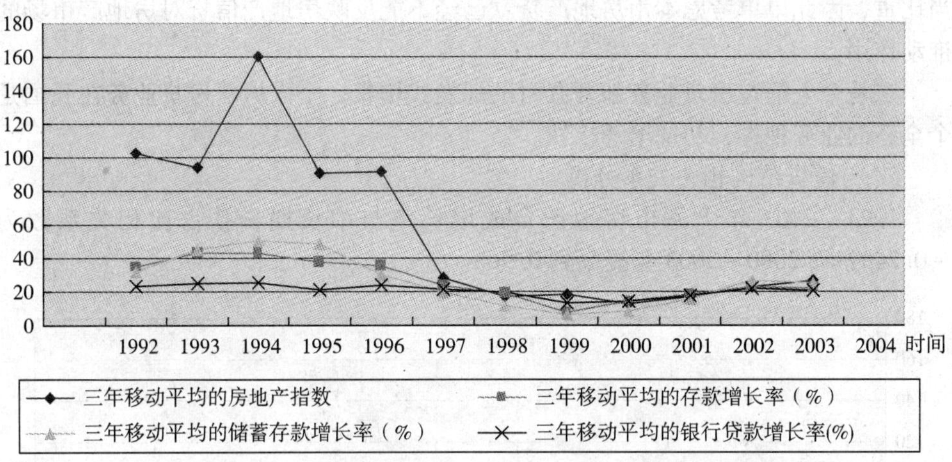

图 9　上海市房地产综合指数与金融机构存款余额、贷款余额、储蓄存款余额增长率

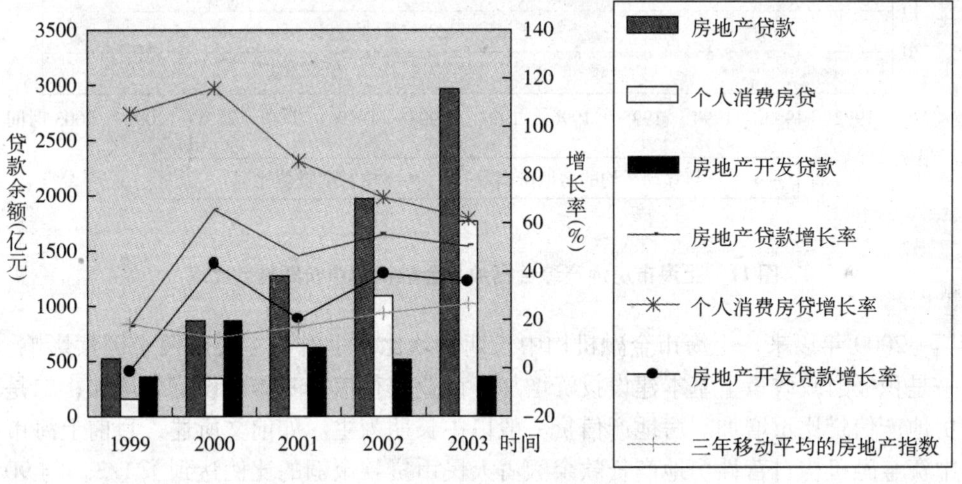

图 10　上海市房地产综合指数与房地产信贷增长率

如图 10 所示，上海市房地产综合指数与中资商业银行房地产信贷相关关系并不明显。1998～2003 年房地产合成增长指数与房地产贷款、个人消费房贷、房地产开发贷款余额的相关关系分别为 0.849、0.856、0.832，与其增长率相关系数分别为 -0.094、-0.919、0.118。显示房地产信贷是房地产市场发展的重要支撑，但房地产信贷变化趋势与房地产市场变化趋势却不尽相同。出现这种情况的主要原因：

一是房地产融资的外资化。如前文所述，外币贷款已经占到房地产贷款的相当比重，因此单单考虑本币房地产贷款已经不能反映房地产信贷对房地产市场的推动作用。

二是个人消费房贷业务新开办时的爆发式增长。个人消费房贷业务在我国是个全新的业务种类，初期增速极快。

5. 与信贷结构相关关系分析

1993~2003 年上海市房地产合成增长率与中长期贷款占比相关系数为 -0.249，而2000~2003 年提高到0.966。

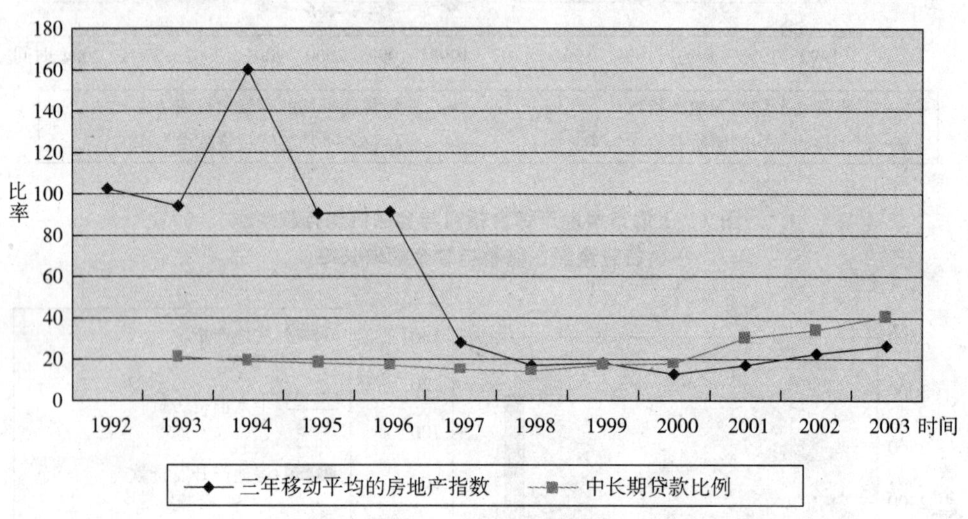

图 11 上海市房地产综合指数与金融机构中长期贷款比率

2000 年以来，上海市金融机构中长期贷款比重上升。主要受两个因素影响。一是积极财政政策下基本建设投资增加，商业银行信贷基本建设贷款增加；二是房地产信贷比重增加。房地产信贷一般以中长期为主。如前文所述，目前上海市中资金融机构自营性房地产贷款余额占人民币贷款余额的比例达到了 1/3。与 90 年代初银行信贷资金变相投入房地产市场不同，此时的房地产信贷被认为是商业银行的正常与优质资产，因此被正常记录。

随着市场的发展，房地产企业资金需求规模扩大，而资金来源渠道少，上海市房地产开发资金高度依赖银行信贷。2004 年 1~8 月，全市房地产开发建设共到位资金 1140.61 亿元，其中以定金及预收款为主体的其他资金占比 51.8%；其次是国内贷款 275.98 亿元，占 24.2%；自筹资金 265.19 亿元，占 23.2%。按照定金及预收款 70% 来自银行计算，上海房地产开发资金至少有 60.46% 来自银行贷款。

6. 与房地产信贷不良贷款率相关关系分析

表7　上海市房地产贷款质量

年份	自营性房地产贷款余额（亿元）	自营性房地产贷款中“一逾两呆”贷款余额（亿元）	不良贷款比率（%）
2000	865.98	86.22	10.00
2001	1269.17	84.73	6.68
2002	1971.10	68.25	3.46
2003	2962.40	55.38	1.87
2004（9）	3645	64.15	1.76①

注：①2004年9月开始采用五级分类方法计算贷款质量。

从表7可以看出，随着房地产市场的复苏与繁荣，房地产信贷中的不良贷款余额和占比均下降，反映房地产市场的繁荣对于提高商业银行资产质量起到较好效果。但2004年以来绝对值有所上升，值得警惕。

7. 与利率相关关系分析

1992~2003年上海市房地产市场综合指数与名义利率之间正相关，相关系数为0.893，与实际利率（名义利率－居民消费价格指数）的相关系数为－0.851，反映房地产市场对实际利率变动相当敏感。参见图12。

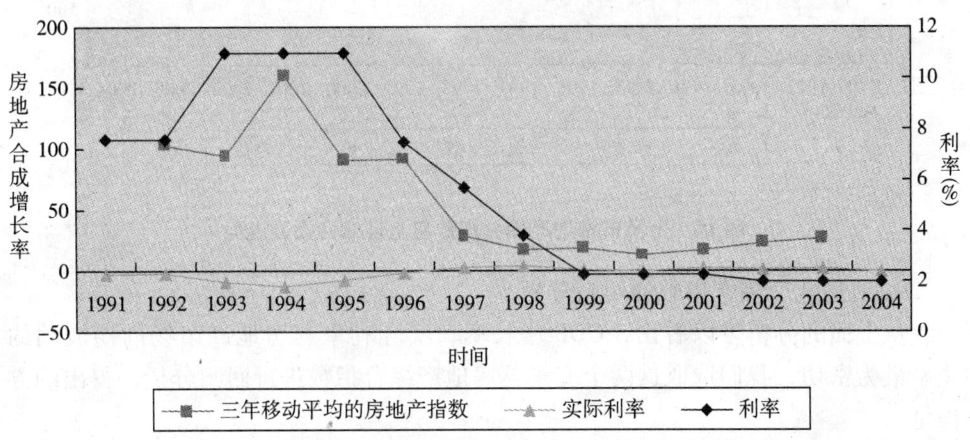

图12　上海市房地产综合指数与利率走势

8. 与股票市场相关关系分析

上海市房地产综合指数与上海证券交易所股票成交增长率相关系数为0.812，与上证指数相关系数为0.166。这反映我国的股票市场与房地产市场资金流动未形成此消彼涨的局面，相关关系还不明显。参见图13、图14。

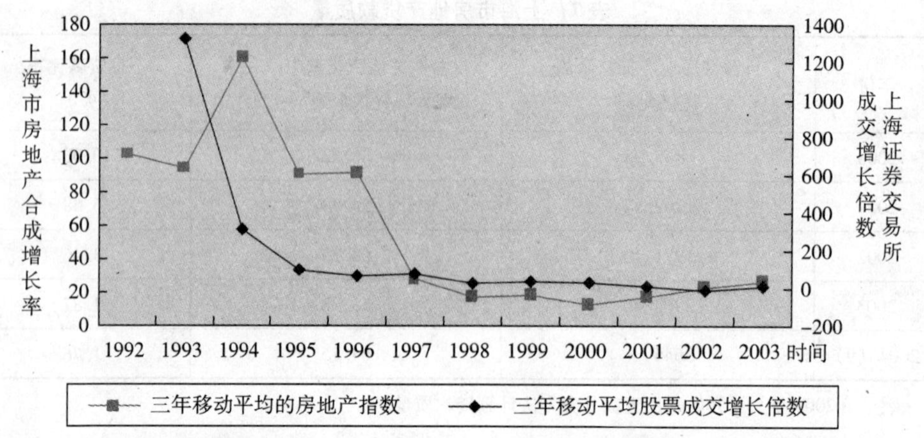

图 13　上海市房地产综合指数与上海证券交易所股票成交增长率

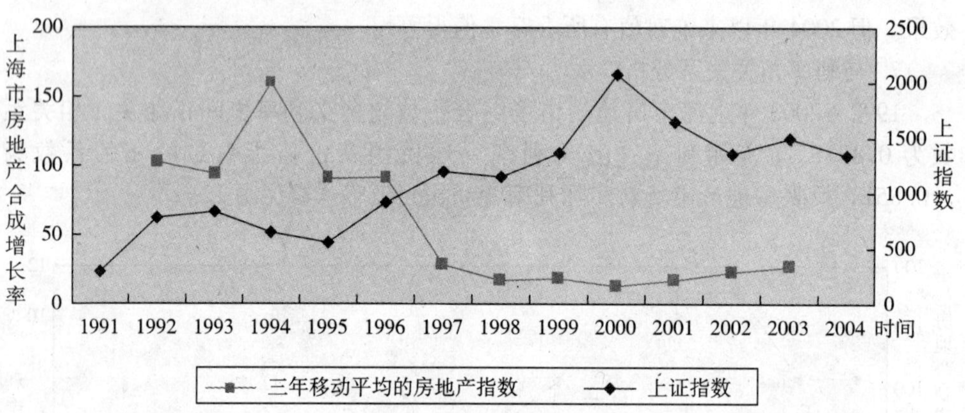

图 14　上海市房地产综合指数与上证综合指数走势

9. 对房地产综合指数的回归分析

从上面的分析可以看出，GDP 增长率、实际利率与房地产市场周期波动的关系最为密切，我们选取这两个变量与房地产综合指数进行回归分析，得出的方程是

$$REI = -145.92 - 3.56r + 15.96\,\Delta GDP$$

$$(-2.36)\qquad(-1.95)\qquad(3.07)$$

$$R^2 = 0.87$$

其中，REI：上海房地产市场综合指数，r：实际利率，ΔGDP：GDP 增长率。

从中可以看出，房地产市场发展受宏观经济与金融（以实际利率为代表）

影响明显。GDP 每增长 1 个百分点，就可以使房地产综合指数增长 15.96，而利率每提高 1%，就会使房地产综合指数降低 3.56。在当前的市场发展模式下，GDP 增长必须保持相当速度，才能支撑房地产市场的发展。

10. 相关关系总结

（1）上海房地产市场发展周期与金融运行的相关关系越来越密切。

（2）房地产市场对实际利率敏感，反映房地产商品具有投资品的性质，价格杠杆对房地产市场调控作用明显。

（3）目前房地产供、需双方基本都是长期信贷，而由此引致的上海市商业银行信贷结构失衡值得关注。

（4）上海市房地产市场外资化程度加深。外资已经成为上海房地产市场的主要资金来源之一，其中含有部分预期人民币升值的游资，房地产市场风险及由此引致的金融风险加大。

（5）上海房地产市场发展与银行信贷相关程度比较高，与股票市场资金还未形成此消彼涨的格局，反映由于目前的房地产金融产品还比较匮乏，房地产业对银行信贷高度依赖。

（6）信贷政策、利率等对房地产市场发展周期的影响在持续加大，中央银行可以利用各种货币政策工具进行调控和引导。

（三）上海房地产市场发展周期与金融运行关系的综合分析

金融因素在上海房地产市场发展周期中发挥着重要作用。一方面，宽松的金融环境往往是上海房地产市场走向繁荣的先兆。例如 20 世纪 90 年代初商业银行的商业化改革刚刚开始，包括银行信贷的社会资金被放松管制，资金的逐利性使其流入房地产等流域，形成了当时的房地产开发高潮。而 90 年代末以来利率逐渐走低，商业银行可以发放个人住房消费贷款，中央银行取消对商业银行的信贷规模管理，则成为近年来房地产市场高涨的直接原因。另一方面，在房地产市场高涨时，政府或者金融调控与监管部门会利用金融手段调控房地产市场。20 世纪 90 年代前期与中期，中央银行采取直接的信贷管制措施，房地产公司不允许新发上市，抑制资金流向房地产领域。近年来随着房地产市场的再次高涨，中央银行多次窗口指导，或发布信贷指引要求金融机构防范房地产信贷风险。

与此同时，房地产市场发展周期对金融运行也形成了较大影响。一方面，房地产市场高涨时，房地产金融火爆，房地产信贷在信贷中的比重上升，信贷结构中以房地产信贷为主要组成部分的中长期贷款比重上升，房地产上市公司融资活跃，房地产信托、基金等方式也受到鼓励。另一方面，房地产市场衰退时，房地产金融受到抑制，由房地产泡沫破裂形成的金融不良资产增加。

五、对策建议

房地产市场发展周期与金融运行关系密切，因此金融机构与调控监管部门必须密切跟踪、科学分析上海市房地产市场的发展周期，服务于经济金融决策。首先是研究周期。包括研究周期的一般性规律与特殊性规律。经济周期有一定的规律可循，周期发展中的市场各种指标相关关系具有可循环性，研究周期的一般性规律是做好长期预测与决策的基础。市场发展中的每一个周期又具有其特殊性，因此必须结合当时房地产市场发展的各种内、外因素，科学判断目前处于周期的哪一个阶段，这一阶段预计还能持续多长时间，对经济金融的影响如何，并据此做出反应。其次是利用周期。金融相关部门应利用房地产市场发展的周期，抓住机遇，推动改革。在改革时机和改革措施的选用上，对房地产市场所处阶段进行考察，避免在房地产市场已经过热时火上浇油，使泡沫破灭时造成的危害加深。最后是影响周期。周期不可改变，但周期的长度、周期的波幅可以改变。因此政府部门、房地产业、金融部门应研究如何拉长周期、缩小波幅，使这个市场尽量平稳发展，避免对金融、经济产生过于激烈的作用。金融机构应时刻保持清醒头脑，在市场出现极端情况时及时采取反周期策略。金融调控与监管机构应随时监测市场，采取措施防范可能的风险。

（一）建立房地产市场发展周期监测预警体系

为了防范可能的风险，政府、房地产业、房地产金融的相关部门都应主动及时收集市场信息，建立房地产市场周期发展预警机制。经过长期的数据跟踪，建立相关模型，对重要指标设置警戒线，制订相关应对方案。预警机制监测、分析的范围包括：

1. 宏观经济指标

房地产市场发展周期与宏观经济高度相关，包括 GDP 增长率、居民消费物价增长率、固定资产投资增长率、居民可支配收入增长率等。

2. 房地产市场指标

投资、价格、销售面积、空置率、人均居住面积、房地产业增加值占 GDP 的比重等。

3. 金融指标

金融支持是房地产市场发展的支持力量，相关指标包括基准利率、市场利率、平均利率（商业银行自主决定利率后利率水平会出现差异）、汇率、存款规模、贷款规模、不良贷款率、房地产信贷规模、房地产贷款成数、股票价格指数、股票成交量等。

（二）丰富金融调控工具，提高金融调控水平

我国金融改革的方向实质上是在逐渐放松管制，金融体系再不是以往四大国有商业银行垄断，人民银行规模控制的时代。正在发生的变革包括融资渠道多元化，融资主体多元化等。因此不能再沿袭过去的经营或监管模式，应适应情况的变化，建立真正面向市场的新模式。在房地产市场金融调控中可以采用：

1. 利率调控手段

根据前面的分析，房地产市场对利率反应敏感，因此中央银行可以利用利率手段对房地产市场进行影响。但制订方案时必须慎重，因为如果利率调控幅度过大，市场就会发生过度反应以及系列不良后果。具体利率工具包括对利率水平的全面调整和差别化利率工具。目前应切实落实121号文件，对于购买高档房、多套房贷款不再实行优惠利率政策，充分利用资金价格杠杆作用，增加投资（投机）成本。同时对中低价位自住房、经济适用房贷款继续实施优惠利率，满足居民改善居住的需求。

2. 选择性货币政策工具

选择性货币政策工具是中央银行对商业银行等金融机构办理房地产抵押贷款时的管理措施，比利率政策更灵活。它主要包括规定对金融机构的房地产贷款的最高限额，贷款的最长期限，首期付款、分期付款和分摊还款的最低金额以及“商业银行不得向房地产开发企业发放用于缴交土地出让金的贷款”、“只能对购买主体结构已封顶住房的个人发放个人住房贷款”等其他特殊条款。实施选择性货币政策工具的目的有些时候是促进房地产信贷，活跃市场，但更多情况下是抑制房地产投机，降低金融机构的资产风险。目前阶段上海房地产市场需求旺盛，可灵活选择抑制需求的政策。

（三）持续实施金融改革，提高商业银行等金融机构经营水平

提高商业银行利率管理水平，包括两个方面。一是商业银行应提高应对中央银行利率调控的水平。金融调控的渠道包括总量调控与价格调控。传统上，我国多采用总量调控方式。随着金融改革的深化，今后价格调控杠杆的地位将提高。因此商业银行应努力提高应对水平。二是商业银行的自主定价水平。2004年10月29日开始，商业银行的贷款利率不再有上限，存款利率不再有下限，商业银行应主动适应利率市场化改革，发挥价格杠杆作用，扩大收益，降低风险。

鼓励商业银行、信托投资公司完善房地产金融各项业务管理规则，主动防范和化解风险。金融市场化改革之后，商业银行等金融机构业务自主权增加，造成了各个机构业务控制能力、风险防范不一。例如，目前上海在个人住房消费贷款

方面的执行标准就各不相同，这本身是符合市场化改革的目的的，但同时也要鼓励商业银行之间互相交流，共同提高经营管理水平。

（四）培育完善的市场体系，防范和化解风险

1. 建立多元化房地产金融体系

由于融资渠道少，房地产市场过度依赖信贷资金。中长期贷款比重上升，而同期平均存款期限却在下降，使商业银行资金期限结构不匹配，容易形成流动性风险。因此，必须丰富房地产金融品种，引导房地产业通过股票、债券、信托等形式融资，降低商业银行风险。

房地产金融多元化主要包括：融资形式多元化，房地产企业主要融资渠道有发行股票、发行债券、房地产基金、银行贷款、其他融资机构贷款、合作开发、房地产辛迪加、房地产信托、租赁融资、回租融资等。融资机构多元化，除了商业银行以外，还可以组建房地产保险公司、房地产抵押公司、房地产投资基金管理公司、房地产财务公司等。

2. 住房抵押贷款证券化

住房抵押贷款证券化是改善商业银行资产结构的有效方法。目前住房抵押贷款仍是商业银行的优质资产，但由于房地产周期发展的规律性，市场终将发生变化，届时商业银行的潜在风险将转化为现实风险。而且抵押贷款的长期性也影响了商业银行的资产负债期限结构，存在流动性风险。因此应该未雨绸缪，采用抵押贷款证券化方式，拓宽贷款机构的资金来源，增强银行资产的流动性，改善银行资产负债期限结构，分散抵押贷款的风险。通过证券化，贷款机构还可以发放更多的抵押贷款，满足购房者融通资金的需要。由此形成良性循环，即贷款机构由于安全性的保证而愿意多贷出资金、购房者由于辅助资金的增加而能够多购买住房、社会总需求由于房地产的拉动而得到明显的增长，房地产市场与金融运行都从中得益。

（五）稳步推进金融开放

金融开放过程中国外流入的资金极容易涌入房地产行业，形成房地产泡沫，加速房地产周期的进程。例如在 20 世纪 80 年代的日本和 90 年代中后期的东南亚国家房地产市场颠峰时期的投资者很大部分来自国外，国际资本的流动性本来就强于国内资本，获利后自然产生变现需求。迅速、大量的资金外流，对国内经济金融构成极大压力。

我国正在实施金融对外开放。上海市由境外流入投向房地产领域的资金也已经达到相当数额，房地产投资中的“外资化”现象十分明显。由此带来的主要潜在问题是：第一，由于我国市场经济还不完善，宏观调控经常采用行政等非经

济手段，而外资由于充分的市场化，难以受到行政性宏观调控手段的影响，因此外资比重大会影响宏观调控效力的发挥。第二，外资大量流出流入，在市场繁荣时扩大投资规模，在市场衰退时，加速资本撤除，由此增加房地产市场周期发展中的不稳定性，并可能引致金融风险和经济风险。

防范在这一过程中的房地产市场风险以及由此引致的金融风险刻不容缓。因此，必须协调、稳步推进金融开放，避免重蹈国外覆辙。

1. 谨慎推进资本项目开放

在资本项目逐渐开放的情况下，外资流出入将更加方便，对包括房地产市场在内的国民经济影响更大。因此，必须建立有效的外资监控体系，确保流入资金可测、可控。（1）可测。在上海这种开放度比较高的城市，统一内外资信贷统计，综合考虑本外币信贷的影响。（2）可控。监控流入房地产市场等领域的资金，建立预警体系。确保在房地产周期发展到一定程度时，严格控制流入资金的规模，防止发生资金一旦撤离，泡沫崩溃的现象。

2. 谨慎推进汇率体制改革

在外资已经在包括房地产市场在内的国民经济中占有相当比重的情况下，一次性大幅度改变汇率，势必引致大量外资流出，危及房地产市场乃至国民经济的安全。因此应从国民经济安全、稳定的角度，谨慎推进汇率改革。

参考文献

1. Ronald W. Kaiser, *The Long Cycle in Real Estate*, *Presented to the American Real Estate Society Conference*, April 18, 1997.

2. Bertrand Renaud, *The* 1985 - 1994 *Global Real Estate Cycle*: *Its Causes and Consequences*, *The World Bank Working Paper* 1452, May 1995.

3. 谭刚：《房地产周期波动——理论、实证与政策分析》，经济管理出版社，2001。

4. 刘恒：《当代中国经济周期波动及形成机理研究》，西南财经大学出版社，2003。

5. 中国社会科学院“房地产周期波动研究”课题组：《中国房地产周期波动：解释转移与相机政策》，载《财贸经济》，2002（7）。

6. 张元端：《房地产周期波动规律再探》，载《上海房地产》，2002（4）。

7. 上海社会科学院房地产业研究中心：《上海居住现状与住宅建设适度规模研究》，http://www.realestate.gov.cn（中国住宅与房地产信息网）。

8. 中国人民银行上海分行课题组：《上海市房地产行业融资外资化程度及其影响》，载《上海金融》，2004（11）。

9. 上海市房产经济学会：《上海房地产波动规律研究》。

中国农村金融改革跟踪研究[①]

中国人民银行研究局课题组

课题主持人：汪小亚

主要参与者：周诚君　邹平座　陈　彬

中国农村金融改革不仅是解决好“三农”问题的重要条件，也是确保中国经济持续稳定健康发展的关键要素。目前农村信用社改革试点、邮政储蓄制度调整、农业发展银行职能转换以及国有商业银行改革对农村金融的影响等一系列问题都反映出中国农村金融改革不能仅限于局部的修修补补，更重要的是根据新的形势和要求对整个农村金融体系进行新的谋划布局。

一、以2003年为截面的中国农村金融现状

1979年以来，农村金融体制改革大致经历了三个阶段。第一阶段（1979～1993年）主要是恢复和成立新的金融机构，形成农村金融市场组织的多元化和竞争状态。如1979年恢复中国农业银行；农村信用合作社重新恢复了名义上的合作金融组织地位；允许民间自由借贷和成立民间合作金融组织；允许多种融资方式并存。第二个阶段（1994～1996年）提出了要建立一个能够为农业和农村经济发展提供及时、有效服务的金融体系。一是1994年成立中国农业发展银行，将政策性金融业务从中国农业银行和农村信用合作社业务中剥离出来。二是加快了中国农业银行商业化的步伐，包括全面推行经营目标责任制，对信贷资金进行规模经营，集中管理贷款的审批权限等。三是继续强调农村信用社商业化改革。农村信用合作社不再受中国农业银行管理，农村信用社的业务管理，改由县联社负责；而对农村信用社的金融监督管理，则由中国人民银行直接承担。四是1996年《国务院关于农村金融体制改革的决定》中进一步明确，农村金融体制改革的指导思想是建立和完善以合作金融为基础，商业性金融、政策性金融分工协作的农村金融体系；进一步提高农村金融服务水平。第三个阶段（1997～2002

---

① 本报告还吸收了中国人民银行金融研究所尹红春“中国农村金融问题研究”，中国人民银行南京分行金融研究处赵以邗、傅进的“江苏省农村信用社改革成效分析与研究”，中国人民银行贵阳中心支行孙涌等的“关于贵州省农村信用社改革试点资金支持有关情况的汇报”等研究成果。

年）在继续深化金融体制改革的同时，强调对金融风险的控制。国有商业银行开始推行贷款责任制，并逐渐收缩县及县以下分支机构。1999年在全国范围内撤销农村信用合作基金会，并对其进行清算，打击各种金融违规行为。

经过近20多年的农村金融改革与发展，我国形成了包括商业性农村金融、合作性农村金融和政策性农村金融的农村金融组织体系（如图1）。这一体系以正规金融机构为主导、以农村信用合作社为核心，以部分民间金融为补充，在我国农业、农村和农民的改革和发展过程中发挥了积极的作用。

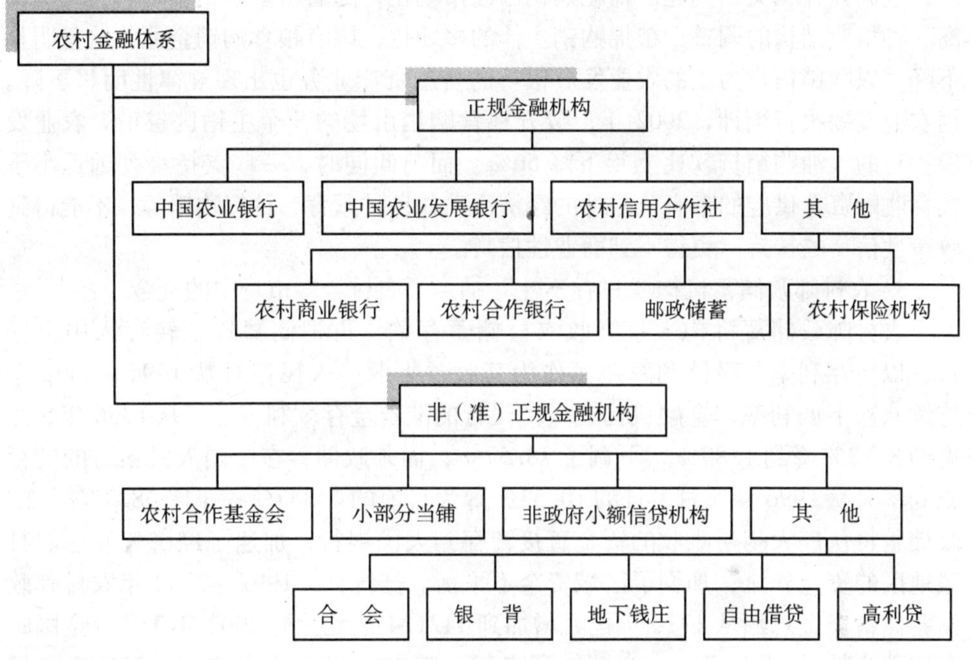

图1　中国农村金融体系构成概览

以2003年为截面的农村金融的现状呈现三大特点。

（一）农村正规金融机构收缩，非正规金融行为盛行

1. 四大国有商业银行收缩县和县以下的分支机构

1998～2002年初，包括农行在内的四大国有商业银行共撤并3.1万个县及县以下机构。仅2002年，中国农业银行就减少支行及其以下机构5043个，减少12.43%。中国农业银行在农村金融市场上举足轻重，是四大国有商业银行中分支机构数量最多的一个银行，其分支机构几乎遍布中国所有的乡镇。1994年以后一部分政策性贷款业务，如主要农副产品收购贷款、扶贫贷款、农业综合开发贷款等政策性贷款被划转到中国农业发展银行。1997年后农行的经营战略也日

益强调以利润为核心，商业化改革直接影响到了农行向农业和农村经济提供融资服务的积极性，贷款权的上收，使其很多分支机构只存不贷，尽管农业银行在农村金融市场中存、贷款余额仍占半壁江山，但贷款余额的占比已从1989年的73.6%下降到2001年45.3%（徐忠，2003）。[①]

2. 中国农业发展银行政策性支农作用十分有限

1998年以来，中国农业发展银行实际上仅是单纯的粮棉收购贷款银行，业务仅限于支持粮棉流通，根本无法充分发挥支农作用。即使在支持粮棉流通方面，也同样存在突出问题。棉花购销已经市场化，随着粮食购销市场化程度的提高、种植业结构的调整、粮棉购销主体的多元化，国有粮食购销企业收购量明显下降，以购销信贷为主的农业发展银行的贷款资产业务也出现规律性明显下降。据农业发展银行统计，2002年，放开粮食购销市场的8个主销区省份，农业发展银行的粮油购销贷款比上年下降56%。而与此同时，一些支持难度远远小于粮食收购资金供应的带有公益性的经济活动如良种繁育、种籽购销等，不能得到政策性信贷的扶持，更得不到商业性信贷。

3. 农村邮政储蓄机构“只吞不吐”抽走了农村金融市场中的资金

农村邮政储蓄机构大量吸收农村储蓄存款，再把储蓄资金转存入中央银行，以转存利率与吸储利率差额作为其收益来源。人民银行从1996~2002年连续八次下调利率，金融机构在人民银行的准备金存款利率已经从1996年5月份的8.82%降到1.89%，下调了78.57%，而邮政储蓄在中国人民银行的转存款利率只从1996年5月1日的10.53%降为目前的4.347%，下降58.72%。邮政储蓄将从广大基层吸收的资金直接转存到人民银行，加速了经济欠发达的县域地区的资金外流，加剧了区域资金不平衡。据统计，1997~2002年农村邮政储蓄储蓄资金总额从1710.7亿元增加到4421.4亿元。到2002年3月，全国邮政储蓄余额为6469亿元，全部转存央行，其中的65%来自农村，35%来自城市。

4. 新增农村金融机构较少

近年来，几乎没有新增农村金融机构，几个新设的农村商业银行，如2001年底成立的张家港、常熟和江阴农村商业银行，均由原来的农村信用社改造而成。

5. 民间借贷行为明显增多

调查显示，在农村，私人借贷极为普遍，构成了农村借贷的主要方面。农户的支出比例从大到小依次为教育、生活、医疗和生产，当入不敷出时，农户往往更倾向于通过私人借贷的方式获得融资。统计局农调队的调查数据显示，农户从

① 徐忠，中国人民银行工作论文：《金融政策，利率和农村经济的发展》，2003。

正规金融渠道获得的借款占全部借款的比重不到1/3。非正规金融在浙江、福建、广东三省沿海发达地区非常活跃，民间资金相当充裕，其流动量也相当惊人，已经形成一个颇具规模的地下金融市场，且以多种形式为依托。目前或曾出现的主要形式有：民间自由借贷、合会、私人钱庄、经营纯粹民间借款业务的典当行、非政府小额信贷和其他民间金融组织等。对于不少地区的农户和中小型企业而言，非正规金融市场的重要性要远远超过正规金融市场。有研究表明，浙江温州现有的16.7万家企业中，60%依靠民间借贷筹集资金。

（二）农村信用社独肩挑重担，国家对农村政策性金融支持力度加大

1. 农村信用社“主力军”地位逐步形成

1998~2002年国有商业银行逐步撤出县以下区域，农发行业务缩小为粮棉油收购贷款，农村合作基金会全部撤并，客观上赋予农村信用社独立支撑农村金融主渠道的职能。在农村金融市场上，农村信用社在存款总额中占比为40%~45%，而在贷款总额中占比由1989年的26.4%上升到2001年的33.5%。2001年农村地区的贷款累放额有84%是由农村信用社投放的，也即农业银行在向农村居民和企业提供新增贷款中，已成为一个相对次要的角色。2002年末，农村信用社（含江苏江阴、常熟和张家港三家农村股份制商业银行和浙江鄞州农村合作银行）共有法人机构35544个，人员658653人，本外币资产总计为22125亿元，占金融机构总资产的9.4%，其中各项贷款为13940亿元，占金融机构总贷款的10%；负债总计为22392亿元，占金融机构总负债的9.88%，其中各项存款19926亿元，占金融机构总存款的11.07%。从人均情况来看，农村信用社人均资产为336万元，仅为国有独资商业银行人均资产的26.86%；人均负债为340万元，仅为国有独资商业银行人均负债的28.42%。

2. 农村金融的存贷比下降

从1989~2001年，金融机构在农村地区的贷款累放额与存款余额的比值下降了一半以上，由1991年的71.4%下降到2001年的31.4%，尤其是1996年以后下降得更快，主要原因有，农业银行在信贷投放上进行了重新定位，其投放重点转向了城市地区（农业银行在农村的贷款累放额与存款余额之比由1996年的17.2%下降到2001年的4.9%）；农业银行和农村信用社不良贷款的递增；邮政储蓄吸储规模的扩大。这种下降趋势证实了在农村地区，随着用存款表示的资金来源规模的不断扩张，农村信贷资金需求也在不断扩大，但信贷资金的供给却不足。

3. 国家政策性支农力度加大

面向农村的政策性贷款包括农村生产和粮食收购（主要由中国农业发展银

行发放）、扶贫贷款和中国人民银行提供给农村信用社的支农再贷款。其中，扶贫贷款和支农再贷款的占比自1995年以来不断上升。到2001年，政策性贷款已占到农业银行和农村信用社在农村地区总贷款的10%左右。2001年，人民银行对农信社支农再贷款新增312亿元，占全国农信社同年新增农业贷款的22.37%。截至2004年6月底，人民银行对农业发展银行再贷款余额6500亿元，安排支农再贷款为842亿元。

（三）部分农村金融风险得以控制，潜在风险问题严重

1. 1999年在全国范围内撤销农村信用合作基金会，并对其进行清算

农村合作基金会是社区型合作集体经济组织。农村合作基金会的成立在一定程度上缓解了农村正式金融安排体制下资金供给不足的矛盾，有利于农村经济的发展，但是大多数农村合作基金会的发展都违背了互助的宗旨，把基金会变成了办理存贷业务的第二个农村信用社。由于普遍的高息吸存和内部管理混乱，农村基金会很快出现了大面积的兑付风险，1999年被国家明令关闭。

2. 农信社不良贷款问题尚未解决

2000年底，全国农信社不良资产为5174亿元，其中逾期1582亿元，呆滞2672亿元，呆账920亿元。根据农业部产业政策与法规司《农业结构战略性调整与农村金融服务》报告，2001年底，全国农信社不良贷款比重达44%，呆滞、呆账贷款分别达31%（3173亿元）和8%（981亿元）；46%的信用社亏损，58%的信用社资不抵债。历年亏损挂账1232亿元。全国农信社总计资不抵债2361亿元。全国农信社所有者权益966亿元，历年挂账亏损1249亿元，在不计不良资产因素的情况下已经资不抵债，按此口径，全国有53.3%的信用社净资产为负数，其中严重资不抵债的有1万个，占总数的27%。

3. 非正规金融的风险问题不容忽视

一是诱发高利贷行为，致使高利贷盛行于农村地区（参见表1）。根据农研中心2002年02号课题组研究报告（曹力群，2000），现阶段农村民间金融活动中高利贷比重高。在对15个省区20个县市（东部：山东、福建；中部：山西、湖南、河北、安徽、江西；西部：陕西、青海、广西、甘肃、内蒙古、四川、贵州、云南）调查的50起借款案例和22起贷款案例中，高于银行贷款利率的分别占85.7%和79%。二是地下金融风险较大，干扰正常的金融秩序。地下金融组织作为一种自发性的私营的金融组织，其组织资金的力量较弱，大部分情况下全部负债经营，加之操作人员缺乏必要的专业知识，往往根据血缘和人情关系甚至是通过高息引诱来操作存贷业务，经营安全性很低，信用水平低下，一旦市场发生急剧变化，极易出现倒闭破产情况。另外，地下金融的趋利性易迎合人们的金融投机心理。在没有法律约束的情况下，人们的这种投机心理很容易被一些不法

的地下金融组织所引导，从而脱离正常的借贷行为演变为膨胀的投机行为，进而引发某些诈骗行为，引起金融秩序的动荡。

表1 农村正规金融和非正规金融的比较

	农村正规金融	农村非正规金融
组织形式	通常规模较大，高度集中管理，分支机构众多，业务分散	一般规模较小，组织机构松散（甚至没有严格的组织机构）
业务性质	现代金融服务为主	传统借贷服务为主
融资情况	可以比较容易地获得国内和国际再融资机构的支持	主要依靠自有资金，也通过正规金融机构或社会吸储融入资金
利率水平	利率受到货币当局控制，利率偏低，利率弹性较大	利率自主决定，相对较高，甚至出现高利贷的情况；利率弹性较小
支持对象	以大中型国有和集体组织和企业为主	以中小企业、私营企业和个人为主
贷款期限和数量	中长期大额贷款为主	短期小额贷款为主
交易和管理成本	交易成本高 管理成本高	交易成本低 管理成本低
经营效率	由于预算约束较软，经营效率相对较低；不良贷款率较高	预算约束较硬，经营效率较高；不良贷款率较低
范围和地域分布	在地域上分布广泛，服务于全国，较少考虑非政策和非市场因素	局限于一定的区域或群体范围内，重视地缘、社区和亲疏关系，具有较强的本土性

二、2003年以来农村金融的改革路径

（一）农村信用社改革的“三步曲”

基于“三农”问题的紧迫性，新的一轮金融体制改革将农村金融体制改革的重点确定到对农村信用合作社的改革上。具体的政策措施包括：放宽对农村信用合作社贷款利率浮动范围的限制、加大国家财政投入以解决农村信用合作社的不良资产问题、推动并深化信用合作社改革试点工作等。

1. 当前农村信用社改革推进的三个阶段

第一阶段：江苏率先试点农村信用社改革

从2000年7月开始，人民银行和江苏省政府在江苏全省进行了农村信用社改革试点。改革重点是明晰产权、完善经营机制。作为一种尝试，江苏省开展了以县为单位统一法人的工作，将1658个农村信用社及82个县（市）联社合并

为82个法人单位。同时，江苏还试点成立了江阴、常熟、张家港三家农村商业银行，组建了江苏省农村信用联社。江苏省的改革试点，为全国农村信用社深化改革提供了经验。

第二阶段：在8个省份进行农村信用社改革试点

2003年，《深化农村信用社改革试点方案》的颁布实施标志着深化农村信用社改革在多年的探索和论证后，进入了具体实施阶段。下半年，国务院确定浙江、山东、江西、贵州、吉林、重庆、陕西和江苏8省（市）的农村信用社改革实施方案，标志着深化农村信用社改革试点工作已进入全面实施阶段。

第三阶段：在全国范围内全面推开农村信用社改革

2004年上半年，农村信用社8省（市）改革试点取得阶段性成果，农村信用社机制转换效应逐步显现。2004年8月，农村信用社改革进一步在除海南和西藏以外的21个省区全面推开。

2. 2003年以来农村信用社试点改革的主要内容

其一，改革农村信用社产权体制

这是指按照股权结构多样化、投资主体多元化的原则，根据不同地区农村信用社的发展情况，分别实行不同的产权形式。有条件的可以进行股份制改造；暂不具备条件的可以比照股份制原则和做法，实行股份合作制；进行股份制改造较为困难的农村信用社进一步完善合作制；部分严重资不抵债，救助无望的农村信用社要予以撤销（关闭）。与三种产权形式相对应，分别建立农村商业银行、农村合作银行、农村信用社等几类农村金融机构，并在准入条件、经营方向、法人治理结构等方面进行规范。改革后，农村信用社由单一的合作制模式，向多种模式转变，农村信用社的概念也扩展为农村合作金融机构。

其二，改革农村信用社的管理体制

（1）地方政府的职责

农村信用社的管理职能交由省级政府负责，试点地区可以按照精简、高效的原则，结合实际情况，成立省级联社或其他形式的省级管理机构，并在省级人民政府的领导下，具体承担对辖内农村信用社的管理、指导、协调和服务职能。省级人民政府应坚持政企分开的原则，对农村信用社依法管理，不干预农村信用社的具体业务和经营活动，不得把对农村信用社的管理权下放给地（市）和县、乡政府。同时，省政府应承担农村信用社的风险责任。

（2）政策扶持

一是对亏损信用社因执行国家宏观政策开办保值储蓄而多支付的保值贴补利息给予补贴。二是从2003年1月1日起至2005年底，对中西部地区试点的信用社一律暂免征收企业所得税，对其他地区试点的信用社，一律按其应纳税额减半征收企业所得税；从2003年1月1日起，对试点地区所有信用社的营业税按3%

的税率征收。三是对试点地区的信用社，采取中央银行专项票据和专项再贷款两种方式给予适当的资金支持。四是实行灵活的利率政策，允许信用社贷款利率灵活浮动。

(3) 监管职责

银监会依法行使对农村信用社的金融监管职能，承担监管责任。

(二) 邮政储蓄资金政策的调整

邮政储蓄作为邮政企业办理金融业务，自1986年恢复办理以来，发展十分迅猛。截至2003年末，邮政储蓄在全国已拥有经营网点32239个，从业人员12万人，储蓄存款余额达9700多亿元，业务范围大大超出传统的储蓄范围，不断向现代商业银行业务拓展。邮政储蓄已经成为我国农村金融体系的重要组成部分。

1. 邮政储蓄运营存在的问题明显

一是对农村的“资金抽水”问题。农村是邮政储蓄吸收存款的重要来源，但资金运用游离农村。二是邮政储蓄转存款利率过高，扰乱金融秩序的问题。三是邮政储蓄的风险监管缺位。由于邮政储蓄与邮政没有分离开，邮政储蓄不是作为金融企业进行有效的金融风险监管。

2. 邮政储蓄资金政策的改革

为解决邮政储蓄转存款利率过高引发种种扰乱金融秩序的问题，2003年9月1日，中国人民银行下发了《关于邮政储蓄转存款利率有关问题的通知》，规定2003年8月1日前的邮政储蓄在人民银行的转存款暂按4.131%转存款利率计息；2003年8月1日以后新增转存款按照金融机构准备金存款利率1.89%计息；允许邮政储蓄机构对新增存款自主运用。同时，人民银行计划对2003年8月1日前的邮政储蓄转存人民银行存款，实行5年内按比例逐年转出，并考虑要求邮政储蓄缴纳存款准备金。

3. 邮政储蓄管理体制的改革

早在原邮电合一体制时期，邮政储蓄就开始探索邮政与邮政储蓄分离经营，建立独立的中国邮政储蓄银行的改革路子。经过积极努力，1999年1月，国务院原则同意筹建中国邮政储蓄银行，后因筹建各方存在意见分歧，迟迟未有进展。在这次改革中，邮政储蓄自主运用资金的权利集中在国家邮政总局。为了更加高效、稳妥地运作资金，邮政储汇局成立了“资金管理委员会”和“资金管理中心”。“资金管理委员会”由邮政储汇局的局长、副局长、总稽核等共5人组成，负责资金运作重大事项的决策，包括授信额度、利率、借款条件、各项投资比例等。“资金管理中心”由10名资金运作专业人员组成，负责交易对象的风险评估、风险监控等工作。

（三）农业银行改革正逐步深入

商业化改革更直接影响到了农行向农业和农村经济提供融资服务的积极性，由于农行的业务早已突破了专业行的界线，可以涉及几乎所有银行业务，因此，在现有经济体制下，投资农业的回报相对较低，农行的信贷资金流向具有天然的“非农化倾向”。

（四）农业发展银行的改革政策正在酝酿中

1998 年农业发展银行职能调整后，其业务单一，仅剩农副产品收购资金封闭贷款，农业综合开发贷款、农村扶贫开发贷款、农村基础设施建设和技术改造贷款等三项业务划归农业银行。随着粮食流通体制改革，大多数农副产品收购已转变为市场化运作，由国家收购部分越来越少，农业发展银行业务范围狭窄，功能退化，仅是在农产品收购方面发挥着政策性金融组织的作用，日渐退化成“粮食银行”。与此同时，农业发展银行资金来源不稳定，主要依赖央行再贷款。目前农业发展银行资金运用效益低下，“独立核算，自主、保本经营，企业化管理”不能实现。难以承担中国政策性金融的重任。但农业发展银行改革方案尚未确定。

三、农村信用社改革的典型案例与总体状况

（一）率先改革的试点案例——江苏省①

自 2000 年 8 月在全国率先进行农村信用社改革试点的探索以来，经过 4 年的改革与发展，江苏省建立起新的农村信用社管理体制，组建了产权关系明晰的农村商业银行，法人治理结构得到进一步完善，转换经营机制取得初步成效，经营实力明显增强，信贷支农力度显著增大，管理水平和经营效益稳步提高，历史包袱得到有效化解，企业形象和社会地位不断提升，经营环境得到进一步改善。截至 2004 年 6 月末，全省农村信用社各项存、贷款余额为 2240 亿元和 1670 亿元，分别比 1999 年末增加 2. 25 和 2. 75 倍；不良贷款比例为 10. 9%，比 1999 年末下降 25. 6 个百分点；股本金余额为 75. 9 亿元，比 1999 年末增加 68. 1 亿元，增长近 10 倍。2003 年末实现盈余 3. 8 亿元，比 1999 年减亏增盈 12. 6 亿元，亏损面由 48% 降至 8%，下降 40 个百分点。

1. 农村信用社改革成效分析

---

① 本报告来自：《江苏省农村信用社改革成效分析与研究》，人民银行南京分行金融研究处赵以邗、傅进。

（1）新型管理体制渐趋完善，运行平稳

实行资金统一调度，使资金调剂更加灵活，信贷支农的实力明显增强；实行财务统一核算，使各项费用得到有效控制，经营效益显著提高，抗风险能力明显增强。目前，江苏省农村信用社已形成了县级联社自我约束、省联社行业管理、金融监管部门依法监管的新型管理体系。

（2）农村信用社产权制度改革进展顺利，法人治理逐步规范

一是按照股权结构多样化、投资主体多元化的原则，大力开展增资扩股。注意吸收入股对象的开放性和地域性，重点吸收种养大户、农民经纪人和民营企业入股。适当提高入股起点额，法人股入股起点由改革前的 500 元左右提高到 10000 元，自然人股入股起点由改革前的 50 元左右提高到 1000 元。二是结合省情，确定产权制度改革模式。在城乡一体化程度高、农村全面实现小康的地区如常熟、江阴、张家港的县级联社组建农村商业银行。吴江市农村商业银行的组建工作进展顺利，即将正式挂牌。目前，全省又有 26 家县级联社基本符合组建农村合作银行和农村商业银行的条件。其中，5 家联社正在筹备组建农村商业银行，1 家联社已经获得银监会筹建批复。三是不断推进法人治理结构建设。明确了“三会”与“三长”的职责、权力和义务。目前，全省县级联社法人治理组织结构基本健全的达 61 家，占县级联社总数的 79%。

（3）转换经营机制取得成效，运行效率明显提高

一是实施“三定”（定机构、定岗位、定编制），推行竞聘上岗，完善工资分配制度等一系列深化劳动用工制度改革。改革试点以来，全省农村信用社有 1212 人落聘下岗，126 人被解除劳动合同，清退临时工 650 人。同时，通过农村信用社基本养老保险全省统筹和补充养老保险，为进一步深化劳动用工和工资分配制度改革提供了保障。二是优化机构网点布局，裁减冗员，提高机构运行质量。改革试点以来，全省农村信用社共撤并分社和储蓄所 241 个，降格网点 42 个，撤销信用代办站 1200 个，新设网点 46 个，升格网点 71 个。三是加强内部控制和风险管理，推行主办会计委派制度和分片稽核员制度，实行授权授信制度和分级核算。

（4）服务“三农”方向明确，支农力度明显加大

在“让全省符合贷款条件的农户不再贷款难”的支农工作新要求下，大力引导全省农村信用社坚持为农服务方向，相继出台推广了农户小额信用贷款、农户联保贷款、助学贷款、小额扶贫贷款、生源地助学贷款等新品种。加强支农工作考核。增强支农服务功能。加快县级联社计算机全省联网步伐，截至 2004 年 6 月末，已有 40 家联社上线运行，同时正在准备申报全省统一发行银行卡，实现全省通存通兑，并利用网络优势，大力拓展中间业务、汇票业务和外汇业务，为“三农”提供全方位、多功能、高效率金融服务。截至 2004 年 6 月末，全省

农村信用社已建立农户经济档案928万户，占全省农户总数的72.6%，发放农户贷款证386万本，发证面达30.2%，创建信用乡镇225个，信用村4684个。农业贷款余额530.4亿元，比1999年底增395.4亿元，增长34.1%。农业贷款占全省金融机构农业贷款总量的比例由1999年的60%上升到92%。

（5）扶持政策逐步落实到位，历史包袱得到明显化解

为保证农村信用社改革的顺利实施，国家先后给予了50亿元专项再贷款、72亿元专项中央银行票据和1亿元财政贴补以及营业税从5%下降到3%的税收优惠等扶持政策，同时省政府给予了呆账贷款分8年直接进入成本核销、省财政每年拨款6400万元建立风险补偿基金、财政贴息等配套扶持政策。各项扶持政策的逐步落实到位，促进了全省农村信用社经营效益的好转和历史包袱的化解。全省农村信用社通过票据置换不良贷款和历年亏损30.6亿元。四年来全省农村信用社累计核销呆账49亿元。

2. 农村商业银行公司治理成效分析

（1）建立了比较完善的法人治理结构

一是各农村商业银行都建立了较为规范的公司治理结构，按照章程要求完善和修订了股东大会议事规则，保证股东大会按规定程序对本行重大经营方针、资本变革、董事选举、利益分配、大额投资等重大事项进行审议和作出决定，如：新组建的吴江市农村商业银行制定的57个内部管理制度中，有29个是公司治理结构方面的，其中15个重要管理制度是提交股东大会讨论通过后方可实行。二是建立了独立董事制度，发挥独立董事的决策参议作用。三是完善了监事会制度，建立有效的监督机制。例如吴江市农村商业银行成立了由职工监事和非职工监事共同组成的监事会，在7名监事中，由原先的5名职工监事和2名非职工监事调整为2名职工监事和5名非职工监事，保证了监事会的独立性。

（2）实现了产权多元化

与成立之初相比，张家港、常熟、江阴3家农村商业银行股本金从8800万元、10017万元和10018万元增资扩股到35800万元、27574万元和30060万元，股东人数分别为2241人、2842人和1443人。按照章程要求单个自然人或法人直接或间接持股比例不高于总股本的5%。目前张家港、常熟、江阴3家农村商业银行职工内部股占比为24%、24%和22.4%。近年来由于3家农村商业银行经营效益较好，每年红利分配水平较高，超过了10%，股东得到较好的回报。

（3）转换经营机制，并取得了较好的经济效益

到2004年6月末，张家港、常熟、江阴3家农村商业银行存款占当地比重分别为20%、25%和22%，贷款占当地比重分别为18%、23%和18%，人均利

润水平分别为 3. 34 万元、4. 44 万元和 6. 42 万元，上交税金分别为 782 万元、578 万元和 813 万元。

3. 改革实践中显露的主要矛盾与问题

（1）管理体制还不到位

已经初步建立了银监局监管与省联社行业管理、省政府授权管理的分工协作的管理体制，但与此次国务院深化改革的总体要求相比，在责任落实、管理手段和工作力度等方面仍需进一步加强。

（2）历史包袱趋向集中，少数县级联社改革发展的难度较大

目前，23 家困难县级联社的历史包袱占全省农村信用社历史包袱总量的 2/3，其中 8 家特别困难的县级联社就占到一半。这些联社推进产权改革、增资扩股、开拓业务等工作都存在很多困难。

（3）农村信用社经营环境需要进一步改善

有些部门与中央管理的企业对农村信用社还是不甚了解，有的不允许其在农村的下属单位与农村信用社开展业务。部分农户和农村企业信用意识不强，农村信用环境建设有待进一步加强。

（4）法人治理结构中有效的制衡机制有待强化

具体实践中还存在诸如农村商业银行股东、董事及员工思想认识、意识和能力的逐渐提高的问题，仍存在一些农村信用联社管理体制的烙印，董事长的授权机制仍需加强，需进一步明确决策层和经营管理层的职责分工。

（5）法人治理结构与行业自律管理尚需进一步协调

目前，行业管理部门的某些管理措施有时会与法人治理结构发生一定的冲突。如行业管理部门用考核农村信用社的一套办法对农村商业银行进行业务考核、工资收入分配考核、人事任命等，与农村商业银行的实际情况存在较大差距，董事会和行业管理部门之间有时很难协调统一。农村商业银行虽然脱胎于农村信用社，但在股份制改造后，无论是投资主体、管理体制、运行机制都与农信社有着本质上的区别，因此按照省联社现行的一个文件管全省的模式，势必带来矛盾。

（6）产权激励中股本较为分散，分配比例偏高

目前，农村商业银行的股权结构较为分散，缺乏相对控股股东，单个股东所持股份占比偏低，经营管理层持股比例过低，没有形成有效的激励机制。职工普遍认为内部人经营成果由外部人享受，影响其积极性。此外，股权的流动性较差，没有设立内外部股权转让、交易平台，尚未制定股本转让、交易管理办法。另外公司红利的分配关系到股东近期收益和农村商业银行在当地的影响力。目前红利分配水平普遍较高，分配形式主要以现金为主，模式较为单一，且不利于长远发展。

4. 改革中的启示

一是改革方案的设计与实施要完整、配套，保持连续性和稳定性。二是省级管理结构，银监局和人民银行要加强工作协调，共同推进重大问题特别是金融风险的防范和处置的协调解决，提升新管理体制的运行效率和效能。三是对农村信用社改革后的不同组织形式分类指导。四是坚持和加强政策扶持。五是进一步完善法人治理结构。六是进一步完善股本结构。七是确定适当的监管标准。由于农村商业银行起点较低，比照股份制商业银行标准进行监管，应设立3~5年的过渡期。在过渡期内，适当降低监管标准和监管指标。同时，建议银监会能对经济和金融较发达地区，在相应的配套措施和安全防范措施到位的前提下，允许多开办一些新业务，以拓展为“三农”服务的广度和深度。

（二）发达地区案例——温州市①

温州市场经济起步早、发展快，曾以“小商品、大市场”闻名全国，是中国个体私营经济的先发地区和股份合作经济的发祥地。温州民营经济发达，民营经济占全市经济的比重达79%。近年来，温州民间企业开始向集团化、规模化发展，全市民营企业已组建集团130家，涌现出一批全国性的大型企业集团。“温州模式”在一定程度上代表着我国东部沿海地区经济发展的典型路径。截至2004年10月末，温州农村信用社各项贷款余额187.8亿元，其中支农贷款余额149亿元，占79.3%。2003年，全市农村信用社实现账面利润2.3亿元。不良贷款率仅为3.1%，资产质量连续十年在全省系统保持第一，全省“十强联社”中温州占3家。

1. 农信社改革正在稳步推进，效果逐步显现

到2004年10月末，在人民银行的支持下，温州市符合条件的10家联社已全部申请发行央行专项票据，7家联社已获准发行，发行额7882万元。目前，5家拟组建农村合作银行的联社已完成清产核资和增资扩股工作，共募股8.5亿元；4家拟组建统一法人的联社已完成清产核资和增资扩股工作，共募股1.87亿元。央行票据获准发行后，农村信用社增资扩股进度加快，资本充足率迅速提高；历史包袱得到明显化解，总体经营状况进一步好转。

2. 采取多种形式支农，效果显著

一是积极创新农民生产经营贷款品种。近年来，除传统的农民抵押和担保贷款外，温州农信社还推出了农民创业贷款、山区移民户贷款、外来务工人员贷款、村理事包收包放贷款、农机具贷款、渔船购买贷款等新业务。同时，还配合

① 本部分来自：《2004年温州调研报告》，本报告形成于2004年11月上旬，陪同李若谷副行长到人民银行温州市中心支行调研，执笔人，周诚君。

市政府实施农业“走出去”战略，帮助农民在外承包粮食、水产养殖和其他农产品基地。二是大力支持农业龙头企业和农业专业合作组织发展，增强其科技开发、加工增值、规模拓展和带动农户的能力。据统计，由农村信用社支持的数百家农业龙头企业和农村专业合作社，通过发展订单农业等方式，带动了全市近15万户农户从事各种农业生产活动。三是积极支持农村中小企业和农村集体经济组织发展，帮助其产品上档次、创名牌，支持产业更新换代和技术改造，推进了农村工业化。目前，在农村信用社开户企业已达2.6万家，贷款支持企业达5000多家，带动农民直接就业达30多万人，带动农民非直接就业达80多万人。四是在农村经济发达区域积极推进业务创新。目前，农信社已发放农村开发贷款、基础设施项目贷款、农村住房消费贷款、汽车消费贷款、国家助学贷款等多种新品种，并开办代收电话费、水费、电费、税费等20多种中间业务。2003年，温州市农村信用社累计发放农村城镇化项目贷款7.3亿元，累计发放农村基础设施项目贷款1.2亿元，累计发放农民住房、汽车、助学等消费贷款9.5亿元。全市受益农民覆盖面达25%以上。

3. 存在的主要问题

主要是：“花钱买机制”的效果有待进一步监控和强化，央行政策扶持的制度设计还需要进一步完善；农村信用社的内外部管理体制还需要进一步理顺；农村信用社的经营环境需要按照市场经济的原则进行完善；一些地区的改革困难较大，可能出现反复。

（三）贫困地区的案例——贵州省①

2002年末，贵州省农村信用社机构总数2124个，其中联社85个，959个信用社（含2个县级单一法人社），分社（含储蓄所）1080个。2003年末，全省农村信用社存款余额179.17亿元，占市场份额的9.44%，贷款余额148.59亿元，占市场份额的8.67%；当年亏损4.87亿元。

1. 改革进展

（1）管理体制改革

贵州是8省（市）试点中第一家上报改革实施方案并获批准的，2003年12月30日成功组建省联社，并成立省联社9个市（州、地）派出机构。初步形成省级人民政府管理，国家监管机构监管、农村信用社按照“四自”原则运作的“三位一体”的新型模式。农村信用社交由省级政府管理后，省级政府明确地、县政府的具体责任为“三要三不要”，即要切实采取扶持措施，要大力培育信用

① 本部分主要来自：《关于贵州省农村信用社改革试点资金支持有关情况的汇报》，中国人民银行贵阳中心支行（2004年10月18日）。2004年11月本课题组到贵州进行了深入调研。

环境，要及时帮助防范和处置金融风险；不要干预农村信用社的经营活动，不要插手农村信用社的人事安排，不要把农村信用社当成自己的“小金库”。

(2) 产权制度改革

一是进行清产核资。各县及时组织对清产核资结果进行了检查验收，拟组建农村合作银行的县（市、区）联社按要求委托有资质的中介机构对清产核资结果进行了确认。二是因地制宜增资扩股。根据不同地区经济情况，设置以县为单位统一法人和农村合作银行自然人（股东）资格股、法人（股东）资格股、自然人（股东）投资股、法人（股东）投资股。拓宽入股范围，以原有社员为基础，广泛吸收辖内自然人、个体工商户、农业产业化龙头企业和其他经济组织入股。到2004年9月末，全省农村信用社股本金总额为15.87亿元，比2002年末增加11.57亿元。资本充足率由改制前的-0.9%（不含票据置换因素）提高到2%以上。三是稳步推进产权改革。基于产权制度改革的艰巨性和复杂性，按照“先试点、后推广”的原则，在8个市（州、地）各选择1个县（市、区）进行统一法人试点，在4个有条件的县（市、区）组建农村合作银行。

(3) 落实扶持政策

贵州省政府采取积极的扶持政策，建立农村信用社发展扶持资金。从2003年起到2007年止，由省财政每年安排800万元，用于扶持农村信用社发展和处置风险。据不完全统计，有25个县（市、区）建立发展基金；补充资本公积金。有20个县（市、区）通过实物或货币捐赠等方式帮助农村信用社补充资本公积金；一些县（市、区）从财政安排部分资金，补助农村信用社2004~2010年期间的营业税、房产税、土地使用税、印花税等支出。

(4) 支农服务

一是进一步明确农村信用社为“三农”服务的经营方向。省政府明文规定统一法人信贷资金用于支持“三农”的比例不少于60%，农村合作银行这一比例不少于20%。二是引导农村信用社加大对“三农”的信贷投入。实施“农民百元增贷工程”，即投入“三农”的贷款，农民人均增贷100元。明确按照农民生产生活的实际需要，灵活确定农户小额信用贷款的对象、用途、额度、利率和期限，并为农民提供多方位、多层次的服务，把信贷服务与信息服务、科技服务努力结合起来。到2004年9月末，全省农村信用社贷款中，农业贷款128.66亿元，占69.66%，占全省金融机构农业贷款的94.65%，农民贷款难的问题得到一定缓解。三是切实加强农村信用体系建设。按照建设“诚信政府”，着力打造“信用贵州”的总体要求，在各级政府的支持下，农村信用社开展以创建信用户、信用村、信用乡（镇）为主要内容的信用工程活动。目前，农村信用社对辖内农户建立资信档案，评定信用农户483万户，占总农户的65%，对评定的信用农户发放农户小额信用贷款证。

2. 问题与建议

一是股份制与合作制的组合问题。在产权制度改革方面，股份合作制为多数农村信用社所采用，形式上表现为统一法人或组建农村合作银行，这样的制度安排目的是既保持农村信用社对农民、农业和农村经济的支持力度，又解决了银行内部人控制问题。但在实践上股份合作制尚待进一步完善，处理不好，将会造成服务的错位和所有者的缺位。

二是政策性与盈利性的协调问题。妥善处理政策性业务与商业性业务的冲突，是农村信用社需要解决的一个难题。建议对以服务"三农"为市场定位的农村信用社按照支农信贷总量给予一定比例的补贴限额，在限额内的结余归农村信用社，超过部分由农村信用社承担，以此来激励农村信用社更好地服务"三农"。

三是大法人与小法人的关系问题。从本质上讲，省联社是法人，县联社也是法人，而且省联社是由各县联社入股、自下而上产生的。县联社是省联社的社员，对省联社具有民主监督的权利，但事实上通过《省联社章程》这种契约的方式约定县联社具有服从省联社管理的义务。省联社对县联社的"管理和服务"具有很强的行政领导色彩，作为独立法人的县联社，其法人治理结构是不完善的。在现行管理体制下，应把整个农村信用社体系的法人治理结构作为一个系统进行考察，不断完善，促进全省农村信用社经营机制的全面转换。

四是资金支持与机制转换的效果问题。资金支持的目的是促进农村信用社转换经营机制，但是从执行情况来看，少数农村信用社把资金支持作为改革试点的目的，不太关心经营机制的改造，这是一个误区，助长了农村信用社道德风险的产生。中央银行票据置换不良贷款之后，农村信用社的资产状况短期似乎有所改善，如果经营机制不转换，法人治理结构不完善，新的不良贷款必将形成，又会抵消改革取得的成效。所以，对农村信用社考核应当是长期的，有必要延伸到兑付票据之后相当长的一段时间，预防农村信用社为达到发行兑付标准而实施的造假行为。

（四）总体状况——成绩与问题

这次农信社改革试点进展顺利。从资金支持看，截至2004年末，人民银行已对试点8省的620个县（市）农村信用社发行专项票据355.5亿元，发行总额占改革试点8省市全部申请使用专项票据县（市）和拟发行专项票据总额的比例分别为99.2%和98.5%。至此，基本完成了对先行试点8省（市）的专项票据发行工作，落实了资金扶持政策。认购专项票据的农村信用社，按拟组建的组织形式划分，两级法人体制、统一法人体制农村信用社及农村合作

（商业）银行的资本充足率分别达到了0、2%、8%的专项票据发行条件。经过一年的努力，8省（市）改革试点进展顺利，开局良好，取得了阶段性成效。

1. 试点省市农信社改革取得了明显的成效

一是农村信用社支农资金实力明显增强，支农服务工作进一步加强。通过增资扩股，农村信用社股本金得到有效扩充，资本充足率快速提高。2003年和2004年，8省（市）共增资扩股367亿元，资本净额和资本充足率明显提高（注：2004年末数据尚未出来，9月末资本净额500亿元，资本充足率达到7.6%，比2002年分别提高710亿元和11.8个百分点）。截至2004年末，8省（市）农户贷款余额2674亿元，比2002年末增加1148亿元，增长75.2%，增幅高于全国平均增幅15个百分点。其中，农户小额信用贷款余额为428亿元，比2002年末增加210亿元，增长96.2%，增幅高于全国平均增幅9.9个百分点。另一方面，不断开拓新的支农服务方式和品种，满足较大额度贷款需求，提高支农服务水平。2004年末，8省（市）农业贷款余额3328亿元，比2002年末增加1304亿元，增长64.4%，增幅高于全国平均增幅12.8个百分点。在2004年春耕资金供应工作中，改革试点省份农村信用社资金供应能力较以前年度有了明显提高，支农服务工作得到加强。春耕资金供应明显好于往年。

二是农村信用社历史包袱得到初步化解，经营状况好转。目前，改革的各项扶持政策基本到位，扶持政策的落实取得了良好的政策效应。据初步统计，人民银行发行的355.5亿元专项票据，其中置换不良贷款308亿元，置换历年挂账亏损47亿元；财政部门共核定保值贴补息29.2亿元，实际拨付到位的有8.4亿元；8省（市）两年（2003年和2004年）共减免营业税16.9亿元，减免所得税16.3亿元。2004年末，8省（市）不良贷款比2002年末下降391亿元，如果剔除票据置换因素，实际下降83亿元。不良贷款占比下降13.3个百分点；共实现盈利69亿元，比2002年末增盈减亏68亿元；从经营效果看，2004年全年，全国农村信用社盈亏轧差后，实现盈余102.9亿元，比去年增盈减亏109亿元，其中，改革试点8省市全部实现盈利，总额68.8亿元，占全国盈利总额的66.9%。2004年是近10年来全国农村信用社增盈减亏幅度最大的一年，也是近10年来首次实现年度轧差盈余的一年，是农村信用社经营状况发生显著好转的转折点。

三是8省（市）农村信用社产权制度改革稳步推进。截至2004年末，8省（市）共组建完成23家农村商业银行和农村合作银行，另有25家农村商业银行和农村合作银行获准筹建；有164个县（市）已经完成以县（市）为单位统一法人，另有204个县（市）获准筹建。伴随产权制度改革的进行，农村信用社股权结构开始多样化，法人治理结构的建设工作开始步入正轨。

2. 农村信用社改革中呈现一些新现象

一是目前全国农村信用社（包括农村商业银行）已经实现9年来全行业第一次扭亏为盈，这一现象是否是短期政策刺激的效应。

二是8个试点省市不约而同地基本将省联社模式作为第一选择，是否是没有充分体现《方案》设计之初所规定的方向，即“因地制宜”、不搞“一刀切”。

三是国家对信用社进行扶持的目的是撬动改革，激发信用社改革的内在动力。但一些地方的信用社把注意力主要集中在创造条件取得资金支持上，而对于完善法人治理结构、转换经营机制的关注则明显不足；一些地方政府对信用社改革的工作重点也主要放在管理体制建设和争取国家扶持政策上，对如何推动信用社进行改革，为信用社的健康发展创造良好的体制环境方面，还缺乏足够的措施。

3. 农村信用社改革中还存在的主要问题

目前，农村信用社在完善法人治理结构、转换经营机制方面尚未取得突破性进展，建立和完善农村信用社内外部的激励约束机制还有很长的路要走，实现《国务院关于印发深化农村信用社改革试点方案的通知》（国发15号文件）提出的明晰产权关系、强化约束机制、增强服务功能的改革目标还需要相当长的过程。存在的主要问题①：

一是一些农村信用社对完善法人治理结构、强化约束机制重视程度不足、措施不够有力。从实际情况看，前一段先行试点地区把工作注意力主要放在成立机构和取得资金支持上，而在明晰产权、完善法人治理结构等方面的工作不够细致，不够扎实。

二是改革试点地区农村信用社的资产负债规模迅速扩张，在内部约束机制不健全的情况下，新增贷款的投向和风险控制问题要引起高度重视。

三是改革试点工作的行政推动色彩比较强，政策宣传有一定片面性；强调国家政策支持多，明确各自的责任少；强调农村信用社盈利分红前景多，向入股社员风险提示少。

四是一些地区的部分农村信用社增资扩股不规范，承诺对股金保息分红；个别县（市）农村信用社进行资产置换的法律手续不完备，有虚增资本净额的现象。

五是在农村信用社的外部管理上，一些地方政府的过度干预和省联社权力的过度集中问题值得关注。自上而下的统一法人和“省联社”模式更加强化了农信社在管理上的行政色彩，同时也淡化了农信社服务“三农”的“草根”色彩。调查表明，“省联社”作为管理机构，其职能、性质、管理范围，以及和各县联

① 易纲：《加快农信社改革，还要做些什么?》，载《光明日报》，2005年2月22日。

社的关系等至今都还没有得到清晰的界定和理顺。省联社既作为省级政府代表，强化出资人和行业行政管理职能，还在很大程度上干预农信社的市场经营和内部管理。另外，有一种倾向值得警惕，一些地区的省联社存在着比较明显的“地区总行”情结，试图把省联社发展成为省域范围内的经营实体，强化对各县级联社的管理和干预。

四、我国农村金融改革中存在的突出问题

（一）农村金融供给不足已经成为发展农村金融市场和解决“三农”问题的重要障碍

近年来，四大国有商业银行大量收缩县和县以下的分支机构，1998~2002年，四大国有商业银行共撤并3.1万个县及县以下机构。2001~2004年农业银行共减少支行及其以下机构10313个。涉农金融机构大量缩减，严重影响农村金融供给能力，实际上形成了农村信用社“独肩挑重担”，垄断农村金融市场的局面。

农村信用社在满足农村金融需求方面的作用有限。一是资金来源不足是农信社供给能力有限的最主要原因。在县域经济范围内，金融机构之间的存款竞争非常激烈。各商业银行虽然大规模收缩农村金融业务，但它们的储蓄网点还在强抓存款。同时，邮政储蓄凭借自身优势，大量挤占存款市场。这些机构大量抽走农村资金，却大都不承担支农任务，不仅使农村资金外流严重，而且也造成信用社存款增长相对较慢，资金实力不足。二是农村信用社历史包袱沉重，不良贷款居高不下，经营亏损严重。长期以来，农村信用社高额的不良贷款和亏损一直没有得到根本解决，资不抵债极为严重，信用社资金投放能力被严重削弱，部分农村信用社甚至面临支付危机。三是支付结算体系的落后也成为农村信用社竞争能力拓展的重要障碍。目前大部分地区的农村信用社支付结算体系都非常落后，联行结算和电子汇兑业务远远落后于商业银行和邮政储蓄。这些技术制约不仅大量增加资金在途时间，时效性差，准确性低，严重影响资金使用效率；而且，还极大地制约了农村信用社的资金流转，严重影响了农村信用社的信誉和形象，从而使相当一部分资金流失。四是从市场经营看，农村金融机构最薄弱的环节在于市场竞争意识和风险管理能力的匮乏，道德风险问题仍然十分严重。

（二）在目前的农村金融市场上，非正规金融实际上构成了主体

调查显示，在农村，私人借贷极为普遍，构成了农村借贷的主要方面。农户的支出比例从大到小依次为教育、生活、医疗和生产，当入不敷出时，农户往往

更倾向于通过私人借贷的方式获得融资。统计局农调队的调查数据显示，农户从正规金融渠道获得的借款占全部借款的比重不到1/3。这主要是因为通过正规农村金融机构获得借款非常困难。调查显示，农民借贷的问题并不在于利率的高低，而是根本借不到钱。非正规金融的存在显然有其客观条件，也有其优点。而且，非正规金融的存在也表明：我们不花钱，一样可能得到一个较好的农村金融市场机制。但问题是非正规金融游离于法律之外，不仅可能蕴含着极大的风险，而且其自身也得不到法律的保护。如何正确引导和规范非正规金融，是不是一定要使其正规化？正规化可能意味着非正规金融的一些优势（如低成本）的丧失，而且正规化的成本也很高。如果要使其正规化，如何正规化？是建立一种新的机构，还是安排一种新的制度创新？

（三）农村金融市场体系不完善，竞争性严重不足

一是和城市相比，我国农村历来是受管制最少的，农村金融市场应该是最能体现竞争约束的市场。二是我国农村金融本身存在庞大的客观需求，具有内在的生存、发展和创新的能力和动力，即使在最贫困的地区，也有生存的土壤。三是农村金融机构的合理特征应该为：体制上是私人的，对象上是立足于乡村社区的，规模上是小型的，数量上是大批的。四是这些金融机构本身就可以充分竞争、繁荣发展，成为农村金融的主力。五是这些金融机构服务范围窄、影响小，风险比较容易控制。但以往的和目前的改革措施往往着眼于机构，侧重于监管，热衷于"拉条条"、"定框框"，把本来简单的事情复杂化，这种思路可能对农村金融市场的改革、发展和创新形成极大的制约。《中共中央国务院关于促进农民增加收入若干政策的意见》（中发［2004］1号文件）中提出了发展多种形式的农村金融机构，但在具体落实中却还没有体现出来。在下一步的改革发展中，是在一定的法律框架下，先放手让中小农村金融机构充分自由发展，还是先"拉条条"、注重于建立严格的监管框架，这个问题也还没有明确的解决思路。

（四）政策性农村金融严重缺位、错位，商业性金融和政策性金融、财政资金边界不清

首先，从资本使用效率来看，农村资金向城市外流是必然的。仅仅通过现有的信用社和农发行等机构实现对农资金支持，恐怕也无济于事，因此需要整合各种社区内的金融机构，包括商业银行、非正规金融等，并通过一定的制度安排（例如，社区再投资法）实现对农资金支持。其次，在目前我国农村的现实条件下，单纯依赖完全的商业性、市场化农村金融可能也是行不通的，因此有必要发展政策性金融。一方面，政策性金融的重要意义在于，通过提供补贴或者担

保等形式的支持，解决农村非有效需求以外的金融需求，但其缺点在于成本高、效率低。另一方面，从国外的经验看，这些业务也完全可以交给商业性机构去经营，但在我国的现实情况中，由于商业性机构本身治理结构存在问题，可能诱发严重的道德风险问题。因此，需要对两者进行有效的整合，寻求一个合适的平衡点。第三，就目前的农信社改革和农发行职能调整问题而言，可以考虑对两者进行必要的再整合。法国农业信贷银行上面是国家政策性的，但下面的分支机构却都是商业性的合作银行；而印度的农业发展银行则相当于一个农村金融领域的专业性中央银行，为各种农村金融机构提供管理和服务。第四，在业务上，也应该根据我国的地区差异进行必要的整合，对于发达地区，可能主要通过商业化途径，但对于中西部落后地区，政策性金融业务还是要通过各类金融机构提供或实现。

（五）农村金融改革集中于供给层面，没有真正触及农村金融需求面

农村金融体系的重构、农村金融市场的改革和发展首先需要明确农村金融的边界界定以及功能定位。从根本上说，农村金融要为解决“三农”问题服务。因此，新一轮的农村金融改革和发展应从需求方、从农村、农业和农户的现实需求及其层次结构来推进。对农村金融的需求主体大致可以划分为农户、农村中小企业、农村社区、农民生产或生活群体等四个主要层面，相应的金融需求则可以进一步分为有效需求、合理需求和社会需求等三个层次，农村金融要在哪些层面和层次上支持这些需求，还是支持所有的需求，这个问题至今还没有明确的解决思路。

（六）农村金融改革缺乏有效的外部支持环境

农村金融改革需要一个良好的金融运行环境。一是需要相应的法律和制度环境支持，对于农村金融机构，包括政策性金融机构、商业性金融机构以及非正规性机构，目前还都缺乏明确的法律规范。二是需要有关的宏观政策支持。对于商业性或政策性的农村金融机构，在准备金管理、再贷款利率等方面，现有的制度安排还不是很合理，需要研究更符合现实情况的管理措施。三是需要基础设施建设的支持。道路、教育、医疗、水电、通讯和法律支持等公共品供应不足，也制约了农村商业金融服务的改善。四是一些配套改革也非常重要。例如，既有的农村土地制度使农村土地和房产无法进入市场，也不能成为抵押品和担保品。农村社会保险、医疗保险以及教育、投资等多方面的现有体制都在一定程度上对农村金融市场发展构成了阻力，需要进行相关的改革，等等。

五、农村金融改革中若干重大问题的解决思路

首先，农村金融改革和发展应以有利于解决我国“三农”问题为导向，建立可持续发展的农村金融服务体系。一方面要服务于“三农”，切实为农业、农村和农民解决发展中的金融服务瓶颈。另一方面，还要注重农村金融体系的商业或政策可持续性，解决农村金融发展的长期问题。其次，农村金融的改革和完善应该跳出对原有的农村信用社进行修修补补的简单思路，而是要围绕解决“三农”问题对农村金融的基本要求，重新设计和构架我国的农村金融体系。目前，农村信用社改革尚未完成，农信社的金融服务能力还非常有限，单纯依靠农村信用社恐怕很难解决“三农”发展中的金融服务问题。因此，在继续加快推进农村信用社改革、进一步完善农村信用社的经营管理机制的同时，要充分认识到农村金融作为一个系统所具有的丰富内涵，从而在农村金融改革和发展问题上提出一个整体性思路。最后，未来应基于我国目前经济发展的实际情况，并充分考虑到农村金融需求的总量、结构，以及各个方面和各个层次，在此基础上，加大农村金融的制度供给力度，进一步改革和完善农村信用社的产权制度和经营管理机制，协调发展商业性和政策性农村金融，积极发展条件成熟的农村金融机构和金融产品（如农业保险和农产品期货市场），构建完整的农村金融市场体系。

（一）形成多层次多种形式的农村金融体系

1. 分化农村信用社

目前农村信用社实际上是一个准国有金融机构，此次改革并没有给农村信用社的性质如合作制或股份制以明确定位。鉴于农村金融改革 20 年的经验教训，更强调以市场化原则推进农村信用社改革，无论是合作制还是股份制均以市场化为原则，这就需要对农村信用社的机构而不仅仅是对业务进行商业性与政策性分离，属于商业性机构的农村信用社不强调支农，而是强调自主经营自负盈亏，也可代理政策性业务，其政策性业务与优惠政策相挂钩，单立账户。属于政策性机构的农村信用社可只运营政策性业务，以其已建立营业网点的优势，在边远落后地区执行政策性金融的职能。农信社真正按商业条件运作，关键是把农信社的决策权交还给所有者、董事会和由其任命的管理层。

2. 鼓励发展农村商业银行

对符合基本条件如：有较强的管理能力、全辖信用社资产总规模 10 亿元以上、不良贷款比例 15% 以下、组建后资本金不低于 5000 万元、资本充足率达到 8% 的农村金融机构，可鼓励发展与城市商业银行相同标准的农村商业银行。

3. 在农村率先实现金融机构民营化

按商业性金融机构准入规定，准许设立农村金融机构；放开民间对信用社的

投资参股。在发达地区，按地市组建农村股份制商业银行或合作银行。

4. 鼓励制度创新

建立政策性支农机构如小额信贷站、与农业部合作建立扶贫与合作性金融机构。

（二）进一步推进和完善农村信用社改革，完善农村信用社经营管理体制

1. 完善公司治理结构和股本结构，建立科学的经营管理机制

一是通过农村信用社的增资扩股进一步完善公司治理结构。积极探索适合我国农村实际的新的公司治理模式。有条件的地方应继续成立股份制或股份合作制的农村商业银行或农村合作银行。要切实加强董事会力量，赋予董事会对经营管理的决策权，增强董事会的决策能力。二是进一步完善股本结构。探索一套可行的资本补充机制，以在资金上保证农村信用社实现可持续发展。有步骤地在条件成熟的地方引进战略投资者，改善农村商业银行的股东结构。通过提高高管人员的持股比例、对一些管理人员增发期股股权、建立股权交易平台和适当引进大股东等办法，合理解决农村信用社股权结构的集中和分散问题，优化股权结构。尤其是可以考虑把有序引导农村民间非正规金融和农村信用社的资本结构改革结合起来，吸引民间资本，把非正规金融正规化。三是建立恰当的激励和约束机制，增强农村信用社的市场经营和竞争能力。继续推行和完善中央银行对农村信用社发行专项票据的做法，并有选择地扩大专项票据发行的覆盖范围。要继续探索新的有益途径，例如建立现金和股份相结合的红利分配办法等，建立和完善对农村信用社经营管理的激励和约束机制。

2. 进一步理顺农村信用社的组织管理体系

省联社模式与县统一法人模式比较各有利弊：一是县模式无法应对县域的系统性风险，省模式又容易产生“太大而不能破产”的道德风险；二是县模式无法解决资金跨县调剂，省模式可能导致资金非农化；三是县模式无法摆脱县级政府干预，省模式管理链条太长。因此，根据各地情况，因地制宜地选择多级法人或一级法人模式的尝试是应该的。

3. 严格监管，防范道德风险

一是充分考虑到我国的基本国情，以及农村信用社的实际情况，精心设计合理、恰当、有效的监管机制。建立“及时校正措施”，防止可能的道德风险和走下坡路。二是结合中国的具体情况，建立及时有效的退出机制。三是建立对农村中小存款人保护和补偿机制，例如建立农村存款保险机制。四是在关闭差金融机构的同时，应允许设立新的金融机构，允许成立创新型金融机构向农村提供金融服务。

4. 引导资金流向，加强必要的政策支持

要尽快采取措施，进一步化解农村信用社的历史包袱问题，尤其是贫困地区农村信用社的历史包袱问题。一是邮政储蓄在价格政策上和农村信用社基本平等，防止不平等政策持续造成两者竞争力的差距。二是综合运用经济和法律手段，调节农村资金流向，例如，扩大农村信用社存贷款利率浮动区间、加快制定“社区再投资法”等，解决农村资金外流问题。三是发挥资金价格机制的作用。主要是扩大贷款利率浮动范围，逐步放开县和县以下贷款利率。四是进一步给予有关财税优惠政策，适时对农户小额信用贷款利息收入免征营业税。改进政策扶持方式，向特别困难的县级联社适度倾斜，赋予省级政府一定的调控权，以提高政策扶持的效率和效果。五是中央银行再贷款数量和期限管理等方面，应根据农业发展需要，做出相应的调整，满足农民扩大再生产和农村信用社流动性管理的需要。六是在农村信用社支付清算体系的建设上，人民银行和地方各级政府应大力支持，尽快把农村信用社纳入全国统一的电子支付清算系统。

（三）切实调整农村政策性金融机构职能，推进农村政策性金融改革

第一，农村金融体系应该以商业金融为主，政策性金融为辅。农村政策性金融所要支持的对象是，按商业原则运行能收回本金但回报率低于社会资金成本或贷款本金回收风险较大的项目。

第二，要明确区分农村政策性金融支持和农村财政支持。对农村的教育、卫生、公共道路建设可以由各级财政分级投入，对重大的生态环境建设工程、农业的基础科学研究可以由中央和地方财政无偿投入。还有一些项目，如农业开发、技术进步及基础设施建设等，多半是社会效益高、而经济效益低的项目。这类项目资金需求量大、期限长、回收慢、风险大，商业金融机构不愿意介入，必须依靠政策性金融。因此，除中央和地方财政无偿投入部分之外，中央财政和省级财政还应列出一部分预算用于补偿性财政支出，即向有政策性金融业务的机构提供贴息资金和呆账损失的弥补，用少量的财政补贴引导社会资金流向农业和农村经济，满足农业、农村经济结构调整和基础设施、生态环境建设的资金需求。

第三，通过业务范围的调整、经营机制的转换，更好地发挥中国农业发展银行的作用，把农业发展银行办成国家专司农业政策性金融的专门机构。一是要为农村政策性金融制定专门的财政预算和立法，明确规定农业发展银行的职责定位，并建立农村政策性金融的财政补偿机制。二是职能调整后，在做好农产品收购资金管理的同时，农业发展银行要加大对农业基础设施建设、生态建设、农业开发和技术进步的政策性金融扶持，以改善农业生产条件，提高农产品的质量、

产量和科技含量，降低生产成本。三是政策性金融还要承担实施扶贫工程。农业发展银行可对贫困地区贫困户直接实施信贷投入，或者通过农村信用社来完成这一职责。四是在建立政策金融的财政补偿机制后，要建立有效的约束机制，讲核算，讲效益，做到保本经营，实现政策性金融的可持续发展。五是严格政策性金融机构预算管理和考核，改革外部监管，健全内控体系。

第四，农发行业务范围的确定应紧紧追随农业和农村经济发展的方向，在不同地区和不同发展阶段确定相应的支持重点。近十年来，农业和农村经济的发展状况和内外部环境已经发生了很大变化，特别是我国已加入世贸组织，农发行的业务范围应该与时俱进，比如农业结构调整贷款、扶持农业规模经营贷款、农产品质量安全体系建设贷款、农产品市场体系建设贷款（包括与农产品期货交易有关的实物交割系统建设贷款）、农业社会化服务体系建设贷款以及村镇房地产和基础设施建设贷款等等，都应列入农发行支持范围。

第五，农村政策性金融业务也可以走商业化运营道路。以政策性机构承担批发环节业务，商业性机构承担零售环节业务。以批发—零售、招标—投标等方式让商业性金融机构参与政策性金融业务，探索一套公正、公开、透明、竞争的政策性金融运作机制。界定政策性金融项目的基本性质、风险程度、补贴范围，锁定对政策性金融业务补贴的底线，超过底线，财政不再给予补贴。逐步建立政策性金融机构自主经营和自担风险的运行机制。加快政策性银行立法步伐，建立资本金补充机制和财政补贴机制，使政策性银行成为符合市场需要的、财务上可持续发展的金融企业。

（四）积极发展条件成熟的农村金融机构和金融产品，建立多层次、多元化的农村金融服务体系

1. 建立服务“三农”的保险体系

一是加快制定相关的法律法规，尽早出台《农业保险法》，明确农业保险的指导思想和基本原则，确立农业保险为政策性法定保险，并对农业保险的组织形式、保险金额的确定、保险费率的厘定、保险条款核定、税收减免政策、财政补贴方式等做出相应规定。二是鼓励商业性保险公司进入农村市场，提供多样化的农业和农村保险。农业保险公司要针对农村发展水平不平衡的现状和保险需求的现状，研究开发低费率、广覆盖的险种。国家通过适当的财政补贴、税负减免、再保险等方式，予以政策支持。三是建立政策性农业保险公司和农业再保险机制。对此，可以由国家来建立农业保险风险基金，对商业性农业保险予以支持和鼓励。为此，要加快制定一整套严格的管理制度，从微观上管好用好农业保险基金。特别是在农业保险的承保、理赔等方面，在农业保险资金的收、存、发放等环节，都要有严格的制度，并要制定相关农业保险投资政策，以确保农业保险基

金的安全性、流动性和收益性。四是加强对农民的保险宣传，不断增加投保农民的数量。

2. 进一步发展农产品期货市场

一是尽快解决农产品期货市场发展和交易的机制问题。加快根据《中共中央国务院关于促进农民增加收入若干政策的意见》（中发［2004］1号文件）和国务院有关“三农”文件的精神，按照市场经济的基本要求，修订现有的相关法律法规，完善农产品期货市场的运行机制，使农产品期货市场的运行和农业生产、农产品市场的运行紧密地联系起来。二是加快农产品期货的产品开发。应根据市场需求开发并推出新品种，形成相对完善的期货市场产品体系。从而为用户提供了更多避险工具上的选择，吸引更多人参与期货交易，使市场风险得到进一步的有序分散。三是通过适当的方式把农户组织起来，通过组织的形式利用期货市场，克服农户分散、信息不对称和相关知识、业务能力缺乏的矛盾。对此，应积极探索“公司+农户”和“期货+订单”等有益方式，发展订单农业，推进农业的市场化和现代化。四是要在农村进行广泛地期货市场教育和宣传，使广大农户和农业企业更好地认识和运用期货市场的作用。

另外，农村金融改革的思路还包括：进一步明确界定金融监管、行业管理的合理边界，理顺农村金融机构、监管部门和地方政府的关系；改善并维护农村信用环境，形成良好的农村金融生态；以培育农村金融市场，引导农村非正规金融正规化，等等。

参考文献

1. 周小川：《关于农村金融改革的几点思路》，载《经济学动态》，2004（8）。

2. 谢平：《中国农村信用合作社体制改革的争论》，载《金融研究》，2001（1）。

3. 易纲：《加快农信社改革，还要做些什么?》，载《光明日报》，2005年2月22日。

4. 《贫困地区农村金融机构可持续发展研究报告》，亚洲开发银行项目，承担人：谢平，徐忠。

5. 马忠富：《中国农村合作金融发展研究》，中国金融出版社，2001。

6. 张杰：《中国农村金融制度：结构、变迁与政策》，中国人民大学出版社，2003。

7. 史建平，周素彦：《农村信用社产权制度改革：理论、绩效与出路》，载《中央财政大学学报》，2004（1）。

8. Pinaki Bose, Formal - informal Sector Interaction in Rural Credit Markets,

Journal of Development Economics, Volume 56, Issue 2, August 1998, Pages 265 – 280.

9. Ping XIE, Reforms of China's Rural Credit Cooperatives and Policy Options, China Economic Review, Volume 14, Issue 4, 2003, Pages 434 – 442.

10. Jacob Yaron, McDonald P. Benjamin, Jr., Gerda L. Piprek, Rural Finance: Issues, Design, and Best Practices, Washington, D. C. World Bank, 1997.

北京市房地产市场及金融问题调研报告

中国人民银行营业管理部课题组

课题主持人：韩　平

主要参与者：姜再勇　严宝玉　盛朝晖

李宏瑾

第一章　影响北京市房地产需求的内生因素与外生因素

一、内生因素

（一）消费结构转型引领住宅需求增长

随着我国经济的高速增长，城镇居民家庭人均可支配收入持续上升，至2003年已达8472.2元，接近1999年的1.5倍。与此相对应，我国居民的消费结构发生了很大变化，最明显的标志就是恩格尔系数的变化。根据国家统计局公布的数据，我国城镇居民的恩格尔系数由1980年的58.9%下降至2003年的37.1%，人们在食物支出减少的同时，在住房、汽车和通讯方面的支出则迅速上升。具体说来，就是我国居民消费已经进入到改善居住条件的阶段，对住宅市场产生了巨大的需求。

近年来，北京市人均生产总值已经超过3500美元，城镇居民人均可支配年收入超过13000元，90%以上的家庭进入小康型消费层次，城镇居民恩格尔系数已降至30%左右，消费结构正发生深刻变化，居民住宅需求不断增长。通过分析北京市城镇居民人均可支配收入与人均居住面积、住宅销售面积的关系，发现相关系数分别达到了0.98、0.95。为提高分析的精确性，采用1998～2003年共60个样本数据[①]，对北京市城镇居民人均可支配收入与住宅销售面积的月度数据进行了回归分析：城镇居民每月可支配收入每增加1元，每月住宅销售面积约增

---

① 数据来源于北京市经济发展月报，1998～2003，北京市统计局。

加1.36万平方米，两变量之间存在显著的正相关关系。采用相同的样本，进一步分析了北京市每月住宅销售面积与城镇居民每月可支配收入之间的弹性关系，北京市城镇居民每月可支配收入增长1%，相应的每月住宅销售面积上升6.8%，住宅需求的收入弹性较大。

（二）人口城市化拉动住宅需求增长

1. 外来人口增加带动住宅需求

虽然自1998年以来人口自然增长率一直保持在不到千分之一的低水平，但北京市近年来总人口及常住人口一直保持了较快的增长，而且总人口增长率快于常住人口增长率。根据1990~2003年北京市常住人口的数据，应用一阶自回归模型对2004~2008年的常住人口进行预测的结果显示（模型拟合程度较高），北京市未来五年新增常住人口为179万人，平均每年新增常住人口35.8万人。根据北京市政府计划到2008年北京人均居住面积要达到25平方米①，初步估算：北京市未来五年新增人口每年对住宅的需求分别为734.06万、795.2万、858.6万、925万、966.81万平方米。

2. 本地农村人口城市化加大了住宅需求

人们通常用非农业人口比重上升状态来反映城镇化速度，但我们考虑到北京市人口结构变动特点，使用了农业人口减少量这个指标来反映北京市农村人口的城市化状况。在北京市的新增非农业人口中，绝大多数是从外地来京工作的人员，非农业人口比重上升更多反映的是外来人口进京情况。由于北京市农业人口很少向外省市转移，所以要反映北京本地农民城市化情况，用农业人口减少数这一指标应该比较科学。随着城市化进程的加快，北京市农业人口的比例一直是下降的，到2003年已经降至27.7%。北京市农业人口减少，意味着由农村进入市区的人口不断增加，相应产生了住宅需求。采用1990~2003年数据，对商品房屋住宅销售面积和农业人口数量进行回归分析，结果表明（模型拟合程度较高），当农业人口减少1万人时，商品住宅销售面积增加24.5万平方米。2003年农业人口减少11.4万人，由此推算因农业人口减少带来对商品住宅面积需求的增加为279.3万平方米。

根据1985~2003年北京市农业人口的数据，运用一阶自回归模型对未来五年农业人口进行预测。结果显示（拟合程度较高），未来五年北京市农业人口共减少15万人，平均每年减少3万人。根据商品住宅销售面积与农业人口之间的

---

① 按照北京市第九次党代会提出的目标，到2008年北京市城镇居民的人均住房使用面积达到25平方米，截至2002年底，本市城镇居民人均住房使用面积为18.2平方米，由此推算平均每年增长1.13平方米。

关系我们可以推测，北京市未来五年因农村人口进入市区而产生的住宅需求每年平均为73.5万平方米。

(三) 理性投资动机推动住宅需求增长

投资性住宅需求就是指以获取租金或差价收益为目的购买住宅。目前，北京市尚未开展投资性购房状况调查，我们无法给出这方面的情况。由于北京市与上海市在房地产发展方面有许多相似之处，因此上海市的投资性购房状况在一定程度上可作为北京市的参照。2003年底，上海市投资性购房的比重已经达到16.6%。但业内人士表示，若将一些不确定因素，如把炒楼花、空置半年以内的商品住宅中也会存在一定的投资性购房等情况考虑在内，上海市商品住宅投资性购房的实际比重高于调查值，可能已超过20%的国际警戒线。其中，上海市居民投资购房占59.8%，外省市人士和境外人士分别占24.6%和15.6%。

二、外生因素

(一) 危房改造带来拆迁户的住宅需求

“十五”期间北京市计划改造危房300万平方米，动迁居民35万户，每年平均计划完成7万户，每年计划拆迁涉及18.2万人。北京市计划到2008年人均居住面积达到25平方米（2002年末北京市人均实际居住面积为18.2平方米），要达到这一目标，平均每年人均居住面积需增加1.13平方米。我们据此可以初步估算：2004年北京市因危房拆迁而产生的住宅需求量为372.37万平方米，按照市政府的危房改造规划，在未来五年内每年因危房改造形成的住宅需求量分别为392.9万、413.5万、434.1万、455万、475.6万平方米。

(二) 低利率政策放大了住宅需求

房地产业属于资金密集型行业，而近几年来我国的持续低利率政策为房地产业提供了极好的发展机会。1996年以来，我国连续8次降息，目前银行利率已处于历史最低水平。降息有利于增加居民购房能力。

我们以1999～2002年全国和各省、市、自治区共4年128个样本观测值的面板（panel）数据，作为研究的样本，对房地产需求与名义利率、实际利率进行了回归分析。

名义利率的情况。计量表明，房地产需求增长率都与名义利率的变化呈现出非常明显的负相关关系。名义利率下降1个百分点，房地产需求的增长率就会上升0.76个百分点。可见，低利率政策对房地产需求的影响程度较高。

实际利率的情况。结果显示，房地产市场需求与实际利率变化呈现负相关关系。与名义利率相比较，房地产需求对于实际利率的变化率与对名义利率的变化率相差0.63个百分点，表明房地产市场需求对实际利率的敏感程度要远远弱于对名义利率的敏感程度。这说明，房地产市场主体在进行消费和投资决策时，更主要的是考虑到了名义利率的影响，而非实际利率。

（三）个人住房贷款推动住宅需求扩大

多数购房者在购买住宅时需要申请个人住房贷款，因此个人住房贷款规模势必对住宅需求产生重要影响。利用1998年1月~2003年12月的144个观测值，对北京市个人住房贷款月度增量与住宅销售面积月度增量进行了回归分析。计量的各项检验指标较好，拟合优度较高。结果表明，北京市月度个人住房贷款每增加1亿元，该月住宅销售面积增加0.435万平方米。两个变量之间的弹性关系显示，月度个人住房贷款变动1%，该月住宅销售面积变动0.723%。可见，北京市的个人住房贷款增加对住宅需求有较强的拉动作用。

对全国的相关情况计量结果表明，全国房地产市场需求同样与个人住房贷款呈同方向关系。个人住房贷款增加1亿元，房地产需求增加0.99万平方米；个人住房贷款增长1%，房地产需求上升0.69%。说明银行系统对房地产市场的运行起着最为重要的作用。

（四）非理性投资动机导致泡沫性住宅需求

在健全的市场环境下，住宅价格应该等于其重置价格（或各期租金收益现值之和），并受供求关系的影响。但是，在信息不对称的情况下，过度的炒作常常会导致购买者高估房价上涨幅度和住宅投资收益率，在巨大利益预期的吸引下，形成过度购买住宅的冲动，将住宅作为抵押品进行大规模的借贷，以较高价格达成交易，需求的价格弹性失常。

北京市有两种信息最容易被长期或短期炒作，并可能带来较为严重的危害。一是首都的惟一性决定了北京市房地产受到越来越多人的青睐，房价会快速上升，晚买房不如早买房。二是奥运会将给北京市房地产业带来巨大商机，奥运会本身及其带动的经济和社会发展会对房地产业产生强烈需求。

第二章　支撑北京市房地产价格的因素分析

一、房地产需求强劲增长对房价有很大支撑作用

总体来看，北京市的房地产需求在各种内生和外生因素推动下，呈现快速上升趋势，这是支撑房价的基本力量。对此不再赘述。

二、房地产市场机制缺陷是支撑房价的重要因素

（一）竞争不充分

1. 北京市房地产业存在比较明显的区位异质性

北京市房地产业的一个显著特点是区位的异质性，即存在级差地租，由此形成了区位垄断格局。房地产不可移动性所决定的房地产区位垄断问题，虽然在世界各地普遍存在，但在北京尤为明显。市中心与四环路附近区域、北城与南城在交通便利程度、环境质量等方面都有较大差异，这些地区的房地产项目在价格上有明显不同。

2. 北京市房地产业存在进入壁垒

自由进入是市场是否具有竞争性以及是否富有效率的一个前提。如果一个市场可以自由进入，那些有效率的厂商就能很容易地进来，同在位厂商展开竞争，使整个市场富有效率。反之，无效率的在位厂商就会获得某种垄断力量。近些年来，在北京土地一级市场上，房地产开发商几乎全部以协议出让方式获取土地。一些开发商以相对低廉的价格买到大量土地，并积累起来。而无法在土地一级市场拿到土地的房地产开发商特别是外地开发商，只能在二级市场上以较高价格从拥有廉价土地的开发商手中购买土地。在《北京市国土房管局等部门关于停止经营性国有土地使用权协议出让补充规定的通知》（京政发［2004］4号）实施后，北京市在一级土地交易市场上将停止所有协议方式出让土地，全面推行招标、拍卖、挂牌交易（简称招拍挂）。招拍挂方式形成的土地交易价格，会远高于以往购得的廉价土地的价格。相对于积累了大量廉价土地的开发商来说，只能以高价获取土地的开发商面临着进入的经济壁垒。同时，政府部门对房地产企业的管理实行较严格的行业准入制度，使得房地产市场存在着一定的行政性进入壁垒。

3. 北京市房地产市场的勒纳指数偏高

根据计量结果，对各省的房地产市场勒纳指数进行了排序，如图1所示。图中各省（市、区）勒纳指数（市场竞争环境）排序由右至左，数值越低，市场竞争环境越好。

北京市房地产市场的勒纳指数为0.56，在全国各省（市）、自治区排名在第十八位，垄断程度较高。在这样竞争不充分的市场结构下，作为市场供给方的房地产企业，会在一定的程度上损失产出效率，并有可能在一定的程度上操纵市场价格，房地产价格也必然高于在完全竞争市场条件下由各厂商的边际成本所决定的价格，房价上升压力较大。

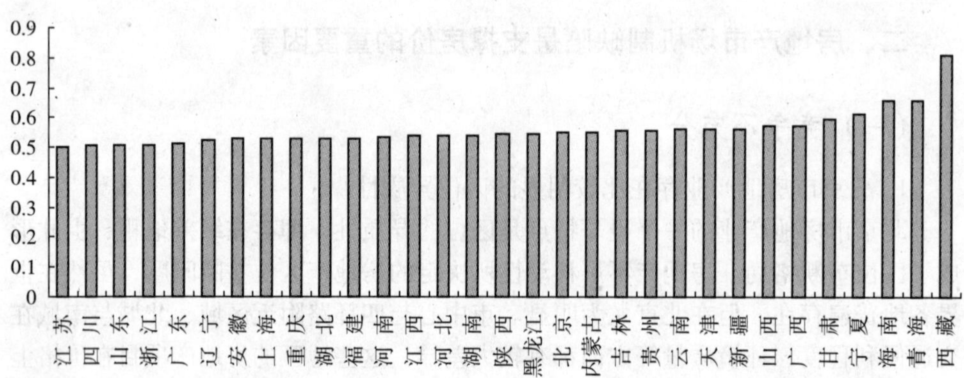

图1　我国各省（市、区）1999～2002年房地产市场勒纳指数

（二）信息不对称

在健全的市场环境下，房地产价格应该等于其重置价格（或各期租金收益现值之和），并受供求关系的影响。但是，在信息不对称的情况下，过度的炒作常常会导致开发商高估房地产投资的未来收益、购买者高估房价。

三、支付给政府部门的较高成本具有一定的支撑房价作用

北京市房屋开发成本主要包括：地价款、基础设施建设费、两税一费、前期工程费、征地拆迁费、建筑安装工程费、管理费等。通过对一些房地产开发公司的调研发现：地价款实际上是土地出让金，直接交给政府部门；基础设施建设费上缴政府部门；公共设施配套费是建设小区内部学校、邮局等发生的费用；两税一费指的是所得税、营业税以及征收营业税、增值税、消费税的同时附加征收的城市建设维护税和教育附加费；前期工程费是房地产开发公司在项目前期跑证以及为了某个工程所发生的各项费用；征地拆迁费支付给拆迁公司；建筑安装工程费支付给施工企业；管理费是企业内部经营管理发生的费用。表1反映了房地产开发商支付给政府部门的相关成本的占比。

表1　北京市新开发区普通住宅成本价格中政府收取的各项税费

构成项目	金额（元/平方米）	占比（%）
地价款	516	9.00
基础设施建设费	356	6.21
公共设施配套费	318	5.55
两税一费	315	5.50
合计	1505	26.26

按上述比例和实际商品房销售面积来匡算，北京市1996～2003年土地出让

金为319亿元，基础设施建设费约210亿元，公共设施配套费193亿元，三者合计722亿元，相当于同期北京财政收入的26%。可见，土地出让金、基础设施建设费和公共设施配套费显著地增大了政府支配资源的能力。由于土地出让金是按照规划建筑面积计算和缴纳（并非土地占用面积）的，而上述土地出让金319亿元的估计没有包括在建和空置部分，因此319亿元的匡算是偏低的。

同时，近年来北京市房地产开发企业上缴的“经营税金及附加”占北京市财政收入的比例也呈上升趋势。2000年为5.3%，2001年为6.9%，2003年为7.9%。北京市房地产开发企业上缴的“经营税金及附加”增速也比全国快。2000～2002年北京市房地产开发企业缴纳的“经营税金及附加”分别为18.4亿元、31.5亿元、42.1亿元。全国房地产开发企业缴纳的“经营税金及附加”2002年比2000年增长了72%，低于北京市的增长水平。北京市房地产开发企业缴纳的“经营税金及附加”占全国的比例也由2000年的8.6%上升到11.4%。

另外，北京市土地价格有趋升之势。2004年8月31日之后，北京市停止一切土地协议出让，土地交易一律实行招标、拍卖、挂牌。这预示着土地交易走向市场化，并迫使所有已被囤积但尚未取得合法手续的土地通过招、拍、挂形式进入市场。虽然短期内会放大市场上的土地供应量，使土地价格走稳，但从长期看，随着招、拍、挂制度的实施，北京市房地产市场将更加开放，外地优质开发商的进入将对土地交易形成需求拉动，加之政府土地储备中心垄断土地一级交易市场，也会因供给垄断产生推动地价上升的压力。

四、宏观经济因素对房地产供求双方所产生的不同作用有利于支撑房价

（一）供给收入弹性小于需求收入弹性，居民收入递增产生支撑价格的力量

通过计量发现我国房地产市场的供给收入弹性小于需求收入弹性。我国城镇居民人均可支配收入增加1个百分点，居民对房地产市场的需求就增加1.52个百分点，房地产市场的实际供给仅增加了0.74个百分点，这说明房地产市场供给收入弹性要远远小于需求收入弹性，房地产市场供给约束问题的严重性要远远大于需求约束。弹性理论表明，在经济发展中，随着需求的增长，供给弹性小的商品，价格上涨得也就越快。

（二）供给利率弹性小于需求利率弹性，低利率政策具有支撑房价的力量

通过回归模型计量发现，无论是房地产需求还是房地产供给，其增长率都与

名义利率的变化呈现出非常明显的负相关关系。而且，房地产需求对名义利率的敏感程度要大于供给的敏感程度，名义利率下降1个百分点，房地产需求就会上升0.76个百分点，而供给将上升0.53个百分点，两者相差多达0.23个百分点。可以这样理解，即当利率调整时，在其他因素不变的条件下，需求的变化率要快于供给的变化率。

再观察实际利率。从模型计量的结果发现，房地产需求对实际利率的敏感程度要大于房地产供给的敏感程度。但是，与名义利率相比较，房地产市场供给、需求对实际利率的敏感程度要弱于对名义利率的敏感程度，如房地产需求对于实际利率的变化率与对名义利率的变化率相差0.63个百分点，而房地产市场供给对实际利率的变化率与对名义利率的变化率相差0.48个百分点。这说明，房地产市场主体在进行消费和投资决策时，更主要的是考虑到了名义利率的影响，而非实际利率。

第三章 金融调控房地产价格的传导渠道及效应

一、金融调控房地产价格的传导渠道

金融调控手段主要包括利率和信贷，前者是中央银行通过调整利率水平，引起房地产企业借贷成本的增减，进而影响房地产企业投资意愿和消费者购房意愿的变化，最后影响房地产市场价格的运行。一般而言，利率上升，则意味着借贷成本上升，在其他条件不变的情况下，房地产企业投资规模和购房者的需求会相应减少，房地产市场价格上升速度会下降，反之亦然。利率对房地产市场价格的调控过程如图2所示。

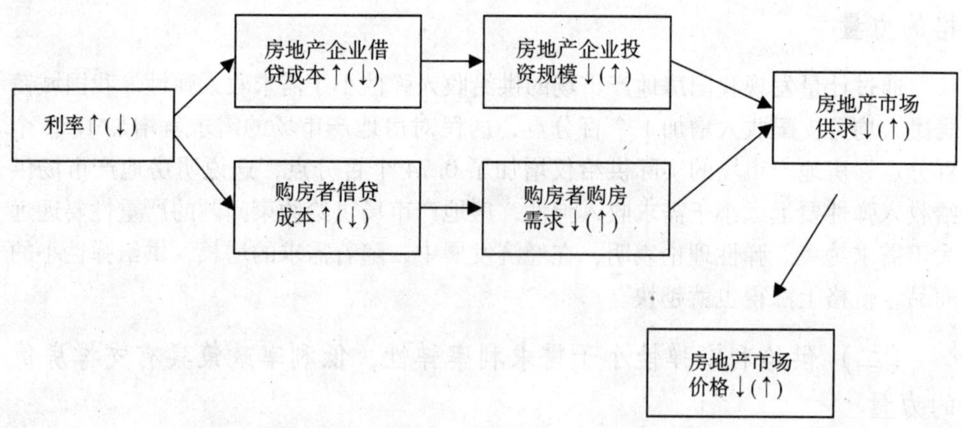

图2 利率调控在房地产业的传导渠道

利率调控属于资金价格调控手段，其对房地产市场的影响要通过对房地产企业的成本约束效应才能体现，属于间接调控。如果借贷者缺乏成本约束，即借款人不考虑将来还贷能力，则会影响调控效果。与利率调控相比，信贷调控属于数量调控，是中央银行通过调节货币量，影响信贷总量（社会信用总量），引致房地产企业和购房者可借资金数量的变化，直接影响企业投资规模和购房者的需求，最终影响房地产市场价格的走向。一般而言，信贷总量扩张，借贷资金可得性增强，则房地产投资规模和销售都会相应上升，房地产市场价格上升速度加快，因此，信贷调控更为直接，更易在短期取得效果，但是力度较大，缺少过渡，易引起震荡。信贷对房地产市场价格调控的传导过程如图 3 所示。

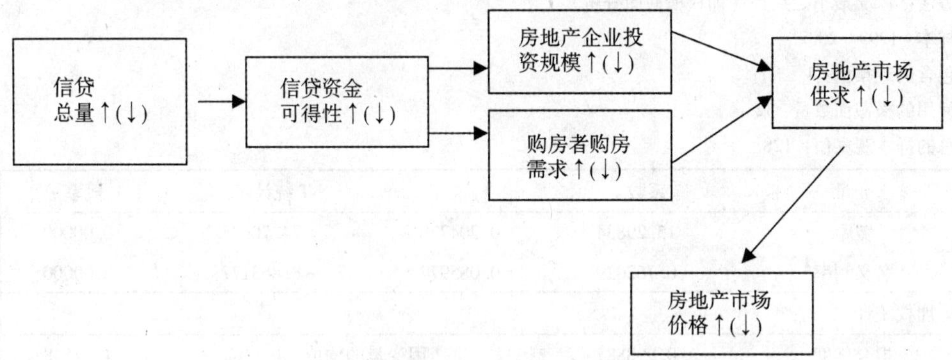

图 3　信贷调控在房地产业的传导渠道

二、金融调控房地产价格的直接效应

前面从理论上研究了金融调控房地产价格的不同传导渠道，在此基础上，从实证角度分析各种金融变量对我国房地产价格的调控效应。以 1999 ~ 2002 年全国和各省、市、自治区共 4 年 128 个样本观测值的面板（panel）数据，作为研究的样本，运用广义最小二乘法，对房地产需求、供给、价格与利率、信贷等变量进行了回归分析（包括弹性分析和边际分析）。

（一）利率调控对房地产需求、供给和价格有较大影响

弹性分析表明（参见表 2），无论是房地产需求，还是房地产供给，其增长率都与名义利率的变化呈现出非常明显的负相关关系，而且，房地产需求对名义利率的敏感程度要大于供给的敏感程度。可以这样理解，即当利率调整时，房地产需求的变化率要快于供给的变化率。近年来，我国一直是实行低利率政策，并不断降低名义利率，这样，需求的增长率必然大于供给的增长率，也就是说考虑其他因素不变，在利率下调时，房地产市场的供给增长无法跟得上需求的增长，

这从一个侧面说明在利率下调时，房地产业面临较为严重的供给约束，说明房地产的供求矛盾十分突出，并且是求大于供。另一方面，如果利率上调，那么房地产需求下降速度也将快于供给下降的速度，而在其他条件不变的条件下，这意味着市场出现了相对多的供给，对房地产价格构成了向下的压力。而一旦房价真正回落，由于房地产企业是靠大量负债推动房地产开发的，资金链条发生断裂，那么就极容易引发银行的大面积坏账，进而造成银行危机和宏观经济波动。因此，有效的宏观调控不应以降低房价为目标，而应追求房价的基本稳定。

表 2 房地产供给、需求与名义利率弹性分析

因变量：房地产需求对数
方法：广义最小二乘法（加权横截面分析）
样本：1999 2002
包含的观察值：4
使用的横截面数量：32
总的样本观察值：128

变量	系数	标准差	T 统计量	概率
截距	15.29834	0.204778	74.70688	0.00000
名义利率	-0.762029	0.085977	-8.863177	0.00000
加权统计				
拟合优度	0.998887		因变量的均值	44.47548
调整拟合优度	0.998878		因变量的标准差	47.18735
回归标准误差	1.580641		残差平方和	314.8016
F 检验统计量	113058.9		相伴概率	0.00000

因变量：房地产供给对数
方法：广义最小二乘法（加权横截面分析）
样本：1999 2002
包含的观察值：4
使用的横截面数量：32
总的样本观察值：128

变量	系数	标准差	T 统计量	概率
截距	7.681659	0.140724	54.58654	0.00000
名义利率	-0.530743	0.059084	-8.98289	0.00000
加权统计				
拟合优度	0.997924		因变量的均值	25.0052
调整拟合优度	0.997908		因变量的标准差	30.01743
回归标准误差	1.37307		残差平方和	237.5505
F 检验统计量	60570.72		相伴概率	0.00000

与名义利率相比较，房地产市场供求对实际利率的敏感程度要远远弱于对名义利率的敏感程度。房地产需求对于实际利率的变化率与对名义利率的变化率相差0.63个百分点，而房地产供给对实际利率的变化率与对名义利率的变化率相差0.48个百分点。表3列出了房地产需求、供给与实际利率的弹性分析结果。

表3 房地产需求、供给与实际利率弹性分析

因变量：房地产需求对数
方法：广义最小二乘法（加权横截面分析）
样本：1999 2002
包含的观察值：4
使用的横截面数量：32
总的样本观察值：128

变量	系数	标准差	T统计量	概率
截距	13.83089	0.096804	142.8753	0.00000
实际利率	-0.12898	0.02943	-4.382619	0.00000
加权统计				
拟合优度	0.997522		因变量的均值	36.78894
调整拟合优度	0.997503		因变量的标准差	31.94716
回归标准误差	1.596458		残差平方和	321.1336
F检验统计量	50731.28		相伴概率	0.00000

因变量：房地产供给对数
方法：广义最小二乘法（加权横截面分析）
样本：1999 2002
包含的观察值：4
使用的横截面数量：32
总的样本观察值：128

变量	系数	标准差	T统计量	概率
截距	6.560494	0.060433	108.5587	0.00000
实际利率	-0.046649	0.018755	-2.48722	0.01420
加权统计				
拟合优度	0.996084		因变量的均值	20.47421
调整拟合优度	0.996053		因变量的标准差	22.0429
回归标准误差	1.384866		残差平方和	241.6495
F检验统计量	32049.54		相伴概率	0.00000

以平均商品房销售价格代表房地产价格，对房地产价格与名义利率的弹性分析（参见表4）表明，房地产价格的增长率与名义利率的变化呈现出明显的负相

关关系。在其他条件不变的条件下，名义利率上升 1 个百分点，房价的增长率相应下降 0.37 个百分点。

表 4　房地产价格与名义利率的弹性分析

因变量：房地产价格对数
方法：广义最小二乘法（加权横截面分析）
样本：1999　2002
包含的观察值：4
使用的横截面数量：32
总的样本观察值：128

变量	系数	标准差	T 统计量	概率
截距	7.706661	0.080495	95.74066	0.0000
名义利率对数	-0.368621	0.093718	-3.933298	0.0001
加权统计				
拟合优度	0.998838		因变量的均值	15.06033
调整拟合优度	0.998829		因变量的标准差	10.54856
回归标准误差	0.360973		残差平方和	16.41802
F 检验统计量	108326.6		相伴概率	0.000000

表 5　房地产供给与房地产开发贷款的边际分析

因变量：房地产供给
方法：广义最小二乘法（加权横截面分析）
样本：1999　2002
包含的观察值：4
使用的横截面数量：32
总的样本观察值：128

变量	系数	标准差	T 统计量	概率
截距	257.195	65.133	3.948741	0.0001
I	0.07185	0.0051	14.10465	0.0000
贷款	4.69754	0.3022	15.54412	0.0000
价格	-0.22034	0.0361	-6.098192	0.0000
加权统计				
拟合优度	0.9844		因变量的均值	1734.1
调整拟合优度	0.98402		因变量的标准差	2976.5
回归标准误差	376.214		残差平方和	2E+07
F 检验统计量	2608.54		相伴概率	0.0000

表 6　房地产供给与房地产开发贷款的弹性分析

因变量：房地产供给对数
方法：广义最小二乘法（加权横截面分析）
样本：1999　2002
包含的观察值：4
使用的横截面数量：32
总的样本观察值：128

变量	系数	标准差	T 统计量	概率
截距	7. 865283	0. 47827	16. 4453	0. 0000
lnI	0. 045451	0. 02919	1. 55731	0. 1219
贷款对数	0. 986335	0. 02564	38. 4658	0. 0000
价格对数	−0. 79227	0. 05214	−15. 196	0. 0000
加权统计				
拟合优度	0. 998761		因变量的均值	14. 33
调整拟合优度	0. 998731		因变量的标准差	13. 46
回归标准误差	0. 47952		残差平方和	28. 51
F 检验统计量	33316. 7		相伴概率	0. 0000

表 7　房地产价格与房地产开发贷款的弹性分析

因变量：房地产价格对数
方法：广义最小二乘法（加权横截面分析）
样本：1999　2002
包含的观察值：4
使用的横截面数量：32
总的样本观察值：128

变量	系数	标准差	T 统计量	概率
截距	6. 779205	0. 036455	185. 9619	0. 0000
贷款对数	0. 150691	0. 008091	18. 62344	0. 0000
加权统计				
拟合优度	0. 999516		因变量的均值	15. 26006
调整拟合优度	0. 999512		因变量的标准差	13. 50577
回归标准误差	0. 298247		残差平方和	11. 20783
F 检验统计量	260304. 3		相伴概率	0. 000000

（二）个人住房贷款变动对房地产需求和房价有重要影响

通过将房地产需求与个人住房贷款、居民可支配收入等变量进行弹性分析，结果显示（参见表 8），在所有影响居民购房需求的因素中，个人住房贷款影响最大。在其他条件不变的条件下，个人住房贷款每下降 1 个百分点，房地产需求将下降 0. 69 个百分点。

表8　房地产需求与个人住房贷款的弹性分析

因变量：房地产需求对数

方法：广义最小二乘法（加权横截面分析）

样本：1999　2002

包含的观察值：4

使用的横截面数量：32

总的样本观察值：128

变量	系数	标准差	T统计量	概率
截距	4.994975	1.05623	4.72904	0.0000
	0.330917	0.08638	3.83074	0.0002
贷款对数	0.694374	0.04418	15.7184	0.0000
价格对数	0.360551	0.12531	2.87721	0.0047
加权统计				
拟合优度	0.995981		因变量的均值	19.153
调整拟合优度	0.995884		因变量的标准差	9.0632
回归标准误差	0.581476		残差平方和	41.926
F检验统计量	10243.26		相伴概率	0.0000

对房地产价格与个人住房贷款进行弹性分析结果显示（参见表9），在其他条件不变的条件下，个人住房贷款每下降1个百分点，房地产价格将下降0.13个百分点。

表9　房地产价格与个人住房贷款的弹性分析

因变量：房地产价格对数

方法：广义最小二乘法（加权横截面分析）

样本：1999　2002

包含的观察值：4

使用的横截面数量：32

总的样本观察值：128

变量	系数	标准差	T统计量	概率
截距	6.846653	0.045922	149.0921	0.0000
个人住房贷款对数	0.131221	0.009855	13.31501	0.0000
加权统计				
拟合优度	0.998807		因变量的均值	12.77651
调整拟合优度	0.998798		因变量的标准差	8.105185
回归标准误差	0.281053		残差平方和	9.952810
F检验统计量	105496.0		相伴概率	0.000000

三、金融调控房地产价格的间接效应

所谓间接效应是指金融手段在调控房地产价格的过程中对经济增长产生的影响。选取 1995 年以来全国和各省、市、自治区共 32 个基本观察样本，对国内生产总值与商品房销售额（代表购房需求）、国内生产总值与房地产投资额进行弹性分析结果表明（参见表 10、表 11），在其他条件不变的条件下，购房需求每增长 1 个百分点，则国内生产总值将增长 0.0044 个百分点；房地产投资每增长 1 个百分点，则国内生产总值增长 0.0096 个百分点。

表 10　国内生产总值与购房需求的弹性分析

因变量：国内生产总值对数

方法：广义最小二乘法（加权横截面分析）

样本：1996　2003

包含的观察值：8

使用的横截面数量：32

总的样本观察值：254

变量	系数	标准差	T 统计量	概率
截距	0.143141	0.019123	7.485164	0.0000
购房需求对数	0.004355	0.002621	1.661718	0.0978
加权统计				
拟合优度	0.999794		因变量的均值	9.059109
调整拟合优度	0.999793		因变量的标准差	3.061712
回归标准误差	0.044068		残差平方和	0.487447
F 检验统计量	610486.9		相伴概率	0.000000

表 11　国内生产总值与房地产投资的弹性分析

因变量：国内生产总值对数

方法：广义最小二乘法（加权横截面分析）

样本：1996　2003

包含的观察值：8

使用的横截面数量：32

总的样本观察值：255

变量	系数	标准差	T 统计量	概率
截距	0.160393	0.017376	9.230656	0.0000
房地产投资对数	0.009643	0.002867	3.363684	0.0009

续表

加权统计			
拟合优度	0.999815	因变量的均值	9.130999
调整拟合优度	0.999814	因变量的标准差	3.199628
回归标准误差	0.043658	残差平方和	0.480307
F 检验统计量	682030.4	相伴概率	0.000000

（一）利率调控房地产价格对经济增长的影响

从房地产消费看，利率上升 1 个百分点，购房需求增长率将下降 0.76 个百分点，而购房需求下降 1 个百分点，GDP 增长将下降 0.0044 个百分点。因此，如果提高名义利率一个百分点，在其他条件不变的条件下，GDP 将下降 0.0033 个百分点。

从房地产投资看，利率上升 1 个百分点，房地产投资增长率将下降 0.63 个百分点，而投资下降 1 个百分点，GDP 增长将下降 0.0093 个百分点，因此，如果提高名义利率一个百分点，在其他条件不变的条件下，GDP 将下降 0.0059 个百分点。

综合购房需求与房地产投资的两条途径，可以看出，在其他条件不变的条件下，名义利率上升 1 个百分点，通过房地产市场这一渠道将使 GDP 的增长下降 0.0092 个百分点。

（二）信贷调控房地产价格对经济增长的影响

从购房需求角度看，个人住房贷款下降 1 个百分点，购房需求增长率将降低 1.45 个百分点，而购房需求下降 1 个百分点，GDP 增长将下降 0.0044 个百分点。因此，个人住房贷款下降 1 个百分点，在其他条件不变的条件下，GDP 将下降 0.0056 个百分点。

从房地产投资角度看，房地产开发贷款下降 1 个百分点，房地产投资将降低 0.995 个百分点，而房地产投资下降 1 个百分点，GDP 增长将下降 0.0093 个百分点，因此，房地产开发贷款下降 1 个百分点，在其他条件不变的条件下，GDP 将下降 0.0093 个百分点。

综合购房需求与房地产投资的两条途径，可以得出这样的结论，在其他条件不变的条件下，房地产开发贷款和个人住房贷款每下降 1 个百分点，GDP 的增长将下降 0.0149 个百分点。

从利率和信贷两种政策变量通过房地产市场渠道对于经济增长的影响效果可以看出，银行信贷政策的效果大于利率政策的效果。

第四章 北京市信贷资金在房地产业循环流动及风险

一、北京市房地产开发企业严重依赖银行信贷资金

（一）实收资本少，占比低

实收资本少，占比低是北京市房地产开发企业普遍存在的问题。以北京市房地产开发企业前20家贷款大户①为例，实收资本与其全部资产的比例约为10%。2001年，20家贷款大户实收资本为115.4亿元，资产1169.5亿元，实收资本与资产的比率为9.9%；2002年，实收资本为118.2亿元，资产1220.8亿元，实收资本与资产的比例为9.7%。

（二）“自筹资金”和“其他”资金的很大部分来自于银行信贷

根据统计年鉴的数据分析全国和北京的房地产开发企业资金来源结构。2000~2002年，全国房地产开发企业的资金来源中，自筹资金占比28%，国内贷款占比23%，利用外资2%，国家预算外资金0.12%，债券0.02%，其他47%。而同期北京房地产开发企业的资金来源中，自筹资金占比19%，比全国②低9个百分点；国内贷款占比29%，比全国高6个百分点，利用外资、国家预算外资金、债券比例也很小，其他49%，比全国高2个百分点。③

表12　房地产开发企业2000~2002主要资金来源占比情况表

单位:%

	自筹资金	国内贷款	其他
全国	28	23	47
北京	19	29	49

数据来源：根据2001、2002、2003年《中国统计年鉴》有关数据计算。

上述资金来源中的“国内贷款”只是信贷资金投入房地产业的一部分，事

① 根据中国人民银行营业管理部“银行信贷登记咨询系统”显示，2004年一季度末，北京全辖金融机构前20大户房地产企业贷款余额为321亿元，占同期北京市房地产贷款的10%。

② 1997~2002年的平均数据。

③ 根据2001、2002、2003年《中国统计年鉴》有关数据计算。

实上，房地产开发企业的“自筹资金”和“其他”资金也有很大一部分来自银行贷款：

1. 自筹资金的相当部分来自商品房预售收入，而预售收入中有相当部分的资金来自于“银行个人住房贷款”。被调查的4家房地产开发企业均采取“滚动开发”的模式。所谓“滚动开发”模式是指由于自有资金相对较少，房地产开发企业一般都把开发的项目分成几期。以实地调查的项目A和项目B为例，项目A在北京市的中心商务区（CBD），开发的项目包括公寓和商用房，其公寓的价格在每平方米11000～12000元左右，商用房价格在每平方米17000～18000元左右。80%～90%的业主选择按揭贷款。如果假设平均为七成按揭的话，那么房地产企业60%左右的房款收入来自银行信贷。项目B在机场高速公路附近，为高档别墅项目，项目公司的注册资本是8400万元，售价为每平方米在16000元左右，每栋别墅在500万～1000万元之间。项目B一次性付款的业主比例50%，另一半的业主选择按揭贷款。可以看出，尽管项目A和项目B的地域、定位等差异比较明显，但信贷资金对项目销售的支持作用是非常相似的。

2. 关联企业的资金往来也是“自筹资金”的一个重要来源，而关联企业的资金中有相当部分来自于银行贷款。规模较大的房地产开发企业，一般都采用注册项目公司的做法。所谓项目公司是指针对一房地产项目开发而设立的公司。走访的企业中均有2家以上的项目公司。各项目公司的母公司实际控制着各项目公司的资金运作和管理。由于各项目公司的开发周期不一样，母公司可将项目间的资金“调剂”使用，而关联公司的资金很难排除银行资金参与。据我们走访的开发企业介绍，在项目B开发的过程中运用其关联公司的资金近1亿元，占项目总资产的22%。

3. 建筑安装企业代垫款是房地产开发企业“其他”资金来源的组成部分。建筑安装企业代垫资金现象很普遍，由于建筑安装企业的行业特点和积累有限，因此它们的代垫款多来自于银行贷款。2004年6月，北京市银行向建筑安装企业发放的流动资金贷款余额215.8亿元。

由此可以看出，如果仅从目前房地产开发企业资金来源的统计数据，银行信贷资金直接投入比例约30%；但如果把“自筹资金”和“其他”资金来源细化为预售收入和关联公司资金的话，信贷资金对房地产开发企业的资金支持将超过2/3。

二、信贷资金在房地产业循环流动的基本表现

从图4所反映的房地产开发企业资金循环过程看，信贷资金全程参与了房地产业的资金流动过程。这个过程可分为以下三个阶段，如图4所示。

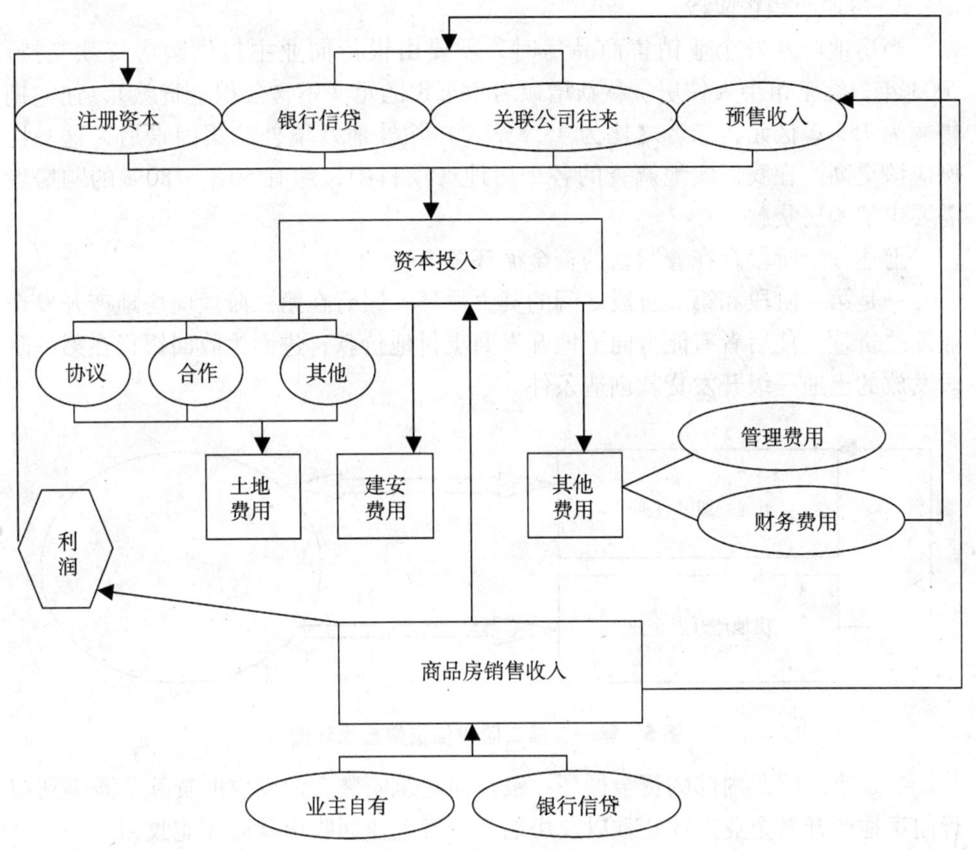

注：考虑到图形的简洁美观，资金来源中的其他占比较小的利用外资、国家预算外资金和债券等没有纳入。

图4 房地产开发企业资金流动图

1. 土地一级开发阶段

就房地产开发而言，这个阶段的主要任务是把“生地”变成“熟地”。承担这一任务的有土地储备中心、土地出让单位、项目公司以及土地出资（合作）者。这三类单位都有银行贷款介入。

2. 房地产开发阶段

2004 年 6 月末北京市银行自营性房地产贷款中，住房和商业用房开发贷款[①]余额为 851 亿元。房地产开发企业流动资金贷款余额为 328. 6 亿元，建筑安装企业流动资金贷款余额为 215. 8 亿元。三者合计占自营性房地产贷款的 45% 。

① 包括住房开发贷款和商业用房开发贷款。

3. 房地产销售阶段

当房地产开发企业销售商品房时，需要由银行向业主提供购房贷款支持。2003 年，北京市个人住房贷款新增额为 344. 8 亿元（不含公积金贷款），住宅销售额为 753. 2 亿元，二者之比为 45. 8%。扣除外地及境外购买因素后，这一比例应该更高。在我们实地调查的各个房地产项目中，约有 50% ~80% 的购房者需要申请购房贷款。

上述三个阶段存在着紧密的资金循环关系。

一是第一阶段和第二阶段之间的资金循环：银行在第二阶段向房地产开发企业发放贷款，使后者有能力向土地开发商支付地价款，进而为收回银行在第一阶段发放的土地一级开发贷款创造条件。

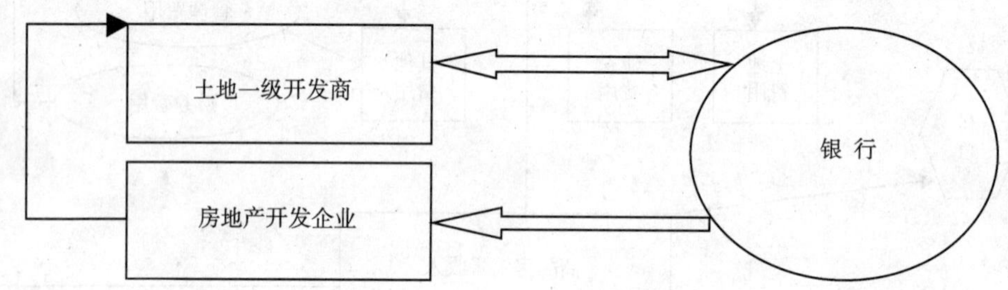

图 5　第一、第二阶段信贷资金循环图

二是第二阶段内部的资金循环：银行向建筑安装企业发放的贷款，需等到银行向房地产开发企业发放贷款以及房地产开发企业回收房款后才能收回。

三是第二阶段与第三阶段之间的资金循环：银行向房地产开发企业发放的贷款，需要等到商品房销售出去，并获得售房款后才能收回。

从上述的三个资金循环我们可以看到，三个资金循环互相影响，环环相扣，共同构成房地产行业资金流动的“资金链”。在这个“资金链”中，银行对购房者的贷款起着极其重要的作用。

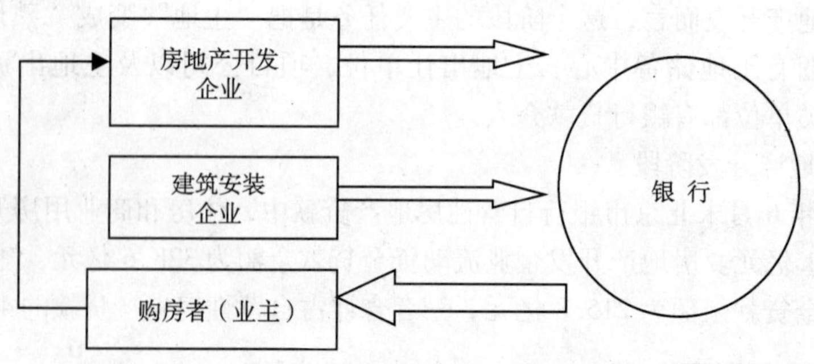

图 6　第二、第三阶段信贷资金循环图

三、信贷资金在房地产业循环流动的风险及成因

（一）银行发放土地开发贷款面临的风险

这里以北京市土地整理储备中心贷款为例。银行信贷资金至少面临两方面的风险：

一是土地整理储备中心具有高负债经营特点，其注册资本较少，而目前在银行的贷款是注册资本的数倍。

二是银行向土地整理储备中心发放的贷款没有有效的担保措施，风险很大。土地整理储备中心向各银行贷款时主要的担保方式为财政或其他部门保证或土地使用权质押，这两种担保方式都难以将担保真正落到实处。财政或其他部门保证是不符合《担保法》规定的，而且按照现行法规，质押的土地使用权不属于土地整理储备中心。

（二）银行向房地产开发企业贷款面临的风险

1. 房地产开发企业资产负债率高

资产负债率较高是北京房地产开发企业的一大特点。2000～2002 年北京市房地产开发企业平均资产负债率为 81.2%，高于同期全国水平 6 个百分点。20 家贷款大户平均资产负债率比北京市的平均水平还要高。以 2001 和 2002 年为例，全国的平均水平为 75% 和 74.9%，北京为 80.8% 和 81.3%，而这 20 家样本企业均为 86.2%，比全国高 11 个百分点，比北京平均水平高 5～6 个百分点。这说明北京房地产开发企业对外部资金需求大、负债经营的问题较为严重。

2. 房地产开发企业盈利能力较弱，效益不理想

据对北京市行业价值创造能力的研究①，发现在第三产业中，房地产行业的价值创造能力并不高（以 EVA 即经济增加值衡量）。房地产行业的价值创造能力在第三产业 21 个行业中排名第 16 位。20 家贷款大户盈利能力也十分有限。20 家样本企业的 2001 年净资产利润率②为 -0.8%，2002 年为 2.1%，2003 年为 -3%。从盈亏企业来看，盈利和亏损家数基本相当。因此，不论北京房地产业，还是 20 家贷款大户，其盈利能力都不理想。

影响盈利能力的直接原因有两个方面，一是费用过高，尤其是管理费用居高不下。从 20 家贷款大户看，管理费用高是 2001 和 2003 年盈利状况较差的直接原因。二是存货比例大。2001～2003 年存货分别占当年样本企业流动资产总额

---

① 详见《北京市行业价值创造能力与金融对策研究报告》，2004 年，中国人民银行营业管理部。

② 根据 19 家的数字计算，这里的利润指利润总额（含所得税，下同）。

的60%、67%和72%[①]。

（三）银行发放个人住房贷款的风险

1. 个人住房贷款的风险开始显现

根据对北京市房地产市场的监测[②]，随着北京市银行个人住房贷款业务总量的增加，此类贷款的风险开始显现。

2. 投资性购房风险值得关注

这里以项目A和B的投资需求为例。据开发企业估算，项目A和B的投资需求比例分别为40%、20%～25%。据房地产开发企业分析，这两个项目的投资需求相对较高，主要原因是购买后容易出租给外国企业使用或外方管理人员居住。项目A和B具有一定代表性，说明在一些区位较好的开放项目中，投资需求已经占有一定的比例。

3. 作为个贷回收基础的个人收入稳定性始终受到挑战

"个人住房贷款"是银行相对"优质"的资产，主要原因在于城镇居民人均可支配收入稳定增长。人们基于对个人收入稳定增长的预期而申请个人住房贷款，而个人收入的实际增长为偿还个贷奠定了基础。住宅销售随个贷增加而增加。因此，只要收入稳定，银行个人住房贷款回收的风险就小。但个人收入的稳定性始终受制于宏观经济大背景，面临挑战。即使平均收入的稳定性能够保持，但个体之间的差异仍不可避免地存在，有的人收入能稳定增长，有的人收入可能下降或出现大的波动。

四、房地产类信贷资金三阶段风险特点

（一）三个阶段的信贷风险具有联动性

房地产类信贷资金在不断的循环流动中回收、增值。在三个阶段的循环中，任何一个阶段的循环出现障碍都可能导致信贷资金风险转化为损失。从这个角度说，信贷资金在循环各阶段的风险是相互联系的。一是各阶段的风险都与项目的成功与否直接相关。二是个人住房贷款使潜在的、未来的需求转化为现实的需求，它在信贷资金的整体循环中处于极其重要的地位。

（二）三个阶段的信贷风险具有集中性

第一、第二阶段的信贷风险在很大程度上与项目销售的成败密切联系，如果

① 由于数据来源限制，2001年和2002年为19家企业，2003年为9家企业。

② 《2004年一季度北京市房地产信贷情况分析》，中国人民银行营业管理部货币信贷处，2004年。

项目销售顺利，那么，第二阶段的信贷风险就随之化解，并带动第一阶段的贷款顺利回收，第三阶段的信贷风险即个人住房贷款风险将成为银行承担的主要风险。从这个角度说，三个阶段信贷风险最终将在很大程度上集中在个人住房贷款上。

（三）第三阶段的信贷风险具有长期性

第三阶段信贷风险的本质内容是购房者偿还银行贷款的不确定性。购房者偿还能力来自于稳定持续的居民可支配收入，与宏观经济金融状况密切相关，而宏观经济变动一般要经历一个较长周期。同时，银行对购房者贷款的期限相对较长，也决定了第三阶段的风险具有长期性的特点。

第五章　北京市房地产市场中的空置问题

一、房屋空置与房地产泡沫的基本含义

房地产的空置状况，是反映需求强度的指标，它的大小将影响投资者对未来房地产市场走势的判断，投资者将根据新的预期修正其在市场中的行为方式。当市场中的商品房屋空置面积持续上升，房屋空置率居高不下时，就说明房地产实际上是处于供大于求的状态，是典型的买方市场，房屋空置面积和空置率一直持续居高不下，但市场价格却保持稳定，甚至不降反升，并伴之以投资膨胀，那么市场的运行必然酝酿着越来越大的泡沫。

二、房地产空置指标计算方法及空置率情况

目前，我国尚未正式公布有关商品房屋空置面积和空置率的有关指标的统计标准，也没有正式的商品房屋空置率指标的计算方法。这里借鉴陆磊（2004）的方法①，通过对历年商品房屋施工面积、竣工面积、销售面积等指标的计算，得到我国和北京市房屋空置面积和空置率的相关指标。具体指标计算方法如下：

房屋空置面积 = 房屋竣工面积 − 房屋销售面积

$$\text{房屋空置率} = \frac{\text{房屋空置面积}}{\text{房屋竣工面积}} \times 100\%$$ 或者，

$$\text{房屋空置率} = \frac{\text{房屋空置面积}}{\text{房屋空置面积} + \text{房屋销售面积}} \times 100\%$$

按照这样的方法，对全国和北京市的相关指标进行了计算，得出如下结果：

---

① 陆磊：《房地产泡沫研究》，载《财经》2004（8）。

表 13　1999～2004 年 4 月商品房屋空置面积及相关指标

单位：万平方米

指标＼年份	全国						北京					
	2004－4	2003	2002	2001	2000	1999	2004－4	2003	2002	2001	2000	1999
商品房屋竣工面积	5309.8	39509.8	34975.8	29867.4	25104.9	21410.8	292.6	2593.6	2384.4	1707.4	1365.6	1208.6
同比增长（%）	22.9	13.0	17.1	19.0	17.3	21.9	—	8.8	39.7	25.0	13.0	-33.7
其中　住宅	4273.6	32200.5	26612.8	26626.4	22603.3	19639.7	254.5	2023.4	2189.6	1393.4	1013.7	908.3
同比增长（%）	22.9	21.0	-0.1	17.8	15.1	-82.4	—	-7.6	57.1	37.5	11.6	-16.9
商品房屋销售面积	6200.7	32247.2	26808.3	22411.9	18637.1	14556.5	481.6	1895.8	1708.3	1205.0	956.9	544.4
同比增长（%）	33.3	20.3	19.6	20.3	28.0	19.5	—	11.0	41.8	25.9	75.8	33.0
其中　住宅	5513.4	28502.5	23702.3	19938.8	16570.0	12998.0	353.2	1771.1	1604.4	1127.5	898.2	484.7
同比增长（%）	—	20.3	18.9	20.3	27.5	20.1	—	10.4	42.3	25.5	85.3	28.6
商品房屋空置面积（竣工－销售）	6371.7	7262.6	8167.5	7455.5	6467.8	6854.3	508.8	697.8	676.1	502.4	408.7	664.2
同比增长（%）	—	-11.1	9.6	15.3	-5.6	27.4	—	3.2	34.6	22.9	-38.5	-53.0
其中　住宅	2458.2	3698.0	2910.5	6687.7	6033.3	6641.7	153.6	252.3	585.2	265.9	115.4	423.6
同比增长（%）	—	27.1	-56.5	10.8	-9.2	-93.4	—	-56.9	120.1	130.4	-72.7	-40.9
商品房空置率（%）	14.2	18.4	23.4	25.0	25.8	32.0	17.6	26.9	28.4	29.4	29.9	55.0
其中　住宅	6.7	11.5	10.9	25.1	26.7	33.8	6.7	12.5	26.7	19.1	11.4	46.6

说明：为了保证数据的可比性并考虑到了市场的动态变化情况，2004 年 4 月的空置面积及空置率为自年初至当月累积数与 2003 年底累积数之和计算而得。商品房屋是包括住宅、商业营业用房及办公楼等的全部房地产项目。

数据来源：《中国统计年鉴》、《北京统计年鉴》各期，中经网，历年全国、北京市《国民经济和社会发展统计公报》，中国人民银行中国经济统计数据库，北京市统计局综合月度库。

需要指出的是，根据房屋竣工面积减去房屋销售面积所计算出来的房屋空置面积，是一个相对粗略的指标，因为它无法将二手房交易过程中的空置情形和历年商品房屋竣工和销售动态变化等情况考虑进去，这样计算的指标数据很可能比实际值小。

再来看北京的情况。北京市统计局公布了有限的几年商品房屋空置面积情况①。根据已公布的2002年数据，2002年北京市商品房屋空置面积为918.97万平方米，同比增长18.7%，其中住宅为763.15万平方米，同比增长20.4%，这远远大于表中计算所得到的数据。根据这个指标计算的北京市商品房屋空置率，用房屋空置率的第一种计算公式，得到的商品房屋空置率为38.54%，其中住宅空置率为34.85%，用第二种计算公式，得到的商品房屋空置率为34.98%，其中住宅空置率为32.23%。

从表13可以看到，1999年以来，无论是全国还是北京市房地产空置水平一直居高不下。从空置率来看，与居民消费福利密切相关的住宅空置率要明显低于商品房屋空置率，这说明我国和北京市房地产开发中的风险大都集中于商业营业用房和办公楼等商业经营性项目，而在住宅方面的风险则相对较小。与全国情况相比，北京市商品房屋空置率与住宅空置率的差额更大，这说明北京市在商业营业用房和办公楼项目上积累的风险较全国来讲更大一些。

三、房地产供求缺口的基本情况

商品房屋空置面积和空置率的概念，实际上反映的是市场上已经发生的实际供给与实际需求之间的缺口情况，也即市场实际已经发生的供求缺口，我们将其定义为“房屋供求缺口下限”。房地产市场的未来供给状况取决于当期累积的施工面积，这有可能成为满足当前需求的潜在供给，故此，我们可以将房屋施工面积与房屋销售面积之差，定义为“房屋供求缺口上限”。这里，缺口是指供大于求，也即反映房地产市场供给大于需求的数量。另外，将房屋施工面积与房屋竣工面积相减，我们就得到了“房屋在建面积”，它反映了一个时期内房地产市场开发建设的规模情况。这样，我们又有：

房屋供求缺口下限＝房屋空置面积

房屋供求缺口上限＝房屋施工面积－房屋销售面积

房屋在建面积＝房屋施工面积－房屋竣工面积

根据上述公式计算出的各项指标见表14。

① 北京市统计局综合月度库（http://www.bjstats.gov.cn/ydkapp/index.jap）。

表 14 1999～2004 年 4 月商品房屋需求缺口情况

单位：万平方米

指标 ＼ 年份	全国						北京					
	2004－4	2003	2002	2001	2000	1999	2004－4	2003	2002	2001	2000	1999
商品房屋施工面积	80291.4	116907.5	94104.0	79411.7	65896.9	56857.6	5182.9	9070.7	7510.7	5966.7	4455.0	3784.0
同比增长（%）	30.1	24.2	18.5	20.5	15.9	12.0	—	20.8	25.9	33.9	17.7	－41.8
其中 住宅	62148.2	91018.1	72077.2	63584.0	52498.3	44589.4	4184.1	6352.9	5397.6	4349.6	2971.5	2447.9
同比增长（%）	—	26.3	13.4	21.1	17.7	－66.0	—	17.7	24.1	46.4	21.4	－29.5
商品房屋在建面积（施工－竣工）	74981.6	77397.7	59128.2	49544.3	40792.0	35446.8	4890.3	6477.1	5126.3	4259.3	3089.4	2575.4
同比增长（%）	—	30.9	19.3	21.5	15.1	6.8	—	26.4	20.4	37.9	20.0	－44.9
其中 住宅	57874.6	58817.6	45464.4	36957.6	29894.9	24949.7	3929.6	4329.5	3208.0	2956.2	1957.9	1539.6
同比增长（%）	—	29.4	23.0	23.6	19.8	26.2	—	35.0	8.5	51.0	27.2	－35.3
商品房供求缺口上限（施工－销售）	74090.7	84660.3	67295.7	56999.8	47259.8	42301.1	4701.3	7174.9	5802.4	4761.7	3498.1	3239.6
同比增长（%）	—	25.8	18.1	20.6	11.7	9.6	—	23.7	21.9	36.1	8.0	－46.8
其中 住宅	56634.8	62515.6	48374.9	43645.2	35928.3	31591.4	3830.9	4581.8	3793.2	3222.1	2073.3	1963.2
同比增长（%）	—	29.2	10.8	21.5	13.7	－73.7	—	20.8	17.7	55.4	5.6	－36.6
商品房供求缺口下限（空置面积）	6371.7	7262.6	8167.5	7455.5	6467.8	6854.3	508.8	697.8	676.1	502.4	408.7	664.2
同比增长（%）	—	－11.1	9.6	15.3	－5.6	27.4	—	3.2	34.6	22.9	－38.5	－53.0
其中 住宅	2458.2	3698.0	2910.5	6687.7	6033.3	6641.7	153.6	252.3	585.2	265.9	115.4	423.6
同比增长（%）	—	27.1	－56.5	10.8	－9.2	－93.4	—	－56.9	120.1	130.4	－72.7	－40.9

数据来源：《中国统计年鉴》、《北京统计年鉴》各期，中经网，历年全国、北京市《国民经济和社会发展统计公报》，中国人民银行中国经济统计数据库，北京市统计局综合月度库。

从表14可见，1999年以来，我国房地产市场进入了高速开发建设的阶段。商品房屋在建面积逐年增加，并呈现出加速的趋势。截至2003年，我国商品房屋在建面积已高达77397.7万平方米，其中住宅在建面积58817.6万平方米，其规模已经接近1999年的两倍；同比增速也连年递增，至2003年末分别高达30.9%和29.4%，为历年最高值。北京市2003年商品房屋在建面积高达6477.1万平方米，其中住宅在建面积4329.5万平方米，其规模已分别为1999年的2.5倍和2.8倍，这也说明北京市房地产开发建设规模膨胀的速度要远远快于全国水平；同比增长速度也呈现出高水平增长，尤其是2001年和2003年，北京市商品房屋和住宅在建面积分别同比增加了37.9%、51.0%和26.4%、35.0%，这个速度是十分惊人的。这里，还需要注意的是，无论是全国还是北京市，截至2004年4月的商品房屋和住宅在建面积都比2003年有了明显的下降，尤其是北京市，2004年4月商品房屋和住宅在建面积分别比2003年下降了1586.8万和399.9万平方米，下降幅度非常大，这说明自2003年以来的宏观调控政策已经起到了作用。

再来看供求缺口的情况。先看供求缺口上限。几年来，全国和北京市商品房屋供求缺口上限持续扩大，至2003年全国和北京市商品房屋供求缺口已经分别高达84660.3万平方米和7174.9万平方米，其中住宅分别为62515.6万平方米和4581.8万平方米，供求缺口增加程度也一直居高不下，自2001年以来的三年中，全国和北京市商品房屋和住宅供求缺口平均以21.26%、18.95%和26.53%、27.33%的高速增长。可以看出，北京市的房地产市场供求矛盾要大于全国，而且北京市的住宅供求矛盾更为严重。与在建规模分析的一样，全国和北京市2004年4月房地产市场供求缺口上限较2003年水平已经缩小，这再一次验证了宏观调控措施收到了明显的效果。

从房屋供求缺口的下限来看，与需求缺口上限明显不同的是，全国2003年以来房地产市场供求缺口情况出现了好转，2003年商品房屋空置面积较前一年下降了904.9万平方米，同比下降11.1%，但是住宅需求缺口仍然增加了778.5万平方米，直到2004年4月份才明显下降了1239.8万平方米，这也说明，我国房地产市场供求矛盾主要集中在居民住宅方面，并且2003年以来的宏观调控措施在住宅建设方面发挥的作用出现了一定程度的滞后。与全国不同的是，北京市直到2004年4月份商品房屋市场供求缺口下限才出现了下降，但是住宅供求缺口下限在2003年就出现了非常显著的下降，为332.9万平方米，骤然下降了56.9%，这说明宏观调控政策在北京市住宅市场上的影响较大，但相对而言，在办公用楼和商业用房市场的效果并不显著；另外，2003年商品房屋供求缺口下限仅增长了3.2%，市场供求矛盾得到了一定程度的控制，宏观调控政策还是具有一定效果的，只是与全国相比，宏观调控政策的效果在北京的作用相对较弱。

四、房地产市场发展的一些基本判断

（一）我国房地产市场供给结构不合理，市场供求结构矛盾突出

正如前面分析影响房地产需求因素时所判断的那样，北京市房地产需求在消费结构转型、人口城市化等因素推动下快速增长，因此，房地产空置并不反映总量过剩问题，而是结构性矛盾，即房地产供给结构不能适应需求结构。

（二）2003 年以来的宏观调控政策已经取得了初步的效果

从我们的分析可见，无论是从房屋空置情况，还是供求缺口的上限，以及房屋在建面积等指标来看，无论是全国还是北京市，在经历了 1999 年以来的高速增长以后，各项指标都在 2003 年出现较大的回落，特别是进入 2004 年后回落的幅度更大，这说明以 2003 年 6 月份中国人民银行发布“121 号文件”为标志的新一轮宏观调控已经取得了初步的效果。

（三）商业营业用房和办公楼积累的泡沫成分要大于住房项目，这必须引起有关部门的重视

无论是从房屋空置指标，还是需求上限指标，都表明商业营业用房和办公楼的空置缺口值要明显大于住宅项目的缺口值，这在北京市表现得更为明显。另外，从对宏观调控的反映来看，住宅项目对政策的反应也快于商业营业用房和办公楼，这再次印证了我们的判断。

第六章　促进房地产市场健康发展的政策建议

一、以规范土地管理为契机，促进房地产市场竞争，推动房地产市场健康发展

（一）加强土地市场管理，积极推动土地市场化改革

北京市应该以此次国家土地管理垂直化管理的体制改革为契机，真正建立起一套符合社会主义市场经济体制要求的完善的土地管理体制。建立新型的以土地为媒介的生产关系，扩展土地储备中心的服务功能，实现土地产权的商品化。在严格限制政府征地、取消土地出让的“双轨制”之后，如何促进一级土地市场资源优化配置成为政府下一步改革的重点。由于我国城市土地属于国有，而在土地市场改革后，只有土地储备中心才能扮演政府代表的角色。而在目前的情况

下，北京市的土地储备中心很大程度上将精力投入到了未过关的历史遗留项目的接手者的工作。在今后如何促进土地一级市场资源的优化配置，应该是土地储备中心及相关政府部门必须认真考虑的问题。

（二）鼓励市场竞争，促进北京市房地产市场长期、健康、有效率地发展

1. 逐步开放北京市的房地产市场，依靠竞争来促进房地产市场的效率

当前，应将主要精力集中于促进市场竞争和反垄断的措施上来。只有加强竞争，开发商才有可能努力降低成本，将房价真正地降下来。反之，如果通过行政手段强制性地推行某些政策主张，甚至采取所谓的提高进入门槛等歧视性政策，不仅无助于降低市场风险，反而会加大市场的扭曲，引发更大的风险。因此，创造公平的市场竞争环境是当务之急，要让不同类型、不同经济实力的开发企业都接受同样的市场规则，对所有投资者一视同仁。2004 年 7 月 25 日，国务院下发了《关于投资体制改革的决定》，首次允许各类型投资者，尤其是民营企业，自主决定限制领域以外的投资，这是解决我国经济运行中深层次矛盾的一项“标本兼治”的举措，是我国制度性建设向深层次推进的重要步骤，必将极大地推动我国的市场化进程。

2. 通过加强基础设施的建设和公共产品的供给来促进竞争

一方面，要尽量打通房地产楼盘之间的交通，促进楼盘之间的良性竞争。另一方面，在住宅小区的规划上，应避免建设如北京回龙观居住小区那样的特大型社区，多建设规模较小的居民区，使人们的居住地点更加贴近他们的工作单位，以减少上下班的交通量。

（三）有效调控房地产市场，加强政府的规划工作

1. 通过各种政策措施增加房地产市场的供给，尤其是满足广大人民急需的有支付能力的中低档房地产市场供给

房地产价格与房地产供给呈现负相关关系，这与一般商品市场的价格规律表现是一致的。但正如我们对房地产市场的特殊性的分析所表明的，与一般商品市场存在的一个明显差别是，房地产市场在短期内的供给是无法得到迅速增加的，也就是说房地产市场的供给约束较一般商品更大，这使得价格机制的作用难以充分发挥。另外，在考虑到了我国人民日益增长的可支配收入及由此带来的对居住条件不断改善的迫切需求后，房地产市场的供给约束问题显得更加突出。因此，宏观调控的目的是那些过度的超过人民有支付能力需求的房地产市场供给，这就要求密切关注那些高档的高价位的别墅、高档写字楼等房地产产品的风险，限制其过度盲目扩张。

2. 通过各项措施，将以投机为目的的虚假需求成分挤出市场，尽可能地发挥市场机制在化解泡沫形成中的作用

从房地产市场供求的价格弹性中可以看出，房地产市场是天生有利于供给一方的，消费者处于劣势是必然的，这是房地产市场自身的性质（如供给约束）所决定的，房地产市场需求的增加将刺激房价的上升。这就要求政府在对房地产市场进行调控时，必须从供给和需求两方面入手。一方面，我们要努力通过各种措施增加房地产市场的供给；另一方面，泡沫性房地产投资需求始终应成为政府关注和控制的重点。

3. 合理调整危房改造进度

危房改造带来的拆迁户的住宅需求，属于“被动需求”，其规模及增速在很大程度上受制于政府规划。近年一些城市房价飞涨，主要原因就是危改速度过快，拆迁户骤增，而可供应的住宅量并未同步增加。在房价上涨较快的情况下，适当放慢危改速度，是控制住宅需求的一个有效手段。

4. 审慎制定城市发展计划，合理规划房地产市场发展

政府在制定城市发展规划时，一定要考虑房地产市场的承受能力，这也是科学发展观的要求。例如，我们前面分析到的关于房地产市场需求的因素中，近年来城市化进程和拆迁等被动需求成为影响北京市房地产市场需求的重要因素；另外，近日北京市提出节俭办奥运的口号，这将对北京市房地产市场的长远健康发展起到非常重要的作用。

二、中央银行应积极利用金融手段，积极调控，确保房地产市场的稳定发展

（一）继续发挥货币信贷政策灵活多变的优点，利用金融手段积极调控房地产市场，确保房地产市场的稳定发展

保持房地产价格基本稳定，避免房价大起大落，是政府调控房地产市场的基本目标。由于房价受供求关系影响，因此调控的着力点无非是房地产供给、需求两个方面。为防止房价大幅波动，宏观调控部门在准确评估、合理调控房地产供给量的基础上，应对房地产需求施以调控措施。前面的分析表明，经济发展本身会导致大量的房地产内生性需求，这方面需求不是政府的调控对象。影响房地产需求的外生因素应成为调控的重点。

利率水平对房地产需求的影响较为明显。一般来说，利率作为宏观调控手段，具有“全面影响”的特点。从房地产市场的角度看，调整利率在影响需求的同时，也影响到供给；既带来房地产内生需求的变化，也引发泡沫性房地产投资需求改变。所以运用利率手段毋求慎重。如果对投资性房地产需求单独实行利

率加点的政策，一定程度上可以避免利率变动带来的“全面影响”问题。

由于个人住房贷款变动对房地产需求的影响程度大于利率变化的影响，所以根据房地产市场供求关系及房价状态，调整并严格执行房地产信贷发放的“门槛”，以控制信贷投放量，会对房地产需求产生较大影响。

作为人民银行的分支机构，在今后的调控过程中，应该继续配合总行的政策，在执行信贷政策过程中，积极与当地商业银行开展对话，深入调研当地房地产市场的实际情况，加强与微观主体的沟通，并及时向总行反馈信息，争取符合本地区房地产稳定发展的差别金融政策，如对不同地区房地产企业贷款自有资金比例应视不同地区、不同企业情况加以区分对待，只有这样才能确保政策不至于“一刀切”，才更有利于防止经济的“大起大落”，促进房地产市场的长期、稳定、健康发展。

（二）尽快构建和完善房地产金融市场的法律体系，为市场发展提供法律保障

我国的房地产金融法律体系建设滞后，这表现在立法层次不高，《中国人民银行法》和《商业银行法》等法律有关房地产金融的配套法规不完备，目前尚以一些行政规章作为补充，法律效力低；相关的法律法规比较分散，系统性差；一些法律法规已经不符合当前我国房地产金融发展的现实条件，需要进行调整和修订；部分法律条款内容抽象，缺乏可操作性。因此，为加快推进房地产金融市场法律法规的制定和完善，要加强对国外成熟市场房地产金融法律法规的研究和借鉴，加快对我国现有的房地产金融法律法规的清理，按照市场发展的实际情况和现实要求，对有关法律进行修改和补充。对于具备条件，或者市场发展活跃、要求迫切的房地产金融产品的相关法律规范应尽早出台，如有关产业基金的法律法规应尽快出台，为房地产基金的远征提供法律依据。

三、积极推进商业银行市场化改革，提高微观经济主体抵御金融风险的能力

从现象上看，房地产过热并引发的金融风险表现为银行的不良资产的增加，但是其本质是实体经济出现了问题。为此，商业银行应该在防范金融风险方面做好如下工作。

（一）科学管理，完善银行风险内控机制

银行应避免将信贷资金向房地产行业过度集中。“不要把鸡蛋放在同一篮子里”适用于银行信贷资金的投放。银行应完善规避和防范风险的制度，合理配置信贷资金，分散信贷资金风险，减少信贷资金风险在房地产行业的集中度。同

时充分考虑房地产开发企业的盈利状况不理想、盈利能力有限的因素，谨慎应对房地产行业对信贷资金的强大需求。

（二）切实防范信贷资金的信用风险

银行应提高对房地产开发企业的甄别能力。由于房地产开发企业财务状况、盈利能力在各企业间差别很大，银行在向房地产开发企业贷款时，应慎重选择房地产开发企业。重点考察项目公司与其关联企业的业务和财务状况，尤其是要关注房地产开发企业的表外业务风险，如关联企业间的担保等情况，全面评估房地产开发企业的情况。

银行应增强“个贷”发放的风险防范预测性。银行在发放个人住房贷款时，应审查项目、弄清项目的定位，预测项目的成败、未来的客户群；重点关注当前和未来个人的支付能力，尤其是关注稳定收入的来源和个人的信用情况，分析个人支付能力的持续性；根据个人不同的情况给予不同比例的贷款。

（三）积极创新，通过金融创新积极探索化解金融风险的新途径

银行应探索规避信贷资金流动性风险的新路子。尽管到目前为止，个人住房贷款是银行的优质资产，但由于个人住房贷款的期限一般都较长，银行的负债期限相对较短，因此银行个人住房贷款流动性风险相对较高。因此银行应力求规避流动性风险。有关部门也应积极研究推出如资产证券化等能有效化解流动性风险的金融产品，为银行规避流动性风险创造条件。同时应保持政策的持续、稳定，为房地产行业的发展提供稳定的有效需求，为信贷资金提供可靠的“出路”。

银行还应加强研究，强化风险防范指引。加强对房地产市场的监测和研究。结合国家和地区特点，探索建立房地产市场发展监测体系和房地产金融风险检测指标，不定期对房地产市场和投资进行风险提示。

反洗钱立法研究

中国人民银行反洗钱局课题组

课题主持人：凌　涛

主要参与者：王燕之　杜要忠　张　雁

一、引言

1970年美国《银行保密法》改革传统的银行保密制度，确定了金融机构可疑资金交易报告制度，是现代法制史上第一宗反洗钱立法。此后，20世纪八九十年代，西方发达国家纷纷制定各自的反洗钱法律。联合国等国际组织制定了一系列与反洗钱有关的国际公约。同期，国际反洗钱组织应运而生，进一步推动了全球范围内反洗钱法律的制定和完善。

在20世纪80年代末90年代初，我国反洗钱法律制度规范的发展进程，与大多数国家和地区的反洗钱法律制定和发展的进度基本上是同步的。但我国反洗钱法律制度，尤其是关于反洗钱组织管理方面的法律制度长期未取得实质性进展，我国反洗钱立法与发达国家相比产生了较大差距。2003年1月，中国人民银行同时发布了三个关于金融机构反洗钱的部门规章，有力地推动了我国反洗钱工作。

2004年初，十届全国人大将制定反洗钱法列为本届人大的立法规划。2004年3月，全国人大预算工作委员会启动了反洗钱法立法起草工作。我们受人民银行指派，参与了反洗钱法立法起草工作。起草工作中反映出许多重大的、亟待解决的理论问题，成为我国反洗钱法立法的重大障碍，本课题的中心任务就是深入研究、分析和论证这些问题，提出我们的解决方案，为立法工作提供参考。

二、反洗钱法立法的必要性和紧迫性

洗钱，是指将犯罪所得及其收益通过交易、转移、转换等各种方式加以合法化，使非法所得获得合法外衣，以逃避法律制裁的行为。洗钱活动不仅帮助犯罪分子逃避法律制裁，而且，还会助长并滋生新的犯罪，扭曲正常的经济和金融秩序，损害金融机构的诚信，腐蚀公众道德。为维护正常的社会和经济秩序必须做好反洗钱工作。

完善反洗钱立法是世界各国和地区有效推进反洗钱工作的一项主要经验。目前，我国反洗钱法立法已列入了我国十届全国人大的立法规划，反洗钱立法的必要性似乎已不再是争论的问题。但是，在反洗钱立法工作中仍然需要深入研究反洗钱法立法的必要性，以进一步明确我国反洗钱法的立法宗旨和规范范围。

（一）洗钱活动的社会危害性要求反洗钱立法

在我国当前的经济和社会形势下，反洗钱工作具有特别重要的意义：

首先，做好反洗钱工作是打击经济犯罪的需要。改革开放初期，邓小平同志就指出打击经济犯罪，“是一个长期的经常的斗争”，是伴随我国现代化建设必须坚持的一项长期工作。随着我国经济市场化程度的加深，走私、偷漏税、金融诈骗、市场操纵及内幕交易等犯罪从总量上呈上升趋势，上述经济犯罪与洗钱犯罪相互滋生、相互助长，损害着经济体系的健康、腐蚀着公众的道德、削弱了党和政府在人民群众中的威信。目前，十分突出的问题是，许多重大经济犯罪案件告破之时，犯罪分子已人去楼空，通过犯罪所攫取的巨额财产已被挥霍、转移，有的甚至已被转移海外。加强反洗钱工作可以从源头上监测异常和可疑的资金流动，提高查处经济犯罪的准确性和效率，为控制非法所得的转移和藏匿赢得时机。同时，反洗钱也为跨境追缴违法资金提供了有力的武器。

其次，做好反洗钱工作是遏制其他严重刑事犯罪的需要。随着改革的深入及国际形势的变化，毒品犯罪、黑社会性质的有组织犯罪有所抬头，在局部地区甚至成为比较严重的社会问题，极少数极端主义和分裂主义势力制造恐怖犯罪的苗头已经产生。为保护广大人民群众的根本利益、维护正常的社会秩序，必须坚决打击这些严重犯罪，严防其扩大和蔓延。国内外经验表明，包括毒品犯罪、黑社会性质的有组织犯罪以及恐怖犯罪等严重犯罪，在犯罪过程中需要大量资金支持，往往涉及频繁的洗钱行为。打击洗钱活动，发现和截断犯罪组织赖以生存的资金来源，将有力地削弱、分化和瓦解这些犯罪组织。国际刑法协会第16次大会决议提出了打击洗钱犯罪与遏制有组织犯罪的关系：第一，洗钱是绝大多数有组织犯罪必须经过的过程；第二，洗钱是严重的有组织犯罪中或者有组织犯罪本身非常典型的一种；第三，将洗钱行为规定为犯罪是挫败有组织犯罪的有效方法。①

最后，做好反洗钱工作是维护金融机构诚信及金融稳定的需要。洗钱行为一般分为三个阶段，一是放置阶段，即把非法资金投入经济体系，主要是金融机构；二是离析阶段，即通过复杂的交易，使资金的来源变得模糊，资金的非法性

---

① 《国际刑法学协会第16次大会决议——刑事司法体系面临有组织犯罪的挑战》，1999年中国刑法学研究会年会交流论文，第4页。

质得以掩饰；三是归并阶段，被清洗的资金被集中或使用。这些特点表明，金融机构作为资金活动的载体客观上容易成为洗钱活动的渠道。金融机构卷入洗钱活动，不仅会给金融机构声誉带来严重损害，而且，必然给金融机构带来巨大的法律和运营风险。因此，反洗钱工作对维护金融机构声誉，减少法律和运营风险，维护金融体系的稳定，具有十分重要的意义。

（二）国际反洗钱形势要求反洗钱立法

绝大多数西方发达国家及新兴市场国家，在20世纪80~90年代先后制定了反洗钱法。以严格的银行保密制度著称的瑞士，迫于国际压力也接受了国际通行的反洗钱规则，从2004年7月1日起，凡在瑞士银行利用匿名账户向国外汇款超过一定数额的客户，银行必须公开其真实身份。

1988年联合国通过的《禁止非法贩运麻醉药品和精神药品公约》（简称《禁毒公约》）将毒品犯罪资金的洗钱行为规定为犯罪。这是国际社会第一个打击洗钱犯罪的国际公约。

由于洗钱活动的跨国性质，1989年7月，西方七国集团首脑巴黎经济会议决定成立金融行动特别工作组（FATF），以评估在防止利用银行和金融系统洗钱方面已有的合作成果，考虑在反洗钱领域改进法律和规则制度，加强多边司法协助，以加强反洗钱预防措施。金融行动特别工作组在1990年2月发布年度报告，其中，就反洗钱问题提出《关于洗钱问题的四十项建议》（以下简称《四十项建议》）。

《四十项建议》要求各国将各类严重犯罪资金的洗钱行为规定为犯罪；要求各国加强金融监管，督促金融机构制定和实施可行的反洗钱内部控制制度，履行客户身份识别、客户信息和交易记录保存以及识别异常金融交易并进行报告的义务；要求各国政府建立金融情报中心（FIU），承担对异常和可疑资金交易的监测，实现政府部门之间的协调与合作；要求各国进行反洗钱情报交流及洗钱犯罪调查、非法资金追查、冻结以及人员引渡等方面的国际合作。金融行动特别工作组的《四十项建议》是国际反洗钱领域中最重要的指导性文件，对各个国家和地区的反洗钱立法以及国际反洗钱制度的发展起到了重要指导作用。

20世纪90年代以来，国际社会对洗钱问题的关注程度不断提高。1990年欧洲理事会通过了《关于清洗、追查、扣押与没收犯罪收益的公约》。1995年4月，联合国专门拟订了《禁止洗钱法律范本》，供各国当局在制定反洗钱法过程中参考。1999年12月，联合国大会通过了《制止向恐怖主义提供资助的国际公约》，2000年11月，联合国大会通过《打击跨国有组织犯罪公约》，规定了各缔约国应建立的反洗钱工作制度。2003年10月，联合国大会通过《反腐败公约》，对缔约国的反洗钱工作制度提出了更加严格的要求。国际货币基金组织、世界银行以及巴塞尔银行监管委员会等国际机构，也在反洗钱方面制定了一些原则和指引。

“9·11”事件之后，反恐问题与反洗钱联系到了一起，反恐融资成为反洗钱工作的一个重要领域，在当前国际关系中占有相当重要的地位。“9.11”之后，美国国会迅速通过《爱国者法》，全面强化美国的反恐融资规则。各个国家和地区的立法也迅速反映了反洗钱工作的这一动态。除联合国在反恐融资领域通过了多项国际公约外，2001 年 10 月，金融行动特别工作组在《四十项建议》之外，专门制定了 8 条反恐融资的《特别建议》。

（三）我国反洗钱工作发展现况要求反洗钱立法

1988 年联合国《禁毒公约》生效后，我国全国人大常委会于 1990 年 12 月颁布了《关于禁毒的决定》，规定了“掩饰、隐瞒毒赃性质和来源罪”。可以说，我国反洗钱刑事立法与国际反洗钱立法的发展基本上是同步的。根据我国打击犯罪的需要，我国《刑法》在 1997 年的修订中，以专门条款规定了洗钱罪。“9·11”事件之后，我国最高立法机关于 2001 年 12 月在《刑法修正案》中，将恐怖主义犯罪列为洗钱犯罪的上游犯罪。

国务院以及中国人民银行等金融管理部门制定的一些金融法规和规章，确立了个人银行存款账户实名制、银行账户管理制度以及大额现金管理等制度，成为我国金融业反洗钱工作的基础性制度。2003 年 1 月，中国人民银行颁布了《金融机构反洗钱规定》、《人民币大额和可疑交易报告管理办法》和《金融机构大额和可疑外汇资金交易报告管理办法》（简称“一个《规定》、两个《办法》”），明确提出了对银行类金融机构的反洗钱要求，建立了我国的反洗钱报告和反洗钱信息监测制度。2003 年底新修订的《中国人民银行法》明确，“指导、部署金融业的反洗钱工作，负责反洗钱资金监测”作为人民银行的一项职责。

我国刑法将洗钱行为规定为犯罪，有关金融法律法规明确了金融业反洗钱的基本制度，标志着我国反洗钱法律制度已初步建立。

根据国务院部署，公安部最先承担我国反洗钱行政管理工作重任。公安部、人民银行和外汇管理局等单位为探索适合我国情况的反洗钱制度做了大量工作。根据工作发展的需要，2003 年国务院批准由公安部牵头的反洗钱管理工作转由人民银行承担。为此，人民银行于 2003 年 9 月成立了反洗钱局。2003 年 12 月，新修订的《中国人民银行法》明确了中国人民银行是我国金融行业的反洗钱工作主管部门。2004 年 4 月，人民银行召开了金融监管部门反洗钱工作座谈会，建立了以人民银行牵头，由银监会、证监会、保监会和外汇管理局参加的金融监管部门反洗钱工作协调机制，协调我国金融行业的反洗钱监管工作。经中央编制办公室批准，人民银行于 2004 年 4 月，组建我国的金融情报中心——中国反洗钱监测分析中心，负责反洗钱情报的接收和分析工作。2004 年 7 月，国务院批准进一步扩大和充实反洗钱工作部际联席会议，反洗钱工作部际联席会议成员单位由原来的 16 家增加为 23 家；2004 年 8 月，反洗钱工作部际联席会议第一次工作会议在北京召开。

在各有关方面共同努力之下，银行业客户身份确认制度、交易信息保存制度、人民币和外汇资金大额和可疑交易报告制度、异常和可疑交易监测的机制以及在反洗钱工作中的部门协作等多项制度初步建立并开始发挥作用，标志着我国反洗钱工作体系已初步形成。

当前，我国反洗钱工作虽取得一些成绩，但由于我国反洗钱工作起步较晚，面临形势复杂，从已经暴露的案件所反映的情况看，当前我国的反洗钱工作形势不容乐观。仅仅通过部门规章或国务院的行政法规来规范和协调我国的反洗钱工作，已远远不能满足形势发展的需要，迫切需要立法机关制定一部反洗钱法律，来明确我国的反洗钱工作制度，规定反洗钱工作义务主体的义务。

三、我国《反洗钱法》的部门法归属

与传统法律概念相比，洗钱与反洗钱是相当新的法律概念。洗钱（money laundering）成为一个法律概念至今不过 30 多年。[①] 少数国家，比如俄罗斯在立法中就不愿意采用“洗钱”一词，而使用“犯罪收入合法化”作为洗钱行为的法律概念。在制定反洗钱法律规则防范和打击洗钱犯罪的大前提下，各国立法在应对洗钱问题时，所采取的措施不尽相同。从法律部门归属看，各国反洗钱法的侧重点各有不同，但从总体看，反洗钱法一般可以分两部分，一是刑事法律规范，二是行政法律规范。

（一）反洗钱法刑事规范与组织管理规范

从各国反洗钱立法的发展历史看，一个国家或者地区一般首先制定打击洗钱犯罪刑事法律规范，以后，随着反洗钱工作的深入开展，再制定组织和实施反洗钱制度的管理规则。

反洗钱刑事法律规范规定的是洗钱罪的犯罪与刑罚问题。即规定什么行为是洗钱罪，以及洗钱犯罪行为应当受到什么样的刑事制裁。反洗钱管理规范，主要是建立防范和遏制洗钱的工作机制和措施。根据国际反洗钱普遍认可的标准[②]，有关反洗钱管理的核心措施包括，在金融等特定行业建立反洗钱内部控制制度，建立金融情报中心，进行可疑交易报告。

① 《牛津英语词典》认为，洗钱一词是从 1973～1974 年美国对水门事件调查时开始使用的。

② 例如，反洗钱金融行动特别工作组关于反洗钱的《四十项建议》。

（二）我国反洗钱刑事法律规范

1.《全国人大常委会关于禁毒的决定》（以下简称《关于禁毒的决定》）第四条、第十一条

1990年12月全国人大常委通过的《关于禁毒的决定》是我国最早的反洗钱刑事立法。《关于禁毒的决定》第四条规定，"对窝藏、转移、隐瞒毒品或者犯罪所得的财物的，掩饰、隐瞒出售毒品获得财物的非法性质和来源的，处7年以下有期徒刑、拘役或者管制，可以并处罚金。"将转移、隐瞒毒品犯罪所得的行为，以及掩饰、隐瞒毒赃的非法性质和来源的行为，都规定为犯罪，并确定了相应的刑罚。《关于禁毒的决定》第十一条规定，对查获的"毒品犯罪非法所得以及由非法所得所获得的收益、供犯罪所使用的财物，一律没收"，"罚没收入一律上缴国库"。明确了将洗钱所涉及的毒品犯罪财产全部没收的原则。

2.《中华人民共和国刑法》第一百九十一条

1997年3月，全国人大修订《中华人民共和国刑法》（以下简称《刑法》），以专门条文规定了洗钱罪。《刑法》第一百九十一条明确规定，明知是毒品犯罪、黑社会性质的组织犯罪、走私犯罪的违法所得及其产生收益，为掩饰、隐瞒其来源和性质，而有：（1）提供资金账户；（2）协助将财产转换为现金或者金融票据；（3）通过转账或者其他结算方式协助资金转移；（4）协助将资金汇往境外；（5）以其他方式掩饰、隐瞒犯罪的违法所得及其收益的性质和来源行为的，即构成洗钱罪。规定了对洗钱犯罪行为的刑罚：没收实施洗钱犯罪的违法所得及其产生的收益，处5年以下有期徒刑或者拘役，并处或者单处洗钱数额5%以上20%以下罚金；情节严重的，处5年以上10年以下有期徒刑，并处洗钱数额5%以上20%以下罚金；单位犯洗钱罪的，对单位判处罚金，对其直接负责任的主管人员和其他直接责任人员，处5年以下的有期徒刑或者拘役。

1997年修订的《刑法》明确将《关于禁毒的决定》中有关转移、隐瞒毒品犯罪所得的行为，以及掩饰、隐瞒毒赃的非法性质和来源的犯罪，都纳入了洗钱罪。但1997年《刑法》明确规定，《关于禁毒的决定》仍然有效。其中，有关行政处罚和行政措施的规定继续有效；有关行为的刑事责任的规范，适用新修订的《刑法》第一百九十一条的规定。

2001年12月，全国人大常委会通过了《刑法修正案（三）》修改了《刑法》第一百九十一条，修改的内容有三方面：第一，增加了恐怖活动犯罪作为洗钱犯罪的上游犯罪；第二，加重了对单位犯洗钱罪的处罚，提高了对单位犯洗钱罪时，对直接负责的主管人员和其他直接责任人员的刑罚幅度，明确"情节严重的，处5年以上10年以下有期徒刑"。

3.《刑法》第一百二十条之一

2001年人大常委会通过的《刑法修正案（三）》第四条规定：在刑法第一百二十条后增加一条，作为第一百二十条之一："资助恐怖活动组织或者实施恐怖活动的个人的，处5年以下有期徒刑、拘役、管制或者剥夺政治权利，并处罚金；情节严重的，处5年以上有期徒刑，并处罚金或者没收财产。"

"单位犯前款罪的，对单位判处罚金，并对直接负责的主管人员和其他直接责任人员，依照前款的规定处罚。"

《刑法》第一百二十条之一，规定了"资助恐怖活动罪"，规定了个人和单位都可以构成该项犯罪的犯罪主体，是我国反恐融资的专门刑事法律条款。

4.《刑法》第三百四十九条第一款

《刑法》第三百四十九条第一款规定，为犯罪分子窝藏、转移、隐瞒毒品犯罪所得的，处3年以下有期徒刑、拘役或者管制；情节严重的处3年以上10年以下有期徒刑。

该条款与《刑法》第一百九十一条存在法条竞合①。我们认为，从法律解释学的角度看，"洗钱罪"（《刑法》第一百九十一条）是在《刑法》第三章"破坏社会主义经济秩序罪"、第四节"破坏金融管理秩序罪"中加以规定的罪名，而"窝藏、转移、隐瞒毒赃罪"是在《刑法》第六章"妨碍社会管理秩序罪"、第七节"走私、贩卖、运输、制造毒品罪"中加以规定的罪名，因此，金融领域中发生的"窝藏、转移、隐瞒毒赃"的行为应该以洗钱罪加以处罚，而在非金融领域发生的"窝藏、转移、隐瞒毒赃"的行为则应当按"窝藏、转移、隐瞒毒赃罪"加以处罚。洗钱罪的刑罚力度大于"窝藏、转移、隐瞒毒赃罪"的刑罚力度，是由于通过洗钱来窝藏、转移、隐瞒毒赃的行为，不仅损害国家禁止毒品的有关管理秩序，而且还损害了正常的金融管理秩序；从犯罪学角度看，通过非金融系统的洗钱来窝藏、转移、隐瞒毒赃的行为代表着毒品洗钱的"低级阶段"，而通过金融系统的毒品犯罪洗钱，则意味着毒品犯罪的"高级阶段"。因此，对于毒品犯罪所得及其收益的洗钱犯罪行为应该受到比对窝藏、转移、隐瞒毒赃犯罪行为更加严厉的刑事制裁。

综上，我国刑事立法规定的与反洗钱有关的罪名有：洗钱罪，资助恐怖主义罪，窝藏、转移、隐瞒毒赃罪。与反洗钱有关的刑罚有：处5年以下有期徒刑或者拘役，并处或单处洗钱数额5%以上20%以下的罚金；情节严重的，处5年以上10年以下有期徒刑，并处洗钱数额5%以上20%以下的罚金。与反恐融资有关的刑罚有：处5年以下有期徒刑或者拘役、管制或者剥夺政治权利，并处罚金；情节严重的处5年以上有期徒刑，并处罚金或者没收财产。

---

① 所谓法条竞合，是指系争事实可适用同一法律的数个条文，但具体裁判案件中只能适用其中之一并排除其他条文的情形。

(三) 我国反洗钱组织管理规范

从法律法规制定和颁布的时间先后看，我国有关反洗钱组织管理领域的行政法律规范制定和颁布的时间，比反洗钱刑事立法制定和颁布的时间晚。

2003 年 12 月，全国人大常委会发布《关于修改〈中华人民共和国中国人民银行法〉的决定》，修订了《中国人民银行法》。新修订的《中国人民银行法》第四条规定，中国人民银行负责“指导、部署金融业反洗钱工作，负责反洗钱的资金监测”。明确了我国金融业反洗钱工作的行政主管机关，明确了我国反洗钱工作的资金监测机关。《中国人民银行法》第三十二条规定，中国人民银行有权对金融机构以及其他单位和个人执行有关反洗钱规定的行为进行检查监督。《中国人民银行法》第四十二条还规定了中国人民银行有权对违反包括反洗钱规定的行为做出警告、没收违法所得以及给予行政罚款的处罚。

2003 年 1 月 3 日，中国人民银行发布的《金融机构反洗钱规定》、《人民币大额和可疑支付交易报告管理办法》以及《金融机构大额和可疑外汇资金交易报告管理办法》，是我国专门的反洗钱工作组织管理的部门规章。

当然，与反洗钱工作有关的一些行政法规制定和颁布的时间更早一些。例如，1997 年 4 月，人民银行发布的《大额现金支付登记备案规定》，建立了大额现金登记备案制度和报告制度以及提取大额现金预约制度；1997 年 8 月，人民银行发布的《关于大额现金支付管理的通知》，从 8 个方面提出了现金管理的具体要求；1988 年 9 月，国务院发布的《现金管理暂行规定》规定了单位现金收付的基本规范；2000 年 3 月国务院发布的《个人存款账户实名制规定》、2003 年 4 月人民银行发布的《人民币结算账户管理办法》分别为个人和单位账户的信息收集工作提供了制度支持。

上述法律、行政法规和部门规章初步建立了我国银行业反洗钱工作的组织管理制度。但从总体上看，我国关于反洗钱组织管理工作的规范还相当薄弱，已有的法律规范不仅存在覆盖范围不全面的问题，而且，有关规范主要表现为部门规章，权威性不足。

(四)《反洗钱法》的部门法归属问题

刑事立法是调整社会关系最为严厉的手段，但对于需要法律严密进行调整的领域，刑法并不是最为有效的法律调控手段。在需要法律加以频繁调整的领域，行政法往往是基本的、日常性的和预防性的管理措施。

在我国法律体系中，刑事立法一般由《刑法》做出，在特殊情况下，全国人大常委会也制定单行性的刑事立法，以满足特定领域刑事立法的急迫要求。例如，全国人大常委会《关于禁毒的决定》(1990 年)，《关于严惩拐卖、绑架妇女、儿童的犯罪分子的决定》。另外，最高人民法院、最高人民检察院也可以对《刑法》条款的具体适用问题，做出具有法律效力的司法解释。而在其他全国人大及全国人大常务委员会制定的法律中，涉及刑事责任问题的，往往只规定"构成犯罪的，依法追究刑事责任"，而不在一般法律中具体规定有关犯罪及其刑罚。

我们认为，正在起草中的《反洗钱法》解决的主要问题是我国反洗钱工作制度问题。即使涉及洗钱罪、资助恐怖主义犯罪的问题，《反洗钱法》的立足点也是预防制度和遏制措施，而不是刑事责任的认定及追究。因此，我们主张有关洗钱犯罪及恐怖融资犯罪及其刑罚的规范，应由《刑法》加以规定；我国《刑法》关于洗钱犯罪、资助恐怖主义犯罪的刑法规定不完善之处，应该通过《刑法》修订来加以完善和补充，而不是在《反洗钱法》中来解决刑法问题。当然，对于现行《刑法》有关洗钱犯罪方面规定所存在的不足，《反洗钱法》立法组织和参与部门应提请相关立法单位，尽快完成对《刑法》中有关洗钱犯罪规定的修订。

总之，正在制定的《反洗钱法》应该是一部以行政管理规范为主的管理法。

四、反洗钱工作机制

（一）反洗钱管理与反洗钱工作机制

政府推行反洗钱措施从而产生了反洗钱管理的问题。就我国具体情况分析，反洗钱行政管理工作涉及：反洗钱规章制度的制定和实施；反洗钱资金监测标准的发布及实际监测；对洗钱线索进行甄别和初步调查后将案件移交刑事侦查机关；对反洗钱规章制度实施情况的监督检查；对违反反洗钱规章制度的行为进行处罚。当前，打击恐怖主义犯罪的反恐融资，也成为反洗钱工作的一项重要内容。

明确反洗钱行政主管部门，赋予其制定反洗钱行政规章、发布反洗钱行政命令、负责反洗钱制度的日常检查监督以及处罚违法行为的权力，以监督承担洗钱报告义务的机构遵循统一的防范和控制洗钱措施，是各国反洗钱工作的通行做法。如美国明确财政部是反洗钱主管部门，日本规定金融厅是反洗钱主管部门，马来西亚规定中央银行是反洗钱主管部门，中国香港特别行政区规定保安局禁毒处是反洗钱主管部门。从国际社会反洗钱立法实践看，反洗钱立法的主要任务是明确一个国家反洗钱主管部门的法定职责和地位、规定该主管部门与其他行政管理部门在反洗钱工作中的协调关系。如将反洗钱协调机制（例如反洗钱部际联席会议制度）写入反洗钱法，也只能明确反洗钱协调机制的作用在于部门间重大反洗钱政策和措施的协调，而不是要取代反洗钱主管机关的地位和作用。

反洗钱行政管理工作任务繁重，甚至带有一定的危险性，从工作性质讲，反洗钱管理工作并不涉及行政审批、行政许可等行政权力。反洗钱管理是一项由国家投入社会管理资源，防范违法犯罪以维护社会、经济和金融秩序的基础性工作。对于反洗钱行政主管机关来讲，反洗钱工作职责更多地体现了国家机关的义务而不是权力。

（二）我国反洗钱工作管理机构的设置及发展情况

2001 年 9 月，中国人民银行成立了反洗钱工作领导小组，统一领导、部署我国银行业反洗钱工作，研究和制定银行系统的反洗钱战略。2002 年 4 月，公安部经济犯罪侦查局洗钱犯罪侦查处成立。2002 年 5 月，经国务院批准，我国建立了反洗钱联席会议制度，确定公安部为牵头单位。2002 年 7 月，中国人民银行成立了反洗钱工作处、支付交易监测处，分别设在保卫局、支付结算管理办公室，专门负责中国人民银行反洗钱的具体工作。2003 年 3 月，国家外汇管理局成立了专门监管跨境洗钱的反洗钱处。

2003 年 5 月，公安部以《关于加强反洗钱工作有关问题的请示》一文向国务院提出我国反洗钱工作机制的具体办事机构设立在中国人民银行的建议，国务院批准了公安部的建议。据此，2003 年 9 月，修订后的人民银行“三定方案”明确规定：“原由公安部承担的组织协调国家反洗钱工作的职责转由中国人民银行承担”，并在中国人民银行主要职责中明确：“组织协调国家反洗钱工作，指导、部署金融业反洗钱工作，承担反洗钱的资金监测职责。”

2003 年 12 月 27 日十届人大常委会六次会议通过的《中国人民银行法》第四条明确规定中国人民银行“指导、部署金融业反洗钱工作，负责反洗钱资金监测”，人民银行对管理职责范围内的管理事项有“发布与履行其职责有关的命令和规章”的职权（规章制定权）；第三十二条规定人民银行，“有权对金融机构以及其他单位和个人的下列行为进行检查监督”以监督检查反洗钱规定的执行情况（检查权）；第四十六条赋予人民银行对包括违反反洗钱规定在内的违法行为，给以警告、没收违法所得、罚款等行政处罚的权力（处罚权）。

为履行法律规定的反洗钱工作职责，根据国务院的决定，2003 年 9 月，中国人民银行专门设立的反洗钱局，具体承办组织协调国家反洗钱工作；研究和拟订金融机构反洗钱规划和政策；承办反洗钱的国际合作与交流工作；汇总和跟踪分析各部门提供的人民币、外币等可疑支付交易信息，涉嫌犯罪的，移交司法部门处理，并协助司法部门调查涉嫌洗钱犯罪的案件等。

综上，中国人民银行作为我国金融业反洗钱主管部门的问题，已经在法律层面和操作层面上得到解决。但是，非金融机构（除金融机构之外有报告义务的机构）反洗钱工作的行政主管部门问题，的确需要通过反洗钱法予以明确。明确国家反洗钱主管机关，是一项重大的制度安排。我们认为，我国反洗钱行政管理体制的设计和安排，应遵守以下三条基本原则。第一，考虑我国反洗钱管理工作的历史和制度现状；第二，重视金融业在反洗钱工作中的核心地位；第三，有效使用国家行政管理资源、避免机构重复设置、节约管理成本。

（三）反洗钱金融行动特别工作组关于反洗钱主管部门问题的规定

反洗钱金融行动特别工作组（FATF）在草拟关于反洗钱的《四十项建议》过程中征求了超过40个国家的200多名专家的意见。分析反洗钱金融行动特别工作组《四十项建议》有关反洗钱管理部门的规定，可以为我们在立法中设计我国反洗钱行政主管部门提供参考。

1. 主管部门是所有与反洗钱工作相关部门的总称

在反洗钱金融行动特别工作组《四十项建议》中，有关反洗钱管理部门的表述是“主管部门（competent authorities）。”在反洗钱金融行动特别工作组2003年版的《四十项建议》正文中，共27处提到“主管部门”这个概念。其中，有26处是以复数“competent authorities”的形式出现，仅有一处是在有定语的情况下以单数形式出现，“a foreign competent authority”（第40项第2款）。因此，在反洗钱金融行动特别工作组的建议中，“主管部门”并非一个单独的、排他的机构，而是指与反洗钱及反恐怖融资工作有关的多个机关。

在反洗钱金融行动特别工作组《四十项建议》的注释中，反洗钱金融行动特别工作组专门解释了“主管部门”的含义：“主管部门”指与打击洗钱和恐怖分子筹资有关的所有行政部门和执法部门，包括金融情报单位和监督机构。

2. 主管部门的主要职责

从《四十项建议》条文规定看，主管部门承担以下职责：

第一，没收洗钱财产及收益。《四十项建议》第3项规定，各国应采取类似于《维也纳公约》和《巴勒莫公约》中阐明的措施，包括立法措施，使主管部门有权在不损害无过错第三方合法权益的情况下，没收被清洗的财产、洗钱或判定罪行的收益，以及实施或计划用于实施犯罪的工具或相应价值的财产。

承担民事及刑事没收权的最主要机关是法院。《四十项建议》第3项所谓的“主管部门”包括法院，但并不仅限于法院，还包括行政管理机关、金融情报机构、刑事侦查机关。《四十项建议》第3项明确规定：“这些措施应包括授权有关部门：（1）识别、追查和评估应予以没收的财产；（2）采取冻结、查封等临时措施，以防该财产被出售、转移或处置；（3）采取措施，防止或避免可能损害国家对被没收财产的回收能力的行为；（4）采取适当的调查手段。”“各国可考虑采取措施，允许不经过刑事定罪即可没收此类财产或工具，或者在符合本国法律原则的范围内要求违法者证明被没收财产的合法来源。”

第二，制定反洗钱政策。（1）制定金融机构的客户尽职调查指导方针。《四十项建议》第5项规定，金融机构采取的客户尽职调查（CDD）措施应该“符合主管部门颁布的指导方针”。颁布有关金融机构客户尽职调查的指导方针，是主管部门的固有职责。（2）对反洗钱及反恐融资制度有效性进行审查。《四十项建议》第32项规定：“各国应确保其主管部门可以对打击洗钱和恐怖分子筹资系统的有效性进行审查，这一点可通过保留与该系统有效性和效率相关的综合统计资料来实现。其中应包括所受理和通报的可疑交易报告（STR）；对洗钱和恐怖分子筹资的调查、检控和定罪；资产冻结、扣押和没收，以及法律互助或其他国际合作的请求等统计资料。”

第三，实施反洗钱监管。包括对金融机构实施有效的反洗钱管理和监督（《四十项建议》第23项），以及对特定的非金融企业和行业实施管理和监督（《四十项建议》第24项）。

为贯彻有效的反洗钱管理和监督，主管部门还应该“建立指导原则并提供反馈机制”（《四十项建议》第24项）。

为保证有效的反洗钱管理和监督，主管部门应当拥有行政处罚权。《四十项建议》第29项规定：“监督部门应拥有足够的权力来监控和确保金融机构遵守打击洗钱和恐怖分子筹资的要求，包括进行检查的权力。它们应有权要求金融机构出示任何与监控要求有关的信息，并且有权对违反这些要求的情形进行适当的行政处罚。”《四十项建议》的词汇表中特别明确指出，“监督部门”是指“负责保证金融机构遵守打击洗钱和恐怖分子酬资要求的指定主管部门。”

第四，查询及调查职权。《四十项建议》第10项规定，金融机构应将所有必要的交易（包括国内和国际交易）记录至少保存五年，以便迅速响应主管部门的信息调查。“本国主管部门履行职责时，应可查阅这些身份识别数据和交易记录”。

第五，接受处理反洗钱信息。《四十项建议》第26项规定：“各国应当建立金融情报单位（FIU），作为接收（和经准许索取）、分析和通报可疑交易报告以及有关潜在的洗钱和恐怖分子筹资行为的其他信息的全国性中心。”

有关反洗钱信息不仅是接受，还包括必要时的主动索取，对信息进行分析，并将分析后的信息向有关部门进行通报。

第六，反洗钱及反恐融资的国际合作。《四十项建议》第36项第2款规定：“各国应确保其主管部门依建议28项的要求而获得的权力还可用来对法律互助请求做出响应。在与本国法律框架相一致的情况下，还可对外国司法或执法当局对本国相应部门提出的直接请求做出响应。"①

3. 主管部门的类型

《四十项建议》第31项规定："各国应确保政策制定部门（policy makers）、金融情报部门（FIU）、执法部门（law enforcement）和监督部门（supervisors）之间拥有一套有效的机制，以便使它们能够在打击洗钱和恐怖分子筹资行动的政策制定和实施过程中相互合作，并在国内展开适当的协调行动。"

反洗钱金融行动特别工作组建议所列举的反洗钱主管部门包括政策制定部门、金融情报部门、执法部门和监督部门的情况，符合主要国家机构设置的实际情况，也是我国反洗钱立法中考虑机构设置时可以参考的内容。

（四）有关国家及地区立法中有关反洗钱主管部门的规定

1. 美国

美国反洗钱制度及其主管部门职责经历了一个历史发展过程。

1970年《银行保密法》规定金融机构应将超过1万美元的现金交易报告财政部，建立了大额现金交易报告制度。但由于没有明确的行政主管部门，1970年《银行保密法》规定的现金交易报告执行情况很不理想。即使有些洗钱行为起诉到法院，但不同法院对被告人是否违反《银行保密法》义务也存在不同看法。②

为克服《银行保密法》的不足，有效打击洗钱活动，1986年美国制定了《洗钱控制法》，直接将隐瞒或掩饰犯罪收益的行为规定为犯罪，规定了在实施法律中"具有特定作用"的政府机构：司法部、联邦调查局、麻醉品控制署、联邦储备局、联邦存款保险公司和财政部。

1990年4月，根据财政部105－08号命令，财政部建立了金融犯罪执法网络（The Financial Crimes Enforcement Network，FinCEN）。建立之初，金融犯罪执法网络作为一个跨政府部门的、多渠道信息来源的情况收集和分析网络，支持对国内和国际洗钱及其他金融犯罪的监测和调查。

1992年，美国通过了《阿农齐奥—怀利反洗钱法》，规定财政部长可以要求

---

① 《四十项建议》第28项："在对洗钱及其背后罪行进行调查的过程中，主管部门应能够获取在这些调查、检控和相关行动中要用到的文件和信息。其中应包括在要求金融机构和客户出示所拥有的数据资料、搜查个人和建筑物以及捕捉和获取证据的过程中采取强制措施的权力。"

② 例如，对于规避1万美元报告金额规定，将洗钱资金拆分为规定报告金额以下的资金、分多次完成交易的行为（即所谓"构建性交易"，structuring trade）是否构成违反《银行保密法》，不同法院持不同看法。在United States V. Thompson，603 F. 2d 1200（5th Cir. 1979）案中，法院认为构建性交易行为造成了银行不能提交现金交易报告，违反了1970年《银行保密法》规定，应被定罪。而在United Stateds V. Anzalone，766 F. 2d 676（1st Cir. 1985）案中，法院则认定被告没有义务报告应该构建交易的义务，不构成违反1970年《银行保密法》的行为。

所有金融机构制定反洗钱内部控制措施，可以要求任何金融机构向财政部报告可疑交易报告。

1994 年，美国通过了《禁止洗钱法》，在要求各州执法当局承担打击洗钱工作任务的同时，改进了可疑交易报告制度，进一步明确财政部下属的金融犯罪执法网络在遏制洗钱中的任务和作用，规定金融犯罪执法网络作为接受可疑交易报告的特定机构，所有金融机构应将可疑交易报告金融犯罪执法网络。1994 年 5 月，金融犯罪执法网络的职责扩大到对可疑交易报告制度执行的监管领域。

目前，金融犯罪执法网络是财政部监督和执行有关反洗钱政策，以监测和防止洗钱的主要机构之一。金融犯罪执法网络实现上述目标的途径有二：第一，要求金融机构履行可疑交易报告和交易记录保存义务。交易记录的保存为调查犯罪并追查犯罪财产提供了金融交易轨迹；可疑交易报告则直接启动了有关的调查活动。金融犯罪执法网络与金融业合作，建立了威慑以及监测洗钱活动的政策和监管规则。第二，为执法部门提供情报和分析支持。它的主要工作是将可疑交易报告信息与其他政府部门信息以及公共信息联结起来，将有关信息和分析结论提交执法部门，为执法部门完成打击洗钱活动的调查以及规划新的调查提供有力的支持。

2001 年，美国以打击恐怖主义为宗旨颁布了《爱国者法》，从反恐融资的角度全面强化了美国的反洗钱法律措施。《爱国者法》赋予了财政部更广泛的反洗钱及反恐融资的职责。

《爱国者法》强化了金融犯罪执法网络地位，规定它为局级机构。金融犯罪执法网络与财政部下属的外国资产管理局以及国家税务局刑事调查部，是美国财政部反洗钱及反恐融资的三个主要部门。2003 年 3 月，财政部成立了恐怖融资和金融犯罪执法办公室（EOTE/FC）。

从 20 世纪 80 年代至今，美国财政部在反洗钱方面的职责是逐步发展和强化的，目前，美国财政部已在美国政府反洗钱政策制定、反洗钱政策执行和监管、金融情报收集和分析、以及反洗钱和反恐融资的国际合作中承担了最重要的职责。

财政部货币监理署（OCC）、联邦储备委员会（FRB）、联邦存款保险公司（FDIC）和证券交易委员会（SEC）等金融监管机构，也在各自监管权限的范围内承担有监督被监管机构履行反洗钱义务的职责。

美国司法部相当于是政府的律师部门，负责代表政府提起公诉，承担着大陆法系国家检察机关的职责。起诉包括洗钱犯罪在内的犯罪，是美国司法部的重要职责。

但是，美国司法部在反洗钱领域的职责并不仅限于刑事起诉，随着美国反洗钱及反恐融资工作的加强，美国司法部在反洗钱政策方面的作用也得到了加强。①

2. 英国

英国负责金融监管的金融监管局（FSA）在金融机构反洗钱方面负有职责。

英国的金融情报机构是国家刑事情报局经济犯罪处。国家刑事情报局（NCIS）原系英国内政部的国家毒品犯罪情报机构。后来其情报收集范围随着立法的改变，情报收集范围扩大到毒品犯罪之外的犯罪，由于其工作的特殊性，放在任何政府部门都不合适，国家刑事情报局一度不隶属于任何政府部门，作为一个相对独立的公共机构而存在。2002 年开始，国家刑事情报局又从英国内务部获得预算拨款。2004 年，英国内务大臣宣布，未来国家刑事情报局将成为于 2006 年组建的打击严重有组织犯罪局（SOCA）的一个组成部分。

目前，国家刑事情报局内部的经济犯罪处负责收集来自金融部门的可疑交易报告，是英国专门的反洗钱机构。

在英国普通刑事案件的起诉由英国皇家检察院承担，但是，对毒品犯罪和洗钱案件的起诉则主要由海关起诉部负责。其原因是对英国皇家检察院来说洗钱案件是新案件，缺乏必要的办案经验。

3. 日本

在日本，金融厅履行对金融业的监督管理职责。金融厅下辖总务企划局、检查局和监督局。日本的反洗钱情报机构 JAFIO 只是总务企划局总务课管辖的一个专门机构。从宏观层面看，金融厅既是金融机构执行反洗钱法律制度的检查监督部门，也是反洗钱情报（即可疑交易信息）的归集、分析和分送机构。但从操作实务上看，JAFIO 和金融厅下属之检查局和监督局又有严格的职责分工。JAFIO 专门从事可疑交易信息的收集、分析和分送工作，而检查局和监督局则负责检查监督金融机构遵循反洗钱法律制度的情况，有权对违反反洗钱法律制度的金融机构采用纠正措施。

金融机构或其他机构怀疑有关交易为洗钱时，应该向机构主管报告，各机构主管负责向金融厅报告。针对国内机构报告以及外国组织所提供的信息，金融厅长官认为有必要由检察官、检察官助理官员、司法警察、海关官员或证券交易监察局官员进行调查时，金融厅长官应该向检察官或类似的官员提供有关可疑交易信息。是否向国外类似金融局的组织提供有关可疑交易信息，由金融厅长官决定。

4. 比利时

---

① 2001 年，美财政部发布《国家反洗钱战略》时，是财政部“商司法部”后编写并发布 2001 年美国《国家反洗钱战略》。从 2002 年开始，美国《国家反洗钱战略》就由美国财政部与司法部联合编写。

比利时主要的反洗钱机构是金融情报处理中心。比利时金融情报处理中心是一个完全独立的机构，其成员由财政部长、司法部长、内政部长提名，由国王任命。情报处理中心受司法部长和财政部长的监督，负责从打击洗钱的角度来处理和传递情报资料。

金融机构的可疑交易报告，经情报处理中心分析认为确有可能涉嫌犯罪的，由情报处理中心报告皇家检察院，同时抄报警察部门。

5. 俄罗斯

俄罗斯金融监管局专门负责反洗钱政策、监管和情报收集及分析工作。但是，在 2001 年制定、2002 年修改的《俄罗斯联邦反对犯罪所得收入合法化（洗钱）和资助恐怖主义法》中，对反洗钱工作部门的表述是“授权机关——依照本联邦法，采取措施反对犯罪所得收入合法化（洗钱）和资助恐怖主义的联邦权力执行机关”。立法并未明确具体的反洗钱工作部门，而仅仅描述性地规定为“反洗钱授权机关”。

6. 香港特别行政区

香港保安局禁毒处是香港反洗钱政策制定和主管部门。禁毒处处长为保安局禁毒专员，也是香港特别行政区在反洗钱金融行动特别工作组的代表。

联合财富调查中心（JFIU）是香港的金融情报中心，由香港警察与香港海关联合组建，在香港警务处办公，负责接受和分析可疑交易报告。

香港律政司负责起诉包括洗钱在内的各种犯罪。律政司在法律草案的论证方面拥有重要的职能，对香港反洗钱政策有影响力。

香港的金融监管部门，包括金管局、证券期货委员会以及保险监理处，对各自监管领域反洗钱法律和政策的实施负有责任，负责制定和实施有关反洗钱指引。货币兑换店的反洗钱，名义上由负责兑换店登记、发牌的香港警务处监管，实际上监管相当薄弱。在没有明确反洗钱监管部门的其他行业和领域，理论上由香港保安局禁毒品处负责监管。

7. 澳门特别行政区

澳门反洗钱工作主要由两个工作组协调。一为反洗钱工作组，由澳门金管局作为召集人，负责协调澳门不同政府部门间的反洗钱工作，通报及交换国际上反洗钱的最新资讯。除澳门金管局外，该工作组成员还包括：博彩监察协调局、海关、司法警察司、检察院、法务局、国际法办公室、经济局、财政局、贸易投资促进局。二为反洗钱立法工作组，由法务局牵头，主要任务为起草及修订澳门反洗钱及打击恐怖主义活动的法例，其成员大致与反洗钱工作组相同。

目前，澳门尚未确立一个独立的金融情报中心，暂由司法警察司搜集、整理、分析提交的可疑交易报告。

（五）中国反洗钱监测分析中心的地位

世界各国的反洗钱信息收集、分析和监测的经验表明，金融领域是有关洗钱信息的主要来源。因此，反洗钱信息收集、分析和监测中心在国际上通称为金融情报中心（FIU）。目前，中国人民银行设立的中国反洗钱监测分析中心，其核心任务就是对大额和可疑交易报告进行收集、分析和甄别。该中心依托于人民银行与金融机构之间的信息渠道，以及国家外汇管理局的外汇管理系统，是人民银行内设的正局级事业单位，由人民银行负责建设及维护。

在我国当前的反洗钱法律立法过程中，有一种观点主张建立一个不隶属于任何部门、直接受国家反洗钱工作协调机构领导的“国家反洗钱信息监测处理中心”。我们认为，这种设计思路有待商榷。从世界各个国家和地区的反洗钱工作经验看，金融情报中心的建立和发展均依赖于特定的管理机构和信息资源，并不存在完全不隶属于任何部门的、独立的金融情报中心模式。

在人民银行管理的中国反洗钱监测分析中心之外，另建反洗钱情报机构，将导致各行业纷纷设立反洗钱情报中心，不但不能提高情报收集的效率，而且会人为地增加工作环节。而将人民银行已经建立的中国反洗钱监测分析中心从人民银行独立出来，将导致反洗钱情报中心难以利用人民银行和国家外汇管理局在资金清算和外汇资金管理方面已有的资源优势，削弱洗钱信息收集、监测和分析能力。重复建设的巨大资金浪费也是制度设计时必须慎重考虑的问题。

（六）对我国反洗钱主管机关模式的建议

对于特定的行政管理事项，我国立法和行政管理制度的传统是明确规定承担管理职责的具体部门。我国立法中关于行政管理机关的表述往往不具体明确部委或部门的名称。国务院组成部门以及国务院直属机构，立法一般表述为“国务院……管理部门”，或者“国务院……主管部门”；国务院办事机构，立法一般表述为“国务院……监督管理机构”。

明确我国反洗钱的行政主管机关，是完善我国反洗钱工作机制、完善我国反洗钱制度的重要内容，也是我国《反洗钱法》的重要内容。

1. 中国人民银行作为反洗钱行政主管部门的合理性

根据新修订的《中国人民银行法》，中国人民银行已取得了金融业反洗钱主管机关、以及国家反洗钱资金监测机关的法律地位。在人民银行之外考虑指定其他政府部门承当反洗钱行政主管部门，或者单独建立独立的部门来承担反洗钱主管部门职责的考虑都必须考虑修改《中国人民银行法》。

国外不少国家的反洗钱工作行政主管部门是财政部。财政部作为反洗钱主管部门的主要理由是，在这些国家，中央银行并非政府内阁组成部门，不宜作为行政主管部门，而其财政部作为政府监管银行业等金融机构、监督资金清算体系的机关，具有银行监管和资金清算体系管理的经验。我国情况比较特殊，财政部不负责资金清算体系的管理，而人民银行作为我国政府组成部门，不仅负责资金清算体系的监管，而且一直作为主要金融监管部门，对银行等金融机构的监管具有丰富经验。因此，从合理使用政府资源角度考虑，中国人民银行是我国最为适当的反洗钱行政主管部门。

在我国政府部门中，与反洗钱工作关系最为密切的部门是公安部和中国人民银行。公安部承担着对洗钱犯罪的侦查和打击工作，2002 年 5 月，公安部首先被国务院指定为我国反洗钱工作的牵头部门。

公安部作为反洗钱工作牵头部门后，在反洗钱领域做了大量的工作，但随着反洗钱工作的深入，公安部意识到反洗钱工作除了侦查和打击洗钱犯罪之外，更加繁重的工作是在整个金融行业以及特定的非金融行业建立反洗钱监管，在全国实施反洗钱资金监测。而且，只有从管理领域做好反洗钱监管，只有实施有效的反洗钱资金监测，才能有效地预防洗钱活动，才能有效地发现并追究洗钱活动的法律责任。因此，公安部向国务院报告，建议由中国人民银行承担反洗钱管理部门的职责，而公安机关则专门负责对可疑洗钱活动线索的侦查和破案工作。

负责我国政府机构设置、编制以及事权划分工作的中央编制办公室，通盘研究了公安部的建议及现时工作情况，最后在代表国务院批复的中国人民银行“三定方案”中明确，“中国人民银行负责国家反洗钱组织管理工作”。

2. 人民银行作为我国反洗钱工作行政主管机关存在的问题

（1）中央银行法定职责与反洗钱管理职责难以整合。根据现行的《中国人民银行法》，指导和部署金融业反洗钱工作，负责反洗钱资金监测，虽然已作为人民银行的职责之一规定在法律中，但是，反洗钱职能与其他的中央银行指南存在着一些难以整合的问题。反洗钱职能难以纳入中央银行的政策目标。中央银行的政策目标是制定和实施适当的货币政策，维护金融稳定，并以此促进经济的发展；反洗钱工作的政策目标是防范和打击犯罪。

（2）中央银行难以对金融业之外的领域实施反洗钱管理。虽然金融领域是反洗钱工作的核心领域，但国际和国内反洗钱的形势发展都要求将反洗钱管理工作扩大到特定的非金融行业，如会计师事务所、律师事务所、珠宝行、拍卖行以及房地产交易机构等资金交易量大、交易背景容易被伪造的行业或领域。

人民银行作为金融主管部门，对银行、证券和保险等金融行业实施反洗钱监管，在国务院组成部门、内设机构以及直属办事机构的事权划分上完全合理、顺畅。但是，人民银行通过反洗钱工作，将管理事权延伸到由其他国务院组成部门管理的会计师事务所、律师事务所、珠宝行、拍卖行以及房地产等行业及领域，势必出现一些管理方面的牵制，最终影响到人民银行对这些非金融行业和领域反洗钱监管的效果。

但无论是国际反洗钱标准，还是我国反洗钱工作发展的情况，都要求将反洗钱管理扩大到金融行业之外一些特定的非金融行业。从国际反洗钱标准看，《四十项建议》第 12 项规定，反洗钱建议规定的客户身份尽职调查和记录保存要求，在发生超过一定限额以上的交易等情况下，应该适用于赌场、房地产代理商、贵金属及珠宝商、会计师、律师、公证人、信托及企业服务提供商。从国内反洗钱实践看，我国第一宗洗钱犯罪判例，就是以公司投资的方式洗钱，而非通过金融领域洗钱。而将人民银行的监管职权扩大到金融行业之外，存在着人民银行法律授权不足的问题，因此，由人民银行全面承担我国反洗钱管理职能，的确存在一些必须加以调整和解决的法律问题。

3. 人民银行承担反洗钱行政主管工作的恰当方式

由于人民银行承担我国反洗钱管理工作具有相当充分的合理性，但同时又面临着一些不得不解决的问题。我们考虑从改进人民银行承担反洗钱工作的形式来解决上述问题。

反洗钱管理工作超出了我国政府机构任何一个单独部门的管理事权。可以考虑成立国家反洗钱局，在管理工作方面，国家反洗钱局由国务院授权人民银行领导。这种模式，在不变动现有机构的情况下，使我国反洗钱工作既利用了人民银行既有的管理资源，又解决了人民银行难以管理非金融领域的问题。以国家反洗钱国家局的名义，获得了对非金融领域反洗钱的管理权限；国家反洗钱局由人民银行领导，保持并充分利用了人民银行既有的金融监管和反洗钱资金监测资料。

五、反洗钱立法应探索突破的问题

（一）反洗钱与反恐融资的关系

20 世纪 70 年代，国际社会防止和惩罚为恐怖活动提供资金[①]的努力就开始产生积极成果。1972 年，联合国大会首次成立国际反恐特设委员会，并在 1994 年通过了《消除国际恐怖主义措施宣言》。1996 年，联大成立了一个新的特设委员会，对国际反恐公约做详细说明。该委员会详细制定了《制止向恐怖主义提供资助的国际公约》。自 1985 年以来，安理会也开始讨论恐怖主义问题。2001 年，安理会成立了反恐委员会，负责监督成员国对《安理会第 1373 号决议》（2001 年）下规定所做的反应。此前，安理会分别在《第 1267 号决议》（1999 年）和《第 1333 号决议》（2000 年）中载明，联合国成员国可扣押记录在案的

① “资助恐怖主义”（Terrorist Financing）也译为“恐怖融资”；“向恐怖主义融资”（Suppression of the financing of terrorism）也译为“反恐融资”。

恐怖分子和恐怖组织的资产。在地区一级也通过了一些公约。各国通过一系列复杂的国际工具致力于打击恐怖主义。继美国在2001年9月遭受恐怖袭击后，联合国安理会于2001年9月28日通过防止和打击资助恐怖主义的《第1373号决议》(2001年)，金融行动特别工作组（FATF）于2001年10月通过了《打击恐怖融资的8项特别建议》，金融反恐已成为打击恐怖主义的重要组成部分。因此，除了在防止和打击恐怖活动本身方面加强国际合作以外，国际社会现在已通过一整套涉及面相当广泛的制止向恐怖主义提供资助的规划来防止恐怖活动，包括确立发现和阻断恐怖活动的资金来源，规定为恐怖活动提供资助将受刑法处理等国际法规则。①

向恐怖主义提供资助无论是从具体措施，还是从工作机制方面看，都沿用了反洗钱制度。但是，联合国法律部通过研究后指出，将反洗钱与反恐融资混为一谈，或者以反洗钱来替代反恐融资，都“不符合《决议》和《公约》的精神和文字的要求”。联合国法律部特别指出：“《公约》将资助恐怖主义行为确定为一个单独的、自成一体的罪行。虽然确立资助恐怖主义罪和洗钱罪都基于同一个观念，即通过采取措施防止资助犯罪集团活动而打击这些集团，但这两种罪行是有区别的。具体而言，在资助恐怖主义时，用于资助恐怖主义行为的资金不一定是通过非法行为获得的资金，而且不一定经过洗钱处理。这些资金可能是通过合法手段获取并存放在金融机构的资金。这些资金之所以‘有污点’，不是因为有犯罪性的起源，而是因为企图用于资助恐怖主义行为，或企图用于向恐怖主义者或恐怖主义组织提供支持。因此，如果只根据洗钱罪而将资助恐怖主义行为定为刑事犯罪，则在立法方面就会留下巨大的漏洞，因为只有在确定企图用于资助恐怖主义行为的资金具有非法来源时，才能确定资助恐怖主义罪，而对使用合法获得的资金资助恐怖主义行为的现象则不能提起诉讼。”②

因此，反洗钱与反恐融资在概念上是有区别的，但在国际反洗钱与反恐融资的实践中，两者又是紧密结合的，从立法的经济性考虑，应当在反洗钱立法中，一同规定有关反恐融资的内容。

（二）特别调查权

我国传统的刑事调查手段无法满足打击洗钱犯罪的要求。

首先，依照我国《刑事诉讼法》规定，公安机关和检察机关只有在立案之后，方可进行收集、调取犯罪嫌疑人有罪或者无罪、罪轻或者罪重证据材料的侦

① 国际货币基金组织法律部《制止向恐怖主义提供资助：立法指南》(2003年)，第1~2页。

② 国际货币基金组织法律部《制止向恐怖主义提供资助：立法指南》(2003年)，第39~40页。

查活动。[①] 但在现代金融高度发达的背景下，洗钱行为往往可以在极短的时间内完成。传统刑事侦查中立法程序的规定，无法满足发现并拦截洗钱资金的要求。

其次，洗钱活动是帮助犯罪资金逃避法律制裁的一种犯罪，具有高度的隐秘性。传统的刑事侦查手段，对一些高度隐秘的洗钱活动束手无策。

再次，国内外经验表明，为有效打击洗钱，必须进行全面的资金交易监测，必须进行大量的反洗钱调查。有关的调查只要履行相关的手续、遵守一定的规则，并不会对正常的经济活动以及社会生活造成影响，也不会对个人和单位的正常权利形成不适当的限制。但是，我国的犯罪调查，尤其是刑事侦查程序中，只有严格的立案侦查制度，而没有其他相对灵活的调查制度可资利用。

为解决上述反洗钱调查（包括侦查）工作中面临的严重制约，国外成功地发展出一套刑事侦查部门以及反洗钱主管部门可以采用的特殊调查手段。这些手段包括：调阅有关个人或单位的各类账户资料及交易记录、跟踪资金流向、控制下交易。

（三）临时或紧急冻结措施

有效打击经济犯罪最重要措施是剥夺洗钱的非法所得和收益。洗钱犯罪系以逃避法律制裁为目的而进行的资金交易活动，没收犯罪分子企图隐藏的非法资金，或者将这些资金归还其合法所有人，既是法律和正义的要求，也是打击犯罪最为有效的措施。因此，在反洗钱工作中，控制洗钱资金是一项重要的工作任务。

虽然我们还缺乏有关统计资料，但是，不少金融机构反映，随着现代化支付体系的发展，资金划转速度大大加快，执法部门的冻结程序已不适用在现代支付条件下的反洗钱要求。传统的立案、查询和冻结措施很难达到控制非法资金转移的预期目的。应该在反洗钱法中，参照国际反洗钱立法惯例，明确规定针对洗钱资金控制的临时或紧急冻结措施。

（四）缺席审判或裁决

目前，越来越多的国家已承认外国对洗钱犯罪的引渡及对洗钱资金财产追回的请求。但由于我国刑事诉讼程序方面严格规定，只有刑事被告到庭方能进行刑事审判。目前，我国有为数不少的经济犯罪案件，由于犯罪嫌疑人外逃，有关的刑事诉讼程序无法进行完结。这种情况在反洗钱工作中形成一个障碍，即很多国家和地区，是以他国法院的最终裁判为依据，提供引渡或资金追回协助。

---

① 《中华人民共和国刑事诉讼法》第八十九条。

因此，我国有必要在确保被告人基本人权、确保其受到公正审判待遇的情况下，对畏罪出逃的犯罪嫌疑人规定缺席判决制度。第一，针对刑事犯罪的缺席判决程序可以作很严格的规定，在诸如“远华案”等极端的案件中适用。第二，对于一般的洗钱犯罪案件，可以采取民事诉讼程序，在有被害人的情况下，由被害人起诉，在缺乏明确被害人的情况下，由检察院代表提起民事诉讼，由法院判决犯罪嫌疑人所清洗的资金应返还被害人，或被国家民事没收。

（五）国际执法合作中对非法财产的分享

依据国际反洗钱合作惯例，被请求国在反洗钱工作中做出贡献应获得相应回报，以鼓励或者保证被请求国投入执法资源，协助他国提出的反洗钱执法请求。提供协助的国家执法当局，可以根据侦查、冻结、扣押或没收工作中做出贡献的大小，向请求协助国提出分享被扣押或没收的洗钱资金。

目前，有关反洗钱国际公约对执法合作中对非法财产的分享，仅仅提供了一个原则，具体的分享方式及比例，往往是由双边协议来规定，很多情况下，国家之间还根据对等原则提供协助。

我国反洗钱立法中，应该对有关财产的分享，提出一般原则，并授权有关部门在反洗钱双边协定中，明确非法财产分享的具体规则及比例；授权管理或者执法部门，在具体的案件中，依照一定的原则，与有关国家执法部门相机商定个案的非法资金的分享及追回办法。

六、结论

反洗钱立法对我国反洗钱工作具有重要意义，国内和国际两方面的形势均要求立法尽快出台。

总体上讲，我国正在起草制定的《反洗钱法》是一部行政法性质的组织管理法。

在制定《反洗钱法》的同时，应启动对《刑法》的修订，扩大我国刑法有关洗钱犯罪的上游犯罪范围的规定。

《反洗钱法》的重要任务之一，是明确我国反洗钱工作机制，尤其是明确我国反洗钱工作的行政主管部门。从目前立法及政府管理的现实看，中国人民银行是适当的反洗钱工作行政主管部门。人民银行承担我国反洗钱行政管理工作的形式，可由国务院灵活安排。

在反洗钱法立法过程中，应该解决反洗钱与反恐融资的关系，制定满足反洗钱工作所必须的特别调查权、洗钱资金的临时冻结措施、有关洗钱行为的缺席判决以及国际合作中对非法财产的分享等制度或措施。

参考文献

1. 金融行动特别工作组:《关于洗钱问题的四十项建议》(2003 年版)。
2. 金融行动特别工作组:《关于制止向恐怖主义提供资助的九项特别建议》。
3. 联合国:《禁毒公约》。
4. 联合国:《打击跨国有组织犯罪公约》。
5. 联合国:《反腐败公约》。
6. 联合国:《禁止洗钱法律范本》。
7. 中国人民银行反洗钱局:《反洗钱工作简报》, 第 1 ~7 期。

我国金融市场体系的协调发展研究

中国人民银行研究局课题组

课题主持人：庚　力

主要参与者：纪　敏　马俊起

引言：发展金融市场的意义

金融市场是指金融交易或金融合同的市场。金融市场一般可分为：货币市场与资本市场；现货市场与期货市场；外汇市场与黄金市场。本文重点讨论我国货币市场、资本市场与保险市场的协调发展问题。

我国金融市场是从计划经济体制延续过来的，还处在初级阶段。大力发展金融市场，无论对优化金融结构，提高资源配置效率，还是对降低银行风险，维护金融稳定，都具有重要而现实的意义。

一是有利于优化金融结构，提高金融资源配置效率。金融市场的基本功能是实现资本的优化配置。金融发展理论认为，发展金融市场，有助于提高金融资源配置的效率，促进经济增长。我国目前金融市场不发达，间接金融的比重高达95%，资金在不同金融市场间不能合理流动，配置效率不高。

二是有利于降低银行风险，维护金融稳定。由于我国多年来形成了以银行信贷向社会供给资金的模式，致使银行体系集中了大量金融风险。发展金融市场，有利于分散银行体系的风险，维护金融稳定。

三是有利于增强金融业的整体竞争力。在全球经济一体化和信息经济加快发展的背景下，银行、证券、保险之间的经营界限被逐渐打破，由金融产品创新引致的新业务不断拓展，致使金融业竞争从全方位多角度展开。发展金融市场，有利于推动金融创新，增强我国金融体系的整体竞争力。

一、我国金融市场的结构缺陷

我国金融市场发展始于20世纪80年代。从1984年开始，全国就出现了商业银行之间的同业拆借活动，1997年又建立了全国统一的银行间债券市场，形成了全国统一的货币市场框架。1990年12月9日，上海证券交易所开业，1991年7·月3日，深圳证券交易所正式开业，股票市场开始建立。1994年实行了外汇管理体制改革，取消了外汇留成，实行结售汇制度，全国统一的银行间外汇市场开始建立。2001 年，上海黄金交易所开始运行。到目前为止，我国已初步形成了由货币市场、资本市场、外汇市场、黄金市场等组成的比较齐全的金融市场体系的框架。20 多年来，金融市场在总量上迅速扩张。到 2003 年底，全国银行间市场同业拆借和债券交易量达到 17.2 万亿元，其中同业拆借交易量 2.4 万亿元，同比增长 106.6%，现券交易量 3.1 万亿元，同比增长 6 倍，债券回购交易量高达 11.7 万亿元（图 1）。股票市场方面，截至 2004 年 6 月底，A、B 股上市公司达 1346 家，总股本达 6859 亿股，市值 40408 亿元，其中流通市值为 12604 亿元，成为仅次于日本和香港的亚洲第三大市场。

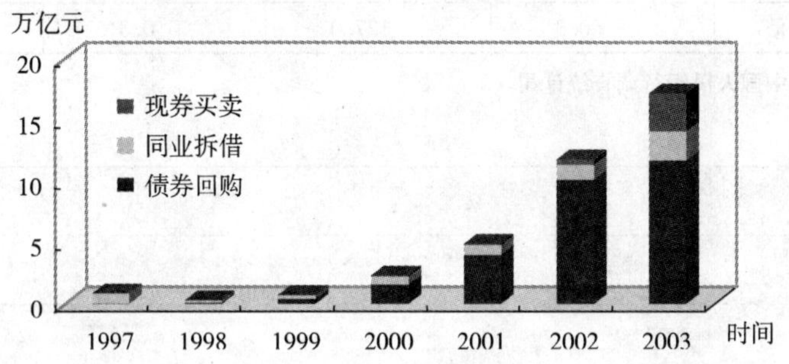

图 1　银行间市场交易量

在金融市场体系初步形成、总量快速扩张的同时，金融市场的结构缺陷也日益显露，突出表现在以下方面：

（一）货币市场、资本市场、保险市场发展不平衡

1. 企业融资结构失衡，主要靠银行贷款

三大市场发展不平衡可从以下几组数据得到证明：（1）2000～2003 年，我国企业直接融资[①]占全部融资的比重分别只有 22.4%、9.2%、5.5% 和 4.1%（表 1）。（2）截至 2003 年 9 月末，我国银行类金融机构总资产[②] 30.15 万亿元，占我国全部金融机构总资产的 95% 以上。（3）从宏观上看，M_2 与 GDP 之比逐年递增，其数值从 2000 年的 1.51 攀升至 2003 年的 1.89，为世界之最（图 2）。上述状况表明，我国金融体系是高度依赖银行间接融资的畸形结构。经济增长主要依赖银行体系将居民部门的高额储蓄转化为投资，对银行体系的货币供给形成高度依赖。这一结构不仅降低了金融资源的利用率，而且蕴含着较大的金融风

① 直接融资是指股票和企业债券。

② 银行类金融机构包括国有商业银行、股份制商业银行、城市商业银行、农村合作银行、城市和农村信用社、信托投资公司、财务公司、金融租赁公司。

险。一方面风险不断向银行体系聚集，另一方面也潜藏着通货膨胀的风险。

表1　2004年前三季度国内非金融部门融资情况简表

	融资量（亿元人民币）		比重（%）	
	2004年前三季度	2003年前三季度	2004年前三季度	2003年前三季度
融资总量	24076.3	29733.8	100.0	100.0
贷款	19249.6	26687.3	80.0	89.8
国债	3492.2	2239.7	14.5	7.5
企业债	185.0	149.0	0.7	0.5
股票	1149.5	657.9	4.8	2.2
其中：可转债	60.3	127.0	0.3	0.4

数据来源：中国人民银行调查统计司。

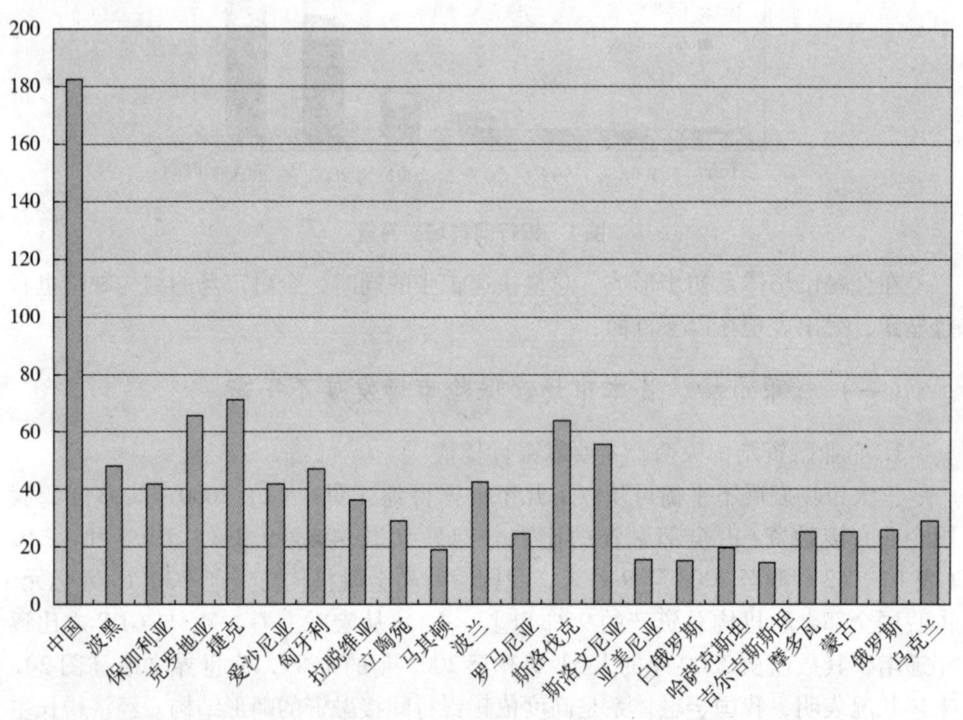

图2　M_2/GDP：国际比较

2. 市场结构失衡，特别是商业银行和资本市场功能明显错位

在发达国家的金融市场上，长期融资的功能主要由资本市场承担。2003年美国企业通过资本市场融资的比例大约是80%。银行业务则以流动资金贷款和消费贷款为主，中长期贷款比例很小。住房、汽车抵押贷款等期限较长的贷款，

大部分也通过资产证券化，以住房抵押证券、资产支持证券等形式推向资本市场。基础设施建设也主要采用项目债券、市政债券、企业债券等方式融资。我国企业通过资本市场融资的比重不足5%[①]，长期以来，银行承担了本应由资本市场承担的功能。公路、电厂、经济技术开发区等长达10多年的基础设施项目，也主要依靠银行贷款。

（二）货币市场、资本市场、保险市场相互分割

1. 分业经营导致货币市场与资本市场缺乏稳定的联通渠道

1997年6月，国务院作出《关于严禁国有企业和上市公司炒作股票的规定》。1999年7月，《证券法》禁止银行资金违规流入股市。这些法规虽在一定的程度上保证了信贷资金的安全，但也分割了货币市场与资本市场，降低了金融资源配置的整体效率。

从发达国家实践看，货币市场和资本市场有着紧密联系：一是产品互有交叉。比如债券同时是货币市场和资本市场的主要产品，在二级市场流动性很高的情况下，两类市场的债券在一定条件下可互相转化。二是市场参与者互有交叉。比如证券公司和基金管理公司往往同时参与货币市场与资本市场，由此强化了两个市场之间的联系。三是资金互有流动。由于两类市场产品和市场主体互有交叉，市场主体完全可以根据自身实际情况，利用货币市场工具滚动筹措长期资金，或利用资本市场进行短期融资。四是利率是货币市场和资本市场之间资金流动的纽带，利率变动同时影响两类市场的资金供求。在一个资金充分流动的均衡市场上，投资于货币市场和资本市场的资金回报率应大体相等。正是由于两个市场之间存在紧密联系，才能形成以货币市场利率和资本市场收益率为基础的市场收益率曲线，从而引导金融市场资金的优化配置。例如在美国，资金在银行、证券、保险等市场之间能够顺利流动，国债、企业债以及证券化产品都是商业银行的重要投资品种，商业银行持有20%左右的证券资产。

2. 保险市场与资本市场之间的资金联通不足

2003年底，我国保险资金用于银行存款4549.67亿元，占52.06%，投资国债1406.9亿元，占16.1%，投资金融债券828.72亿元，占9.48%，投资证券投资基金456.6亿元，占5.23%。保险投资的主渠道仍是银行存款和国债投资。反观发达国家，养老基金、商业保险基金和共同基金是资本市场最为重要的机构投资者，美国约40%流通市值的股票由上述机构持有，英国保险性质的资金持有企业债券及股票的一半以上，是其证券市场最重要的机构投资者。日本中长期债券市场约60%的市值由保险资金持有。据全球基金经理人杂志2002年的估

① 资本市场融资是指股票和企业债。

计，全球共同基金约25%的资金来自各类保险资金。

上述情况表明，我国的货币市场、资本市场、保险市场是三个分割的市场，相互之间资金不能有序流动。由于市场分割，投资者无法在期限、利率以及流动性与盈利性方面形成合理的投资结合，市场优化资源配置的作用难以充分发挥。

（三）各子市场内部结构不合理

1. 债券市场发展落后于股票市场发展

在国外成熟的资本市场体系中，债券是最主要的投融资工具，不仅品种多样，而且规模远大于股票市场。美国债券市场占资本市场的80%左右。我国债券市场市值还不到股票的30%，而且品种单一。除了国债市场已有一定规模外，公司债券的发行受到严格的限制，一年仅仅300亿~400亿元的发行量，金融债券仅限于政策性银行，大多数金融机构无法发债融资，地方政府债券市场更是空白。债券的发行程序、发行机制、发行价格存在严格管制，市场机制及评价等中介机构几乎不起作用。

2. 股票市场股权分置、层次单一

一是股权分置，2/3股票不流通，投资者难以形成长期稳定的投资预期。二是投资者结构不合理，散户投资者多，机构投资者数量和质量都有待提高。三是资本市场层次单一，股票交易只能通过两个交易所进行，缺乏多层次的场外市场，绝大多数企业的股权没有正规的流通渠道，能够发行A股的企业不到3000家，上市的仅1600多家。

3. 金融产品、工具的种类还不多，衍生金融市场尚未建立

发达国家金融市场体系通常会提供包括现货市场、期货市场、期权市场以及多种结构性产品在内的非常丰富的金融产品和工具，既适应了不同风险状态下的企业融资需求，也满足了投资者套期保值的风险管理需要。相比之下，我国金融产品的种类依然比较匮乏，创新力度不够，目前还没有金融衍生工具，无法满足投资者规避风险、套期保值的要求。

二、金融市场协调发展的理论分析

从理论上分析，我国金融市场的上述结构特点，既不符合比较金融理论有关金融市场与金融中介的分工原理，也不符合金融自由化理论有关金融一体化发展趋势的分析。

（一）金融中介和金融市场比较理论

金融体系的基本功能就是媒介储蓄与投资，这一过程通常有两种方式：一是通过金融中介的间接融资方式，二是通过金融市场的直接融资方式。在现实金融

体系中，不同国家和地区金融中介或金融市场在其金融体系中的地位不尽相同。以美国和英国为代表，金融体系以资本市场的直接融资为主；以德国和日本为代表，其金融体系以银行的间接融资为主（表2）。在英美模式下，资本市场高度发达且存在活跃的公司控制权市场；在德日模式下，资本市场规模相对较小，不存在活跃的公司控制权市场，银行则既是企业债权人又是大股东，对企业融资及公司治理都起到关键作用。

表2 德日英美法五国企业净资金来源（1970～1994年）

单位:%

净资金来源	德国	日本	法国	英国	美国
内部资金	65.9	69.9	60.6	63.3	66.1
银行	23.9	26.6	40.6	12.6	11.1
债券	-1.0	4.0	1.3	14.2	15.4
新发股票	0.1	3.5	3.0	14.6	6.6
商业信用	-1.2	-5.0	-2.8	2.0	5.4
资本转移	8.7	-	1.9	1.7	3.7
其他	1.4	1.0	-6.5	0.0	—
统计调整	2.2	0.0	1.9	-8.4	-8.3

资料来源：德、日、英、美 Corbett and Jenkinson（1997，p 74）；法 Bertero（1994）。

根据比较金融理论，银行等金融中介在处理短期风险上具有优势，而资本市场则在处理长期风险上具有优势。与这一理论相适应，银行等金融中介在短期金融领域具有优势，而资本市场则在长期金融领域具有优势，两者之间应形成合理分工。如上分析，我国的情况是，无论是长期或短期金融，都以银行为主，资本市场的作用很小。这一状况不仅使长短期金融风险都集中于银行体系，而且也制约了资本市场发展。长此以往，必然损害金融资源配置的整体效率和经济增长。

从国际视角看，就总体而言，证券化已成为国际金融发展的主流趋势之一。资本市场越发达，企业融资渠道越多，金融风险越分散。随着资本市场工具的创新，银行等金融机构也可借助资本市场管理长期风险。比如银行选取覆盖多个行业和区域的存量资产进行证券化，通过资产的真实出售与风险隔离等方法，就能在资本市场分散和转移长期信贷资产的风险。

（二）金融市场一体化理论

金融市场一体化指银行、证券、保险等传统金融部门相互渗透、相互融通并逐渐形成统一金融产业的趋势和过程。根据有关的微观经济学理论，资产在不同部门的转换成本，主要取决于资产本身性质所决定的沉淀成本大小。银行、证券、保险等金融资产都是以价值形态存在的无形权利，无论是现金、存款、基金、保单，还是贷款或证券，其专用性相对于实体经济资产而言都不强，这就决定了不同金融资产的转换成本较低，此所谓金融资产的同质性。正因如此，金融领域的产品创新较之其他实体经济领域更为频繁。20 世纪 80 年代以来，随着信息技术的飞速发展和金融管制的放松，金融产品不断推陈出新，单一功能的金融机构已无法独自承担日新月异的交叉金融商品的承销，也无法满足企业和个人多样化的金融服务需求。金融一体化正是基于各金融行业资产同质性的共性特点，借助统一的市场组织形式，比如金融控股公司等，将金融机构之间的交易成本内部化，从而在成本和效率上获得规模经济、范围经济，进而提高全社会的资金配置效率。

从理论上说，混业经营的好处是：（1）降低银行风险。直接融资与间接融资的截然分开会随金融创新而产生“脱媒”现象，使银行市场缩小，经营困难，不利于银行分散风险。（2）增强商业银行的竞争力。混业经营模式可从三个方面增强商业银行的竞争力。首先，混业经营使银行能及时根据金融市场变化调节自身经营领域，从而达到分散风险的目标；其次，商业银行可通过“一站式”服务发挥整体优势，降低经营成本，提高服务效率。（3）有利于商业银行更好地发挥媒介储蓄与投资的中介职能，实现投资渠道多元化，增加资金来源与收益。

从国际范围看，英国于 20 世纪 80 年代初期开始进行“大爆炸”式金融改革，允许银行兼营证券业务，形成多元化经营的金融控股集团，并形成了统一的金融监管机构。美国从 1987 年开始，先后批准了一些银行持股公司经营证券业务，1989 年又批准花旗等五大银行直接包销企业债券和股票，90 年代以后，其混业经营的步伐进一步加快。1998 年 4 月，花旗银行与旅行者集团合并，合并后的花旗集团集商业银行、投资、保险业务集于一身，成为全球最大的综合金融服务机构。1999 年 11 月，美国通过了《金融服务现代化法案》，废除了禁止银行从事证券业务的《格拉斯—斯蒂格尔法》，混业经营从法律上得以确立。1998 年 4 月，日本实施了《金融体系改革一揽子法》，废除了银行不能直接经营证券、保险业务的禁令，允许各金融机构跨行业经营各种金融业务。上述变化表明，混业经营体制已成为世界金融业发展的主流趋势。

我国金融市场的现状与上述理论分析及国际趋势相反，突出表现在不同金融市场相互分割，资金不能在不同金融市场之间有序流动，这实际上进一步固化了现有不合理的金融结构，不仅使风险不断在银行业累积，而且使金融体系中相对薄弱的资本市场和保险市场难以充分发展。

三、我国金融市场协调发展的重点

上述理论分析集中反映了金融业发展的两大趋势，一是金融资源配置将从过度依赖金融中介转变为在金融中介和金融市场之间的合理分工，二是金融资源配置将从单一金融功能的分割式配置逐步转向多元金融功能的混合式配置。对照这两大趋势，我国金融市场存在两大结构性缺陷，一是服务于企业直接融资需求的资本市场发展严重滞后，二是各金融市场之间相互分割，资金不能有序流动。解决这两大问题的关键，既有赖于增量推进，也有赖于存量改革。所谓增量推进，就是大力发展服务于企业直接融资需求的债券市场和股票市场；所谓存量改革，就是大力推进能够替代银行储蓄和信贷的金融产品创新。与此同时，通过发展银行间债券市场和金融控股公司，通过培育保险公司等机构投资者，连接货币市场与资本市场，引导资金在两个市场之间合理有序流动。

（一）建立以合格机构投资者为主导的企业债场外市场

2004 年 9 月末，企业债合计仅占企业融资的 0.7%，绝大多数企业无法利用企业债直接融资。企业债市场严重萎缩的原因主要有两条：一是管制严格，发行不易；二是二级市场层次单一，缺乏多样化的场外市场。

1. 改革企业债发行制度

现行企业债发行依据仍是 1994 年制定的《企业债券管理条例》，该条例对企业债发行制定了极为严格的条件，导致事实上的发债企业均为特大型企业和特大型国家重点建设项目。究其原因，主要在指导思想是企图运用严格的发行条件规避企业债的信用风险①，由此导致了企业债市场的严重萎缩。为此，应对企业债的发行方式、利率、担保条件等作出一系列改革。一是改革发行制度。创造条件逐步弱化发行程序中的审批制，重点强化债券发行的信息披露制度和信用评级制度，通过强化对发行人的市场约束，代替相应的行政审批制度。二是完善企业债发行的价格形成机制。通过逐步放开企业债利率，建立企业债发行的市场询价、竞价制度，完善其价格形成机制。三是改进担保制度。发展多种担保形式，逐步打破企业债事实上只有银行等金融机构担保才能发行的固定模式。

2. 建立以合格机构投资者为主导的企业债场外市场

从国际经验看，企业债按照发行主体的差异，形成了至少三个层次的交易市

---

① 企业债券的风险除了和国债一样面临利率等市场风险外，由于过度的发行管制，其信用风险实际上已几乎没有，在事实上已成为与国债几乎无异的高信用等级债券，但发行利率仍然高于国债利率约 1.5 ~2 个百分点，如果考虑发行费用等因素，企业债融资成本已与银行中长期贷款大体持平，由此导致不少优质大企业宁愿选择银行贷款，也不愿发债的奇特现象。

场。一是交易所市场，二是场外柜台市场，三是投资者之间直接交易的市场，债券的大宗交易基本通过场外市场进行。目前我国企业债的二级市场仅限于交易所市场，缺乏应有的场外市场，应在完善交易所市场的同时，大力发展多种形式的场外债券市场。一是将企业债券引入银行间债券市场这一我国最大的债券场外市场。根据中国人民银行新近颁布的《全国银行间债券市场债券交易审核流通规则》，企业债已获准在银行间债券市场流通，今后应进一步扩大银行间债券市场的投资主体，引进更多的非银行金融机构甚至企业及所有合格机构投资者进场，将银行间债券市场发展成我国最大的、服务于机构投资者的企业债场外市场，甚至走出国门，吸引外国企业、政府、金融机构在该市场发债，使之成为区域债券市场的中心。通过构造功能强大的企业债二级市场，培育企业债的市场需求，推动企业债发行制度的变革与创新，为更多企业通过发债融资创造条件。二是适时将一部分企业债推向银行柜台交易，以满足零售投资者的需求；三是积极发展各种无形的电子网络交易平台，满足各类机构投资者对债券场外交易的需求。

（二）发展多层次股票市场，为中小企业直接融资创造条件

资本市场是一个包括多层次、多类型市场的有机体系。既包括交易所市场，也包括场外市场。既包括证券市场，也包括非证券化的股权和债权交易市场。既包括集中竞价式的统一市场，也包括分散撮合的协议转让市场。既包括公开发行的公募市场，也包括不公开发行只面向特定投资者的私募市场。对绝大多数国家的绝大多数企业而言，场外市场、非证券化的股权或债权市场、私募市场都是更具普遍意义的资本市场，国际资本市场发展的现状也是如此。我国经济总量巨大，层次众多，资本市场相对不发达，中小企业占绝大多数，发展多层次资本市场更具重要意义，应积极探索发展多层次资本市场的途径和方法。

首先，在认识上要打破设立股份公司与发行股票及股票公开上市之间的必然联系。借鉴我国台湾地区及欧美一些国家的经验，首先要降低设立股份公司的门槛，这是促进企业股权融资以及建立多层次资本市场的先决条件。比如在我国台湾地区设立股份公司，除极少数类似汽车制造这样的资本密集型行业外，最低注册资本只需 300 万元新台币（约 75 万元人民币），因此台湾地区股份公司的数量高达 15.9 万家①。而大陆《公司法》将设立股份公司的最低标准定为 1000 万元人民币，因此工业领域现有股份公司数量仅 5700 家，二者相差悬殊。

其次，要建立分层次的资本市场。台湾地区的资本市场之所以能覆盖大多数中小企业，根本原因就在于其层次性。台湾地区资本市场分为四个层次，一是公开集合竞价的交易所市场——台交所，1996 年台湾地区公开发行股票的公司

① 2002 年 7 月数字。

1571家，不到股份公司总数的1%。其中在台交所上市的仅382家，申报辅导上市的320家；二是由柜台交易中心发展而来的兴柜市场，可视为台交所主管的一个特殊板块，1996年这一板块约91家。绝大多数未公开发行的中小企业股票，是通过第三层次的柜台买卖中心和第四层次的盘商市场交易的。柜台买卖中心是以电子网络相连接的场外市场，在这一市场交易的股票约数千家。盘商市场是指未经当局许可的、分散的、以撮合中小企业股权交易为主要功能的场外经纪人市场。据估计约数万家中小企业的股票或股权通过“盘商市场”撮合交易。中国内地的企业数量远超台湾地区，沪、深两个交易所的上市公司仅2000多家，其他成千上万家企业的股权也需要交易，也需要直接融资的渠道。

为推进我国多层次资本市场的建设，理论界和实务界提出了不少模式，归纳起来包括两类：一是依托各地正在建立的产权交易中心，逐步发展成熟后形成全国统一的股权报价和交易系统；二是依托现有的股份代办转让系统，直接建立全国统一互联的股权报价和交易系统。客观地说，这两种模式都存在重大缺陷。就前者而言，一是交易对象（产权）不像股票那样完全可分，二是产权交易中心主要定位于国有企业的重组改造，恐政策性较强而商业性不足，难以对构成场外市场核心的做市商（证券商）构成吸引力。就后者而言，其功能定位于交易所退市企业的股权转让，这与服务于成长型中小企业的市场定位直接冲突，由此引发的监管标准差异也使二者难以融合。总之，如果只是简单地借助于现有交易系统，无论是产权交易机构，还是股份代办转让系统，都难以将其改造为真正的中小企业资本市场。借鉴国外的相关经验，中小企业资本市场的核心在于合格的做市商机制。通过做市商（证券商）对中小企业的筛选、培育、辅导、保荐与做市，克服外部投资者与中小企业之间的信息不对称。有鉴于此，我国未来中小企业资本市场的建设，同样应充分发挥证券商对中小企业的筛选和培育功能。具体设想是：在大幅降低股票发行门槛的基础上，选择合格的证券商，在中小企业发达地区，如珠江三角洲、长江三角洲，先行建立以证券商保荐和柜台交易为主导的、分散的中小企业股票报价系统。随着“上市”中小企业股票的增加，再逐步扩大联网的证券商柜台，最终形成覆盖全国的证券商柜台网络报价系统。上述过程从一开始，就要建立证券商的保荐责任和做市责任，并在市场发展过程中不断强化和完善这些责任。除了证券商的柜台可资利用外，银行网点柜台及其网络的功能也应充分发挥。这一功能其实与银行柜台现有的代理买卖国债的功能相类似，能够弥补证券商柜台的不足。除了以证券商及银行柜台为主导的交易系统外，各种形式的产权交易中心、退市企业股份代办转让系统以及深圳的创业板市场也应继续得到发展，以形成多层次的资本市场体系，满足各类企业的股权融资需求。

（三）大力支持商业银行发展货币市场基金等储蓄替代产品

货币市场基金在连接货币市场和资本市场、促进利率市场化方面发挥了独特作用。货币市场基金在我国同样具有良好的发展前景，特别是在连接货币市场与资本市场、推动利率市场化等方面大有用武之地。

国际经验表明，在传统的分业经营模式下，商业银行依然可以通过银行控股公司的形式，由附属证券机构从事证券业务。经历了20世纪30年代的大萧条以后，发达国家虽然不断对商业银行从事证券业务可能带来的风险进行审视和检讨，但并没有因此禁止商业银行从事证券业务，而是逐渐适应经济金融发展变化，在分业经营的框架下允许商业银行通过控股公司等多种变通方式，间接从事证券业务。基金业务，一般被视为商业银行的金融工具创新。在美国颁布《1999年金融服务现代化法》从法律上确立金融机构的混业经营模式之前，在20世纪70年代，随着共同基金的发展，美国的商业银行在很大程度上从事了共同基金的发起、管理和受托业务。1991年由银行主管的基金管理公司约1100家，所管理的基金占所有基金总数的37%。1996年美国商业银行在共同基金的资产已达40%。从我国情况看，商业银行是货币市场上最大的交易主体，其所支配的高达10多万亿的居民储蓄正是货币市场基金的替代对象。如果没有商业银行的积极参与，货币市场基金难以持续发展。从法律角度看，商业银行设立基金管理公司不存在障碍。近期颁布实施的《中华人民共和国证券投资基金法》和《中华人民共和国商业银行法》都为商业银行发起设立基金管理公司留下了法律空间。商业银行投资设立的基金管理公司独立运行，商业银行只是基金管理公司的出资人，行使股东权利和分享收益。从监管角度看，监管部门可以通过监管协调对商业银行设立的基金管理公司实施有效监管，可根据经济金融形势的发展需要，对商业银行设立基金管理公司的市场规模、发展速度以及实施步骤等进行适时调控，通过审慎性监管控制风险，促进其健康发展。从发展趋势看，我国资本市场发展空间广阔，市场规模将不断扩大，交易品种也将更加丰富，商业银行设立基金管理公司可以有效分流储蓄，开辟投资型资金进入资本市场的正规渠道，促进资本市场发展，而资本市场发展也为商业银行发展基金业务和设立基金管理公司创造了良好的市场条件和发展空间。

（四）稳步推进商业银行信贷资产证券化

如果说货币市场基金是银行储蓄的替代品，那么资产证券化就是银行信贷的衍生物。它对于提高银行资产流动性、降低融资成本以及提高实际的资本充足率都具有重要作用。就总体而言，我国还不具备大规模资产证券化的条件。但资产证券化的两个最基本的条件，即资产和交易平台，都已基本具备。

以住房抵押贷款为例，到2004年11月底，存量已达1.5万多亿元，市场空间十分广阔，现金流稳定，已成为商业银行的优质资产和精品业务，完全具备证券化的条件，应成为证券化资产的首选。

关于住房抵押贷款的证券化，国内多年来一直在积极推动。目前分歧主要是以何种具体方式实施。以建设银行为代表，希望在不剥离资产的基础上实现所谓表内证券化。具体操作办法是：将个人住房抵押贷款转入在建设银行内部设立的一个专门托管账户［其作用相当于SPV，SPV系Special Purpose Vehicle的简称，指在资产证券化过程中的特别目的载体，根据设立方式的不同，可以分为信托型（SPT）和公司型（SPC）两类］，然后以此为基础发行住房抵押债券。在表内证券化的模式下，建行既得以在其资产负债表中保留个人住房抵押贷款这一块优质资产，又能通过发行住房抵押债券满足其资产流动性的要求。另一种模式以国家开发银行为代表，希望通过向商业银行购买住房抵押贷款，然后由其发行住房抵押债券实现住房抵押贷款的证券化，开行在其中的作用相当于SPV。从理论上说，SPV在资产证券化中居于核心地位，其作用是担当资产真实出售基础上的破产隔离中介。如果没有SPV，则可能存在两方面问题。一是银行可能将不良资产以证券化方式转移给投资者，以实现破产风险的转移，从而产生利益冲突基础上的道德风险。二是证券资产的风险将直接由银行承担。因此，从国外实践看，绝大多数证券化资产均需真实出售给SPV，然后在信用评级的基础上，由SPV向公众投资者发行资产抵押证券。

我国目前在资产证券化操作方式上出现分歧的原因是：（1）SPV属于特殊机构，相关的法律界定尚不清楚；（2）商业银行资产证券化的动机不强。证券化的动机主要包括四个方面内容：一是提高资产的流动性；二是增加长期负债的融资渠道；三是在全面实行巴塞尔监管规定的前提下，银行有可能愿意提高证券化资产的比重以提高实际的资本充足率；四是通过资产证券化增加非利息收入。从第一和第二方面的需求看，尽管住房抵押贷款这类长期贷款面临短资长用的流动性风险，但由于我国直接融资不发达，银行体系特别是国有商业银行占据了绝大部分储蓄资源，因此通过证券化方式解决其流动性及长期负债融资需求的压力不大。至于第三方面的需求，我国尚未执行1998年的《巴塞尔新资本协议》①，银行资产证券化在降低资产风险权重上的好处，尚未得到体现。在上述格局下，资产证券化对银行带来的好处，主要就体现在非利息收入的获取上。因此，银行如果得以通过设立专门信托账户（特殊目的信托）而不是将资产出售给第三方

① 在银监会公布的针对商业银行的《银行资本充足率管理办法》中，基本依据的是1988年的《巴塞尔资本协议》，尚未对证券化资产的风险转换系数作出规定。因此，银行资产证券化在资产风险权重上的好处，尚未得到体现。

(SPV) 的方式证券化，就既能在其资产负债表中保留住房抵押贷款这一块优质资产，又能提高资产流动性。

基于上述情况，我们认为：无论以何种方式推进资产证券化，都应在监管制度设计上为增强商业银行资产证券化的动力留下余地，通过不断完善《银行资本充足率管理办法》，降低证券资产的风险权重，增加信贷资产的风险权重，以此增强商业银行资产证券化的动机。与此同时，应为资产证券化产品的发行和流通创造必要的市场条件。从这类产品的交易属性看，与银行间债券市场的功能定位比较匹配。一是资产抵押证券属波动不大的固定收益证券，这与银行间债券市场交易品种的属性比较接近。二是资产抵押证券的交易主体系机构投资者，这与银行间债券市场的投资者结构比较一致。三是银行是资产抵押证券的主要交易者，通过增加银行间债券市场的交易品种，可以增强银行调节流动性的手段。四是在住房抵押债券具备一定规模后，也可作为中央银行在银行间债券市场进行公开市场操作的工具。针对上述特点，银行间债券市场应成为资产证券化产品的发行和流通市场。

（五）发展银行间债券市场，疏通货币市场与资本市场的联系渠道

以上分别从增量推进和存量改革两个方面，论述了我国金融市场发展的重点。与此同时，还应在制度设计上将两条路径相结合。否则仍然难以改变我国银行主导型的金融结构。事实上，在我国银行主导型金融结构下，企业直接融资的发展时时受到强大的银行信用的挤压。比如在企业的票据融资中，绝大多数票据是银行承兑的，企业债的发行也要由银行等金融机构提供担保，股票市场的发展，也与对银行信贷资金的管制程度高度相关。这一背景决定了我国资本市场发展需要充分发挥银行的作用，调动银行的积极性，为此应在制度设计上将发展企业直接融资与推进银行存量资产的证券化相结合，而银行间债券市场正是实现这一结合的一条重要途径。

改革开放以来，特别是 1997 年以后，我国的银行间债券市场获得了长足发展。从传统意义上理解，银行间债券市场主要是商业银行等金融机构调节资金流动性的短期货币市场，似乎与服务于企业直接融资的资本市场关系比较间接。但从金融市场一体化发展趋势看，实际并非如此。众所周知，金融业发展的趋势是综合经营，在这一趋势下，货币市场与资本市场将趋于融合。从理论上分析，金融市场的构成有三个基本要素。一是参与主体，二是交易对象（产品），三是交易平台（包括交易制度）。在三者关系中，交易平台属于服务于参与主体和交易对象的被决定者，参与主体与交易对象则是决定市场功能的主导因素。一旦市场的参与主体及交易对象发生了变化，服务于这二者的交易平台（市场功能）就会发生改变。过去的银行只经营存贷款业务，因此对资产流动性管理的需求不是

很强。现在银行要经营货币市场基金、投资于中长期的企业债券，发行次级债、资产抵押债券等产品，就会对通过金融市场管理其流动性提出要求，其结果就是银行间市场在性质上的某些改变，实践中的银行间债券市场也超出了货币市场范畴。从银行间债券市场的实际作用看，已经远不只是金融机构短期流动性的管理场所，实际已成为中长期债券市场的一个重要组成部分。目前在银行间债券市场发行与交易的债券量已占到债券发行与交易总量的90%以上，这一市场对国债以及政策性金融债的发行与交易发挥了主导作用。从市场参与主体看，也从最初的几家大银行，发展为现在包括银行以及非银行金融机构在内的众多机构投资者。有鉴于此，继续称其为“银行”间市场或“货币”市场已不准确。

与交易所市场相比，银行间市场实际有其内在优势，并且这些优势能够为企业直接融资服务。一是银行间市场具有完整的层次性，即从银行柜台的零售市场，到银行间的批发市场，再到中央银行的公开市场操作，形成一个完整的多层次市场。以债券为例，在银行柜台市场上，可面向广大零售投资者提供债券申购与转让的平台；在现在的银行间市场上，银行与其他机构投资者都可在这一市场进行债券的批量发行与交易；最后，中央银行在银行间市场进行公开市场操作的同时，也会对这一市场的流动性及稳定性起到直接的调节作用。从一定的意义上看，中央银行其实就是银行间市场最具影响力和权威性的“做市商”，是这一市场流动性的最后提供者。事实上，在跨市场交易的国债品种中，银行间市场国债交易价格的稳定性要好于交易所市场，这其中固然与银行间市场以机构投资者为主的市场结构有关，也与中央银行的公开市场操作直接有关。中央银行的公开市场操作平抑了交易价格的过度波动，改善了交易的活跃程度与稳定性。二是银行间市场的交易品种及参与主体众多，有利于机构投资者调节流动性。银行间市场现有的交易品种以国债和政策性金融债为主，随着金融创新和企业直接融资的发展，更多的直接融资产品可能被纳入这一市场交易。这些产品包括货币市场基金、债券基金、企业债券、信贷资产证券化产品以及为避险需要开发的衍生金融产品等，市场空间十分广阔。从参与主体看，随着包括企业在内的更多机构投资者的参与，这一市场将为更多的机构投资者提供融资及流动性交易场所。三是可以充分发挥银行在机构网点、客户资源、支付结算以及人才方面的优势，为企业直接融资提供全方位服务。

当前，银行间债券市场的参与者相对有限，直接参与者以为数不多的银行类金融机构为主。随着企业和个人理财意识的提高，以及经纪商的成熟与发展，将会有越来越多的新生力量直接或间接参与这一市场。从现实条件看，自1997年银行间债券市场建立以来，业务发展迅猛，市场基础设施日臻完善，交易量数倍于交易所债券市场，发展空间十分广阔，完全能够满足个人住房抵押债券等资产证券、金融债券以及企业债的发行和交易需求。随着市场产品的开发与创新，银行间债券市场的参与主体也必将逐渐扩大到包括银行、非银行金融机构、企业以及外资机构在内的所有合格的机构投资者，成为连接货币市场与资本市场的主渠道。

（六）积极引导金融控股公司的发展

货币市场与资本市场的协调发展，不仅需要通过银行间债券市场在市场机制上加以连接，而且需要通过创新市场参与主体加以连通，金融控股公司，特别是银行类金融控股公司就是连接货币市场与资本市场的重要机构。

金融控股公司是以控股公司形式存在的跨越不同金融领域的综合经营集团。金融控股公司具有独特的“集团控股、法人分业”架构，既带来了综合经营的协同效应，促进了资源在不同金融市场之间的流动，又满足了分隔不同金融市场风险的需要，是国内外一些大型金融机构竞相追逐的发展目标。根据我们的调查，国内目前至少有数十家企业集团形成了对两类以上不同金融机构的控股地位或掌握了实际控制权。其结构大体分为三类：一是由非银行金融机构形成的金融控股公司，如中信公司；二是由银行在海外设立的投资银行类机构，如中银国际等；三是企业集团形成的对金融机构的控股结构，如新希望集团、海尔集团等。但无论哪类机构，只是形成了金融控股公司的雏形，并非真正意义上一体化经营的金融控股公司，产生的风险已初露端倪。比如利用“过桥贷款”在一级市场打新股、对控股股东及关联企业过度贷款、同一控股股东下企业相互乱拆借等现象就比较突出。对金融控股公司的发展，我们应充分认识其两面性，趋利避害，在政策和法规上加强引导。具体而言，以下领域应成为发展金融控股公司的突破点。

第一，利用金融控股公司推进银行改革和业务创新。比如在四大国有银行的改革中，设立控股公司就不失为一种可采用的方式。好处是：（1）推动银行进行金融创新。比如信用卡业务、保理业务、汽车消费信贷业务、基金及其他证券托管业务等，就可通过分设子公司的方式独立经营。其好处是既有利于这些新业务的较快发展，也可有效隔离这些新业务和传统业务之间的风险。并且在这一过程中，还可引进国内外富有经验的战略投资者。比如前一段花旗和浦发在信用卡业务领域的联合，就可采用设立合资子公司的方式进行。再比如，根据国外的经验，由银行本身发起设立基金管理公司，存在较高的道德风险，但借助子公司形式，银行就可直接介入货币市场基金的发行和交易。（2）可将银行的不良资产归入单独的子公司加以管理。这样“好银行”可以上市，“坏银行”可变成专门的资产处置机构。（3）可将四大国有商业银行的分支机构，特别是基层机构的资产和负债归入专门的子公司。这一做法的最大好处，是能够增强基层机构经营的独立性，从而更好地发挥其对当地中小企业融资的信息优势和积极性。

第二，推动非银行金融机构之间的综合经营。证券、信托、保险等非银行金融机构，由于不吸收公众存款，没有银行那么大的外部性风险。基于此，在政策上应鼓励非银行金融机构通过设立控股公司的方式开展综合经营，允许其控股不吸收公众存款的非银行金融机构。比如证券业务和信托业务在控股公司构架下即可实现综合经营。保险公司也可控股信托投资公司，将保险资金通过信托的方式加以运用。包括证券、保险、信托、财务公司、金融租赁公司以及其他形式在内的非银行金融机构，在金融创新和业务开拓方面，可以视条件设立金融控股公司。最近人保等机构的成功改制就是一例。

第三，对于实业资本控股金融机构形成的“金融控股公司”，应坚决分离实业资本和金融资本，并从多方面切断实业资本和金融资本在同一控制权下的关联交易。

通过发展金融控股公司，不仅可以在一家金融机构内部实现资金的合理配置，而且能够培育连接货币市场与资本市场的市场主体。比如银行控股设立的基金管理公司，就能同时在货币市场与资本市场投资，并且出于机构内部资产管理的需要，其在不同市场的投资需要相互转换，在这一过程中，货币市场与资本市场的资金就能通过市场参与主体的交叉投资得以相互流动。

（七）引导资金的合理有序流动

货币市场与资本市场的连接，除了依靠银行间债券市场的功能拓展以及培育类似金融控股公司这样从事混业经营的市场参与主体外，还要在制度上设计其他途径，推动两个市场资金的合理有序流动。

一是拓宽保险资金运用渠道。保险市场是最重要的金融子市场之一，保险资金的长期稳定性使其具备了资本市场机构投资者的独特优势。理论研究也表明：当居民的金融资产逐渐转化为养老基金和人寿保险形式时，金融市场的品种、期限和利率结构都会发生深刻变化，表现为长期利率相对短期利率下降，企业直接融资的比率提高，资本市场相对货币市场发展更快。随着社会保障体制改革的推进，人口老龄化程度的提高，保险资金的投资功能也须不断完善。与这一趋势相适应，应在政策上应支持保险资金以多种形式直接投资资本市场，逐步提高社会保障基金、企业补充养老基金、商业保险资金等对资本市场的投资比例。要培养一批诚信、守法、专业的机构投资者，使保险公司为主的机构投资者成为资本市场的主导力量。在放开保险资金直接入市限制的基础上，鼓励保险机构发展投资连接保险等交叉金融产品，鼓励发展以保险为主业、兼有证券投资等功能的金融控股集团。也可将保险产品的创新和保险控股集团的发展相结合。根据国外成熟市场的经验，“银保结合”在初期表现为利用银行柜台营销保险产品，后期则表现为“银保公司”形式——银行和保险在机构上的融合。为此，应逐渐创造条件鼓励保险公司以参股或收购形式发展“银保公司”。

二是建立证券机构向银行融资的合理渠道。综观其他国家的经验，银行向证券机构融资时的主要风险是：（1）证券市场波动对银行资产风险的影响。即证券市场波动导致抵押证券资产和相应的银行贷款缩水。（2）利益冲突问题。比如美国主流监管理念认为：银行经营证券承销业务或向附属证券承销机构融资，存在利益冲突的可能。这方面比较经典的一个例子是所谓破产风险转移。银行通过向证券承销机构或投资者融资，能够将不良贷款的风险转移给社会投资者。再比如银行利用内部信息在二级市场上买卖证券，也能将证券风险转移给社会投资者。

上述风险可通过设立“防火墙”等制度加以防范。比如美联储《Y 条例》等监管规定，就对银行承销证券业务所占比重、银行对证券承销机构以及证券投资者的融资作了限制。具体包括：（1）银行承销证券业务的比重，不得超过其证券子公司营业收入的 25%。（2）银行一般不得向证券承销机构提供日拆性融资。（3）证券投资者向银行融资用于二级市场投资，也面临严格的平仓风险（margin call risk）。香港银行在对资信良好的熟客提供证券抵押贷款时，也设置了严格的补仓或强行平仓界限。银行以自有资金投资股票时，也不得超过其资本金的 25%。

我国证券机构现有的银行融资渠道包括两个方面：（1）银行间市场的批发渠道；（2）银行柜台市场上的股票质押贷款。近几年来，银行间债券市场和同业拆借市场的发展，为证券机构、基金公司的短期融资发挥了重要作用。股票质押贷款规模很小，发展不够顺利。中国人民银行已修订和发布了《股票质押贷款管理办法》、《证券公司短期融资券管理办法》，这将为证券公司利用银行间市场融资发挥作用。除此之外，还应逐步建立证券机构向银行申请一般性贷款的管理制度，从多方面开拓证券公司向银行融资的渠道。

三是发展多种形式的集合理财产品，为证券机构融资创造必要条件。发展多种形式的集合理财产品，不仅可以开拓多元化的投资渠道，推进储蓄替代，提高直接融资的比重，而且能直接开辟证券机构的融资渠道。目前集合理财产品除基金外，还包括证券公司的受托投资产品、信托公司的集合信托计划、保险公司的投资连接保险、银行的多方委托贷款等。在发展集合理财产品方面，应研究以下问题：（1）监管标准的统一问题。由于实行分业经营、分业监管体制，不同金融机构推出的功能类似的集合理财产品面临不同的监管标准。为此，应研究统一的集合理财产品管理办法，统一集合理财产品的监管标准。（2）应研究跨机构集合理财产品的监管问题。特别是对证券机构和银行联手推出的集合理财产品，应在融资风险的防范上作出具体规定。（3）对各种形式的私募基金产品，应研究相应的规范办法。

四是研究对金融机构开放企业年金市场的具体办法。国际经验表明：企业年金是资本市场的主要投资来源，是稳定资本市场最重要的力量。美国债券市场、股票市场、共同基金来自企业年金的投资分别占1/4、1/5和1/3。日本债券市场和共同基金的主要投资来源就是企业年金。我国的企业年金市场潜力十分巨大，但投资形式单一，应研究通过多种形式的集合理财产品开辟企业年金市场的具体办法。

五是开辟证券机构的直接融资渠道。这些渠道包括发行证券公司债券、发行集合理财产品、公开上市融资等。

四、建立市场主导型的金融市场创新机制

金融市场协调发展既需要上述的产品、市场与机构创新，更需要相应的制度创新。

（一）建立市场主导型的金融市场创新机制

20世纪80年代至90年代中期，我国经济处于开放初期，由于人才、技术、管理的不足，在金融产品创新方面曾走过一些弯路，发生过一些局部金融风险，客观上束缚了我们创新的思想和步伐。由于缺乏实践基础，又没有现成经验可以照搬，一个新规则的出台往往花费很长时间，甚至始终不能出台。对那些在国际范围内较为成熟的产品，对那些具有较强风险控制能力的金融机构，不一定采取先建规则再实践的“正面清单”做法，可采取先实践后完善规则的“负面清单”做法，也就是说“未经法律明确禁止的业务品种，均可以开发”。在金融产品创新过程中要合理定位，一是注意区分产品的使用对象是机构投资者还是居民个人。机构投资者一般具有较强的分析判断和风险控制能力，因此定位于机构投资者的产品创新可先行一步，面向个人的金融产品在准入方面应更为谨慎，在信息披露和监管方面的要求应更为严格，很多产品在开发顺序上都可以先机构、后个人，机构可以先试，然后再逐步推广到个人，个人也可通过机构间接投资。即使是个人客户，其资产和风险控制能力现在也有很大差异，有些产品可针对个人，但要设置较高的起点，主要针对所谓的“高端客户”，但对于投资门槛较低、面向普遍个人的产品，在推出时就应比较慎重。二是注意区分产品的性质。对于包括衍生产品在内的对定价和风险控制能力要求较高的结构复杂的产品，推出时应比较谨慎，但对于国际上已运行多年的、成熟的一般性产品，比如企业债券等，就应更为大胆地积极推进。

（二）建立制度化的监管协调机制

在建立了银行业监督管理委员会、证券业监督管理委员会、保险业监督管理

委员会之后，我国基本形成了功能监管的格局，为金融业的稳健发展和金融风险的有效防范发挥了重要作用。与此同时，市场的需求不断变化，交叉业务时有发生，客观上要求金融资源能够在不同市场之间合理配置。例如公司客户在贷款需求的基础上，会产生更多的投资理财、套期保值、保险业务的需求。居民个人在存款需求的基础上，有了进一步的消费贷款、住房贷款、养老保险、投资理财等多种需求。交叉业务需求的发展，就要求金融机构具备更加全面的服务功能。比如目前我国已出现的金融控股公司架构，就为交叉业务的发展提供了条件。功能监管应能够促进业务发展，而不是相反。监管机构要适应形式发展的需要，转变观念，加强协调。

在功能监管体制下，各监管部门之间的协调和合作是监管效率的重要保障。考虑到维护金融稳定涉及银行、证券及保险等专业监管机构和中央银行、财政部等宏观调控部门，建立金融监管协调机制是保障三大市场协调发展的一项重要制度安排。这一制度安排能否充分发挥作用，与其功能定位和组织形式具有密切关系。

从功能定位看，协调机制要解决一些带有综合性、全局性、单一监管部门解决不了的问题。一是政策协调性功能，需对对各监管机构、各部委出台的政策进行论证与协调，并在推动三大市场的制度创新上发挥作用。二是监管协调功能。一般来说，金融方面的重大违法违规案件往往涉及多个金融领域，需要各监管部门的密切合作，才能有效查处，这方面协调机制才能发挥重要作用。另一方面，涉及多领域金融活动的风险控制，也需要协调机制发挥作用。三是风险预警功能。金融风险一旦发生往往影响到全局，仅从某一金融领域看，其风险影响很难把握，由金融监管协调机构建立金融风险监控体系，有利于确保金融安全。

监管协调机制的建立，可由国务院分管领导牵头，由人民银行、财政部、银监会、证监会、保监会等部门主要负责人以及部分独立的专家、学者组成金融监管协调委员会，使之成为类似货币政策委员会、统一协调金融监管部门的高层决策机构。

五、结论

以上分别从产品、市场、机构及制度创新层面，论述了促进我国金融市场协调发展的基本途径。这一途径可基本概括为增量推进与存量改革两方面，其内在逻辑是：在增量推进方面，要继续大力发展服务于企业直接融资需要的资本市场，特别是推进多层次企业债券市场和股票市场的发展；在存量改革方面，要通过运用多种金融市场工具，促进银行储蓄及信贷资产的证券化。与此同时，要建立起沟通货币市场与资本市场及保险市场的必要渠道，促进资金在不同市场的合理有序流动。这些渠道包括三个方面，一是通过拓展银行间债券市场的功能，在市场机制上建立起沟通银行资金与资本市场资金的联系渠道；二是通过发展混业经营的金融控股公司，在机构组织上建立起沟通银行资金与资本市场资金的联系渠道；三是通过制度创新，在制度上建立起沟通货币市场与资本市场的联系渠道。总之，要通过产品、市场、机构及制度创新，推进我国金融市场的结构优化与协调发展。

参考文献

1. 瞿强:《比较金融研究的若干问题》，中国人民大学金融与证券研究所。

2. 吴国培等：《货币市场与资本市场联动关系研究》，FSI 工作人员论文 2004 年 5 期，载《厦门金融调研》2004 年第 233 期。

3. 沈炳熙等:《我国金融市场体系框架研究》，中国人民银行金融市场司。

4. 纪敏、马俊起:《我国金融市场的创新与协调发展》，FSI 工作人员论文 2004 年 5 期，载《上海证券报》2004 年 8 月 12 日。

金融控股公司的模式与风险防范

中国人民银行研究局课题组

课题主持人：李　德

主要参与者：卜永祥　王建华　陈颖玫

近年来，金融控股公司的模式备受国内外学者的关注，并取得了重要研究成果和积累了丰富的资料。国务院发展研究中心、中国人民银行、中信国际研究所等单位完成的有关金融控股公司课题的研究，对国内外金融控股公司的发展模式进行了比较，研究分析了国内外金融控股公司的特点，具有较高的研究水平和参考价值。

我们在现有研究成果的基础上，进一步探讨以下几个方面的问题：一是在世界金融业走向混业经营的条件下，金融机构为了在竞争中占据优势，将选择何种企业组织模式。二是我国金融业由现在的分业经营走向混业经营，能否采取金融控股公司模式。三是我国金融控股公司风险的主要表现和影响。四是我国金融控股公司的立法、风险控制与外部监管。

一、金融控股公司的模式和发展状况

（一）国外金融控股公司的模式及演变

1. 全球金融业经营的基本模式

对金融系统的划分，以银行和其他金融机构所允许的经营范围为标准，可以划分为分业经营和混业经营（Boot，Thakor，1999）。金融业的分业经营通常指法律规定将商业银行业务与投资银行业务或是证券业务以及其他带投资性的金融业务相分离的经营体制。世界各国政治、经济制度发展状况各不相同，因此分业经营的内容也存在一定差异。一般来说，最为严格的分业经营是指银行、证券和保险分别由不同的机构经营，银行与其他金融机构及商业部门相互分离的“分离银行”体制。该模式是“一个法人，一块执照，一种业务”。目前，中国金融业即属此类模式。另一种限制较为宽松的分业经营模式，主要是指商业银行业务与部分非商业银行的主营业务相分离，例如美国在较长时期内，银行业与证券业、保险业、工商业相分离，但一直可以经营信托业；而日本在20世纪90年代以前所实行的分业经营体制仅是银行、证券、保险的分业，但银行与企业之间存在着广泛的联系。金融混业经营通常是指商业银行业务、投资银行业务及其他投资性金融业务在不同程度和不同范围上相互融合的经营模式。据有关资料统计，目前世界绝大多数国家的金融业都属于混业经营，即允许银行或银行的附属子公司从事证券业务，只有中国禁止混业经营。

从全球金融业发展趋势来看，金融混业经营模式的取向得到了普遍的认同，而金融机构如何从事多种金融服务首先体现在一定的集团组织形式上，具体又可以分为两种模式。

（1）全能银行（Universal Banking）模式。全能银行是指在银行内部设置业务部门，全面经营银行、证券和保险等业务，金融业务混合、交叉经营，“一个法人，多块执照，多种业务”，又称作“一级法人制”。全能银行源于德国，是在银行角度进行的混业经营，也是混业经营的一种极端的形式。除德国外，还有瑞士、荷兰、奥地利等国在该模式下开展混业经营。这些国家的商业银行可以依法从事包括投资企业在内，涉及商人银行、证券及保险业的各种金融业务。

（2）金融集团（Financial Conglomerate）模式。即在一个法人金融集团公司内有多个法人子公司，统一被控制在一个母公司之下，采取“多个法人，多块执照，多种业务”的形式，也称做“二级法人制”——母公司是一级法人，被控股的子公司是二级法人。根据金融集团多元化战略的不同，此模式又可分为以下三种模式：

①松散合作模式：集团内各金融机构相对独立运作，在组织结构上没有联系，相互之间只有形式松散的合作协议，如交叉销售协议等。一体化程度较低的金融集团多采用此模式。

②子公司模式：商业银行对保险公司和证券公司直接控股，以子公司的方式进行业务渗透和扩张。此模式由于资金调度的黑箱操作性，不仅会放大银行的经营风险，而且增大了金融监管的难度。1995 年之前，中国混业经营所采取的模式与此类似，当时中央银行风险管理能力及商业银行自我风险意识和风险承受能力都极为有限，此模式并非理性选择。美国的《金融服务现代化法案》也在相当程度上限制银行以此种模式进行多角扩张。

③金融控股公司模式：在相关的金融机构之上建立金融控股公司，形成母子公司架构。各金融机构相对独立运作，但在诸如风险管理和投资决策等方面以控股公司为中心；子公司之间实行完全的分业经营、分业管理，商业银行、证券公司和保险公司等以控股公司的方式相互进行业务渗透，在集团层面形成混业形式的联合经营（参见图 1）。

目前，发达国家的金融经营模式呈现出趋同的现象，但各国金融系统之间还存在着很大的差异。德国、法国、意大利、荷兰、瑞士等国实行以全能银行为主的混业经营。这些国家的法律准许银行本身既可直接兼营证券业务，也可根据自身的需要自行选择由银行直接兼营或设立子公司经营（参见图2）。这种模式的全能银行是受管制最小的，它采取内设部门的方式还是采取母子公司的方式完全取于商业银行自身对于成本最小化的判断。

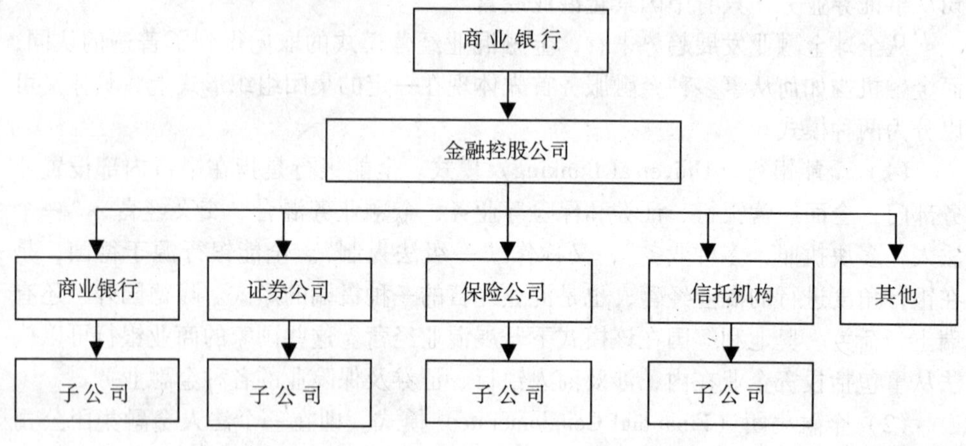

图1　金融控股公司模式

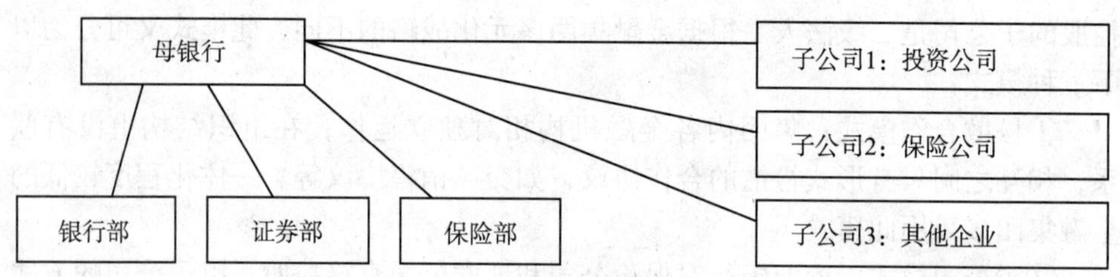

图2　德国全能银行组织结构图

另一类是以美国、日本、英国为代表的发达国家，逐步改变原来的分业制的格局，并通过金融机构创新实现金融控股公司模式，银行业与证券业的整合程度逐步加深。总的来看，全能银行模式允许在一个公司实体内从事所有的金融业务。公司内部各个部门可以共享资源，增加信息资源的流动性，发挥信息优势，实现规模经济与范围经济。但是，全能银行由于规模庞大，业务宽泛，因此在激烈的竞争中，适应市场变化的反应速度较慢，难以协调银行与外部客户之间利益、部门之间利益、银行的管理者与银行股东之间的利益冲突。在这种模式下，公司没有法律义务在各部门之间建立防火墙，因此不利于金融的安全性。金融控股公司的模式与全能银行模式相比，其信息、人力资源等要素在集团内部的流动受到了一定程度的限制，因此规模经济和范围经济效益受到限制，但是这种模式在各个业务之间建立起防火墙，有助于实现风险分散化，减少了不同部门之间的利益冲突，扩展了证券活动的安全网。从一些国家混业经营模式的发展过程中可以发现，凡是一开始实行混业经营的国家，其混业经营模式都采用了全能银行的模式；凡是由分业向混业过渡的国家则采用的是金融控股公司模式。金融控股公司之所以得到后起混业国家的青睐，其原因在于它通过股权杠杆具有了全能性金融职能，实现了在产权渗透层次上的混业经营，兼顾了市场的效率性与安全性(参见表1)。

表1　全能银行模式与金融控股公司模式比较

	全能银行模式	金融控股公司模式
潜在收益		
信息优势	能够实现	由于各业务单位之间限制信息交流，因此减少
规模与范围经济	能够实现	由于要求不同部门的业务隔离，因此减少；此外，控股公司增加了管理成本
收入流的多元化	能够实现	收入流多元化在母公司层次能够实现，但在各子公司之间受到限制
通过交叉销售产品增加收入	能够实现	由于只有母公司才能利用其出口交叉销售产品，因此受到一定程度限制
潜在成本		
降低竞争	有可能	有可能
利益冲突	有限保护	利益冲突可能减少
风险防范	有限保护	有赖于防火墙的存在和要求保持距离型交易，控股公司的责任只限于它对子公司的资本投入

资料来源：根据有关资料整理。

2. 金融控股公司的建立与发展

金融控股公司，是金融混业经营的高级阶段，是以产权渗透方式实现金融机构组织结构和运行模式的改变。金融控股公司是多元化金融集团的一种组织结构。在多元化金融集团模式中，金融控股模式是取其“中”，即介于全能银行模式和分业经营模式之间，可以实现分业经营和股权的集中管理。在子公司层面上设置严格的防火墙，各子公司遵循分业管理、分业经营的基本原则；而集团层面上则是“全能”的，混业的，从而兼顾了安全和效率。

由于各国金融控股公司形成的历史背景和各地的监管制度、法律法规不尽相同，各个国家和地区对金融控股公司或金融集团的定义也有所差异，甚至同一国家或地区在不同时期对金融控股公司的定义也不同。综合国际组织、有关国家和地区相关法律法规中对金融控股公司的定义，金融控股公司的构成主要包括以下基本要素：

第一，金融控股公司必须是以控股公司形式存在的企业集团。这一要素排除了：（1）在单一法人机构内跨业经营的金融机构。如全能银行，尽管可以同时经营商业银行和证券业务，但这些业务没有通过设立控股公司方式进行，而是在一个单一法人机构内进行，则不属于金融控股公司的范围；（2）对金融机构的持股比例没有达到最低标准。有些企业集团虽然是一个控股公司结构，但其对金融机构的持股比例没有达到国际组织、本国或本地区对金融控股公司的最低标准要求，而只是简单的参股，则同样不属于金融控股公司的范畴。如美国金融控股公司定义中所谓的控股公司结构包括 A. 绝对控股：拥有子公司 50% 以上股份；B. 相对控股：拥有子公司 25% 以上股份以及超过半数以上选举权；《欧盟指引》中，要求一家企业集团对一家金融机构至少持有 20% 以上的股权，才可能被金融监管当局视作必须受到监管的金融集团；台湾则规定金融控股公司必须是"控制性控股"，即持有金融子公司 25% 已发行有表决权的股票或选派该子公司过半数之董事。

第二，金融业务在集团业务中占主导地位，即控股公司合并报表中全部或主要资产是金融资产。该要素的作用是区分金融集团与非金融集团。如美国《Y 条例》——美联储对金融控股公司监管的条例中规定金融控股公司合并报表中总收入和总资产的 85% 必须来自金融活动或属于金融资产；《欧盟指引》规定金融控股公司必须是合并报表中金融资产超过 50% 以上的控股集团；联合论坛的定义中强调金融业在集团业务中占主导地位。

第三，控股公司必须是明显从事银行、证券、保险中两种以上金融业务领域的金融混业集团。金融集团联合论坛规定：金融集团必须控股至少两家在不同金融领域经营的受金融监管当局直接监管的金融机构；《欧盟指引》规定金融控股公司必须是从事包括保险领域在内的两个以上金融领域的金融集团，并且其控股子公司至少有一家受到金融监管当局的直接监管。

第四，我国关于金融控股公司的定义。参照国际上对金融控股公司的定义，综合以上构成要素，同时考虑到目前在我国依然是分业经营、分业监管的体制框架下，设立金融控股公司主要目的之一是为了将其作为分业与混业之间的桥梁，实现集团框架下的多元化、综合化经营，所以我国的金融控股公司应经营两种或两种以上的金融业务。因此，我们得出中国金融控股公司定义应该是：以控股公司形式存在，其主要资产显著分布在银行、保险、证券中两个以上金融领域的企业集团。

20 世纪 90 年代以来，金融一体化的进程得到了空前发展。从国外的研究来看，金融控股公司按照不同的标准可以划分为不同的类型（参见表2）。

表2　金融控股公司分类

划分角度	划分结果
根据母公司是否拥有自己特有的事业领域	纯粹型金融控股公司、事业型金融控股公司
根据母子公司所从事的业务	银行控股公司、证券控股公司、保险控股公司等
根据母公司与子公司之间的战略管理方式	直接参与战略管理型、间接参与战略协调型、松散财务管理型等类型
根据控股公司经营业务范围的不同	单一银行控股公司、金融服务控股公司、多元化控股公司
根据控股公司产权性质	国有金融控股公司、私有金融控股公司

资料来源：作者根据有关资料整理。

一是事业型金融控股公司（Operating Financial Holding Company）是指母公司拥有自己特有的金融事业领域，同时通过控有其他金融事业领域子公司的股份来管理支配子公司的经营活动。也就是说，母公司既从事股权控制，又经营具体的金融业务。

例如，以日本和英国为代表的银行控股公司，母公司本身是商业银行，既要负责全公司以及各子公司经营战略的协调与发展，又要从事商业银行业务；集团内其他金融业务通过所控股的金融子公司经营（参见图3）。在这种模式下，金融控股公司的战略策划、财务管理、业务发展、风险控制、资源整合、信息共享等一般以银行母公司为核心进行；银行母公司与控股子公司之间时常会出现利益冲突；虽然在银行与其他非银行金融业务之间设有“防火墙”，把集团风险控制在一定范围内，但有时银行母公司会突破限制；当集团风险控制目标与银行母公司目标不一致时，风险控制往往不易落到实处。

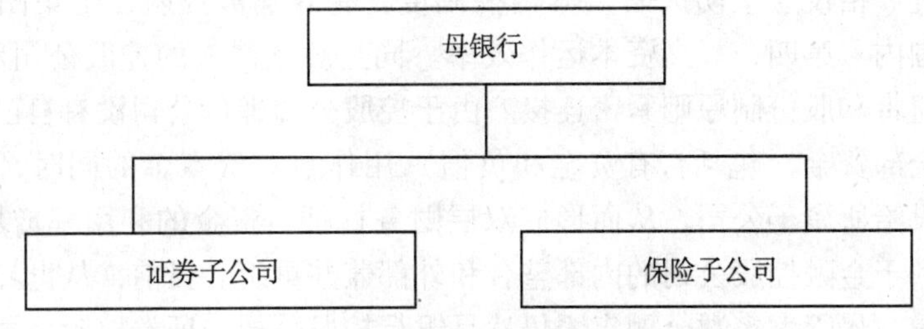

图3　英国的事业型金融控股公司

二是纯粹型金融控股公司（Pure Financial Holding Company）则是指母公司没有自己专门的金融事业领域，而是把对金融控股公司（或整个金融集团）的经营管理作为惟一的事业。母公司负责整个集团公司的经营战略决策，并通过股权投资活动加以实现；集团公司的具体金融业务则由各子公司分别承担。美国的花旗集团即属此类（参见图4）。

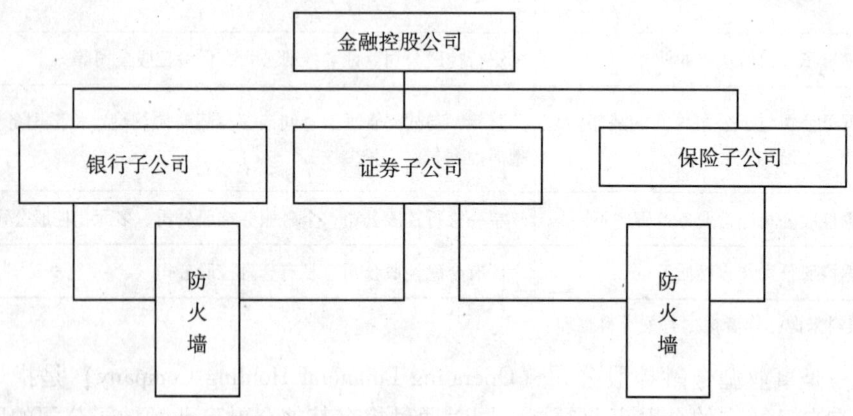

图4　美国的纯粹型金融控股公司

纯粹型金融控股公司与事业型金融控股公司相比，具有如下特点：第一，战略管理与业务经营管理相分离，减少了不同业务部门之间的利益冲突。纯粹型金融控股公司的各项金融业务由下属各金融子公司承担，母公司本身不经营任何金融业务，专司公司整体的战略规划设计，从集团公司的整体利益出发，加强财务管理、风险管理、合规性管理、内部监查、信息共享等，推动集团内各金融子公司的协作，有效降低平均成本，提高整体收益。第二，在母公司统一协调下，各金融子公司人事、财务、管理等相对独立，交易按市场原则内部核算，有效降低各金融子公司之间的利益冲突。第三，提高风险控制能力。纯粹型金融控股公司的母公司不从事金融业务，与各子公司之间没有业务往来；各金融业务子公司之间可以通过严格设立“防火墙”等内控制度，有效隔离风险，把集团风险控制在一定范围内。第四，提高资本运作效率。同是独立法人的控股公司和子公司，通过资产纽带和股份制原则紧密连接。由于控股公司即母公司没有自己特定的事业领域，全部资金（包括自有资金和负债）用作自身资本金的同时，还可作为控股资金投给所属子公司，从而形成双层财务杠杆，资金的利用率增加了一倍。第五，有利于金融控股公司的内部整合和外部兼并重组。目前，从世界各国的发展现状来看，尽管大多数金融集团仍然是银行控股公司、证券控股公司或保险控股公司，但母公司控股职能与子公司经营职能的分离代表了金融控股公司的一个重要发展趋势。

表 3 事业型金融控股公司与纯粹型金融控股公司的比较

	事业型金融控股公司（银行母公司）	纯粹型金融控股公司
潜在收益		
信息优势	如果不能共享信息，可能降低	由于各业务单位之间限制信息交流，因此降低
规模与范围经济	由于业务隔离，不能完全一体化，一定程度上减少	由于要求不同业务部门的业务隔离，因此减少
收入流的多元化	由于利润归银行，因此收入多元化在银行层次能够实现	由于证券活动所获得收入归证券部门，因此受到限制
通过交叉销售产品增加收入	由于只有银行才能利用其出口，交叉销售产品，因此受到一定程度的限制	有限
潜在成本		
降低竞争	有可能	有可能
利益冲突减少	利益冲突可能减少	利益冲突可能减少
政府安全网的扩展	依赖于防火墙的存在和要求保持距离型交易	银行部门一定程度上不受证券部门经营失败的影响，控股公司的责任只限于它能对证券子公司担供的资本投入

资料来源：根据有关资料整理。

（二）我国金融控股公司的类型和特点

1. 金融控股公司的发展背景

20 世纪 90 年代以前，我国基本上实行的是金融混业的体制。当时的商业银行几乎等同于全能银行的范畴。然而，20 世纪 90 年代我国经济运行产生了“经济泡沫”，金融秩序混乱又加剧了经济泡沫的膨胀，因此，我国自 1993 年开始在政府主导下实行了强制性制度变迁，金融的混业体制为分业体制所代替，并以 1995 年颁布的《中华人民共和国商业银行法》为标志，通过立法的形式予以确立。随着我国市场经济的完善和经济国际化，激烈的市场竞争推动金融创新和业务渗透，金融机构的业务界限逐步模糊，促使国内金融机构进行组织创新，以适应业务多元化的要求。我国加入世贸组织以后，金融开放水平不断提高，进入国内市场的外资金融机构大多数是金融集团，采用混业经营的方式，而我国分业经营的模式限制了金融新产品的开发和新业务的开展，限制了金融机构跨行业的并购，因此在利用新型金融工具提供服务等方面处于劣势。中资金融机构为了与外资金融机构有效竞争，逐步选择银保合作、银证合作等方式进行产品创新和组织体系创新。在金融控股公司模式下，控股子公司仍然是分业的，而控股母公司则是“全能的”，从而兼顾了效率与安全，因此，该模式成为中资金融机构进行组织体系创新和走向混业经营的比较合适的制度安排。

2. 金融控股公司的类型

尽管我国立法尚未对金融控股公司明确定位，但是我国又确实存在一些金融控股公司。我国金融控股公司的成立有以下三种类型。

（1）纯粹型金融控股公司。例如中信集团。2002 年初，中国国际信托投资公司（中信公司）将其所有的金融业，包括银行、证券、保险、信托以及期货等业务都放在“中信控股”的框架下。截至 2000 年末，中信公司的总资产为 3586 亿元。

（2）银行、证券或保险为母公司的事业型控股公司。如平安集团。2003 年 2 月，经国务院批准，公司完成分业重组，更名为“中国平安保险（集团）股份有限公司”（简称“平安”）。平安形成了以保险为主，金融证券、信托、投资和海外业务为一体的紧密、高效、多元的集团控股经营架构。该模式的特点是控股公司有自已的主营业务，同时在集团内部形成了良好的分工。

（3）企业为母公司，控股或参股金融公司的事业型控股公司。我国目前的法律不允许金融机构直接投资工商业，但却不禁止企业投资金融企业。如山东鲁能集团通过其成员企业——山东鑫源控股有限公司涉足金融业，控股经营英大国际信托投资公司、英大保险代理公司，参股华夏银行、交通银行、湘财证券等。

表 4　我国部分金融控股公司

名称	银行业务	证券业务	保险业务	信托业务
中信公司	中信实行银行	中信证券	信诚人寿	中国国际信托投资公司
光大集团	光大银行	光大证券	申银万国	光大国际信托投资公司
中国银行	中国银行	中银国际		
建设银行	建设银行	中国国际金融公司		
工商银行	工商银行	西敏证券		
招商银行	招商银行	国通证券 长城证券		
山东电力集团	华夏银行	蔚深证券	湘财证券	英大信托
平安集团		平安证券	平安保险公司	平安信托
海尔集团	青岛商业银行	长江证券	纽约人寿	鞍山信托
联大集团	华夏银行 广发银行	天同证券		

资料来源：根据有关资料整理。

3. 金融控股公司模式的选择

我国金融分业经营体制是在特定历史条件下形成的，其目的是避免风险在银行、证券和保险业之间上相互传递，保证金融业的安全与稳定。但是分业经营的竞争是严格进入壁垒下的有限竞争，而不是真正意义上的公平竞争，往往在总体上降低了金融业配置资金的效率。因此，为顺应国际金融发展的趋势，提高我国金融业竞争力，混业经营是我国金融业长期发展的必然趋势。我国现行法律框架下的分业经营与我国金融机构向混业经营发展的需求，形成了较大的矛盾，而金融控股公司作为一种制度创新，在某种程度上缓解了这种矛盾。我国金融组织体系的创新过程中，选择金融控股公司作为混业经营的微观组织形式，具有一定的优势。金融控股公司主要通过相互独立的子公司形式实现跨业经营，兼备了分业经营与混业经营的优点，具有综合经营的优势。在我国银行主导型的金融结构下，利用金融控股公司形式推进银行业的综合经营，不仅可以提升银行机构自身的竞争力，而且有利于促进金融市场的结构优化和协调发展。因此，我国发展金融控股公司的模式，对于金融法律建设和金融业未来发展将起到积极的作用。金融控股公司的发展涉及各项业务的整合，并要达到其业务交叉、跨市场工具创新、实现资金良性互动、有效分散风险等。因此，我国现阶段可以设立银行类金融控股公司。可以设立一家控股公司，并对银行和非银行金融机构控股，也可以由银行直接作为母公司，将一些独立性较强的银行新业务通过子公司的方式独立经营，以有利于新业务的拓展和适当隔离风险。由于证券、信托、保险等非银行金融机构不吸收公众存款，因此相互之间的融合不会导致系统金融风险，基于此，可以鼓励非银行金融机构通过设立控股公司的方式适度综合经营。近年来出现的多起特大风险表明，产业资本和金融资本的融合，在很大程度上并不是为了综合经营，而为了给所谓的资本运作提供一个融资平台。因此，对于实业资本控股金融机构形成的金融控股公司，应坚决分离实业资本和金融资本，并在多方面切断实业资本和金融资本在同一控制权下的关联交易。

二、金融控股公司的风险及影响

金融业是特殊的高风险行业，金融控股公司由于是跨部门、跨行业、跨地区的多种金融机构与金融业务的集合体，在金融市场上同时担任多种角色，如发行中介、交易中介、投资者、融资者、信息提供者等，从而往往成为金融风险的聚合点和汇集点。金融控股公司组织结构复杂和从事多元化的业务，因此面临的风险纷杂繁多，从不同的角度可以有不同的分类，例如，从风险因素发生的领域可分为内部风险和外部风险，从风险的可分散性可分为系统风险和非系统风险。

（一）金融控股公司的各类风险和原因

1. 经营风险

金融控股公司在经营具体业务时会遇到各种各样的风险，主要有以下几个方面。

一是市场风险。主要是指一个或多个市场的价格，如利率、汇率等的波动性和相关性或其他市场因素水平的变化而导致金融控股公司某一头寸或组合发生损失或不能获得预期收益的可能性，其中包括利率风险、汇率风险、期货风险、期权风险、证券价格风险等。

二是信用风险。主要是指企业、个人或其他同金融控股公司发生交易活动的经济单位不能按期履约的可能性，其中包括贷款、掉期、期权等以及在结算过程中责任一方违约带来的损失的风险。

三是操作风险。主要指由于内部程序、人员、系统不充足或者运行失当，以及因为外部事件的冲击等导致直接或间接损失的可能性。

四是经营战略风险。主要是指金融控股公司由于掌握信息不充分、决策水平不高、决策程序不科学等原因造成的判断失误和经营决策失误所带来的风险。从理论上分析，金融控股公司模式可以分散集团整体经营风险。由于金融控股公司系统中的母公司与子公司都是独立的法人企业，所以某一家企业发生巨大亏损不会作为负债传递给其他企业。倘若子公司的经营业绩恶化，母公司可以卖出股份而转嫁其经营责任。但从某种意义上讲，金融控股公司的经营风险分散和规避的效果取决于集团内部各业务单位的母子公司、各子公司之间是否建立了安全有效的“防火墙”，是否能够建立和执行科学合理的内部控制制度等因素。此外，由于金融集团内部复杂的持股关系和资金往来，往往导致单个机构的经营安全得不到充分保障，并且有可能面临新的风险，这可以通过财务风险和集团管理风险等表现出来。

2. 财务风险

是指金融控股公司可能由于没有保持适当的资产流动性或一定的资本充足率而不能按规定的计划支付股利和到期债务，以及由于财务杠杆作用使得子公司盈利变动引起整个集团财务状况变动的风险。其成因主要有以下三种。

一是流动性风险又称变现能力风险，指金融控股公司在头寸不足的情况下，由于无法售出或被迫以非常低的价格出售资产而无力偿还债务的风险。通常出现这种问题的主要原因：金融机构持有的金融资产流动性较差，买卖差价较大，在变现时不得不承受价格损失；由于没有合理安排资产负债的期限结构，不能应付突发的资金需求；因种种原因导致自身信誉出现问题而无法利用正常的渠道筹措资金；整个市场出现剧烈波动造成价格失常，从而使其资产价值大幅度下跌或筹资成本急剧上升。金融控股公司的各类子公司所承受的流动性风险严重程度有所不同，一般来说，银行和储蓄机构的流动性风险最大，其次是人寿保险公司和证券公司，再次是互助和养老基金以及财产保险公司。

二是资本安全性问题造成的风险。金融控股公司资本安全性问题引发的风险主要来源于其内部资本金的重复计算，致使财务杠杆比率可能过高，危及整个集团的财务安全。这里有两种情况：第一，母公司拨付子公司的资本金。这样，一笔从集团外注入的资本金在母公司和子公司的资产负债表中同时反映，造成资本金的重复计算。如果子公司又用该笔资金在集团内继续投资，则该笔资本将被多次计算。第二，子公司之间相互持股，造成股权结构复杂及资本金多次计算。由于只有来自集团外部的资本金才能抵御集团的整体风险，因此同一笔资本金用来抵御多家公司的风险显然是不够的，并且会对资本安全造成潜在的威胁。不仅如此，如果控股公司通过发行债券或借款等举债方式筹集资金，向下属公司进行权益性投资，而下属公司又向其他子公司投资，将不可避免地造成整个集团公司的财务杠杆比率过高，影响整个集团的安全。

3. 集团管理风险

金融控股公司本身的集团化特征也将会带来现实的和潜在的管理风险。这种集团化的特征主要包括：第一，产权关系的复杂化。不同类型的控股公司可以采取不同的持股方式，既有垂直持股方式，也有环状持股（或交换股份）的方式，还有两者混合型的方式，从而使其内部产权关系十分复杂。第二，财务主体多元化。金融控股公司各子公司作为独立法人，都是利润管理中心或投资管理中心，具有独立的经营管理机构，形成“公司内的公司”，所以就意味着多个财务管理主体，合并会计报表成为必然。第三，财务决策多层次化。控股公司中的母公司作为核心企业，与其下属各级子公司处于不同的管理层次，各自的财务决策权力也不相同，导致其内部财务决策多层次化。第四，内部交易经常化。内部交易指集团成员之间发生的资产和负债，这些资产和负债可以是确定的，也可能是或有的。第五，子公司缺乏自主性。金融控股集团子公司的自主性是一个重要的问题。从监管的角度来讲，监管当局和股东、债权人需要知道，该子公司的董事会和管理层是否能够独立地、有效地做出决策，从而可以按照监管当局和法规的要求，实施有效的管理。这样的担心来源于该机构的董事会和管理层可能缺乏必要的自主权，他们在经营和财务决策方面受到很多限制，做出客观判断的能力将大打折扣。特别当控股公司是非金融企业的时候，由于控股公司不受金融监管的约束，其金融性子公司的自主性将更成问题。金融控股公司所具有的以上特征使其在通过利用集团内部结构关系以实现协同效应、规模效应、降低运营成本、增加盈利的同时也产生了新的集团管理风险。

一是传染性风险。金融控股公司内部的风险传染，也是骨牌效应的表现，是指集团内单个实体的清偿力、流动性或盈利性的危机对整个集团内部的其他实体的影响。风险传染的途径主要有三条：第一，集团内部日常关联交易。这种交易可能是明显的，包括贷款和投资等，也有可能是隐含的，如集团内部的担保和转移定价。第二，集团成员破产救助。由于集团内各成员之间财务上有一定联系，当一个集团成员陷入财务困难时，可能由于已有的资金往来而使其他集团成员被迫救助，从而可能引发其他成员的流动性困难，或大幅度地影响后者的业务量。第三，集团成员破产导致整个集团的信誉受损。由于社会公众对集团成员的业务关联情况认知不清，一个成员的经营事故容易导致公众对整个集团的信心危机。第四，由于集团内企业关联交易的存在，控股公司内一个企业经营困难，不仅有可能导致整个集团的严重风险，而且也有可能引起连锁反应，波及集团外的其他金融机构，甚至发生银行危机或金融危机。

二是风险集中的风险。相对于传染性风险，风险集中主要指由于金融控股集团在面临天灾、机器故障等不可抗力引发的危机时遭受严重损失的风险。例如在2002 年日本最大的金融控股公司——瑞穗金融集团正式产生后，原合并子公司第一劝业银行、富业银行所经营的两套自动柜员机处理系统，转由瑞穗金融集团的自动柜员机处理系统处理业务。然而 4 月 1 日当天瑞穗集团的自动柜员机处理系统发生故障，从而影响到整个瑞穗集团下的巨大的客户群。如果这种情况发生在合并之前，受影响的仅限于子公司的营业范围。

三是信息不对称的风险。金融控股公司往往是规模庞大的金融集团，集团结构和内部交易的复杂性使得集团公司上下常常信息沟通不畅。金融控股公司包含各种形式的产权，具有复杂的法人机构、业务活动机构和管理机构。而且由于各子公司在不同的行业从事业务，各行业的会计准则存在很大的差别，比如信托业的财务会计制度和银行的就很不同，同等规模的流动资产对于两类机构稳健性的影响存在极大的差别，又如集团内部法人主体之间的交易可能会夸大一个集团成员的报告利润和资本水平，因为集团的净资本（外部资本）可能大大低于所有集团成员的资本之和。复杂的产权结构和不同的财务信息披露制度令金融控股公司的公开信息与真实情况可能发生较大出入，从而不利于集团经营管理层和监管者及时、准确地掌握集团的会计财务信息，及时评价各子公司和整个集团面临的风险，提高了内部控制和监管的难度。

四是利益冲突中的风险。金融控股公司一般拥有商业银行、投资银行、保险公司、信托公司和投资基金等不同的业务部门或子公司，由于各种金融业务部门的相关利益主体存在结构性差异，因此上述利益关系的调整必然会导致一定的利益冲突，使其中一方或多方以至于整个集团的经营管理产生风险。这种利益冲突既指集团成员与客户、投资人等外部成员的冲突，也指集团成员之间的冲突。例如，集团银行向客户强行推销同一集团的证券、保险等产品，又如银行储蓄的投资者的主要目的是寻求金融资产的安全性。但如果控股公司为追求高额利润而把银行资金用于证券交易，则违背了投资者的安全性的意愿。类似的还有控股公司内的基金经理专门购买本控股公司关联企业的股票，而不管其盈利性和安全性如何；为支持证券价格，商业银行可能向第三方不谨慎地发放贷款用以部分或全部购买其控股公司下投资银行所承销的某种证券，从而导致该商业银行资产质量的恶化等。集团成员之间的冲突主要指金融控股公司内部有些子公司之间的利益在本质上是相互冲突的，例如，由于集团成员之间的竞争而带来损失。

4. 金融控股公司风险的主要原因

金融控股公司风险产生的原因主要有以下几个方面：一是内部交易。内部交易是金融控股公司风险的主要原因。按照欧盟于2001年4月26日通过的《对金融企业集团中的信用机构、保险业及证券公司之补充性监管指令及修订其他相关指令之建议案》的界定，金融控股公司的内部交易，是指金融企业集团内被管制实体直接或间接地依附于同一集团内部的其他实体来履行契约性或非契约性、支付性或非支付性债务所进行的任何交易。具体而言，这些重大内部交易主要包括交易性运营、集团内短期流动性的集中管理及其他服务安排、集团成员的承诺及贷款担保等表外业务、集团成员之间的资产购买或出售、集团内的保险或重复保险。总之，内部交易主要源于控股公司成员之间所发生的资金和商品划拨、利润转移、相互担保与相互抵押等活动，如母公司以其资产作抵押取得银行贷款后，转贷给公司管理层注册的私人公司，私人公司又投资并控股与母公司毫无关系的证券公司；证券公司赚足利润，利润归个人；证券公司亏本，则银行贷款或母公司资产受损。内部交易也源于避税或逃避监管目的，如集团内的实体位于具有较有利的会计或税收规则的辖区内，那么其对附属公司的股份或对客户的债权就可以出售或转让给集团内的其他实体，经常发生在为集团内其他实体之利益而为的交易、短期流动性集中管理的情况之下。

金融集团的内部交易具有两重性。一方面，内部交易可以为集团带来协同效应，降低经营成本，增加利润，改进风险管理的效率，更有效地管理资本和债务。金融集团的产生，除了概念和品牌上的意义之外，就是要有内部交易，否则各种业务以法人形式独立经营便可，不必组成集团。否定了内部交易就是否定了可以得到的、潜在的效率，从而等于否定了金融集团。另一方面，内部交易可能导致风险传递，使得经营中发生的困难更加复杂化。金融集团和监管当局都应权衡内部交易的好处和问题，区别对待不同金融业务中不同种类的内部交易。从实际执行中的情况看，各国监管当局对金融集团的内部交易并不是“一刀切”地禁止，而是采取了一种“迂回”的方法。（1）对公司治理和内部控制提出要求，“启发”金融集团自己关注内部交易。金融集团往往从战略角度安排不同业务之间的内部交易，以获得效率；监管当局则从资本和偿付能力的角度出发，要求它们关注集团内部法人实体之间的内部交易。监管当局尤其需要关注那些业务领域和法人结构不一致的金融集团的内部交易。（2）要求金融集团披露自己的组织结构和重大的内部交易，特别是那些将对集团财务健康带来不利影响的内部交易，并监测这些内部交易的规模和水平。（3）通过对集团结构和集团法人的层次提出要求，增加内部交易的透明度。比如，在会计并表准则和税法方面制定规则，间接地鼓励某一种集团结构，不鼓励另外的集团结构。在批准新设企业、收购合并、所有权转让等活动中行使否决权，拒绝不适当的集团结构，要求子公司的专业化，鼓励业务活动和法人结构相一致的集团模式。（4）大多数监管当局都设立法规，直接禁止某些金融业务中某些形式的内部交易。一经发现，这样的内部交易将被取消或终止，主要责任公司将受到处罚。

二是委托—代理关系。一般来讲，只要在所有者和被雇佣者之间存在分离，就会出现代理问题。代理人必须按照所有者或高层经理人员的计划进行经营。委托人通过合同授权代理人开展一定的经营活动。在代理人和委托人之间可能存在非对称信息，首先是代理人可能拥有私人信息，导致“逆向选择”问题的发生；其次，委托人如果不能有效地控制代理人的行为，就会产生“道德风险”。虽然在专业性金融机构，如商业银行内部也存在代理问题，但是在多元化金融集团，各业务单位经理的激励与公司总部或控股公司的总体战略目标之间可能存在不相匹配的情况。在多元化金融集团的总部与各业务单位之间存在着代理成本：（1）对集团公司与子公司之间的合同进行详细设计的成本；（2）对于子公司进行监督的成本；（3）确保履行这些合同约定的成本。这些合同一般没有法律效力，除非是集团公司希望达到这种效力。集团公司与子公司之间的合同约定内容一般是关于子公司的目标和相应的政策的约定、绩效评价方法、集团公司准备对于子公司实施激励的机制等。在多元化金融集团的产权没有实现多元化之前。或者说，在金融集团的主要产权仍然属于国有的情况下，这种不对称性更加严重。如何有效地协调集团总部经理与各业务单位经理之间的委托—代理关系，是现代多元化金融集团，尤其是国有金融集团必须认真面对的问题。

三是规避监管。金融控股公司的子公司可能由于业务不同而分属不同的主管部门进行监管，因此而分别适用不同的资本要求和监管标准。在这种情况下，控股公司倾向于集团成员之间资产的互相转移，将资产从监管尺度较严的部门向监管尺度较松的部门转移。例如在发达国家由于有存款保险的保护，金融控股公司往往将非银行部门的风险向银行部门转移，银行资金调用到证券、信托、保险部门，从而导致银行危机，而银行资金进出股市导致股市波动从而造成股市危机，最终酿成金融危机。当控股公司涉及跨国企业，营业网点散布于监管标准不同的各个国家，其相关风险更难估计。

（二）我国金融控股公司的主要风险

我国目前实行分业经营、分业监管的框架，虽然没有明确金融控股公司的法律地位，但在实际操作当中已存在各种类型的金融控股公司。由于我国金融控股公司形成的自发性和随意性，带来其运营的不规范性。长期以来，我国缺乏对金融控股公司进行宏观管理的法律法规以及与之相适应的产权结构、公司治理结构、内部控制和管理机制。在外部监管体制上，银监会、证监会、保监会三家监管机构不能信息共享，缺乏必要的协调机制，必将留下新的风险隐患。

1. 资本重复计算

我国金融控股公司的股权结构较为复杂，存在着比较严重的资本重复计算问题。以平安集团为例，母公司通过投资 1.5 亿元人民币，全资控股平安信托投资公司（占 100% 的股份），平安信托投资公司又投资 9150 万元人民币，控制了平安证券公司 61% 的股份。也就是说，从整个集团来看，母公司仅通过投资 1.5 亿元人民币，就控制了一家资本金 1.5 亿元人民币的信托投资公司和一家资本金 1.5 亿元人民币的证券公司。母公司的资本储备是不充足的，其投资于证券公司的 9150 万元人民币属于重复计算。

2. 缺乏有效的“防火墙”

我国由于历史和体制的原因，金融集团内部复杂的持股关系和资金往来的现状，使金融控股公司的各类子公司之间，没有建立有效的“防火墙”。金融集团内部的银行、证券、保险、信托、实业投资等各行业之间的资金可以随意划拨、占用，人员、信息的交换现象十分普遍。集团内部存在的关联交易主要表现在以下几个方面：银行给证券公司拆借资金打新股；证券公司把集团内银行作为资金清算银行（存放股民保证金）；银行在证券公司争取 A 股承销时向其承诺“过桥贷款”；保险资金运用时利用信托公司、证券公司便利等。例如，保险公司吸收的保费，可以交给信托公司进行委托投资、委托拆借。这样做不仅侵害了广大债权人、委托人、信托人的利益，而且助长了信托投资公司的高风险扩张行为，往往造成资产和负债期限严重不匹配和巨大的损失。又如，集团对某个客户提供证券承销服务的同时又提供购并贷款。这样，金融控股公司不得不同时面对同一客户的证券业务和银行业务违约的双重风险。又如大量银行资金违规进入股市的风险。我国经济生活中实际已存在的不少金融控股公司通过各种手段以被银行审查合格的公司为载体从银行融通大量的资金，并通过各种手段以金融性公司和非金融性公司炒作股票，最终极易引发股市泡沫。

3. 监管难度大

目前，我国的法律法规都未明确金融控股公司的法律地位，但在实际中又存在各种类型的金融控股公司。三家监管机构之间以及与监管有关的部门之间没有建立起有效的沟通渠道和明确的责任划分，已经形成监控的盲点。金融集团作为一个法人可以经营多个行业，公司对账目可以随意调整，易掩盖违规经营行为和损失情况。例如，监管当局对信托投资公司所投资于下属企业的贷款，由于关联企业众多，股权结构复杂，很难发现并认定为关联贷款；对信托投资公司的监管涉及银行、证券、保险等不同的监管当局，容易造成监管责任不清、相互扯皮的现象。

三、金融控股公司的风险防范

金融控股公司由于掌握着大量金融资产，加上金融控股公司风险传递较快的特点，一旦发生风险，极易对金融市场造成振荡，影响金融稳定。因此对金融控股公司风险的防范日趋重要。

（一）金融控股公司风险防范的法律措施

近年来，为了加强对金融控股公司的风险防范和实施有效监管，一些国际组织、区域和发达国家都在着手促进和开展这方面的立法工作。有些国家已制定出或正在着手制定相关法律法规，还有些国家对现行的法规进行修订，增加了与金融控股公司有关的内容。

1. 金融集团联合论坛关于对金融控股集团的监管原则

金融集团联合论坛由巴塞尔银行监管委员会、国际证券联合会和国际保险监管协会于1996年初联合成立，有13个发达国家参加，目的是为了促进三方合作，共同加强对金融集团的有效监管。该论坛于1999年2月联合发布了《对金融控股集团的监管原则》，建立了对金融控股公司监管的一整套规范的制度、原则、工具和技术。《对金融控股集团的监管原则》共包括6个文件和1个调查问卷，分别为资本充足原则文件、资本充足原则文件补充、工作岗位任用原则文件、监管信息共享的框架安排文件、监管信息共享的基本原则文件、协调人文件和监管调查问卷。这些文件概括了衡量资本充足的方法和原则，阐述了监管部门在实际运用衡量方法时可能碰到的情况，为监管机构对金融集团内机构的主要股东及高级管理人员进行工作岗位任用标准测试提供了指导，确定了对金融集团内机构进行监管的部门之间信息共享的一般性框架和指导性原则，并向监管部门提供了鉴别监管协调人的指导原则。监管调查问卷则提供了一个为增进监管部门对彼此目标和方法相互理解的辅助工具。《对金融控股集团的监管原则》虽不是一项正式法律，但却为各国根据自身情况制定有关金融控股集团监管的法律提供了原则框架和指导，对各国的相关法律的制定和完善发挥着重要作用。

2. 巴塞尔监管委员会关于银行业内控制度框架文件

1998年巴塞尔银行监管委员会关于银行业内控制度框架文件包括了一个健

全的内部控制系统应包括的所有重要内容，既是银行机构建立和完善内控制度的指导性文件，也是监管当局评估银行内控制度是否完善和有效的重要依据。这些原则有的适用于控股公司，有的适用于子公司。一是公司董事会在内部控制上的职责授权是现代管理中最重要的内容，但对被授权人行为的监控同样重要；二是管理高层在内部控制上的职责；三是在企业中普及内控意识；四是对风险的认识与监测；五是基本的内控措施；六是对利害相关职责分离的有效的内部控制要求，对利害相关的职责应当进行分离；七是有效的信息来源；八是信息系统的安全与可靠；九是有效的沟通渠道；十是对主要风险的监测；十一是企业应当有一个独立的、训练有素的内部审计部门，对内控系统进行综合性审计；十二是对内控缺陷的处理；十三是监管当局的责任。

3. 欧盟银行监管规则

欧盟为了对金融集团实施监管，颁布了一系列指令，以此确定各成员国应遵循的最低标准，并要求各成员国制定相应的国内法来执行。2001 年 4 月 24 日欧洲议会及理事会通过的《对金融企业集团中的信用机构、保险业及证券公司之补充性监管指令及修订其他相关指令之建议案》（以下简称《欧盟建议案》）是欧盟对金融集团进行全面监管的最重要的法律文件。在此之前欧盟就制定了一些与金融集团监管有关的法令，其中最重要的是 1992 年的《并表监管指令》、1993 年的《资本充足指令》和《关于对保险集团中的保险企业实行补充监管的98/78/EEC 指令》。但是，这些法令仅规定了对同质金融集团的监管，具有相当大的局限性。2001 年的《欧盟建议案》克服了这一局限性，补充了对异质集团的监管的内容，对欧盟金融集团监管立法中重复及冲突的内容进行了修正。更为重要的是，此《欧盟建议案》在相当大的程度上体现了金融集团联合论坛《对金融控股集团的监管原则》的精神，明确金融集团的定义及构成，内容覆盖了资本充足率、集团内部交易及风险集中、股东及高管人员适宜性监管等多方面，明确了协调人制度和监管者之间信息共享的制度安排，并在一定层面上顺应了从行业监管向跨行业监管转变、从机构监管向功能监管转变的国际金融监管新趋势。

4. 美国监管当局的有关规定

美国对金融控股公司的监管法律有其自身鲜明的特点。1999 年美国颁布实施了对金融业具有重大影响的《金融服务现代化法》，由此带来了美国 60 多年来最重要的金融监管法规的改革和金融集团监管法规的重大变化。在此之前，美国法律基本上不允许提供全面金融服务的金融控股公司存在，金融集团的主要形式是银行控股公司，对此进行监管的法律是 1933 年《银行法》和 1956 年的《银行控股公司法》。《金融服务现代化法》有效地消除了阻碍金融混业经营的限制性措施，准许在《银行控股公司法》下成立金融控股公司跨行业地经营各种金融业务。此法以对美国60年代以来的有关金融监管、金融业务的法规进行修改和规范的形式，成体系地对放弃分业经营走向混业经营后的美国相关法律进行重新表述。这其中与金融控股公司监管有关的内容，包括对1956年《银行控股公司法》的大量修改，以及允许成立金融控股公司后，在对其监管上各监管部门的分工与协作 。经过上述修订，目前的《银行控股公司法》成为美国对金融控股公司进行监管的主要法律。根据该法，美联储制定了《Y条例》用于对金融控股公司的监管操作。

5. 我国金融立法对金融控股公司风险的防范

我国金融立法的主体是《中国人民银行法》、《银行业监督管理法》、《商业银行法》、《保险法》、《证券法》、《信托法》等，通过这些法律确立了我国各类金融机构的分业经营和分业监管的体制。目前，我国在金融控股公司的经营管理与监管等方面，既无明确的禁止性法律条款，也无明确的设立性条款。近些年来，我国经济金融环境已发生了很大变化，银行、证券、保险已出现了相互渗透、相互发展的趋势。我国加入世贸组织后的过渡期即将结束，金融全方位对外开放的格局基本形成，国内分业经营的金融业将面临具有混业经营背景的国际金融集团的严峻挑战。因此，我国金融控股公司的发展要顺应国际发展的潮流，以效率、秩序、安全为基本精神进行专门立法，有关立法应有以下内容：（1）公司的定义和地位。明确公司设立的条件、公司的业务范围，建立公司高级管理人员的资格审查制度、建立公司的市场退出标准和程序。要求其以控股公司形式存在，主要资产显著分布在银行、保险、证券中两个以上金融领域，并直接受金融监管当局的监管。（2）公司的法人治理结构。对集团结构和集团法人的层次提出要求。比如，在会计并表准则和税法等方面制定一些规则，间接地鼓励一种集团结构，不鼓励另外的集团结构。拒绝不适当的集团结构，要求子公司的专业化，鼓励业务活动和法人结构相一致的集团模式。（3）对公司内部控制提出要求。要求集团的所有机构建立有效的内控系统，这一系统应当与公司的表内、表外业务活动的性质、复杂程度和内在风险相适应，并随着公司的环境与条件的变化而不断充实和完善。建立有效的“防火墙”，割断各类机构和各种业务之间的风险传递。（4）要求公司关注内部交易，监管当局则从资本和偿付能力角度，要求公司关注集团内部法人实体之间的内部交易。要求公司披露其内部组织结构和重大的内部交易，特别是那些将对集团财务状况带来不利影响的内部交易，并监测这些内部交易的规模和水平。禁止某些金融业务中某些形式的内部交易，一旦发现这些内部交易，交易将被取消或终止，主要责任公司将受处罚。

（二）金融控股公司风险管理的措施

1. 法人治理结构

金融控股公司应建立以国家相对控股的，以法人持股或法人互相持股为主体、以分散的机构投资者、专业投资基金持股为补充的多元化股权结构及相应的法人治理结构。建立由股东大会、董事会、总经理和监事会组成的公司治理结构，有效地执行决策权、执行权、经营权和监督权，各司其职、权责明确，相互制衡，并在此基础上构建科学有效的激励机制和约束机制，为公司的内控体系建设和发展营造良好的环境。

2. 资本充足率的监测

巴塞尔监管委员会的《对金融集团的监管》提出了四种方法，主要包括：分块审慎法、简单的以风险为基础的加总法、简单的以风险为基础的扣除法、全部扣除法。根据该委员会的要求，在具体运用上可采取两种方法即内部模型法与标准法当中的一种对资本充足率加以监测。所谓内部模型法是指在符合监管当局对模型的总体要求下，被监管机构可以利用内部模型对其自身的市场风险进行估计，同时据此估计安排应付市场风险的资本金。而标准法则是监管当局对各种基础工具（衍生工具则转化成相应的基础工具）确定一个风险标准，被监管机构据此风险标准计算所要求的资本金。

3. 建立防火墙

金融控股公司必须设计合适的防火墙以处理内部交易风险集中、大额风险暴露等问题。设计防火墙的最主要目的在于对银行控股公司和证券公司进行控制，避免通过内部交易增加银行风险，尽量限制资金由银行向非银行分支机构流动。如美国《联邦储备法》的 23 – A 和 23 – B 设立了严密的防火墙，1999 年颁布的《金融服务现代化法案》继续保持了这个防火墙，主要内容包括：（1）在金融控股公司内部，银行对所有非银行附属机构（包括金融控股公司本身）的贷款合计不得超过银行资本的 20%，对每个非银行分支机构的贷款不得超过银行资本的 10%，而且非银行附属机构要提供以政府债券或现金为主的抵押或担保。（2）银行对内部非银行附属机构的贷款与对外部非银行机构贷款以同样的利率进行，以保证外部非银行机构处于公平的竞争环境。（3）对银行购买内部非银行附属机构的资产进行比例限制，银行拥有的比例不得超过非银行附属机构资产的 10%。（4）银行不得对内部非银行附属机构的证券发行提供担保。（5）限制银行购买内部非银行附属机构发行的证券。（6）限制银行通过第三方对内部非银行附属机构提供资金支持。欧盟在防火墙设计方面则主要考虑了风险传染、利益冲突、监管规避、综合性审视集团内风险暴露等方面。欧盟银行监管规则中突出了对大额风险暴露的管理，对源于集团内部交易的风险暴露规定了一个总的量上的限制。如将等同于或超过机构自有资金 10% 的风险界定为大额风险。一般规定，单个的大额风险不得超过自有资金的 25%，所有大额风险的总和不得超过自有资金的 80%。这些限制是以个案及并表为基础加以运用的。此外，信用机构对非金融企业的持股也受到数额的限制。就单个非金融企业而言持股额不得超过自有资金的15%；就总额而言不得超过自有资金的60%。欧盟还对资产扩散进行了规定，如保险企业受资产扩散规则中的数额约束。与信用机构及投资公司不同的是，这种数额上的限制不是依机构的资本为标准来衡量的，而是依保险人的技术性规定。比如，任何一保险机构在一片土地上的投资不得超过其总技术性规定的10%，各成员国不得对不涉及技术性规定的资产规定任何规则等。严格来讲，防火墙的设计也不能完全避免不合规内部交易的发生。美国的上述规定对于规范子公司行为、防范内部交易固然具有一定作用，但对于金融控股公司下属的非银行分支机构，美联储在一般情况下不能对其进行检查、提出资本金比例要求或要求其提供报告，除非美联储确定金融控股公司的非银行分支机构出现重大问题，将危及其银行类子公司的安全。并且功能监管者无法有效解决这些问题。由于美联储真正实施这种监管非银行分支机构权力的机会很少，因而美联储必须首先获知非银行分支机构出现了问题，然后才能做出判断是否应对其进行监管，而在功能监管者与美联储之间缺乏良好沟通的情况下，美联储是很难及时获得这类信息的。因此，目前美国的这种监管方式的有效性也受到质疑。其次，即使存在专门用以防范此类交易的法律，银行监管部门也无法在所有的案件中对此加以防范，因为监管者无法完全肯定某些交易是否处于对银行完全平等的条件下，更何况控股公司的管理者还可能强迫银行为了使破产的控股公司成员走出困境，明知故犯地违背银行法而进行交易。再次，在关于设定内部交易与风险暴露的限额问题方面，目前难以有一个统一的认识，只能根据各国金融控股公司情况具体而定。最后，由于各行业间风险不同，风险集中处理方法也不同，由此产生规避监管的问题。就金融企业集团内银行和保险机构而言，银行规避的可能性更大，因为通过集团中的保险公司，银行能相对容易地规避并表性大额风险限制。

4. 建立风险预警机制

金融控股公司建立有效的内部控制预警系统，并在具体操作中设立一组能够全面反映所面临风险的指标，定期对控股公司及下属子公司的内部机制进行考评，以便尽早发现和有效防范金融风险。监管当局建立对金融控股公司的预警体系，要求被监管机构按规定上报财务报表和有关资料，由监管当局根据有关资料和列出的预警指标以及相应的指标权数，计算金融控股公司的综合得分，并作出风险评估，对风险过大的机构提出警告和采取相应的措施。

四、金融控股公司的监管模式

世界各国的金融业在国民经济发展中具有特殊的地位，而金融集团对金融业的稳定发展具有举足轻重的影响，因此，各国对金融集团都存在不同程度的监管。由于各个国家和地区的监管方式在很大程度受该国或地区历史沿袭、文化背景等多种因素的制约，因此对金融集团的监管模式也表现出多样性。

（一）金融控股公司监管模式比较

目前，广义的全球金融集团监管模式大致分为三种类型，即分业监管、牵头监管、一体化监管。史蒂芬·拉普金（Stephen A. Lumpkin）的研究表明，在30个国家或地区中（其中有28个经合组织成员国），实行一体化监管模式的有12个，占40%；实行牵头监管模式的有7个，占23.3%；实行分业监管模式的有11个，占36.7%。

1. 分业监管体制

这种模式是对金融业严格按银行、证券、保险等业务进行分工，不允许任何形式的交叉，相应地，对金融集团层面暂未监管，而是对集团内部各金融子公司进行分业监管。这种模式的优点：一是监管专业化优势，专业化的监管目标明确，更有利于它们各自的运作；二是有监管竞争优势，不同的监管者会设法通过不同的渠道获取有关信息。这种监管模式的缺点是：各监管机构之间协调性差，容易出现监管真空或重复监管；不可避免地产生摩擦；从整体上看，机构庞大，监管成本较高。

2. 牵头监管体制

一些国家的金融机构可从事银行、证券、保险等业务中任意几种业务，这些业务有的国家是要求严格分开的，即内部防火墙制度，如美国，而有的国家则没有这些要求，如德国。一些国家根据本国金融业的特点建立了牵头监管模式，即根据金融集团的特点，在多个监管机构中指定一家监管机构为牵头监管者，负责对金融集团进行整体监管，其他监管机构进行功能监管。牵头监管人的作用是：一是从整体上对金融集团的风险进行监管；二是在不同监管部门之间收集和发布监管信息；三是组织跨机构的监管活动，通过组织现场检查、听证会等形式，发挥必要的沟通和协调作用，避免对金融集团监管的疏漏和重叠。

在实行牵头监管模式的国家中，美国具有很强的代表性。美联储是金融控股公司的基本监管者（也称为伞型监管者），金融控股公司的银行类子公司仍然由美联储、货币监理署（OCC）、州银行监管者和联邦存款保险公司（FDIC）等共同监管，证券交易委员会（SEC）、州保险监管署负责对证券业和保险业的监管。这种模式的优势在于：一是目标明确，更能突出监管的重点，专业化的监管使监管目标能更好地得以实施；二是通过监管机构定期的磋商协调、相互交换信息以及密切配合，提高监管效率。其主要问题是由谁控制整个金融体系的风险，牵头监管者并不能做到控制整个体制风险。

3. 一体化监管模式

一些国家金融业混业经营，成立统一的监管机构对其进行监管。在这种模式中，有的是银证统一监管，有的是银保统一监管，还有的是证保统一监管。真正的一体化监管是银行、证券、保险等监管机构合而为一，由一家专门的机构统一监管金融控股公司内部的所有实体和业务，如英、日、韩的统一监管模式等。这家专门的机构可以由中央银行或财政部现有的机构组成，也可以由几家机构合并组成的新机构。一元化监管模式的优势是，单一的综合性监管机构责任明确，能够更有效地监督金融控股公司的经营与风险，避免监管真空或监管重复；节约成本，实现规模效益、范围经济效益；具有良好的一致性和协调性，可以用更加一致的监管规则和监管标准来加强监督；容易被金融控股公司和社会公众接受。其缺陷是缺乏监管竞争，可能产生潜在的道德风险，易导致官僚主义。

（二）我国金融控股公司监管模式的选择

目前我国实现分业经营、分业监管的体制，但金融混业经营的趋势日益显现，因此随着混业性金融机构竞争性优势凸现，必将促使更多的金融控股公司出现和更多的金融创新，那么对传统的分业监管体制的改革也就势在必行。

1. 分业监管模式的调整型

这种模式实际上是在传统的分业经营、分业监管的基础上，加强对金融集团层次的监管，以适应金融业混业经营的需要。这种模式不需要对现有监管体系作较大变动，只是针对新出现的情况对监管机构的监管范围作出调整。例如，可由其一家监管机构对控股公司及其负责的子公司进行监管，其他监管机构分别监管其他子公司并提供有关监管信息。这种模式的组织成本较低，但是最大问题是负责监管控股公司的监管机构从其他监管机构获得监管信息滞后，导致不能及时发现整个金融控股集团的风险，这对于整个系统的稳定有可能是致命的，同时由于重复监管，全部监管成本也会大大增加。

2. 央行牵头的监管模式

这种模式是由中央银行成为监管的牵头机构，进行监管协调和信息的沟通，即央行负责对金融控股公司母公司进行监管，银监会、证监会、保监会对其负责的各子公司进行监管。建立牵头式监管模式具有分业监管的优点，同时也可以有效地克服其信息滞后的不足。由于金融控股公司的混业经营，使它面临的风险极为复杂，并有可能由局部风险演变为集团危机甚至产生系统性危机，而中央银行负有维护整个金融体系安全和稳定的义务，因此应当承担牵头者的责任。此外，中央银行不是具体的监管部门，不存在利益驱动或监管套利，并可以利用其特殊地位，发挥必要的沟通和协调作用，更好地解决监管的信息共享和相互合作问题。

3. 统一的监管模式

随着我国金融监管法规体系的逐步完善，金融监管当局的监管能力不断加强，金融机构的运营机制逐步健全，可以在理论认证充分、现实需要的良好时机，由原有的监管模式过渡到“一体化的监管”，即由国务院设立金融监管局作为功能性监管的主导机构，对整个金融体系实行单一机构监管。这种模式的最大优点是适应性和协调性强，根据被监管机构的特点，既可以采用竖直方向为主的类似于分业监管的方式，也可以采用水平方向为主的风险加总监管方式。

4. 监管方式和主要内容

金融控股公司组织结构复杂，业务范围广泛，因此监管的方式也需要表现出全面性和灵活性，以有效防范金融风险。

（1）资本充足率监管的特殊性。就金融控股公司而言，资本充足率监管的特殊性主要体现在防止资本金的重复计算、非全资子公司股权和债权的并表监管问题及混合金融控股公司的资本充足率要求三方面。监管当局应规定金融控股公司的最低资本充足率要求，并实行连续动态的监测。综合巴塞尔委员会和《2001 年欧盟指引》提出的测量方法，可以采取的方式包括：会计并表方法、扣减与总计法、要求扣除法及综合法。资本充足率的监测机制应能达到以下目的：能够识别出资本金重复计算的情况；识别出母公司通过发债，并将其收益作为股权转让给下属公司而导致财务杠杆过高的情况；查明不受监管的中间控股公司所造成的重复或多次计算资本金的情况；查明金融集团内部不受监管实体所面临的风险，确定其资本金要求；解决对受监管子公司的参股问题和审慎处理少数股东与多数股东的利益问题。在对非全资子公司并表监管中，对子公司的股权少于100%时，金融控股集团的并表如何处理，根据我国现行的会计准则，母公司能形成有效控制的子公司（包括股权与非股权控制）均应并入合并会计报表。在这种状况下，子公司无论盈利或亏损对金融业来说显然不符合审慎监管原则。关键在于对于子公司的资本盈余是否并入母公司的资产负债表，如果并入（按比例），则扩大了整个金融控股集团承受风险的能力，而可能金融控股集团并不能支配这部分盈余，以用来应付金融控股集团的经营风险，如果这样做，则有可能使非全资子公司陷入流动性困境。巴塞尔监管委员会《对金融集团的监管》认为金融控股集团内部重要的不受监管的控股公司和间接控股公司应包括在金融控股集团的资本充足率中，监管机构还应当掌握金融控股集团内不受监管机构的审慎监管信息，以便对被监管机构进行有效监管，并实施以金融控股集团为基础的风险评估。混合金融控股公司指主要从事生产性或商业性活动，但又至少包括一个被监管机构的金融集团。对监管者来说很难评价混合金融控股公司的资本充足率，因为监管原则和惯例不能像适用于金融机构那样而适用于商业和工业部门。监管者应坚持单独建立一个间接控股公司，从法律上将混合金融控股公司的金融业务和非金融业务分割开来，这样，就可以像监管其他金融集团一样来监管混合金融控股公司。

（2）内部交易的监管。正常的内部交易，外部监管机构不应干预，但涉及以下情况时需要监管机构介入：第一，跨国经营时，风险资产在不同国家的转移而引起风险、税收的转移。当跨国公司提供正常的商品、服务时，由内部定价引起的税收转移，国家税务部门可以参照税法对其应税利润与交易进行调整，企业按调整后的利润、交易价格计算纳税，但金融企业是特殊的企业，其交易资产不仅与价格（利率）有关，还与风险（此处指特定风险）有关，所以对于风险资产的转移而引起利润的跨国转移，应纳入监管当局的监管内容，应建立专门的制度对其进行调整。第二，全资子公司的内部交易、非全资子公司的内部交易，因涉及少数股东的利益，如是上市公司则涉及众多投资人的利益，更重要的是涉及金融机构的稳定，监管当局应对其通过非正常定价、转移风险资产等形式转移利润、转嫁风险加以限制。

（3）内部控制的监管。金融控股公司的大量内部交易，增加了固有风险，要有效降低金融控股集团风险，那么监管当局对其内控的建立、有效性必须加以更为严格的监管。首先，对控股公司内控制度要有特殊的要求，要在法律上建立起最低内控制度标准。我国目前虽有银行业、证券业、保险业内控要求，如证券业为证监会颁布的《证券公司内部控制指引》。但这对金融控股集团来说还是不够的，监管当局要确保建立起金融控股公司能够对其子公司形成有效控制的内控制度。这种内控制度当然也应包括：控制环境、会计系统和控制程序三方面的要求，但相对于银行业、证券业、保险业内控制度建设，要求更高，涉及范围更广。按照巴塞尔监管委员会《对金融集团的监管》要求，被监管机构内控制度至少要能保证及时发现金融控股集团内部风险暴露和金融控股集团大额风险暴露。其次，监管部门要有充足的证据获知控股公司的内控机制在确实起作用或获知其起作用的程度。这就要求监管部门定期或不定期对控股公司的内控机制的有效性进行检查或抽查（或由监管部门委托民间机构对其进行审查），具体可采用“穿行测试”或询问有关责任人员等方法。监管部门要根据检查结果要求控股公司对其内控制度采取改进措施，或根据其内控机制发现风险的概率要求一个较高的额外风险资本补偿金，这在实际上迫使内控制度不符合要求的金融控股公司按照监管当局的标准改善内部控制制度。最后，监管部门对金融控股公司的内部控制要求，应以不妨碍其有效竞争力为限。监管要求越高，金融控股公司花在这方面的成本就越大，当影响到金融控股公司的有效竞争力时，可能反而不利于金融体系的稳定。因此对金融控股公司内控制度的监管要求也应更多地参照他国监管标准。

（4）金融控股集团结构透明度的监管。金融控股集团结构透明度是指金融控股集团的组织结构透明度。监管当局应鼓励金融集团采用目前成熟的组织结构类型如事业部制，而禁止采用过度集权或过度分权的组织制度。

(5) 股东的适当性及任职者资格的审查。对金融业来说，对股东的适当性和任职者资格的审查，可增强金融业的稳定性。监管者应保证至少在金融控股集团所从事的每一领域，都应有适当的重要的股东，以保证其对集团内部机构施加有益的影响，对经营者形成有效的约束与激励。股东应由其所擅长领域的机构监管者审查，由金融集团监管者审查股东分布情况。管理者任职资格的审查也显得更为重要，监管者应将任职资格的审查和组织结构的审查结合起来，将重点放在被监管机构的实际负责人身上，无论他在集团中担任何种角色。如被监管机构实际被地区经理所控制，则地区经理的审查显得尤为重要。

参考文献

1. 夏斌等:《金融控股公司研究》，中国金融出版社，2001。
2. 谢平等:《金融控股公司的发展与监管》，中信出版社，2004。
3. 贝政新等:《金融控股公司论》，复旦大学出版社，2003。
4. 叶辅靖:《全能银行比较研究》，中国金融出版社，2001。
5. 安志达:《金融控股公司——法律、制度与实务》，机械工业出版社，2002。

建设我国企业和个人征信体系研究

中国人民银行征信管理局课题组

课题主持人：戴根有

主要参与者：万存知　王晓蕾　李　斌　曹衍楠　余　正

党的十六届三中全会明确指出，“建立健全社会信用体系，形成以道德为支撑、产权为基础、法律为保障的社会信用制度，是建设现代市场体系的必要条件”，要“按完善法规、特许经营、商业运作、专业服务的方向，加快建设企业和个人信用服务体系”。企业信用和个人信用是社会信用的基础和核心。建立企业和个人征信体系是健全社会信用体系的核心。在我国社会信用体系建设中存在的一个突出问题是对信用以及社会信用体系建设的定位不清，边界不明。认识上的混乱严重影响了有关政策的制定和相关政府部门职责的履行。因此，本课题首先从征信、信用和诚信的概念及其相关关系入手，在理清基本概念的基础上对我国企业和个人征信体系的建设进行分析，提出建议。

一、征信体系概述

征信体系指由与征信活动有关的法律规章、组织机构、市场管理、文化建设、宣传教育等共同构成的一个体系。征信体系的主要功能是为借贷市场服务，但同时具有较强的外延性，也服务于商品市场和劳动力市场。

征信是为信用活动提供的信用信息服务，实践中表现为专业化的机构依法采集、调查、保存、整理、提供企业和个人的信用信息，并对其资信状况进行评价，以此满足从事信用活动的机构在信用交易中对信用信息的需要，解决借贷市场信息不对称和逆向选择的问题。

本文所指的信用①是以偿还为条件的价值运动的特殊形式，包括货币借贷和商品赊销两种形式，即货币信用和商业信用，其中货币借贷又包括贷款和债券融资两种形式。

---

① 《辞海》（1999 年版缩印本）指出，信用有三种含义：其一为“信任使用”；其二为“遵守诺言，实践成约，从而取得别人对他的信任”；其三为“以偿还为条件的价值运动的特殊形式，多产生于货币借贷和商品交易的赊销或预付之中，其主要形式包括国家信用、银行信用、商业信用和消费信用”。

（一）征信业务

征信业务又称信用信息服务业务，包括信用信息采集、信用信息报告、信用调查、信用评分和信用评级。

信用信息采集是指专业机构利用数据库技术采集、汇总企业、个人借款和还款历史信息的业务。

信用信息报告指专业机构对采集到的企业和个人信用信息进行加工、处理并提供企业和个人信用报告的业务。

信用调查，又称信用咨询，指专业机构接受客户委托，依法通过信息查询、访谈和实地考察等方式，了解和评价被调查对象信用状况，并提供调查报告，为委托人的授信或者处理逾期账款和经济纠纷、选择贸易伙伴、签约等决策提供参考的活动。信用调查报告不向社会公众公开，仅提供给委托人，供委托人决策参考。

信用评分是利用数学和统计方法、根据中小企业和个人的还款记录等信息对其信用状况进行的量化评价（违约概率）。

信用评级，又称资信评估、信用评估，是指征信机构通过定量、定性的分析，以简单、直观的不同级次符号对企业主体和企业债项未来偿还债务能力的评价。

（二）征信机构

征信机构指依法设立的专门从事信用信息服务业务的机构，它可以是一个独立的法人，也可以是某独立法人的专业部门，包括信用信息采集机构、信用信息报告机构、信用评分模型设计公司、信用调查公司、信用评级公司等。其中，信用信息采集机构和信用信息报告机构往往由一个主体进行，称为信用信息登记机构。

信用信息登记机构主要负责采集、整理和加工借款人的还款历史信息，并将信用信息制作成信用报告，提供给贷款机构供其进行信贷决策，或者提供给用人单位等其他用户，供其合法使用。信用信息登记机构一般依托于大型数据库，在国外也称为征信局。

信用信息登记机构的作用可分解为信用信息的采集和信用报告两部分，并由不同的机构承担。信用信息的采集机构是指通过批量初始化和定期更新相结合的方式，集中采集借款人信用信息形成数据库的机构。核心数据是借款人还款的历史信息，包括还款逾期的负面信息和按时还款的正面信息。信用信息采集机构的核心业务是采集基础信息，作为信息共享和信息登记平台存在。

信用报告机构的主要职责是通过对信用信息采集机构采集的信息及自采的其

他信息进行加工整理，形成客观反映信用信息主体资信状况报告并提供给信息需求方。

信用信息登记机构一般只以原始数据或通过数学和统计学的方法客观反映借款人的信用记录或信用状况，不对借款人进行主观判断。信用信息登记机构可以由政府运营，称为公共信贷登记机构，也可以由非政府机构运营，即私营征信局。公共信贷登记机构和私营征信局在操作上最主要的差异在于，向前者提供信息是强制性的而向后者提供信息是自愿的。除提供关于借款人全面信用信息的报告外，信用信息登记机构还提供信用评分、金融服务解决方案等增值服务。

信用调查公司指从事信用调查业务的专业征信机构，其主要业务是根据客户要求，以购买、访谈等形式收集、获得有关企业的信用等信息并向委托客户提供信用调查报告。

信用评级公司是在信用记录基础上采取专家综合论证方式对企业信用意愿和偿债能力进行分析评价的专业机构。

除上述机构外，还有两类机构与征信业务密切相关：信用信息记录机构和信用信息使用机构。信用信息记录机构主要是记录个人和企业信贷活动内容的银行、电信公司等机构。作为信用记录的机构，应当如实地记录个人和企业信用信息，尽量避免发生信息的失真。对于有争议和（或者）不能确定的信息内容，不应当提供给信用报告机构或者信用信息的使用者。信用活动的记录机构还需要更正发现的错误信息，更新信用信息的内容，调查可疑的信息。信用记录和采集机构是征信业务活动中对征信数据准确性负责任的机构。

信用信息使用机构主要是银行等放贷机构、信用担保机构、金融监管当局、用人单位、房屋出租者等有权获取个人信用信息的单位和个人。在信息社会，信用信息记录机构的信息化程度和数据集中程度直接决定了现代征信制度的数据采集范围、效率和质量。信用信息的使用机构需要注意的是对于个人和企业信用信息的正确合法使用。大部分国家和地区规定，只有信用信息的提供者才有权使用信用信息；也有国家规定，只要符合法定目的即可获得信用信息。

征信机构按信用信息主体可划分可分为企业征信机构和个人征信机构。企业征信机构是指专门收集企业信用等有关信息、提供企业信用等状况的征信机构。个人征信机构是指专门收集个人信用信息、提供个人信用状况的征信机构。企业征信机构和个人征信机构在收集数据类型、采集方法、数据处理方法、征信产品种类等方面都有很大的不同，一般说来，企业征信机构和个人征信机构在身份信息、信用活动记录信息、公共信息等方面的信息收集需求是相似的，二者都可以提供信用报告和信用评分等征信产品，但企业征信机构还要更深入地收集企业的各种财务状况和经营状况信息，企业征信产品比个人征信产品要丰富得多，还包括了资信调查、评级、信用服务和咨询等方面。

（三）信用与诚信的关系

信用与诚信是两个在语意上较为相近的词语，一般理解上经常将它们等同看待，但事实上两者所规范的领域和对象是有比较明确的界限的。准确界定信用和诚信的概念，对于我国社会征信体系建设相关工作意义重大。

诚信，是指从事社会和经济活动的当事人以遵守社会规范（包括法律法规）、实践成约、取信于人为基础的守法、履约意愿和行为，也是人们处理社会和经济关系的一种普遍的行为和道德准则。实践中表现为专业人员从业污点记录、欺诈行为记录、违法犯罪记录等等一切有据可查的个人诚信记录。

信用，是指在经济活动中以按期偿还为条件的价值运动的特殊形式，表现为货币资金和商品的借贷活动。

个人的诚信记录不同于个人的信用记录，“诚信”首先是需要有承诺。举例来说，婚姻法规定女性最低婚龄是20周岁，那么，对于一个19岁就结婚的女性来说，这个违法行为不应该算作是她没有信用。另一个例子是一个人由于经济不景气失业，导致无法按时偿还银行债务，虽然这个人的信用记录中有了不良记录，但不能说这个人不诚信。

从各国经验看，尽管个人的诚信记录与借贷行为的关系并不十分密切和明显，但是并不表示个人的诚信记录在现代经济生活当中不重要。特别是在中国目前的实际情况下，偷税漏税作假账，贪污腐败，造假贩假等等一系列严重的违法违规和违反职业道德的问题已经严重地影响了我国经济的健康发展，因此，应当在多个行业建立违法违规和违反职业道德的数据库，起到监督、教育和保护消费者的作用。但如何在信贷交易中使用这些信息，则是一个需要认真研究的理论问题，如果无限制地将金融系统作为约束企业和个人全面守法的工具，则极易造成企业和个人规避正规金融，其后果是正规金融萎缩，地下金融繁荣，给宏观经济管理和调控造成不利影响。因此，企业和个人征信体系收集的信息必须是与信贷活动密切相关的信息，不能是信息就收集。同时，对个人信用记录的使用也要慎之又慎。仍以上面的例子为例，如果由于自身无法控制的原因不能按时偿还银行贷款而在就业等各方面处处受限，当事人不仅没有机会通过工作赚取报酬偿还银行贷款，自身生计可能都成问题，这样的制度有失公允。

这里，需特别注意的是，偷税漏税、走私骗汇、出具虚假报告、商业欺诈、制售假冒伪劣产品等现象，按我国现行法律法规，属于违法行为，必须强化执法体系建设，以法律手段解决上述问题，追究当事人的法律责任，将其避重就轻地归为“失信”，寄希望于社会信用体系解决上述问题，不仅纵容了上述行为，而且进一步弱化了遵纪守法意识。“坑蒙拐骗”等现象是“不诚信”的表现，但它与典型的经济学意义上表示借贷关系的“信用”概念相去甚远。

信用概念的扩大化使社会信用体系的边界无限扩大，“社会信用体系不健全”几乎成了一切社会和经济问题的根源，“建设社会信用体系”也成了包治一切经济和社会问题的“良药”，远远超出了党中央、国务院关于社会信用体系建设历次指示中信用的范围，也不符合国际上对“信用”（credit）的一般理解。这种将所有管理、执法不到位的情况都归于“失信”的做法，使各级政府部门以评代管，把执法不力、监管不严等渎职行为归为社会信用体系不健全，有瞒天过海之嫌，政治风险极高。

二、我国企业和个人征信体系建设概述

（一）建立企业和个人征信体系的信贷市场环境

征信业直接服务于信贷市场，放贷机构不仅是最主要的信用信息记录者和提供者，也是最重要的信用信息的使用者，因此信贷市场的结构和特点决定了征信行业是否能自发产生，以及征信行业的结构和特点。

随着市场经济改革进程的不断加快，我国信贷市场已初具规模，信贷市场上信用交易也获得了前所未有的发展，为国民经济的持续、稳定发展提供了良好的金融服务。目前，我国信贷市场呈现以下特点：

1. 信贷市场发展速度快、前景良好

目前我国信用交易主要有三种类型：一是贷款，即银行及其他金融机构向企业和个人提供的货币形式的贷款；二是债券融资，即企业、政府在货币市场上以发行债券的形式筹资；三是商业信用，即工商企业之间以商品赊销和预付货款形式提供的信用。上述三种信用形式，构成了中国信贷市场信用交易规模的总和。根据中国人民银行的统计，2001～2003年，信贷市场的总规模分别为12.96万亿元、15.06万亿元、18.15万亿元，分别是同期国内生产总值的1.33倍、1.43倍、1.56倍，远低于成熟市场经济国家的水平。与信用相当发达的欧、美国家相比较，我国的信贷市场的发展仍处在初级阶段，信用在我国的市场经济中并未发挥其应有的作用，还存在着广阔的发展空间。

2. 信贷市场集中度高，结构不平衡

（1）信贷市场高度集中于贷款，贷款规模呈逐年上升趋势

下面以2003年的信贷市场为例。2003年底，信贷市场的总规模为18.15万亿元，其中，贷款、债券发行和企业之间赊销融资分别占87.6%、2.15%和10.25%（参见图1），表明我国目前的信贷市场仍高度集中于金融体系。

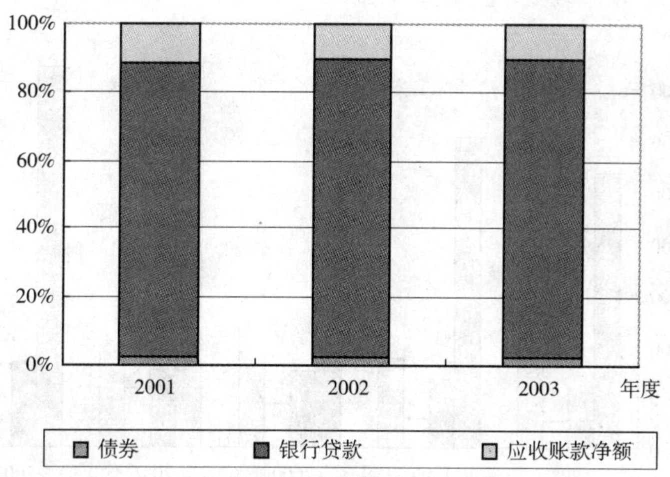

数据来源：中国人民银行：《人民银行金融统计月报》2003 年；杨明辉：《提高直接融资比例　降低商业银行风险》，载《经济导刊》2004（9）；中国人民银行：《人民银行经济统计数据库》。

图 1　我国信贷市场结构示意图

（2）贷款高度集中于银行体系，国有商业银行是信贷市场的核心

在金融机构的贷款总额中，商业银行贷款占 80% 以上，1998 ~ 2003 年间商业银行的贷款中，四家国有商业银行贷款余额占金融机构贷款余额的比重虽呈下降趋势，但一般在 60% 左右，仍呈绝对优势（参见图 2）。国有商业银行以及国有控股的股份制银行和区域性城市商业银行无论从资产规模还是市场占有率上仍占有绝对优势，国有控股仍是我国银行体系的重要特点。

（3）个人贷款业务在信贷市场中的作用日益增强

随着社会经济的不断发展，我国城镇居民家庭人均可支配收入、农村居民家庭人均纯收入均获得快速稳定的发展。城镇居民可支配收入水平的稳定提高，为我国开展个人消费贷款奠定了良好的物质基础。我国的消费信贷于 20 世纪 80 年代起步，90 年代中后期，为了顺应社会经济发展对消费信贷的内在需求，配合政府扩大内需、实现经济增长目标，商业银行加大力度启动并推广消费信贷，目前个人信贷业务正在逐渐成为商业银行等贷款机构充满发展潜力的业务领域。我国个人消费贷款占金融机构各项贷款和国内生产总值的比重均呈上升趋势（参见图 3、表 1）。目前虽然大众汽车金融服务公司等非银行金融机构也开展了一部分汽车贷款等个人业务，但个人消费信贷还基本上由商业银行提供。这种情况与美国银行提供的个人消费贷款占社会消费信贷总量 30% 左右有很大的区别。

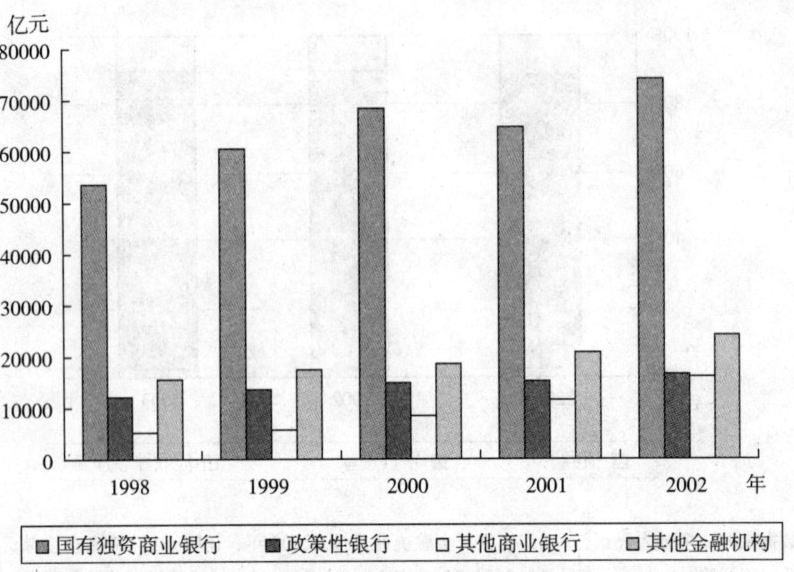

图 2 金融机构贷款余额结构分布图

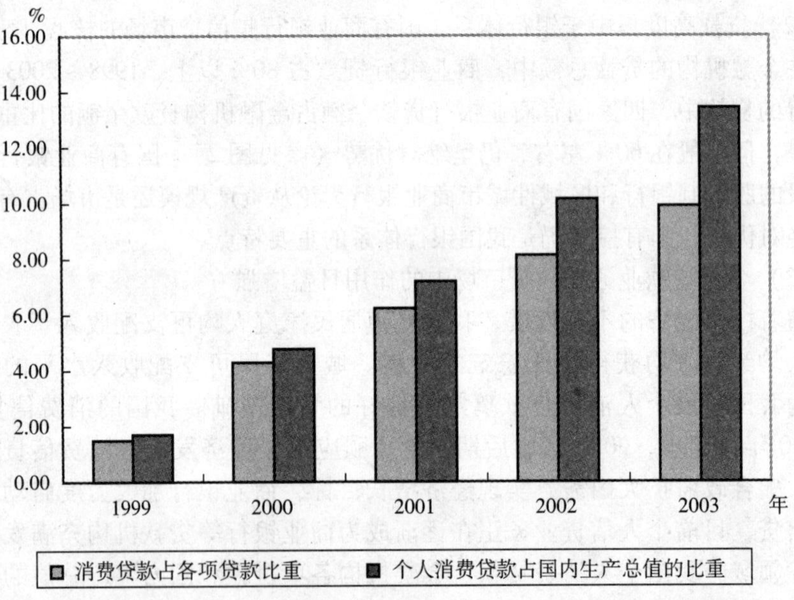

数据来源：根据《中国金融年鉴》、《中国人民银行经济统计数据库》有关数据整理、计算而得。

图 3 个人消费贷款占银行各项贷款、GDP 比重图

表1 1999~2003年金融机构个人消费贷款余额情况表

单位：亿元、%

时间	金融机构各项贷款余额	个人消费贷款余额	个人消费贷款占各项贷款的比重	其中			
				个人住房贷款余额	占个人消费贷款比重	汽车贷款余额	占个人消费贷款比重
1999.12	93734.3	1396.6	1.49	1357.92	97.23	—	—
2000.12	99371.1	4265.13	4.29	3376.92	79.18	—	—
2001.12	112314.7	6990.26	6.22	5597.96	80.08	436	6.24
2002.12	131293.9	10669.2	8.13	8258.18	77.40	1150	10.78
2003.12	158996.23	15732.59	9.89	11779.74	74.87	1839	11.68

数据来源：根据《中国金融年鉴》整理而得，其中汽车消费贷款数据来源于：《我国汽车消费贷款业务发展的基本状况》，载《中国金融》，2004年第19期。

（4）商业信用发展波动较大，在企业融资中的作用有限

据《中国统计年鉴》，截至2002年底，全部国有及规模以上非国有工业企业应收账款净额15709.6亿元，较2000年底增长6.22%，占同期销售收入的15.52%。这从侧面反映，目前我国在从计划经济向市场经济的转轨期间，多数商品交易从卖方市场进入了买方市场。市场竞争的加剧，导致企业不得不采取更多赊销的方式来销售商品，从1997年起，我国企业信用结构中赊销占比已超过美国同期占比（见表2）。

表2 1990~2000年中国企业信用结构分布表

单位:%

工具	贷款占比		债券占比		赊销占比	
国家	中国	美国	中国	美国	中国	美国
1990	93.25	40.06	1.20	16.19	5.55	11.23
1991	92.46	37.27	1.59	17.26	5.96	11.47
1992	90.81	34.74	2.91	17.58	6.28	11.61
1993	89.84	32.80	2.42	17.99	7.74	11.67
1994	83.09	32.74	1.18	17.62	15.73	12.42
1995	81.96	32.64	0.79	17.75	17.26	12.83
1996	90.02	32.44	0.65	18.07	9.33	12.91
1997	84.84	33.31	0.78	18.89	14.38	13.29
1998	86.11	32.93	0.59	19.41	13.30	12.76
1999	84.36	33.20	0.81	19.87	14.83	13.09
2000	84.35	33.64	0.00	19.88	15.65	12.97

数据来源：吴晶妹：《现代信用学》，中国金融出版社，2002。

从表2可以看出，我国企业信用交易工具逐步呈现多元化趋势，但结构仍不平衡。具体表现在：一是银行贷款在企业信用交易中的比例超过80%，贷款依然是企业信用交易最重要的部分；二是企业债券规模极小，尤其是1995年以后，几乎是空白；三是企业赊销占比波动幅度较大。

在商业信用发展的过程中，赊销中隐藏的企业信用风险问题也逐步暴露，如企业之间相互拖欠、三角债问题等，具体表现在：一是赊销不良率高①；二是企业间信用交易周期长，应收账款周转率慢②。

（5）债券市场规模偏小、企业债券发展较慢

据统计，2002年我国债券市场发行额（不考虑金融债）为6259.3亿元，其中发行国债占94.81%，企业债券仅占5.19%。通过对1986～2002年企业债和国债的发展情况进行分析，我国债券市场发展中存在结构失衡现象，国债的发展速度相对较快，而企业债的发展则极为缓慢（参见图4）。

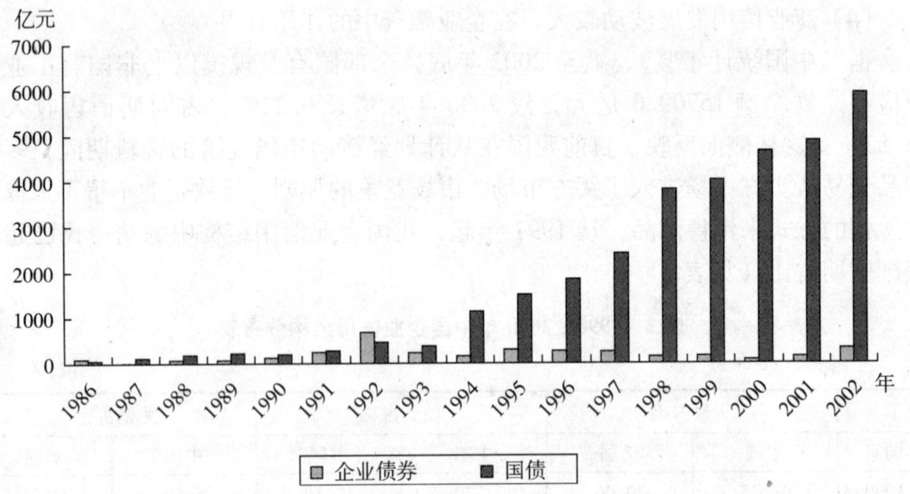

资料来源：《中国证券期货统计年鉴》，2003年。

图4 1986～2002年中国企业债券、国债发行情况变化图

从2001年开始，我国的企业债券市场得到了迅速发展，企业债券市场迎来了发展的良好机遇。2000年企业债发行规模仅为83亿元，2001年共发行企业债147亿元，2002年企业债发行规模达325亿元，2003年企业债发行预计达452亿

---

① 据统计，我国企业间逾期应收账款发生频率高，在发达市场经济国家，企业间的逾期应收账款发生额约占贸易总额的0.25%～0.5%，而在我国，这一比率高达5%～10%，相差10～20倍；数据来源：中国市场信用网。

② 目前我国的应收账款回收期普遍超过90天，而国际上一般在45天左右。数字来源：中国市场信用网。

元。从企业债券占比看（参见表3），1990～2000年期间，我国企业债券余额占GDP的比重均低于3%，远远低于同期美国公司债券的占比情况，我国债券市场的发展仍处在较低的水平，远远不能满足企业的融资需求。

表3　中国、美国1990～2001年企业债券变化情况表

年份	中国				美国			
	企业债余额（亿元）	占GDP比重	占股票市值比重	占债券余额比重	公司债余额（亿元）	占GDP比重	占股票市值比重	占债券余额比重
1990	195	1.05%	1583.79%	16.68%	13500	23.26%	43.48%	20.49%
1991	331	1.53%	303.22%	21.94%	14550	24.31%	35.49%	19.64%
1992	882	3.08%	78.43%	36.58%	15570	24.64%	34.56%	18.99%
1993	802	2.32%	22.72%	32.73%	16750	25.22%	32.78%	18.70%
1994	682	1.46%	18.48%	22.27%	17560	24.89%	34.93%	18.54%
1995	647	1.12%	18.61%	11.44%	19380	26.19%	28.01%	19.28%
1996	598	0.89%	6.07%	8.01%	21220	27.16%	25.11%	19.84%
1997	521	0.71%	2.97%	5.40%	23460	28.20%	21.86%	20.56%
1998	677	0.88%	3.47%	4.99%	26660	30.36%	21.08%	21.38%
1999	779	0.97%	2.94%	4.38%	30230	32.60%	18.07%	22.08%
2000	862	0.96%	1.79%	4.05%	33720	34.32%	22.16%	23.42%
2001	1009	1.05%	2.32%	4.01%	38180	37.87%	27.61%	23.83%

数据来源：《中国证券期货统计年鉴2002》（不包括金融债）；The Bond Market Association，IFS online database.

（6）融资渠道呈多元化趋势，但间接融资仍占主要地位

随着我国资本市场的逐步完善和发展，我国融资渠道呈现多元化趋势，但目前直接融资比重仍低，融资结构仍以银行中介的间接融资为主，我国的金融体系依然是典型的银行体系主导型（参见图5）。尤其是，2003年银行储蓄存款大幅攀升，而证券融资比重则大幅下降，只占全部融资的2.2%①。

中国信贷市场的上述特点对征信业的发展会产生以下影响：一是中国征信业潜力巨大，信贷市场的规模越大，征信行业的市场也就越大；二是信贷市场结构的高度集中和金融机构浓厚的政府色彩决定了中国的征信业难以从市场自发产生，政府在征信体系建设中必须发挥重要作用；三是中国征信体系的主要服务对象是商业银行等放贷机构，其核心是企业和个人征信体系，同时，应大力发展货币市场信用评级业务，为整体融资结构的调整提供基础设施建设。

① 数据来源：萧灼基主编：《2004年中国金融市场分析与预测》，经济科学出版社，2004年。

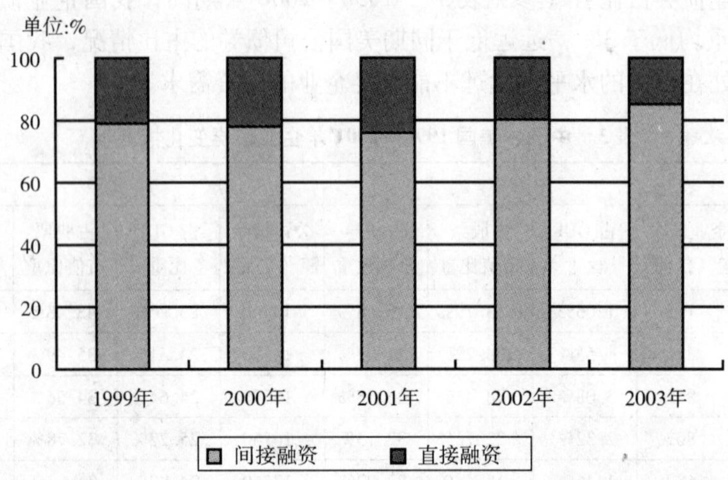

数据来源：《中国金融年鉴》，2004 年。其中：直接融资包括股票、企业债券和国债三项，间接融资包括银行贷款。

图 5 金融市场融资结构图

（二）建设中国征信体系的指导思想、基本原则和任务

1. 建设中国征信体系的指导思想

党的十六届三中全会通过的《关于完善社会主义市场经济体制若干问题的决定》明确指出："建立健全社会信用体系。形成以道德为支撑、产权为基础、法律为保障的社会信用制度。增强全社会的信用意识，政府、企事业单位和个人都要把诚实守信作为基本行为准则。按照完善法规、特许经营、商业运作、专业服务的方向，加快建设企业和个人信用服务体系。建立信用监督和失信惩戒制度。逐步开放信用服务市场。"这是建设企业和个人征信体系的指导思想。

2. 建设中国征信体系的基本原则

（1）立法先行原则

企业和个人征信体系的建立，涉及个人隐私和企业商业秘密，个人在获得贷款机会的同时，让渡的是自己的隐私。如果无法可依，则极可能出现侵犯个人和企业基本权利，最终影响征信体系建设的恶果。因此，为促进征信业健康发展，维护国家经济信息安全和社会稳定，在征信体系的建设中，包括法律、法规和规章在内的法规建设必须先行。

（2）统一规划原则

征信体系建设是一项复杂的系统工程，必须有计划、分步骤、有重点地推进。基础信用信息数据库与社会专业征信机构要协同发展。当前重点要加快全国

信贷信用信息基础数据库建设，以突破征信市场基础信用信息数据严重缺乏的瓶颈约束，为我国征信业发展奠定较好的基础。

（3）政府严格监管的原则

征信行业赖以发展的根本是信用信息主体、信用信息记录主体和征信机构之间的相互信任关系，根据十六届三中全会制定的征信行业发展的指导思想，坚持特许经营、政府监管的原则，是提高征信机构公信力、确保征信行业健康持续发展的基本条件。

（4）商业运作原则——公平竞争、优胜劣汰

征信机构的建立与运作，要充分发挥市场机制的作用，以市场需求为导向。政府不直接经营征信机构，在统一的法律框架下，允许不同类型的投资主体依照法律程序进入征信市场，在征信市场中公平竞争，在发展中优胜劣汰。

（5）发展与保护并重的原则

在征信活动中，对个人隐私和企业商业秘密的保护是一个十分重要的问题。信用信息的共享既是发展我国征信业的出发点，也是促进征信业发展壮大的根本保证。但共享信用信息必须建立在对被征信人隐私和商业秘密给予充分保护的基础上。不注意对隐私和商业秘密的保护，最终将损害征信业务活动的正常有序发展。两者必须同时兼顾。同时，在信息时代，对社会主体信用信息的集成与分析，构成了巨大的经济情报资源，这一资源无疑会影响到国家经济安全。因此，征信业的发展需要开放的信息体系作为基础，但同时又要保护个人隐私和企业商业秘密，维护国家经济信息安全。

（6）标准化原则

现代的征信行业是建立在电子通讯和信息技术平台上的高科技行业，根据国外征信行业发展的现状和趋势，征信行业的标准化建设是保证征信业高效率、高起点建设与发展的一项十分重要的基础工作。在征信系统建设中对少数基础性、关键性的技术标准，要按国家统一标准执行。保证征信行业有一个有效的、规范的运作秩序，实现资源共享，避免行业建设中的资源浪费，提高行业运行的安全性，促进征信行业有序、高效发展。

3. 建设中国征信体系的基本任务

（1）尽快出台征信法规，并制定有关配套的实施办法，使征信业发展和管理有法可依

通过征信立法主要规范两个方面的内容：一是关于征信业管理的法规，调整对象是征信机构和全社会的征信活动。二是关于政务、企业信息披露和个人隐私保护，调整对象是政府部门、企业和个人。

（2）加快全国统一的企业和个人信用信息基础数据库的建设

在一二年内基本建成全国统一的企业和个人信用信息基础数据库，这个基础

数据库首先将依法采集和保存全国银行信贷信用信息，主要包括企业和个人在商业银行的借款、抵押、担保数据以及身份验证信息，在此基础上，逐步扩大到保险、证券、工商等，形成覆盖全国的基础信用信息服务网络。该系统首先向商业银行提供企业和个人信用信息的查询服务，满足商业银行对信贷征信的需求；同时依法服务于其他部门的征信需要，并逐步为企业信用评级、个人信用评分等业务提供基础数据。

（3）积极发展专业化的社会征信机构

形成少数采集保存全国信用信息资源的大型基础征信机构和众多提供信用信息评估等信用增值服务的征信服务公司并存，既有分工、又有市场竞争、运行高效的社会征信机构体系。形成在信用信息采集环节资源整合、信息共享，适度竞争；在信用评级、评估等信用增值服务环节各具特色、平等竞争，既充分利用各项资源，发挥规模效益，又适应不同征信需求，多层次、多方位的征信机构体系。有步骤、有重点地开放征信服务市场。

（4）初步建立包括政府部门分业监管、行业自律管理在内的较为完整的市场监督管理体系

强化征信市场监督管理。政府对征信市场监管的主要目的是维护信用交易双方的合法权益，规范征信机构的行为，维护征信市场的正常秩序，促进征信市场健康稳定发展。监管的主要内容：一是市场准入。二是征信业务规范。主要职责是查处违反有关征信法规和相关制度规定，提供虚假信息，竞相压价、提高等级来吸引客户，侵犯企业商业秘密和个人隐私等行为，推动行业自律，维护征信市场平等竞争环境。在加强政府对征信市场监管的同时，要充分发挥征信行业自律组织的作用，建立和强化征信行业协会的自律功能，使其在业务规范、人员培训、信息交流等方面发挥积极作用。

（5）制定征信行业关键技术标准和实施统一技术标准的制度办法，促进信息共享，促进市场发展

通过抓紧征信服务行业标准制定和推行工作，从而达到既提高了信息共享效率，又避免了限制征信机构的特色发展。对征信行业标准的制定宜采取少而精的原则，仅对影响信息共享的关键环节制定标准，主要包括三项内容：①信息标识标准。主要是企业身份标识代码选择和个人身份标识代码选择。通过对信息主体的规范化描述，保证在不同系统间信息主体的惟一性，便于信息的整合和信息共享。②信息分类及数据格式编码标准。包括有关企业与个人所有信息的分类与编码标准。在征信业内部，最大限度避免出现信息命名、定义、分类和编码的混乱现象，提高信息共享效率。③安全、保密标准。人民银行已起草了有关征信业标准。

（三）中国征信信息需求

从各国征信业发展的情况看，放贷机构、金融监管和货币政策当局是信用信息的两大需求主体。

1. 放贷机构的征信信息需求

放贷机构是征信机构最主要的服务对象，征信信息的收集必须以满足放贷机构信贷决策和管理的信息需求为目的。在法律法规许可的前提下，凡是有助于判断借款人信用风险（即违约风险）的信息都应当属于征信机构可以采集的信息范围。

放贷机构信贷业务包括以下三个重要因素，一是识别风险，包括核实客户身份和所提供资料的真实性、确定客户的当前状况、防止信贷欺诈、根据贷款人的信贷历史信息评估贷款人的信贷行为模式、违约概率等。二是管理风险，包括根据客户违约概率确定贷款利率、建立客户风险预警系统、不良贷款催收等。三是为开发新产品和新市场提供决策依据。概括而言，放贷机构需要以下四类信息：

第一类是借款人的身份识别信息，包括基础信息和定位信息。基础信息具有普遍性、惟一性和永久性，用以识别借款人，常见的有借款人（即信息主体）的名称和识别码。定位信息指表明借款人当前位置的信息，包括个人的常住地址、公司的主要营业地址等。

第二类是负债状况和信贷行为特征信息。负债状况是判断企业和个人的偿债能力的重要指标，它应包括构成未来还款义务的所有负债形式，对企业而言，包括向银行等金融机构的各类借款余额、应付赊销款余额（包括承兑汇票余额）、信用证垫款以及保函、担保等或有负债，对个人而言，包括各类借款余额、担保、信用卡透支额、赊账和其他法定支付义务，如赡养费、分期赔偿等。如果是个人独资公司（无限责任），必须将其个人负债和其所有企业的负债情况综合考虑。信贷行为特征信息，即借款人还款的历史信息，通过借款人过去的还款付费情况，判断其履约习惯及未来违约的可能性。电信和公用事业费用缴纳情况是专业放贷机构向企业和个人首次授信的重要参考信息。

第三类是判断企业未来盈利能力和个人还贷能力的信息。对于企业来说，这些信息包括企业财务状况、所在行业发展情况、企业主营业务和产品情况、企业组织形式和高级管理人员的变化等。对于个人来说，主要包括财产、收入以及学历、职业等影响就业能力的信息。其中，个人的财产和收入属于个人隐私，一般由借款人直接提供给放贷机构，征信机构无法采集此类信息，对财产信息，例如不动产、车辆等，放贷机构需要通过房屋产权和车辆登记系统等渠道进行核实。

第四类是特殊信息。这类信息一般都是负面的，虽然与信息主体的经济和信用活动没有直接联系，但它们会对企业、个人的信誉、长期经营能力和违约可能性产生不利影响，也是判断借款人的还款意愿和还款能力的重要参考。如法院民事判决信息、欠税信息、工商、税务、质检等部门的年检结果、车辆违章信息和保险理赔信息等。

按照法律性质，上述信息可归纳为三大类，一是公共信息，指行政机关、行政事务执行机构、司法机关在行使职权过程中形成的、按照国家有关法规规定可以公开的与企业和个人有关的公共记录信息。如企业基本注册信息、法院判决、生产许可证、质量检查和卫生检验检疫结果等。征信机构获得此类信息不存在法律障碍。二是可征集信息，指企业和个人在商业交易活动中产生的信息，其所有权属于交易双方。多数国家认为这些信息属于个人隐私，但部分国家也认为其中的部分信息是涉及公共利益的信息，如企业和个人在信贷、赊购、缴费等活动中形成的逾期欠费等不良记录等。征信机构信息采集、加工和储存上述信息，必须对这些信息的安全性和保密性负责，应严格限定信息使用范围，制定适当的异议信息处理程序，确保信息的及时性、完整性和准确性。必须根据有关法规规定，按照一定的程序和方式进行。三是不可征集信息，指虽然放贷机构需要，但根据有关法律法规，由于涉及个人隐私等原因不能征信的信息，如个人收入、宗教信仰以及基因、残疾等可能使被征信人受到歧视的信息等。征信机构以任何方式获得此类信息都属于违法行为。

2. 金融监管和货币政策部门的信息需求

为金融监管和货币政策部门服务是征信体系必须承担的公共职责。国际经验显示，与其他统计体系相比，征信系统储存着大量的从各机构未经处理直接报送的原始个体数据，可以根据具体的工作需要进行加工整理，满足宏观经济管理部门和金融监管部门的各种需要，是宏观政策分析和金融监管的有效工具。例如，欧洲大陆各国中央银行或金融监管当局普遍建设了公共征信系统，为金融监管服务，同时也向被监管的银行等金融机构提供服务，美联储虽然自身没有建立关于个人的征信系统，但自 20 世纪 80 年代后，从一家商业性的征信机构购买数据，满足监管和制定货币政策的需要。

概括来讲，金融监管和货币政策部门对征信体系有以下需求：一是识别信贷风险集中的企业、行业，包括企业集团和关联企业贷款的识别；二是确保金融机构合规审慎经营，监管部门通过将征信数据与其他来源的资料进行比对，确保监管对象实际状况信息的真实性和完整性；三是为货币政策的制定和落实提供信息支持，包括全社会信用总量、结构、变化趋势、行业集中度和地区分布，以及借款企业和个人信贷行为的变化趋势等，为货币政策的制定和实施提供科学依据。

（四）当前我国征信体系建设的信息环境

在明确目前商业银行等放贷机构、货币和金融监管当局，以及社会各个方面信息需求的基础上，通过广泛调查，我们基本了解了征信体系的信息来源、各个部门目前能够提供信息的现状，以及未来信息化建设的规划。下面将围绕放贷机构、货币和金融监管当局的信息需求，重点分析征信体系建设的信息环境。

1. 借款人身份识别信息的来源

借款人身份识别信息是判断不同的数据、信息是否属于同一主体的依据，是数据集中、整合的基础，包括基础信息和定位信息。

（1）基础信息

如前文所述，基础信息应具有普遍性、惟一性和永久性。根据此标准，对个人而言，身份证号码和姓名是最重要的基础信息。目前，公安部全国公民身份证号码查询服务中心可提供查询服务，供核实个人提供的身份信息的真实性。同时，该系统也提供军官证号码、外宾的护照号码、台胞证号码、香港身份证号码等信息。公安部已于 1985 年开始建设全国人口信息系统，全国已有 22 个省的 200 多个城市，实现在公安系统内部网络上的信息相互间的查询。公安部正在建两个数据库，一个是业务数据库，集中存储全国公民户籍信息，另一个数据库供查询使用。

对企业而言，目前我国尚没有完全符合“普遍性、惟一性和永久性”三性标准的基础识别信息。在工商管理局提供的工商登记号、税务局提供的企业税务登记号、人民银行提供的企业贷款卡编号和质检局提供的企业组织机构代码中，比较符合“三性”标准的是质检局提供的企业组织机构代码。建议以质检局的组织机构代码为主、其他信息为辅进行身份识别。主要原因一是目前除了军队和武装警察部队以外的机构都有组织机构代码。二是为了确保这个代码的惟一性，2000 年质检局已实现了到县级的全国性联网，目前建立了一个中央数据库，大约有 1200 万个单位的数据，广泛应用于银行开户，税收、工商、车辆登记等。

（2）定位信息

定位信息表明借款人的当前位置。根据国外经验，常见的定位信息包括社会保障部门（提供当前就业单位、企业和个人是否正常缴纳社会保障费等信息）和电信、水、电、燃气等公用事业单位。对我国而言，目前劳动保障部已在全国 24 个省、自治区、直辖市实现了联网，并计划明年实现全国联网，信息真实度高，缺点是只包括参加社会保障的企业和个人。电信、水、电、燃气等公用事业单位应当可以提供固定电话、水、电、燃气度量器具的安装地址，是判断户主常住地址以及公司的主要营业地址的重要参考依据，但目前信息分散在不同地区，各地电子化程度参差不齐，建立集中统一数据库的可能性不大。另外，对个人而言，数据质量存在严重问题，水、电、燃气度量器具的安装地址对应的是安装时的住户姓名，住户改变后，一般不进行变更。因此，这一类数据信息对借款人，尤其是对个人定位的准确性较低。

就企业和公司而言，公用事业部门可以提供公司主要营业场所的地址，但这类信息也分散在各地，集中化和电子化程度较低。

2. 借款人负债状况和信贷行为信息来源

负债包括商业银行等金融机构的贷款、以先消费后付款形式形成的偿还义务以及企业之间通过赊销和预付款形式形成的未来的偿还义务。

商业银行等金融机构是借款人当前负债情况的主要提供者。企业和个人对金融系统的负债包括各类贷款、担保、信用卡透支等。目前，各商业银行系统内的电子化程度较高，并正在进行全行系统的数据大集中，建立统一、集中的信息数据库；农村信用社的电子程度全国各地参差不齐，个别较偏僻的农村地区仍处于手工阶段，电子化程度不高，2000 多家农村信用社均为独立法人，尚没有建立集中统一数据库的设想。

以先消费后付款形式形成的负债主要包括电话费、水、电、燃气费等。其中，电信公司（固定电话）的电子化程度较高，已建成企业、个人话费交费情况数据库，其中消费信息保存 13 个月，可通过企业工商部门执照号、个人身份证号，实现单一识别。但电信公司的信息目前以地、市为单位集中，目前也没有实现全国联网的规划。移动通讯公司的电子化程度和集中程度都很高，已实现了全国联网。水、电、燃气费以城市为单位，已基本电子化，但数据集中程度低。对个人而言还存在债权、债务关系不明确、信息过时的问题①。

企业之间的赊销信息（企业的应收账款信息）目前散落在各企业，企业电子化程度参差不齐。国外这类信息的来源一般为专业化的商账追收公司②。目前，我国法律尚不允许设立专门的商账追收公司，因此，认定债权债务关系的难度较大，目前基本不具备收集此类信息的基础条件。

3. 判断企业未来盈利能力和个人还贷能力的信息来源

判断企业未来盈利能力的信息，主要包括企业财务状况（资产负债表、损益表和现金流量表）和主要股东和高管人员变动情况。上市公司的上述信息是定期、及时向社会披露的，但法规对非上市公司没有披露要求，税务部门和工商管理部门每年要求企业提供经会计师事务所审计的财务报表，放贷机构根据需要可随时要求企业提供，一般是每月提供一次。目前，各企业电子化程度参差不齐，大多数情况下，企业只能提供纸制财务报表。

判断个人还贷能力的信息包括个人收入和财产状况、学历、稳定性和就业状况等。

---

① 各地普遍存在的一个问题是公用事业单位不与个人用户签订供水、供电和供气合同，而且在住户发生变化后，相关公用事业单位并不更新用户信息，因此，很多情况下，债权、债务关系不明确。

② 商账追收公司一般是买断债权，因此其购入的债权一般是比较确定、债权债务双方认可的。

收入是个人的绝对隐私，受法律保护，只能由借款人直接提供给放贷机构；个人财产信息，主要包括房产、汽车、有价证券等金融资产。个人房产的信息源是建设部下属的各地房产登记机构。目前，我国房地产产权登记是属地管理，由当地房管所登记。这部分信息存在三个问题：一是信息源比较分散，因不存在行政隶属关系，因此目前还没有建立全国统一系统的规划，二是各地房地产产权登记的电子化程度不一致，有些地方仍处于手工阶段；三是房产登记未以姓名和身份号码为标识码，房产证也没有全国统一的编号系统和方法，标准化程度较低，目前征信系统无法采集该信息。

个人学历信息。教育部学生信息中心已建成并开通了“中国高等教育学历证书网”，根据姓名和毕业证书号公开查询。该网收集的信息包括1991年以后毕业的研究生、普通本专科、成人本专科、网络教育以及自学考试等国家承认的全国高等教育学历证书的信息，含有身份证号码。

个人稳定性信息。国外研究表明，借款人的稳定性与其信用程度呈正相关关系。因此，个人的婚姻状况、工作单位及在该单位工作时间等也是判断借款人还款能力的重要参考依据。我国个人婚姻状况的数据来源是民政部，具体由各街道办事处登记办理。目前，各地民政部门的个人婚姻登记资料分散在街道等基层单位，以手工操作为主，未实现电子化，一般来说各级民政部门只能提供某人曾于某时到本街道办事处登记过的信息，对某人目前的婚姻状况不能提供任何证明，信息基本不具备可采集性。个人就业信息最可靠的来源是劳动和社会保障部门，目前社保部门已实现全国联网，数据质量也较高，缺点是只覆盖参加社保的人群。

4. 特殊信息的信息来源

特殊信息主要包括法院民事判决信息、欠税信息、工商、质检等部门的年检结果、车辆违章信息、以及保险理赔信息等。

法院民事判决信息的数据源是法院。目前各级法院以张贴等形式送达或公布判决书，无电子形式，信息也未集中。根据最高法院的计划，目前高法正在开发全国法院执行案件信息管理系统，系统将录入并保存所有的判决及判决执行情况信息（不含进入诉讼程序但没有判决的案件信息）。计划把1995年以后的数据都补充录入，这个系统是公开的，社会大众可以随时通过互联网查询案件执行情况。系统建成后，其信息可以被采集。

欠税信息的数据源是国家税务部门。目前国家税务总局正在进行金税工程（中国税收信息管理系统）三期工程建设。该工程始于2002年，计划用4~5年时间，建立一个包括网络硬件和基础软件统一的技术基础平台，建立以省局为主，总局为辅的数据处理机制，逐步实现涉税电子数据在总局、省局的两级集中存储，集中处理和集中管理；2007年实现全国联网，集中全国数据，并建立与外部信息交换的统一进口和出口，统一通过总局与其他部门实现信息共享和交换。目前县、市、省的广域化网络已经形成，系统数据已经集中到地区一级，但还没有应用，欠税信息分散在各级税收征管机构。

工商、质检等部门的年检结果。工商部门的年检结果，是判断企业经营是否守法合规的重要依据，同时，也是判断企业存在状况的基础。目前，这类信息的电子化程度较高，但工商部门的信息在省一级集中，质检部门的信息在全国集中。

生产许可证、产品质量等影响企业信誉和未来经营能力的信息，信息来源是国家质检局。目前国家质检局通过发文、新闻发布会、报刊等途径公开对外提供，但是，质量技术监督部门信息电子化刚刚起步，除部分规定上报信息外，其余均分布在具体工作部门和工作人员手中，电子化程度较低。因此，此类信息的采集难度较大。

执业人员因违反诚实信用原则受到行业组织或主管机关惩戒的记录。据调查，目前多数部门、行业已经建立了内部执业人员的“黑名单制度”，如部分地区已实现对保险代理人、保险公估人、保险经纪人和保险公司高管人员信息的电子化管理。

车辆违章信息。数据源是公安部的车辆管理部门。基本实现了全国联网，在部分城市，机动车的违章记录已经公开，仅公布违章车辆车牌号，可以通过互联网查询。

保险理赔信息。根据国外经验，同一主体贷款违约和保险索（理）赔行为之间存在着较高的相关度，放贷机构和保险机构之间共享贷款违约和保险理赔信息对于降低各自风险，都有一定的积极作用。

（五）我国征信体系建设中存在的主要问题

当前，我国征信体系建设中存在的主要问题体现在以下几对主要矛盾中。

1. 对信息共享的强烈需求和征信法规真空之间的矛盾

目前，社会各界对信息共享有强烈需求，普遍认为在从计划经济向市场经济转轨的过程中，借贷双方信息不对称是导致道德风险和逆向选择，商业银行不良贷款比重过高的主要原因之一，会严重危害我国经济、金融的可持续发展，因此，建立征信体系迫在眉睫，越快越好。

但是，征信体系建设直接涉及到公民隐私和企业商业秘密等问题，必须以法律法规作为制度保障，而目前我国有关征信的法律法规属于“真空”地带，尚没有一项法律或法规为征信活动提供直接的依据，在信息采集、加工、处理、披露关键环节上无法可依；同时，无视个人隐私保护和企业商业秘密，盲目公开或提供信息，又会损害企业和个人利益，影响企业和个人参加征信体系的积极性，给征信体系建设造成新的困难。因此，必须加快征信立法，为信息共享和个人隐私保护提供基本的法律框架，保证征信业健康持久的发展。

2. 征信基础建设快速发展与标准化建设滞后之间的矛盾

随着电子技术的迅猛发展，我国各个行业、各个部门、各个地区都在进行办公自动化和信息电子化，将过去纸制文档电子化并建库储存。这是信息化社会征信业发展的必要条件，也是建立现代化征信体系的基础。但是，各部门各机构在建设自身的业务和信息系统时，在信息标识、基础技术等方面缺乏统一标准，造成了系统与系统之间信息交流的困难，具体表现在以下几个方面。

（1）企业、个人身份标识信息的标准化问题

身份标识信息的标准化，是指通过对信息主体的规范化描述，保证在不同系统间信息主体识别信息的惟一性、永久性和普遍性，是信用信息在不同行业、不同地域、不同政府部门之间交换的基础。

个人身份识别问题已基本解决。目前个人身份标识代码选择，均以公民身份证号码和姓名作为识别公民身份的标志。目前，正在进行清理重码、为部分特定人群如军人补发身份证的工作。

企业没一个同时满足普遍性、永久性和单一性的身份识别号码。目前，虽然国家质检局的组织机构代码在银行、税务局、商务部、劳动人事部等部门广泛使用，但存在的主要问题是识别信息的普遍性问题：受《民法通则》关于个体户是自然人规定的限制，目前我国大约2300万户个体户没有组织机构代码。

（2）数据产生源头的电子化程度发展不平衡

信息的电子化程度在一定程度上决定信息采集的全面性、及时性和准确性。由于地区、行业发展的不平衡性，在一些发达地区，或者是信息化进程较快的行业，基本已经实现了本行业、本区域信息联网共享（如银行、保险等部门），但有的行业全系统信息化程度较低，甚至在部分地区还停留在手工操作阶段，如质检和税务部门。这种情况在基层的政府部门表现尤为突出，这种差别影响信息的集中联网共享。

（3）征信机构公信力与效率之间的矛盾

征信涉及个人隐私和企业商业秘密，涉及提供数据信息的放贷机构的竞争优势，因此，征信业发展的前提条件之一是数据提供者（放贷机构）对征信机构的信任，即数据提供者相信征信机构不会滥用数据从而给自己造成损害。目前，我们放贷机构的主体仍为国有或国家控股商业银行，在各类中介机构惟利是图、追求短期效应、诚信度普遍不高的情况下，完全市场化的机构很难得到放贷机构的信任，即使在法律允许的条件下，市场化的机构也很难采集到数据。因此，在我国征信体系建设初期，从事数据采集的机构必须是具有较高社会公信力的政府机构。会谈中多数机构认为：担当此任中央银行责无旁贷。

然而，另一方面，征信机构是为信贷市场提供信用信息服务的，服务行业以客户需求为导向，为客户量身定做产品的需要，又要求征信是一个富有竞争的、市场化的行业。特别是对于大部分发展中国家而言，提供信用信息服务只是征信机构最初级的产品，发展征信业更重要的意义在于促进商业银行风险管理水平的提高，因此，需要征信机构在推销征信产品的同时，教育商业银行如何利用征信机构的产品提升内部风险管理水平，从而对征信机构的产品产生更大的需求，而这一点，与政府机构的性质不相吻合，必须由高效率的、富有竞争力的市场化机构完成。

如何处理征信机构公信力与效率的矛盾是目前我国发展征信业的一大难点。征信体系建设初期，如果没有政府的直接参与，采集数据困难重重，征信业发展没有基础。但是，如果政府直接参与的状态持续过长，势必影响征信业长期健康的发展及其效能的充分发挥。

（4）征信体系的功能与社会对征信体系预期之间的矛盾

征信体系是为解决信贷市场信息不对称问题而建立的制度，虽然该体系建成后具有一定的外延性，可以为商品交易市场、劳动力市场等服务，但其主要功能是为信贷市场服务，这与社会各界对征信和信用体系的预期存在很大差异。目前，一种普遍的现象是将社会上存在的偷逃税款、生产销售假冒伪劣产品、不执行法院判决、逃废银行债务、甚至政府政策多变等等现象均归结为社会信用体系不健全，以至全社会都在努力“用五年的时间”建成社会信用体系，造成一种寄希望于社会信用体系解决所有社会问题的预期。这种预期的形成，主要原因是混淆了几个基本概念：

一是诚信、信用与遵纪守法三个概念的混淆。诚信，即诚实可靠，是道德范畴的概念。它要求人们在经济和社会生活中恪守诺言、诚实无欺，在不损害他人利益和社会利益的前提下追求自己的利益。商品交易中以次充好、假冒伪劣等现象应当属于诚信问题。

信用是一个纯经济领域的概念，指以偿还为条件的价值运动的特殊形式，包括货币借贷和商品赊销两种形式，其中货币借贷又包括贷款和债券融资两种形式。信用活动中的主要风险是借款人的信用风险，即由于种种原因借款人未来无法还款的可能性。这种原因可能是借款人自身无法控制的原因，如经济衰退导致失业等，有些可能是由于借款人疏忽，当然也不排除是借款人有意不还。总之，信用风险在借贷市场中是一个中性词，本身不含褒贬，在较成熟的市场上，信用风险较大的借款人借款利率较高，信用风险较小的借款人借款利率较低。建立征信体系主要的目的就是为了放贷机构识别和度量借款人的信用风险，对解决商品流通市场上的不良现象没有直接的作用。

遵纪守法指的是企业和个人与国家机器之间的关系。例如纳税是企业和个人的法定义务，企业和个人如果不如实申报经营活动和收入，即违反了税收征管法，是“违法”行为，不能避重就轻地将其称做是“失信”行为。否则，是对不遵守税法行为的纵容，将会尽一步弱化公众的遵纪守法意识。

二是将政府内部各部门之间的信息共享与商业机构之间的信息共享混淆。政府内部的信息共享指政府各部门为提高行政管理水平和执法水平，在法律允许的情况下共享各部门在履行职能的过程中产生的与企业和个人有关的信息。例如，工商管理部门与质监部门、税务部门和海关等共享企业注册信息，金融监管部门之间共享监管信息等。政府内部的信息共享是必要的。商业机构之间共享的是各商业机构在交易活动中产生的信息，例如借贷信息等。由于参加信息共享的机构是信息产生的一方，因此信息主体可能会就信息的是与非产生争议，但信息的准确性理论上不存在问题。政府部门各机构之间的信息共享与商业机构之间的信息共享性质不同，不能笼统称之为“征信”，也不应通过同一部法律来规范。

三是将政府公共信息与经济交易中的信用信息的共享混淆。政府公共信息指根据法律法规可以向公众无条件公开的政府机构在履行职责时产生的信息。例如企业注册信息、法院判决信息、企业和个人的欠税信息，以及部分行政处罚信息等。这些信息体现的是个体对公众利益（政府）之间的一种义务。目前，这类信息在社会公众之间的共享不存在任何法律障碍，需要解决的问题是如何以方便、廉价的方式向社会提供。经济交易中的信用信息指企业和个人向银行等金融机构的借款、信用卡透支、以先消费后付款形式形成的债务、企业之间的赊欠、保险理赔等信息。这些信息产生于两个平等的交易主体之间（例如商业银行和企业，商业银行和个人），涉及交易主体的个人隐私或商业秘密，属于商业交往中的敏感信息，一般不对外公开，只依法在银行等信息提供者之间共享，目的是为了促成信用交易的达成。因此，政府公共信息的共享与商业信息的共享本质上不同，根据立法和行政的理念，政府公共信息公开和无条件共享是绝对的，而经济交易中的信用信息的保密和有条件共享也是绝对的。这二者之间不应一概而论。

这里必须强调的是，征信的功能是为信贷服务，因此不宜让全社会都来做征信，要防止征信泛社会化。

（5）对信用信息的强烈需求与信息可采性之间的矛盾

商业银行等放贷机构为提供融资服务、防范金融风险需要全面掌握借款人的各种信用信息，包括以先消费后付款方式形成的债务等。但是，目前这些数据散落在各城市的不同机构，电子化和集中化程度较低，难以做到连续、及时更新，因此，从现代征信的角度而言，目前这些数据基本不具备可采性。另外，放贷机构中，农村信用社的电子化程度很低，许多还基本处于手工操作阶段，从现代征信的角度而言，这些数据也基本上不可采集。

三、企业和个人征信体系规划

根据以上对征信体系的本质，我国征信体系建设的环境、现状、存在问题的分析研究，可以边干边总结、先实践后立法，必须统一规划，避免走弯路和不必要的重复建设，尤其是要防止出现征信行业整体失信情况的出现。为了确保我国征信体系能实现持续、快速、健康的发展，必须做好中国征信体系中长期规划工作。

（一）企业和个人征信体系规划

1. 体系定位

征信体系最主要的功能是解决信贷市场信息不对称问题，为放贷机构识别和管理信用风险服务，同时为金融监管和货币政策的制定服务。应当避免无限扩大征信体系的功能。

2. 监督管理

监督管理包括以下五个方面：一是对征信有关各方守法情况的监督，包括放贷机构等数据报送和使用机构是否依法、合规地报送和使用数据，这是保证征信体系数据质量和保护个人信用数据不被滥用的必要条件；二是对征信中介机构的准入监管，征信机构从事的是对企业和个人信用信息的采集、整理和加工工作，无序、盲目发展可能会造成恶性竞争从而影响到整个征信行业的公信力，因此，必须对这类机构实行市场准入限制，要制定征信机构的最低资本、高级管理人员、人才和外资比例标准，对合格机构颁发准入证书，明确其权利和义务。三是对征信机构进行现场检查和非现场监管，查处违法违规行为，确保征信机构的财务稳健，维护信息主体的合法权利，防止滥用企业和个人信用信息。鼓励征信市场的有序适度竞争，防止垄断。四是制定完善的征信机构市场退出制度，妥善处理破产征信机构的信息资料。五是鼓励征信机构建立行业自律组织，加强行业自律，建立从业人员资格制度。

3. 征信机构结构

中国征信机构结构的基本构想是，在未来一二年内基本建成全国统一的企业和个人信用信息基础数据库，形成覆盖全国的信用信息服务网络，首先满足商业银行信用查询的基本需要，逐步为企业信用评级、个人信用评分等业务提供基础数据；逐步形成少数采集保存全国信用信息资源的大型基础征信机构和众多提供信用信息评估等信用增值服务的征信服务公司并存，既有分工，又有市场竞争、运行高效的社会征信机构体系。

适应我国市场经济发展的要求，我国征信机构体系总体上应由少数拥有全国基础信用信息资源的大型、综合性征信机构和众多提供信用信息评估等信用增值服务的各具特色的区域性、专业性征信机构组成。形成在信用信息采集环节资源整合、信息共享、适度竞争；在信用评级、评估等信用增值服务环节各具特色、平等竞争，既充分利用各项资源，发挥规模效益，又适应不同征信需求，多层次、多方位的征信机构体系。

由于企业跨地区甚至跨境经营，个人跨地区流动、跨地区注册企业，在全国范围甚至跨境查询企业和个人信用信息，已经成为银行及其他信用信息使用者的基本需求。建立具有相当实力，能够掌握全国范围信用信息资源的大型综合征信机构非常必要。这类征信机构在资金、技术和人才等方面要有较大的规模，为了实现信息处理、查询的高效，还要采用先进的网络和计算机技术，需要较大资本投入，所以这样的机构不能过多，否则会造成资源的浪费、信息的重复采集和过度竞争。在信用信息评估等信用增值服务环节，要允许各类征信评级、评估、咨询机构平等竞争，这些机构可以把大型综合性征信机构的数据作为信息来源，再加上各具特色的信用信息调查，开展地区性、个性化征信服务，满足各方面对不同信用信息产品的需求。

实现上述规划有两条路径：一个将目前正在建设的企业和个人信用信息基础数据库系统逐渐演化为市场化的全国性综合征信机构，再逐渐培育出更多的市场化的全国性综合征信机构；另一个是以目前的企业和个人信用信息基础数据库为依托，较快培育起少数几家市场化的全国性综合征信机构。现将两种路径分述如下。

(1) 路径一

考虑到我国征信体系建设的紧迫性，市场优胜劣汰又是一个比较漫长的过程，必要的法制建设和市场环境的培育也需要一定的时间，在征信体系建立初期，采用政府启动的方式比较符合我国当前的实际情况。起步阶段可在总结上海开展个人联合征信试点经验基础上，由人民银行依托已经实现全国联网运行的“银行信贷登记咨询系统”建立中央基础信用信息系统，尽快对商业银行和其他金融机构开通企业和个人信用信息查询服务，并依法逐步向有合格资质的其他征信机构开放基础信用信息。随着相关法律的逐步建立完善和信用市场的发展，再将其从人民银行分离出去，成为按市场原则独立运作的基础征信服务机构。在此基础上，培育更多的全国性大型综合征信服务机构，以利于市场竞争。

全国统一的企业和个人信用信息基础数据库首先将依法采集和保存全国银行信贷信用信息，主要包括企业和个人在商业银行的借款、抵押、担保数据以及身份验证和账户信息，在此基础上，逐步扩大到保险、证券、工商、税务、质检、海关等，形成覆盖全国的基础信用信息服务网络。该系统首先向商业银行提供企业和个人信用信息的查询服务，满足商业银行对信贷征信的需求；同时依法服务于其他部门的征信需要，并依法逐步向有合格资质的其他征信机构开放。

全国统一的企业和个人信用信息基础数据库是企业和个人征信体系的主干部分，它不仅满足放贷机构对借款申请人信用信息的查询需求，同时还向信用评分等征信中介机构开放，满足其加工征信增值产品的信息需求。社会征信中介机构依托基础数据库开发信用评分和内容更为丰富的信用报告，同时依托基础数据库覆盖全国的网络系统终端，逐步形成基础数据库与社会征信中介机构增值产品相互依存、共存共荣充分竞争的市场格局。中国人民银行依据基础数据库对征信中介机构实施十六届三中全会提出的“特许经营”原则。可将企业和个人信用信息基础数据库比做一棵大树的主干，信用评分、资信调查、信用评级等征信中介机构就像树上结的果实，依托主干而生存；而果实又是主干的产品。因此，企业和个人信用信息基础数据库与信用评分、资信调查和信用评级公司之间是相辅相成、相互依托的关系。

全国统一的企业和个人信用信息基础数据库采取中央统一建设，各地区、各行业联网接入运行的方式。采取集中统一建设方式，主要基于以下考虑：一是该系统必须首先解决链接企业和个人在全国各地区、各银行开办的所有银行贷款和有关账户，并链接企业下属各子企业及个人为主要出资人的所有企业，只有这样才能形成企业和个人完整的信用数据，使用者才有可能对企业和个人的完整信用状态做出全面、正确的分析和判断。二是商业银行为提高核心竞争力，普遍加大银行信息系统建设和改造力度，其突出标志是全行数据的大集中，有的商业银行已经实现全行数据集中到一至二个数据处理中心；其他商业银行多在实施中，拟在近年内完成数据集中。三是目前人民银行正在运行的业务管理信息系统中包含不少企业和个人信用信息。例如，已成功运行多年的“银行信贷登记咨询系统”，在商业银行对企业信用调查中发挥了重要作用；正在运行的“企业外债统计监测系统”、“外汇账户管理信息系统”，正在建设的“银行账户管理系统”，分别包含有企业外债、企业和个人的人民币、外汇账户的开设情况。这些信息系统都是人民银行和外汇管理局统一建立、集中运行的，整合这些资源可以成为该系统的重要信息来源。商业银行迫切希望集中接入该系统。从国外的实践经验看，随着IT技术的发展，从技术、效率、成本、安全等方面考虑，建立覆盖全国、集中统一的基础信用信息系统是比较好的方案，美欧等发达国家和多数发展中国家也是这样做的。

建立全国统一的企业和个人信用信息基础数据库，最早是由马凯同志2001年11月在上海调研时提出的，他在给总理的报告中提出：“我们有条件利用人民银行初步建立的银行信贷登记咨询系统（年底前可实现跨行、跨地区联网），把其改造为全国性的征信中心（最终从人民银行分离出来，成为独立的、公正的中介服务组织），从而在信用信息征集环节建立统一的中央数据库（当然，这并不排斥地方和行业拥有统一标准下的子数据库），实现资源整合，信息共享，企业和个人两个征信系统同时运行；同时，在信用信息评估等信用增值环节，各地可成立若干征信服务公司或信用评级公司，把中央数据库的数据作为重要的征信信息来源，利用其开展地区性、个性化信用服务，各征信公司进行平等竞争。这样做，可以避免各地一哄而起、重复建网，有利于信用信息资源共享，也有利于解决征信中自然人和法人难以严格区分的矛盾（如大量中小企业是私营、合伙和个体），更能体现全国是统一大市场、信用具有社会性而不是区域性的内在属性。”该报告提出的意见，得到了当时国务院主要领导的肯定。温家宝同志也作了明确批示：“请人民银行会同有关部门研究提出方案。可从信贷信用征信起步。”

（2）路径二

从中长期看，中国征信体系征信机构的结构可分为三个层次：核心是由人民银行建立并维护的企业和个人信用信息基础数据库；第二层次是少数几家市场化的全国性综合征信机构（类似国外所谓的征信局）；第三层次是众多提供信用信息评估等信用增值服务的征信公司，形成各类征信机构并存，既有分工、又有市场竞争、运行高效的社会征信机构体系。

企业和个人信用信息基础数据库：主要功能是采集企业和个人的基础信用信息、全国性公共事业缴费信息以及欠税、法院判决等公共信息，市场化运作且收支相抵但不以营利为目的，同时为金融监管和货币政策制定提供信息服务，并在征信机构体系建设的初期，向商业银行等放贷机构提供基础查询服务。

全国性综合征信机构，其主要业务是依托人民银行的企业和个人信用信息基础数据库中的信息，根据商业银行等放贷机构的不同需要，为数据使用者提供个性化的增值服务，包括满足放贷机构除信用报告之外的其他数据的需求（例如根据原始信息提炼出的各类数据项）、信用评分模型的开发、提供放贷机构金融服务的解决方案、通过征信产品营销提升商业银行信贷业务和风险管理的效率和水平。同时，这类机构还可以采集企业和个人信用信息基础数据库未采集但放贷机构又需要的信息数据，例如水、电等地方性公用事业单位拥有的企业和个人信用信息。

信用信息评估等增值服务机构，这类机构的主要业务是接受客户委托对其进行信用评级或接受客户委托对另一个企业进行评级或资信调查，这类机构可以直接从被评级企业获得信息，通过多渠道调查获得信息，也可以从企业和个人信用信息基础数据库中获得信息。

就市场准入而言，管理机构对上述三类机构可以区别对待。对企业和个人信用信息基础数据库而言，必须实行独家垄断。目前国内有一种意见认为可以通过多个部门建立多个征信数据库，相互竞争的方式提高征信数据库的服务质量。我们认为这种观点有欠深入。国际经验显示，决定数据库质量的不是竞争程度，而是技术标准、建设经验，以及放贷机构的参与热情和对征信系统的信任程度等。多家基础数据库，特别是由不同的政府部门建立功能类似的基础数据库，一来会造成重复建设，浪费纳税人的钱，二来影响未来征信行业的商业化发展，破坏征信市场的公平竞争，导致市场无法提供多样化的增值服务，影响征信行业长期、健康、持续的发展。根据世贸组织规则，外资银行也可以免费使用征信数据库，它们的信息加工利用能力远远强过中资企业，如果没有市场化的征信局通过产品营销对中资商业银行的培训和教育，中资银行在风险防范、产品开发、市场营销等方面与外资的差距将越来越大。

对全国性的大型征信机构而言，要根据全国各类放贷机构对征信产品的需求、竞争等因素，科学地估算出一个合适的机构数量规模，实行严格的准入限制。为提高增值产品的质量和服务水平，可以允许国外著名征信机构参股，但要严格限制其所占股份。

对拟使用企业和个人信用信息基础数据库中的信息的信用调查公司和信用评级公司而言，为防止其滥用信息数据，需要对其实行备案制度，并加强日常合规使用数据的监管。

从目前我国的情况看，路径一可能更具可操作性，也更为可行。

4. 加强政府公共信息共享

政府公共信息共享是征信体系建设的基础之一，包括政府内部信息共享和社会公众共享政府公共信息两个方面。

政府内部信息共享不仅是现代社会政府提高工作效率和行政能力的基础，也有助于建设一个合规守法的社会，为征信体系的发展创造一个良好的社会氛围。

社会公众共享政府公共信息，不仅有助于提高全社会的效率，促进经济交易活动，也有助于借助社会舆论和对经济交易的影响，提高政府威望和法规的执行。目前，在社会公众共享政府公共信息不存在法律障碍的情况下，从提高全社会效率的角度看，政府部门应当为社会公众共享政府公共信息提供廉价、便捷的渠道。

政府机构办公自动化和信息化建设是现代信息社会条件下确保政府公共信息共享效率的前提条件，同时也直接关系到我国征信业的发展。随着科学的发展和技术的进步，征信机构的数据采集和处理模式已高度自动化，从数据产生的源头到最终产品的生产均实行完全的自动化，即数据产生、数据采集、数据处理、数据加工等各环节实现完全自动化和无缝连接（指没有人工干预），保证大批量数据处理的准确性和及时性。而很多政府公共信息，包括企业和个人的身份识别信息、法院民事案件判决信息、欠税信息等，都是征信体系建设中重要的可征集信息。因此，我国政府机构办公自动化、信息化建设水平以及政府公共信息的共享水平，直接关系到征信体系的建设。

(二) 分阶段、分步骤实施规划

为避免在法律、法规不健全的情况下，全国各地一哄而上搞征信，应尽早制定规划并在取得共识的基础上以立法的形式向社会公布。但规划的实施应分阶段、分步骤进行。

1. 第一阶段：立法和基础数据库建设阶段（未来3~5年）

第一阶段（未来3~5年）的工作重点包括以下两点：一是制定征信法规，明确征信业发展的规划、管理机构、市场准入条件、数据采集、使用机制等；二是建立、完善企业和个人信用信息数据库，为征信业长期健康发展打下良好的基础。

就征信立法而言，我国第一部征信业管理法规——《征信管理条例》正由人民银行代国务院对已上报的代拟稿组织修改。根据国务院批复的“三定”方案，人民银行是我国信贷征信业的管理机关，已经成立了征信管理局。征信法规是人民银行推动和管理征信业发展的重要依据，必须充分体现征信业发展的需要，与征信管理实践相一致，确保征信业健康快速有序发展。同时，人民银行在征信业规范发展方面做了大量积极而富有成效的工作，积累了丰富的经验，是征信业利益和国家利益的最好代表者，其立法意见具有最强的权威性、公正性。因此人民银行应该也必须成为征信立法的核心。

《征信管理条例》的规调整对象是在我国境内依法成立的征信机构、信用信息提供机构、信息使用机构以及信用信息主体等相关当事人的行为。主要目的是促进征信业健康发展，改善社会信用环境，促进金融业务和金融市场的发展，维护金融体系的稳定，保障国家经济信息安全和社会稳定。该条例的重点是解决好两个问题：个人隐私和商业秘密保护和征信业的监督管理问题，后者包括监督管理机构、监管方式和监管法律责任；规范各类征信机构资质、市场准入、从业范围；高级管理人员的任职管理和从业人员的从业管理；征信业务的管理，包括信用信息的采集、存储、加工、披露和使用等。

在配套法律、法规尚未制定的情况下，一部《征信管理条例》担负的任务实在显得过重，为了完善征信立法，还应加快对相关法律如民法隐私权和商业秘密保护的内容，《贷款通则》和《担保法》等法律、法规的补充、修改工作，制定配套的征信管理办法，在时机成熟时出台征信管理法律，形成完善的征信立法体系。

就企业和个人信用信息数据库的建设而言，该数据库首先应重点收集金融机构的信贷信息，企业财务报表，以及企业和个人的基本身份识别信息，重点是确保企业和个人信用信息基础数据库信息的高质量，确保系统数据的准确性和系统运行效率，初步满足放贷机构的基本信息共享要求。

信息的准确性和及时性是征信体系的立业之基，发展之本。错误的数据不仅降低征信服务的质量，而且将极大的损害征信系统的公信力，导致众多的法律纠纷，使这个行业很快夭折。因此必须从征信业发展的一开始就把确保征信信息的高质量作为制定一切规划和政策的根本出发点。为此，应做好以下几项工作：一是征信系统应尽量从数据产生的源头收集数据信息，信息应该客观、定量，能及时更新，经常发生变化而不能确保及时更新的信息宁肯不要。二是协调国家有关部门尽快出台电子政务和信息公开法规，明确规定政府所有的政务信息都必须实现数字化，并储存在业务数据库，同时根据法律规定和公众需要建立独立和定期更新的交换库提供对外查询，并能通过网络或其他方式自动传输。要尽快在全国建立更加全面、科学的信息编码标准化体系，并强制推行，以确保各单位同类信息以相同格式储存，或能够相互转换。三是努力建设一个高质量的征信数据库（即企业和个人信用信息基础数据库），引进国外先进技术，合理设计数据库结构，提高名值匹配准确性，建立数据自动核对机制，制定科学的操作规程和工作纪律，加强数据质量检查监督，并在此基础上明确奖惩。四是建立有效的异议信息核对和处理机制，赋予消费者个人对自身信用信息的知情权，充分发挥信息主体在提高数据信息质量方面的作用。

2. 第二阶段（未来6~10年）重点发展从事增值业务的全国大型综合性征信机构和外部信贷评级机构，进一步扩大企业和个人信用信息基础数据库的信息覆盖范围。

授予若干家征信公司特许经营权，向其开放企业和个人信用信息库，由它们进行市场化的产品加工，在公平竞争的基础上向商业银行提供信用增值服务。同时，进一步扩大企业和个人信用信息基础数据库的数据范围，根据其他政府部门信息电子化的进程，逐步将法院判决信息、社会保障信息、欠税信息等直接采集入库。

发展外部信贷评级机构是适应《新巴塞尔协议》的必然要求。《新巴塞尔协议》在总结几十年来国际著名商业银行经营和成熟市场经济国家监管实践经验的基础上，提出要对商业银行的每个债项和每个债务人进行评级，并根据评级结果确定风险资本的数量。评级可以是内部评级，也可以是外部评级。在这个体系中，非常关键的一个因素是对每项资产的评级是否准确、可靠，因为它直接关系某家银行以至整个银行业风险资本的水平。考虑到银行业结构的多层次化，内部评级法并不适用所有的商业银行，中小银行受业务量和投资数据库成本等因素的影响，自身很难建立符合《新巴塞尔协议》要求的内部评级体系，因而也不具备实行内部评级的条件，因此，中小银行的风险管理需要成熟发达的外部评级机构的支持。

就我国而言，目前银行体系整体风险管理水平落后，内、外评级水平与

《新巴塞尔协议》要求和国际先进水平相比，均有较大距离。对外部评级而言，机构规模小，业务量小，评级技术水平、数据积累程度和处理水平还有待提高。该行业的发展和成熟是一个长期的过程，无论是行业本身，还是政府监管，都需要经验积累，需要评级行业自身、企业、银行、监管当局和政府部门的共同努力。在全球一体化程度越来越高的未来，中国金融业要发展，商业银行要在竞争中取胜，必须按国际标准和行业准则办事，因此，《新巴塞尔协议》规定的风险资本的管理框架应是中国银行业未来的发展方向。为使中国的企业和个人征信业能够承担得起这一重任，应当尽快发展为贷款企业进行资信评级的外部评级机构。

该阶段还应将企业和个人信用信息基础数据库向更多的符合条件的资信调查公司和信用评级公司开放，逐步健全征信体系。同时，通过第二阶段批准成立的市场化的全国大型征信机构，收集企业和个人信用信息基础数据库难以直接收集的其他信用信息，例如地方性企业和个人水、电、燃气费的缴纳情况等，在条件允许的情况下，收集企业间的赊销信息。

参考文献

1. Carlos Trucharte Artigas Bank of Spain, *A Review of Credit Registers and Their Use for Basel II*, Bank for International Settlements, 2004.

2. Robert M. Hunt, *Working Paper No. 02 - 21 The Development and Regulation of Consumer Credit Reporting in America*, Federal Reserve Bank of Philadelphia, 2002.

3. Margaret J. Miller, *Credit Reporting Systems and the International Economy*, the MIT Press , 2003.

4. Basle Committee on Banking Supervision, *International Convergence of Capital Measurement and Capital Standards*, Basle, 1988.

5. Arturo Estrella, *Credit Ratings and Complementary Sources of Credit Quality Information*, Basel Committee on Banking Supervision Working Papers, 2000.

6. *Fair Credit Reporting Act*, www. cdiaonline. org.

7. Robert B. Avery, Paul S. Calem 等：《消费者数据和征信行业回顾》(*An Overview of Consumer Data and Credit Reporting*), 2002。

8. 苏宁：《中国人民银行苏宁副行长在开幕式上的致辞》，《“征信与中国经济”国际研讨会文集》，中国金融出版社，2004。

9. 苏宁：《建立中国的现代社会信用文化》，中国人民银行苏宁副行长在9月“征信体系公共政策”国际研讨会上的讲话，2004。

10. 戴根有：《建立企业和个人征信体系需要研究的几个问题》，《“征信与中国经济”国际研讨会文集》，中国金融出版社，2004。

11. 中国人民银行国际司译：《巴塞尔银行监管委员会文献汇编》，中国金融出版社，1998。

12. 玛格里特·米勒：《征信体系和国际经济》，中国金融出版社，2004。

13. 国家新闻出版社总署：《辞海》，上海辞书出版社，1999。

14. 王小奕、李豫、梁明高：《世界部分国家征信系统概述》，经济科学出版社，2002。

15. 中国人民银行征信管理局：《"征信与中国经济"国际研讨会文集》，中国金融出版社，2004。

16. 前欧洲共同体成员国中央银行行长委员会的银行监管分委员会：《欧共体国家的中央征信机构》，1992 -10。

17. 杨明辉：《提高直接融资比例 降低商业银行风险》，载《经济导刊》，2004（9）。

18. 中国人民银行调统司：《人民银行金融统计月报》，2003。

19. 中国人民银行：《中国金融年鉴》，中国金融出版社，2003。

20. 中国人民银行金融市场司：《我国汽车消费贷款业务发展的基本状况》，载《中国金融》，2004（19）。

21. 吴金妹：《现代信用学》，中国金融出版社，2002。

22. 中国证券监管委员会：《中国证券期货统计年鉴》，上海证券报图书出版中心，2003。

23. 董辅礽：《2004 年中国金融市场分析与预测》，经济科学出版社，2004。

24. 中国人民银行 国家开发银行：《巴塞尔新资本协议暨内部评级法国际研讨会》，北京，2002。

25. 中国银行业监督管理委员会译：《巴塞尔新资本协议：主要问题取得重大进展》，www. cbrc. org. cn，www. bis. org。

中央银行与金融稳定

中国人民银行国际司课题组

课题主持人：金　琦

主要参与者：金中夏　林　苒

金融稳定是一个全球性课题。据世界银行统计，自20世纪70年代后期到2000年，全球有93个国家先后爆发了112场系统性银行危机，并有46个国家发生了51次局部危机。由于金融是现代经济的核心，金融危机的爆发通常波及面广、造成严重的经济损失。有研究表明，金融危机造成的损失平均达GDP的8%。而在1997年亚洲金融危机中，韩国和印度尼西亚的损失占其GDP的比重高达60%和80%（周小川，2004）。

金融危机的频繁爆发引发了人们对金融稳定问题的广泛思考。国际金融组织纷纷在完善组织框架和履行自身使命时给予金融稳定更为突出的定位。国际清算银行于1999年发起成立了“金融稳定论坛”，国际货币基金组织（以下简称“基金组织”）和世界银行也于该年联合推出了《金融部门评估规划》，旨在对成员国的金融体系进行全面评估和监测。此外，许多国家的中央银行明确地将维护金融稳定作为其重要职能，并定期公布金融稳定报告。

一、金融稳定的定义及其政策含义

（一）金融稳定的定义

事实上，金融的不稳定源于金融自身的发展。从本质上讲，金融是一种暂时的跨期交换行为，即资金提供方通过暂时让渡资金的使用权或控制权来换取资金在一相应时间内价值的增值。而资金的借用方以承诺实现资金价值增值从而获得一段时间内资金的使用权。但此交换的关键在于交易双方之间的信用[①]。由于金融交易行为和承诺的实现受到各种因素的制约，因此以信用为基础的金融行为的本质特征即是金融风险。

---

① 参见Schinasi，G.，2004. Private Finance and Public Policy，国际货币基金组织工作人员论文WP/04/120。

迄今，对“金融稳定”的定义有多种阐释。托马斯·普多希普（Padoa - Schioppa，2003）认为，金融稳定是指金融系统能够抵御冲击、同时对社会储蓄向社会投资的配置和经济中的资金支付过程不产生破坏的一种状态。而麦克·福特（Foot，2003）对于金融稳定的理解是：（1）货币稳定；（2）就业水平接近经济的自然就业率；（3）对于经济中关键金融机构和市场的整体运作存在信心；（4）经济中实际或金融资产的相对价格变动不会破坏货币稳定和就业水平。

另外，有人从“金融稳定”的对立面、即“金融不稳定”入手，阐述对金融稳定的理解。如美国联邦储备委员会副主席罗杰·佛古森（Ferguson，2003）认为，金融不稳定具有以下三个基本特点之一：（1）某些重要金融资产的价格严重偏离经济基本面；（2）从国内或全球范围看，市场运作和信贷供给出现严重扭曲；结果导致（3）总支出严重偏离经济的生产能力。还有类似的分析认为，由于维护金融稳定就是要应对系统性风险、避免金融危机的爆发，应侧重于研究系统性风险。十国集团的一份报告（G10，2001）强调，系统性金融风险是指一个事件所引发的经济价值损失或对金融系统相当部分的信心丧失，以及相关的不确定性的提高，其严重程度很可能足以对实体经济产生巨大的不利影响。

综上所述，我们认为，所谓金融稳定是指金融系统的各主要组成部分及其决定因素处于良好运作、能抵御系统内部和外部的冲击，从而促进经济发展的一种动态过程。

（二）金融稳定的三个层次

金融稳定的概念是随着实践的发展而发展的。

从金融发展的历史看，在中央银行产生以前，货币发行是由商业银行来运行的，货币供应量得不到合理的调控，时而发行过量，造成通货膨胀，时而发行不足，造成通货紧缩，加剧了经济的周期性波动。此外，银行挤提事件的不断发生，也经常导致整个银行系统的恐慌，对经济发展形成不利影响。针对上述两大问题，西方国家在19世纪末、20世纪初纷纷成立中央银行，其主要职能：一是控制货币发行，维持币值稳定；二是充当最后贷款人角色，防止因银行挤提而发生系统性危机。应当说，中央银行的产生是金融史中的一个划时代的发展，是对金融稳定早期探索和努力的结果。中央银行的职能，从历史上看，构成了金融稳定概念第一个层次的内容。

中央银行的诞生大大加强了现代市场经济国家对经济实行宏观调控的能力。凯恩斯主义经济学在20世纪30年代以后的盛行也为中央银行发挥作用提供了一个前所未有的舞台。30年代大危机以后出现的存款保险制度为金融稳定框架增加了新的内容。但是，矛与盾总是相互促进和发展的。随着现代市场经济和金融体系的不断发展以及国际经济一体化程度的不断提高，中央银行不断面临着新的挑战。

第一，第二次世界大战之前各主要西方国家货币竞相贬值对世界经济造成的损害表明，金融稳定必须考虑外部冲击问题。第二，20 世纪 30 年代的大萧条表明单纯依靠央行的货币政策（低利率）无法使经济走出危机，财政政策也应发挥重要的刺激作用。金融稳定必须考虑整个宏观经济政策的协调。第三，20 世纪 90 年代巴林银行和国际商业银行等倒闭案表明，对银行体系的独立监管更有利于金融稳定，并由此引发了澳大利亚、英国、日本和韩国等国监管体制的改革，主要是将金融监管职能从央行或财政独立出来。同时，巴塞尔委员会推出了关于银行监管的核心原则。第四，20 世纪 80 年代以来新兴市场和转轨国家发生的一系列债务危机、货币危机和金融危机表明，一国的公司治理结构、破产框架、会计标准和准则、信息披露制度等，都对金融稳定产生直接影响。简而言之，人们开始重视所谓金融基础设施的健全。

基金组织与世界银行在 20 世纪 90 年代末推出“金融稳定评估项目”（FSAP），试图从宏观经济政策环境（包括央行的职能和货币政策）、金融基础设施、金融监管框架、金融机构和金融市场等角度参考各国际组织制定的 10 项国际标准和准则，对一国金融稳定状况进行全面评估，并引入了金融稳健指标和压力测试等新的方法。应当说，以金融稳定评估项目为代表的评估框架比较典型地反映了金融稳定的第二个层次的内容，标志着当代金融稳定的实践上升到一个新的高度。

然而，金融稳定评估项目框架并没有试图解决前述一个重要问题，即建立一个稳定的国际货币体系以减少一国面临的外部冲击。这一问题早在 60 年前布雷顿森林体系诞生之时就成为金融稳定领域的一个重要内容。在 20 世纪 50～60 年代，布雷顿森林体系（以美元钉住黄金、世界各国货币钉住美元、国际货币基金组织充当监督者为代表）为世界经济的快速增长作出了积极的贡献。但随着美国对美元黄金价值承诺的放弃，布雷顿森林体系于 1973 年宣告崩溃，在全球经贸联系更加紧密的历史条件下，建立一个国际框架以维护全球金融稳定再次成为一个亟须解决的重大问题。在金融稳定评估项目框架中，汇率问题不是作为需要监督的内生变量，而成为一个外生变量或事实上的前提而存在。近年来，随着中国经济的发展，人民币汇率在国际上受到日益强烈的关注。这充分表明国际货币体系乃至全球金融体系的稳定正不可避免地构成金融稳定概念的第三个层次。由于篇幅所限，本文将不对此展开讨论。

（三）关于金融稳定的进一步阐述

尽管金融稳定的定义出现“百家争鸣”的局面，但其含义却已清晰可见，主要包括以下几个重要元素。

1. 金融稳定是一个广义概念

金融稳定不仅涵盖金融体系本身的各个方面——金融基础设施、金融机构、金融市场和金融监管框架，也涵盖对金融体系产生直接重大影响的国际、国内宏观经济运行的相关政策，以及本国的财政状况。其中，金融基础设施（包括金融法规、监管框架、支付体系、统计数据的质量和透明度、会计制度和破产框架等）是金融体系赖以稳健运行的基础。国际货币与金融体系的运行对一国金融稳定产生着深刻的影响，货币稳定是金融稳定的重要组成部分。由于金融体系处于经济的核心部位，且其各个组成部分之间联系紧密，因此，维护金融稳定是一项全面、系统的工程。

2. 金融稳定同金融体系（市场）的自我调节与自我约束能力相关

面对系统内部和外部的冲击，健全的金融体系会形成有弹性的市场调节，可在一定程度上防止失衡苗头演变为系统性风险。而不健全的金融体系却会因无力应对局部的、较小的冲击而崩溃。

3. 金融稳定是一个相对概念，稳定程度可通过金融不稳定对实体经济的潜在影响来衡量

如果金融市场的波动或金融机构的变动不会对经济运行造成重大破坏性冲击，我们不应将其视为对金融稳定的威胁。事实上，一家金融机构的倒闭、资产价格的波动性都可能是经济体系的自我调节和自我约束机制发生作用的结果。在不存在系统性风险的情况下，此类现象应属于稳定的范畴。

4. 金融稳定是一个动态概念

由于金融具有不断发展和创新的特点，金融稳定在本质上就具有动态性。此外，由于金融系统还包含着许多相互关联且不断演变的因素。因此，金融稳定是以预期为基础的、依赖众多要素共同作用的一种动态过程。随着外部环境的改变，在某一时点构成金融稳定性的因素，在另一时点可能会削弱金融稳定性。

（四）金融稳定的政策含义

了解金融稳定的复杂含义对于评估金融系统运作的风险和衡量公共政策在维护金融稳定中的作用都具有重要的现实意义。

1. 对金融稳定应综合评估，不能用单一的、简单的量化标准来衡量

与价格稳定不同，金融稳定具有多重特性，目前在衡量金融稳定方面还没有一个明确的尺度①。但我们可通过对金融体系进行整体评估的方式，对各种要素进行历史的、国际的比较，从而判断各种风险对金融稳定的影响程度。

---

① 参见 Andy Haldane（2004）关于如何建立金融稳定指标的论述。

2. 金融稳定的发展本身具有很强的不可预见性

评估金融稳定状况不仅要考虑金融体系的危机，而且要分析可能导致危机的原因。因此，必须采用具前瞻性的方法对金融稳定状况进行评估，并将政策性工具传导的滞后效应纳入评估要素。鉴于金融危机本身难以预测，引发金融危机的事件鲜有重复，而所造成的后果却非常严重。国际社会已形成共识，应将防范金融风险与化解金融风险放在同等重要的地位，建立健全危机控制和快速反应机制。

3. 金融稳定状态具有多维性

金融稳定政策常常具有多重目标，如保护存款人的利益（审慎工具的目标）、促进价格稳定（货币政策的目标）或者促进金融交易的及时清算（支付和清算系统政策的目标）。除了存在时滞效应，有关政策工具对于金融稳定不同方面的影响常常是不一致的，在有些情况下还会和维护金融稳定的某些局部目标发生冲突。因此，在处置金融风险过程中必须进行政策取舍时，局部利益应当服从整体利益，个别机构的救治与否必须服从于系统性稳定的要求。

4. 金融稳定政策需要在效率和稳定、长期和短期之间取得平衡

维护金融稳定的措施通常需要在有效配置资源和防范、化解金融风险之间权衡取舍。例如，出于审慎监管的考虑，监管当局可以提高对银行清偿能力的要求。一方面，该政策增强了银行抵御冲击的能力，但另一方面，银行损失了其他收益机会，资本成本增大，资源配置效率降低。某些政策工具在维护短期金融稳定的同时，也会遏制市场自我调节机制，从而损害长期稳定性。尤其是最后贷款人融资和存款保险制度等措施涉及道德风险和逆向选择。在化解金融风险时，决策者必须在允许市场机制自行解决潜在问题和迅速有效地实施干预（如通过向市场注入流动性）之间做出选择。因此，金融稳定政策深刻地反映了一国或一经济体的经济理念和经济制度，既是科学，也是艺术。如何权衡取舍政策的长短期效已成为制定金融稳定政策的一个根本性课题。

二、中央银行是金融稳定职能的直接承担者

金融的发展提高了经济运行的效率，推动了社会财富的积累。但金融固有的脆弱性亦成为经济运行的潜在成本。金融危机的事例表明，如果任市场力量自由释放，金融系统内部均衡的实现必将以对实体经济的巨大冲击为代价。如果政府适时、适度地实施维护金融稳定的政策，则金融系统能在较高水平实现均衡。因此，在讨论金融稳定问题时，我们的前提是承认政府在维护金融稳定中所扮演的角色，并承认金融稳定的政策意义。那么，政府（尤其是中央银行）必须承担起维护金融稳定职责的理论依据是什么？

（一）金融稳定需要政府的介入①

市场失灵（如公共品、外部效应、不充分竞争、信息不对称和市场不完善）在现实社会中普遍存在。而金融领域同样也存在着市场失灵的问题。为纠正市场失灵问题、提高金融运行的效率，政府必须发挥应有的作用，中央银行更是责无旁贷。

金融具有公共品的特质，表现为消费的非竞争性和供给的非排他性，容易产生免费搭车等道德风险问题。当金融活动的层次和有效性达到某个临界状态以后，金融体系本身会为所有人提供获得优质金融服务的机会，并且为社会提供的效益超过单个私人交易效益的总和。其消费的非竞争性体现在一个人对功能良好的金融服务的消费不会损害他人对该服务的消费；其供给的非排他性体现在金融服务的供给者不能阻止消费者享有其服务，同时提供金融服务的边际成本不会因为更多人参与消费而增加。

金融还有公共品所特有的外部效应。一方面，如果公众对货币和金融体系的运作充满信心，他们会积极参与金融储蓄、借款和投资活动，不断改善经济环境，从而促进生产和财富积累。另一方面，发生系统性风险时，一家银行的挤兑危机可能会导致公众对整个银行体系支付能力的信心不足，致使危机扩散到金融体系的其他健康的部门，甚至冲击实体经济。关于金融的不完全竞争、信息不对称和市场不完善等问题在此不一一阐述②。总之，市场失灵在金融业有明显的表现，而这会导致某些“好”的金融活动生产和消费不足，或导致“坏”的金融活动过度生产和过度消费。当私人激励机制自身无法实现金融资产的有效定价和金融风险的有效配置时，政府的参与将改善金融活动的结果。当然，在制定维护金融稳定的政策时，政府必须考虑市场对公共政策的反应和调整所带来的潜在成本。

（二）维护金融稳定是中央银行的天然职能

如前所述，许多中央银行就是根据金融稳定的需要而产生的。以美国联邦储备体系的建立为例（Goodhart，1985），1837～1913 年是美国金融业混乱的自由银行制度时期。由于缺乏集中、统一的管理，银行数量迅速增加，银行券的发行数量和以支票形式存在的货币数量变动剧烈，准备金普遍不足，许多银行无力随时偿付债务，货币信用的供给缺乏弹性。当时，周期性的金融恐慌一直困扰着美国，导致大量银行倒闭，企业破产，经济普遍滑坡。1907 年 Knickerbocker 信托

① 参见 Furguson，R.，2003；Schinasi，G.，2004，Private Finance and Public Policy，国际货币基金组织工作人员论文 WP/04/120。

② 参见 Greenwald，Bruce C. & Stiglitz，Joseph E.，1986；Schinasi，G.，2004，Private Finance and Public Policy，国际货币基金组织工作人员论文 WP/04/120。

公司破产带来了一场极其严重的危机，这成为1913年美国联邦储备体系成立的直接原因。

出于金融稳定的需要，中央银行垄断货币发行权，成为发行的银行。如果允许商业银行自由竞争发行货币（纸币），由于商业银行的目标是实现利润最大化，自然会有一种过度发行的倾向。滥用公众信心便会导致大范围的危机冲击金融体系。因此，必须由中央银行垄断货币发行权，保持币值稳定，为促进经济的稳定增长创造良好的金融环境。

统一的货币发行权为中央银行制定和执行货币政策奠定了基础。而货币政策的实施主要是通过金融市场实现的，货币政策的传导机制有赖于金融机构的顺利运行。同时，金融不稳定容易产生货币不稳定。当金融不稳定时，人们对货币流动性需求（挤提）增大，中央银行将被迫增加货币供应，从而偏离既定的货币政策目标。从上述角度考虑，中央银行有必要维护金融机构和金融市场的稳定以实现自身的货币政策目标。

出于金融稳定的需要，中央银行监管支付体系，并担负着“最后贷款人”的职能，成为银行的银行。一方面，在垄断货币发行和集中保管存款准备金的基础上，中央银行为商业银行提供了银行间的支付清算服务，并确保支付体系的顺利运行。当发生系统性风险时，一家银行的问题将会蔓延到整个支付体系，可能导致支付瓶颈和多米诺骨牌效应。因此，支付体系的稳定一直是中央银行关注和改革的重点。另一方面，在金融机构发生资金短缺、周转不灵时，中央银行可以通过再贴现或再贷款业务为其提供融通资金。特别是在发生金融动荡并且其他银行无力或不愿向一些金融机构提供贷款融资时，中央银行将履行其“最后贷款人”的职能，为金融市场（特殊情况下为单个金融机构）注入流动性，在保证资金链完整的同时，还为金融稳定提供了信心保障。

综上所述，作为法定支付手段和即时（紧急）流动性的惟一提供者，中央银行不仅有维护金融稳定的意愿，而且具有与生俱来的维护金融稳定的工具。中央银行维护金融稳定的职能长期隐含在其“银行的银行和发行的银行”的角色定位中。随着金融领域变革的日益复杂，该职能必将不断凸显。

（三）中央银行具有承担金融稳定的法定职能

近20年来，金融领域的变革日新月异，主要表现出以下四个特点：一是金融体系迅猛扩张，速度远快于实体经济；二是伴随着金融深化，金融体系构成发生了显著变化，非货币资产比重不断增大，货币乘数杠杆作用日益凸显；三是金融全球化的出现，使得各国的金融体系日益交织；四是不断创新的金融工具、多样化的投机活动使金融体系更加复杂。

金融体系的扩张、自由化以及全球化进程增大了金融的风险和脆弱性，各国政府高度重视金融稳定问题。许多国家的中央银行已将“维护金融稳定”纳入自己的政策目标和职能中，一些中央银行还专设了维护金融稳定的部门，甚至在有关中央银行的法律中明文规定。

近年来，英国、日本、北欧和中国等国的中央银行进行了金融体制改革，将监管职能分离。应该指出的是，尽管有独立的机构承担监管金融机构的职能，中央银行仍保留了对国内支付体系和主要金融市场的监督，并始终承担着“最后贷款人”的角色。因此，无论监管职能是否分离，中央银行仍是维护金融稳定的主要法定承担者。下文介绍了美国、欧元区、英国、日本和中国在监管体制和维护金融稳定领域的实践做法。

1. 美国

美国对存款性金融机构（银行、储贷机构和信用社三类）采取多头监管的模式。承担主要监管职责的联邦级和州级机构有6家，其中联邦级监管机构有5家，包括美联储、联邦存款保险公司、货币监理署、储贷监理署和国家信用社管理局。美联储主要负责监管州注册的联储会员银行，1999年11月，《金融服务现代化法》经国会和总统批准后，美联储又增加了作为金融持股公司伞式监管者的职能。

美联储公布的《目标和职能》报告明确指出，美联储主要承担四方面的职责：一是通过影响经济运行中的货币与信贷状况实施国家货币政策，以实现充分就业和物价稳定；二是监督和规范银行机构，以保证银行与金融系统的安全与稳健，并保护消费者的信贷权利；三是维护金融体系的稳定、抑制金融市场的系统性风险；四是为美国政府、公众、金融机构以及外国官方机构提供特定的金融服务，包括在国家支付系统运行中发挥主要作用。美联储不仅直接提出了维护金融体系稳定的目标，同时还指明其从事的货币政策、银行监管和支付体系活动都有助于维护金融稳定。作为“最后贷款人”，美联储通过公开市场操作或提供再贷款的方式为出现问题的银行提供流动性安排。

2. 欧元区

《欧洲中央银行体系与欧洲中央银行章程》明确规定，欧洲中央银行体系的首要目标是维持价格稳定，在不妨碍物价稳定的前提下，欧洲中央银行体系应支持欧盟的总体经济政策，以期为实现欧盟目标做出贡献。同时，《马斯特里赫特条约》规定“欧洲中央银行体系应促进主管当局顺利执行在审慎监督信贷机构和维护金融体系稳定方面奉行的政策”。由此可见，欧洲中央银行（以下简称“欧央行”）的政策目标蕴含着金融稳定的目标。但欧央行将重点放在货币稳定，而将监管和金融稳定的其他职能在很大程度上分权给各成员的央行。欧央行保留的与金融稳定相关职能包括：一是金融稳定的研究和分析。欧央行对区域内金融稳定的研究和分析，包括宏观经济运行状况、法规制定情况、监管和监测框架、各国中央银行和监管当局的报告；同时，欧央行还负责对欧盟各国金融稳定监测报告进行分析；此外，隶属于欧洲中央银行体系的银行监管委员会（BSC）负责与有关国家的央行和银行监管当局合作，对银行业运营状况进行分析。二是金融稳定的管理。欧央行建立了协调指导金融稳定和金融监管的机制；金融稳定管理的范围包括对欧盟区域内所有金融机构，即银行机构、其他金融中介机构、金融市场和支付清算系统的监测；欧央行还对成员国金融稳定法规的制定提供咨询。三是金融机构流动性管理和金融危机处置。欧央行要求各国信用机构必须在各国中央银行账户上强制性地保留一部分存款，称之为“最低”准备金或“法定”准备金。而各国央行是“最后贷款人”职能的实际执行者。

3. 英国

1980年以前，英国采取金融分业监管的模式，英格兰银行负责对英国银行业的监管。随着混业经营的发展，1997年，英国政府成立了独立的全能金融监管机构——金融服务局，将银行业的监管职能从中央银行中分离。

《英格兰银行法》指出，英格兰银行的目标是维持价格稳定，从而支持政府的经济政策，包括实现经济增长和就业的目标。同时，《财政部、英格兰银行和金融服务局之间的谅解备忘录》（以下简称《备忘录》）规定，英格兰银行对金融系统的整体稳定性负责。为此，英格兰银行成立了由行长挂帅的金融稳定委员会和有140人编制的金融市场稳定局。

英格兰银行维护金融稳定的具体职责包括：通过市场操作来解决日常流动性波动，以维持货币体系的稳定；维持金融体系基础设施的稳定，特别是支付体系的稳定，并致力于金融基础设施的发展与完善，以降低系统性风险；负责货币稳定，就国内和国际市场中影响金融稳定的迹象提出警告，并就金融部门相关事件对货币环境的影响做出评估；为限制金融体系中的跨市场、跨部门风险的传播，英格兰银行可以根据《备忘录》的相关条款进行官方操作；帮助设计金融危机管理的有效方法以及定期地公布“金融稳定报告”。

4. 日本

日本的金融监管体系在1998年以前是以大藏省为主角，大藏省负责金融政策、法规的制定，批准金融机构的准入并对其监管，同时日本银行参与对金融机构的调查。1998年，日本对金融监管体系进行了重大改革，成立了独立的金融厅，统一负责对各类金融机构的监管。大藏省改名为财务省，负责金融体系的危机处理问题。日本银行继续对与其有业务往来的金融机构实施监管。具体而言，日本银行有权与有业务往来的金融机构签订检查合同并进行检查。通过现场检查和非现场检查，日本银行能够督促和指导金融机构对其经营中存在的各种风险进行有效管理。

《日本银行法》指出，日本银行作为中央银行发行货币，通过调节货币市场和金融市场维持市场的稳定；日本银行作为最终贷款人要保证银行和其他金融机构之间的资金清算顺利进行以维持信用的稳定。日本银行关于金融稳定的业务操作包括支付体系稳定、最后贷款人、金融危机管理和国际金融稳定等。

5. 中国

2003 年 4 月，中国成立了银监会，将银行的监管职能从人民银行中分离出来。这标志着分业监管制度的最终确立，即由银监会、证监会和保监会分别对中国的银行业、证券业和保险业进行监管。

为了确立中国人民银行的地位、明确其职责，2003 年《中国人民银行法(修正)》提出，人民银行应保证国家货币政策的正确制定和执行，建立和完善中国人民银行宏观调控体系，维护金融稳定。因此，人民银行具有维护金融稳定的法定职能。

人民银行与金融稳定相关的职能包括：维护支付、清算系统的正常运行；提供再贷款化解金融风险；依法监测金融市场的运行情况，对金融市场实施宏观调控，促进其协调发展；当银行业金融机构出现支付困难，可能引发金融风险时，为了维护金融稳定，中国人民银行经国务院批准，有权对银行业金融机构进行检查监督；中国人民银行与银监会等金融监督管理机构建立监管信息共享机制。

此外，人民银行还成立了金融稳定局，专司维护金融稳定的职能。具体包括：研究银行、证券和保险业协调发展问题；评估金融系统风险，研究实施防范和化解系统性金融风险的政策措施；协调金融风险处置中财政工具和货币工具的选择；实施对运用中央银行最终支付手段机构的复查，并参与有关机构市场退出的清算或重组等工作；负责金融控股公司和交叉性金融工具的监测；承办涉及运用中央银行最终支付手段的金融企业重组方案的论证和审查工作；管理金融风险处置或金融重组资产中以中央银行最终支付手段所置换的资产。

各国中央银行维护金融稳定的做法已清楚地表明：维护金融稳定是各国中央银行的一项重要政策目标，或在相关中央银行法律中明确提出，或在其主要政策目标中蕴含着维护金融稳定的实际内容。无论一国央行是否承担金融监管的职能，维护货币稳定、保障支付体系的稳定以及“最后贷款人”的角色使得央行必须承担金融稳定的职能。此外，从监管的角度看，中央银行至少还应承担与支付体系领域相应的监管职能。

三、中央银行承担金融稳定职能的运作框架

（一）中央银行承担金融稳定职能的整体框架

要切实、有效地维护金融稳定，中央银行必须从防范和化解金融危机两方面着手，二者都不可偏废。

维护金融稳定首先应注重对风险的防范，从广义的角度看，中央银行的核心业务，如货币政策制定和实施、支付系统的建设和监督、金融市场的监管都事关金融稳定。有效地履行上述各项职责，是中央银行维护金融稳定不可或缺的环节。此外，央行应加强对金融相关领域稳定性的监测和分析，并提出相应的改革和发展建议。为此，中央银行必须掌握科学、系统的监测手段和分析工具，进行金融稳定评估。

维护金融稳定不可避免地要对金融危机进行处置。中央银行应制定并遵循明确的游戏规则，并具体问题具体分析，根据危机的性质合理发挥“最后贷款人”的作用。因此，中央银行应将货币政策、支付体系和对金融危机的防范和救援纳入金融稳定的整体框架，协调各项目标及其实施工具。

应当看到，维护金融稳定是一个跨部门的系统工程，央行虽处关键位置，但其一家难以单独承担维护金融稳定的职责。从各国经验看，应对金融危机必须依靠“三驾马车”，即中央银行、财政部和监管部门。在此之上，还应有一个全面决策和协调机制。此外，如果没有良好的外部环境（宏观经济环境和金融基础设施），相关金融主管部门维护金融稳定的工作将举步维艰，难以开展。

我国维护金融稳定的整体框架可通过图 1 加以总结。

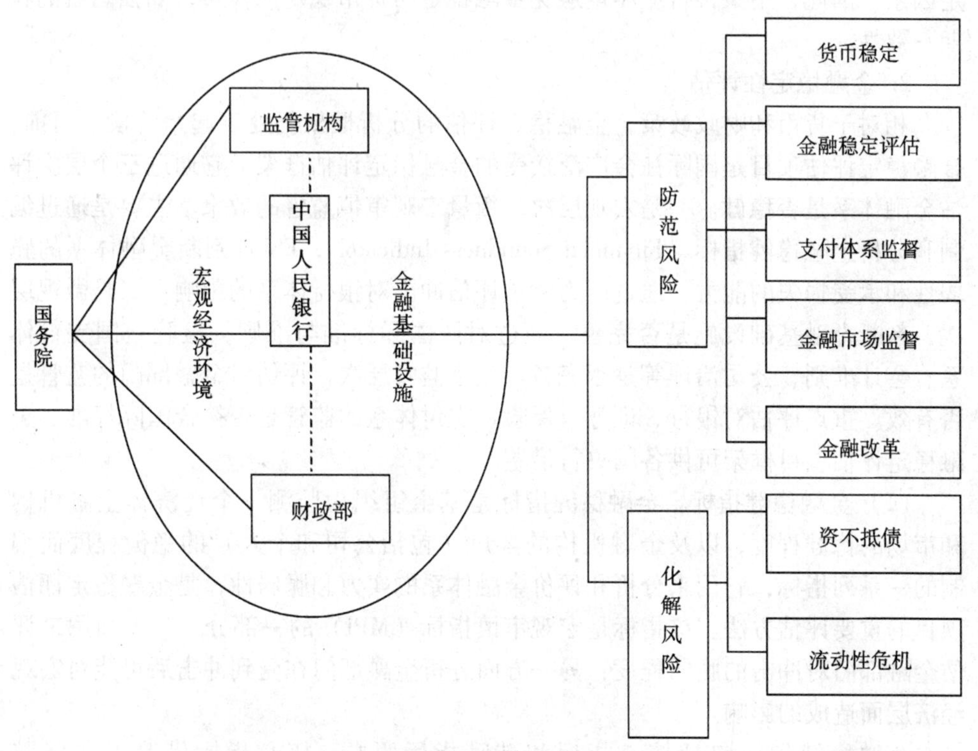

图 1　我国维护金融稳定的整体框架

(二) 中国人民银行防范金融风险的职能

1. 维护货币稳定

中国人民银行是我国的中央银行，其主要职责之一就是运用货币政策，实现稳定物价、促进经济稳定增长的目标。货币稳定是金融稳定的重要组成部分，也是金融稳定的重要前提。相对较低且稳定的通货膨胀可以给市场主体以稳定的预期，为金融体系的健康发展创造有利的条件。在货币不稳定的情况下，市场主体所面临的不确定性增加，金融交易及金融制度运行的成本增加，从而加大了金融体系的脆弱性。此外，货币政策的操作不当也可能对金融稳定产生不利影响，例如，央行采取过于宽松的货币政策以刺激经济增长，这可能导致信贷过度扩张，影响商业银行的贷款质量，从而危及金融稳定。

虽然金融稳定与货币稳定在多数情况下是互相促进的，但中央银行可能会面临金融稳定与价格稳定目标相冲突的情况。如果商业银行的生存能力严重依赖于存贷利差，当中央银行不得不通过提高利率（主要影响短期存款利率）的方式来紧缩银根时，可能会对商业银行的经营状况造成较大的冲击，增加了金融不稳定因素。因此，中央银行应尽量避免金融稳定与货币稳定的冲突，加强两者的长期一致性。

2. 金融稳定性评估

相对于货币和财政政策，金融稳定评估的分析框架仍处于起始阶段。目前，金融稳定评估项目是国际社会广泛接受的金融稳定评估框架，它通过三个层次评估金融体系是否稳健。一是宏观层次，衡量宏观审慎监督的效果。主要是通过编制和分析金融稳健指标（Financial Soundness Indicators，FSI）判断金融体系的脆弱性和承受损失的能力，通过压力测试评估冲击对银行体系的影响。二是微观层次，判断金融基础设施是否完善。通过对照国际标准与准则，检验一国支付体系、会计准则、公司治理等是否完备。三是监管层次，评估对金融部门的监管是否有效。重点评估对银行、证券、保险、支付体系的监管是否符合国际标准。金融稳定评估项目框架可供各国央行借鉴。

（1）金融稳健指标。金融稳健指标是基金组织为监测一个经济体金融机构和市场的稳健程度，以及金融机构的客户（包括公司和个人）的稳健程度而编制的一系列指标，它用来分析和评价金融体系的实力和脆弱性，是金融稳定评估项目的重要评估方法。该指标是宏观审慎指标（MPI）的一部分，一方面用来评估金融部门对冲击的脆弱程度，另一方面分析金融部门在受到冲击后可能对宏观经济层面造成的影响。

金融稳健指标包括核心指标和鼓励指标两类。核心指标借鉴了“骆驼(CAMELS)”评级的框架，共分为资本充足性、资产质量、盈利能力、收益率、流动性和对市场风险的敏感性五项指标，每项又包括若干具体指标（共12项指标）。鼓励指标则包括存款机构、其他金融机构、非银行金融机构、居民以及市场流动性和房地产市场等有关指标（共27项指标）。

（2）压力测试。压力测试的目标是，通过分析宏观经济变量的变动可能对金融体系稳健性带来的影响，来对因宏观经济与金融部门之间具有的内在联系而产生的风险和脆弱性进行评估。金融稳定评估项目评估的风险主要来源于利率、汇率、信贷、流动性以及资产价格的变动。为对这些风险的影响进行评估，压力测试采用几种不同的方法来衡量宏观经济冲击对金融稳健指标带来的影响，以达到评估金融部门潜在脆弱性的目的。

（3）标准与准则评估。金融稳定评估项目的另一项内容是对金融部门标准和准则（Standards and Codes）的执行情况进行评估。金融稳定评估项目涉及的标准与准则评估目前最多涉及9个领域，即"货币与金融政策透明度良好行为准则"、"巴塞尔有效银行监管核心原则"、"重要支付系统的核心原则"、"反洗钱与打击恐怖主义融资40+9条建议"、"证券监管的目标和原则"、"保险业监管的核心原则"、"公司治理原则"、"国际会计标准"、"国际审计标准"。

3. 加强支付体系监督

中央银行是一国金融机构的资金清算中心，商业银行通过其在央行设立结算账户实现银行间资金清算。维护重要支付系统的顺利运行是中央银行的重要职能。而支付系统是一国金融体系的中枢，是十分重要的金融基础设施。同时，支付系统也是传播国际国内金融体系和金融市场冲击的主要渠道。如果支付系统不完善，可能会加剧系统性危机，致使危机在金融体系中蔓延。因此，健全的支付系统是维护金融稳定的必要条件。

中央银行应该加强支付体系的监督，建立和维护安全、高效的支付体系，利用清算系统强化对整体金融体系的监管和控制，从而实现维护金融稳定的目的。具体而言，央行可以采取以下措施：对大额支付系统进行管理，对大额支付系统透支进行限制；对银行结算支付活动进行监督；加强支付清算领域的法规建设；加强支付系统现代化建设与改造，发展实时全额清算支付系统，使其符合支付系统的相关国际准则等。

4. 加强金融市场监管

金融市场的业务活动对资金供求关系、货币资金存量、利率以及国际收支都有很大影响；因此，金融市场也是中央银行能够迅速传播政策意图、施加政策影响的一个重要阵地。各国中央银行都非常重视加强对金融市场的监管。通过公开市场的业务操作，央行得以实现货币政策的目标，维持本国汇率的稳定。通过对同业拆借市场和银行间债券市场的监管，央行可及时发现金融机构流动性水平的不足和个别金融机构的支付危机，从而采取应对措施。

随着金融自由化、全球化的发展，金融市场之间的联系越来越密切。金融机构可同时参与多个金融市场（如债券市场、股票市场、外汇市场和衍生产品市场等）的活动。金融创新产品的开发和金融资源的整合，虽然提高了金融服务质量和资源的有效配置，但也更容易引发金融体系内的跨市场风险。因此，中央银行在监督单个金融市场的同时，必须密切关注跨市场风险，防止金融风险从一个市场蔓延到另一个市场。

5. 推动金融改革

从根本上说，要想真正防范金融的系统性风险，就必须积极推动金融改革，以改革来维护金融稳定，以改革来化解历史存量风险，以改革来促进金融发展，以改革来增强金融机构的核心竞争力和抗风险能力。

从各国金融危机的实践看，银行稳定是金融稳定的核心。我国经济具有高度货币化的特征，金融格局为银行主导型。同时，在经济和金融体制转轨过程中，各类金融机构（尤其是国有商业银行）背负着沉重的历史包袱，因此，银行改革是我国金融改革的重中之重。亚洲金融危机后，我国在夯实金融基础、稳定银行业方面做出了诸多努力，成立了四大国有金融资产管理公司，共处置不良资产4000多亿元。2003年底，我国动用450亿美元的外汇储备向中行、建行注资，正式启动了国有独资商业银行的股份制改革。但国有商业银行的运作机制、治理结构等微观方面尚未取得实质性进展。

作为我国金融业发展规划和开放战略的设计者，人民银行还应注重研究银行、证券、保险三大行业的协调发展问题，以应对外资金融机构的竞争，维护金融业的稳定发展。

（三）央行化解金融危机的职能

维护金融稳定不可避免地要对金融危机进行处理。央行首先应判定相关金融机构是处于资不抵债的境地、还是面临短期流动性危机。如果是资不抵债，就应对此机构实施破产程序，或由财政部或私人部门注资进行重组。如果仅仅是短期流动性问题，则可通过直接或间接提供短期融资的方式助其渡过难关。

央行还应判断风险有无系统性影响，如无系统性影响，则对资不抵债机构实施破产有助于保持金融体系自我修复的能力，即便对于一些因流动性危机进而导致资不抵债的机构，也不一定非救援不可，这有助于强化对金融机构的市场约束。但如果金融机构的危机有系统性影响，即使其属于资不抵债，也应通过与财政或私人部门的协调，以注资和兼并重组的方式进行解决。在危机的处置过程中，一是要科学判断系统性风险，二是要避免滥用央行“最后贷款人”的角色，由央行通过再贷款方式解决本应由财政或私人部门注资解决的问题，从而损害货币政策，危及央行自身的稳健性。事实上，这是一种以牺牲整体金融稳定来换取局部金融稳定的做法。

（四）金融稳定协调机制

金融的跨部门风险是客观存在的，且不容忽视。它有三种主要表现形式：一是复杂的金融产品（如金融衍生产品）往往跨越部门的界限，其内生风险远超过传统的银行业、证券业和保险业自身的范围；二是金融机构（如金融控股公司）同时从事银行、证券和保险业务所导致的风险；三是上述各种风险的叠加。跨部门金融风险对金融体系的危害不仅体现于其风险的复杂性方面，更为重要的是风险在部门之间的快速转移、传播和扩散。因此，如果对跨部门金融风险防范不力，势必会对整个金融体系带来灾难性后果。

基金组织的金融稳定评估项目框架强调，无论一国采用何种的监管模式，都需要建立一个凌驾于各部门之上的高层金融稳定决策和协调机制。金融稳定决策机制是指应有一个权威部门就事关金融稳定全局的重大事项作出及时、统一的决策。在分业监管的体制下，金融稳定协调机制的建立更加重要，主要包括金融监管协调机制和信息协调机制。

英格兰银行的经验值得借鉴。英格兰银行注意加强与财政部、金融服务局的沟通与协调。《财政部、英格兰银行和金融服务局之间的谅解备忘录》提出了三者之间分工协作的指导原则，明确责任，避免重复。英国还成立了三方常务委员会，协调有关金融事务。该委员会每月定期召开会议，由财政部高级官员主持，英格兰银行行长、副行长和执行董事和金融服务局高级官员出席。此外，由于信息共享必不可少，如果缺乏统一的信息传递平台，金融风险的预警、识别机制和各部门的利益平衡将难以有效进行。因此，该《备忘录》还提出跨部门之间实现信息共享，提高维护金融稳定的效果。

（五）央行维护金融稳定的外部环境

央行有效维护金融稳定只能依赖于两大外部因素：一是实体经济中与金融运行相关的宏观经济状况，这是金融稳定的大前提；二是金融基础设施的质量，它是维护金融稳定的制度保障，强健的金融基础设施能够吸收冲击或减少危机的破坏作用。

1. 宏观经济环境

宏观经济平衡是内部均衡和外部均衡的统一。内部均衡通常以物价稳定为标志，外部均衡可以国际收支的基本平衡和可持续发展为标志。宏观经济环境中的风险——高且易波动的通货膨胀、经济活动的大起大落会对资产价格和金融资源产生不利影响，因此是金融系统脆弱性最直接的宏观经济原因。

宏观经济不稳定还包括宏观经济管理中的政策失衡问题，如不可持续的财政状况、国际收支状况失衡、或维护与经济基本面不一致的汇率水平等。

因此，宏观经济政策应该力争实现与经济潜力相符的可持续增长，防止经济的大起大落；维持价格稳定，减少价格不稳定所导致的相对价格扭曲和不确定性；保持公共债务的可持续性；国内投资应主要依靠个人和公共储蓄，不应过分依赖对外借款；应选择合适的汇率制度并采用与汇率体制相一致的宏观经济政策，等等。

2. 金融基础设施

所谓金融基础设施是指支持金融系统发展的基本制度和安排，它是维护金融稳定强有力的“缓冲器”。除了支付结算体系，金融基础设施还包括公司和银行的破产框架、良好的会计制度、公司治理机制、统计数据的质量及透明度，以及损失补偿机制等等。

公司和银行的破产框架既可以有效保护存款人和投资人的利益，又可以制约道德风险，实现金融机构的优胜劣汰，防止金融风险的积累；合理的会计制度能够准确地记录成本与收益，便于金融机构度量风险和科学决策；良好的公司治理机制是金融机构稳健运营和创新发展的保证；全面、及时的经济、金融数据是各国准确评估和降低金融风险的保障。对数据质量的要求包括数据的客观、可靠、准确、及时，及其方法论的清晰、科学和透明。同时数据应以适当的频率定期对外公布，应具有国际比较性和较强的连续性；设计合理的安全网对于金融机构破产机制的有效运转具有重要的支持作用，既能防范系统性风险，又能防止道德风险。作为金融安全网的重要组成部分，存款保险制度可以在维护金融稳定等方面发挥巨大的作用。

四、中国人民银行在金融稳定方面面临的挑战

（一）人民银行自身面临的挑战

1. 汇率稳定与货币稳定面临两难选择

我国当前面临着维护人民币汇率基本稳定和有效的货币政策之间的两难选择。近几年来，由于贸易盈余和外商直接投资的不断涌入，我国持续出现国际收支顺差，人民币存在升值的压力。为了维护人民币汇率的稳定，人民银行在外汇市场上被动地吸收了大量外汇储备，尽管进行了大量对冲操作，但还是导致基础货币投放的增大，这与央行控制货币供应总量的目标相悖。

2. 货币政策传导机制有待完善

我国货币政策传导的时滞效应尚无规律可循，货币政策的力度和货币政策效应之间的联系较为模糊。因此，货币政策传导机制有待于完善。

我国最近在利率市场化方面迈出了重要一步，放开了贷款利率的上限和存款

利率的下限，为金融机构根据风险程度进行定价、改善经营状况创造了条件。但这一举措只是单向放开，距离真正意义上的完全放开还有较大差距，利率市场化改革尚未完成。

3. 货币政策透明度有待增强

人民银行虽然通过《年报》等途径对外提供央行的资产负债表，但与国际准则相比，人民银行未公布内部的分工和大致负责框架，未定期公布业务的支出和收入信息；此外，人民银行也未公布制定货币政策目标的原理、数量指标、工具以及关键假设，出于金融安全考虑，未公布向金融机构提供紧急援助的总量信息。

4. 法律对支付体系的监督授权不够

《中国人民银行法》对监督支付体系的授权不够清晰，而多数国家中央银行拥有检查支付系统参与者的权力。我国还需要修改有关法律法规，确保支付最终性，明确轧差安排的合法性，保证结算的及时性。对支付系统内信用风险和流动性风险的管理和控制有待加强，应消除或限制由中国人民银行兜底所产生的道德风险。此外，还需要尽快完成建立重要支付系统的灾难备份。

5. 金融稳健统计体系有待完善

我国已初步建立起金融稳健指标统计体系，并运用其中的主要指标进行尝试性分析。我国基本具备了金融稳健统计所要求的宏观经济统计基础、会计核算基础以及市场统计基础。但在合并原则、估价方法和监管标准等方面与国际标准尚有差距。我国金融稳健指标体系中的银行业指标、金融市场指标、房地产市场指标、住户部门指标基本上能够符合国际标准，但非存款类金融机构指标、企业部门指标与国际标准差距较大。目前尚未公开发布金融稳健指标。

6. 流动性安排有待改进

目前我国中央银行流动性管理框架主要包括存款准备金制度、公开市场操作和再贷款与再贴现三部分。现行框架能保证金融体系流动性的需要，在单个金融机构出现问题时可提供流动性支持，有效避免风险扩散。主要问题在于中央银行的流动性支持经常变成对资不抵债金融机构的救援，其示范效应会加大业已存在的道德风险，从而不利于防止更大的系统性风险的积聚。

7. 反洗钱框架亟待完善

我国反洗钱法律框架和机制正在逐步形成和完善，但距离金融行动特别工作组（FATF）关于反洗钱40条建议和有关打击资助恐怖主义9条特别建议（FATF40 +9 建议）的要求还有较大改进的余地。

主要差距在于：一是反洗钱的法律框架有待完善。我国尚未有一部权威、全面、具体的反洗钱法律；现有法律对洗钱和恐怖主义融资定罪的范围过窄。二是监管框架有待整合，监管手段有待强化。反洗钱和打击恐怖融资工作目前仅限于银行，金融监管部门之间的反洗钱工作协调机制尚在形成过程中；大额和可疑金融交易的本外币监管呈分割状态；金融情报的传递、接收和分析有待改进；在没收犯罪所得或者用于资助恐怖主义的财产方面有难度。三是尚未加入最主要的反洗钱国际组织。

（二）外部环境的制约

1. 宏观经济运行状况和宏观政策环境

我国的宏观经济运行状况和宏观政策环境总体上对金融稳定是有利的。这主要体现在国民经济持续高速增长，人均国民收入稳步提高，国家财政收入和外汇储备充足，通货膨胀水平较低，人民币汇率基本稳定。我国政府宏观调控能力较强，可以根据具体国情，综合运用经济、法律和行政手段对宏观经济进行调节，积累了治理通货膨胀和通货紧缩两方面的经验。这为我国有效地防范和化解金融风险奠定了较好的物质基础和制度基础。

主要的风险因素：一是国际经济和金融领域的冲击对我国的影响日益增大，我国面临着在开放的市场环境下维护经济和金融稳定的新挑战。二是我国经济高速增长的隐性成本和财政的或有负债不可忽视，这突出表现为金融部门的不良资产和养老金缺口对政府持有的公共资源形成的巨大压力，最终将影响我国政府维护金融稳定的能力。三是我国政府运用市场手段调控经济的能力还受到诸多因素的制约。财政政策的制定和管理在各部门之间的协调性较弱。预算编制和执行的强制性及透明度有待提高。财政在优化经济结构和调节收入方面的功能有待加强。四是虽然我国在维护金融稳定方面建立了一些协调机制，如三家监管机构以备忘录形式确立联席会议制度和《中国人民银行法》赋予人民银行的金融稳定职能，但跨部门的协调机制还存在不足。

2. 金融基础设施

我国已初步具备了现代金融基础设施的一些要素。但从整体上来看，我国金融基础设施还较薄弱。

（1）会计制度。我国现行《金融企业会计制度》在会计核算原则、资产、负债、收入核算以及会计报表披露等方面，与国际会计惯例基本协调。主要问题在于我国金融企业尚不具备全面严格执行上述金融企业会计制度的能力。一是国有商业银行呆账准备计提不足，应付利息保有率不足，消化逾期应收利息的能力不足。二是我国二级资产市场不发达，固定资产、无形资产和抵债资产的可回收价值难以准确确定。三是银行内部资产评估和风险预测体系尚不完善，致使国有商业银行计提资产减值准备的操作难度很大。四是一些国有商业银行的资本金缺口仍然较大。此外，还有必要研究进一步减免营业税以及在金融企业税后利润基础上提取普通呆账准备金的政策。

（2）破产框架。我国目前缺乏有效的公司和金融机构破产框架，金融机构无法实现优胜劣汰，金融体系的风险积聚难以及时化解。主要问题，一是公司破产对银行债权保护不够，司法和执法受地方保护和行政干预较大；二是缺乏适用于金融机构的破产法律，缺乏关闭或启动金融机构破产程序的明确标准，往往不到深度资不抵债不予关闭或破产；三是缺乏独立的、高度专业化的金融机构破产法庭和法律专业人才；四是在处理金融机构破产时，对重组考虑不够，有悖国际上通行的“重组前置”原则；五是尚无明确的银行破产补偿原则和债权优先顺序，不利于在维护金融稳定和限制道德风险之间取得平衡。

（3）安全网。存款保险制度是安全网的重要形式。目前我国实行的是隐性的存款保险制度。是否建立显性的存款保险制度以及如何设计各项细节还在进一步研究当中。目前正在考虑建立存款保险计划、设立存款保险基金，初步形成存款保险制度的基础性框架。面临的主要挑战是要避免因设计不当反而削弱市场约束，引发道德风险、逆向选择和代理问题。

（4）金融监管。我国已基本建立起较为完整的、分业监管的法律和机构框架。但与国际标准相比，我国在维护监管的独立性和权威性、使监管规范化和专业化、提高监管的透明度和加强监管的国际合作等方面还有不同程度的差距。

关于金融政策透明度问题，金融监管当局在明确职能、责任和目标方面，在公开制定和报告有关决策的过程方面，在使公众获得政策信息方面，以及在问责制和诚信保证方面等都取得了较大的进步。但所有金融监管机构均未公布其内部的分工和大致负责框架，未按预定日期公布资产负债表以及业务支出和收入信息，我国也不公布金融管理机构领导层的任期和解职理由。此外，银监会未建立并公布解决银行与客户之间争端的正式仲裁程序。证监会未公布证券公司客户资产的运作程序和实绩。保监会在提高保险市场信息的透明度等方面还需进一步努力。

（三）微观基础的不足

1. 金融机构

我国已经形成了比较完整的金融机构体系，为调动居民储蓄资源，进而形成大规模的投资奠定了良好的基础。随着近几年来国家加大对不良资产的处置力度、加强监管、改善公司治理结构、引入更加严格的会计准则、扩大对外开放、吸引外资进入，金融机构的经营状况从总体上看明显好转，资产质量有所改善，财务风险得到控制，透明度有所提高，竞争力有所增强。我国加入世界贸易组织以后，外资金融机构的进入加快，各类金融机构面临的竞争和改革压力加大。特别是国家向中国银行和中国建设银行注资450亿美元以后，国有商业银行改革步伐加快，进入攻坚阶段。建立规范、完善的公司治理结构已成为商业银行的共识和内在要求，在监管部门的指导下各商业银行正逐步提高公司治理的有效性。

与国际标准相比的主要差距：

一是公司治理普遍薄弱。多数机构没有建立董事会和管理层相互制约的现代管理结构，人事报酬制度不合理。在银行业，国有商业银行、城市商业银行和农村信用社的治理结构尤其薄弱，有待经过股份制改造等途径尽快加强。证券公司由于治理结构和内控不完善，导致违规经营普遍存在，财务和经营透明度不高。保险公司的治理结构也不规范。

二是行业结构不够合理。在银行和保险业，资产集中于少数机构，竞争不充分。所有权不够多元化，不利于公司治理结构的改善。在证券部门，机构投资者仍不发达。从融资结构看，间接融资比例过高。

三是创新能力不强。业务品种普遍单一，银行业的中间业务创新有待发展，证券业缺乏金融衍生产品市场，保险业的投资渠道和投资工具受到限制。

四是各行业都存在财务风险。银行业仍然存在较大规模的不良资产，资本充足率仍然低于监管要求，大量新增贷款的质量需要重点关注。证券公司违规经营造成的损失可能会进一步暴露，直接影响证券公司的生存，并可能引发系统性风险。保险公司的风险主要在长期，特别是寿险公司资产和负债在期限和结构上的不匹配可能影响其长期偿债能力。

2. 金融市场

（1）货币市场。目前我国货币市场包括银行间同业拆借市场、银行间债券市场和商业票据市场等。近10年来，货币市场发展迅速，交易量大幅度增加，交易日趋活跃。市场法规逐步完善，交易、托管和支付系统安全可靠性有所提高，市场环境比较透明。货币市场已成为金融机构进行流动性管理和企业进行融资的重要场所和渠道。货币市场的健康发展为建立货币政策间接调控体系和推进利率市场化奠定了基础。存在的主要问题是：市场交易工具和品种较少，结构不完整；市场流动性有待进一步提高；交易集中度偏高，影响市场竞争和效率；债券市场评级体系落后；票据市场的资信评估、查询、交易和监管等基础设施落后，违规经营较多。

（2）证券市场。在过去十几年中，我国证券市场在基础设施建设、法律法规的制定、实施和监管方面取得了长足的进展。以证监会的成立为标志，我国证券业已经形成了集中统一的监管体系和多层次的法律法规体系。在交易、登记、结算系统的某些技术方面已处于世界领先地位。主要问题是：证券市场无法满足不同投资者和融资者的需要；可投资品种少，以股票为主，固定收益类产品市场十分弱小，衍生产品尚未开发；缺乏低风险和高流动性产品；证券公司治理结构不完善，违规经营仍很严重，业务模式单一，财务风险很大；机构投资者的数量和资金规模十分有限；《公司法》和《证券法》急需修改和完善。

（3）外汇市场。我国外汇市场的主体，是银行间外汇市场。目前已建立了较为完整的市场准入和退出机制，实行本外币集中清算以及人民银行、外汇管理局和外汇交易中心三级监管体制。同时外汇市场监管机构与证券、保险、银行等相关监管机构建立了一定的联系和协调机制。信息披露和监管要求基本符合基金组织《货币与金融透明度良好做法守则》。现有法律法规框架能够确保外汇市场稳定性。存在的主要问题是：市场准入的严格控制使交易主体较为单一，市场流动性差，有垄断定价问题；银行间外汇市场只是一个初级的、非完全意愿买卖的、未充分反映供求关系的市场，汇率不能真正反映市场均衡水平；对外资金融机构的外汇业务监管相对薄弱；人民银行完全承担支付结算风险，有道德风险；对市场参与者公司治理、市场纪律和信息披露的要求有待加强。

五、政策性建议

（一）积极参与国际经济协调

世界经济、贸易格局和国际货币体系的发展与变化对我国的金融稳定具有广泛而深刻的影响。我国应全面、深入地参与国际经济和金融领域的对话、协调与合作，参与国际规则的制定，在国际层面为我国的金融稳定创造一个良好的环境。

（二）改善宏观经济环境

目前应重点确保经济的软着陆，防止出现经济增长的大起大落。处理好在开放条件下同时实现充分就业、低通货膨胀和国际收支基本平衡这一世界性难题。切实提高货币政策和财政政策在总量调控和结构调整两方面的有效性。

（三）加快金融基础设施建设

完善并公开发布金融稳健统计指标，全面推广并严格执行《金融企业会计制度》，对支付系统进行现代化改造并对其中的系统性风险进行有效监管，建立并实施关于公司和金融机构破产的法律框架，研究建立合理、适当的存款保险制度，防止因中央银行救助金融机构而产生的道德风险。

（四）完善金融监管和反洗钱框架

对银行业主要应制定科学、规范、可操作的市场准入和退出制度；统一中外资银行监管标准；使现场检查制度化，增强非现场监测的风险识别、分析和预警功能，加强并表监管能力；完善监管信息的统计和披露制度。

对证券业主要应明确区分监管的直接目标和间接目标；改进监管机构的组织

和管理并给予其应有的授权和独立性；提高中介机构及其从业人员的素质；建立有约束力的市场退出制度；加强对证券市场的组织与监管。

对保险业主要应确保监管机构在运作上的独立性，建立并强化对保险公司的治理，包括财务管理的监管，制定再保险法，建立中立的保险投诉争议解决机制和保险机构的处罚和退出机制。

在反洗钱方面，应尽快制定和颁布《反洗钱法》，协调金融监管部门之间以及本外币的反洗钱工作，完善金融情报工作，落实执法权限。

（五）增加货币与金融政策透明度

中国人民银行和所有金融监管机构可公布其内部的分工和大致负责框架，逐步增加对本机构资产、负债和业务收入与支出信息的披露，并视情考虑最终定期公布本机构较为详细的资产负债表和损益表。人民银行应逐步公布制定货币政策的依据。银监会应公布解决银行与客户之间争端的仲裁程序。证监会应公布证券公司客户资产的运作程序和实绩。保监会应进一步提高保险市场信息的透明度。但出于金融稳定的考虑，目前不宜公布人民银行提供紧急金融援助的总量信息。

（六）加快金融机构改革

应将普遍加强金融机构的治理结构作为重点，并通过股份制改革、增大行业的竞争度和使股权多元化等措施促进这一进程。应增加机构投资者的数量，并提高其素质。应从体制上鼓励金融机构提高创新能力，并继续稳步化解金融机构的财务风险。

（七）稳步发展金融市场

应加强监管机构间的协调，既要确保货币市场、证券市场和外汇市场的协调发展，也要确保各市场内不同融资工具的协调发展。货币市场主要应增加交易主体、交易工具和交易品种，增加市场流动性，提高市场竞争度，改善债券和票据市场的基础设施，为利率市场化和货币政策传导机制的改善奠定基础。证券市场主要应增加融资工具，稳步发展固定收益类产品市场和衍生产品市场。外汇市场主要应进一步使交易主体多元化，大大增加外汇市场的深度和流动性，使汇率能充分反映宏观经济基本要素和市场供求关系的变化。同时应继续发展新的交易品种以利于客户对市场风险的管理。

（八）加强对跨部门和跨市场金融风险的监控

应建立一个由国务院统一领导的、包括人民银行与三家金融监管机构的协调和信息共享机制，以法律法规形式明确对金融控股公司的监管责任，加强人民银行、监管机构和其他宏观经济部门的合作。

（九）确保财政的中期可持续性

应当进一步加强债务管理、调整债务结构和消化政府债务，同时加快税收和社会保障领域的配套改革，以确保财政的中期可持续性，这既是维护金融稳定的战略资源，也是实现金融稳定的重要条件。

参考文献

1. Brealey, R., ed., *Financial Stability and Central Banks: A global perspective*, Routledge, 2001.

2. Ferguson, R., *Should Financial Stability Be an Explicit Central Bank Objective?*, Federal Bank of Reserve, 2002.

3. Fisher, C. and Lund, M., *Perfect Partners or Uncomfortable Bedfellows? On the Nature of the Relationship between Monetary Policy and Financial Stability*, 2004.

4. Goodhart, Charles, *the Evolution of Central Banks*, MIT Press, 1985.

5. Houben, A., Kakes, J. and Schinasi, G., *Towards a Framework for Safeguarding Financial Stability*, IMF Working Paper WP/04/101, 2004.

6. Issing, O., *Monetary and Financial Stability: Is There a Trade - off*, 2003.

7. Macfarlane, I. J., *The Stability of the Financial System*, Reserve Bank of Australia Bulletin, 1999.

8. Padoa - Schioppa, T., *Central Banks and Financial Stability: Exploring a Land in Between*, 2002.

9. Schinasi, G., *Private Finance and Public Policy*, IMF Working Paper WP/04/120, 2004.

10. Schinasi, G., *Defining Financial Stability*, IMF Working Paper WP/04/187, 2004.

11. Thornton, Henry, *An Enquiry into the Nature and Effects of Paper Credit of Great Britain* (Reprinted, Fairfield, N. J., Kelley, 1991), 1802.

12. 陈元：《美国银行监管》，中国金融出版社，1998。

13. 甘当善：《欧洲中央银行》，复旦大学出版社，1999。

14. 景学成：《中央银行在维护金融稳定中的作用》，人民银行内部报告，2003。

15. 金中夏：《金融监管体制的比较以及对我国的启示》，载《经济社会体制比较》，2001。

16. 刘士余：《完善股份制商业银行公司治理　促进商业银行稳健经营和健康发展》，载《中国金融》，2002。

17. 王硕平、陈虎城、苏亮瑜：《论人民银行维护金融稳定的职能》，载《南方金融》，2004。

18. 王素珍：《中国跨部门、跨市场金融风险及其防范》，人民银行内部报告，2003。

19. 吴晓灵：《维护金融稳定之道》，载《财经》，2004。

20. 谢平：《货币政策与汇率政策的三次冲突——1994～2000年中国的实证分析》，载《国际经济评论》，2002。

21. 徐刚、沈禹钧：《中央银行学概论》，上海财经大学出版社，2000。

22. 张启阳：《中央银行如何发挥金融稳定的作用》，载《金融时报》，2004。

23. 周小川：《保持金融稳定　防范道德风险》，载《金融研究》，2004。

24.《中华人民共和国中国人民银行法（修正）》，2003。

货币政策执行效果的差异性分析

中国人民银行研究局
中国人民银行西安分行 课题组

课题主持人：焦瑾璞　孙天琦

主要参与者：刘向耘　乐建东　钱　皓　刘　斌

一、问题的提出

货币政策是以总量调节为主的宏观调控政策，但在一个大的经济体中，由于区域间经济和金融发展水平存在差异，因此统一的货币政策在各地区的执行过程中，有可能产生不同的效果。

国际上关于统一货币政策执行效果的地区性差别的讨论，多是与欧元区和欧洲中央银行联系在一起的。按照蒙代尔最优货币区理论，共同货币能降低贸易中货币结算的交易成本、消除相关价格的不确定性。但单一的货币政策也会引发一些问题，其中最突出的就是货币政策执行效果的地区差别，这种差别会导致单一货币政策在地区间的分配效应。这个问题在欧元提出之初就引起了人们的关注和理论上的探讨。近几年来，不少文章对欧元区货币政策在不同国家的作用效果进行了分析，其中一些运用经济计量模型衡量了货币政策对不同国家的作用效果，发现同样的货币政策冲击（短期利率变动一个百分点）对不同国家产出和物价的作用效果是不一样的（McAdam，P. and Morgan，J.，2001；Clements B.，Z. Kontomelis and J. Levy 2001；Mojon，B. and Peersman，G.，2001）。然而这方面的研究，都是从货币政策传导及效果的角度进行的，并未涉及欧洲中央银行的货币政策框架和操作。

对于一个大国来说，同样面临地区差异导致的货币政策执行效果不同的问题，比如美国就曾经在货币政策的框架设计和操作上考虑了这个问题。在美联储成立的头 20 年，美国货币政策的制定和实施是相对分散的，12 家联邦储备银行有权在本地区进行公开市场操作并确定银行的贴现率，而贴现率是当时美联储的主要货币政策工具。但在“大萧条”之后，美国致力于银行业改革，通过了《银行法》，对联储结构体系进行调整，将联储委员会改为联储理事会（Board of Governors of the Federal Reserve System），还将各联邦储备银行的公开市场操作集中在联邦公开市场委员会（The Federal Open Market Committee，FOMC），形成了由美联储理事会、联邦公开市场委员会和联邦储备银行等部分构成的当代美联储组织体系。

从国际经验来看，欧元区的货币政策从分散走向集中，美国的货币政策操作也经历了从分散到集中的过程。这是否说明，货币政策应不考虑地区差别，或仅在特定的发展阶段考虑地区差别，而当经济发展到一定的程度之后，就不应考虑地区差别，这是一个值得研究的问题。

我国是一个幅员广阔的大国，存在明显的地域性差别。20 世纪 90 年代以后，地区经济差别逐步扩大，对经济、社会各方面的影响越来越大，成为人们关注的一个重要问题。近几年来，不少学者将地区差别与货币政策联系起来分析。有一些学者认为，我国东西部地区之间存在巨大的经济、金融发展水平差异，中央银行实行高度统一的货币政策，会导致货币政策执行效果与目标不一致，降低货币政策的有效性。还有一些学者认为，统一的货币政策是造成我国区域经济发展不平衡的一个重要原因，甚至有一些学者提出货币政策应当区域化。然而我们发现，目前我国关于货币政策与地区差别问题的讨论，都是从地区差别的现象，或某些地区发展的需要来说的。对于我国货币政策在执行过程中，地区间如何产生不同的效果，这种差别有多大，却缺乏翔实的研究，因此与此相关的一些后续问题的讨论，也就缺乏坚实的基础。

本课题基于上述现实及理论背景，对我国货币政策执行效果的差别进行实证分析，为进一步改善货币政策的执行效果，保持地区间协调发展提供客观依据。课题组在进行理论分析的基础上，对我国大部分省份的货币政策执行效果进行了考察分析，形成了一些以省为单位的分报告，并在此基础上，形成了总报告，较为全面地对货币政策执行效果的地区差别的形成原因、作用机理及结果进行了分析，得出了一些不同于国内其他研究者的结论，并据此提出了政策性建议。

二、理论分析和国际经验

（一）货币政策执行效果地区性差别的理论背景

货币政策执行效果的地区差别，是指不同地区面对统一的货币政策冲击时，在反应程度和时滞上的差异。统一货币政策在执行效果上产生地区性差别，与货币政策传导机制的地区差别密不可分。货币政策传导机制的地区差别，会导致不同地区对统一货币政策的反应程度和时滞不一。

1. 传统的货币政策传导机制理论

这一被经典经济学教科书广泛介绍的理论模型假定存在短期的价格固定，公开市场操作改变货币和债券比例进而影响货币供给的真实价值，进而影响货币市场的真实利率，从而影响利率敏感项目的支出（Kakes，1999）。这一传导机制被广泛运用于IS/LM等宏观分析模型当中。这一传导机制理论表明，货币政策在不同区域的执行效果取决于不同地区支出对利率的敏感程度。

2. 借款人净值理论

这一理论建立在传统的货币政策传导理论基础之上，认为融资困难能增强初始利率变化的冲击。由于资本市场扭曲导致贷款人在贷款前需要抵押。公开市场操作引起利率变化，利率上升会降低抵押物未来现金流的价值，从而降低资金的可获得性和最终消费（Bernanke and Gertler，1995）。这一理论表明，负债能力取决于借款人的净值并决定支出，货币政策在不同区域的执行效果取决于不同地区的融资能力。

3. 银行信贷渠道理论

这一理论强调银行信贷的作用，认为公开市场可以减少银行体系的储备，这会降低银行的贷款能力。银行贷款的减少会减少一些消费者的支出。这一理论要求银行以及银行的消费者都有融资问题并且它们的融资问题都会因为紧缩性的货币政策而加剧（Stein，1998）。该理论可以看作是借款人净值理论的一个特例，因为该渠道强调银行贷款可获得性的重要性。这一理论表明货币政策在不同区域的执行效果取决于不同地区银行抵消储备波动进行贷款的能力和不同地区消费者和厂商对银行融资渠道的依赖程度。

4. 信贷分配理论

该理论关注信贷分配的非价格方法，认为货币政策可以不通过改变利率而是通过影响信贷的可获得性从而发挥效力。借款人净值理论和银行信贷渠道理论都可看作该理论的特例。例如，由于借款人和贷款人之间信息的不对称从而存在道德风险和逆向选择，借款仍会通过改变贷款数量而不是利率的方法来调整货币政策冲击（Williamson，1987）。在法制体系不健全，借款人的行为不透明，以及合同执行较差的地区，信贷分配行为就会增加。这一理论表明货币政策在不同区域的执行效果取决于不同地区贷款面临的系统风险的不同。

在现实经济中，不同的货币政策传导机制往往同时发挥作用，但以上货币政策传导机制的理论均表明，经济的结构性差异会导致单一货币政策执行效果的差异。在欧洲中央银行建立前后，各方面对此也做了大量的实证研究。

在利率的敏感性方面，Luigi（2002）等人指出不同国家固定资产投资对产出的比例不同，比例越高的国家比如德国，对利率的敏感程度就越高。另一方面，利率会影响汇率，而不同国家贸易模式的差异导致不同国家对欧元汇率的敏感程度差异，法国和德国的出口占GDP的比重较高，货币政策对它们的影响效果大于其他国家。Ramaswany和Sloek（1997）的实证研究证实，利率冲击对不同的欧洲货币联盟（EMU）成员国有不同的影响，紧缩货币政策对奥地利、比利时、芬兰、德国、荷兰和英国的影响比对丹麦、法国、意大利、卢森堡、西班牙和瑞典等国家的影响大两倍。

在借款人净值理论的实证研究方面，Kumar（1999）等的研究发现，典型的英国企业的规模大于欧洲大陆国家的企业规模，其中意大利、荷兰和西班牙的企业规模更小。而企业越小，融资能力就越弱，货币政策通过借款人净值渠道发挥的作用也越大。Jappelli（1989）等人研究了不同国家的储蓄模式，表明意大利和比利时的家庭负债比例较其他国家低，从这一角度看，在意大利和比利时，货币政策通过借款人净值渠道发挥的作用会较小。

在信贷传导渠道的实证研究方面，Kashyap 和 Stein（1999）的实证研究发现，与大银行相比，小银行的信贷与货币政策的关联度更高，银行体系主要由小银行组成的国家比如意大利，货币政策执行的银行信贷传导效果要强于银行体系主要由大银行组成的国家比如法国和德国。Cecchetti（1999）指出，一般来说大企业往往有几家银行的信贷支持，而小企业则更多依靠一家银行，因此，企业规模较小的意大利、荷兰和西班牙等国货币政策通过信贷渠道发挥的效力更强。

在信贷分配理论的实证研究方面，La Porta（1997）等人指出，比利时、意大利和西班牙等国的司法制度都源于法国司法制度，这种制度下信贷权利的重组和流动相对较难，而德国在这一方面则相对更有效。因此，信贷分配在比利时、意大利和西班牙发生的可能性要大于在德国，货币政策冲击在比利时等国也比在德国强。

（二）面对执行效果差别的欧洲中央银行的货币政策操作

欧元区和欧洲中央银行建立时面临的主要问题之一就是统一货币政策带来的成员国之间的结构调整问题。按照最优货币区理论，最优货币区应该满足下列条件之一：成员国工资的弹性、劳动力在成员国之间进行自由流动和货币区中能建立集中的财政体制。以上三者是对统一货币政策的不对称冲击进行调整的方法和手段。然而，在《马斯特里赫特条约》（以下简称《马约》）既没有就集中财政做任何安排，同时又对成员国的财政赤字进行严格约束，并且这一约束经《稳定与增长公约》进一步得以明确和强化。另外，Barry Eichengreen 等的实证研究表明，由于名义工资的指数化以及政府对劳动力标准和许多部门实行的行政定价措施，欧洲普遍存在着实际工资的刚性。在劳动力流动性方面，Maurice Obstfeld 和 Giovanni Peri 的比较研究表明，欧洲主要国家国内劳动力流动程度均低于北美的水平。而 Daniel 和 Niels Thygesen 的进一步研究表明，受各国政府的移民政策、劳动力市场的管制、社会保障与福利制度、跨国迁移的成本以及语言、社会和心理等方面原因的影响，欧洲国家内部劳动力流动程度要高于跨国的流动。因此，欧元区和欧洲中央银行缺乏解决这一问题的最优方案。欧洲中央银行的做法是制定公开透明的货币政策操作目标，各成员国根据加入欧元区的利弊权衡，经过司法程序自主决定是否加入欧元区，是否接受统一的货币政策。

1. 欧洲中央银行货币政策目标

《马约》第105条规定，欧洲中央银行体系的基本目标是维护价格稳定。欧洲中央银行对这一目标的制定的具体内容是保障消费物价指数年增长率低于2%。为实现这一具体目标，欧洲中央银行一是制定了货币供应量 M_3 年增长参考值为4.5%，二是密切关注反映价格发展前景和价格稳定奉献的经济指标的变化，这些经济指标包括工资、汇率、债券价格、收益曲线、财政政策意图、价格与成本指数，以及商业和消费调查。欧洲中央银行是通过调整利率来控制 M_3 增长率的。欧洲中央银行可以调控三个利率，一是商业银行在中央银行的存款利率；二是中央银行对商业银行的再贴现利率，以上二者形成欧洲货币联盟短期利率的最低和最高限；三是公开市场的招标利率，可根据日常需要不断变化。

2. 欧洲中央银行货币政策操作框架

欧洲中央银行于1998年9月公布了欧元区的货币政策操作框架。该框架是指欧洲中央银行为管理流动性和引导市场利率而能够使用的全部货币政策工具，它包括公开市场业务、常备便利和最低存款准备金等三种主要业务的操作程序，也包括对从事货币交易业务的金融机构的资格及其金融资产标准做出的明确规定。欧洲中央银行行使货币政策职能时遵从集中与分散相结合的原则，即统一货币政策的制定由欧洲中央银行行长理事会负责，货币政策的实施通过欧洲中央银行（由执行理事会领导）和成员国的中央银行共同完成。欧洲中央银行体系公开市场业务工具和条件由欧洲中央银行体系确定，具体操作一般由成员国中央银行进行；常备便利的利率由欧洲中央银行行长理事会决定，具体运作由成员国中央银行进行；最低准备金的标准由欧洲中央银行行长理事会决定，金融机构可以在欧洲中央银行或其成员国央行开设准备金账户。

3. 欧洲中央银行的独立性

为保证欧洲中央银行的具体目标和具体操作不受个别成员国利益驱使，确立欧洲中央银行的可信度，并为其维持欧元区的物价稳定提供保证，《马约》对欧洲中央银行的独立性从多方面做了详尽的规划和设计。在欧洲中央银行人事的独立性方面，《马约》规定，执行理事会负责欧洲中央银行日常事务管理，执行理事会由欧洲中央银行行长、副行长以及其他4名成员共6人组成，任期8年并且不得连任。任期超过成员国政府或欧盟执委会成员的任期。不得连任的规定可以避免因谋求连任而使欧洲中央银行屈从成员国或欧盟政治压力的可能性。在欧洲中央银行功能独立性方面，《马约》规定欧洲中央银行、欧洲货币联盟内的所有成员国中央银行及其决策机构的成员不得向任何欧共体机构、组织、成员国政府以及其他机构寻求或接受指令，而欧洲联盟机构或成员国政府也不得试图在欧洲中央银行执行任务时对其决策层施加影响。在欧洲中央银行财务的独立性方面，《马约》规定禁止欧洲中央银行及其成员国的中央银行向欧盟机构、成员国的中央或地方政府以及公共企业提供透支或任何其他形式的贷款，同时也禁止欧洲中央银行以及成员国的中央银行直接购买上述机构、政府和企业的债券。这可以保证欧洲中央银行的统一货币政策不受成员国财政政策所左右。

欧洲中央银行虽然尽量避免统一的货币政策受个别成员国利益的驱使，但成员国的利益并非不能反映到欧洲中央银行的统一货币政策中。因为欧洲中央银行货币政策的最高决策机构是管理理事会，管理理事会由执行理事会成员和各成员国中央银行行长组成，每名管理理事会成员拥有一票投票权，除非另有规定，决定一般采取简单多数原则投票通过，如果支持与反对双方的票数相等，则欧洲中央银行行长一票具有决定意义。由于执行理事会成员只有6人，而各成员国中央银行行长有11名，欧洲中央银行货币政策决策往往能反映多数成员国的意图。

（三）从分散到集中的美联储货币政策操作

欧洲中央银行的设计，在很大程度上是以美国联邦储备体系为蓝本的。1914年，美国联邦储备体系根据1913年的《联邦储备法》而成立。储备法将全国分为12个联邦储备区，每个区设立一家联邦储备银行（Federal Reserve Bank），负责本地区的货币和金融事务。在华盛顿特区设立联储委员会（Federal Reserve Board）以协调和管理这12家联邦储备银行。联邦储备体系是当时包括地区利益集团在内的各种利益集团相互妥协的产物，它的分支结构的设立也是如此，这与欧洲中央银行的成员国自愿选择加入的情况是大相径庭的。联储成立的头20年，美国货币政策的制定和实施是相对分散的，12家联邦储备银行有权在本地区进行公开市场操作并确定银行的贴现率，而贴现率是当时美联储的主要货币政策工具。1935年，大萧条后的美国致力于银行业的改革，通过了《银行法》，对联储结构体系进行调整，将联储委员会改为联储理事会（Board of Governors of the Federal Reserve System），还将各联邦储备银行的公开市场操作集中在联邦公开市场委员会（the Federal Open Market Committee，FOMC），形成了由美联储理事会、联邦公开市场委员会和联邦储备银行等部分构成的当代联储组织体系。

1. 美联储的组织体系

美联储理事会是作为联邦政府机构而设立的，是整个美联储的核心。联储理事会有7名理事，他们由总统任命并经参议院确认，任期为14年。《联邦储备法》规定，总统任命联邦储备委员会成员时，应当适当兼顾到不同的工业和商业利益群体，以及不同地区的公正代表性，每个联邦储备区至多产生1名联邦储备委员会成员。

联邦公开市场委员会由联储理事会的7名理事加上5名联邦储备银行行长组

成，其中纽约联邦储备银行行长始终是其成员，其余4名按一年任期由其他11家联储银行的行长轮流担任。不在任期的其他联储银行行长也参加每一次联邦公开市场委员会的会议，发表他们的意见，但是他们没有表决权。

美联储共有12家联邦储备银行，每个联邦储备银行都独自以公司形式存在，联邦储备银行的主要职责有：密切关注国家和世界经济状况并向联储理事会提供地区的经济信息，供美联储在制定货币政策时作参考；确定贴现率，控制储备平衡，向储蓄机构贷款收息；检查监督储蓄机构；向储蓄机构和财政部提供服务等。

2. 美联储货币政策操作框架

联储传统的三大货币政策工具是存款准备金率、贴现率和公开市场操作。存款准备金率的改变由美联储理事会决定，由于存款准备金率的微小变化会对银行信贷、货币供应乃至经济产生巨大振动，存款准备金率从来不是联储主要的货币政策工具。

贴现率由各联邦储备银行制定并报联储理事会审议批准。在联储成立之初，各联邦银行根据本地区的银行及信贷情况各自确定贴现率，理事会的审批往往流于形式。随着全国性信贷市场的形成，各地的贴现率也逐渐统一。如果某联邦储备银行认为有必要调整所管辖地区的贴现率，便向联储理事会提出建议，理事会根据各地联储建议的倾向性程度，经充分研究后作出决定，并要求各地联邦储备银行共同执行。在联储理事会的协调下，各储备银行在贴现率的操作上保持步调一致，在全国性的金融市场上形成统一的贴现率。

在联储成立之初，贴现率是联储主要货币政策工具，但现在这一职能已经被公开市场操作所取代。公开市场操作由联邦公开市场委员会决定。联邦公开市场委员会每年召开八次会议，将公开市场操作分为八个阶段，每一次会议对上一阶段进行总结和回顾，同时确定并提出下一阶段的公开市场操作的政策指令。公开市场委员会指定纽约联邦储备银行为公开市场的操作机构，负责日常操作。

3. 美联储的独立性

在人事的独立性方面，联储理事会主席和副主席虽然由总统任命，但任期与总统以及包括财长在内的其他内阁成员错开，联储理事会理事任期14年，没有特殊原因不能免职。而且，7名理事的任期相互错开，使总统不能任命所有的理事。这种人事上的安排使联储决策层摆脱了政府短期政治压力的影响。另外，建立跨州的12个联邦储备银行，也能防止由于联邦储备银行的过度分散从而陷入容易受到政治控制的境地。在财务独立性方面，联储的经费不是来源于国会拨款，而是来自业务收入，这种财务独立性使联储能摆脱“钱包权力”。

从历史上看，美国的货币政策经历了从相对分散到相对集中的过程。但与欧洲中央银行一样，当前美国的货币政策也体现了集中和分散相结合的原则，既保持货币政策制定和执行的独立性，避免来自中央政府和地方政府的政治影响，也充分考虑地方的意见。然而与欧洲中央银行相比，美联储货币政策的集中程度似乎更高。在其主要货币政策决策机构——联邦公开市场委员会（相当于欧洲中央银行的管理理事会）中，代表地方意见的联邦储备银行行长所占票数是相对少数。这与欧洲中央银行的管理理事会的情况恰好相反，这也许恰恰反映了主权国家的货币区和由主权国家组成的货币区之间的差别。在一国内部，国家的整体利益往往更被关注，统一的货币政策关注更多的是一国经济的总量而非结构。结构问题一般认为可以通过区域间要素的自由流动来解决。根据古典经济学理论，各种要素的所有者根据利润最大化的原则决定要素的使用，市场机制作为看不见的手发挥着有效的资源配置作用。要素边际收入的地区差别会导致要素在地区间流动，实现要素在地区间的有效配置和一国福利的最大化。

三、我国货币政策传导机制的地区差别分析

理论分析说明，货币政策执行效果的地区性差别，与货币政策传导机制的地区差别密不可分，货币政策传导机制的地区差别会导致不同地区对统一货币政策的反应程度和时滞不一样。由于我国经济处于转轨过程中，货币政策的传导机制较西方发达市场经济国家要复杂得多，因此我们将从货币政策传导机制的各个方面和各个环节，深入分析货币政策传导机制的地区差别。

货币政策的传导机制可从多个方面看，比较普遍的有以下几种：一是从传导路径和部门环节看，是从中央银行到金融中介、投资者和消费者，最终到宏观经济的作用过程；二从传导途径看，可分为信贷渠道、利率渠道、汇率渠道、资产价格渠道和预期渠道等；三是经济变量的传导过程，即“货币政策工具→操作目标→中介目标→最终目标”的过程，这一过程也可以说是从货币政策目标的角度来看的。在此部分，我们主要从货币政策的传导路径和传导途径来分析货币政策传导的地区差别，对于经济变量的传导过程，则在第四部分分析货币政策执行效果的地区差别时分析。

（一）货币政策传导路径和部门的地区差异

目前我国货币政策的传导路径和部门总体上可概括为：“中央银行→货币市场→金融机构→企业和个人→宏观经济”。但由于地区间在经济金融发展水平、经济金融结构、微观经济主体行为和偏好、社会文化等各方面存在差异，因此在上述传导过程中，各环节在地区间存在明显差别，起到的作用也不尽相同，因此导致货币政策传导机制在地区间存在差异。

1. 货币市场的发育程度

货币市场进入货币政策传导过程是20世纪90年代以后的事。改革开放前，我

国货币政策传导过程是从人民银行到人民银行的分支机构，再到企业，基本没有商业银行和金融市场，传导过程简单、直接，即直接从政策手段到最终目标；20 世纪 80 年代，随着中央银行制度的建立和金融机构的发展，货币政策形成了从中央银行到金融机构，再到企业的传导体系，但货币市场尚未完全进入传导过程。90 年代以后，金融宏观调控方式逐步由直接调控向间接调控转化，货币市场进一步发展，初步形成了从中央银行到货币市场，到金融机构，再到企业的传导体系。

但在全国总体发展过程中，由于各地区货币市场发育过程和发育程度不同，因此货币市场在货币政策传导过程中所起的作用也各不相同。

有的省区，货币市场较为发达，参与货币市场交易的金融机构较多，货币市场的交易量较大，货币市场在本地区的资金融通中起着较重要的作用。当中央银行进行货币政策操作引起货币市场利率与交易量的变化时，在这些地区，就会影响到金融机构的流动性、资产负债结构和盈利水平等，从而影响到企业和个人资产负债结构的变化，影响投资和消费，进而影响到经济增长和物价水平。因此在这些地区，能通过货币市场较好地传达中央银行的政策意图。例如，浙江省的货币市场比较发达，根据浙江省的分析结果，同业拆借市场利率的变动对同业拆借交易量有着较明显的影响，而同业拆借量的变动与贷款额的变动之间也存在一定的相关关系，贷款的变动最终影响到经济增长和物价水平。

相反，有的省区，货币市场体系建设和业务发展滞后，影响了货币政策机制的有效传导。例如，从陕西省货币市场的发展情况看，不仅货币市场的参与主体少，而且交易品种单一，交易规模小，一定程度上制约了货币政策工具作用的有效发挥。如目前陕西省西安市隔夜头寸拆借系统市场成员只有 25 家；在债券市场上进行交易的品种主要是国债，而金融债、企业债数量极少；票据市场规模不大，2004 年上半年陕西省承兑汇票余额为 201.2 亿元，贴现与再贴现余额为 189.9 亿元，仅占全国贴现与再贴现余额的 1.76%。因此当中央银行通过货币市场进行货币政策操作时，对陕西省的影响就很小。

2. 金融机构

金融机构是货币政策传导过程中极其重要的一环。在我国以间接金融为主的金融结构下，商业银行在货币政策传导中发挥着重要作用。而在我国商业银行体系中，工、农、中、建四大国有独资商业银行占据着主导地位。“1996～2002 年，我国四家国有商业银行资产总额、存款总额和贷款总额的集中度均在 60% 以上，控制了银行业绝大部分的市场份额”，[①] 客观上形成了相当程度的金融垄断。中国人民银行的货币政策能否达到预期目标，很大程度上取决于国有独资商

① 谢平：《关于“中国银行业的稳健性和竞争程度对货币政策传导机制的影响”的评论》，“中国货币政策传导机制高级研讨会”论文。

业银行对货币政策信号的反应是否灵敏、及时和有效。从某种意义上说，国有独资商业银行是我国货币政策传导的重要枢纽。

目前，各家国有商业银行都实行总行一级法人制度，各地区的国有商业银行在本质上不存在差别。但由于地区间在经济、教育、社会等方面存在差别，因此各地国有商业银行在机构数、业务量、效益以及服务水平等方面都存在差异。经济发达地区银行的数量明显多于欠发达地区，且高等级行多于欠发达地区，发达地区国有商业银行的存贷款业务量明显大于不发达地区，资产质量也要优于不发达地区。

除了国有商业银行，其他金融机构对货币政策传导的影响也很大，但其他金融机构在各地区间的发展程度不一样。经济较发达地区，其他金融机构较多，业务量较大；而经济不发达地区，其他金融机构数量较少，业务量也相对较小。其他金融机构与国有商业银行相比，由于在体制上存在差别，因此其经营目标与经营行为与国有商业银行相比存在较大差别，对于中央银行调控措施的反应也不一样。相比较而言，国有商业银行受政府行为的影响较大，中央银行的调控措施对国有商业银行的影响也较大，而股份制商业银行或其他金融机构的行为则较稳定一些。例如，在近一轮经济增长中，受地方政府的推动，2002 年下半年之后，出现了信贷扩张行为，这其中，国有独资商业银行的贷款增加得更快；而在实施宏观调控后，国有独资商业银行的贷款又较其他金融机构下降得多。

另一方面，近些年来监管目标与货币政策意图的冲突是影响货币政策传导的一个重要因素。1997 年亚洲金融危机之后，国务院要求金融机构加大风险控制的力度，将风险防范作为金融机构的首要目标。国有商业银行在信贷管理方面开始推行责任终身追究制。虽然当时中央银行的货币政策是扩张的，但在商业银行的风险约束与利润激励机制不对称的情况下，国有商业银行普遍存在“惜贷”现象，货币政策的传导受到阻滞。相对于国有商业银行来说，股份制商业银行和其他一些金融机构没有沉重的不良贷款的历史负担，它们对待信贷风险的态度与国有商业银行不尽相同，因此监管目标与货币政策目标的冲突没有表现得那么明显。

因此，地区间不同金融机构的分布不一样，对货币政策传导的效果也不一样；商业银行的稳健性程度不一样，对货币政策传导的效果也不一样。例如，从陕西省银行业的组织结构看，四大国有独资商业银行在金融市场中占据垄断地位，股份制商业银行、城市商业银行、农村信用社等中小金融机构市场份额小，资金实力弱，竞争力不足。从金融机构的经营情况看，国有独资商业银行由于历史包袱较重，机制转换步伐缓慢，业务创新不足等问题，盈利能力依然较弱，资产质量仍需改善；股份制商业银行虽然发展较快，但规模较小，业务增长波动幅度较大，资产状况也需进一步关注。陕西省这种银行组织结构体系和质量，严重影响了货币政策的传导效果。在前几年扩大内需的过程中，虽然中央银行采取了一系列的货币政策来促进经济增长，但陕西省的贷款增长缓慢，究其原因，主要是由于金融机构，尤其是国有商业银行的原因造成的。一是陕西省金融机构存贷比较高，影响了贷款的继续增长。二是金融机构不良贷款“双降”压力较大，“惜贷”现象严重。三是国有独资商业银行的“三大退出”战略缩小了农村金融服务领域，县域贷款投放量大大减少。

而从2001年开始，随着陕西省国有独资商业银行风险管理和内部控制的加强，其不良贷款率稳步下降，经营效益逐步改善，贷款营销意识有所增强；同时多家股份制商业银行的进入加剧了业务竞争，金融服务水平不断改善，陕西省贷款投放呈持续大幅增长态势，地方经济快速发展，物价小幅上涨。

3. 企业部门

企业是我国的主要负债部门，也就是说，企业是资金的主要融入者。不同的企业，对资金的需求不同，借款能力与还款能力不同，因此在信贷市场上的地位不一样，对经济增长的影响也不一样，因此企业的总体状况和分布情况对货币政策传导有很大影响。

按体制划分，我国的企业可以分为两类：国有企业和非国有企业。国有企业由于有政府隐含担保，因此存在预算软约束，对于货币政策的变化反应不够灵敏。但国有企业却是银行信贷资金的主要运用者。近年来，随着银行信贷风险管理制度的建立健全，尤其是信用评级制度的推广，国有企业也逐渐分化。大企业特别是一些上市公司和优势企业，在各种融资活动中处于越来越有利的地位，而一些效益差的国有企业，已不再容易获得银行贷款资金。

近年来，由于宏观经济政策一直强调对民营企业发展的支持，并且商业银行逐步注重风险和利润考核指标，贷款出现向大型企业和优质中小企业倾斜的现象，所有制不同导致的贷款歧视逐步减小。例如，在近一轮宏观调控过程中，商业银行信贷政策调整普遍淡化了经济成分，基本采取以风险和效益为中心，一视同仁，择优汰劣的政策，因此民营企业并没有受到特别打击。中国人民银行信贷咨询系统显示，2004年8月末，非国有企业贷款占全部贷款余额的比重比上年末上升了1.4个百分点。

由于不同地区企业的分布不一样，因此对货币政策调整的反应就不一样。总的来看，发达地区企业由于历史积累较好，大中型企业占的比重较高，上市公司多，并且很多企业的经济效益很好，这些企业在信贷市场上很容易获得贷款，还能从其他渠道融资，货币政策调整对这些企业的影响不是很大。从所有制结构看，东部发达地区一直位居改革前沿，民营经济起步较早，中小企业中，国有企业、乡镇企业改制都较早，也都比较彻底，更符合银行信贷条件，也较容易得到银行贷款。2003年上半年，上海市中小企业贷款同比增长122%，高出贷款总额增速18个百分点；广东省中小企业贷款余额差不多占全部贷款余额的75%。这些情况说明，优质中小企业已逐渐在信贷市场上取得有利地位。但由于中小企业相对大企业来说，不容易从其他渠道取得融资，因此对银行信贷的依赖程度高，信贷总量的扩张或收缩对它们的影响很大。

而在不发达地区和一些老工业基地，效益较差的国有企业较多，这些企业几乎完全依赖于信贷政策的支持，货币政策变动对这些地区的影响十分显著。另外欠发达地区中小企业组织规模过小，经营状况和信用状况欠佳，贷款条件差，很难获得贷款，货币政策在收缩时对这些企业的影响尤其大。

4. 居民个人投资消费倾向

从理论上说，货币政策调整时，会影响居民的投资与消费，或者预期，从而影响经济增长。但从我国的普遍情况看，我国居民消费、储蓄和投资均表现出对货币政策的低敏感性。从消费看，尽管近几年消费信贷在我国发展很快，但仍属于起步阶段，消费信贷的总量较小，并且消费信贷的发展受消费信贷条件变化的影响大，而对利率的敏感性还没有表现出来。从储蓄看，大量的研究都表明，我国居民储蓄存款对利率的变动不敏感。从居民投资看，随着我国经济的发展，我国居民储蓄中投资部分的比重越来越大。这部分储蓄是对货币政策变动比较敏感的部分，如根据利率高低或市场行情好坏，游走在股市、债市或银行储蓄存款之间。但这部分储蓄主要集中在部分高收入者手中。

改革开放以来，我国地区间人均收入不平衡现象呈加速上升势态。1981 年，城镇居民收入最高的省市上海与收入最低的省份山西分别为 599 元和 370 元，二者之比为 1.6∶1，差距不太明显；1997 年，城镇居民收入最高的省份广东与收入最低的省份甘肃分别为 8562 元和 3592 元，二者之比为 2.38∶1，差距明显；而 2001 年城镇居民收入最高的省市上海和收入最低的省份河南分别为 12981.53 元和 5292.09 元，二者之比为 2.45∶1，差距相当明显。在经济欠发达地区，城乡居民恩格尔系数一般大于 45%，比经济发达地区高出 10～15 个百分点，仍然处于以收定支的消费阶段，消费结构还没有升级的潜力。经济欠发达地区居民储蓄较发达地区少，金融资产仍主要以银行存款为主，而且主要以满足预防性需求为目的，对货币政策的敏感性程度更低。而在经济发达地区，大部分居民已实现小康，居民消费正在处于升级换代阶段，消费信贷也发展得比较迅速。并且经济发达地区居民储蓄较多，金融资产逐步多样化，因此居民消费对货币政策的变化较为敏感。

5. 其他因素的影响

除了以上因素之外，其他因素对货币政策传导也有很大的影响。

其一是其他金融资源的可得性，如资本市场的发展，非正规金融的发展等，这些因素会在一定程度上抵消货币政策的作用。如浙江省民间借贷活跃，在货币政策趋紧时，民间借贷更为活跃，利率上升，成为商业银行资金趋紧状况下一些企业融资渠道的有益补充。但我国各地区间在这些方面的情况有很大差异，一般来说，发达地区的资本市场较为发达，民间借贷在某些地区很兴盛，而不发达地区则相反。

其二是地方政府。我国地方政府在经济发展中具有特殊的地位，对经济的影响很大，因此地方政府是货币政策传导中不可忽视的一个重要方面。地方政府对货币政策的态度取决于货币政策目标和地方政府目标是否一致。如果货币政策目标和地方政府目标一致，地方政府就会成为货币政策执行的推动者；如果货币政策目标与地方政府目标不一致，地方政府就会成为货币政策传导过程中的阻碍。从实际情况看，各地区间地方政府对经济的干预程度与方式存在很大差别，因此对货币政策传导的效果不一样。

（二）不同货币政策传导渠道的地区差别

货币政策的传导渠道可分为信贷渠道、利率渠道、汇率渠道、资产价格渠道等。目前我国货币政策的传导渠道具有以下特点：（1）信贷渠道是我国货币政策传导的主渠道。由于我国目前仍以间接融资为主，在企业的融资结构中，银行贷款占主导地位，信贷政策及信贷资金来源的变化对企业和居民行为有着重要的影响，因此信贷渠道是我国货币政策传导的主渠道。但随着贷款与 M_2 比例的逐步下降，信贷渠道的作用开始有所减弱。（2）利率渠道逐步发挥着重要作用。长期以来，我国对利率实施管制，因此利率渠道在货币政策传导过程中的作用受到很大限制。但随着我国经济体制改革的发展，利率杠杆对经济的调节作用将越来越重要。利率也是近几年来我国中央银行使用得最多的货币政策工具。随着我国利率市场化进程的不断推进，利率渠道在货币政策传导中将发挥日益重要作用。（3）资产价格渠道的作用有待加强。近几年在我国资本市场的培育发展过程中，资产价格对货币政策的影响逐步体现出来。但从资本市场发展对居民和企业投资与消费的财富效应和资产结构调整效应看，目前我国资本市场对货币政策传导影响程度还不高。随着我国资本市场的进一步发展和完善，资产价格渠道的作用将不断增强。（4）汇率渠道的作用目前在我国表现得较为特殊。从理论上说，货币政策传导的汇率渠道发生作用的机理是，国内货币供给的变动或利率的变动引起本币汇率的变化，影响净出口，进而对总需求产生影响。我国实行的是有管理的浮动汇率制度，但近些年来，人民币汇率主要钉住美元，汇率的波幅维持在一个狭窄的区间内，因此典型意义上的汇率传导渠道并不存在。但目前的汇率制度对货币政策也有着重要影响。中央银行为了维持一定的汇率水平，往往被动地进行基础货币的吞吐，外汇占款成为影响基础货币投放、货币供应量的一个重要因素。

由于信贷渠道和利率渠道的作用在我国相对更为重要，因此下面主要分析我国货币政策传导的信贷渠道和利率渠道在地区间的差别。

1. 信贷传导渠道的地区差别

信贷渠道是指货币供给影响信贷可得性，影响信贷供给并进一步影响投资和消费的货币政策传导渠道。新凯恩斯主义指出，货币政策传导的信贷渠道主要包括借款人资产负债渠道和银行借贷渠道。信贷传导渠道不仅作用于投资，同样作用于消费。

从货币政策信贷传导渠道的作用过程看，信贷传导渠道的地区差别表现在两个方面：一是信贷可得性的地区差别，二是信贷对投资和消费，进而对经济产生影响的地区差别。

信贷可得性的地区差别，首先表现为各地区在金融资产上的差别。经济发达的省份，收入水平高，因而储蓄水平也高，资金来源较丰富，而经济不发达的省份，收入水平低，储蓄少，资金来源少，这样就表现为金融资产分布的地区不平衡。例如，65%左右的金融资产集中于人民银行上海、天津、广州三大分行管辖的区域，而占国土面积72%的西部地区金融资产所占比重仅仅为17.8%。

从银行信贷渠道的角度而言，在欠发达地区，由于商业银行经营规模相对较小，不良贷款率较高，“双降”的压力很大，因而更影响了信贷供给能力。近几年，为节省成本、减少亏损，四大国有商业银行在欠发达地区大力撤并县级或县级以下的分支机构，导致县域金融服务出现了一定程度的“真空”，剩下的金融机构的存贷比一般较低，金融服务、特别是信贷资源配置能力弱化严重；同时，由于邮政储蓄机构经营行为扭曲，造成了欠发达地区县域金融中工、农、中、建和邮储机构“五龙吸水”的资金外移格局，进一步减少了欠发达地区的信贷资金供给。而在发达地区银行的资产负债状况较好，因此银行信贷供给的能力较强。

从借款人资产负债的角度而言，借款人的净资产是决定性因素。由于普遍而言，经济发达地区无论企业还是居民的净资产都高于经济不发达地区，资产质量更佳，因此经济发达地区信贷的可得性更高。在过去一些年内，由于经济发达地区经济增长更快，资金回报率更高，因此形成了资金进一步从欠发达地区流向发达地区的局面，这更加剧了地区间资金供应的不平衡，表1显示了我国东、中、西部地区在存、贷款上的差距。

表1 1999~2003我国东中西部地区存贷款差距

	存款余额比	贷款余额比
1999年	100:41.8:24.9	100:53.4:30.1
2000年	100:41.7:25.6	100:51.0:28.9
2001年	100:41.7:25.8	100:49.2:28.5
2002年	100:40.4:24.9	100:46.3:27.4
2003年	100:39.0:24.4	100:43.1:26.4

注：以东部地区为100，依次为中西部占东部地区比重。东部地区：津冀辽沪苏浙闽鲁粤琼；中部地区：晋吉黑皖赣豫鄂湘桂和内蒙；西部地区：渝川黔滇藏陕甘宁青新。因北京为主要全国性公司总部所在地，造成金融数据不可比，故剔除。数据来源于各地统计公报。

由于发达地区的信贷可得性较强，而欠发达地区的信贷可得性较差，因此当货币政策发生变化，影响到信贷供应时，对欠发达地区的冲击相对较大，而对发达地区的冲击相对较小，例如1998~2003年，浙江省贷款年均增长25.3%，高出同期全国年均增幅12.4个百分点；而辽宁省各项贷款平均增幅（11.4%）低于全国平均水平1.5个百分点。

信贷渠道发生作用的另一环节是信贷如何对经济产生影响。我国信贷资金使用效率长期偏低，近几年经济增长依赖信贷资金的程度又有所扩大。从全国信贷资金的使用情况看，一方面1998年以来国内市场低迷，有效需求不足，市场整体经济效益不高，信贷资金占用的时间较长，影响了资金使用效益；另一方面，随着金融机构中长期贷款的增加，信贷资金长期使用趋势明显，回收、周转的速度下降，导致信贷资金使用效益下降。2003年，全国每百元GDP占用信贷资金136.25元，较1998年多占用27.49元。这说明经济增长对银行信贷资金的依赖程度进一步加强。

但信贷资金与GDP之比高也不见得完全就说明信贷资金的使用效率低，它在一定程度上还反映了金融深化的程度和信贷市场的发达程度。从分地区的情况看（参见表2），信贷资金与GDP之比并不一定与经济发达程度成反比。也就是是说，经济发达地区，不一定信贷资金与GDP之比就低。但无论如何，信贷资金与GDP之比反映出各地区经济增长对贷款的依赖程度是不同的，因此，当货币政策引起信贷变化时，即使各地区信贷的变化是相同的，最终对各地区经济的影响结果也不同。

表2　不同地区贷款与GDP的关系

地区	贷款增加额/GDP（%）	贷款存量/GDP
全国	23.63	1.36
天津	37.13	1.40
山西	21.57	1.45
辽宁	16.31	1.20
江苏	24.58	0.91
浙江	36.21	1.28
福建	13.9	0.73
山东	15.5	0.84
湖北	8.1	0.93
广东	20.45	1.34
贵州	19.20	1.48
陕西	22.86	1.26

资料来源：《金融统计与分析》2004年第1期，2003年第1期；《中国统计年鉴2004》。

2. 利率传导渠道的地区差别

由于我国利率还不是完全由市场来决定，因此其作为货币政策传导途径的作用受到很大限制。从全国的情况看，大量的实证研究表明，利率变动对投资、消费和经济增长的影响较弱。但从地区层面看，由于地区间的市场化程度不一样，因此利率传导渠道在地区间也应有所差别。但这仅是理论上的推导，从实际情况看，无论是发达地区，还是欠发达地区，利率传导渠道的作用都不明显。

如对浙江省的实证分析表明，利率变动对储蓄存款总量变动的影响较小，1998 年 1 月至 2004 年 5 月，储蓄存款无论是对名义利率还是实际利率，都缺乏弹性；贷款增长对名义利率和实际利率也缺乏弹性。

湖北省的情况也表明，1998 年后我国利率水平虽然多次下调，但是居民储蓄和企业投资并没有显著地下降和增加。这是因为就业和收入预期不确定所导致的子女教育、购房需求、养老和医疗等预期费用数额较大，对利率基本无弹性，所以尽管利率连续下调，但储蓄存款却呈现出高速增长态势；与此同时，由于大部分企业产品供过于求的局面没有彻底改变，民间投资还未激发，加上商业银行对信贷风险加强了管理，因此便难以看到利率下调对收缩储蓄和刺激投资、消费的积极作用。

从天津的情况看，存贷款利率的下调，在某种程度上对于天津市经济的发展起到了一定的作用，但是作用不是非常明显。如天津市金融机构的贷款增长率是于 2003 年 3 月开始上升、存款增长率是于 2003 年 6 月开始上升，存贷款增速的上升离第八次存贷款利率下调已滞后 1 年之久，因而从货币政策短期效应来看，效果极为不显著。

从陕西省的情况看，利率对产出和价格的影响力更加弱化，利率传导途径作用不大。

四、货币政策执行效果的地区差别

（一）不同货币政策工具执行效果的地区性差别分析

我国的货币政策工具，归纳起来共有 7 种，包括存款准备金率、再贴现、再贷款、公开市场操作、中央银行票据、利率和信贷政策。

在这些货币政策工具中，公开市场操作与发行中央银行票据的主要目的是调节基础货币供应，另外也可以通过影响货币市场利率，达到影响经济的目的。在资金流动性高的情况下，这两项操作对全国存在普遍影响。但影响的强弱、时间的先后会因一些因素的影响而有所差别。例如，创汇多的地区，因央行对冲措施就能直接获得较多的基础货币，而创汇较小的地区，就要通过资金的流动才能得到更多的货币供应；金融机构参与货币市场交易多的地区，受影响大一些，反之，受影响就会小一些。但总的来说，这两项工具，对不同地区作用效果的差别不大。而利率政策我们在前文中已讨论过，它对所有地区的调节作用都不明显。因此下面重点讨论其余几种货币政策操作工具执行效果的地区差别。

1. 存款准备金率

法定存款准备金政策的作用过程是：为刺激（抑制）经济增长，增加（或减少）货币供应量→中央银行调低（或调高）法定存款准备金率→商业银行超额准备金增加（或减少）→商业银行贷款和投资规模扩大（或缩减）→货币乘数放大（或缩小）→市场货币供应量增加（或减少）→市场利率降低（或提高）→投资、消费支出增加（或减少）。

1998 年我国实行存款准备金制度改革以来，已进行了 5 次调整（如果包括从 2005 年 1 月起对外汇存款准备金率的调整，则为 6 次）。1998 年 3 月 21 日，为了抵御亚洲金融危机的影响，中国人民银行在将法定存款准备金账户和备付金账户合并为法定准备金账户的同时，将法定准备金率由 13% 下调至 8%，这是扩大内需的一项重要举措。1999 年 11 月 21 日，根据当时全国贷款总量增加较少、广义货币增幅逐步回落的态势，中国人民银行再次将法定存款准备金率由 8% 下调至 6%，金融机构增加可用资金近 2000 亿元，并全部由其自主使用，为商业银行扩大贷款发放进一步创造了条件。2003 年随着我国经济进入新一轮增长期，在全国范围内出现了投资和信贷增长过快，以及部分行业和地区盲目投资、低水平重复建设的现象，中国人民银行决定从 2003 年 9 月 21 日起将法定存款准备金率由 6% 调高至 7%。2004 年，面对依然强劲的贷款增势，中国人民银行于 3 月 25 日决定从 4 月 25 日起实行差别存款准备金率制度，将资本充足率低于一定水平的金融机构存款准备金率提高 0.5 个百分点，执行 7.5% 的存款准备金率，其他金融机构仍执行 7% 的存款准备金率；4 月 12 日又决定于 4 月 25 日起将法定存款准备金率再提高 0.5 个百分点，以达到防止信贷总量过快增长、保持货币金融环境稳定、促进国民经济持续快速发展的目的。

很多学者认为，地区间差别的存在使得法定存款准备金政策存在一定的局限性，它对不同类型的银行或不同地区的银行影响不一样。因为超额准备金并不是均等地分布在各银行，各地区的经济发展程度不同，银行规模大小有差别，因此不同地区、不同银行的超额准备金差别较大，法定存款准备金率统一式的变动对各地区、各银行的影响就不一样。往往是对大银行有利而对小银行不利，法定存款准备金率上调时甚至会导致小银行陷入资金周转不灵的境地。相对于东部地区而言，中西部银行的超额准备金较少，提高或降低准备金率往往是对超额准备金较少的中西部地区影响较大而对东部地区影响较小。

在中国人民银行决定从 2004 年 4 月 25 日起实行差别存款准备金率制度后，也有观点认为，对实力不同的金融机构实行区别对待，有利于保证金融机构稳健经营。但由于欠发达地区的金融机构的资本充足率相对较低，这种差别准备金政策对欠发达地区的紧缩效应实际上更加强烈，而发达地区的经济过热程度恰恰高于欠发达地区。

从实际情况看，以上情况确实有所表现，但这种差别不一定表现在地区间，在地区内部同样也可能表现出来。例如，存款准备金率的调整在贵州省内对中小金融机构（主要是城市商业银行）的作用力更为明显。这是因为国有独资商业银行资金富足，头寸宽松，流动性的有限放松和收缩对其影响不大；而城市商业银行资金实力有限，头寸水平对存款准备金率的调整反应敏感。由于城市商业银行贷款在私营及个体企业贷款中占较大的比例，私营及个体企业贷款的变化基本反映城市商业银行贷款动向。1998 年 3 月和 1999 年 11 月，存款准备金率下调之后的 2 ~3 个月内，金融机构对私营及个体企业贷款同比增长率表现出逐月上升的情况；而在 2003 年 9 月和 2004 年 4 月存款准备金率上调之后，金融机构对私营及个体企业贷款同比增长率在此后的 2 个月内又表现出逐月下降的情况。

由于存款准备金政策是一项作用力很强的政策，因此它对各地的金融机构和存贷款，乃至经济增长都有重要影响，对经济发达地区也不例外。从浙江省的情况看，在存款准备金率下调阶段，存款准备金政策对贷款以及经济增长有明显的影响。在存款准备金上调阶段，对金融机构、市场流动性的影响更加明显。2003 年 9 月开始，由于存款准备金率上调，隔夜拆借市场利率随全国银行间同业市场拆借利率上浮 1 个百分点，直贴利率上升 1.5 个百分点，年利率达 4.6% 左右，商业银行系统内资金调剂利率也普遍上升 1 个百分点。由于商业银行可用资金减少，拆入资金成本上升，票据转贴现一度阻滞。2004 年，在存款准备金率继续上调的情况下，由于可用资金减少，金融机构普遍资金面趋紧，导致各行、各地金融机构贷款实际执行利率均有一定程度的上扬，上浮幅度有所提高。同时，民间借贷开始活跃，利率走高，根据有关部门的统计资料，温州个别地区民间借贷利率已从一年前的 0.8‰ ~1‰。上升到 1.5‰ ~2‰。民间借贷成为商业银行资金趋紧状态下一些企业融资渠道的有益补充，使那些因银行信贷标准提高和授信权上收而受到影响的企业避免了资金链的突然断裂，保证了经营活动的正常运行。

但存款准备金政策的作用效果到底如何，还受货币政策传导过程中各环节的影响，也就是说，即使存款准备金政策影响到银行可用资金，但是否就影响到银行贷款，银行贷款是否又影响到投资与消费，进而影响到 GDP 和物价，这个过程是不确定的。正如前文分析的，货币政策的传导环节在各地区间存在较大差别，因此存款准备金政策对各地的作用效果也不一样。

从陕西省的情况看，存款准备金率下调的作用受到金融机构状况的很大影响，虽然存款准备金下调增加了商业银行的可用资金，陕西省金融机构在亏损依然严重、存贷比很高的情况下，贷款增长受到较大程度的制约。

湖北省的情况与此类似，存款准备金制度改革以及调低，大大增加了金融机构的可用资金和信贷供给能力，但是却并没有带来信贷的扩张。1998 年至 2003 年湖北省贷款增长速度分别为 17.49%、0.79%、-0.97%、8.4%、13.88%、15.95%。原因：一是商业银行自亚洲金融危机后，对风险更加重视，加强了信贷的审慎管理，将信贷权限大大上收；二是效益好的企业占比少，产品供过于求的企业多；三是信用环境还不完善，一些企业逃债、废债的现象也使银行收缩了信贷。

但就这两省而言，存款准备金上调，对抑制贷款增长则有较明显的作用。

归纳以上分析，我们认为，存款准备金率下调，对经济发达地区的作用效果较为明显，对欠发达地区，受金融机构、企业经营状况等因素的影响，存款准备金率下调对经济增长的刺激作用受到限制。存款准备金上调，对各地区都有较大的影响。

2. 再贴现率政策

再贴现是中央银行基本的货币政策工具之一，1998 年 3 月 25 日之前，再贴现率依附于再贷款利率，其利率水平与同档次再贷款利率挂钩，按下浮 5% ~10% 执行，1998 年 3 月 25 日之后，人民银行改革了再贴现利率的确定方式，与再贷款利率脱钩，单独发布再贴现利率，再贴现利率首次成为独立的基准利率种类。

从 1998 年 3 月 25 日至今，中国人民银行已经 6 次调整再贴现率。1998 年 3 月 25 日在再贴现利率的确定方式改革的同时，再贴现利率下调为 6.03%；随后于 7 月 1 日和 12 月 7 日相继下调为 4.32% 和 3.96%，三次再贴现利率累计下调 4.06 个百分点，下降幅度达 50%，贴现利率也随再贴现利率以相应幅度下调。贴现利率与再贴现利率的下调一方面降低了企业的融资成本，保证了企业的合理资金需求，另一方面对扩大票据承兑、贴现和再贴现规模，稳步发展票据市场起到了积极作用。1999 年，为了进一步推动票据市场的发展，人民银行于 6 月 10 日将再贴现利率再次下调为 2.16%，下调幅度达 45%，同时增加了对各分行的再贴现额度。这一政策极大地提高了商业银行开展票据业务的积极性，政策执行效果非常明显。但是，随着票据业务的迅速拓展，票据市场上也出现了部分金融机构违规办理票据承兑与贴现、贴现严重依赖再贴现、票据流通秩序混乱的现象。为了规范票据业务发展，防范票据风险，维护票据流通秩序，人民银行于 2001 年 9 月将再贴现利率由 2.16% 调高为 2.97%。基于宏观调控的需要，人民银行又于 2004 年 3 月 25 日实行再贷款浮息制度，再贴现利率在现行再贴现基准利率的基础上加 0.27 个百分点，达到 3.24%，这实际上进一步强化了 2001 年以来再贴现的紧缩政策，使中央银行的基础货币量进一步收紧。再贴现利率的提高减少了商业银行对再贴现贷款的需求。2002 年初，再贴现利率（2.97%）高于货币市场的平均利率（2.2%），使再贴现贷款减少，到 2002 年底余额只有 67.7 亿元，比年初余额减少 587.7 亿元，加上 2001 年再贴现窗口收回的 603 亿元，2001 和 2002 年两年中央银行共收回再贴现贷款 1190.7 亿元。

作为货币政策工具之一，再贴现属于辅助性的政策工具，加之我国的再贴现规模较小，再贴现率对信贷资金的调节作用不是很大。

在再贴现利率变动的情况下，各地区再贴现业务的变化基本上呈现出与全国相同的变化趋势（参见表3）。

表3 有关省份的年度再贴现额

单位：亿元

年份	湖北	浙江	陕西
1999	59.57	17.95	20.25
2000	128.43	185.58	45.03
2001	176.09	350.80	99.16
2002	9.68	87.59	86.5954
2003	57.86	75.50	1.3164

但再贴现利率的变动对各地区经济的影响却不尽相同。再贴现政策的作用，主要是调节贷款松紧程度和影响资金借贷成本。但其作用受到票据市场发展程度、其他融资渠道的可获得性和商业银行贴现行为的影响。由于各地区间在这些方面存在差别，因此再贴现政策对不同地区的作用效果也不一样。从逻辑上推论，相对东部来说，西部在商品交易秩序、商业信用等方面相对较差，因此票据市场发展缓慢，贴现、再贴现业务的发展极为滞后，中央银行再贴现政策的调整对这些地区影响较小。

但由于总体上而言，我国再贴现规模小，再贴现率政策的调整主要在于培育、规范市场，因此即使是东部地区，再贴现政策的调整对这些地区影响也不够明显。从再贴现业务较多的浙江省的情况看，再贴现率的调整对再贴现的影响效应比较明显，两者呈负相关关系。但从再贴现率调整最重要的目的来看，其效果并不直接和明显，也就是说再贴现率的变动所体现的央行货币政策松紧的信号仍未被商业银行领会或者说商业银行对此信号反应不敏感，当央行下调再贴现率，发出松的货币政策信号时，商业银行贷款并未显著增加；当央行上调再贴现率，发出相对紧的货币信号时，商业银行货款并未明显减少。

3. 再贷款

1984年人民银行实施中央银行职能以来，再贷款作为一项重要的货币政策工具，在调控基础货币投放、引导信贷资金投向、调剂金融机构资金余缺等方面一直发挥着重要作用。但伴随着金融体制改革的深化，再贷款的总量调控功能逐步弱化，而在支持信贷结构调整、维护金融稳定和促进地方经济发展中的作用更加突出。我国的再贷款有支农再贷款、紧急再贷款、扶持发展性再贷款、头寸再贷款、中小金融机构再贷款等多种再贷款。近年来，再贷款的主要对象是农村信用社和部分中小商业银行，由于再贷款利率较低，再贷款具有较强的财政补贴功能。另外，近几年再贷款承担了中央银行“最后贷款人”的救助作用，例如对地方政府和资产管理公司贷款，在江苏农信社改革中的坏账处理放款等。

再贷款的使用本身就带有区域性特征。如1999~2002年末，央行共安排支农再贷款限额1238亿元，2003年进一步加大对地区间支农再贷款限额调剂的力度，重点支持中西部地区、东北等粮棉主产区及其他资金严重短缺地区的农村信用社。紧急再贷款也是根据风险处置的需要而发放的。因此再贷款在客观上起到了弥补地区差别的作用。

4. 信贷政策

近些年来，为了配合经济结构的战略性调整，促进国民经济的协调健康发展，人民银行通过制定和实施信贷政策来引导金融机构的信贷投向、优化资金配置、传达中央银行政策意图，通过“窗口指导”实施的信贷政策已经成为金融宏观调控的重要内容。

1998年以来，人民银行的信贷政策主要集中在以下几个方面。一是配合积极的财政政策，增加基础设施贷款；二是增加对个人的住房和汽车的消费信贷，同时限制商业银行发放零首付贷款和无指定用途的消费贷款；三是允许发放对农户个人的小额信用贷款；四是调整出口信贷政策，允许商业银行向出口企业提供以出口退税应收款为还款保证的短期流动资金贷款，贷款期限不超过1年，贷款比例不超过企业应得退税款的70%；五是扩大了对中小企业贷款利率的浮动幅度，上浮幅度由20%扩大到30%；六是为解决部分困难企业流动资金不足问题，支持银行发放封闭贷款，对失业和下岗职工发放小额担保贷款；七是支持发放助学贷款。在最近一轮的宏观调控中，信贷政策对抑制过热行业的增长，支持经济结构调整，保证经济社会发展所需要的贷款支持发挥了重要作用。

信贷政策既有全国普遍性的，也有针对特定地区与特定领域的。如《关于西部大开发若干政策措施的实施意见》指出，要加大对西部地区基础设施建设的信贷投入。对投资大、建设期长的基础设施项目，根据项目建设周期和还贷能力，适当延长贷款期限。扩大以基础设施项目收益权或收费权为质押发放贷款的范围。增加农业、生态建设的信贷投入。支持电力、天然气、旅游和生物资源合理开发等西部优势产业发展，对贷款金额较大的重点项目，可以由商业银行总行直贷解决，贷款不纳入当地分行存贷比或限额考核范围。对西部地区企业技术改造、高新技术企业和中小企业发展，也要给予信贷支持。另外扶贫贷款、助学贷款等信贷政策也是针对不同地区、不同人群的。

从各地区的情况看，普遍反映信贷政策对促进本地区经济协调发展发挥了重要作用。但也有某些地区反映，全国统一的信贷政策有时会伤及有些地区的发展。例如近期信贷政策要抑制某些过热行业的发展，但在有些地区，这些行业刚刚启动，并不存在过热的现象，因此影响了这些地区这些行业的发展。

（二）不同时期货币政策作用效果的地区差别

近10余年以来，我国的货币政策明显分为三个阶段：一是从1993～1997年，实行适度从紧的货币政策，使国民经济从过热区间进入合理增长区间；二是从1998～2002年上半年，货币政策主要致力于扩大内需，因而采取了一系列的放松措施；三是从2002年下半年开始，由于货币信贷增长过快，货币政策在保持对经济增长的必要扶持的同时，主要致力于防范金融风险，采取了一些收缩性的政策。下面我们从前两个阶段分别看货币政策在不同地区的作用效果（参见图1～图3）。

如果从投资增长率、GDP的增长率和物价变动率来反映货币政策的传导过程和执行效果，那么可以看出，各地区存在较强的一致性。

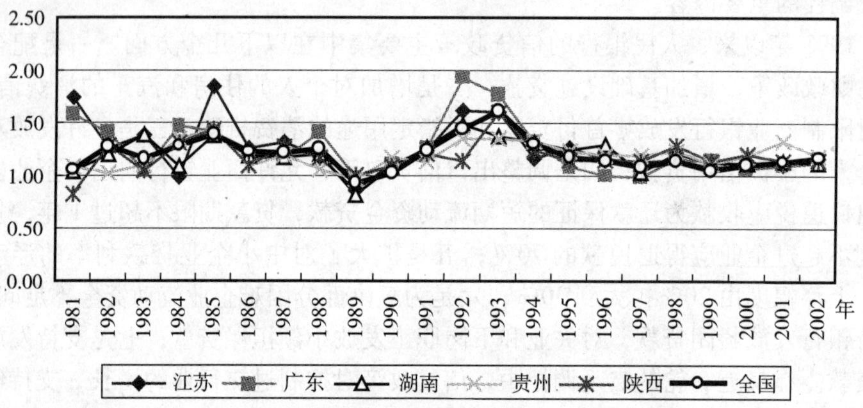

图1 全国以及部分省1981～2002年固定资产投资名义增长趋势图

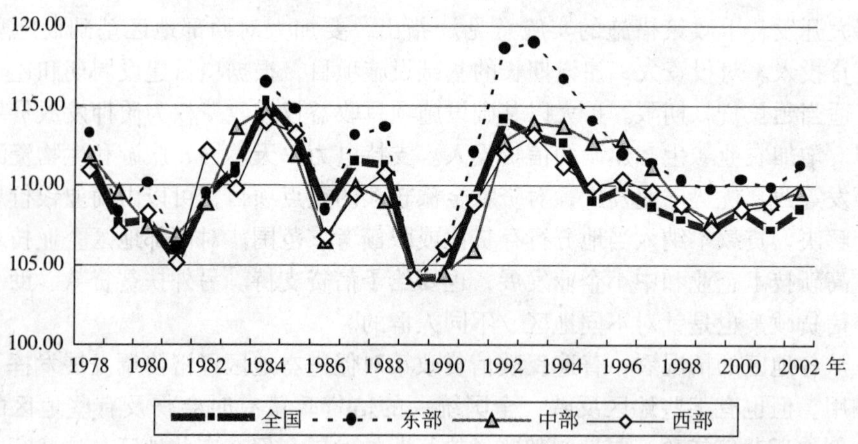

图2 全国、东、中、西部1978～2002年GDP增长指数变化趋势图

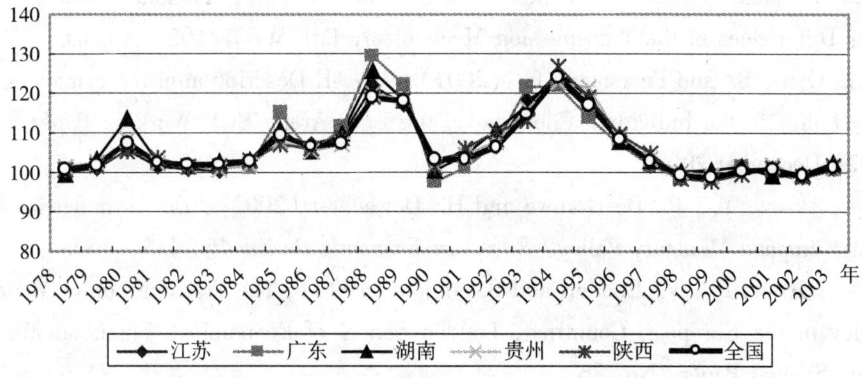

图3　全国以及部分省1978～2003年CPI年度变化趋势图

虽然周期变化趋势基本同步，但是从各省分阶段的情况看，欠发达地区是慢复苏、快回调，发达地区是快复苏、慢回调。因此也可以说货币政策对不同地区在作用效果与时滞上仍然存在一定差别。

五、结论与政策性建议

通过前文的分析，我们可以得出以下结论：（1）我国货币政策的执行效果在地区间不存在根本性差别，但各地区在反应程度与时滞上存在一定的差别，主要表现为欠发达地区是慢复苏、快回调，发达地区是快复苏、慢回调。（2）货币政策执行效果的地区差别的存在，主要是由于货币政策传导机制在地区间存在差别而引起的。有些货币政策工具的运用会强化这种区别，但有些货币政策工具的运用也在一定程度上弥补了这种差别。（3）我国货币政策执行效果的地区差别不能作为实施区域性货币政策的依据。

根据以上结论，我们提出如下政策性建议：（1）加强欠发达地区的金融生态环境建设，改善货币政策传导机制。提高传导效果。（2）加强对地区经济、金融形势的监测、调研与分析，提高货币政策决策的科学性与执行的有效性。（3）在坚持货币政策统一性的前提下，可以增强货币政策工具运用的灵活性，探索使用一些货币政策工具来弥补地区间差别。（4）借鉴美国的《社区再投资法》，保证欠发达地区的资金供应。（5）加强货币政策与财政政策、产业政策等方面的协调配合，充分发挥财政政策在缩小地区差别方面的作用。

参考文献

1. McAdam, P. and Morgan (2001), The Monetary Transmission Mechanism at the Euro－area Level ; Issues and Results Using Structural Macroeconomic Models, ECB Working Paper Series No. 93, December 2001.

2. Iements B., Z. Kontomelis and J. Levy (2001), Monetary Policy under EMU: Differences in the Transmission Mechanism, IMF WP01/102, August.

3. Ojon, B. and Peersman, G. (2001), A VAR Description of the Effects of Monetary Policy in the Individual Countries of the Euro Area, ECB Working Paper Series No. 92, December 2001.

4. Aksoy, Y., P. De Grauwe and H. Dewachter (2002), Do Asymmetries Matter for European Monetary Policy? *European Economic Review* 46, 443 - 469.

5. Barran, F., V. Coudert and B. Mojon (1996), The Transmission of Monetary Policy in the European Countries, London School of Economics, Financial Markets Group, Special Paper, No. 86.

6. Britton, E. and J. Whitley (1997), Comparing the Monetary Transmission Mechanism in France, Germany and the United Kingdom: Some issues and Results, Bank of England, Quarterly Bulletin, May, pp. 152 - 162.

7. Cecchetti, S. G (1999), Legal structure, financial Structure and the Monetary Policy Transmission Mechanism, National Bureau of Economic Research, Working Paper, No. 7151.

8. Clausen, V. (2001), Asymmetric Monetary Transmission in Europe.

9. Cheltenham: Elgar, Ehrmann, M. (2000), Comparing Monetary Policy Transmission across European Countries, Review of World Economics 136 (1), 58 - 83.

10. ECB (2000), Monetary Policy Transmission in the Euro Area, *Monthly Report* 2 (7), 44 - 58.

11. Guiso, L., A. K. Kashyap, F. Panetta and D. Terlizzese (1999), Will a Common European Monetary Policy Have Asymmetric Effects? *Economic Perspectives, Federal Reserve Bank of Chicago* 23 (4), 56 - 75.

12. Kakes, J. (2000), Monetary Transmission in Europe: The Role of Financial Markets and Credit.

13. Cheltenham: Elgar. La Porta, Rafael, Florencio Lopez - de - Silanes, Andrei Shleifer, and Robert W. Vishny (1997), The Iegal Determinants of External Finance, Journal of Finance, Vol. 52, No. 3, July, pp. 1131 - 1150.

14. Ramaswamy, R. and T. Sloek (1998), The Real Effects of Monetary Policy in the European Union: What Are the Differences? IMF Staff Papers 45 (2), 374 - 396.

15. 巴曙松：《中国货币政策有效性的经济学分析》，经济科学出版社，2000。

16. 中国人民银行广州分行货币政策传导课题组：《中国货币政策传导——理论与实证》，2004。

17. 袁钢明：《地区经济差异、宏观经济波动与宏观政策效应》，载《城市金融论坛》1997（6）。

18. 易纲：《中国的货币化进程》，商务印书馆，2003－11（B1）。

19. 徐龙炳：《货币政策效果的度量》，复旦大学出版社，2001。

20. 谢平：《关于“中国银行业的稳健性和竞争程度对货币政策传导机制的影响”的评论》，“中国货币政策传导机制高级研讨会”论文。

21. （荷兰）塞尔维斯特尔·C. W. 艾芬格（Sylvester C. W. Eijffinger），（荷兰）雅各布·德·汉（Jakob De Haan）著，向宇译：《欧洲货币与财政政策》，中国人民大学出版社，2003。

22. 张敖，胡秋慧译：《欧洲中央银行货币政策》，中国金融出版社，2004。

23. 申皓：《欧洲中央银行研究》，武汉大学出版社，2001。

24. 张耀辉等：《区域经济理论与地区经济发展：理论基础与欧盟国家实践》，中国计划出版社，1999。

25. 易定红著：《美联储实施货币政策的经验及其借鉴意义》，中国人民大学出版社，2004。

关于区域信用体系建设的研究报告

中国人民银行天津分行课题组

课题主持人：吴盼文

主要参与者：曹元芳　杨秀生　吴　超

樊　吉　李向前　王若平

李西江

一、引 言

此报告研究的区域信用体系是相对国家（社会）信用体系而言的地方信用体系，是以一个省、一个直辖市为单位，综合运用健全的法律制度和先进的信用管理技术进行区域信用管理，以提高区域信用主体的信用意识、优化区域信用环境为宗旨的管理体系，是国家信用体系在某一区域范围内的局部实现。

众所周知，信用是商品交换的前提和基础，良好的区域信用环境和市场秩序是区域经济得以健康发展的基石，也是区域经济体系得以正常运转的重要保证。然而，由于经济发展不平衡，各区域对加强信用体系建设的重要性认识不足，致使符合市场规范的区域信用体系与制度至今一直没有建立起来，区域信用主体的行为缺乏必要的制度约束和预算约束，造成了区域信用市场中普遍的道德风险和违约行为，大大增加了信用主体的交易成本，导致区域社会信用供给的严重短缺和市场经济秩序的混乱，制约了区域经济的健康持续稳定发展。因此，借鉴发达国家信用体系建设的经验，开展区域企业和个人信用管理体系建设，加快区域信用立法步伐，加大区域信用执法力度，规范区域的信用行为，不仅有利于营造失信者受惩、守信者得益的良好氛围和市场环境，而且有利于形成诚信为本、操守为重的良好社会风尚。

本研究报告从区域信用体系建设现状和问题入手，提出高度发达的区域信用体系在防范区域金融风险，提高区域资源配置，优化区域信用环境，促进区域经济健康发展，提高区域政府管理水平，实现区域物质文明和精神文明等方面具有十分重要的意义。为此，我们在介绍发达国家或地区信用体系建设模式的基础上，提出现阶段我国的区域信用体系建设模式是："区域政府推动，央行分支行运作，有关部门配合。"具体来说，就是在地方政府推动下，由代表国家信用的人民银行分支行牵头，有关部门密切配合，建立以现代信息技术为基础，以健全的法律和政策体系为保证的社会化、网络化的区域信用体系。从长期看，"特许经营、商业化运作"是我国区域信用体系建设的未来发展方向。

我们认为，区域信用体系建设是一项复杂的社会系统工程，需要做到"两手抓"，即一手抓内部机制建设，一手抓外部环境建设，而内部机制建设是信用体系建设的基础和关键，因此，我们将研究的重点放在了内部机制的构建上，提出区域信用体系的内部机制包括信息的采集机制、加工机制、资信评价机制、信息保密机制、信息共享机制、信息披露机制、守信与失信行为的奖惩机制等七大机制。

一个富有效率的区域信用管理体系，外部环境建设也是必不可少的。这种外部条件主要涉及六个方面：即建立健全信用法制；加强部门配合，消除信用体系建设中的条块分割和信息垄断；有效维护信用评级的客观性和独立性；充分发挥民间信用组织的作用；加强信用道德建设，提高信用主体的信用意识；加大政府信用监督力度，促进征信业健康发展。

由于各地经济发展程度差别较大，本报告是以天津市为样本进行研究的。

二、开展区域信用体系建设的重要性

（一）区域信用体系建设的现状及存在的问题

近年来，地方政府对区域信用体系建设非常重视，一些管理部门也在这方面进行了有益的探索，建立了局部的区域信用体系和部门征信体系。以天津市为例，目前存在两大征信系统，一个是天津市工商局牵头，由国税局、地税局、财政局、海关、建委、药监局、人事局、卫生局、市政局、规划局、房管局、劳动局等 14 个部门为信用数据提供单位的企业信息征信系统；另一个是人民银行天津分行牵头，按照人总行统一要求，由全市各金融机构提供信贷数据建设的银行信贷登记咨询系统。

目前，区域信用体系建设存在以下亟待解决的问题：

一是征信系统建设各自为政，不能实现信息资源共享。以天津市为例，目前市工商部门所建的信用管理系统与人总行推广的人行天津分行银行信贷登记系统相对封闭，互不沟通。天津市工商部门所建的信用管理系统没有把企业最重要的信用信息——商业银行的信贷信息包括进去，只有企业身份、资产等社会层面的静态信息，缺乏动态信息，数据开放仅局限于工商系统；而人民银行天津分行所建的银行信贷登记咨询系统却只有反映企业信贷变化情况的动态信息，没有企业与其他部门往来的信用信息，信息服务仅局限于商业银行、农村信用社；其他民间征信机构的信用信息更是严重不足，多数只有自身调查的借款人信息，提供的简单评级产品基本上以个人主观判断为主，评级结果多数为本部门服务，未能形成增值的产品开放服务。这种各自为政、条块分割、部门垄断、缺乏共享的局面，尤其是系统软件互不兼容，标准互不统一，不仅造成资源的巨大浪费，而且为今后系统的整合增加难度。

二是信用评级机构独善其事，缺乏统一的评级标准。区域信用体系是一个综合系统，覆盖区域经济和社会的各个领域，涉及法律、道德、管理、服务、信息等方面，目前由于缺乏统一的信用行业标准，即使在同一区域也出现多家金融机构对一家企业进行重复评级、一家企业存在多种评级结果的现象。如天津市各类信用中介机构在发展建设过程中就普遍存在着不符合国际惯例，缺乏统一规则、统一技术标准、统一信息编码、统一数据报告规范等问题，各机构评级方法自成体系。

三是评级机构数量多、规模小，市场运作不规范，不能做到“利益中立”，缺乏行业自律，缺乏权威性机构。以天津为例，目前全市共有信用中介机构135家，其中资产资信评估机构就有58家，占信用中介机构总数的43%，这些机构过去主要依附于银行和政府部门，数量多、规模小、市场化程度低、独立性差。同时为适应市场环境求生存，引发了个别评级机构采用低价格、高回扣、高评等级的手段来抢夺市场，使评级结果成为一种可以买卖的商品，出现了部分评估机构为拉业务需要，搞各种虚假评估，造成市场分割，恶性竞争。这种市场竞争不仅严重地阻碍了区域资信评级的发展，而且也难以树立评级机构的权威性。

四是与联合征信相关的地方规章制度建设滞后。由于全国统一征信立法涉及面广，制定难度大，所以，区域政府可以根据区域经济发展实际，出台具有区域性的相关规章制度，以此推动辖区征信业的发展。然而目前多数区域政府在地方性法规的建设方面却十分滞后。譬如，天津市由于在信用信息征集方面缺乏有力的法律约束，保护个人隐私和商业秘密方面缺乏明确的界定和规范，拥有信用信息的众多部门在公开信息方面缺乏法律依据，强制性要求信用信息拥有机构义务向信用管理部门提供相关信用信息的地方性行政法规迄今未见端倪，所有这些，在很大程度上严重制约着区域信用体系建设的速度。

（二）开展区域信用体系建设的重要性

1. 开展区域信用体系建设有利于规范区域政府行为，强化政府服务意识，提高政府服务效率在区域信用体系建设中，政府承担着非常重要的角色。一方面，区域政府是信用体系建设的推动者，另一方面，区域政府又是信用体系中信息的提供者和使用者。因此，区域信用体系将政府信用纳入管理范围，促进各级政府依法行政并恪守信用，不仅可以有力地推动各级政府决策的科学化、民主化和行政的规范化、制度化，而且还可以规范政府各部门的行为，建设服务型政府，做出积极的贡献。同时，也对强化区域政府信用服务意识，改进工作作风，规范行政行为，提高执政水平具有直接的推动作用。

2. 开展区域信用体系建设有利于疏通中央银行货币政策传导机制

为提高央行货币政策效应，人民银行分支机构曾多次向辖内商业银行下达窗口指导意见，督促其执行货币政策，但效果均不太明显。由于现实中的信息不对称和借款人缺乏信用，为了安全起见，商业银行信贷人员总是消极对待央行货币政策，极大地影响了中央银行货币政策在基层的有效传导。开展区域信用体系建设，实现客户的信用信息共享，使贷款人充分了解借款人的所有负债情况，可以降低银行逆向选择的风险，增大银行对区域经济的信贷投入力度，畅通货币政策传导机制，推动区域经济快速发展。

3. 区域信用体系建设可以营造良好的区域金融环境，化解金融风险，实现金融安全，最终实现区域的经济安全

金融是现代经济的核心，银行又是金融的主体。银行信用风险的管理和控制长期以来一直是令人关注又困惑的焦点。在市场经济从计划经济脱胎、生长、发展的过程中，银行始终处于业务拓展和贷款风险的矛盾之中。区域金融安全的实现，不能仅仅依靠银行自身风险的管理与控制机制，更要依托于信用大环境的改善。从天津市目前的情况看，人民银行所建立的信贷登记咨询系统对防范辖区内金融风险发挥了重要作用。区域信用管理体系通过规范政府、企业和个人的经济行为，提高贷款信用水平、增大违约成本，可以有效降低银行的逆向选择风险和道德风险，在保持金融安全的前提下，促进区域经济的健康、快速发展。

4. 区域信用体系建设有利于提高企业的信用意识，增加企业的诚信度，维护信用市场的秩序

市场经济就是信用经济。区域信用体系建设通过对企业各种信贷、经营、交易信息的采集、加工、披露，形成一种“守信奖励，失信惩诫”的机制，加大企业失信成本，使企业从自身长远利益出发，自觉规范自身市场行为，维护信用市场秩序。区域信用体系的建立，也有利于提高企业的信用风险意识，促进企业建立健全内部信用管理制度，提高企业的诚信度。

5. 区域信用体系建设有利于提高居民道德水平，促进居民诚实守信

个人是社会的细胞，个人信用是社会信用的基石。区域信用管理体系不仅以

信用制度约束个人行为，促其守信，更以道德教化和影响提高其信用意识和道德水准，使守信行为由被动变为自觉。因此，区域信用管理体系建设不仅可以提供居民行为的准则，而且也能够培养居民诚实守信的思想观念。

三、发达国家或地区信用体系建设的经验及对我国区域信用体系建设的启示

（一）发达国家或地区信用体系建设的模式

1. 美国的信用管理模式——纯市场化模式

（1）建立了完善的相关法律体系。目前，美国信用管理的法律框架是以《公正信用报告法》和《金融服务现代化法》为核心，以《平等信用机会法》、《公平债务催收作业法》、《公平信用结账法》、《诚实租赁法》、《信用卡发行法》、《电子资金转账法》、《格雷姆—里齐—比利雷法》、《平等信用和贷记卡公开法》等相关法律为辅助，共同构成了国家信用管理体系的法律环境，并且几乎每一部法律都随着经济发展状况的变化进行不断地修订。

（2）信用中介服务机构在信用体系中发挥重要作用。美国有许多专门从事征信、信用评级、商账追收、信用管理等业务的信用中介服务机构。一般说来，这些信用中介机构属私人部门所有，每一家信用中介机构都是以一种业务为服务核心，同时提供咨询和增值信息服务。美国消费者征信行业被“最大三家”征信公司所主导，即艾奎法克斯（Equifax）、益百利（Experian）和环联（Trans Union）。在资信评级领域最具有代表性的是穆迪投资者服务公司（Moody）、标准普尔公司（Standard and Poor's）、菲思公司（Fith）和达夫公司（Duff & Phelps）。在信用管理服务领域，最具有代表性的是美国信用管理协会（NACM）和联合信用局（ACB）。

（3）市场主体具有较强的信用意识。在美国，信用交易十分普遍，缺乏信用记录或信用历史很差的企业很难在业界生存和发展，而信用记录差的个人在信用消费、求职等方面也会受到很大制约。因此，美国的企业中普遍建立了信用管理制度，在较大的企业都有专门的信用管理部门，为有效防范风险，企业一般不愿与没有资信记录的客户打交道。美国的消费者都十分重视自身信用状况，并定期向信用局查询自己的信用报告，尽可能避免在信用局的报告中出现自己的负面信息。

（4）注重对信用行业的管理。由于美国有比较完备的信用法律体系，征信数据的取得和使用等都有明确的法律规定，因此政府在对信用行业管理中所起的作用比较有限，但美国的有关政府部门和法院仍然起到信用监督和执法的作用，其中联邦贸易委员会（Federal Trade Commission）是对信用管理行业的主要监管

部门，司法部、财政部、货币监理局和联邦储备系统等在监管方面也发挥着重要作用。另外，美国信用管理协会、信用报告协会、美国收账协会等民间机构在信用行业的自律管理方面发挥着积极的作用。

2. 欧洲大陆国家的信用管理模式——中央银行模式或公共管理模式

法国、德国、比利时等一些欧洲国家的社会信用体系主要采取中央银行模式或公共管理模式，其特点是：

（1）信用信息服务机构是由中央银行的一个部门建立，而不是由私人部门设立。在法国，中央银行的信用部门按月从银行采集借款累计超过50万法国法郎的公司客户的信息。在比利时，信用信息办公室依据一个记录有关分期付款协议、租赁和公司借款中的不履约信息的皇家条令建立，并作为比利时中央银行（National Bank of Belgium）的一个部门。

（2）银行依法向信用信息局提供相关信用信息。在比利时、德国、法国这些国家，商业银行向中央银行的信用风险办公室或信用信息局提供所要求的信息是一种强制行为。比如，德国联邦银行（German Federal Bank）要求银行和金融服务机构向中央银行报告负债总额超过300万德国马克的借款者的详细资料。

（3）中央银行承担主要的监管职能。以比利时、德国和法国为代表的一些欧洲国家，由于信用信息局被作为中央银行的一个部门，因而对信用信息局的监管通常主要由中央银行承担，有关信息的搜集与使用等方面的管理制度也由中央银行提供并执行。

（4）个人数据的法律保护。欧盟对个人数据的保护主要有欧盟数据保护指令，以协调其15个成员国间的个人数据流动，对个人数据流出欧盟国家做了较严格的限制。指令对个人数据保护主要体现在下列八项原则上：①质量相关准则。②数据处理的合法标准。③处理数据的特别种类。④对数据主体的通知准则。⑤数据主体有权使用数据。⑥例外及限制性规定。⑦数据主体反对处理其数据的权利。⑧数据处理的保密性和安全性。

3. 日本的信用管理模式——会员制模式

（1）企业征信系统。在亚洲，日本的企业信用管理发展最早，行业产值排行最高，其最大的征信公司是“帝国数据银行”，拥有亚洲最大的企业资信数据库，有4000家上市公司和230万家非上市企业资料，占70%以上的日本征信市场。另一家主要的征信公司是东京商工所。服务范围主要包括：企业资信调查、信用管理咨询、个人或法人财产征信。

（2）消费者（个人）征信系统。日本的消费信用调查发展较晚，并主要以行业协会的形式为主，通过信息互换实现。日本消费者征信最大的组织是日本银行协会下属的银行个人信用信息管理中心，金融系统信用卡协会的信用保障公司及票据交换中心。

(3) 日本对个人信用信息保护的法律规定。日本个人信用信息法律的主要特点有：①限定个人信用报告中信息的范围，包括消费者的身份识别信息，如姓名、年龄、依据、出生年月等，个人经济情况信息，如个人资产、负债、收入、支出及以往债务偿还状况，可间接推论个人经济状况的信息，如工作单位、家庭成员、居住状况等，与该信用授信合同有关的信息，如授信金额、交易账户、该债务的偿还状况等；②限定行为对象的范围，包括信用征信机构及与其进行信息交流的授信机构，如银行、保险公司、贷款业者、信用卡公司、分期销售商及有关保证公司、讨债公司等；③个人信息泄露的早期发现及防范；④行政机关的监督。其他方面的法律制度与欧美国家类似。

(二) 发达国家或地区的经验对我国区域信用体系建设的启示

1. 健全的法律体系是信用体系建设的重要保障

参照发达国家的经验，建设区域信用体系必须立法先行。因为收集、处理和提供区域企业和个人的信用信息，涉及商业秘密和个人隐私。完备的区域信用管理法律体系是区域信用行业健康规范发展的基础和必然要求。

2. 完善的信用数据库是区域信用体系建设必备的基础设施

由于对企业和个人信用的评价主要是建立在信用历史记录基础上，没有一个完备的征信数据库，企业和个人的信用等级评定和信用报告的制作就无法开展，信用信息就无法进行深加工，因此，功能完善的区域信用数据库建设是建立区域信用体系必备的基础设施。

3. 强化监督是区域信用体系良好运营的有效保证

由于征信数据及处理结果在某种程度上比较敏感，因此不论哪一国政府都要进行管理。目前我国各地区信用行业的发展只有十几年的历史，相关的法律法规严重缺乏，因此，在加快立法进程的同时，还需要地方政府、人大等部门，加强对该行业的监督和管理，让信用信息需求者合法平等地取得和使用信用信息。

4. 市场主体诚实守信的理念是维系区域信用体系运作的支撑

区域信用体系建立固然需要法律体系和必要的制度安排，但是信用的基础在很大程度上是由区域社会主体之间的信任和诚信的理念来维系。在市场经济环境下，市场主体的行为准则应首先是讲信用，无论是法人主体或公民个人，都应树立守信的公众形象，树立“守信光荣，失信可耻”的社会意识，才能在区域内形成“信用度高是一种财富”的理念和共识，促进区域信用建设。

5. 信用中介机构是区域信用体系建设的重要组成部分

在市场经济高度发达的国家，往往有许多专门从事征信、数据库、信用评级、信用管理的等业务的中介服务机构，每一家信用中介公司都以一种业务为服务核心，同时提供多种增值信息服务。因此，目前应按照严格的信用市场准入原则，逐步建立和发展一批提供各种信用服务的中介机构，让这些机构在激烈的市场竞争中，按照优胜劣汰、适者生存的原则，逐渐形成几家具有一定规模、信用度高、资金实力雄厚的权威性专业中介机构，为区域经济发展提供全方位、多功能的信用服务。

（三）区域信用体系建设的近远期模式选择

1. “区域政府推动、央行分支行运作、有关部门配合”是现阶段我国区域信用体系建设比较合理的模式

借鉴欧盟国家的公共管理模式，我们认为，现阶段我国区域信用体系建设可以采用“区域政府推动、央行分支行运作、有关部门配合”的模式。

（1）采取区域政府推动模式的理由。一是政府的号召力。当前还没有哪家中介机构比地方政府更具有这种市场号召力和经济实力，没有哪家中介机构比政府更容易整合各部门建立的信用征信系统，没有哪家中介机构比地方政府更能把区域信用体系搞得更快，搞得更好。

二是政府的公信力。目前，在一个区域内对企业、个人信用信息的采集和使用尚没有明确的法律规范，人行分支行征信部门在信息收集过程中，还存在信息采集的合法性、信息使用的保密性以及信息采集和使用中会涉及个人的隐私、企业的商业秘密等一系列的问题，会给其信息采集和使用工作带来很多的阻力。这时，只有省市政府才能够协调和强制性地要求政府有关部门和社会各界将其管辖的征信数据无偿地贡献出来，通过网络进入人民银行分支行的信用信息数据中心。

三是信息产品的“公共”特性。信用征信系统生产经营的对象是企业、个人的信用信息，信息作为辖区的一种重要资源，与其他各种资源最大的不同是其具有共享性，也就是说，一份信用报告，不会因为我的消费而排斥你的消费。从这个角度来看，信用信息产品实际上在某种程度上具有经济学上所说的公共物品的性质。既然是公共物品，则似乎由政府投资、由代表国家信用的央行来组织举办更为经济和更为有效。

（2）采取央行分支行运作模式的理由。一是人民银行分支行的职责和信贷登记咨询系统的建设经验决定的。人民银行分支行作为我国中央银行的派出机构，既承担着国家赋予的建设信贷信用体系重任，又具有近10多年的企业信贷登记咨询系统建设经验。如人民银行天津分行的信贷登记咨询系统拥有天津市99.5%的企业信贷信息，所以无论从国家征信工作安排的角度，还是从节约资金、富有经验和影响力的角度来考虑，目前由人民银行分支行具体行政运作区域

信用管理体系都是一种最合理的选择。

二是区域信用市场有效需求严重不足和建设初期盈利前景不确定，限制着区域信用征信系统的商业化运作，这就决定了信用体系建设初期采取中央银行的模式。目前，尽管信用体系建设问题非常“热”，但我们冷静地思考会发现，最终真正能转化为具有购买力的有效需求可能不会太多。比如，天津市市场上对信用信息具有潜在需求的主体主要有天津市政府、金融、公共事业单位等部门。而金融、政府和公共事业部门虽然都是信用征信系统的用户，但同时又在不同程度上是信用征信系统的原始信息提供者。实际上，这些部门与信用征信系统之间存在着一种很强的互通有无的信息交换关系。如果按照市场化的运作方式，信息的收集和信息的服务均要付费的话，实际上真正留给区域信用征信系统商业化运作的空间是相当有限的。

区域信用征信体系建设资金投入非常大，而其经营收入又具有不确定性，所以投资回收周期较长，建设初期往往是亏损的。如上海的个人征信系统1999年自建立以来就连年亏损。因此，区域征信系统的现实盈利前景不容乐观，实行商业化运作只能是一种美好愿望而已，只有由政府推动、央行分支行运作、有关部门配合，才是符合当前实际的可行选择。

2. “特许经营、商业化运作”是我国区域信用体系未来的发展方向

随着区域信用主体信用意识的不断提高，相关法律法规的建立和健全，市场经济体制的逐步完善，征信业商业化运作条件的相对成熟，将来区域信用体系可以从人民银行各分支机构独立出去，实行企业化经营，市场化运作。区域政府和人民银行分支行代表国家具体负责对信用行业监督管理，维护信用市场良好的信用秩序。

四、区域信用体系内部机制建设构想

建立以现代信息技术为基础，以健全的法律和政策体系为保证，社会化、网络化的区域信用体系，改善区域社会信用环境是一项复杂的社会系统工程，要“两手抓”，即一手抓内部机制建设，一手抓外部环境建设。区域信体系内部机制建设是信用建设的基础和关键，要尽快建立起一整套完善的信用信息收集、加工、评估、保密、共享、发布机制和守信与失信的奖惩机制。通过创建科学规范统一的信用行业标准，使信用活动有规可循、有章可依，避免区域信用体系建设的盲目性和随意性。具体建设内容可参见如下结构框架图1。

（一）建立健全信用信息采集机制，全面合法地开展区域企业、个人信用信息的采集工作，完善区域信用资信档案

根据现阶段企业和个人信用活动的特点，应采取先易后难、分步征集的办

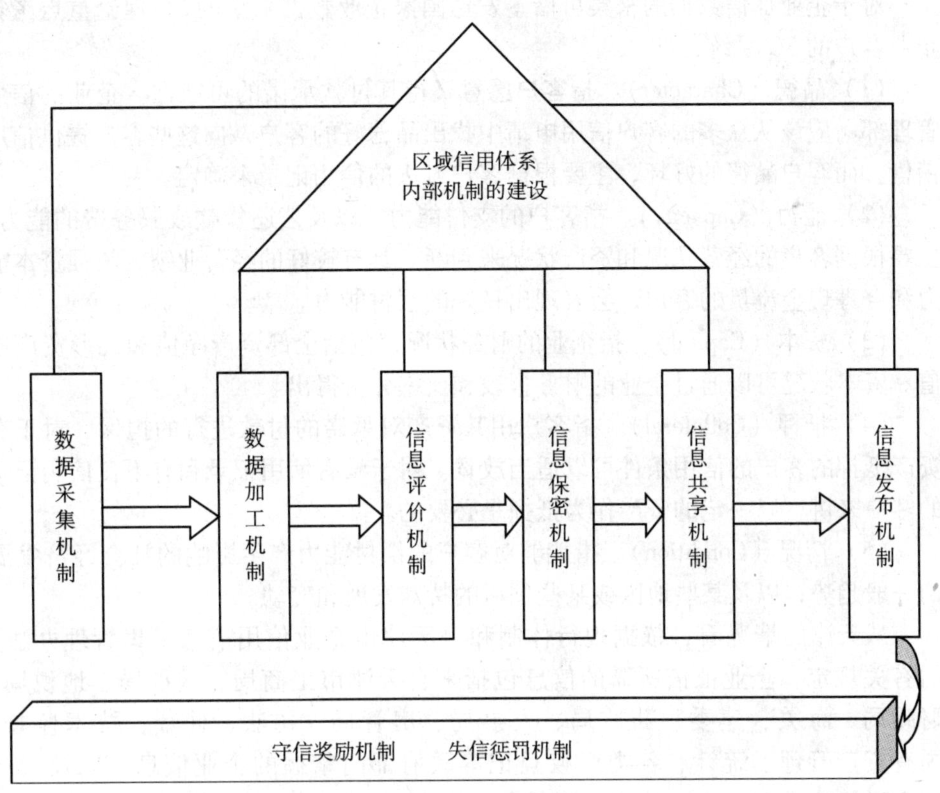

图 1　区域信用体系的内部机制建设框架图

法。以天津市为例，其步骤：

一是由人民银行天津分行牵头，以其现有的银行信贷登记咨询系统为依托，按照统一标准，运用统一的技术平台，整合天津市工商局牵头建立的企业静态信用信息征集系统以及其他部门建立的信用信息征集子系统，组建一个覆盖全市各部门的企业征信系统数据库。在完善企业信用征信系统的基础上，研究开发个人信用征信系统，在继续扩大对企业信用信息征集的同时，着手收集各家商业银行的个人消费信贷信息和信用卡业务信息。借鉴企业信贷登记咨询系统和上海个人征信系统的建设经验，逐步建立天津市个人信用登记咨询系统。

二是在实现银行同业征信的基础上，实现企业、个人征信系统与税务、保险、房管、工商、公检法等部门之间的计算机联网，建立一个全市范围的信用信息网络，从而实现联合征信，达到信用信息资源的全市联合共享。

1. 企业信用信息的采集

对于企业征信数据的采集可借鉴发达国家企业数据采集的5C 理论重点考察企业客户的5C 系统，即

（1）品德（Character）。指客户愿意履行其付款承诺的可能性。企业的信用管理部门应该从众多的客户信用申请中找出品德好的客户，向这些客户提供信用销售。而客户品德的好坏，主要根据客户过去的信用记录来确定。

（2）能力（Capacity）。指客户的支付能力，以及偿还货款或服务费的能力，主要根据客户的经营状况和资产状况来判断。具有较好的经营业绩、较强资本能力和合理现金流量的客户，会表现出良好的偿付能力。

（3）资本（Capital）。指企业的财务状况，包括全部资产净值和无形资产净值。资本状况可以通过企业的财务报表和比率分析得出。

（4）抵押（Collateral）。指客户用其资产对承诺的付款进行的担保。对于有资产抵押的客户的信用条件可以适当放宽。对于没有信用记录和有不良信用记录的客户来讲，以一定的资产作为抵押是必要的。

（5）情况（Condition）。指能够对客户的偿付能力产生影响的社会经济发展的一般趋势，以及某些地区或某些领域的特殊发展和变动。

从天津的情况看，依据现行体制和《天津市企业信用信息采集管理办法》的有关规定，企业征信所需的信息包括来自天津市工商局、国税局、地税局、财政局、海关、建委、药监局、人事局、房管局、司法、仲裁、技术监督、国有资产管理、统计、各类产权登记等政府部门掌握的企业信息，以及天津市金融机构掌握的企业信息。根据粗略统计，对于以套为单位的企业征信数据，大约56%的数据掌握在相关政府部门和商业银行手中。对于预测客户的违约率，商业银行和有关部门掌握的企业的负面信息最为重要。因此，在制定地方性信用法规中，市政府应明确规定：掌握和管理上述信用信息的有关部门有义务无偿地向人民银行天津分行传送真实的信用信息，使这些信用信息通过系统网络，统一进入人民银行天津分行建立的企业信用档案中心网的公用平台，实现网络互通，信用档案电子化管理，以便于相互查询，资源共享。在此同时，由人民银行天津分行的征信管理部门对这些信用信息进行整理、加工、存储，从而形成标准的企业信用档案，为建立一流的企业征信数据库奠定良好的基础。

标准的企业信用档案设计具体应分为以下五个模块：企业的基本情况及经营环境信息，企业生产经营实力信息，企业综合管理素质信息，企业财务管理状况信息，其他债务保障信息，如表1所示。

表1 企业信用信息分类表

模块一：企业的基本情况及经营环境信息

《企业法人营业执照》或者《营业执照》原件号码

企业法定代表人、负责人或代理人的身份证明（身份证、外籍护照、回乡证）

企业注册资本验资报告或有关注册资本来源的证明材料

生产规模及职工人数

企业是否上市，若上市已融资多少

宏观经济周期及本行业发展趋势，行业发展阶段（初期、成长、成熟、衰退）

产业组织和集中化程度

国家对本产业的政策

产业在地区的分布及竞争程度

企业产品的市场供需状况

企业转制或股权结构的调整情况

模块二：企业经营实力信息

企业核心资本总额在总资产中的占比

企业自有资本总额及其在企业所有资产总额中所占的比重

企业偿债能力及水平

企业所在行业发展状况及企业在行业中所占的地位

企业主要产品市场状况、发展趋势及其在市场中所占的份额

企业在近三年来的收入增长率及利润平均增长率

企业的总资产报酬率

企业清偿能力比率

企业全年的现金流量

企业利息偿还倍数

模块三：企业综合管理素质信息

企业内控制度建设的基本情况

企业内部奖惩制度的科学性、合理性、可行性

企业高级管理者的自身学识水平，社会经验，企业管理能力

企业高层组织结构的综合素质及协调、合作能力、号召力、大局意识

企业基层组织机构的知识结构、综合素质及组织管理能力，业务熟练程度，对新技能的掌握程度，生产、营销、财务管理水平

企业内部员工的总体知识结构及业务操作熟练程度，综合业务素质，对本企业的向心力，财务管理水平

模块四：企业财务状况信息

企业的资产负债率，营业利润

企业流动比率，资产报酬率

企业速动比率，销售利润率

企业现金流量，净资产收益率

或有负债比率，利息保障倍数

流动资产调转次数，净资产增长率

产成品销售率，商品销售率

模块五：企业债务保障信息

企业债务保障倍数

母公司对子公司的支持担保协议

本企业对其他企业（该企业的资产负债率，偿债能力，其产业的发展前景等）的债务担保

较强实力的企业对本企业的担保支持情况

2. 个人信用数据的采集

主要涵盖以下项目：

（1）身份识别。个人身份的认定，主要通过地方公检法机关的配合，对个人实行IC卡身份证，并借此实行个人信用的实码制，逐步联网，以便随时查询。在数据录入工作流程的设计方面，要注意避免产生错误，检索系统的设计要求对一个人名下的记录设置多个检索点，对一条记录设置多种检索方法，动态录入的不良记录更不能出现“张冠李戴”。

（2）信贷和公用事业付费记录。个人征信系统收集的消费者的“付款记录”栏目主要记录消费者的偿贷、信用卡还款、移动通讯付费和公用事业付费等情况，并且正负两方面的记录都需要记载。至于付款记录栏目下的数据来源，分别是辖区内金融机构、信用卡公司、通讯服务供应商、公用事业单位，直接向消费者赊销的本地、外地产品制造商、物业管理单位等，其中金融机构和信用卡公司的记录最为重要。

（3）公共记录。个人征信系统的公共记录栏目反映了消费者在社会上遵纪守法的情况，其数据来源是辖区公检法机关和仲裁机关。可以全面反映消费者行为的负面信息，包括民事和刑事处分方面的负面记录，具体内容是法院或仲裁机构裁决消费者败诉的经济纠纷案件终审结论，被他人起诉的情况，消费者的刑事判决记录，消费者的公安刑事处分记录等等。

（4）就业信息。就业信息的内容主要包括消费者所服务的机构、现任的职务、薪资收入和其他收入。如果信息来源渠道广阔，还需要了解消费者的教育程度、所学专业、以前的工作简历以及消费者缴纳工伤、失业、养老、医疗等项保险和个人住房公积金的情况。

（5）消费者的消费行为。一个人的消费行为对其偿债能力有非常大的影响。一个有责任心的消费者，其信用度一般呈平稳上升趋势，而且绝大多数没有特别恶习的消费者的还债能力还是可以预测的，出现意外的概率相当小。但是，若消费者存在不良的消费行为绝对会引起消费者的信用拖欠，降低其偿债能力。所谓的不良消费行为，包括消费无节制，存在不正常的消费冲动、爱与别人攀比等。

掌握以上个人信息的公共部门都应建立各自的信用信息网，将其所收集的信用信息统一进入人民银行分支行建立的个人信用档案中心的公共平台，实现网络互连，纳入电子化管理，以便于相互查询，信息共享。由人民银行分支行的征信部门对个人信用信息进行加工、存储处理，形成标准的个人信用档案。标准的信用档案的模块设计为七大模块，分别是个人自然背景信息，公共记录信息，信贷和付费记录信息，日常收入和支出的现金流信息，消费行为信息，个人账户和财产信息，就业信息。具体内容如表2所示。

表2 个人信用信息分类表

模块一：个人自然背景信息

姓名，性别，出生年月，籍贯

身份证号码（IC卡号码）

健康状况

婚姻状况（已婚借款者的配偶姓名、身份证号码、工作单位）

学历（大专、本科和研究生）

户籍情况

家庭详细地址与联系方式

家庭成员（包括兄妹）姓名、身份证号码、工作情况及收入，家庭平均收入和财产情况

模块二：公共记录信息

个人因不遵纪守法受公检法机关的民事处分记录信息（由分检法机关提供）。

个人因不遵纪守法受公检法机关的刑事处分记录信息（由公检法机关提供）。

法院或仲裁机构裁决消费者败诉的经济纠纷案件终审结论（由法院或仲裁机构提供）。

因各种纠纷被他人起诉的情况

模块三：信贷和付费记录信息

贷款原因，贷款用途，贷款银行，贷款金额，贷款期限，贷款利率，还款方式，还款计划，贷款人的承诺

贷款人与经办银行的主动联系情况

还款的信用记录

贷款形成逾期、呆滞、呆账的原因，银行的追账记录

信用卡透支及还款情况（各类信用卡透支总次数、透支总金额、各类卡的透支期限、还款记录、信用卡公司追账记录）由信用卡公司提供

通讯服务拖欠及还款情况信息（通讯服务商名称、家庭和个人通讯设施种类、通讯服务费欠款金额、欠款次数，通讯服务公司追账情况）

税费缴纳情况

个人公司对产品制造商的产品赊销情况信息（产品制造商名称、赊销商品种类，赊销时间、赊销金额、拖欠金额、产品制造商追账情况）

对物业管理的交费情况信息

对民间信用的还款情况信息

对公共事业单位的交费情况信息

保险和个人住房公积金的情况

模块四：日常收入和支出的现金流信息

个人从事工作的工资收入和各种奖金收入信息

个人的存款收入

个人从事本职工作外的打工收入

个人家庭大宗购物支出的现金流信息

个人家庭成员穿衣支出的现金流信息

个人家庭成员生活支出的现金流信息

模块五：个人的消费行为信息

个人不良的消费行为（消费无节制、借钱炒股票、不切实际的透支，有不正常的消费冲动，在消费方面爱与他人攀比）

模块六：就业情况

单位名称和有效地址，职业类型

单位和地区经济发展情况

所从事行业发展前景

个人薪资水平，工作年限

从事第二职业的收入情况

模块七：个人在银行的基本账户和财产信息

个人支票账户情况，养老金账户

工资账户，退休金账户

个人所得税账户，住房权利

有无抵押

家庭主要财产和保险情况（诸如汽车、商用房屋产权关系等）

（二）建立数据加工机制，开发设计标准的区域信用信息数据库，为开展区域征信评级和制作信用报告奠定基础

1. 建立一个以先进技术作支撑、分类编码统一、资料齐备的企业征信数据库

制作标准的企业资信调查报告，需要大量真实的企业征信数据，而且必须是连续的动态数据，这就要求征信机构必须建立一个技术先进、覆盖面广的综合数据库。以天津市为例，信息资源的整合依托人民银行天津分行现有的信贷登记咨询系统，对内整合外汇管理部门的进口付汇核销系统和出口收汇核销系统，会计部门的人民币结算账户管理系统、同城票据交换系统和银行机构代码编报系统；对外整合天津市工商行政管理局的信息资源共享网络工程、天津市统计局数据库和天津市信息中心信用信息，从企业注册信息做起，形成动态的信用信息中心数据库，如图2所示。

区域信用体系的中心数据库设计必须考虑基础征信产品的标准版式和出品征信报告的种类两个重要因素，企业行业分类标准应采用目前国际上新的分类编码体系即NAICS编码。

2. 建立一个功能强大、覆盖区域范围的个人征信数据库

该数据库的设计不仅要像企业数据库的设计那样充分考虑基础征信产品的标准版式和出品征信报告的种类两大因素，而且还必须是在预测违约率的数学模型指导下进行。以天津市为例：从区域现有征信数据源情况看，欲构筑美国式“全面信息”采集的个人征信数据库基础数据平台，最现成的低成本征信数据源是公安局的人口身份征（或IC卡）登记数据库及银行个人实名制储蓄账户，在这两个基础平台之上，依据数据层次的重要性，征信数据的采集可依次取自商业银行各零售业务部、信用卡公司、城乡信用社和工商、税务、公检法、通讯供应商、其他社会服务部门等。个人身份识别可使用即将启用的新居民身份证号码作为消费者个人信用调查报告档案的惟一稳定检索号码。在此基础上，逐步实现居民身份证号码、社会保障号码与银行账户号码三号一致；对于在天津市居住或者活动的外国人还应该由公安部门编制一套在境内的外国人辨识编码，并逐步实现辨识编码、外籍护照号码与银行账户号码三号统一。

（三）建立完善的资信评级指标体系和评价机制

1. 要建立一套完善的企业资信评级指标体系

完善的资信评级指标体系是保证资信评级结果具有权威性、公正性的前提，是树立评级机构权威性、提高信誉的关键。目前，天津市资信评级业发展时间不长，机构繁杂，没有形成一个统一的行业规范，也没有建立起完善的、具有权威

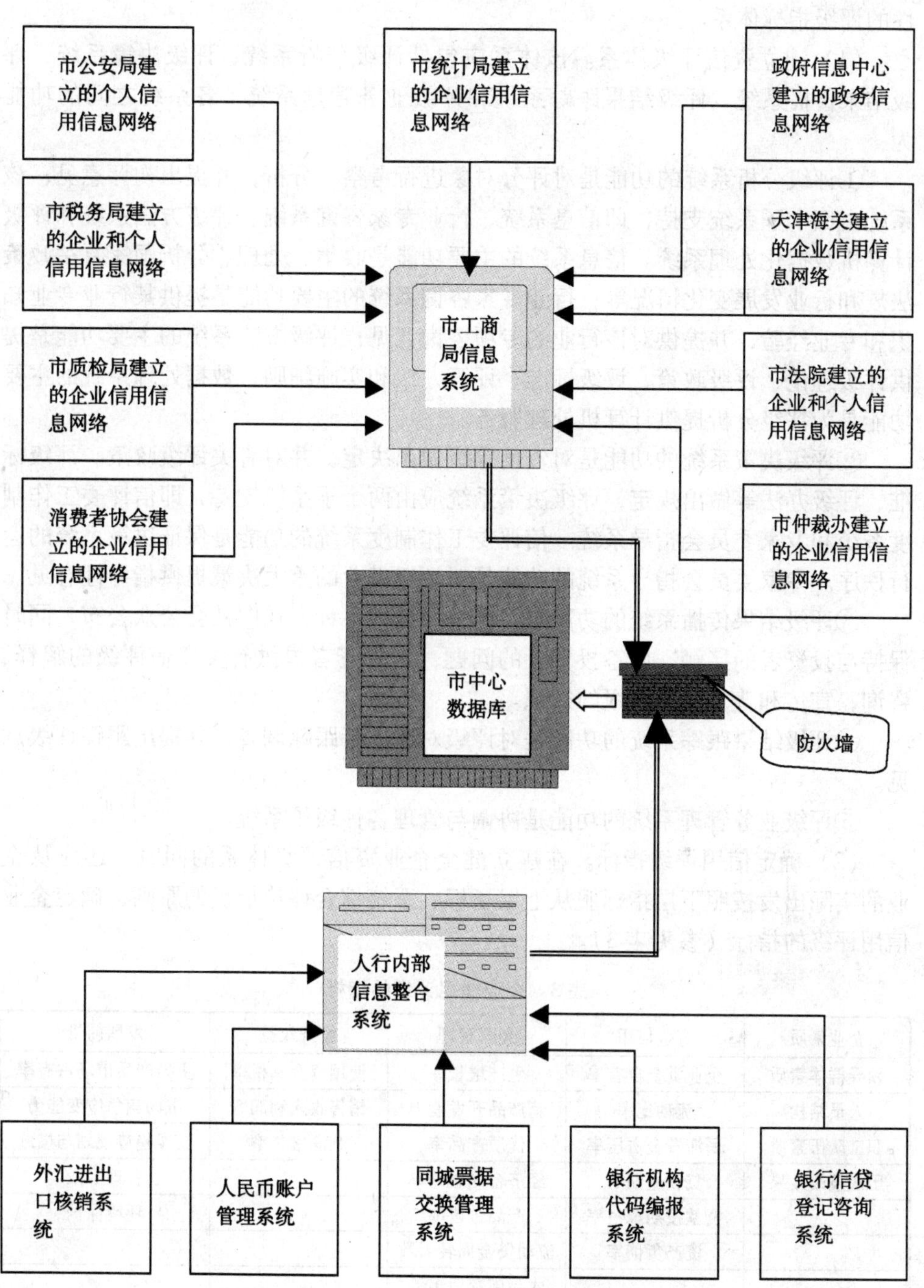

图 2　天津市信用信息系统整合信息流程图

性的评级指标体系。

（1）建立资信评级体系。该体系应包括评级分析系统、评级决策系统、评级结果传播系统、评级结果跟踪系统和评级业务管理系统。各系统之间的功能为：

①评级分析系统的功能是对评分对象进行考察、分析，并提出初评意见；该系统由四个子系统支持，即信息系统、行业专家咨询系统、评级方法系统和评级计算机数据化处理系统。信息系统的主要功能是收集、处理、分析国家有关政策法规和行业发展变化情况等；行业专家咨询系统的主要功能是提供某行业专业知识和专业经验，并提供对该行业的专项咨询意见；评级方法系统的主要功能是提供评级理论、评级政策、评级标准、评级办法和实施细则；数据处理系统的主要功能是为评级分析提供计算机处理服务。

②评级决策系统的功能是对资信等级做出决定，并对有关评级政策、评级标准、评级办法等做出规定，评级决策系统应由两个子系统支持，即信评委工作制度系统和专家委员会指导系统。信评委工作制度系统的功能是保证决策系统的运行秩序。专家委员会指导系统的功能是对评级事业的重大决策提供指导性意见。

③评级结果传播系统的功能是将评级结果以各种方式向社会公众公布，同时保持与投资者的接触，回答投资者的问题，为投资者提供有关资信评级的解释、咨询，宣传和普及资信评级的知识。

④评级结果跟踪系统的功能是对评级对象进行跟踪调查，并提出跟踪评级意见。

⑤评级业务管理系统的功能是协调与管理各评级子系统。

（2）确定信用评级指标。在建立健全企业资信评级体系的同时，还应从企业的实际出发按照下层指标服从上层指标、系统综合评价最优的原则，确定企业信用评级的指标（参见表3）。

表3 企业信用评级的指标

企业素质	资金信用	经营管理	经济效益	发展前景
领导群体素质	企业资金自有率	生产增长率	使用资金利税率	主导产品市场占有率
人员结构	流动比率	新产品开发能力	销售收入利润率	市场竞争应变能力
职工队伍素质	呆滞资金占压率	优质产品率	利润增长率	发展趋势规划与措施
历次技改效果	贷款逾期率	经济合同履约率		管理手段
	贷款按期承付率	产品销售率		环境保护
	资产负债率	流动资金周转天数		
		成品库存适销率		
		备选方案 X_1，X_2，…，X_n		

（3）运用正确的企业信用等级评定办法。评级机构在全面考察企业的信用风险因素的基础上，可采用定性分析与定量分析相结合的办法，对企业的历史情况、现有经营业绩及未来发展趋势进行分析和预测，并结合企业所处的环境、行业特点及对评级对象的影响等因素，综合评定客户的信用等级。在充分利用企业信用数据库中的信用档案对企业进行打分评级的基础上结合专家的判断，科学确定企业信用等级。

（4）开展企业信用等级的评定。在完善信用评级指标体系的基础上，还应建立区域统一的企业信用评估准则、评估方法和管理办法。通过科学的评估程序和分析方法，对企业履行各种经济承诺的能力进行客观公正的分析与判断，并以简单明了的符号表示出来。企业评级的基本程序一般包括评级准备、实地调研、级别初评、级别评审、级别确认、级别公告、文件存档、跟踪监测等内容：即

①企业提出评级需求或评级机构因业务需要有对企业进行评级的要求。若企业因业务发展需要向评级机构提出评级申请，应接受评级机构的评级审查，并根据要求提供有关资料；若评级机构因业务需要有对企业进行评级的要求，可通过与企业协商和通过其他渠道收集资料。

②评级机构评定客户信用等级。评级机构接受评级申请或根据自身业务需要，组织由相关业务专家、财务分析专家及经济专家组成的评级工作小组，收集评级资料，对有关资料进行审查、分析，必要时可与企业有关人员座谈，深入调查研究，分析了解，撰写评级报告，并初步评定企业信用等级，提交评审机构审查。

③评级机构的跟踪检查。评级机构评定企业信用等级后，应对企业进行跟踪检查，按季向评级委员会提供情况，若企业发生重大事项，并对信用等级有影响，应及时做出新的评级。评级机构每年对企业信用等级进行复评。

2. 要制定一套科学严谨的个人信用评价指标体系

建立个人信用评级指标体系：即按照国外个人消费信贷评级的思路，结合我国个人信用发展的实际调整和建立个人信用评分指标，对不同的指标赋予不同的分值，通过统一数学模型、运用计算机进行分类运算和量化处理，从而对借款申请人的还款能力、资信状况等做出综合评价，并根据评价的得分进行信用等级评定。评估指标可设置四大类：即个人自然背景信息、信贷和付费记录信息、公共记录信息、就业信息。各指标的权重和记分如表 4 所示。

表 4 中个人信用评级指标体系、权重和指标得分标准是参照美国商业银行个人信用评分标准、国内农业银行、中国银行信用卡信用评分标准与国内商业银行个人消费信贷评分标准，结合天津市个人信用状况的实际综合确定的，其中指标类型、权重和得分标准可随着实际情况的变化进行动态调整。在此基础上，通过确定统一的数学模型，运用电脑进行运算处理，并结合专家的分析判断对借款申请人的资信状况等做出综合评价，并根据评价的得分评定信用等级。

表 4　个人信用评分指标、权重和记分标准参考表

指标	权重	计分标准
一、个人背景情况（C1）	22	
1. 性别（C11）	2	性别：男　女 分值：1.5　2
2. 年龄（C12）	2	年龄：18～28　28～38　38～48　38～48　48～58　58 以上 分值：0.5　1　1.5　2　1.5　1
3 学历（C13）	3	学历：初中以下　中专（高中）　专科　本科　硕士　博士　博士后 分值：0　0.5　1　1.5　2　2.5　3
4. 专业（C14）	3	专业性质：热门　一般　冷门 分　值：3　2　1
5. 婚姻状况（C15）	4	婚姻：未婚　已婚无子女　已婚有子女 分值：2　3　4
6. 户籍情况（C16）	2	户籍：本地　外地 分值：2　1
7. 健康状况（C17）	2	健康状况：无病史且健康　有病史　现有病 分　值：2　1.5　1
8. 住宅性质（C18）	4	住房情况：无房　租房　单位福利房　所有或购买 分　值：0　1　2　4
二、信贷和付费记录（C2）	24	
1. 银行贷款的形态（C21）	2	形态：正常　关注　次级　可疑　损失 分值：2　1　0　-1.5　-2
2. 银行贷款失信情况（C22）	4	未调查　无记录　一次失信　两次以上失信　无失信 0　0　-2　-4　4
3. 银行的追账记录（C23）	2	无追债　一次追债　二次以上追债 2　-1　-2
4. 在贷款行的账户（C24）	2	储蓄　贷款　无账户 2　2　0
5. 有无抵押品（C25）	2	有抵押　无抵押 2　0
6. 有无有效担保（C26）	2	有担保　无担保 2　0
7. 信用卡透支还款情况（C27）	2	及时还款　延期还款　长期不还 2　1　-2
8. 通讯费交纳情况（C28）	2	按时交费　延期交费　拒交换卡 2　0.5　-2
9. 物业费交纳情况（C29）	2	按时交费　延期交费　拒绝交费 2　1　-2

续表

指标	权重	计分标准
10. 家庭水、煤气、电费等（C210）	2	按时交费 延期交费 拒绝交费 2 1 −2
1. 其他应交费款（C211）	2	按时交费 延期交费 拒绝交费 2 1 −2
三、公共记录	14	
1. 因不守信用而触法被刑事处分（C31）	4	重刑处分 轻刑处分 拘留 无记录 −4 −2 −1 4
2. 因不守信用而触法被民事处分（C32）	3	重罚金 轻罚金 无记录 −3 −2 3
3. 因不守信用引发纠纷被判败诉（C32）	3	负民、刑事责任 负民事责任 无记录 −3 −2 3
4. 税款缴纳情况（C34）	2	按时足额缴税 少缴税 逃税 2 −1 −2
5. 因不守信用引发纠纷被他人起诉（C35）	2	无记录 二次起诉 二次以上起诉 2 −1 −2
四、就业信息（C4）	40	
1. 职业（C41）	6	公务员 事业单位 国有企业 股份制 其他 6 5 4 3 1
2. 单位所在地经济发展情况（C42）	4	沿海 内地 西部地区 其他不发达地区 4 2 1 0
3. 行业发展前景（C43）	5	朝阳行业（电信、电力等） 稳定行业 夕阳行业 5 3 1
4. 月收入（C44）	14	6千元以上 3千～6千元 2千～3千元 1千～2千元 0.3千～1千元 14 11 8 6 4
5. 职务（C45）	10	事业单位：厅局以上 处级 科级 一般干部 其他 10 8 6 4 2 企业单位：总经理 部门经理 一般干部 其他 9 7 4 2
6. 职称（C46）	6	高级 中级 初级 其他 6 5 4 2
7. 工作年限（C47）	5	20～25年 25～30年 15～20年 10～15年 5～10年 5年以下 2 4 5 4 2 1

在此同时，也可以通过对历年个人信用评级应用情况的统计得出各个信用级别的转移概率，通过对不同信用评分履约率等个体应用结果的统计分析，计算出各个信用级别的信用风险价差，为授信机构计算风险估值（VAR）提供基础。在数据信息成熟的条件下，也可以借鉴国外先进的信用风险评分模型，通过对历史数据中有效“特征项”权重和影响水平的统计分析，形成个人评分（Credit Scoring Card），帮助全市各商业银行客观、公正地根据信用评分等级决定“贷与不贷”、“贷多贷少”。同时，由于个人收入支出状况是动态的，因此，在实际操作中，授信企业应将主观判断法和信用评分相结合，根据外部情况变化不断调整个人贷款的资信标准。定期公开不守信个人名单，促使全社会形成诚实守信的良好风气。

（四）建立信息保密机制，确保区域信用体系的安全、高效运行

在信用立法中，应对保护商业秘密和个人隐私权进行明确的规定。在信用评级方面，资信评级机构和人员对于因工作需要而获得的受评对象未公开的财务资料、发展规划、投资组合及其他双方事先约定的保密事项，应严格保守秘密，未经受评对象书面许可，不得私自提供或泄露给第三方；资信评级机构应该建立严格的评级资料保密制度，安排专人负责资料管理，非评级项目相关人员一律不得随意查阅；若评级报告中涉及受评对象未公开的信息资料，该评级分析报告全文仅能提供给受评对象，未经受评对象书面同意，不得提供给任何第三方；资信评级人员不得将受评对象提供的资料用于除评级外的其他任何目的。

有关个人隐私权的法律保护，应尽量体现以下内容：一是个人信息保密权。二是个人信息维护权。三是除法律规定外，征信机构工作人员不得向第三方随意泄露个人信用信息；四是征信机构的管理人员或者职员未经授权而泄露消费者信用档案中的信息在处以经济罚金的同时，要追究其刑事责任。

（五）建立信息共享机制，提高信用信息的综合运用能力

建立健全区域信用信息共享机制应从以下几方面着手：

一是从制度上打破信息资源的垄断，防止征信服务领域出现利用信用信息寻租的行为。地方政府要出台相关法规，强制性地调控和引导各相关职能部门，通过电子网络公布有关信息，实现信用信息资源共享、协调互通，避免利用信用信息寻租的发生。

二是尽快建立和完善相关的法律法规，为信用信息共享和合理使用提供制度保障。在国家法律法规还没有出台的前提下，可以制定地方性法规或规章，要求各相关部门，应该依法将自己掌握的信用数据通过一定的形式，如利用各种渠道

向社会开放，确保信用信息被社会知晓，也使得信用服务企业可以合法地获得大量信用信息，并把它制成信用产品。

三是树立“该公开的信息就公开，不公开就是失职”的理念。将这一理念转化为制度，条件成熟时转化为法律，只有这样才能使区域信用体系建设更加有效和充实。

四是尽快制定涉及信用信息采集、处理和加工的技术标准，提高信用信息的采集和使用效率，为信用信息共享提供必要的技术支持，增强信息资源的通用性、开放性和可靠性。

（六）建立信息发布机制，完善信息披露制度，畅通信息供给渠道

首先，尽快制定和出台《信用信息披露法》、《商业机密法》等法规体系，在合理界定政府行政公开与国家经济安全、商业机密与公开信用信息、消费者个人隐私与公开信用信息界限的基础上，要求政府部门及市场参与主体在不涉及商业机密的情况下，充分公开自己的信息和相关数据。

对法人经济组织和其他经济组织有下列情形之一的，征信机构可以披露和使用其信用信息：（1）被征信法人及其他组织同意的；（2）依法设立或需要设立交易关系的；（3）法律、法规、规定可以披露的。与此同时，征信机构可以根据市场需求，自行对区域内某一行业或地区的信用状况，做出宏观分析报告并予以公布。

对自然人有下列情形之一的，征信机构可以披露和使用其如下信用信息：（1）自然人要求查询或者授权他人查询自身信息的；（2）金融机构对自然人提供信贷、保险等服务的；（3）公用事业单位对自然人提供服务的；（4）商业机构对自然人提供赊销服务的；（5）用人单位招聘员工的；（6）征信机构之间交换信息的；（7）法律、法规规定可以披露的。

其次，利用互联网技术建立高效的区域性信用信息管理系统，为全社会提供真实、可靠、便捷的信用信息服务查询平台（参见图3、图4）。

（七）建立守信与失信的奖惩机制，规范各信用主体的交易行为

1. 企业信用奖惩机制

首先，要对企业信用进行分类，并采取相应的奖惩措施。企业信用奖惩机制主要有法律主导的奖惩机制和由道德主导的奖惩机制两种。按照企业信用监管指标体系，企业信用分为守信、警示、失信和严重失信四类。其信用主体也相应地分为守信企业——绿牌企业、警示企业——蓝牌企业、失信企业——黄牌企业和严重失信企业——黑牌企业。对不同类别的企业采取不同的措施（如图5所示）。

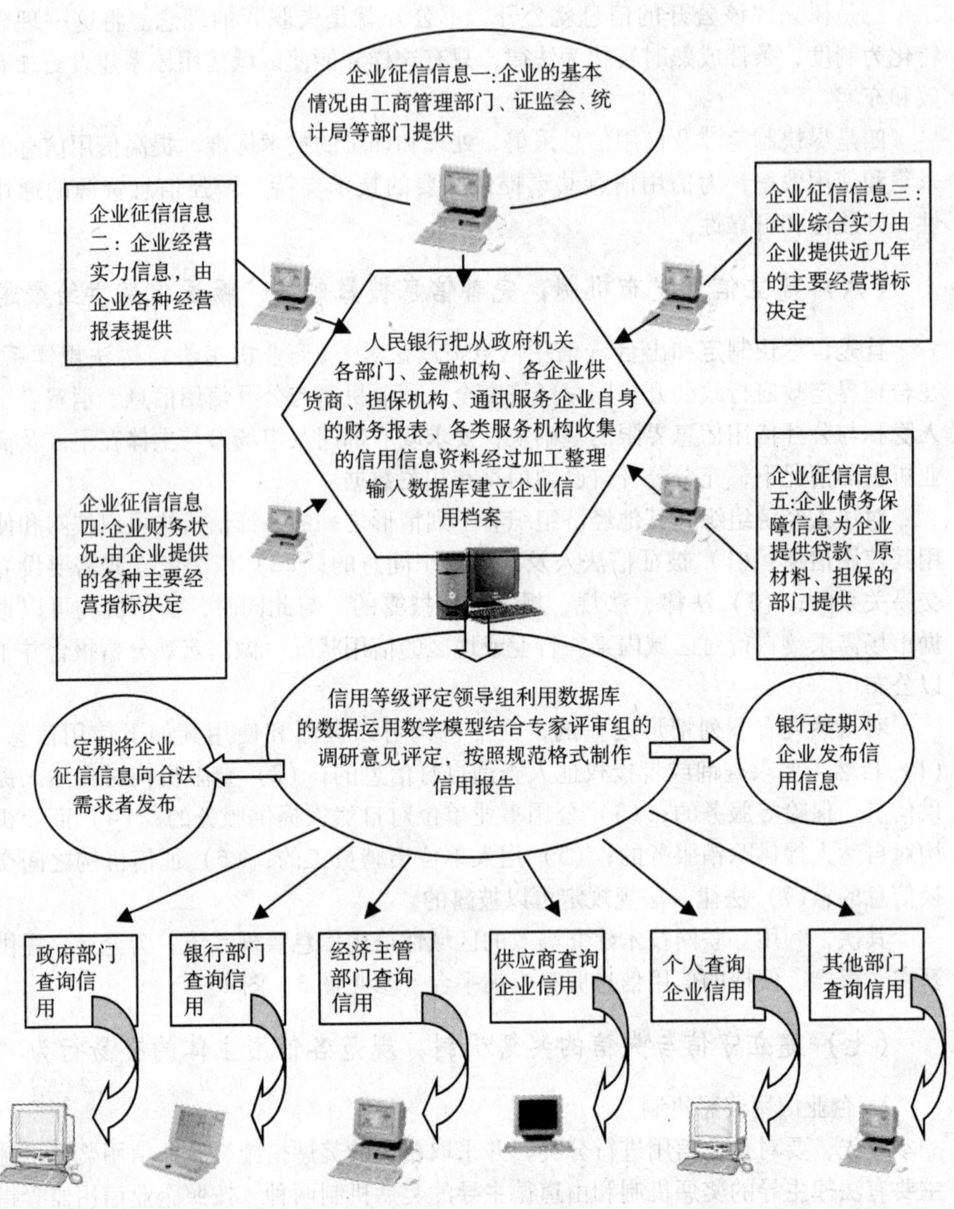

图3　企业征信信息收集及发布流程图

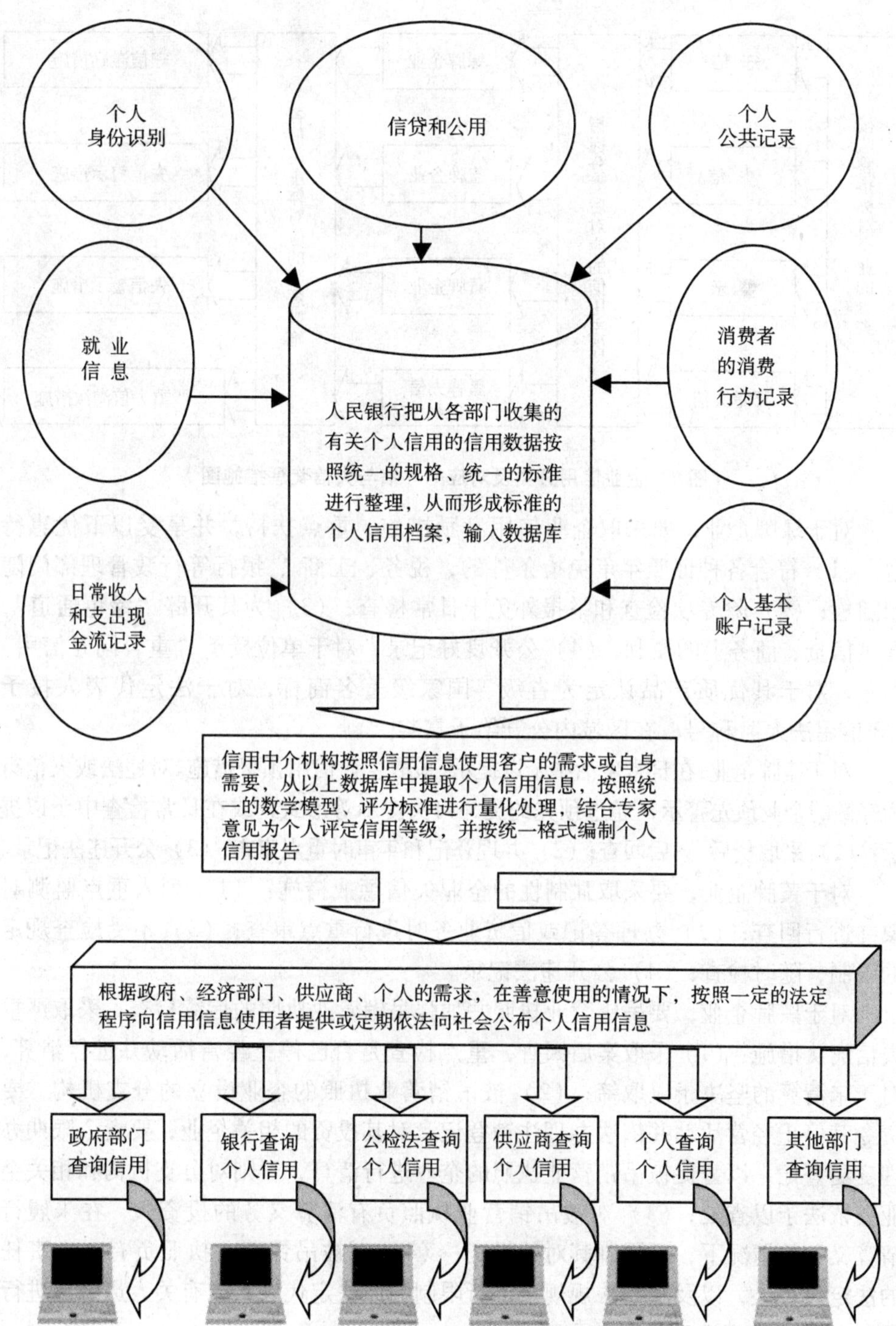

图4　个人信用信息的收集与发布流程图

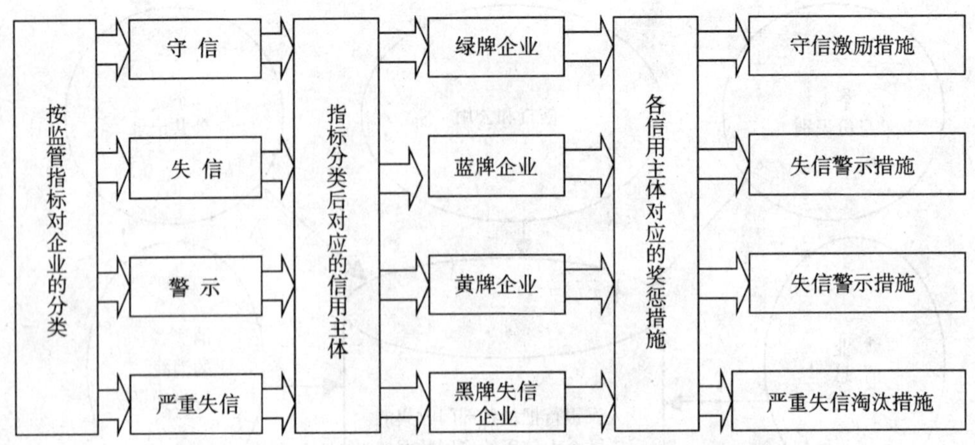

图5 企业信用分类及对应的守信与失信奖惩措施图

对于绿牌企业，要采取企业信用激励措施，重点扶持，并享受以下优惠待遇。(1) 符合各种证照年审免检条件的，税务、工商 、银行等行政管理部门随到随检；(2) 除专项检查和举报外免于日常检查；(3) 为其开辟“绿色通道”，提供信贷、商务上的便利；(4) 公开良好记录，对于单位授予“重合同守信用”称号，对于其优质产品认定为省级、国家级著名商标，对于法定代表人授予“守信用法人” 称号，在区域内公开给予嘉奖。

对于蓝牌企业，在日常生活中予以提示，采取企业信用预警措施。对违法或失信行为轻微的企业预先警示，通过预先约见、口头提示等形式，或在日常检查中予以提示：(1) 采取贷后、案后回查；(2) 办理登记和年审时重点审查；(3) 公开违法记录。

对于黄牌企业，要采取强制性的企业失信惩戒措施：(1) 列入重点监测对象并进行回查；(2) 办理登记或信贷业务时进行重点审查；(3) 不受检查规定的限制，随时检查；(4) 公开违法记录。

对于黑牌企业，要吊销营业执照并加强吊销营业执照的后续检查，采取严重失信淘汰措施：(1) 采取案后回查，重点检查是否已停止经营活动并进行清算，对于未清算的坚决予以取缔；(2) 被吊销营业执照的企业设立的分支机构，要责令其停止经营活动并依法办理注销登记，对其投资的相关企业，要责令限期办理变更登记，以督促被吊销营业执照的企业进行清算，否则对分支机构和相关企业要依法予以查处；(3) 对被吊销营业执照负有清算义务的投资人，在未履行清算义务的情况下，可限制其对外投资；(4) 对被吊销营业执照负有个人责任的法定代表人，以及法律法规规定进行限制的原法定代表人或有关人员依法进行限制；(5) 选择典型予以公示。

其次，必须建立企业奖惩制度的配套措施，以实现相互配合，整体推进。一是加快经济体制改革步伐，完善产权制度，强化信用系统建设，提高失信行为的经济成本。只有明确了产权关系，行为人的权利义务才能对称，才会有稳定的预期收益和追求长远利益的动力。而只有追求长远利益的人，才会切实维护自身的信誉，并从信誉中获取收益。二是建立合理的奖罚制度，以对不同程度的失信行为施以相应的处罚。三是建立快速收到有关失信行为的信息或快速举报机制，根据失信行为的严重程度，将个人的不良信用记录按照时间长短不同记录于各相关数据库中。四是建立被惩罚人申诉制度，对诬告、诽谤者诉诸法律。

2. 个人信用奖惩机制

对守信者，实行大张旗鼓的奖励机制，有利于提高全社会的信用意识，树立“守信光荣，失信可耻”的良好氛围；严厉的惩罚机制，会使失信者付出沉重的代价，甚至名声扫地。对守信者的激励可从以下方面进行：（1）对信用记录优良的人给予高的信用评分，使守信者在不知不觉中获得一种无形资产；（2）对重合同守信用的私人业主自办经济实体符合各种证照年审免检条件的，税务、工商 、银行等要随到随检；（3）在政策上给予倾斜，如申请贷款可享受低利率，应聘优先录用等；（4）为其开辟商务上的“绿色通道”；（5）公开优良信用记录，在全社会进行嘉奖表扬。

对失信者的惩罚应从以下几方面进行：（1）建立合理的惩罚尺度，以对不同程度的失信行为施以相应的处罚；（2）对有轻微失信记录的人可以不受检查时间限制，随时检查，提出警示，在银行申请贷款要相应地提高利率；（3）由工商管理部门依法吊销有不良信用记录的人开办公司的营业执照，并拒绝其注册新的企业，不准其在其他企业承担董事等要职；（4）建立个人破产制度。对个人破产在豁免债务的同时，必须规定其一定的代价；（5）通过新闻媒体定期公布失信人员“黑名单”，将其逐出信用市场；（6）建立快速收到有关失信行为的信息或快速举报机制；（7）建立被惩罚人申诉制度，对诬告、诽谤者诉诸法律。

在建立健全企业和个人守信与失信奖惩机制的同时，还要从道德、经济、法律三方面提高对违约者的失信成本，使社会上的失信者无利可图。

首先，要建立健全信用监控机制。要结合区域实际和国内外成熟经验，借助高新技术手段，建立起包括信用等级评定、信用状况的采集和提供、信用监督等在内完善的区域企业信用制度和个人信用制度，使行为者的信誉水平与自身的利益切实挂钩，使失信者受到监督和制约，形成守信者得利、失信者失利的良性机制，促使区域内公民诚实守信，企业重视信誉，不断提高信用水平。

其次，建立健全相关法律法规，加大执法力度，提高失信行为的法律成本。一要从完善地方立法入手，建立、健全地方信用法律体系。对失信违法行为的惩罚有法可依，堵塞目前防范失信行为的法律漏洞，并在立法中加大对失信违法行为的惩处力度，强化违法责任追究，震慑失信违法行为，使失信违法者得不偿失。二要从加大执行力度入手，落实法律责任。第一，提高审判效率。对经济纠纷案件的执行可以规定受理和审结的时限，以在尽可能短的时间内采取法律行动，维护胜诉人的权益，减少债权损失。同时，要降低诉讼费用，鼓励债权人依法保护自己的权益。第二，加强执行力度。把提高执行率作为考核、检查法院工作业绩的重要指标，使法律真正成为维护区域信用关系、保护债权人合法权益、追究债务人违约责任的有力武器。

最后，注重道德教化，强化舆论监督，提高失信行为的道德成本。虽然法律是预防、惩治失信违法行为的有力手段，但法律只能提供一个为社会普遍接受的道德水平的最低限度。当失信成为一种普遍的社会行为时，法律对遏制信用环境恶化就力不从心了。道德是一种无形的力量，在抑恶扬善中，能起到潜移默化的作用。只有当诚实守信内化为人们的自觉意识时，守信才能成为自觉的行为；只有当诚实守信成为一种普遍的社会风气时，失信行为才会受到强烈的公众谴责，失信者就会付出极高的道德成本。因此，必须坚持以德治区域，加强道德建设，在辖内公众信用水平普遍提高的基础上，实现区域社会信用环境的根本好转。

五、区域信用体系的外部环境建设的规划

区域信用体系建设是一项复杂的社会系统工程，除了要把内部机制建设好外，其外部环境建设也是不可或缺的部分。只有区域信用外部环境建设措施同步配套，才能保证区域信用体系内部七大机制真正发挥作用（如图6所示）。

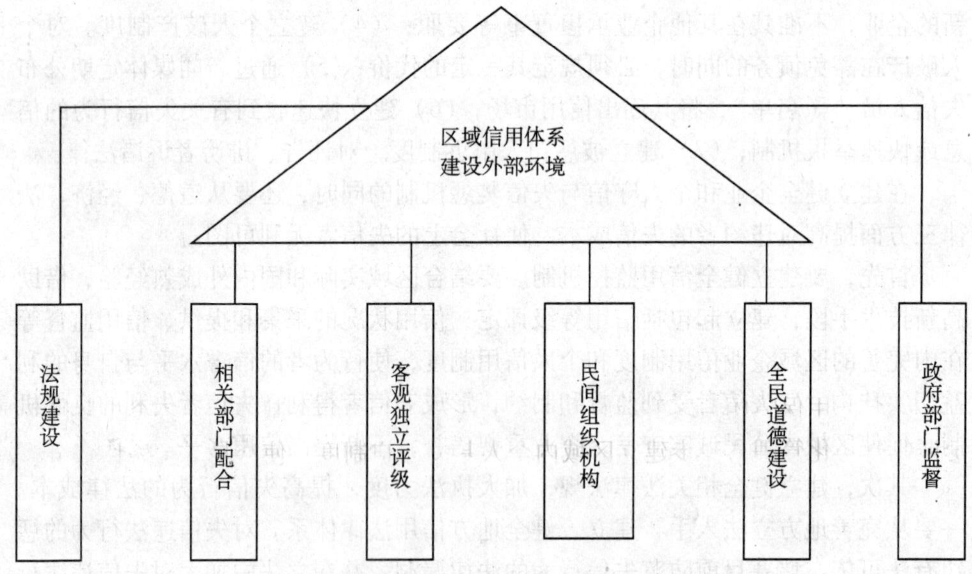

图6 区域信用体系的外部环境建设规划图

(一) 制定和完善与区域信用管理相关的法律法规，加强区域信用方面的立法和执行

尽快创建一个有利于区域征信制度建设的法律环境，是信用征信业健康发展的重要保障。

1. 修改现行相关法律法规

从区域信用信息的采集机制可以看出，信用信息的数据源至少与10个以上的政府部门有关，或者由这些部门负责管理。除国家《保密法》、《商业银行法》、《税收征收管理法》、《储蓄存款管理条例》等法律法规对数据有限制规定以外，目前尚没有任何一部对征信数据进行管理的政策法规，也没有对某些不可以向社会公开的征信数据的严格界定。到目前为止，在许多政府部门管理的数据中，只有部分工商数据向社会开放。修改后的法律应明确规定，何种数据可以向社会开放、开放的方式、数据处理和传播的方式和范围以及时限等等。另外还应对《担保法》、《合同法》、《贷款通则》等有关信用方面的条款做出适当的修改和补充。

2. 加快信用立法步伐

尽快出台关于征信数据开放和规范使用征信数据的法规，首先，应该建立界定数据开放范围的法律或法规，其中包括必须开放哪些数据，以及对不依法开放数据的机构如何惩罚；其次，应尽快出台关于界定数据保密范围的法律或法规，即在强制性公开大部分征信数据源的同时，确定必须保密的部分，以及确定征信数据经营和传播的方式。同时，有必要建立一个关于政府部门、企业和公民个人必须依法提供真实数据的法律或法规，并设置严惩提供虚假信息和数据行为人的条款。

3. 完善配套制度建设

进一步完善企业会计制度、财务审计、社会监督机制，使企业的会计核算制度更加透明、准确地反映企业的资产、负债、盈亏情况；进一步明晰企业特别是国有企业资产中国家、企业和个人的产权和使用权，规定各类资产的评估标准和办法，以便公平准确地评估国家企业和个人的资产净值，为区域经济信用活动提供真实资料；完善信用担保、信用转让、信用保险制度，探索建立信用证券化制度，建立信用保障体系，分散信用风险；改革个人身份证制度，实现全市居民身份证的智能化管理；逐步建立区域内个人基本账户制度，使交易人的一切资金往来统一收集于一个基本账户内，为征集个人信用资料做好铺垫；进一步完善个人储蓄存款实名制，为区域个人信用制度奠定基础；建立个人财产申报制度，保证个人的财务数据完整；完善工商登记制度，不准许有不良信用记录的公民或外国人注册成为一个新公司的股东或最高管理职位；完善与区域个人信用体系建设相

配套的社会保障制度、住房制度、医疗制度等。

4. 制定行业自律性规章

系统建立初期，由人民银行分支行牵头，协同辖区内各商业银行，通过行业协调，制定《区域同业征信管理办法》，对区域信息内容、信息收集及使用、监督检查、行政措施等做出统一规定，促进征信业有序开展。

（二）加强部门配合，消除信用体系建设中的条块分割和信息垄断

目前社会信用信息主要包括企业信用信息和个人信用信息，这些信用信息多数分散在政府所管辖的工商、税务、银行、海关、法院、公安、房管、技监、质监和社保等部门。长期以来，由于利益驱使，使大量有价值的信用信息资源被闲置和浪费，信用信息没有得到有效的利用。因此，地方政府应在相关法律法规中做出明确规定，信用信息各相关部门有义务将其所辖的信息无偿贡献出来，并要挥舞“有形之手”，强制性地调控和引导各相关职能部门，通过电子政务平台，实现信用信息的及时更新、资源共享、协调互通。特别是对工商、税务、法院、技术监督、统计等掌握信用信息的政府部门，要明确其信息公开的内容、范围和具体方式，为征信机构和其他市场主体能够公平、方便地采集和使用政府的信息资源创造条件，确保信用部门能够快速、真实、完整、连续、合法、公开地取得用于制作企业资信调查报告和个人信用调查报告的数据，彻底消除信息壁垒，切实提高信用信息的效率和效益。

（三）增强资信评级的客观性和独立性，维护资信评级的权威性

按照国际惯例，信用评级机构本身应是一个独立于企业、有价证券发行人和投资者且不受政府控制的经济实体。然而，目前区域内绝大多数信用评级机构难以做到完全独立、客观、公正地进行评级。为此，在地方法规的制定中，要充分考虑资信评级机构的工作实际，明确信用评级机构在信用市场中的中立地位，在资信评级中的绝对独立性，避免出现外部行政干预，确保评级结果的客观公正，为其开展征信评级创造良好的外部环境。

（四）建立区域信用管理的民间组织机构，为征信业的发展提供全方位的服务

社会信用体系比较完善的国家和地区都有信用管理行业组织或民间机构，如美国信用管理协会、信用报告协会、收账协会等，我国区域信用服务行业在逐步发展过程中，也应适时成立行业协会，充分发挥信用管理协会的作用，促进行业自律。行业协会的主要职责应为：

一是推动地方人大立法。协会应该在组织上设立一个委员会或办公室，同法

制研究的专家学者保持密切联系，或者直接接受地方人民代表大会的委托，参与制定区域信用管理相关立法的研究工作，从专业角度推动地方相关信用立法的出台。

二是推动信用管理行业专业水平的提高。区域信用管理协会可以聘请一些著名的经济学家、法学家、金融学家、信用管理的专家共同组成学术委员会，参与制定建设区域信用制度的方案。学术委员会还将推动与信用管理有关的科研工作和常规教育的发展，并在条件成熟时推出以提供区域从业资格和执照为主要目标的在职专业培训。另外，学术委员会还应该和国内外同行保持密切联系，参加各类国际信用管理专业学术组织和学术大会，聘请一些国内外著名的信用管理学者或专家作为顾问，推动区域内信用管理行业水平的提高，加快现代信用制度的建立。

三是促进信用管理从业人员的交流。区域信用管理协会应该根据信用管理行业的情况设立相应的专业委员会，每个专业委员会都应该起到从业者交流的沙龙作用。或者参照美国的模式，成立一个“区域信用管理经理人员之家”，给地区企业的信用管理人员提供一个沟通的场所。

四是通过信用管理的民间组织，积极联系本行业的从业者，制定征信服务业的行业规范、从业标准以及行业的各种规章制度，促进行业自律发展，协调行业与地方政府及各方面的关系。

五是组织区域内信用管理专业知识培训和考试；对有不良信用记录的企业和个人利用新闻媒体、法制手段、市场准入和退出手段进行约束和惩戒，使无信誉者无法生存。

（五）加强信用道德建设，增强全民信用意识，营造良好的信用环境

信用道德教育是一项思想教育工作，一方面，政府应把信用道德教育作为“以德治国”的重要内容来抓，既抓各级党政干部的信用意识教育，又抓青少年一代信用道德观的教育培养，让“诚实守信”和“履约践诺”观念深入人心，把信用道德建设作为社会主义市场经济的内在要素和力量；不断增强全民信用意识，努力形成与市场经济发展相适应的健康和谐、积极向上的思想道德规范。另一方面，还要建立严厉的惩罚制度，加大人们的失信成本，让失信者付出沉重的代价，让守信者真正得到保护，从而形成一种守信必受益、违约必受罚的良好机制。

（六）发挥政府对征信业的监督管理作用，促进征信业的健康发展

根据当前体制和现行法律的规定，与征信数据源有关的政府部门包括中央银

行、公安、法院、经贸管理部门、信息产业部门，工商局、统计局、海关、技术监督等部门；有关的企事业单位还包括国家信息中心、商业银行、保险公司、公用事业单位、房管部门、消费者协会等。至于其他数据源，则是由企业或者个人主动并合理地让与。要把这些部门统一协调起来，实现数据共享，运行有序，只有政府才能做到这一点，因此，在信用体系的建立之初，地方政府要建立市场准入机制、失信约束机制和惩罚机制等信用制度，为综合治理区域社会信用环境、建立区域信用体系制定“游戏规则”。在区域信用体系的建设过程中，政府要明确各主体在社会信用体系中的角色与职责，参照国际通用的做法，制定科学统一的企业、个人信用度的评价指标和等级标准。规定企业和个人资信数据资料采集、等级评定、征信提供的合法程序，使各地信用咨询服务活动有序进行。区域信用体系建立之后，地方政府要发挥监督管理职能，一方面保证各部门的公共信息向社会开放，让大家平等地取得和使用；另一方面要监督市场主体依法公平、公正取得信息和使用信息。制定强有力的制裁措施，对于失信企业定期或不定期地公布“黑名单”，使失信者四处碰壁，寸步难行。待全国信用体系全面建立并正常运转，信用法律制度已彻底健全并完善，全社会信用主体信用意识较强时，信用体系建设工作可以从人民银行独立出去，实行企业化经营，市场化运作。而人民银行在掌握建设经验的基础上，也由建设者转为监督管理者，代表国家具体负责对信用行业的监督与管理，维护良好的信用秩序和市场秩序。

参考文献

1. 刘少波、蒋海：《信誉机构、信用资源的有效供给与信用缺失》，载《金融研究》，2004（1）。

2. 张坚红：《建立个人信用联合征信系统的几点意见》，载《南方金融》，2002（2）。

3. 缪曼聪、周红岩等：《完善信用制度，改善经济环境》，载《中国金融前沿问题研究》，中国金融出版社，2003。

4. 曾宪久、张宏宇：《加快银行信贷登记咨询系统建设 提高信贷信息服务质量》，载《西南金融》，2002（9）。

5. 王锐、熊键：《信用征信业立法的国际比较》，载《浙江金融》，2002（5）。

6. 郑牟丹：《征信体系的美、日模式》，载《西安金融》，2002（7）。

7. 蒋海：《不完全契约与中国的信用制度建设》，载《南方金融》，2002（2）。

8. 王锐、熊键：《个人信用征信：美国模式的缺陷及相应政府监管的博弈分析》，载《上海金融》，2002（1）。

9. 张一青：《构建失信惩戒机制初探》，载《上海金融》，2002（8）。

10. 林平：《关于我国个人征信系统建设的模式探讨》，载《南方金融》，2002（4）。

11. 袁亚敏、陈唯等：《城市，呼唤个人信用征信制度》，载《浙江金融》，2002（5）。

12. 中国人民银行统计司：《企业和个人征信体系建设》，载《参考资料》，2002（4）。

13. 陈文玲：《中美信用制度建设的比较与借鉴》，载《经济社会体制比较》，2003（1）。

14. 彭志源、章成俊等：《信用体系建设与评级及监督管理实务全书》，中国知识出版社，2004。

15. 中国人民银行统计司、科技司：《银行信贷登记咨询系统培训教材 V3.0》。

16. 中国人民银行银行信贷登记咨询系统项目组：《银行信贷登记咨询系统 V3.0 应用指南》。

17. 中国人民银行银行信贷登记咨询系统项目组：《银行信贷登记咨询系统应用指南》，人民银行业务分册。

18. http：//www.creditinfo.com.cn，《提高失信“成本” 优化信用环境》，求是杂志社。

民营经济金融服务需求差异性问题研究

中国人民银行成都分行课题组

课题主持人：曾宪久

主要参与者：何　乐　杨华强

一、引言

（一）研究背景

经过改革开放以来20多年的快速发展，民营经济[①]得到长足发展，已经成为维持我国经济高速增长的一支重要力量。1999～2002年，我国民营企业从业户数增长了24倍；民营经济注册资金增长了58倍，达到2.8万亿元[②]。同时，随着市场经济制度的逐步完善，民营经济已经改变了在金融服务体系中曾经的边缘角色，得到越来越多的金融服务支持。数据显示，截至2003年末，全国金融机构私营企业及个体贷款余额1461.59亿元，比1994年增长837.52%。

然而，从现实情况来看，民营经济特别是中小民营企业的融资困境等问题尚未得到根本好转，信贷支持方面由“所有制歧视”所引发的“国民待遇”问题依旧存在。民营经济在金融支持上仍然受到诸多制度性和技术性障碍的约束，至今难以获得令之满意的金融服务。可以说，如何加强民营经济的金融服务是摆在中国经济发展道路上的一道难题。长期以来，以利率管制、信贷配给等手段为特征的金融压制（Financial Repression）政策，曾为中国动员社会储蓄并转化为对国有经济的投资发挥过巨大作用，但是金融资源长期主要服务于国有经济的发展，而忽视了对民营经济的支持，显然是导致中国金融资源效率低下和民营经济

---

① 民营经济的概念，全国至今没有统一明确的定义。从字面分析，民营经济是指经营主体非官而民的经济形态，与“官营”、“国营”相对，属于经营方式概念而非所有制范畴，从所有制概念来看，民营经济可以指外资企业、国有和国有控股企业以及集体企业以外的多种所有制经济的统称。按国家统计局的统计制度，民营经济可以用倒扣法和累加法来计算，计算公式分别为：民营经济份额（倒扣法）＝经济总量－国有经济－集体经济－外商经济；民营经济份额（累加法）＝私营企业份额＋港澳经济份额＋个体经济份额＋混合经济体中的民营经济份额。

② 数据源自《中国民营经济发展报告》，社会科学文献出版社，2003。

金融服务长期缺失的主要原因。源自计划经济本身的特性，在相当长时期内，政府干预等非市场因素成为支配金融服务资源筹集和投向的主要力量，由于资金价格被人为控制，金融资源的利用不能真实反映金融市场的供需情况，明显违背了我国正着手建设的市场经济体制的运行规律，导致的结果是：一方面，大量民营企业由于得不到金融支持而发展受限，除了争取信贷支持等基础性服务以外，难以实现对金融服务的多样化诉求；另一方面，金融机构没有足够动力去满足甚或了解企业的多样化需求，在金融供给上表现在金融服务质量和效率低下，金融工具品种较少、功能单一等等方面。实际上，正如美国学者托夫勒所言，“我们正向一种空前的社会和文化多样性为基础的制度迈进”。这种多样性在经济生活中表现为市场结构的日益细化，直接结果便是形成非单一性、非标准化的产品需求。对于民营经济而言，由于受企业文化、市场条件、经营机制、地域环境等多重因素变化的影响，其金融服务需求已经呈现出差异化的趋势。需求差异性的形成，深刻地反映了我国民营经济在从低层次向高层次发展过渡中，不断提高对金融服务的要求的必然规律。

（二）文献综述

现代经济学对企业融资需求状况的分析，始于英迪格莱尼（Modigliani）和米勒（Miller）（1958）对企业融资方式的研究，目的在于解决企业的价值与所采取的融资方式的关系问题，由于能在有效率的公开市场融资的一般都是大企业，因此他们的理论并不适合对中小企业融资结构的分析。20 世纪 80 年代以来，融资顺序理论在企业的融资结构中得到应用（Myers，1984）①，该理论根据成本最小化的原则依次选择不同的融资方式，即首先选择无交易成本的内部融资，其次选择交易成本较低的债务融资，而对于信息约束条件最严、并有可能导致企业价值被低估的股权融资则被排在企业融资顺序的末位。企业金融成长周期理论的代表人物伯杰和乌德尔（Berger and Udell，1998）认为，伴随着企业成长周期而发生的信息约束条件、企业规模和资金需求的变化，是影响企业融资结构变化的基本因素②。金融成长周期理论弥补并揭示了顺序理论无法解释的企业成长过程中资本结构的动态变化规律。该理论表明，在企业成长的不同阶段，随着信息、资产规模等约束条件的变化，企业的融资渠道和融资结构也将随之发生变化。一般规律是：在企业发展的早期，外源性融资（External Financing）的约束较紧，主要以内源性融资（Internal Financing）为主；在企业发展的成熟期，外

① Myers, S. C., The Capital Structure Puzzle, Journal of Finance, 39, 1984, pp. 575 - 592.

② Berger, A. N. and Udell, G. F., The Economics of Small Business Finance: The Roles of Private Equity and Debt Markets in the Financial Growth Cycle, Journal of Banking and Finance, 22, 1998, pp. 613 - 673.

源性融资的约束较松，此时以外源性融资为主。此外，Berger et al.（2001）从关系贷款（Relationship Lending）角度得出中小银行是中小企业最佳融资伙伴的结论①，而斯特雅汉和韦斯顿（Strahan 和 Weston，1996，1998）认为，中小银行固有的资产规模决定了其是中小企业理想的融资伙伴。②

近年来，国内理论界对于民营经济特别是中小民营企业金融服务问题的研究也在不断深化，从民营经济融资障碍与制度创新、民间金融发展、民营企业信贷约束等方面进行了深入探讨。

在民营经济的金融需求方面，曾康霖等（2003）研究了企业金融需求与金融供给之间的互动关系，他们认为，金融需求决定了金融供给，“一个国家金融体系的金融供给跟不上金融需求的变化，会制约经济的发展，一个机构的金融供给跟不上金融需求的变化，客户群体会逐步流失，在市场中走向衰落。”③ 谈儒勇（2003）认为，影响其需求的因素不外乎内外两大原因：一是外部环境，二是自身状况。他提出需求领先型的金融发展，应该深入分析影响金融需求的多种因素，向金融服务需求方投入更多的注意力。④ 郭斌、刘曼路（2002）通过对温州地区民营企业的实证分析指出：民营中小企业对民间金融的需求较大，民间金融体系与中小企业的发展存在长期互动关系。⑤ 车玺玉（2003）则从信息不对称角度分析了中小民营企业融资决策，认为金融市场的信息不对称特性，中小企业的融资需求倾向于人格化的民间借贷和合作金融。⑥

从民营经济的金融供给角度出发，严谷军、何嗣江（2002）对温州中小企业融资结构的变迁作了深入研究，他们认为，导致中小企业融资结构变化的内在机理在于外部条件的变化，即“政府推行的渐进式金融改革逐渐在一定程度上消除金融压制、金融深化有所推进”。⑦ 辛树人、向珂（2004）认为，中小企业

① Berger, A. and Udell, G., Small Business Credit Availability and Relationship Lending: The Importance of Bank Organizational Structure, Working Paper, Board of Governors of the Federal Reserve System, 2001.

② Strahan, P. and Weston J., Small Business Lending and Bank Consolidation: Is There Cause for Concern?, www.ny.frb.org/rmaghome/curr - iss/ci2 - 3.pdf, 1996. Strahan, P. and Weston J., Small Business Lending and the Changing Structure of the Banking Industry, Journal of Banking and Finance, Vol. 22, pp. 821 - 845, 1998.

③ 曾康霖等：《金融需求与供给互动研究 - 对我国部分地区商业银行金融创新的考察》，载《金融研究》2003（3），68 ~ 74 页。

④ 谈儒勇：《需求领先型金融发展的微观机理研究》，载《上海财经大学学报》2004（2），13 ~ 19 页。

⑤ 郭斌、刘曼路：《民间金融与中小企业发展：温州的实证分析》，载《经济研究》2002（10）。

⑥ 车玺玉：《信息不对称与中小民营企业融资决策》，载《经济理论与经济管理》2003（8），73 ~ 74 页。

⑦ 严谷军、何嗣江：《中小企业融资街结构变化与中小金融机构成长》，载《浙江大学学报》2002（11），95 ~ 101 页。

信贷市场服务对象和需求主体存在制度性错位、资金供给主体缺位、信贷工具的结构性错位等三个金融机构服务供给和中小企业服务需求的结构性矛盾，导致了金融服务在数量上的不足和效率上的低下，并据此提出提高间接融资的效率，对现有制度缺陷进行改革。[①] 史晋川等（2003）从中小金融机构与中小企业发展之间关系的角度出发，认为大型金融机构天生不适合为中小企业服务，中小金融机构确实是中小企业良好的融资伙伴，而中国长期不重视中小金融机构的发展，不可避免地造成我国中小企业金融服务需求的难以满足。暨南大学的蒋海（2002）对我国中小企业融资制约的主要因素进行分析后认为，融资约束主要来自目前不合理的金融结构和制度安排，体现在直接融资渠道约束、金融安排不合理、财产抵押担保制度不健全、信用评级制度建设落后等方面。[②]

关于如何加强对民营经济的金融支持，张杰（2000）提出，解除民营经济金融困境的根本出路不在于改变国有银行的信贷行为与资金投向，也不在于由政府出面发育外生性的中小金融机构，更不在于给其提供进入股票市场的方便，而在于营造内生性金融制度成长的外部环境，只有内生性金融制度的存在和发展，才不至于损害民营经济宝贵的内源融资基础。林毅夫、李永军（2001）则从要素禀赋角度出发，认为在我国大量存在的劳动密集型中小企业利用资本市场解决自身融资困难不可行，提出建立和完善中小金融机构体系才能从根本上解决目前中小企业融资难的问题。

（三）研究目的及有关问题说明

由于我国正处于向市场经济转轨时期，民营经济在制度重构过程中得到了更多的成长空间，迫切需要充足有效的金融资源来支撑其快速增长，但由于多种原因，对民营经济的金融服务特别是融资供给至今处于短缺状态。目前我国的金融服务体系，仍然维持着以间接金融服务为主体的构架，国有商业银行仍然控制了金融资源的绝大部分。这种服务体系从制度设计上天然倾向于向国有大企业和优质成熟企业服务，而与成长型的中小企业不相匹配。从目前对民营经济金融服务需求问题的研究可以看出，虽然我国已经确定了民营经济在经济生活中的重要地位，却不能建立一个与之对应的有效率的金融服务体系。因此，在中国经济货币化的进程中，民营经济在逐步分享金融深化所带来的金融便利的同时，也向现有金融体系不断提出更多、更高的要求。在很大程度上，民营企业融资难问题即是民营经济差异化的金融服务需求不能得到现有金融服务体系支持的一个表现。

---

① 辛树人、向珂：《中小企业金融制度的缺陷分析及矫正点选择》，载《金融研究》2004（7）。

② 蒋海：《中小企业融资约束与中小金融机构体系发展研究》，载《暨南学报》2002（3），53~60页。

事实上，在当前利率等宏观金融政策逐渐朝着市场化方向迈进的制度变迁背景下，民营经济正经历变动剧烈的自我更新演变过程，其金融服务需求已经从单一需求向多样化需求发展，并表现出越来越明显的差异性趋势和特征。如果将这种需求差异化的现象，放在我国金融改革进程中的大背景下，我们不难发现两者之间的同向演进趋势。这说明，民营经济的需求变化不是孤立存在的现象，而是与金融结构的变化存在明显的相互依赖、相互影响的关系。但目前来看，我们对民营经济的金融服务需求差异性问题的了解还不够深入，目前涉及民营经济金融服务需求问题的文献，多从微观或宏观的金融供给角度出发，探讨民营经济金融支持的缺失现象及其形成原因，而对于本文将要探讨的民营经济金融服务需求的差异性问题，至今鲜见专门的阐述文章。因此，有必要认真审视民营经济的金融服务需求差异状况，观察其表现和特点，深入研究其本质。对这个问题进行研究，不仅有助于我们站在不同的角度深入观察分析民营经济金融服务需求的现实状况，而且也可以为目前处于困境中的民营经济融资问题提出新的解决思路和途径，为当前进行中的金融体系变革提供有益的建议。

此外，本文未将国有经济纳入讨论范畴是基于如下考虑：以预算软约束为基本特征的国有企业，显然难以与预算硬约束的民营企业一起被纳入同一个金融服务供求的游戏规则之中。同理，本文也不涉及金融支持在国有经济与民营经济之间长期存在的“所有制歧视”问题。因此，本文所研究的金融服务需求差异是民营经济内部的差异，而非外部差异。就此而言，该问题是对在正常市场经济条件下的企业行为进行研究，因而也具有广泛意义。

二、对金融服务需求差异的经济解释

（一）金融服务需求的概念解析

金融服务是金融机构运用货币交易工具融通有价物品，向金融活动参与者和顾客提供的共同受益、获取满足的活动。在世界贸易组织对微观金融服务界定的概念框架下①，我们把企业的金融服务需求内容细分为6个主要构成要素：①产品（Product），即指金融服务产品的品种、性能、结构等；②质量（Quality），即指服务态度、人员素质、服务便利程度（如操作程序是否繁复、等候时间长短等）；③地点（Distribution），即指获得金融服务的网点渠道以及方式手段等

① 按照世界贸易组织对微观金融服务的分类方式，金融服务的提供者除了银行、保险公司外，还包括各类证券公司、信托机构、金融租赁公司等，如银行主要提供提取现金、货币支付、信贷、存款以及金融顾问等五类服务；保险公司主要为顾客提供意外损失发生时的利益补偿服务；证券公司则主要为顾客提供投融资方面的服务等等。

等；④数量（Quantity），即指对金融服务需求的数量要求，包括贷款次数、频度、额度等等；⑤期限（Period），即指享受金融产品服务的时间长短；⑥价格（Price），即指相应于其他需求内容而产生的交易费用，包括显性价格如贷款利息和隐性价格如评估费用等两方面。

在一定的程度上，企业对金融服务的需求最终均可分解成这六个需求要素。各个要素根据企业的需求动机和现实条件被衡量判断出重要性程度，然后组合在一起，即形成该企业的特定需求。不同企业对需求要素各有侧重的需求结构差别，最终表现为企业之间相互差异的金融服务需求。显然，对金融服务需求差异进行解释，必然关系到如何看待企业对各个需求要素的不同敏感度，或者说这些要素对企业的重要程度。一般来讲，要素敏感度越高，越可能成为企业的核心考虑因素；而要素敏感度越低，越可能成为企业放弃的次要考虑因素。一旦某个需求要素形成企业的需求核心，它便决定了企业需求的基本特性，同时成为不同企业需求差异的标志。以上分析说明，一方面由于企业各种金融服务需求构成要素的不同结构导致最终差异性的金融服务需求，另一方面金融机构可以通过改变各个金融服务需求构成要素的供给配置，从而达到不同的供给效果。

企业的金融服务需求在不同的判断标准下，可以划分出多种类型：从功能性质来看，可以分为功能需求和心理需求；从需求方的主动性来看，可以分为主动需求和被动需求；从时间长短来分，又可以分为短期需求和中长期需求，等等。西方心理学家马斯洛（Abrahamh. H. Maslow）按照优先次序将个人需求排成梯式层次，按层次由低到高分别为生理需求、安全需求、社交需求、尊重需求和自我实现的需求等五个层次。相应地，从企业金融需求的动机来看，可以分为类似金字塔的三个类型：一是生存性需求如交易需求、便利需求等，二是成长性需求如企业扩张、流动性动机等，三是特殊性需求如投资需求等（参见图1）。

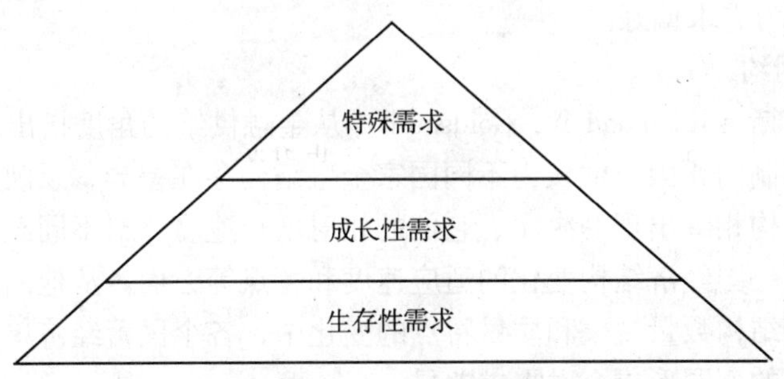

图1　企业金融服务需求层次

企业对金融服务需求的生存性动机，体现了需求基础性的一面，是每个企业都不可避免将提出的要求，是企业进行正常经营活动时必不可少的金融活动，具体比如银行转账业务等。成长性动机是企业为了经营扩张发展的目的，必须获得某些金融服务资源，如信贷支持等，这类需求动机具有一般性，但并非必不可少。特殊需求则是企业出于自身特殊情况提出的特定需求，如投资理财等，这类需求动机并不适用于所有企业，往往是在成熟阶段的企业身上体现明显。前两种需求类型可以归纳成一般性需求，处于金字塔需求的下层，后一种需求是个性化需求，处于金字塔需求的上层。在不同类型的需求动机的驱使下，不同发展阶段和经营状况下的企业，对金融服务产品要素的需求敏感度有差别，其相应组合也就不同，因而形成不同层次的金融服务需求。一般说来，具有高层次特殊需求的企业，更关注金融服务的质量、产品等要素，而处于低层次需求的企业，更关注金融服务的数量、期限等要素。可以看出，较低层次的金融需求，对于不同企业具有相同意义或价值，企业之间的差异性体现得不甚明显；而较高层次的特殊金融需求，与企业文化价值、经营发展战略等较高层次的需求因素紧密相关，则更突出地表现出企业之间的差别化倾向。

（二）对金融服务需求差异的理论分析：一个简单分析框架

企业金融服务需求是指在货币支付能力和实现可能条件下对金融产品的需要，表现了企业特定需要的确定性与实现可能性。它的形成必然服从企业的特定目标，因而是有理性、有规划的经济计算过程。从经济现实看，在追求利润最大化的目标下，企业对金融服务的需求服从于外部制约（I）、预算约束（B）和需求偏好（P）的影响，用简单公式表示为

$$D = f(B, P, I)$$

式中，D 为企业需求；

I 为外部制约；

B 为预算约束；

P 为需求偏好。

1. 外部制约

戈德史密斯（Raymond W. Goldsmith）从金融供给的角度指出了造成金融需求差异的外部制约原因，他认为不同国家金融结构存在差异，反映在不同的金融工具及金融机构相继出现的次序、它们的相对增长速度、对不同经济部门的渗透程度，以及对一国经济结构变化的适应速度和特点等方面。从他的观点出发不难推断，在金融结构数量规模和质量特点的变化中，各个民营经济单位由于资金来源与运用方式的不同形成金融需求差异。

对处于经济转轨时期的我国企业来说，来自外部环境的制约，更多体现在政策制度的巨大变化上。于金融制度而言，则表现在金融压制政策的放松和金融深化的推进。按照金融深化（Financial Deepening）理论，影响企业金融资源获得能力的外部环境最直接表现在金融机构数量的增加，分工的专业化程度加深，金

融资产总规模的增长，金融交易的方式的便利程度，金融运行的法律环境状况等等。企业随着经济活动领域的扩展，对金融的依赖程度逐渐加深。另一方面，金融深化表现为由于对一种新的金融交易方式的潜在需求和供给逐渐产生和扩大，使得新的金融机构、金融产品或者金融市场得以出现。从我国情况看，金融机构对金融资源供给的控制强弱，直接影响到民营企业需求能力的强弱变化。事实上，民营企业早期发展中所体现的需求单一情状，实际上是政府实行诸如利率严格管制、信贷配给等金融压制政策的结果。因此，严谷军、何嗣江提出，“在20世纪90年代初期以后，温州中小企业的融资结构发生逆转性的改变，从深层次原因上来探究，不难理解这是政府推行的渐进式金融改革逐渐地在一定程度上消除金融压制、金融深化有所推进所引致的结果。”①

2. 预算约束

按照经济学原理，企业总是在自身能力约束范围内活动，选择它们能负担的最佳物品。所谓“最佳物品”即指与自身能力相匹配，能在有限条件下最大可能满足需求、产生最大效益的物品。对需求的满足造成直接影响的便是企业的预算约束，也就是企业的消费金融服务的支付能力，如企业的现金流状况等。在预算约束下，企业必然在预算集内存在对需求对象的取舍考虑，比如在预算宽松的情况下，企业的核心需求要素在于产品功能或服务质量，此时企业倾向于加大金融产品种类的需求数量或者提高服务质量要求，但在预算紧张情况下，企业的核心需求要素在于低成本支出下的服务数量或者期限长短，此时企业倾向压缩金融产品的需求数量或者降低服务质量要求（参见图2）。企业在预算约束下形成对需求要素的取舍考虑，同时表明金融产品之间存在通过要素的不同组合进而相互替代的可能。这种解释也在客观上说明了需求差异的形成与预算约束之间存在的必然关联。

3. 需求偏好

可以说，金融服务需求差异是企业总群中的个体或特定群体，由于外部环境和内部原因导致的对金融服务的特殊需求，实际表现为企业对各金融产品要素需求偏好的不同。不同企业的需求偏好类型可以分为三种：同质偏好、分散偏好和集群偏好（参见图3）②。不同偏好类型可以说明需求被满足的可能程度，一般

---

① 严谷军、何嗣江：《中小企业融资结构变化与中小金融机构成长》，载《浙江大学学报》2002(11)，95～101页。

② 一般来讲，同质偏好指所有市场消费者都有大致相同的偏好，金融机构难以对这种偏好的市场进行细分，所有产品都是类似的，并都处于偏好的中心；分散偏好是指市场中的所有消费者对产品属性都有不同的偏好，即不同消费者对产品属性的要求存在较大差异，市场中不同的品牌将定位在整个市场空间的各处，以满足差异化的消费偏好；集群偏好是指市场中存在具有独特偏好的密集群体，这些密集群体可以称为常见细分市场，此时，金融机构更容易在选择细分市场的同时，实现规模经济。

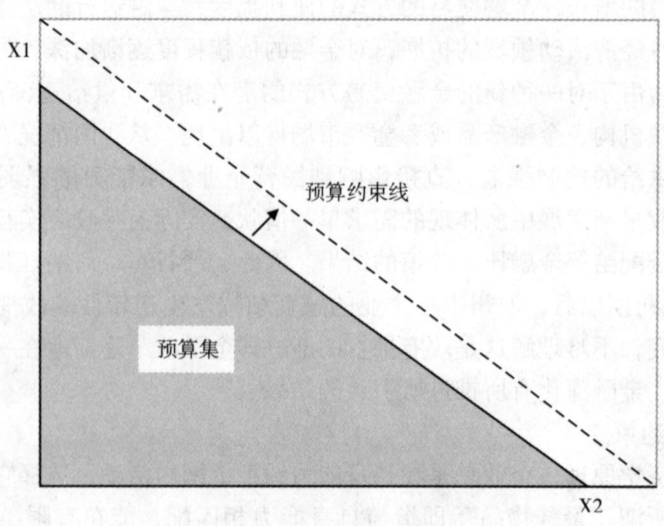

图 2 企业的预算约束线示意

而言，同质偏好和集群偏好由于具有供给的规模效应，容易被供给方满足，而分散偏好具有较大的供给成本，则很难被满足。

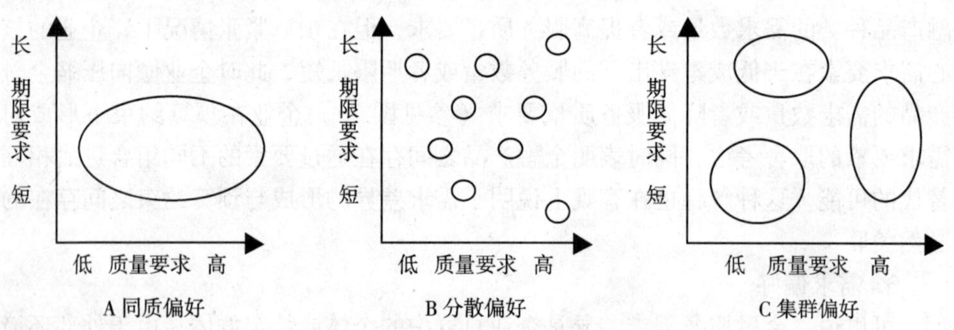

图 3 需求偏好类型

需求偏好体现了企业的价值取向，它受到企业外部环境（如政策法规）和自身主客观条件的约束（如企业领导的文化偏见或财务经营状况）等的双重影响。在此基础上，企业基于对利润最大化追求目标进行对金融需求的综合判断，形成企业对金融产品的主观排序和优先满足顺序。在不同的价值标准和风险承受能力下，不同企业对金融服务构成要素的需求迫切程度不尽相同，也即偏好程度不同，最终表现出差别迥异的需求倾向。金融服务需求偏好的存在，实质上构成个性化、差异化需求内容的心理基础。

以不同需求类型为例，我们可以得到一个要素偏好矩阵（参见表 1）。从表中可以看出，对于生存性需求类型而言，由于受到预算的严格约束，为了满足最基本的金融服务需求，此时数量和价格敏感度最高，成为企业优先考虑的要素或需求核心；而对于特殊性需求类型而言，产品功能和服务质量则成为优先考虑对象。

表1　需求要素偏好敏感度

六要素 / 偏好敏感度 / 需求类型	产品	质量	地点	期限	数量	价格
生存性需求	低	低	中	中	高	高
成长性需求	中	中	中	高	高	中
特殊性需求	高	高	低	低	中	中

（三）需求差异的本质：金融资源获得能力差异

以上分析表明，在外部制约条件、预算约束、需求偏好等三个因素的共同作用下，企业最终形成对金融服务产品的需求。由于以上三个因素对不同企业行为具有大小不同的作用力，因此，在企业之间产生需求判断和决策的差异。相对而言，需求偏好对企业产生的影响是长期的，且不会经常变动，而预算约束和外部制约条件对企业的短期影响更明显，属于经常性变动。如果假设需求偏好不变，我们发现，预算约束和外部制约条件直接改变了企业金融资源获得能力的大小，这种获得能力的大小差异就是形成企业金融服务需求差异的来源与本质。这里，金融资源获得能力是一个动态变化的概念，它表示了不同企业对金融资源的控制力大小和可能程度，其大小消长决定了企业对金融服务产品消费的数量多寡和质量高低。可以说，具有一定的金融资源获得能力是企业潜在需求得以实现的充分条件。

对企业金融资源获得能力的观察，可以让我们更好地理解差异性金融服务需求的本质，及其在金融服务市场（供求双方）背后的多种作用元素。应该说，金融资源获得能力是一个相对概念，它既包含了企业自身实力等积极因素，也包含了服务成本等消极因素。由于积极因素和消极因素对企业影响的相互抵消，形成金融资源获得能力的差异，并且最终表现为不同企业在融资能力、资金使用效率、社会活动能力、风险控制能力等方面的差异。除此之外，来自技术方面的影响，如网络技术在金融服务中的运用，以及企业自身金融知识积累和运用所造成的知识和理解上的不同，也使得企业的获得能力受到来自技术方面的影响。其结果是：当企业金融资源获得能力增强时，预算约束线向右平行移动，预算集的面积增加，表示企业对金融产品要素组合选择的自由度在增大，这时企业金融服务需求的差异性就表现明显。反之，当企业金融资源获得能力减弱，预算约束线则向左移动，此时企业金融服务需求的差异性就表现不明显（参见图2）。

企业金融资源获得能力的差异，决定了金融服务需求差异的本质特征，它实际上反映了金融服务供需双方在市场地位和谈判实力等方面的不对称状况，表现为金融市场的需求呈现出一种长期非均衡、动态变化的状态。这同时说明，企业的金融服务需求并非线性变化，而具有多维发展的可能；企业的金融服务需求并非静止不变，而是一个动态变化的过程。

（四）差异化金融服务需求的经济效应

实际上，需求的差异性是任何类型市场的正常状态，正是企业与企业之间的需求差异才为金融市场的产品创新和市场规模的扩大提供了前提条件。对于企业差异性金融服务需求所产生的效用分析，可以构造两企业的简单需求函数如下：

$$\begin{cases} Q_x = K - P_x + P_y \\ Q_y = K - P_y + P_x \end{cases}$$

其中，Q_x、Q_y 表示产品 X、Y 的需求量，P_x、P_y 表示 X、Y 的价格，K 为常数。

则需求的交叉弹性为：$E_{xy} = P_x/Q_y$，$E_{yx} = P_y/Q_x$。假设产品 X、Y 的边际成本为 $MC_x = MC_y = c$（c 为常数），得到两个企业的利润分别为：

$$\begin{cases} R_x = (P_x - MC_x)\ Q_x = (P_x - c)\ (K - P_x + P_y) \\ R_y = (P_x - MC_x)\ Q_x = (P_x - c)\ (K - P_x + P_y) \end{cases}$$

可解得在利润最大化条件下的企业定价为，$P_x = P_y = K + c$，此时企业利润为：$R_x = R_y = K^2$。当企业出现差异化金融服务需求之后，企业提供相应差异化产品，需求的交叉价格弹性将下降（假设下降一半，即 $E_{xy} = 0.5P_x/Q_y$，$E_{yx} = 0.5P_y/Q_x$），使得产品间的替代性同时下降。此时可解得 X、Y 的最大利润定价为：$P_x - P_y = 3\ (2K + c)$，此时最大利润为 $R_x = R_y = 6K^2 + 2Kc$。由此可见，差异化需求导致同一市场上不同金融服务产品之间的替代性降低，同时，替代效应降低使得差异化产品均衡定价水平相应上升，形成独特涨价诱因，给金融机构带来了较大的定价空间（陆少秋等，2004）。

此外，差异化金融服务需求还直接导致金融市场规模的扩大，它要求金融机构提供功能不同的金融产品和工具，有利于促成金融机构的专业化分工。同时，企业的差异性金融服务需求有效激励了金融机构在满足企业需求与追求利润最大化目标之间取得平衡，促进服务资源向增加客户价值的环节与产品的方向流动，从而实现对金融服务资源的重新整合，进一步提高金融服务资源的配置效率。

三、民营经济金融服务需求差异的形成与表现

（一）形成金融服务需求差异的外部条件：制度、技术和市场

影响民营经济形成差异性金融服务需求的外部制约条件体现在制度变迁、技术进步和市场竞争等几个方面。制度、技术和市场三者的共同作用，深刻改变了民营经济的外部生存环境，对民营经济的金融资源获得能力的变化施加了长远影响，同时也为金融机构进行差异性金融服务供给提供了制度保障、技术支持和市场激励。

1. 制度环境变迁特别是国家对民营经济的政策变化，造成民营经济生存方式、环境的变化，相应导致不同制度环境下金融服务需求的差异

从1979年执行改革开放政策以来，民营经济基本上经历了五个发展阶段（参见表2）：1979～1982年、1982～1988年、1989～1992年、1992～2001年、2001年至今。其间，随着我国社会主义市场经济制度内涵的逐步丰富完善以及外延的不断拓展，尽管曾经历了一段滑坡时期，但总体看来，民营经济的发展逐步得到制度性保障。在长期制约民营经济发展的政策性障碍已基本破除的条件下，民营经济的金融服务资源的获得途径和占有能力将逐渐增多和加强，释放出巨大的金融服务需求动力。不同企业面对这些外部条件的变化，无疑会相应调整自身经营和财务行为，逐渐形成多层次、多种类的差异性金融服务需求。

表2　民营经济不同发展阶段的制度演变

发展阶段	生存境况	制度变迁
1979～1982年	以个体经济为主要形式的民营经济	五届人大5次会议把发展和保护个体经济写入宪法
1982～1988年	私营经济出现	1988年第2次修宪，明确个体及私营经济是社会主义公有制经济的必要补充
1989～1992年	个体经济和私营经济大幅下滑	经历政治风波，国家政策偏紧
1992～2001年	民营经济得到恢复和快速发展	十五大确立民营经济是社会主义市场经济的重要组成部分
2001年至今	多种形式的民营经济得到充分发展，对民营经济的待遇得到显著改善	中国加入世贸组织后，十六大首次将我国非公有制经济发展的制度基础、非公有制企业建设者的政治地位、非公有制企业公平竞争的环境、按生产要素分配的基本原则以及稳定的私营产权保护等内容联系起来，构成我国非公有制经济发展的政策体制框架

2. 科学技术的快速发展为民营经济差异性金融服务需求提供了技术平台

电子通讯、信息处理以及计算机应用等方面的技术进步和在经济生活中的广泛运用，使得民营经济极大提升内部资源的利用整合水平，获得更加便利的资讯手段，以及运用更加灵活丰富的市场交易方式。比如，电讯成本大为降低以及实施范围的扩大，有利于创造全球化的金融市场，便利了资金的转移，降低了资金筹集成本，增加了交易的广度和深度。这些都深刻影响或改变了民营经济的经营模式、管理手段、融资渠道等等，并相应产生了新的金融服务需求，例如对基于网络交易的电子金融、网上银行等形式的服务需求。这样，民营企业可以绕开传统金融服务的渠道和方式，通过依托技术进步带来的便利而取得金融服务。如果从金融服务供给增加促进需求形成的推理出发，计算机的使用和信息处理的改善，促使金融机构开发出结构更加复杂的新型金融工具，并能有效地管理这些工具所面临的风险，从而为民营经济提供了更多可供选择的金融产品和工具。因此，技术进步的因素使民营企业获得金融服务资源的可能性和选择范围大大增加。

3. 市场环境的逐步改善为民营经济差异性金融服务需求的实现提供了必要条件和准备

随着市场经济体制的逐步建立，金融市场规模扩大，专业分工也越来越细。中国加入世贸组织以后，国内外市场交流融合趋势明显，新经济的发展，产业结构的调整，市场竞争激烈程度的加剧，交易方式的改变以及市场参与者外延的不断扩展等等，这些都促使民营经济改变旧有的融资模式或资本运作模式，寻求新的适应市场发展的金融服务方式，激发了企业的潜在需求。市场环境的变化不仅有利于促进金融机构的增加和金融服务供给的增长，而且有利于民营经济取得更有利的市场谈判地位，实现与金融机构进行公平博弈，从而加强对金融资源的获得能力。

总之，改革开放以来的20多年间，民营经济发展环境中的积极有利因素不断增加，而消极不利因素却在逐渐削减。外部条件朝着有利民营经济的方向演变，为民营经济金融服务需求的差异提供了制度空间、技术支持和市场激励，使差异成为可能。制度变迁及市场机制的逐步完善从根本上改变了民营经济的市场地位，增加了其在金融市场上的话语权，技术和市场的变化也同时彻底改变了民营企业对金融服务需求的惯有态度和意识，使之更能理解并主动接受新的金融方式及手段。这些变化的直接结果，使民营企业获得金融服务资源的可能性和选择范围大大增加。而从民营经济快速发展的历史事实和国外经验我们可以发现，外部条件改善程度（或制约强度）与民营经济需求差异化的程度之间存在正（负）相关关系，且存在很高的需求弹性。这在民营经济金融服务需求的动态变化上表现为：改革早期金融管制政策严格则民营经济的金融服务以生存性需求为主要形式，此时对需求要素敏感，差异性不明显；随着改革进程的深入和管制政策的放松，民营经济的成长性需求逐渐成为主要形式，此时对数量型需求要素敏感，差异性逐步显现；而当金融深化持续进行，民营经济的特殊性需求大量出现，此时对质量型需求要素敏感，差异性也将更加明显。

（二）形成金融服务需求差异的内部原因及表现

从民营经济的发展过程来看，形成差异化金融服务需求符合其自身发展的规律，是多种内部因素综合作用的结果。应该说，这种差异性恰恰反映了民营经济发展的内生性要求。不同企业在生命周期、企业规模、所属行业性质、经营发展方式、企业文化、资产结构及财务管理等方面的差异，导致企业之间预算约束情况的差别，并直接影响到企业对金融资源的获得能力的不同。

1. 企业生命周期差异

国内外的理论和实证研究均表明，企业通常都会表现出生命体的行为特征。企业生命周期是指企业从创办开始，到其消失为止所经历的自然时间。我国民营企业在其成长过程中显示出明显的生命周期特征，其发展一般都经历了一个创立、成长、成熟和衰退的阶段。在不同生命阶段，一个企业有不同的成长特性，不仅外部环境发生变化，所追求的发展战略目标也会有所变化，相应地，在经营管理能力、风险水平、财务状况、资本结构等方面也各不相同。由于民营企业在不同发展阶段具有不同的风险和收益特征，因此，特定阶段的金融服务需求的内容和方式都可能不同于另一阶段的发展需求，并表现出差异明显的融资需求偏好。如，在创立阶段企业急迫希望得到资金支持，偏好于数量型需求要素；而在成熟稳定阶段企业更注重金融服务给企业带来安全稳定的收益，所以更偏好于质量型需求要素。不同生命周期阶段的需求偏好决定了民营企业在不同生命阶段具有不同的风险、收益特性与需求规模。在有效率的市场机制下，金融资源根据企业不同阶段的风险和收益特征加以配置，不同阶段的企业能够获得的金融资源是差别巨大的。

一般说来，从创立阶段到成长阶段再到成熟阶段，企业风险由高到低、规模由小到大、经营管理水平由低到高，相应地，金融资源获得能力则由弱到强；而从成熟阶段到衰退阶段，企业风险逐渐增高、把握市场机遇的能力减弱，金融资源的获得能力也相应减弱。企业能力的增减，直接影响到其对金融服务产品的需求，而企业需求的差异性在各个不同生命周期阶段也就表现明显（参见表3）。

表3 民营企业不同生命周期特征

生命周期	企业特性	资本结构	金融需求内容及特征
创立阶段	产品认知度不高，市场占有率低，企业资信度不高，风险较大，筹措资金困难，风险大	权益资本比重大，债务资本比重小	权益类融资为主，资金需求量小，偏好于数量型要素
成长阶段	规模变大；产品市场份额扩大；销售额增加；利润显著增加；扩张欲望强烈导致资金需求增强；风险大	债务资本与权益资本之间的最优比例为6∶4	服务需求内容增多，资金需求量增大，积极拓展融资渠道；偏好于数量型要素
成熟阶段	组织结构完善；管理经验丰富，财务状况良好；市场饱和；资信度高，可获各种优惠贷款机会；风险较小	债务资本与权益资本的最优比例为3∶7	服务需求内容无大的变化，资金需求量稳定；理财需求增加；偏好质量型要素
衰退阶段	产品销量加速下降，利润大幅度减少，产品缺乏竞争力，创新能力不足，债务负担严重，破产压力大，风险较大	债务资本大幅度缩减，回到创立阶段水平	需求能力减弱；服务需求范围缩小；偏好不明显

2. 企业规模差异

不同民营企业的规模分布状态也对企业的金融服务需求产生较大影响。有研究证明，企业规模与企业的融资能力呈显著正相关关系。融资能力随着规模变化而变化，直接导致企业对金融服务需求的变化。罗伯兹－格雷西亚（Lopez－Gracia）和艾尔巴－埃里斯（Aybar－Arias，2000）对中小企业的研究表明，企业规模将影响到企业的自我融资策略（Self－financing Strategies），随着企业规模的扩大，融资方式将逐渐从内源融资为主过渡到外源融资为主。具体表现为：小规模企业由于市场活动范围狭窄、业务单一、资金筹集途径较少且运用效率较低，融资需求具有“金额少、频度高、使用急”的特点，对金融服务需求的内容也相对较少，此时企业金融资源获得能力弱，融资只能主要依靠自我筹集；随着企业经营规模的扩大，企业金融资源获得能力增强，为了应付拓展市场、调整经营战略等需要，资金需求量也逐步扩大，需求的时间较长，需要的金融产品也呈现多样化趋势（参见图4）。

3. 行业性差异

不同行业的产业壁垒高低不同，产业集中度存在差异，集中度越高（如电讯行业），竞争性越弱，企业就越有可能获得更好的经营效益，因此对金融部门具备较强的市场议价能力和信用能力，企业就越有可能拓展不同的融资渠道和方式；相反，集中度越低（如纺织行业），企业对金融部门的谈判地位低、融资成本越高，相应地压抑了向外寻求金融支持的动机。同时，不同行业的资本有机构成存在差异，资本密集型的行业（如信息产业），经济规模要求的投入资本起点高，资金需求量大，对金融产品及融资渠道创新的要求就高；反之，劳动密集型（如采煤行业），则要求较低。据浙江省有关部门对省内1000多家中小企业所做

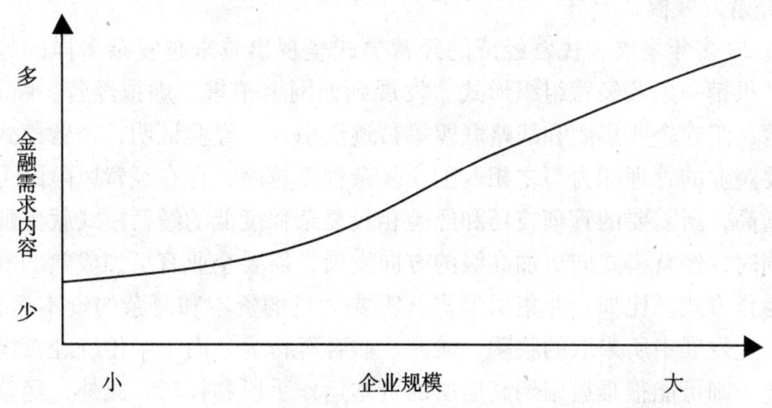

图4 不同企业规模的金融服务需求差异曲线

的专项调查显示，在不同的行业，资金短缺的程度存在一定差异，贷款难度最大的行业是劳动密集型的产业如建材、纺织行业，难度最小的是科技含量高的资本密集型产业如医药、电子行业（参见图5）。从中，我们可以归纳出不同产业金融需求差异的基本规律：产业层次较高的行业一般具有资本密集特征，金融渗透能力高，企业资金吸收能力强，金融服务覆盖较充分；产业层次低的行业一般具有劳动密集特征，金融渗透能力弱，企业资金吸收能力差，金融服务覆盖不充分。同时，企业的行业属性直接关系到规模大小和经营风险程度。

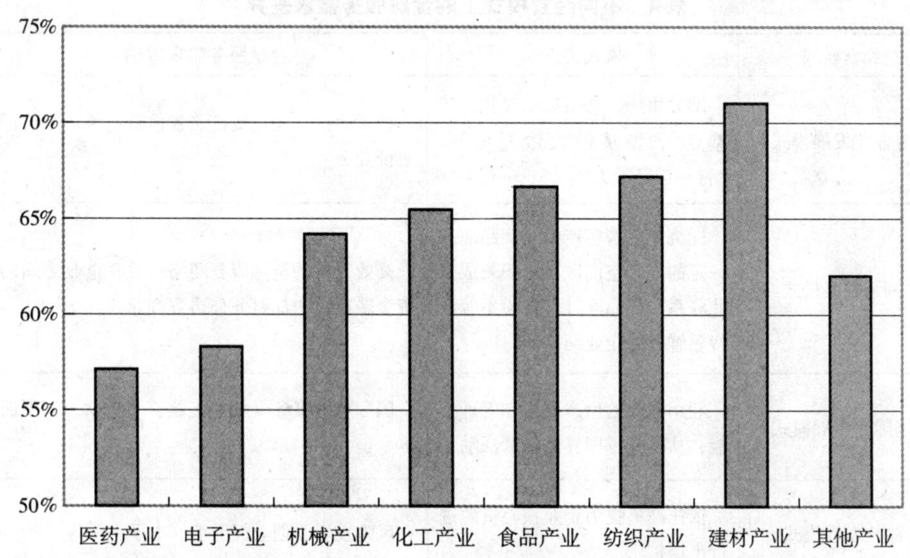

资料来源：刘湘云：《中小企业融资制度创新次序》，载《财贸研究》，2003（5），60页。

图5 不同行业融资困难企业的比重差异

4. 经营发展模式差异

经过20多年发展，民营经济的经营模式呈现出越来越复杂多样的趋势，从最初的产供销一条龙经营组织形式，发展到如网上销售、虚拟经营、特许经营、连锁经营，组建企业集团和战略联盟等被逐渐引入。经验证明，经营模式的复杂程度需要企业的管理能力与之相匹配。复杂程度越高，存在经营风险的可能性也就随之增高，所需要的管理技巧和经验相较复杂程度低的经营模式就更加高超和丰富。同时，经营模式向更加高级的方向发展，需要企业有更加成熟的筹资手段和资金运作方式，比如企业集团形式就需要大量的资本和复杂的资本运作技巧，来满足企业发展中所采取的收购、兼并、联合等行为，而一个传统经营模式下的生产企业，则可能很难运用到高层次的资本运作手段和技巧。此外，经营模式的复杂多样化，也从根本上改变了民营企业对现代金融服务方式的需求。比如，一个从事在线网络销售的新兴企业对金融服务的地点（Distribution）要素就很重视，越来越依赖于网络金融（Internet Financing）手段来实现网上交易，而一家店铺型的传统零售企业，则仍然更多地借助于现金或划卡等手段。

可以说，多样化的经营模式具有不同的经营特点和发展战略，这对现代民营企业的内部管理能力、资金运作能力以及金融交易方式提出了不同的要求。不同经营模式的企业对金融资源的运用效率的高低不同，最终导致企业对各种金融服务要素，如服务地点、服务质量、产品功能等选择的差异（参见表4）。

表4 不同经营模式下的金融服务需求差异

经营模式	模式特点	金融服务需求差别
专业化发展模式	细分市场，在市场中寻找补缺基点①，做精做大做专做深，“将小产品做大”	技术改造、固定资产购置信贷业务；银行的票证业务
网络发展模式	围绕某一特定产业或产品而在一定的地理空间区域内积聚成彼此联系、产品互补、规模不等但特色鲜明的企业网络	高效完整的金融服务网络；关联企业之间的资金融通，内部财务公司咨询业务
国际化发展模式	利用国外的生产要素和管理技能，从事跨越国界的经营活动	国际金融服务（如外汇结算、贷款、信用证等）
科技发展模式	依托高科技为企业核心资源进行市场扩张	风险投资、创业板上市、电子金融等

注：①补缺基点，又名“利基市场”（市场营销概念），一般是指中小企业为避开实力强大的竞争对手，所选择的对竞争对手而言获利微小或力量薄弱的小块市场。

5. 资产结构差异

民营企业的资产结构、财务状况在不断发生变化的经营过程中，形成有计划的金融需求管理。无论是早期的资本结构理论，还是通过米勒（Miller）与莫迪格莱尼（Modigliani）提出的MM理论修正后的权衡理论，其研究均证明，企业发展所追求的财务目标和企业价值是有差别的，而企业价值与资本结构相关，因此所对应的资本结构也不同。由于资产结构差异，不同企业需要根据对风险的预测评估来忖量资产结构的合理性，对目前资产结构进行符合财务目标和能力的经常性适应调整。首先，如果企业财务状况较好或稳定，表明企业有充足的现金流，企业就具备保持较高负债比率的条件，此时企业偿债能力强，则借贷筹资能力也强，反之亦然；其次，对于有形资产和通用型资产较多的企业而言，由于资产的流通性高、抵押条件充分，容易获得银行的融资支持，则具有较高的外部借贷筹资能力，而非通用资产占比高或有效担保抵押资产不充分的企业，则难以获得银行的信贷支持，因而企业不得不更多考虑内源融资；此外，流动资产较多的企业较多地使用规模和结构相对容易调整的流动负债，以提高资本利用效率，而资产中长期或固定资产比例较高的企业，则应较多地使用长期负债或权益融资。不仅如此，如果资产结构与经营需要合理匹配，则企业具有较强的财务风险承受能力，对创新金融产品的需求能力也就较强，反之企业风险承受能力弱，难以承受金融产品带来的财务压力。

当前，民营中小企业所存在的融资难问题，部分原因正是因为其资产结构难以满足银行的信贷条件造成的，比较而言，大型民营企业由于具有足够的抵押担保资产和财务管理能力而更易获得信贷支持。可以看出，不同类型民营企业之间资产结构的差异对企业财务预算管理能力提出了不同要求，影响到企业的财务风险管理和承受能力，对外借贷筹资能力，并产生企业的信贷消费预算约束，约束力的大小直接导致企业金融资源获得能力的不同（参见表3）。

6. 企业文化差异

企业文化是在市场竞争环境下自然形成的企业内生制度，是企业家精神、企业长远目标、经营战略、人员素质构成以及地域文化特点等各种因素共同作用的结果。哈佛大学教授约翰·科特和詹姆斯·赫斯科特（1997）通过研究证明，企业保持长期的业绩增长与特定的企业文化有明显的相关关系。按照他们的划分标准，企业文化可以分类成：强力型企业文化，平稳发展型企业文化，灵活适应型企业文化。经过多年发展，我国民营企业也逐渐有意识或无意识地形成了自己的企业文化。在不同的企业文化伦理系统，特别是在不同制度背景和地域文化特征下成长起来的民营企业，其企业文化一旦成型，就会对价值标准、行为准则等产生深刻影响，从而产生不同的需求动机和相应的行为方式。比如，强力型文化特点的企业由于富有进取和冒险精神，对经济前景比较乐观，扩张欲望强烈，往往会安排较高的负债比率，融资需求旺盛，容易接受最新的金融服务产品；平稳发展型企业，一般对宏观经济走势抱谨慎态度，会尽量降低负债水平，对于金融产品的需求则持保守态度，会倾向于采用已经尝试过的金融产品。企业文化差异对企业需求偏好产生了深刻作用，因此可以说，它是最终形成企业金融服务需求差异的文化根源。

（三）小结

以上研究表明，民营经济发展的内、外部条件变化对形成企业的差异性金融服务需求具有直接影响。其间的逻辑关系在于：由于内外部条件共同作用，不同民营企业的资金利用效率、融资能力、资信状况、风险承受能力不同，企业对外部条件变化的适应能力也各不相同，因而决定了企业对不同金融服务要素的需求敏感性不同，在自身预算约束和需求偏好影响下，企业的金融资源获得能力差别明显，最终形成不同企业对金融服务需求的差异（如图6所示）。

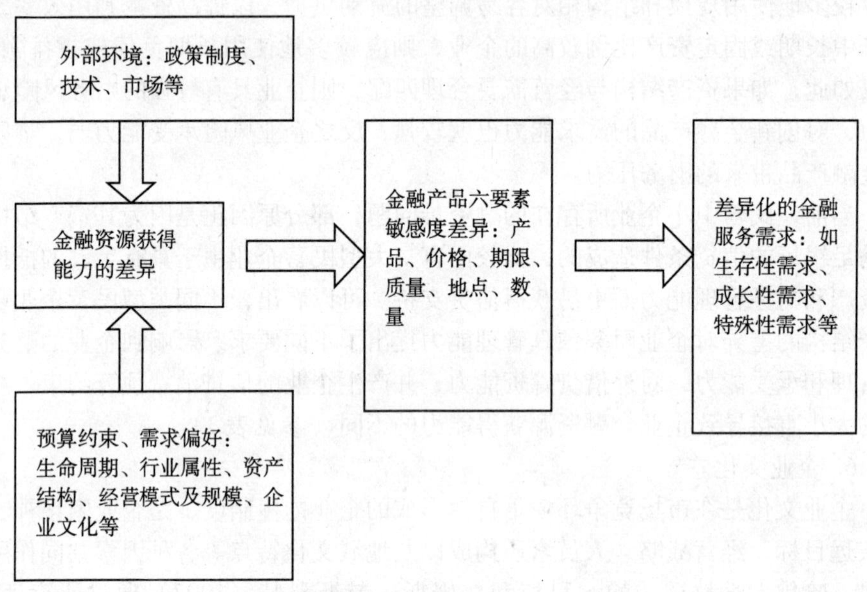

图6 金融服务需求差异形成示意

差异性金融服务需求的形成过程，更多地反映了民营经济多样化发展的内生性要求，它主要表现在：一是企业的金融服务需求差异与企业的发展阶段、规模及能力大小显著相关；二是企业不断提出新的金融需求，是现有金融产品的变异或重新组合，表现出非标准化的需求特征；三是各种类型的金融需求最终都服从于企业的利润最大化目标，并通过对金融产品成本效用的计算衡量得以确定。

四、对民营经济金融服务需求差异性的实证考察

本课题组就民营经济融资情况和金融服务需求差异性问题，在四川省先后两次采取抽样问卷调查和座谈相结合的方式，分别发放企业问卷485份和120份，收回有效问卷467份和110份。被调查样本企业选自经济发展呈梯度差异的12个市州，涵盖不同组织形式、行业和规模。调查分析结果显示：

（一）不同民营企业对金融服务要素具有明显的偏好差异

对110户民营企业调查的结果显示，企业对于金融服务需求的首要选择呈现分散分布特征，这种非集中性的需求状况反映了民营企业差异化程度。在110家被调查企业中，选择“融资数量”最重要的最多，为24家，占样本企业总数的21.82%，其次分别为“利率及服务费用”（占20%）、“服务品种”（占19.09%）、“服务期限”（占17.27%）、“服务质量”（占14.55%）和“网点分布”（占7.27%）。对于金融机构所提供服务的满意程度，总体评价一般：选择“很满意”的占样本企业总数的23.64%，选择“一般”的占39.09%，选择“不满意”的占37.27%，参见表5。调查还发现，民营企业普遍对商业银行烦琐的贷款程序表达不满，认为效益好、潜力大、信誉佳的企业就应该得到快捷方便的服务，提高办事效率。

可以看出，一方面，目前相当多的民营企业对于数量型要素，如金融服务的价格、数量等要素偏好明显，属于成长性需求类型，但对此种类型的金融供给感到普遍不满；而另一方面，大部分企业对质量型要素如服务品种、服务质量的偏好不显著，且由于要求不高，对当前此种类型大多感到满意。

表5　110户企业不同需求内容的选择及满意度

金融需求要素	首选		满意度（%）		
	家数（家）	占比（%）	很满意	一般	不满意
融资数量	24	21.82	16.67	50	33.33
网点布局	16	14.55	12.5	56.25	31.25
利率及服务费用	22	20.00	13.64	36.36	50
服务期限	19	17.27	21.05	31.58	47.37
服务品种	21	19.09	19.05	33.33	47.62
服务质量	8	7.27	62.50	37.50	—
合计	110	100	20.00	40.91	39.09

（二）不同经济发展环境中的民营企业，融资需求有较大差异

假设外部环境的好坏，如市场发育程度、经济政策执行效果、法制环境等，

可以用地域经济发达程度来代表，某个地区的经济越发达则表示外部经济环境越好，反之外部环境较差，以此来检验制度环境与民营经济金融服务需求差异性之间的关系。我们将12个被调查市州按经济发展程度分为：一类经济发达地区(成都、德阳、绵阳)、二类较发达地区（乐山、宜宾、自贡、内江)、三类欠发达地区（达州、南充、资阳、遂宁、巴中)。

通过比较三类地区民营企业的融资结构，可以发现，一、二类地区企业效益较好，不仅能通过较高的留存收益来融通资金，而且也较易获取银行贷款，融资能力较强。而欠发达地区企业效益相对较差，内部积累较低，由于长期银行贷款难以满足其需要，这类地区企业的融资方式纷纷转向商业信用、民间借贷等(参见表6)。

表6　不同地区企业融资结构

单位:%

地区	主要所有者投入	内部集资	留存收益	银行贷款	商业信用	民间借贷
一类	25.1	0.6	51.1	22.9	3.7	1.1
二类	22.3	8.0	51.9	29.0	8.8	0.8
三类	35.9	4.7	45.8	25.7	13.0	4.0

(三) 不同规模企业间的融资需求差异明显

通过对数据的统计分析发现，企业规模与金融服务产品需求数量之间呈显著正相关关系，两者之间的相关系数为0.723①。样本数据显示，70%销售额在1000万元以下的企业，其贷款需求在100万~500万元范围内；而90%以上销售额在3亿元以上的企业，贷款需求均超过1000万元。同时，不同规模的企业对服务品种的需求差异也比较明显：企业规模大，需求差异性显著；企业规模小，需求差异性不显著。具体表现在，规模较大的民营企业业务总量大、类型多、范围广，强调紧贴企业经营特点的个性化金融产品，注重非信贷产品，更多关注股票和债券等资本市场工具；中等规模民营企业需要的主要是融资及与资金市场相关的流动资本管理服务，金融产品之间有一定差异，包括现金管理、外汇交易、票据贴现等；规模较小的民营企业其金融服务需求相对简单，主要是标准化的批发类金融服务，产品之间差异度不大，如短期信贷、结算、汇款、存款等。

① 由于调查问卷的备选项为分组数据，在进行数据的相关性分析时，本文采用各个数据组的组中值，这样计算出的相关系数会与实际的相关系数稍有差异，而相关性的符号不会改变。

（四）不同企业生命周期的融资结构差异

根据企业调查总队2003年对全国2434个民营企业不同生命周期阶段的调查，44%的企业处在平稳发展期，39%的企业处在成长壮大期，另有11%的企业处于幼年成长期，以及近5%的企业正处于衰退期。从样本企业情况看，处于不同生命周期的企业，其融资结构差异明显。从图7可以看出，随着企业生存期的增长，以银行贷款为主的外源性融资占比逐渐提高，而以所有者投入为代表的内源融资比例逐渐降低。问卷调查结果显示，存续期为11～20年的企业由于收益稳定，经营风险小，融资能力较强，此时融资结构中贷款占比最大，为30.1%，主要所有者投入仅占23.6%；存续期在2年内的企业，收益预期不稳定，经营风险较大，融资能力较弱，此时融资结构中主要所有者投入占比最大，为46.9%，贷款占21.5%；对于存续期为6～10年的企业，由于正处在扩张期，对资金需求量大，融资途径多样化，不得不通过各种途径需求资金，因此，处于这段生命周期阶段的企业是各阶段企业中融资结构最平均的。

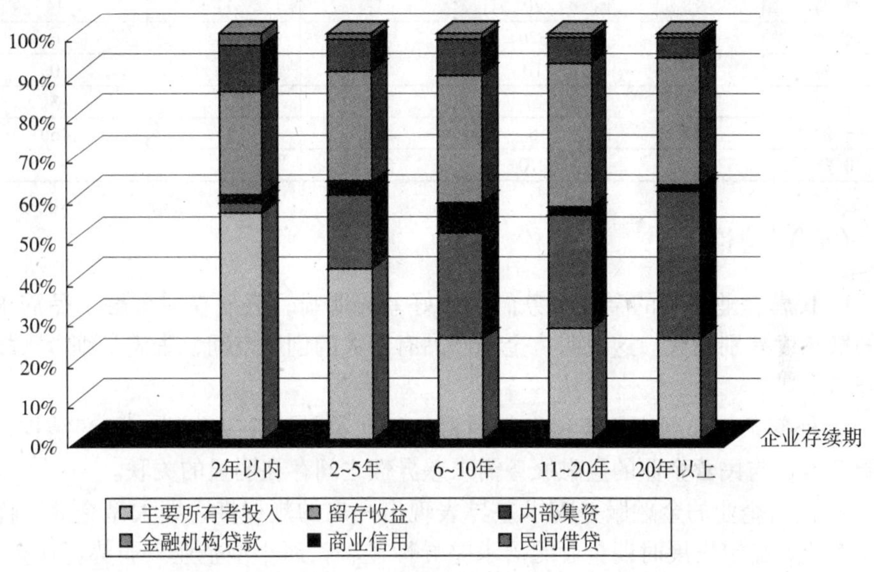

资料来源：2003年10月企业调查总队专题调查材料。

图7　民营企业不同生命周期阶段的融资结构

（五）不同行业的金融服务需求差异

其一：从企业资产结构看，企业外部融资需求与行业属性具有一定的关联，固定投资大且回收期较长的行业，贷款需求量较大，反之较少。如交通运输行业因投入固定投资较少，对银行贷款的需求不大，其自身投入占资产总额约

72.5%；建材、制造等传统产业，固定投资大，对贷款的需求量也大。

其二：从企业经营特点看，能源类生产企业原材料采购量大且较分散，在原材料采购过程中现金结算占较大比重，企业对现金服务要求较高，如攀枝花的某能源公司每月大约需要1000万元现金用于采购结算；流通、零售型企业相对更重视金融服务产品的快捷性，讲求时间效率，对短期融资需求较大；而旅游、饮食类民营企业一般只需要存款、贷款和结算服务。

其三：从银行获得贷款的情况看，各行业存在显著差异。其中，能源、房地产、烟草、医药等行业的平均贷款额高，都超过200万元，而餐饮、零售、运输等行业贷款额度很少，不超过10万元（参见表7）。

表7　各行业贷款需求分布

单位：万元

行业	企业数（家）	平均贷款额	行业	企业数（家）	平均贷款额
机械	4	38.5	房产	9	280
电子	2	120	建筑	8	82.3
化工	3	30	建材	7	34
家具	8	20	饲料	11	14
能源	2	320	养殖	3	6
食品	13	10	零售	7	0
纺织	5	27	餐饮	7	3
运输	3	6	其他	15	460
医药	3	210	合计	110	—

（六）结论

1. 民营企业之间的金融服务需求偏好差异明显，表现在对金融产品需求要素的敏感度差别较大。这说明，金融产品有巨大的创新空间，去满足细分市场的差异需求。

2. 外部条件如制度环境和内部因素如行业特性、企业规模、资产结构、生命周期等，与民营企业的金融服务需求差异性之间存在明显的关联。

3. 民营企业的金融服务需求差异表现出一定的规律性，即大型企业、优势行业企业、稳定发展时期企业的需求差异性显著，而小型企业、弱势行业企业、创立时期企业的需求差异性不显著。这是因为，不同规模、行业、生命周期民营企业的金融资源获得能力显著不同，最终导致不同类型企业之间需求的差异。

五、应对民营经济金融服务需求差异的解决问题的思路

（一）差异化金融服务的供给约束

从金融支持民营经济的现实情况看，现有金融体系对民营经济金融服务需求

进行差异性服务还存在诸多现实约束。

1. 差异化服务存在制度障碍

一是我国金融业实行“分业经营，分业管理”制度，造成金融机构经营手段雷同，业务范围狭小，产品高度同质，同业间可替代性强，难以满足企业差异化的服务需求；二是利率尚未市场化，存贷款利率实质还处于行政管理范围，银行不可能对客户区别对待，实施利率管理的分层；三是现行的商业银行信贷管理体制实行严格的信贷审批制度，难以满足民营企业特别是中小企业“小、快、急”的贷款需求；四是我国对银行体系提供隐含贷款担保，特定企业特别是国有企业被纳入优先发展序列而接受大量融资，市场资源配置机制因此受到扭曲。

正是由于现行金融供给体系对民营经济差异化的金融服务需求还缺乏有效的制度供给，不少民营企业不得不求助于民间非正式的金融机构，甚至有些实力强大的民营企业通过资本运作等手段加入商业性金融机构，以更直接的方式获得满足其自身发展需求的金融服务。

2. 金融服务体系结构失衡

从金融服务体系来看，我国还没有构建完善适应民营经济差异化金融服务需求的金融体制框架，特别是中小金融服务体系远远不能满足服务中小民营企业的现实需要。在现有融资体系中，由银行为主体的金融服务体系提供的主要是间接融资服务，而资本性融资体系的发展则远远落后于债务性融资体系，不能满足众多创业型、科技型的民营企业直接的资本融资需求。

3. 缺乏金融创新机制和法律保护

由于企业需求是一个动态变化的过程，需要金融机构不断创新出与之适应的金融产品。从创新机制看，我国金融机构的产品创新以模仿和引进为主，自主创新和自主知识产权的很少，没有真正形成长期创新的内在机制。同时，但由于人员素质、技术水平、管理经验、市场营销等方面的不足，金融机构还缺乏实施差异化服务战略的整体能力。此外，我国政府对金融创新的保护不够，如国家专利局对金融产品的专利难以认定，使得金融机构在推出具有创新特点的产品时，容易被其他机构模仿，难以获得与创新风险匹配的高回报。

4. 规模经济的天然约束

目前我国以四大国有独资商业银行为间接融资体系的供给主体，在管理水平、人员素质、经营效率整体不高的现实条件下，实施差异化、个性化的金融服务，需要投入大量的技术支持和高素质金融人才，相应产生高昂成本。在消费群体没有达到一定规模时，金融供给的规模效应难以产生，此时的服务价格是普通民营企业难以承受的。

5. 我国还远未形成具有充分竞争性的金融市场

到目前为止，我国还没有形成适应民营经济差异化需求的具有竞争性的金融市场运行机制。如果没有金融机构在产品、服务等方面的有序公平竞争，需求差异的替代效应将无法得到体现，也就无法有效激励金融机构进行创新活动，从而满足企业的不同需求。

（二）从供给视角出发的解决途径

民营企业金融服务需求的差异，本质上是企业之间由于融资能力的差异而造成企业发展不平衡的结果。由于形成融资能力差异的背后隐含着不同企业的行为特征，为金融机构计算判断差异服务的效益成本带来不同程度的操作难度和市场风险。在作为供给方的金融体系看来，问题的难点在于，由于体制缺陷导致缺乏有效率的市场机制来化解差异需求所带来的风险差异。对于金融机构而言，提供差异化服务意味着要解决因为企业融资能力差异所导致的风险差异问题，也即如何测度、管理和控制不同民营企业之间的风险差异。

诚然，在经济转轨时期的特殊历史条件下，只有充分尊重市场需求的主导地位，我们才能真正构建成功一个符合市场经济运行规律的金融服务体系。因此，解决民营企业金融服务需求差异性的问题，应该是一个具有帕累托效率的双向考虑：一是如何增强民营企业的金融服务资源获得能力，增加符合自身财务能力的有效金融需求；二是在现有制度空间内，逐步构建完善一个遵循市场经济规律的、有效率的、能承受不同程度风险的金融服务体系，以加强对民营企业的差异化金融服务供给。本文现从改善民营经济金融服务外部供给的角度，在三个不同的层面提出以下建议。

1. 在宏观金融制度层面，合理安排金融服务制度创新次序，通过制度建设来为加强差异化金融服务提供良好的外部环境

首先，应该消除阻碍金融机构提供差异化服务的制度障碍，如逐步取消利率管制，坚定有序地实现利率市场化，同时要认真研究解决民营经济的“国民待遇”问题，使民营企业获得与国有企业同等的市场地位；其次，建立良性的金融创新制度，对金融产品创新行为实行激励相容的市场监管，依靠市场推动外生性金融制度创新的发展，如网络金融服务等，通过充分利用信息技术手段为民营经济提供更丰富的金融服务产品；再次，要建立健全一个为民营经济服务的法律法规体系，例如修改完善《担保法》，制定《物权法》等有关法律法规，增加抵押担保来源，提高民营企业的融资能力和途径，同时加强对金融产品创新的法律保护；再次，我国应该根据经济环境和金融业发展的特点规律，有步骤、分阶段地实施混业经营的制度模式，拓宽金融机构的业务范围，提高金融资源整合的效率；最后，作为制度改革的配套措施，规范的信息披露制度，如财务信息披露等，也应受到足够重视，实行信息披露制度可以避免因金融服务需求双方信息不对称而导致的

理解和行为差异，以降低信息不对称给金融服务双方造成的供需错位。

2. 在中观金融市场层面，构建风险分级的金融服务体系，鼓励形成适当竞争的金融服务市场

按照戈德史密斯的金融结构论，要适应一国经济发展的需要就应该增加金融机构的数量和质量，提供门类齐全的金融工具，不断完善该国的金融结构。就我国民营经济发展的特色来讲，迫切需要建立与其差异化金融服务需求相匹配的风险分级金融服务体系，使具有不同风险管理、承受能力的金融机构来提供不同的金融服务产品。具体而言分别是：一是逐步发展多层次、全方位服务的分级资本市场体系，丰富资本市场的交易工具，利用市场风险敏感度更高且风险承受能力更强的资本市场来为民营经济拓展更多、更有效的资本性融资渠道，以满足不同地域、不同规模、不同性质民营企业的股权融资需求。二是大力发展风险投资机构，机构投资者和风险资本家的成长可以降低企业与金融机构之间由于信息不对称、委托代理冲突等形成的融资成本，为创业阶段的民营企业提供股权类融资，通过“高风险高收益”的市场激励来为具有较高投资风险的民营企业提供金融服务。三是大力发展中小金融机构。中小金融机构与中小民营企业在规模上具有对称性，对中小企业的“零售业务”具有规模效应，而且能够掌握较多的中小企业隐蔽信息和软信息，相较大型金融机构更容易监控因信息不对称导致的风险问题。四是放松对民营金融机构的市场准入限制。作为内生性金融组织，民营金融机构因其产权明晰、委托代理层次少的特点，更能产生自我激励机制适应民营企业的经营特点、成长特性和风险控制。最后，还应完善对民营经济金融服务的支持体系，如建立权威的企业信用评级机构、贷款担保机构等。通过建立健全的民营企业信用评级体系，可以对大量民营企业的资信状况进行有效甄别，使金融机构低成本地分辨出客户群体资信差别和进行项目风险评估，进而设计提供差别金融服务（如图 8 所示）。

3. 在微观经营管理层面，建立与差异性金融服务需求相匹配的微观经营机制

就金融机构而言，重要的是如何提高测度、管理和控制提供差异化金融服务所带来的经营风险的能力。金融机构应该更充分地了解民营企业的金融服务需求状况，使用更经济的手段方式对金融资源进行效率分配，以满足目标企业的差异化需求。一是建立与差异化营销相适应的组织机构，按照正确的银行信贷营销策略，进行市场拓展与内部机制调整的有效结合，实现市场营销、技术支持、后台服务等环节的相互配合；通过调整部门结构，改造审批流程，压缩审批层次，提高服务效率。二是加强对信息资源的收集管理和应用。全方位了解金融业政策法规、国内外金融市场发展动态、行业竞争对手变化情况以及客户需求及经营状况等信息，通过增强人员素质、加大技术投入等方式提高对信息资源的利用挖掘程度，分析研究不同客户的金融需求，并采取相应的营销措施。三是培养一批高素

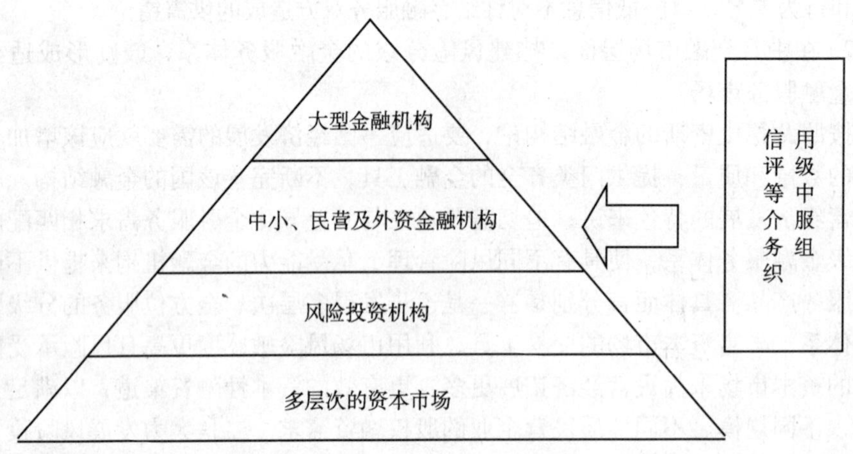

图8　风险分级金融服务结构

质的客户经理队伍，能根据不同客户对象的需求特点进行灵活的差别服务，如对优质客户就要由高级客户经理提供全方位服务。四是运用和创新不同的差异化营销服务模式，在细分市场、找准目标客户群体的基础上，按照不同的分类标准、操作程序及风险管理技术向客户提供差异化的金融服务（详见表8）。

表8　金融机构差异化营销模式选择

类型	定义	原则	内容/特点	服务支持
A. 金融贡献法差别服务	按照金融贡献度的大小对客户进行分组，并采取不同的营销策略，以保证对金融贡献度高的重点客户优先投入经营资源	客户贡献大小与资源投入相匹配	①客户可以分为重点客户（优质客户）、普通客户、潜在客户、限制客户等 ②需要动态监测客户金融贡献度的变动，对客户进行升级	①建立客户经理制度 ②建立客户档案和数据库 ③完善金融创新机制 ④启动客户需求识别系统 ⑤采取各种信用、风险评价控制手段 ⑥贷款定价模型
B. 信用等级法差别服务	根据客户信用等级的高低提供差别待遇，对不同信用等级的客户提供不同的服务内容、服务质量、授信额度、服务方式、产品分销等	客户信用等级高低与其风险一致	①根据信用等级的不同，将客户划分为AAA级、AA级、A级、BBB级、BB级、B级6类客户 ②信用等级越高，其风险程度就越低，金融贡献水平可能会越高，投入的银行经营资源也越多	
C. 产品类型法差别服务	根据客户消费的主要金融产品类型来划分客户的类别，据此提供差别服务	消费的金融产品类型决定客户分类	可划分为：重点产品大户（如信用卡大户）、企业贷款户、无贷中小客户等	
D. 产品规模法差别服务	采用某种主要产品的消费数量作为划分客户类别的依据，并对不同类型的客户提供差别服务	按照客户消费产品数量占全部产品的比值确定分类标准	采取“柏拉图”ABC分类法①	

注：①“柏拉图”ABC分类法是国际通行准则，通常指将占产品数量总额75%～80%的客户划分为A类客户或大户，15%～10%的客户划分为B类或称中户，剩余的客户作为C类或称小户。

六、结语

随着我国金融改革的深化，民营经济受到来自意识形态等方面的外部压力逐渐削减，为民营经济的快速发展提供了宽松的制度空间。在市场经济机制下，民营经济的内生要求得以充分体现，体现在对金融服务的需求上则是多样化、个性化成为鲜明特征。本研究表明，金融服务需求差异的本质是金融资源获得能力的差异，它是外部约束条件、企业预算约束以及需求偏好共同作用的结果。对于如何满足民营经济金融需求差异性的问题，本文提出了建立风险分级金融服务体系的初步设计，也是对解决当前民营经济融资困难等问题提出的一种构想。应该说，最符合市场经济规律的解决方式才是最有效的，而当前我国只是初步建立了社会主义市场经济体制，许多非市场的因素还在干扰我们对于经济现象的判断。但作者相信，随着长期视角的建立和对市场经济规律认识的不断积累，我们必将在现实中寻找出更加富有效率的应对之策。

参考文献

1. 米什金：《货币金融学》（第 4 版）[M]，北京，中国人民大学出版社，1998。

2. 约翰·科特、詹姆斯·赫斯科特：《企业文化与经营业绩》[M]，华夏出版社，1997。

3. 林毅夫、李永军：《中小金融机构发展与中小企业融资》[J]，载《经济研究》，2001（1）。

4. 李新章、聂金锁：《自有资本与信贷的信号意义：论民营经济发展中的适度信贷约束》[J]，载《金融研究》，2003（12）。

5. 彼得·德鲁克：《公司的概念》[M]，上海人民出版社，2002。

6. 张燕文：《浅析我国商业银行差异化竞争策略》[J]，载《武汉金融》，2003（6）。

7. 谢健：《民营中小企业制度创新研究》[M]，新华出版社，北京，2002。

8. 刘锦辉：《商业银行对民营中小企业信贷融资方式创新研究》[J]，载《经济问题》，2003（5）。

9. 徐岚：《高科技企业生命周期与金融资源的配置》[J]，载《世界经济》，2000（6）。

10. 郭斌、刘曼路：《民间金融与中小企业发展：温州的实证分析》[J]，载《经济研究》，2002（10）。

11. 严谷军、何嗣江：《中小企业融资结构变化与中小金融机构成长》[J]，载《浙江大学学报》，2002 年第 32 卷第 6 期。

12. 刘国华等：《民营经济发展环境及策略研究》[J]，载《经济体制改革》，2003（3）。

13. 陆少秋、顾弘敏：《从产品差异化策略看入世后我国金融业的混业经营》[J]，载《中央财经大学学报》，2004（1）。

14. 巴曙松：《金融市场的魔鬼与天使》[M]，浙江人民出版社，2004。

15. 杨思群：《中小企业融资》[M]，中国计划出版社，2002。

16. 蔡则祥、华增凤：《现代企业制度的金融需求问题研究》[J]，载《经济问题》，1997（12）。

17. 洪婷：《网络时代的银行个性化服务》[J]，载《福建金融》，2003（12）。

18. 罗杰：《中国金融体系变迁路径依赖与民营经济融资困境》[J]，载《经济师》，2003（2）。

19. 程仲鸣：《从企业生命周期视角对财务管理目标的探讨》[J]，载《商业研究》，2003（23）。

20. 叶国灿：《论民营企业的生命周期及其延长》[J]，载《经济问题》，2004（1）。

21. 张庆亮：《民有经济：概念、贡献、融资困境及解决思路》[J]，载《财贸研究》，2002（2）。

22. 谈儒勇：《需求领先型金融发展的微观机制研究》[J]，载《上海财经大学学报》，2004（2）。

23. 李伟：《金融业经营模式的分析与对策》[J]，载《科技进步与对策》，2002（6）。

24. 张杰：《民营经济的金融困境与融资次序》[J]，载《经济研究》，2000（4）。

25. 中国人民银行广州分行课题组：《从民间借贷到民营金融：产业组织与交易规则》[J]，载《金融研究》，2002（10）。

26. 中国人民银行成都分行考察组：《上海、杭州、温州三市政府、银行解决中小企业融资难情况的考察报告》[J]，载《西南金融》，2002（8）。

27. 中国人民银行上海分行课题组：《构建与完善中小企业金融服务体系》[J]，载《上海金融》，2004（1）。

28. 曾康霖等：《金融需求与供给互动研究——对我国部分地区商业银行金融创新的考察》[J]，载《金融研究》，2003（3）。

29. 蒋海：《中小企业融资约束与中小金融机构体系发展研究》，载《暨南大学学报》，2002（3），53~60页。

30. Jose Lopex – Gracia and Chistina Aybar – Arias, *An Empirical Approach to the*

Financial Behavior of Small and Medium Sized Companies [J], *Small Business Economics*, 2000, (14).

31. Levine, Ross, *Financial Structure and Economic Development* [J], *Revista de Analisis Economics*, 1993, 8.

32. Diamond, Douglas W. *Financial Intermediation and Delegated Monitoring* [J], *Review of Economic Studies*, 1984, 51 (3, July) 393-414.

33. Berger, A. and Udell, G., Small business Credit Availability and Relationship Lending: The Importance of Bank Organizational Sructure, Working Paper, Board of Governors of the Federal Reserve System, 2001.

34. Strahan, P. and Weston J., Small Business Lending and Bank Consolidation: Is There Cause for Concern?, www. ny. frb. org/rmaghome/curr - iss/ci2 - 3. pdf, 1996.

35. Strahan, P. and Weston J., Small Business Lending and the Changing Structure of the Banking Industry, Journal of Banking and Finance, Vol. 22, pp. 821-845, 1998.

中国国际收支平衡问题研究

国家外汇管理局综合司课题组

顾　　问：邓先宏

课题主持人：韩玉亭

主要参与者：管　涛　王允贵　王　信

温建东　黄　昊　潘宏胜

陈元复

第一部分　我国国际收支状况和发展趋势

一、1994 年前国际收支的动态变化及特点

改革开放后到 1994 年期间，我国国际收支稳定性不高，集中反映到外汇储备变动上，呈现储备减少的年份居多，仅 1982 ~ 1993 年就有 8 年储备下降，1991 年是储备余额最高的年份，也仅有 21.7 亿美元。具体而言，该时期，国际收支有以下特点：

一是大多数年份呈现经常项目与资本项目顺差与逆差相抵的格局。1982、1983、1984、1990、1992 年经常项目顺差而资本项目逆差，1985、1986、1988、1989 年和 1993 年经常项目逆差而资本项目顺差，只有 1987 年和 1991 年经常和资本项目双顺差。

二是经常项目收支平衡的基础脆弱。这段时期，我国外贸顺差或逆差完全左右着经常项目的变化，而外贸差额的方向与国内宏观经济环境密切关联。1984 年、1988 年和 1993 年分别是几轮经济过热周期中的加速年份，国内经济快速发展、物价上涨、进口激增，外贸出现持续逆差，例如，1992 年开始全国进入新一轮高速增长周期，1993 年固定资产投资高速增长，主要原材料价格直线上升，远远高于国际市场价格，企业不得不大量进口，一些企业甚至利用外汇调剂市场换取美元，走私进口生产资料获取差价利润。当年外贸（海关统计口径）出现 121 亿美元的逆差，经常项目则出现创纪录的 119 亿美元逆差。

三是长期资本项目顺差是资本项目持续得以保持顺差的主要原因。1984 ~

1993 年间，长期资本项目仅有 2 年出现小额逆差，10 年累计顺差 672.91 亿美元，短期资本项目却有 7 年出现逆差，年逆差额大致浮动于 20 亿～40 亿美元上下，结果 10 年累计逆差额达 98.26 亿美元。

二、1994 年以来国际收支的阶段性变化及特点

表 1　1994 年以来我国国际收支总额与差额

单位：百万美元

	1994 年	1995 年	1996 年	1997 年	1998 年	1999 年	2000 年	2001 年	2002 年	2003 年
国际收支总额	336154	403645	457471	564150	588844	626537	759477	782730	963999	1379822
经常项目	245212	306896	355484	399891	403869	448208	577426	618444	739648	993286
占比	72.9%	76.0%	77.7%	70.9%	68.6%	71.5%	76.0%	79.0%	76.7%	72.0%
资本项目	90942	96749	101987	164259	184975	178328	182051	164287	224351	386536
占比	27.1%	24.0%	22.3%	29.1%	31.4%	28.5%	24.0%	21.0%	23.3%	28.0%
国际收支总差额	40302	40293	47209	57978	25150	26294	22441	52181	67713	98601
经常项目	7658	1618	7242	36963	31471	21114	20519	17405	35422	45875
占比	19.0%	4.0%	15.3%	63.8%	125.1%	80.3%	91.4%	33.4%	52.3%	46.5%
资本项目	32644	38675	39967	21015	-6321	5180	1922	34775	32291	52726
占比	81.0%	96.0%	84.7%	36.2%	-25.1%	19.7%	8.6%	66.6%	47.7%	53.5%

资料来源：根据国家外汇管理局历年《中国外汇管理年报》编制。

（一）1994 年以来我国国际收支的一般特点

一是国际收支规模迅速增长。1994～2003 年，国际收支总额由 3361.54 亿美元逐年上升到 13798.2 亿美元，年均增长 17%，远远高于同期 GDP 的增速。

二是国际收支差额稳步扩大。1994～2003 年，国际收支总差额由 403.02 亿美元上升到 986.01 亿美元，年均增长 10.5%，其中经常项目差额由 76.58 亿美元上升到 458.75 亿美元，年均增长 22%。

三是国际收支“双顺差”格局基本形成。1994～2002 年间，国际收支基本保持了良好的盈余态势。除 1998 年受亚洲金融危机影响资本项目出现小幅逆差外，其余年份均保持经常项目和资本项目“双顺差”。尤其是经常项目持续保持顺差，构成了 1994 年外汇体制改革以来我国国际收支的基本模式。参见表 1、表 2。

四是外汇储备迅速增加。作为 1994 年外汇体制改革的一项重要成果，当年外汇储备就激增了 300 多亿美元，达到 516 亿美元，此后增长速度越来越快，1996 年突破 1000 亿美元，2001 年超过 2000 亿美元，2004 年达到 6099 亿美元。

从过去10年的国际收支实践来看，我国国际收支波动变化与同期的国际国内经济金融环境密切相联。具体来说，1994年以来我国国际收支的发展状况大致可以划分为以下几个阶段。

（二）1994～1996年：双顺差格局的奠定阶段

从1992年开始，我国经济进入新一轮上升阶段。1993年经济出现过热，政府及时采取适度从紧的宏观调控措施，以抑制通货膨胀，稳定国内物价，促进经济结构调整。经过历时两年多的宏观调控，我国经济在1994～1996年间成功实现了"软着陆"。这一时期，我国国际收支扭转了1993年一度出现的经常项目逆差局面，外商直接投资大量流入，国际收支开始形成经常项目和资本项目"双顺差"的格局。

1. 资本项目顺差是国际收支顺差的主要原因

受外商直接投资流入增加以及其他因素的影响，1994～1996年我国资本项目顺差规模增长显著，1996年达到历史最高规模399.7亿美元。1994～1996年，资本项目顺差在国际收支总顺差中所占的比重分别为81%、96%和85%，是国际收支顺差最重要的支撑力量。

2. 经常项目转为顺差并持续保持

自1982年我国编制国际收支平衡表以来，经常项目经历了由逆差为主向顺差为主的转变，进入20世纪90年代，基本保持了较大规模的顺差。从1993年中开始，国家不断加强和完善宏观调控措施，在适度从紧的财政货币政策调控下，我国国际收支经常项目由1993年的逆差转为顺差并连续多年保持。贸易收支特别是货物贸易收支平衡状况，是决定经常项目收支盈亏的主要因素。按照国际收支统计口径，1994～1996年历年的出口规模分别为1025.6亿美元、1281.1亿美元和1510.8亿美元，增幅分别为35.6%、24.9%和17.9%，而同期的进口规模分别为952.7亿美元、1100.6亿美元和1315.4亿美元，增幅分别为10.4%、15.5%和19.5%，进出口顺差分别为72.9亿美元、119.5亿美元和175.5亿美元。

（三）1997～2000年：抵御亚洲金融危机影响的调整阶段

从国际经济环境看，这一阶段最为显著的特点是亚洲金融危机的爆发和蔓延。面对亚洲金融危机带来的负面影响，我国政府及时调整宏观调控政策，从适度从紧的财政货币政策转变为实施积极的财政政策和稳健的货币政策，增发国债、调低利息，以刺激内需，支持国内经济的快速增长。与此同时，积极采取措施支持扩大出口和利用外资。在此基础上，我国国际收支继续保持健康运行态势。

1. 经常项目顺差成为支撑国际收支顺差的主要力量

1997~2000年，我国经常项目保持大规模顺差，经常项目顺差在国际收支总顺差中所占的比重分别为64%、125%、80%和91%，是国际收支顺差的主要原因，成为支持人民币汇率稳定的关键性力量。其中，1997~2000年，我国货物贸易进出口差额分别为462.2亿美元、466.1亿美元、362.1亿美元和344.7亿美元。外贸顺差成为我国经常项目持续顺差的主要支柱。

2. 资本项目顺差规模下降趋势明显，个别年份甚至出现逆差

1997~2000年我国资本项目顺差规模下降趋势明显。这一时期为了解决经济运行中出现的有效需求不足问题，我国政府放松了从紧的货币政策，继1996年之后多次下调利率，使短期资本流出加快，长期资本净流入速度放慢，而这段时期由于东亚金融危机的影响，人民币贬值预期上升，大大加快了这一过程，使资本收支顺差急剧减小，并在1998年出现63.2亿美元逆差。

（四）2001年以来：国际收支顺差暴涨期

2001年以来，世界经济复苏乏力，但我国经济已经基本走出亚洲金融危机的阴影，我国政府坚持实施积极的财政政策和稳健的货币政策，努力扩大内需，国民经济保持了较快增长。国际收支双顺差格局进一步明显，三年经常项目共实现顺差978.02亿美元，年均增长62.3%，资本项目共顺差1197.92亿美元，年均增长23.1%，三年新增外汇储备2376.8亿美元。国际收支顺差式不平衡愈发严重地影响宏观调控和经济结构调整。

1. 经常项目继续保持较大顺差

2001~2003年，我国经常项目继续保持较大规模的顺差，但在国际收支总顺差中所占的比重有所降低，2001年经常项目顺差占总顺差的33%，2002年为52%，2003年为47%，均比1997~2000年期间大幅下跌。

一是货物贸易保持一定规模的顺差。由于我国鼓励出口政策的影响、出口企业国际竞争力的不断提高、中国加入世贸组织的积极影响以及宏观经济的快速发展，我国出口规模快速增长，同时经济增长拉动进口需求，进口也呈较快增长态势。2001~2003年货物出口年均增长28.3%，进口年均增长30.2%，货物贸易顺差年均增长14.6%。

二是服务贸易规模进一步增长，逆差有所扩大。随着我国服务领域的对外开放以及人员、经济往来的日益密切，服务贸易规模逐年扩大，逆差也呈扩大趋势，2001、2002年和2003年服务项下逆差分别达到59.3亿美元、67.8亿美元和85.7亿美元。

三是收益仍保持逆差，经常转移保持顺差。由于国际市场利率持续走低，收益项下的收入有所下降，收益项下整体仍呈现一定规模的逆差。经常转移顺差的

增加主要是侨汇收入的增加，2001、2002年和2003年经常转移顺差分别达到84.9亿美元、129.8亿美元和176.34亿美元，年均增长44%，反映了国外侨民对我国经济发展以及人民币币值稳定的信心增强。

2. 资本项目顺差恢复至亚洲金融危机以前的水平

一是外商直接投资继续保持增长势头。2001、2002年和2003年我国吸引外商直接投资继续保持快速增长，年均规模接近520亿美元。

二是证券投资项下呈现较大逆差。2001年以来，美国连续降低基准利率，造成国际金融市场利率逐步下滑，在此情况下，我国金融机构境外资产从原来大量的长短期存放和拆放形式，逐步转向购买收益更加稳定的境外证券，造成我国对境外证券投资大幅增长，进而在证券投资项下呈现大幅逆差。

三是其他投资波动性较大。2001年其他投资项下顺差168.8亿美元，主要原因在于，金融机构调整境外资产运用结构，拆放和存放境外同业的金融资产由2000年的大量流出转为2001年的大量流入。此外，我国企业部分境外融资回流境内，也是其他投资顺差的一个重要原因。2002年和2003年其他投资项下转为逆差，分别为41.07亿美元和58.82亿美元，主要是因为金融机构拆放境外同业和存放境外同业的金融资产有所增加，企业境外融资回流境内资金减少，外债还本金额高于新借金额。

表2 1994~2003年中国国际收支平衡状况

单位：百万美元

	1994年	1995年	1996年	1997年	1998年	1999年	2000年	2001年	2002年	2003年
经常项目差额	7658	1618	7242	36673	29324	15667	20519	17405	35422	45875
A. 货物和服务差额	7357	11958	17550	42533	41689	28697	28873	28086	37383	36079
a. 货物差额	7290	18050	19535	46222	46614	36206	34473	34017	44167	44652
b. 服务差额	67	-6092	-1985	-3689	-4925	-7509	-5600	-5931	-6784	-8573
B. 收益差额	-1036	-11774	-12437	-11004	-16644	-17973	-14666	-19173	-14945	-7838
C. 经常转移差额	1337	1434	2129	5143	4278	4943	6311	8492	12984	17634
资本和金融项目差额	32644	38675	39967	21015	-6321	7642	1922	34775	32291	52726
A. 资本项目差额	—	—	—	-21	-47	-26	-35	-54	-50	-48
B. 金融项目差额	32644	38675	39967	21036	-6275	7668	1958	34829	32340	52774
1. 直接投资差额	31787	33849	38066	41674	41118	36978	37483	37356	46790	47229
2. 证券投资差额	3543	790	1744	6942	-3733	-11234	-3991	-19406	-10342	11427
3. 其他投资差额	-2686	4036	157	-27580	-43660	-18077	-31535	16879	-4107	-5882
储备资产变动	-30527	-22463	-31662	-35724	-6426	-8505	-10548	-47325	-75507	-117023
其中:外汇储备变动	-30421	-21959	-31450	-34862	-5069	-9716	-10898	-46591	-74242	-116844
净误差与遗漏	-9775	-17830	-15547	-21964	-16576	-14805	-11893	-4856	7794	18422

资料来源：根据国家外汇管理局历年《中国外汇管理年报》编制。

三、未来两年国际收支趋势展望

当前，国际收支双顺差状况仍在持续，预计 2004 年经常项目顺差将达到 600 亿美元，资本项目顺差达到 1200 亿美元，全年新增外汇储备超过 1800 亿美元。展望未来两年，在汇率、利率等因素不发生重大变化的前提下，预计国际收支仍呈现双顺差，外汇储备继续较快增长。总体而言，可以归结为两大原因。

（一）我国外贸将继续保持顺差，并主导经常项目顺差

一是出口的比较优势明显。我国劳动力资源丰富，工资水平低。根据联合国贸易和发展会议 2002 年《贸易与发展报告》的计算，在 17 个重要样本国和地区内，我国的劳动力工资最低，美国、韩国、墨西哥和马来西亚的工资水平分别是我国的 47. 8 倍、12. 9 倍、7. 8 倍和 5. 2 倍。因此，即使人民币升值 1 倍，我国的劳动力工资仍低于东盟和拉美等与我国有相对明显竞争关系的国家。工资比较优势是我国外贸出口的基础性优势，一方面劳动密集型产品有国际竞争力，另一方面，一些本不具有比较资本密集型产品，也可以通过国际分工，在劳动密集的装配工序上形成国际竞争力。

二是加工贸易天然具有顺差的基础。目前加工贸易占我国进出口总额的一半以上。来料加工贸易赚取的是工缴费，进料加工贸易赚取的是进口原材料、半成品加工后出口的增值，因此，进口多少取决于能够出口多少，每一个加工贸易企业都必须有顺差，贸易顺差是加工贸易存在的基础。这种主导型贸易方式决定了我国贸易顺差是必然的，并将随着外商投资企业持续进入加工制造业而长期化。

三是经济全球化加快发展，国际市场向我国企业敞开越来越广的大门。未来两三年，预计主要发达国家仍将在本轮经济周期的扩张阶段运行，国际市场需求比较旺盛，我国产品的外需环境较好。另外，随着全球纺织品配额的取消和其他工业品关税壁垒的持续下降，我国产品出口到国际市场的障碍总体趋于减少。

（二）外资持续流入，并主导资本项目顺差

一是外商直接投资仍将大量流入。外商来华投资意愿主要取决于投资引导政策的稳定性、劳动力价格低和我国庞大的国内市场。未来两年，我国将按加入世界贸易组织的承诺，进一步开放国内市场，外商来华投资的领域放宽、限制减少；未来两年，我国经济在宏观调控的引导下，预计将继续保持较快发展，国内市场的购买能力、市场的多层次性都将进一步显现，外资将继续大量投资以开拓国内市场；我国劳动力资源丰富，随着西部大开发战略和东北等老工业基地开发战略的贯彻实施，这些地区的基础设施条件已具备外资大量投资的先导环境。以上三点基本因素决定了未来两年外商将继续对我国进行大量直接投资，年均利用

外商直接投资可望保持在600亿美元左右。

二是投资于我国资本市场的外资将增加。我国经济的高成长性越来越引起国外证券投资者的投资热情，未来两年，我国将继续稳妥开放资本项目，将外资有序地导入国内资本市场，同时，国内资本“走出去”的限制也将越来越少，资本双向流动的格局将进一步确立。预计国际收支证券投资和其他投资项下总体呈现基本平衡、略有逆差的格局。

第二部分　近年来我国国际收支持续顺差的原因分析

一、体制性和结构性因素

根据国民收入恒等式，经常项目差额（CAB）等于国民储蓄（S）与国内投资（I）之差，即CAB = S - I。经常项目顺差意味着国民储蓄大于投资，若干体制性、结构性因素影响我国的储蓄和投资，导致储蓄相对过剩。

（一）体制改革带来的不确定性增强了人们的储蓄倾向

进入20世纪90年代之后，随着我国改革进程的继续深化，一些旧的体制被打破了，但新的体制又不能很快建立起来，出现了一些政策模糊地带，使得居民对未来的预期增加了很多不确定性。一方面是收入预期不确定性增大，抑制了消费的增加；另一方面是支出预期的不确定性增大，居民对自己承担的改革成本和社会保障制度的保障程度预期不明，减少消费，增强了储蓄倾向。

（二）经济结构、产品结构不合理抑制消费增长，推动居民储蓄持续上升

我国经济结构调整缓慢，商品和服务结构不合理，尽管大部分一般商品供大于求，但居民对高质量、多样化的制造业商品和金融、教育、旅游、文化等服务的需求仍得不到满足。这抑制了居民的消费增长，导致储蓄被动增加，超过国内投资的水平就表现为经常项目顺差。目前我国第三产业占GDP的比重甚至低于许多发展中国家的水平。即使在发展较快的制造业，产品普遍缺乏个性，种类少，附加值难以提高，也不利于刺激居民消费增长。

（三）人口年龄结构变化抑制居民消费，推动储蓄增长

20世纪90年代以来，我国青壮年人口比重相对上升，幼老年赡养率（幼年、老年人口之和与青壮年人口的比率）从1989年的50.3%下降到2002年的42.3%。由于青壮年人有工资收入，储蓄能力强，且为了将来的生活保障必须进

行储蓄，因此青壮年人口比重高推动了储蓄增加。实证研究表明，人口年龄结构变化这一因素能够解释近70%的居民储蓄增长。[①] 通常在发展中国家，储蓄转化为投资的渠道不畅，储蓄增幅快于投资增幅，导致储蓄投资正差额扩大，即经常项目出现顺差。

（四）投融资体制不发达抑制民间投资，扩大储蓄投资差额

在现行投资项目的行政审批制度下，很大程度上资源配置仍掌握在政府手中，民营企业很难进入金融、电信等重要行业。国有金融体系仍向国有部门倾斜，民营经济得到的金融支持与其对经济的贡献很不相称。例如，目前民营企业从业人数占全国企业人数的42.4%，工业产值占全国工业总产值的54.4%，但60%以上的银行贷款仍流向国有企业。由于难以从正规的金融体系获得融资，具有比较优势的民营企业也无法在出口加工等劳动密集型产业中占据重要地位，不得不向外资企业出让股权解决资金问题。有研究发现，服装企业出口额占总销售额的比重越高，外资股比重就越大。[②] 总体来看，由于投资壁垒和资金缺乏，20世纪90年代民营企业投资占国内总投资的比重只有20%左右。

（五）进出口结构决定了我国贸易条件持续恶化，可能抑制消费和投资的扩大

尽管我国出口中设备及其他制成品出口所占比重日渐提高，但总体而言，出口商品技术含量和附加值低，价格上不去，导致贸易条件（出口商品价格指数与进口商品价格指数之比）持续恶化。1993～2000年，我国整体贸易条件下降了13%，其中制成品贸易条件下降了14%。[③] 国际货币基金组织的经济学家发现，当贸易条件持续恶化时，出口价格下降或进口价格上升，一方面使国民收入相对减少，国内消费受到抑制，推动国民储蓄上升；另一方面，出口部门及利用进口品的国内部门的投资都会受到影响，总投资增速放慢。这两方面的作用都会加大国民储蓄投资差额即经常项目顺差。[④] 20世纪90年代以来，我国在贸易条件持续恶化的同时，经常项目保持顺差，不是偶然的。近两年，我国大部分主要进口商品的国际市场价格大幅上升，而出口商品附加值低，美国等出口目的地经

① 王信，2003，《中国财政状况对国际收支经常项目的影响》，载《公共管理评论》，第1卷，巫永平主编，清华大学出版社。

② Huang, Yasheng, 2001, Why more is actually less: New Interpretations of China's labor intensive FDI, a Paper Presented to the Conference on *Financial Sector Reform in China*, Sept. 11－13, Harvard University.

③ 赵玉敏、郭培兴、王婷：《中国贸易条件变化趋势分析》，载《国际贸易》，2002（7）。

④ Kent, C., and P. Cashin, 2003, The response of the current account to terms of trade shocks: Persistence matters, *IMF Working Paper*, WP/03/143.

济增长乏力，我国出口品价格增长较慢，贸易条件仍呈恶化趋势。由于贸易条件恶化与我国进出口商品结构、出口企业的行为等方面有很大关系，具有结构性特征，短期内不易扭转，因此经常项目的顺差不会轻易消失。

从资本项目看，顺差主要来自外商直接投资的持续大量流入，这种格局同样受体制性、结构性因素的影响。

1. 引资行为“错位”导致外资的流入有增无减

国家利用外资的初衷是弥补国内资金短缺（20 世纪 90 年代后半期逐渐转变为弥补技术缺口），为实现这个目标，国家把利用外资提高到了改革开放的高度加以对待，并制定一系列的引资优惠政策。然而各级地方政府在引进外资工作中，行政意识浓厚，大大超过市场意识，追求行政效益甚于追求市场效益，它们对外资产生了一种很强的心理依赖作用，以为只要引进外资，本地区的一切经济问题即可迎刃而解。于是不顾本地区经济发展的实际，把利用外资作为一项政治任务加以对待，竞相制定优惠政策吸引外资。只要是“外资”，就不问来源、不计后果与成本地加以引进，在一定程度上造成了一种一哄而上抢外资的局面，以极高的经济和社会成本来获取外资的纷至沓来。

2. 我国经济结构的特征对外资极具诱惑力

一是我国改革开放的各种政策在 20 世纪 90 年代后半期逐渐趋于明朗，对外国投资者的权益保护显著加强，并且政治稳定、社会治安状况良好，这大大增强了国际资本在中国投资的安全性。二是我国自然禀赋非常优越，拥有大量的廉价劳动力、丰富的自然资源，比较符合发达国家产业转移的需要。三是我国有潜力巨大的国内消费市场。以上因素表明，中国已经成为了国际资本投资的理想国度。

二、政策性因素

（一）长期以来鼓励出口、限制进口的重商主义贸易政策

鼓励出口的政策包括三个方面：（1）1994 年以前所实行的汇率双轨制，即允许出口企业对所创外汇按一定比例留成，然后按市场价格出售，以增加出口企业的收益，从而鼓励企业出口。（2）出口退税制度。出口退税制度是一个国家退还在国内生产、流通、出口环节已缴纳的间接税的税收制度，世界上许多国家和地区都在运用这一制度来促进本国和本地区外贸产品的出口。（3）放开企业的外贸经营自主权允许国内生产企业和民营企业等自主经营对外贸易，有效地扩大了我国外贸出口的供给来源。

限制进口的政策主要包括三个方面：（1）关税政策。我国的关税政策是由一个复杂的税率体系构成的，对不同的商品分别适用不同的税率进行征收，税率

上的差别体现了国家的调节意向。在整个20世纪90年代，中国的关税水平都是很高的。高关税提高了进口商品的价格，降低了其在国内市场的竞争力，从而抑制了进口的增长。(2) 进口配额制。进口配额制指的是一国政府在一定时期内(一般为1年)，直接规定某些商品的进口数量或金额，超过这一限额即禁止进口或征收惩罚性关税，配额制是限制进口的一种直接而有效的方式。(3) 进口许可证制。进口许可证制度是国际贸易中一项应用较为广泛的非关税措施。在我国申请领取进口货物许可证，需提交经主管部门和归口审查部门批准进口的证件，经发证机关审核，符合规定的，予以签发进口货物许可证。诸多的审查条件使得获取进口许可证变得很难，一些商品的进口因而受到抑制。

(二) 优惠政策吸引外商直接投资大量流入

外商直接投资保持在高水平，不但是受我国劳动力成本低、国内市场大的吸引，而且与大量税收、金融等方面的优惠政策有密切关系。仅在外汇管理领域，外资企业可以享受比中资企业优惠得多的待遇：在投资总额和注册资本金差额内可自主对外借款，可自行对外提供担保，外债项下保值业务无须审批，从境内外资银行借用的外汇贷款可以结汇成人民币，等等。各地竞相对外资企业提供优惠待遇，使其投资比国内民营企业便利得多。外商直接投资大量流入，从一个侧面反映了国内民营企业所面临的制度约束。

(三) “宽进严出”的外汇管理政策限制各类资本流出

1996年12月1日，我国宣布实现人民币经常项目可兑换，但为了平衡国际收支，防止外部金融风险向国内传递，我国直到现在都还实行比较严格的资本和金融项目外汇管制。在资本流入方面，虽然，我国对外债的管理非常严格，但从1992年开始，中国利用外资的主要形式已经由对外借款转向了外商直接投资，而外商直接投资管得很松，主要是产业政策上的指导，可以说基本上没有多少流入障碍。相对而言，资本和金融项目的外汇管制对资本流出的影响要大很多。中国企业进行境外投资用汇需要审批，使得我国资本和金融项目下对外投资的规模相对于外资流入而言，几乎到了可以忽略的地步，整个20世纪90年代平均为每年25.8亿美元（当然，我国企业尚不具备大规模对外投资的条件是对外投资规模小的重要原因，但资本和金融项目外汇管制的影响也很大）。管制对于证券投资的影响更大，由于我国金融市场与发达市场相比，投资渠道窄，金融产品缺乏，投资者对进军发达市场需求极大，但由于外汇管制，很多需求被压制了。

(四) 利率和汇率市场化程度低、缺乏弹性导致短期资本流入增加

由于我国一直实行比较严格的利率管制，汇率制度在运行中逐步演变为钉住

美元，这使得利率和汇率这两种价格工具不但难以充分发挥对国际收支的调节作用，而且容易导致大量资本单向流动。2001 年下半年以来，受本外币正利差和人民币升值预期的吸引，流入我国的短期资本增加。企业预收出口货款并结汇，进口推迟付汇，或由境外企业垫款，使从国外融入的贸易信贷增加。2003 年上半年贸易信贷为净负债 2.55 亿美元，而上年同期为净资产 14.3 亿美元。另一方面，人民币贷款利率高于美元贷款利率，两者一年期贷款利差约 2 个百分点，导致中资金融机构减少对国外的债券投资，将外汇资金调回国内。这在很大程度上造成国际收支中的证券投资逆差从 2001 年上半年的 100 亿美元减少到 2003 年上半年的 42.9 亿美元。此外，企业大量借用外汇贷款，促使金融机构更多地从国外融入资金。其中，境内外资银行享有借用外债无须审批、境内外汇贷款可以结汇的有利条件，其外汇贷款的流量增长很快。贸易信贷和外汇贷款增长是近期我国外债尤其是短期外债增加的主要原因。截至 2003 年 9 月底，外债余额 1840.9 亿美元，比上年末增长 9.2%。其中，短期外债 674.0 亿美元，占外债总额的 36.6%，比上年末增加 144.2 亿美元。预计在近期的国际经济金融环境下，利率、汇率因素仍会吸引短期资本流入，增加我国的资本项目顺差。

三、相对有利的国际环境

（一）20 世纪 90 年代美国经济持续高速增长，近年来其他主要发达国家经济逐渐复苏，促进我国出口增长

我国的出口对应着贸易伙伴国的进口，经济学理论告诉我们，影响一国进口最主要的因素就是国民收入，国民收入增长快，消费需求旺盛，则进口需求就强。以我国最主要的出口地美国为例，1995 ~ 2000 年这 6 年间，美国 GDP 平均增长率为 3.92%，我国对美国出口额年均增长率达到了 16.1%（参见表 3）。

表 3 美国 GDP 增长率与我国对美国出口额

	1994	1995	1996	1997	1998	1999	2000
美国 GDP 增长率（%）	4.0	2.7	3.7	4.5	4.3	4.2	4.1
我国对美国出口总额（亿美元）	214.6	247.1	266.8	326.9	379.7	419.4	521
我国对美国顺差额（亿美元）	75.7	85.9	105.3	164.1	210.1	224.7	297.4

资料来源：国家统计局网站；《中国统计年鉴》（1996 ~ 2001）；美国 GDP 增长率转引自刘建江《美国的低通胀：原因及启示》，经济学家网站。

除了美国，欧盟主要国家如德国、英国、法国等近年来经济开始复苏，使得我国对这些国家的出口额增长也较快（参见表 4）。

表4 我国对德、英、法三国出口额及增长率

	1994	1995	1996	1997	1998	1999	2000	2001	2002
出口额（亿美元）	85.9	103	109.4	126.4	148	155.8	193	202.2	235
增长率（%）	—	19.9	6.2	15.5	17.1	5.3	23.9	4.8	16.2

资料来源：根据国家统计局网站数据整理。

（二）近年来主要发达国家实现低通胀的经济增长，国际市场利率一直保持在低水平，导致大量资本流入我国

进入20世纪90年代以来，国际资本市场的环境发生了很大变化，国际资本市场利率大幅度下降导致了资金大量流向各个发展中国家以寻找更高的投资回报。例如，从1990~1993年，美国的短期利率水平持续下降，联邦基金利率从7.5%下降到3%；1994年之后略有回升，1994~2000年联邦基金利率基本在4%~6%之间；2001年之后更是一路下跌，2003年甚至达到了历史最低水平1%①。主要工业国家英国和德国的利率也在大幅下降。能够比较灵敏地反映国际资本市场资金供求关系的指标——欧洲美元同业拆借利率在整个90年代也保持在较低的水平。与国际资本市场的低利率相比，我国在整个90年代都保持着较高的利率水平。正利差的存在吸引了大量资金流入我国（参见表5）。

表5 利率水平比较

	1990	1991	1992	1993	1994	1995	1996	1997	1998	1999	2000	2001	2002	2003
联邦基金利率	7.5	5.4	3.3	3	4.17	5.75	5.25	5.5	5	5.25	6.1	3.78	1.25	1
欧洲美元LIBOR	7.7	5.17	4.1	3.77	6.8	5.67	5.7	6	5	6.5	6	2.4	1.45	1.46
人民银行再贷款	8.46	7.56	7.2	8.58	10.08	10.35	9.72	8.78	5.8	4.23	3.24	3.24	2.7	3.33

资料来源：美联储网站；欧洲美元LIBOR来自www. bba. org. uk，取当年12月的7天期LIBOR平均值；再贷款利率（20天以内）来自《利率实用手册》，中国人民银行货币政策司编。

第三部分 我国国际收支持续大额顺差对国民经济的影响

一、国际收支平衡与经济增长、物价稳定与就业的关系

在开放经济条件下，对外均衡与对内均衡既有冲突，也有联系。只有内外均衡协调统一，才能使经济运行的质量和效益最好，才能实现可持续的健康快速增长。而对外经济不平衡，本质上是国内经济运行不平衡的外在反映。如果增长、

① 参见美联储网站。

就业和物价没有达到均衡状态，必然会反映到国际收支上来；如果国际收支很不平衡，就不可能真正充分利用两个市场、两种资源，也就不可能真正扩大就业，促进经济社会协调发展。

我国通常运用综合账户差额来衡量国际收支的平衡状况。所谓综合账户差额是指经常账户与资本和金融账户中的资本转移、直接投资、证券投资、其他投资账户所构成的余额。经常账户与资本和金融账户的状况直接决定国际收支平衡的状况。国际收支与经济增长之间的关系可以用国际收支平衡表中的经常账户与资本和金融账户的平衡状况来说明。

在开放经济条件下，对外贸易是影响一国经济增长的主要途径。研究表明，一个对外开放市场并促进出口的经济体，往往有超常的经济增长绩效（B. Balassa，1986），而且总的GDP增长和出口所得增长之间也存在着高度的相关性。有研究认为，出口所得上升1个百分点，GNP增长率提高0.11%（A. Kruger，1978）。根据外贸乘数理论，出口总额对国民收入有倍数扩张的作用，因此，对出口导向的经济体来说，经常项目顺差往往意味着较快的经济增长。

另一方面，资本流动也是国际经济影响一国经济增长的重要途径。根据两缺口理论，一国在经济发展初期，有许多高生产率投资项目，但受到国内储蓄不足、资本短缺的困扰（投资缺口）；为弥补国内储蓄投资缺口。可以从国外借款进口投资品，在这一过程中，资本初始稀缺因而输入资本的国家的资本和金融项目为逆差（外汇缺口），如果政策得当，其经济增长往往超过资本输出国。

国际收支平衡与其他三个目标之间具有内在的一致性。从本质上看，四个目标都是为了实现社会中有限资源的充分、有效运用，达到社会福利的最大化，因而具有内在的联系和一致性，并且相互协调，保持适度性和可持续性，有关指标都不能过高或者过低。但在现实中，由于调控工具的作用效果差异、市场缺陷、信息不对称等原因，四个目标之间往往会出现矛盾，存在着相互制约。从各国经济发展的历程来看，四个目标之间不平衡是绝对的，平衡是相对的。由于任何一个目标出现较大偏离，都会对国民经济构成严重后果，因而一国经济一方面要追求四个目标的共同实现，另一方面往往要在四个目标之间选择，牺牲一个目标去改善另一个目标。

二、国际收支顺差的有利影响

20世纪90年代以来，我国国际收支呈现顺差的基本格局，经常账户和资本与金融账户持续双顺差（仅1998年除外）。1994～2003年，我国的国际收支总量由4063.5亿美元增长到13614.6亿美元，上升2.35倍，年均增长26.1%，远远高于同期GDP的增长率。国际收支总收入占GDP的比重从1982年的10.4%

增长到2003年的53.44%。国际收支规模日益扩大和持续双顺差，在国民经济中所占的地位越来越重要，为我国参与国际经济交往、进行物质资金及技术交流等做出了很大贡献。

（一）国际收支顺差在促进经济增长的同时，也加快了经济结构的调整

从国际收支顺差的结构来看，无论是经常项目还是资本与金融项目顺差都有力地促进了经济增长。1991～2003年，净出口的较快增长拉动了国内需求，尤其是在1998年爆发亚洲金融危机时，我国仍保持314.7亿美元经常项目顺差，有力地扩张了国内总需求。与此同时，资本净流入直接增加了国内的投资需求。

此外，国际收支持续顺差促进了经济结构的调整，带动了第二产业作为主导产业的发展与提升。经常项目持续顺差为先进技术、设备等投资品的进口提供了大量的外汇，加快了国内产业升级和技术进步。近年来，我国进出口贸易总量不断扩大，进出口商品结构有很大改善，初级产品比例逐步下降，工业制成品比例不断上升，出口产品的附加值和技术含量有较大提高，由此带来的技术进步促进了经济增长。2004年1～10月，我国高新技术产品出口1283.4亿美元，已占全部出口的27.4%，增长51.9%，高出同期总体出口增速17.5个百分点。这表明我国出口产业的国际竞争力有所提高。

（二）国际收支顺差增加了外汇储备，有助于增强国际清偿能力，维护国家和企业的对外信誉，提高海内外对中国经济的信心

1994～2003年，我国经常项目顺差累计2252.87亿美元、资本与金融项目顺差累计2845.87亿美元，外汇储备快速增长，累计增长3820.5亿美元，尤其是2001～2003年，外汇储备累计增长2377亿美元，是1994～2000年累计额的1.65倍。

不断增加的外汇储备使得我国成为国际上的债权国，一是有利于提升我国综合国力，在参与全球经济政治事务中处于较为有利的地位。二是表明我国具有较好的国际清偿能力，有助于国家和企业的对外信誉，提高对外融资能力和引进外资能力。三是有助于提高海内外对中国经济的信心，为国内经济体制改革创造了更好的条件。四是在我国对石油等重要战略物资以及金属、铁矿等主要原材料的进口需求日益扩大的情况下，为保证国内能源及原材料供应提供了坚实的物质基础。

（三）有助于形成人民币的强势地位，促进人民币的区域化和国际化

国际收支持续顺差是我国经济持续较快增长的客观反映。按照“巴拉萨—

萨缪尔森效应”（Balassa - Samuelson Effects），强势经济必然对应强势货币。国际收支顺差将使国内外汇市场上的外币供大于求，必然产生外币贬值和本国货币升值的预期。国际收支持续顺差，加上本外币存在正利差，人民币产生了一定的升值压力，形成了人民币的强势地位。在利率和汇率等因素驱使下，境内企业、个人及海外华人华侨纷纷调回和抛售外币资金，增持人民币资产，减少人民币负债，增加外币贷款。这与前几年市场看贬人民币而纷纷持有美元资产的局面形成了鲜明对比。同时，随着人民币呈现强势，人民币在边境地区和周边国家逐渐被接受，并用作计价、支付和结算的货币，人民币现钞通过边民互市、旅游、投资等多种形式在边境地区跨境流动。据人行边境地区各中心支行调查，近年来我国与越南、老挝和缅甸接壤地区，边民互市中90%以上的交易以人民币现钞支付，中蒙边界为60%，中俄为10%。总体来看，人民币在周边地区的流通规模不断扩大，区域化态势良好，这与我国经济基本面状况良好、国际收支持续顺差密不可分。

（四）有利于应对突发事件，防范金融风险，维护国家经济安全

国际收支持续顺差，外汇储备不断增加，不仅能够提供充足的外汇来满足对外经济贸易的需要，保证对外支付，而且还有利于应对国际金融风险，提高了国家抵御各种经济风险的能力。尤其是当前我国正处于金融改革的攻坚阶段，充足的外汇储备不仅可以有力地支持国有金融企业改革，而且可以维护国内外对金融体系的信心，保证金融改革的顺利进行。

三、国际收支顺差的不利影响

（一）给货币政策的独立性造成越来越大的压力，影响宏观调控的有效性

在资本持续流入的情况下，为保持人民币汇率稳定，央行不得不大量投放人民币收购外汇，2003年人民银行购汇1340亿美元，新增外汇占款与基础货币增量之比为1∶1.53；2004年1～11月购汇1706亿美元，这一比值为1∶9.33，外汇占款成为人民银行基础货币投放的主要渠道。目前，人民银行主要依靠发行中央银行票据进行对冲操作，中央银行票据余额接近9000亿元，2004年12月开始不得不发行3年期央行票据，以缓解对冲操作的压力。长远来看，这种对冲操作是有限度的，而且代价会愈来愈大，不可持续，这种状况如果得不到及时有效控制，货币投放将重新回到快速增长轨道，不仅会加大通货膨胀压力，而且还会积聚严重的股市、债市和房地产资产泡沫。

国际收支持续大量顺差，还使利率手段受到很大制约。2003年以来，为了

防止经济过热，减少储蓄分流，有必要调高存贷款利率。但在境内人民币存贷款利率高于美元的情况下，提高利率会进一步扩大利差，导致更多资本流入和货币供应扩张，可能制约利率调控的效果。

（二）国际收支较大顺差意味着没有充分合理地利用经济资源，容易扭曲经济结构，不利于资源有效配置

考虑到国际经济贸易活动和金融市场的不稳定性，我国国际收支有一定的盈余是必要的，但是较长时期较大数额的顺差，形成持久、特殊的资本流出，为发达国家的经济发展提供储蓄积累。外汇储备不是现实的生产力，储备越多，意味着从国内抽出的物资越多，人为地减少国内经济对资源和物资的有效使用，这既不利于国民经济的增长，也不利于保持价格水平的稳定，更不利于扩大国内的就业。

（三）延缓结构调整升级和综合国际竞争力的提高

迄今为止，我国的贸易顺差主要依靠出口数量的不断扩大和出口价格的不断下降。技术进步和劳动生产率提高的因素可能有一定的影响，但劳动力便宜和加工规模持续扩大的因素发挥着主要作用。国内企业对价格竞争力的依赖较大，长期下去，必然会影响产品升级换代和技术更新的积极性，影响品牌创造、市场营销、售后服务等非价格竞争力的提高，不利于企业增强竞争力。

（四）增加跨境资本大进大出的风险

近年来，在人民币存在升值预期、本外币正利差的形势下，银行、企业和个人一致减持外币资产，增加外币负债，以前滞留境外的资金大量回流，造成资本持续大量流入。这固然会提高我国的对外支付能力，但同时也加剧供求结构不平衡，为生成资产泡沫提供了条件。大进往往孕育着大出。将来形势稍有波折，很可能出现资金的集中流出。作为处于转型时期的发展中国家，我国经济、金融体系都存在着一定的脆弱性，经不起资本流动剧烈波动的冲击。一旦将来上述因素发生相反的变化，就有可能出现资本的集中流出，进而使国内经济和金融受到较大冲击。

（五）针对我国的贸易摩擦和国际压力逐渐加大，可能引发更多的贸易摩擦

我国持续“双顺差”引起发达国家的普遍关注，针对我国企业提出的反倾销诉讼日益增多，采取的非关税壁垒措施花样不断翻新。2003 年，我国出口占全球总额 5.2%，但所面对的反倾销案例占全部的 16.5%，是涉及最多反倾销案

例的国家，产品主要包括金属制品、化工产品、机电、影音设备、纺织品、玻璃和陶瓷六大类。过去我国反倾销指控中成功胜诉率只有35.5%。一些国家甚至公开扬言要对从中国进口的产品征收惩罚性关税。部分国际机构和组织也以我顺差较大为借口，提出各种批评和指责，要求我国进行政策调整，主动恢复基本平衡。

（六）加大外汇储备的经营风险

一是外汇储备投资和再投资资金的绝对规模很大，债券市场上的投资操作容易引起市场注意，交易地位较为不利。二是由于央行购汇的货币为美元，为保持储备资产的货币结构，需要在外汇市场上大量购买非美元货币，这种被动的币种调整增加了储备经营的短期汇率风险。三是由于国际金融市场和主要货币汇率波动较大，外汇储备经营面临较大的不确定性。四是外汇储备主要投资发达国家金融市场，特别是美国市场，造成中美债权债务关系的较大失衡，隐含着一定的主权风险。

第四部分　我国国际收支调节

一、我国国际收支调节的基本目标

国际经济学理论中，国际收支平衡有多种不同的判断标准和定义，许多国家往往采用多种尺度衡量国际收支状况，例如贸易差额、经常账户差额、基本差额、官方清算差额和综合差额（参见表6）。

表6　国际收支差额的内容

序号	包含的内容	差额
1	商品出口－商品进口	＝贸易差额
2	1＋服务收入－服务支出＋无偿转移收入－无偿转移支出	＝经常账户差额
3	2＋长期资本流入－长期资本流出	＝基本差额
4	3＋私人短期资本流入－私人短期资本流出	＝官方清算差额
5	4＋官方借款－官方贷款	＝综合差额

资料来源：《国际收支手册》第五版。

其中，综合账户差额是衡量国际收支的平衡状况最为全面的指标。所谓综合账户差额是指经常账户与资本和金融账户中的资本转移、直接投资、证券投资、其他投资账户所构成的余额，也就是将国际收支账户中的官方储备账户剔除后的余额。如果把国际收支平衡同国内经济均衡联系起来考察，当国内经济处于均衡状态下的自主性国际收支平衡，则实现了国际收支均衡。应该说，国际收支均衡是一国达到福利最大化的综合政策目标，国际收支调节不仅要实现国际收支平衡，根本上还是要实现国际收支均衡这一目标。同时，考察国际收支不仅应当从某年角度入手，而且应当采取动态、长期的角度，也就是说，国际收支调节的目标应当是追求国际收支动态基本平衡。

目前，我国外汇资源短缺局面发生了基本转变，外汇已不再是国民经济发展的瓶颈，国际收支管理作用的外部环境发生了重要变化，调节对象已经从防止逆差性失衡转向实现综合平衡。如前所述，国际收支逆差具有较大的危害性，历史上，包括发达国家在内的许多国家都遭受了由于国际收支逆差导致的外部冲击，严重的甚至可能引发经济危机；同时，国际收支大量顺差也会对国民经济造成负面影响。为此，考虑到我国尚处于新兴工业化和市场经济转轨阶段，不确定性较大，维持国际收支动态平衡将是我国未来相当一段时期内宏观调控的重要目标之一。

具体来看，就近期而言，我国国际收支管理的目标是改善持续较大顺差形式的国际收支不平衡状况，提高涉外经济整体竞争力。中长期国际收支平衡调节的重点则是实现国际收支基本动态均衡，积极促进产业结构升级，推动国民经济稳定持续快速发展，防范金融危机和货币危机。

二、近期国际收支调节政策工具选择

持续大额顺差是当前我国国际收支的主要问题，在未来几年内也难以发生根本性改变。持续大量顺差一方面是经济因素作用的反映，另一方面又是政治、社会乃至世界经济秩序等非市场因素作用的结果。从这一意义上来讲，单纯依靠市场工具无法从根本上改变当前大量顺差的局面。目前，通过多种手段、几个层次的综合调整，可以进一步提高贸易和投资的自由、便利程度，促进资本双向流动，更充分地使用两种资源和两个市场，在一定程度上缓解国际收支失衡的局面。

（一）加快履行世贸组织承诺，鼓励增加有效进口，完善出口激励机制

一是坚持科学的发展观，改变政府长期形成的追求出口增长和强调贸易顺差的偏好，逐步减少对出口的优惠待遇，适时调整出口退税政策，完善有关税收制度和贸易融资机制。在适度保持对外贸易盈余基础上，积极提高出口商品和服务的竞争力。二是积极履行我国加入世贸组织的承诺，进一步削减关税和非关税壁垒，减少许可证、配额等非关税措施，放宽原材料和中间产品进口限制，增加有效进口，优化进口结构。三是建立国家重点物资战略储备制度，增加石油、重要

矿产品等战略物资的进口，充实国家战略物资储备，优化国家储备结构，强化储备能力。四是鼓励企业引进适用的先进技术设备，加快更新改造步伐。五是切实改善外贸出口结构，减少国内不可再生资源、稀缺资源和高能耗产品的出口，重点扶持资本和技术密集型产品的一般贸易出口，推进外贸主体多元化战略。六是规范边境贸易外汇管理，鼓励在自愿基础上用人民币结算，引导边境贸易结算进入银行体系。在调整上述政策的同时，加强对外联系和谈判，敦促西方国家放松对我进口高技术产品和其他战略资源的限制。

（二）推动资本项目管理创新，放宽资本流出限制，稳步推进资本项目可兑换

为推进“走出去”发展战略，当前应抓住外汇资源较充裕的有利时机，加快制定配套政策措施，支持境外投资。鼓励和支持有比较优势的各种所有制企业“走出去”，重点支持国内企业到海外开发能源、原材料和农业，建立有优势的制造业海外生产基地，开拓市场，发展营销网络。应适时推出境内合格机构投资者制度，允许符合条件的非银行金融机构在规定额度内，用自有资金或向社会筹集的资金对外进行证券投资。同时，有选择地引进国际金融机构在国内发行人民币债券，鼓励外商投资企业使用国内银行人民币贷款。开拓和发展市政债券市场和企业债券市场，允许市政设施发行人民币债券，减少地方政府对利用外资进行公用事业项目融资的需求。扩大外商投资企业在境内发行股票或债券的试点，适当减轻外资流入的压力。在有效控制风险的前提下，支持和便利境内机构在境外利用金融工具套期保值。

（三）进一步落实经常项目可兑换原则，根据实需原则尽可能满足企业和个人用汇

依据“实需、便利、低成本、可监控”原则，进一步扩大供汇范围，逐步提高外汇账户管理限额，适时推进进出口企业意愿结售汇制度。放宽有真实交易背景的非贸易用汇，提高居民个人的供汇标准。简化非贸易经常项目管理方法，鼓励商业银行增加对国内企业和居民用于服务类支出的外汇贷款，方便企业个人对外正常合规支付。对于超过供汇标准的用汇，允许用信用卡先消费、后购汇，既满足个人正当需要，又防止混入资本项目交易。同时，在加强对境内资产来源的真实性、合法性审查的基础上，逐步放宽合法移居国外的公民和非居民个人按规定汇出其在境内合法拥有的资产。

（四）建立健全资金流出入的管理体制，抑制投机性资本流动冲击

一是切实落实“国民待遇”，统一内外资企业的政策环境。对低技术高污染

的行业，国内外市场严重过剩的产品，以及容易造成投机炒作和资产泡沫的投资活动，适当加以限制。二是加强对非居民开立本币账户的监管，防止游资冲击和逆转。三是加强外债和外汇贷款结汇的管理，严控资本项目结汇，引导银行和企业充分利用人民币资源。四是健全对异常外汇资金流动的监测体系和分析机制，抑制无实际交易背景的短期资本流入境内套利。特别要检讨房地产市场对外开放政策，规范非居民投资房地产有关外汇收支的管理，避免形成资产泡沫，审慎推进房地产市场的对外开放，避免出现房地产泡沫。

（五）有效发挥价格调节作用，提高居民外汇持币意愿，减少结汇压力

一是进一步推动外币存贷款利率的市场化，根据国际市场和国内外汇资金供求形势，引导银行适当提高境内外币存贷款利率。二是改革银行挂牌汇率制定制度，给银行办理对客户的结售汇业务更大的定价权。三是尝试引入做市商制度，进一步提高市场的流动性。

三、建立健全中长期国际收支管理的调节体系

（一）综合运用多种市场经济工具，主要依靠经济手段实现对国际收支的调节

首先，弹性适度的浮动汇率调节是进行国际收支调节的基本手段。对国际收支进行有效调节的关键在于建立比较完善的汇率制度。汇率的变动能有效地改变一国商品进出口的总量和结构，影响资本在国家之间的流动，同时，汇率还对一国的市场价格水平和就业总量产生影响，从而间接地对国际收支状况起到重要的作用。目前改善人民币汇率形成机制，增加人民币汇率弹性，是建立健全我国国际收支调节体系的核心任务。为此，一是在我国外汇分配领域基本确立以市场调节为主导的资源配置方式，加快结售汇制度改革，培育外汇市场；二是启动目标汇率浮动区间调整机制，以贸易权重汇率指数、外汇市场供求、货币政策目标多方面因素作为汇率调控的参照指标体系，扩大银行间市场汇率浮动区间，降低中央银行市场干预频率，使人民币汇率更加真实地反映市场供求关系；三是增加市场交易主体和交易品种，扩大银行间市场建议主体，放宽非银行金融机构和大型企业集团入市限制，引入货币经纪商制度，增加交易机制的灵活性；四是引入做市商制度，增加外汇交易代理人等市场中介，增加供需双方的信息交流，增加市场的透明度；五是加快外汇远期交易等保值避险工具和市场的发展，提供足够的市场避险手段。同时为避免汇率的大起大落，应当在转向弹性汇率制后，建立对人民币汇率失衡预警和纠正的评估体系，定期评估外汇市场的稳定性，必要时中

央银行入市干预，防止汇率大幅波动。

（二）加强货币政策与汇率政策的协调，避免出现利率与汇率政策冲突

货币的对内价值和对外价值分别受到货币政策和汇率政策的影响，利率和汇率政策冲突往往会引发套利机会，导致资金的大进大出，影响国际收支平衡。加强货币政策和汇率政策的协调对于平衡国际收支具有重要意义。这方面，加拿大的经验可资借鉴。加拿大长期以来一直采用“货币状况指数”来指导货币政策的走向。当加拿大元的市场汇率严重背离“货币状况指数”时，加拿大中央银行将调整利率以防止潜在的市场动态的不稳定。例如在1998年8月当加拿大元对美元汇率降至几年来的最低点时，加拿大央行提高利率并入市干预。鉴于中长期我国可能继续保持国际收支顺差态势，如果在升值预期下，贸然采用紧缩的货币政策，本外币利差加大，流入资本的套利空间增加，有可能进一步刺激资本的流入，从而恶化国际收支状况。与此相应，在稳定汇率政策的同时，当资本流入导致中央银行外汇占款大量增加，货币政策则需要及时进行中和操作，包括提高准备金率、发行国库券和中央银行证券等，避免通货膨胀。反之，如果某些年份出现经常项目赤字，可以发挥信贷政策对出口的鼓励扶持。在符合世贸组织规则的前提下，运用出口信贷、再贴现、出口保险等政策，支持外贸出口。

（三）加快金融体制改革，适时调整财税政策，提高国民经济整体抗风险能力

国际收支调节体系首先是一个危机防御体系，而健全的金融体系是抵御危机的第一道防线。英国、意大利、香港、新加坡在20世纪90年代都曾遭受投机者攻击，但是由于金融体系稳健，均没有演变为金融危机。为此，要以改革促进开放，以开放深化改革。在对内开放的基础上进一步扩大对外开放。我国在提高整体经济安全度时，首先要深化金融体制改革，包括：推进国有银行股份制改革，加快国有银行上市，逐步缩小国家持股比例；建立储蓄保险制度，防范信心不对称导致的“预期自致型货币危机”；改革金融税收制度，扶持银行冲销坏账；建立健全金融内部控制制度，改善银行资产质量；加强金融监管，提高监管人员素质，提高金融监管的效率，等等。在财政方面，由于从1998年以来一直实行积极财政政策，我国已累积了较庞大的财政赤字，加上隐性财政负担，财政压力已经接近国际警戒线，成为经济安全中一个重要的隐患。为降低风险，应逐步控制财政赤字的规模和比重，加快社会保障体系建设，引导私人投资增长。构建一个健全的金融体制和稳健的财政状况，才能保证对经济的信心，避免资金的大进大出，切实避免国际收支危机。

(四) 稳步推进资本项目开放，促进资金合理有序双向流动

人民币可兑换进程是对外开放的重要步骤，也是影响国际收支的直接渠道。在实践中，应根据国际收支状况，因势利导，有序放开，逐步取消对资金流出入的限制。在近中期国际收支持续顺差的形势下，结合“走出去”战略，着重应放开对外投资的限制。在主体上，可以先私人企业，后国有企业；在投资形式上，先直接投资，后证券投资。未来，在某些年份出现国际收支逆差的情况下，逐步开放对内投资，扩大利用外资的渠道和方式，放宽外商持股比例限制，放松市场准入限制，尤其是在服务业领域，以在有序开放中提高我国服务业竞争力。在开放次序上，可以先直接投资，后证券投资；在期限上，先长期，后短期。在主体上先合格外国机构投资者，后一般外国投资者。这样，在开放中促服务业发展，提高国际竞争力。

(五) 加强国际经济协调，优化外部经济环境

一方面要加强我国在国际经济活动中的参与度。目前的重点应当加强区域经济合作，增加对周边投资，减少贸易摩擦，改善与周边国家的经贸关系，积极推进中国和周边国家的自由贸易区，稳步推进人民币区域化。另一方面，通过实施利益捆绑战略应对突变因素可能导致的国家主权风险。国家主权风险的重要根源在于利益的不对称，形成所谓“人质现象”。我国外汇储备资产主要投资于以美国为主的西方国家金融市场，而西方在华利益相对要小得多，致使我们在一些国际压力面前比较被动。处理非经济因素导致的国家主权风险，不能简单地靠弱化、切断彼此利益联系的办法，可以采取积极的利益捆绑战略。一是在保持主权独立的前提下，进一步密切与西方国家的经济联系，形成你中有我、我中有你的格局，使相互之间的利益依存度大致平衡，相互制衡。二是进一步发展与不同国家之间的经济技术合作，实现对外经济关系的多元化。三是进一步使外汇储备的投资币种、市场和渠道多样化，针对已经出现的国家主权风险做好应对策略。四是进一步扩大人民币的国际影响，如谋求与欧盟建立人民币与欧元的互换安排，积极主动渗透。

(六) 提高政策透明度，建立国际收支预警监测体系

审慎监管和稳定的资本流动的基础是信息对称，这要求透明度和采用国际标准的会计准则。在会计和信息披露制度不完善的情况下，突然的信息披露可能成为突发性事件，直接导致资本流动方向的逆转。因此，要加快会计制度改革，推进会计惯例的国际化；减少对会计制度的行政干预，引入中介机构的信用评级，增强外部监督。同时，加快国际收支预警监测体系的建设。包括：加强统计监

测，不断提高数据的及时性和准确性；不断修订完善“国际收支风险预警和分析系统”，对国际收支状况进行及时分析和预警，正常情况下，预警可按半年或年度来进行，特殊情况下加快频率；建立预警系统逆转信号及时上报制度等。

四、国际收支危机管理预案

针对危机预案采取应急对策的前提是：（1）对国际收支逆转已有较为确切的判断，并且需要采取紧急措施；（2）对造成国际收支逆转的原因有较为明晰的认识，从而在采取措施时有的放矢。

（一）未来有可能引起我国国际收支危机的情景分析

一是资本流入逆转可能引发危机。短期套利性资本流入境内往往会选择流动性较强的资产，如股票、债权，以及预期盈利较大的房地产行业，从而导致资产泡沫。一旦实际汇率过度升值，抑制了出口，引发经常项目逆差，又会产生贬值预期，国际热钱的大量流出及所带来的“羊群效应”将给我国国际收支平衡构成相当大的威胁。1997年的泰国货币危机，就是在固定汇率安排之下，由于经常项目收支失衡，资本流向逆转，加上国际投机者的蓄意攻击，导致货币崩溃。

二是对外过度举债可能导致危机。在目前本外币利差引导下，随着企业进入国际金融市场融资更加便利，国内企业和银行会逐步增加对外借债，加大整体外债规模，形成过度负债的风险。如果借款不是投向能够增加出口创汇能力的产业，就可能恶化国际收支状况，降低偿债能力。亚洲金融危机发生前夕，韩国短期外债占外债总额的比重为68.2%，泰国为66.6%，印尼为60.9%，马来西亚为52.2%，外债规模都超过了外汇储备余额，形成偿债困难。

三是国外危机传染可能引发危机。全球化进程的深入使国与国之间的经济联系日益密切，其他国家的经济变化和跨国经济活动都将给我国带来影响，并直接表现在国际收支状况上。亚洲金融危机已证明了危机的传染性，尤其是那些经济结构相似、经济来往密切的国家之间。随着我国资本账户的渐进开放，将使我国经济与世界经济的联系越来越紧密，从而受到传染的可能性也加大。

四是金融体系的不健全引发危机。目前，我国的金融市场尚处于初级阶段，整体发展不平衡，违规事件不断，为整体经济运行增加了很多风险。比如，向境内居民开放B股市场后，出现了违规资本通过B股交易的途径非法流动的现象。随着加入世界贸易组织和未来实现人民币资本项目可兑换，金融市场将会进一步开放，风险也将随之加大。

另外，国际政治经济的一些突发性因素也可能导致我国国际收支失衡。这包括：（1）政治风险。比如在某个时期，西方国家由于政治方面的原因对我国进行经济封锁，导致我国进入国际市场的途径突然切断，外汇来源大幅减少。（2）

能源冲击风险。国际市场再次爆发石油危机，石油价格大幅上涨，我国石油进口用汇将会大幅增加。（3）金融危机传染风险。当一些国家发生金融危机，由于“羊群效应”导致我国资本流动逆转和预期突然变化，对我实体经济构成一定冲击。在资本市场开放后，也有国际投机资本蓄意冲击我国金融市场的可能。（4）环境、卫生和生态冲击。当突然发生大面积环境污染、严重全国性传染性疾病、系统性生态灾害，如 SARS 肆虐时期，有可能导致我国与国外经济交往严重受阻，出口和旅游创汇以及资本流入急剧减少，外资大量撤出。

从近中期看，由于我国还对资本项目实行一定的管制措施，我国的经常项目和资本项目依然保持“双顺差”，我国的银行体系流动性较好，不良贷款比例在不断下降，外债规模和结构也受到严格控制，而且国际经济环境也在逐步改善，因此，现阶段我国发生国际收支危机的可能性较小，目前关键是要加强对国际收支的统计、分析、预测和预警工作。

（二）国际收支危机管理预案

尽管从现实情况看，我国在近、中期不会发生国际收支的逆转，但是，仍不能完全排除这种可能性。应急措施是在万一发生国际收支逆转情况下可以采取的临时性措施。制定应急措施的目的是早做预案，防患于未然。以下是我国在国际收支逆转时可供选择的应急措施，具体应用什么样的政策组合要视情况而定。

财政政策措施。包括：建立创汇扶持基金，对出口、旅游、劳务承包、运输等行业收汇、结汇及时的企业进行一定的支持；启动世贸组织赋予的国际收支保障措施，针对部分产品（如奢侈品）提高进口关税或进口环节税税率；通过财政部在国外发行债券，增加资本流入；征收资本流出税，遏制投机资本冲击；征收外汇交易税，阻止外汇流失；停建缓建大量用汇的大型公共建设项目，削减公务人员出国计划等，减少公共部门支出。

货币政策措施。包括：抛售外汇储备干预市场，稳定汇率；提高利率，促进外资流入，抑制投资品的进口需求；通过信贷政策调整支持企业出口，减少进口购汇；实行货币贬值，促进出口。

外汇管理措施。包括：规定拥有外汇项目的企业对外支付需首先使用自有外汇，用于资本项下的外汇支付；降低居民个人因私出国供汇标准；敦促金融机构和我境外企业将外汇利润在规定限期内调回、结汇；限制外商投资企业利润集中汇出；强制居民个人外汇存款按比例或全部结汇；规定流入的资本必须停留一年以上才允许流出；调整国内外汇贷款政策；减缓对境外投资的审批和许可；减缓直至暂停对外商直接投资清算、转股和撤资所需外汇的购汇审批等。

其他措施。包括：实行进口数量限制；采取非关税壁垒措施限制进口；动用货币互换协议缓解对外支付困难；增加银行体系的流动性，缓解银行业危机；通过协商进行外债展期。动用在基金组织的特别提款权以及其他备用信贷。

当国际收支逆转时，上述措施可以综合运用。同时要注意的是，上述措施应当以先市场机制措施、后数量措施的原则。

参考文献

1. 陈汉林：《对韩国经济发展模式的重审与反思》，载《经济纵横》，2003（1）。

2. 陈雨露：《国际资本流动的经济分析》，北京，中国金融出版社，1997。

3. 戴维·里维里恩，克里斯·米尔纳：《国际货币经济学前沿问题（中译本）》，北京，中国税务出版社、北京腾图电子出版社，2000。

4. 国际货币基金组织：《国际收支手册（第五版）》，北京，1996。

5. 何泽荣等：《中国国际收支研究》，西南财经大学出版社，1998。

6. 阙水深：《国际货币运行机制》，中国发展出版社，2000。

7. 韩正忠：《韩国经济是如何摆脱金融危机的》，载《发展》，2002（2）。

8. 韩红梅、方文：《台湾调节国际收支顺差的经验及其对大陆的启示》，载《中国外汇管理》，2004（5）。

9. 卢新德：《韩国经济率先全面复苏的原因》。载《当代亚太》，1999（8）。

10. 金中夏、曹莉：《韩国、马来西亚应对金融危机的不同选择》。载《国际经济评论》，1999（9~10）。

11. 钱荣堃：《国际金融》，四川人民出版社，1997。

12. 王联：《"汇率走廊"对俄罗斯经济、金融的影响》，载《国际金融研究》，1996（4）。

13. 王信：《2003：中国财政状况对国际收支经常项目的影响》，载《公共管理评论》，第1卷，巫永平主编，清华大学出版社。

14. 世界银行：《2002年世界发展报告》，中国财政经济出版社，2002－12（B1）。

15. 国际货币基金组织：《国际金融统计》。

16. 张宝仁、韩笑：《金融危机后韩国经济政策调整》。载《东北亚论坛》，2000（4）。

17. 赵玉敏、郭培兴、王婷：《中国贸易条件变化趋势分析》，载《国际贸易》，2002（7）。

18. 国际货币基金组织网站：www. imf. org。

19. 国家外汇管理局网站：www. safe. gov. cn。

20. 世界银行网站：www. worldbank. org。

21. Huang, Yasheng, 2001, *Why More Is Actually Less: New Interpretations of*

China' s Labor Intersive FDI, A Paper presented to the Conference on Financial Sector Reform in China, Sept. 11 – 13, Harvard University.

22. Kent, C., and P. Cashin, 2003, *The response of the current account to terms of trade shocks: Persistence matters*, IMF Working Paper, WP/03/143.

23. Dornbush R., *Open Economy Macroeconomics*, Basic Books, 1980.

24. Gandolfo G., *International Monetary Theory and Open – Economy Macroeoc-nomics*, *Springer – Verlag*, 1987.

中国债券市场发展现状与存在问题研究

——中国债券市场发展模式探讨

中国人民银行金融市场司课题组

课题主持人：沈炳熙

主要参与者：冯光华　孔　燕　彭立峰

刘　凡　管圣义　包香明

一、有关概念的界定

债券是一种标明了期限、利率、偿付方式等要素的债务工具，具有固定收益性、信用性、可分割和可聚合性、利率基准性等基本属性，同时，还具有资本市场工具与货币市场工具的属性。债券市场是发行和买卖债券的场所，根据债券的发行过程和市场的基本功能，可将债券市场分为发行市场和流通市场；根据市场组织形式，债券流通市场又可进一步分为场内交易市场和场外交易市场。

（一）债券的基本属性

1. 固定收益属性

债券是一种要求按期还本付息的有价证券，在发行时就对债券期限、债券利率、付息方式与付息频率及还本规则等进行了约定。由于债券的投资者可以按期获得本金和利息，因而，债券也被称为固定收益类产品，明显体现出固定收益的属性。由于债券具有固定收益的属性，其价格波动较小，少量资金投入债券获得的收益有限，因此债券交易往往是以大资金量或各种资金的集合形式进行交易，因此，债券市场主要是一个机构投资者参与的市场，是以大宗交易为主的市场。

2. 可分割和可聚合属性

由于债券是标准化的产品，所以对发行的每一期债券，都可以按任意数量进行组合，同时，由于债券有确定的偿付日期和现金流，其现金流可以分拆交易，也可整合交易，既可以做成标准组合形式的金融产品，也可以由投资者按一定规则任意组合成个性化的产品。可以满足投资者多样化与个性化需求，体现资金成本、规避风险的各种要求。债券的这种可分割属性及可聚合属性决定了债券的交易更适合于采取一对一报价或询价的方式，而不是靠“撮合”配对。

3. 利率产品属性

债券的利率产品属性包括三个方面：第一，利率变化是影响债券价格变化的最主要而长久的因素，因此，债券从本质上讲是利率资产，体现着利率产品的性质。第二，基准性。债券利率尤其是国债的利率直接影响着其他金融产品的定价，是其他金融产品的定价基础。第三，利率的变化受多重影响，建立在利率产品基础上的衍生产品种类十分丰富，因此对于债券来说，对利率的预测是整个债券投资领域内最重要的事情。

（二）债券市场的划分

债券市场既具有资本市场工具属性，又具有货币市场工具属性，是金融市场的一个重要组成部分。债券市场包括发行市场和交易流通的市场，根据交易组织形式划分，债券交易流通市场又可分为场内市场和场外市场。

1. 场内债券市场

场内债券市场，是指证券交易所内部以指令驱动[①]方式进行交易的债券市场，又叫集中性市场，在我国主要是指沪、深证券交易所市场。场内债券市场具有如下几个特点：（1）主要采取指令驱动、集中撮合的方式进行交易；（2）提供标准化产品的交易；（3）是在有形的场所集中进行的；（4）以中小投资者为主。

2. 场外债券市场

场外债券市场，是指在证券交易所外进行的，以报价驱动[②]为主要交易方式的债券市场，又叫店头市场、柜台市场，在我国指全国银行间债券市场。场外市场具有以下几个特点：（1）交易方式灵活多样，可以通过特定的电子交易系统，也可以通过电话、传真达成交易；（2）交易场所无形化，并没有统一的交易场所；（3）交易品种多样性，不仅能够进行标准化产品交易，也可以进行非标准化产品交易；（4）交易的大宗性，因其以机构投资者为主，交易数额较大；（5）成本低。由于上述原因，场外市场的交易成本比较低。

债券的属性以及债券市场的特点决定了债券市场的参与者主要是机构投资者，机构投资者的债券交易一般具有大宗批发交易的性质。由于是大宗批发交易，投资者在某个价格下达的大额交易指令很难在短时间内恰好遇到方向相反

---

① 所谓指令驱动，是指投资者下达交易指令后，通过场内喊价或计算机配对来集中撮合成交。

② 报价驱动制是指投资者报价，其他投资者根据报价决定是否成交，主要由做市商提供流动性的交易方式。

的同样价格的大额交易指令，交易就很难完成；若投资者将大宗交易指令分解为多个价格的小额指令，这会造成价格的剧烈波动，从而降低债券的流动性。因此，机构投资者采用场外一对一询价方式要优于交易所集中竞价撮合方式，另外，场外询价方式可以满足机构投资者多样化的交易需求。对于个人投资者来说，债券收益率计算以及各期限品种的组合更为复杂，知识成本较高，在发达国家债券市场中，个人主要是通过购买货币市场基金或债券基金来间接投资债券的。

二、国际主要债券市场发展基本情况

当前，国际上规模较大的债券市场是美国债券市场、欧洲债券市场和日本债券市场。这些市场的共同特点是：交易制度安排上以场外报价驱动、询价交易为主，但保留了交易所场内集中竞价交易安排；交易品种多样，衍生交易品种绝大多数安排在场外市场进行，场内仅有现券买卖或标准化的期货交易，一般不开展债券的回购交易；托管结算从分散托管逐步走向集中统一托管，基本形成了监管统一、层次分明的债券市场格局。

（一）国际主要债券市场发展的三个阶段

从债券托管结算方式发展变化来看，债券市场发展由分散托管到机构柜台托管与集中性交易场所托管并存，最后发展到统一中央系统集中托管，债券市场发展经历了三个阶段：初始阶段、发展阶段、成熟阶段。

1. 初始阶段

时间为20世纪上半叶，是自发形成的柜台交易阶段，这可以说是早期或传统意义上的场外债券市场，是松散的、无形的市场。其托管结算上的特点是：无统一的托管结算机构，债券的托管结算由交易商的证券托管和资金开户行分散进行。市场是一种自发无序的状态，市场参与者少，交易分散，交易量小，信息的发布主要通过纸制介质进行。

2. 发展阶段

时间为20世纪60～80年代末，是以专门的托管结算机构与集中保管机构为中心的阶段。当交易规模增加，参与主体越来越多时，简单的托管结算方式很难适应交易的需要，仅靠买卖双方的各自的托管银行和开户银行不能有效避免混乱和风险。这一时期托管结算的特点是：产生了专门处理交易商托管行与开户行间清算与结算指令的中介服务机构——托管结算机构；停止实体有价证券的交付转移，出现了集中性的债券保管信托公司。如美国于1973年成立了美国集中保管信托公司（DTC），对公司股票、政府公债、城市债券以及不动产抵押证券等各类有价证券提供集中保管服务。1976年，美国又成立全国证券结算公司（National Securities Clearing Corporation，NSCC)，逐步全面接管此前各个交易所的结算交割业务，以中央结算对手的地位，提供结算交割、净额冲抵及风险管理等服务。

3. 现代阶段

时间为20世纪90年代至今，托管结算业务上的集中统一化，使现代场外债券市场发展成为由一定规模与水平的基础系统支撑、高度自动化与信息化的市场。这一时期托管结算上特点是：托管结算业务相对集中，托管结算机构间出现整合，债券市场交易成本进一步下降。如DTC与NSCC在1999年宣告合并，两家公司同时纳入新成立的美国证券集中保管公司（DTCC）旗下，但原来DTC和NSCC仍维持着各自独立的作业主体地位。

（二）主要债券市场发展特点

1. 债券市场整体规模大

2002年全世界债券市场存量超过34万亿美元，国内债券存量的平均增长速度在6%左右，高于世界GDP的增长速度。若以债券市值与本国的GDP之比来衡量一国债券规模，债券市场规模远大于股票市场（参见表1）。

表1 主要国家债券存量与GDP比较

国家	债券余额（10亿美元）	国内生产总值（10亿美元）	债券余额/GDP	股票市值/GDP	债券市场	债券交易方式
美国	15274.10	10553.70	144.72%	168%	场外90%	各种衍生产品
英国	920.80	1467.20	62.76%		场外90%	各种衍生产品
日本	5816.70	4786.60	121.52%	96%	场外99%	各种衍生产品
意大利	1335.50	1119.10	119.34%		场外90%	各种衍生产品
德国	1946.490	1991.70	97.72%		场外90%	各种衍生产品
法国	1037.50	1358.60	76.4%		场外90%	各种衍生产品
加拿大	563.50	726.90	77.52%		场外90%	各种衍生产品
中国	37450	116694	31.8%	25.54%	场外88%	现券买卖，质押式回购、买断式回购

注：①国外部分统计至2001年；其中债券存量数据参见BIG Quarterly Review，June2003，GDP见IMF World Economic Outlook，September 2002.

②国内部分统计至2003年年底，单位为元。其中债券市值的计算以中央国债公司提供的债券估值数据计算而得。2003年国内GDP总值为116694亿元；2003年末国债托管总余额为3.7万亿元，其中场外为3.27万亿元；股票市值为29804亿元。

2. 债券市场结构完善，债券品种丰富

发达国家债券市场上的债券品种十分丰富，种类繁多。如美国债券市场上的债券品种包括国债、抵押担保债券、公司债券、政府机构债券、市政债券、外国债券及货币市场债券等。其中规模最大的是抵押担保证券，占全部债券存量的24.2%，公司债券占20.2%，高于国债占比，参见表2、图1。

表2 美国固定收益债券市场概览（2003年12月31日债券存量）

债券种类	存量（万亿美元）	比例（%）
抵押担保证券（MBS）	5.3	24.2
公司债券	4.4	20.2
国债	3.6	16.3
货币市场证券	2.4	11.0
美国政府机构证券	2.6	12.0
市政债券	1.9	8.6
资产担保证券（ABS）	1.7	7.7
合计	21.9	

资料来源：www. Bondmarkets. com。

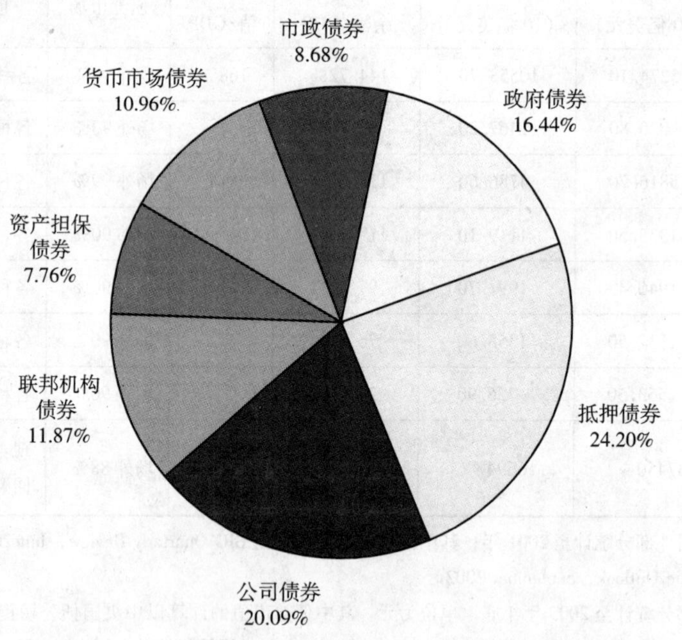

图1 美国债券市场概览2003

3. 债券市场的大部分交易是在场外进行的

从发达国家债券市场的实践看，场外债券市场是债券市场的最主要组成部分，各国普遍形成了以场外市场为主，以交易所市场为辅，二者相互连通，互为补充的债券市场格局。如美国国债市场成交金额的99%都是在场外进行的，在德国，其场外债券市场实现了85% ~91%的国债成交金额。图2反映了日本从1985年到1996年场内市场与场外市场比例的变化情况，可以看出，近10年中，日本的场外市场的占有率一直持续扩张，98%以上的公债主要在场外市场完成交易。

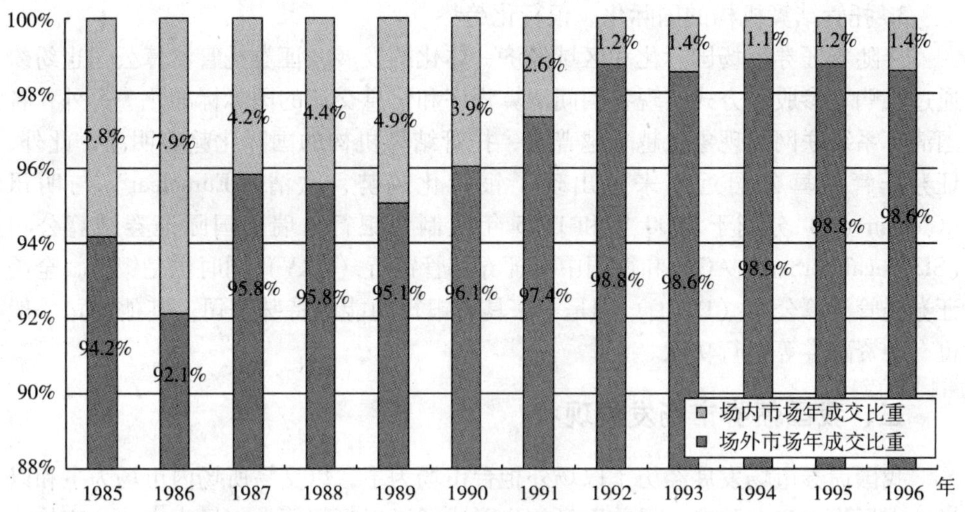

图2 日本场外与场内债券市场债券交易年成交比例

4. 市场结构多层次化

场外债券市场参与者众多，有各类机构投资者、基金类等各种集合投资形式，但机构之间由于规模、熟练程度不同，实际上是在不同的市场层次上交易的。如有做市商市场、主承销商市场、公开市场一级交易商市场、公开报价与交易市场等。不同层次的市场结构可以适应不同的市场投资者需要。即不同性质的投资者在不同的层面进行债券交易。除承销商为投资者从一级市场买卖债券外，市场上有做市商、经纪人专门为市场提供做市义务或经纪服务；同时，公开市场一级交易商与中央银行进行债券业务操作。

（三）债券市场发展变化新趋势

1. 债券网络化趋势明显

近年来通过电子交易系统来进行的交易量快速增长，场外债券市场基础设施建设越来越高效先进。以信息技术为支撑的现代场外市场有效地解决了信息不畅的问题，提高了价格信息传输和交易执行的效率，极大地降低了市场运行的成本。同时，信息技术的发展，使得不同的机构投资者只需要与交易结算系统进行连接，即可实现债券交易结算服务，场外交易网络化电子化趋势明显。

2. 创新步伐加快

场外市场是近来金融衍生产品发展最为迅速的市场，这些产品创新中大部分是利率工具，除已经开发的较为复杂的利率创新，如利率上限、下利率、双限及互换选择权外，不同品种相互组合式的“结构化票据”等其他特异选择权产品不断出现。

3. 托管结算机构的国际化、银行化趋势

伴随着证券市场国际化和区域经济一体化的发展，证券托管清算公司也纷纷通过收购、参股等方式实现各国间清算程序和信息交流的国际标准化，另外，各国清算系统联网的现象也越来越普遍，托管结算机构的国际化趋势明显。此外，证券托管清算公司近年来也出现了银行化趋势，欧清（Euroclear）与明讯（Clearstream）分别于 2000 年和 1995 年改制为银行，瑞士国际证券结算公司（SIS SegaInterSettle AG）和德国中央证券存管银行（DKV）同时也是银行，全美证券托管清算公司（DTCC）则是一家具有银行功能的特殊公司，其他公司一般也有融资融券等银行功能。

三、我国债券市场发展现状

我国债券市场发展经历了以场外柜台市场为主，以交易所场内市场为主和以场外市场为主三个阶段，目前已经初步形成了以银行间债券市场为主体，交易所债券市场为补充，相互分工合作，功能互补的债券市场新格局，这不仅符合我国经济发展的实际，也与国际成熟债券市场发展趋势相吻合。债券市场的发展，尤其是以银行间债券市场为主的场外债券市场的发展，不仅促进了我国的直接融资，有利于金融结构的进一步完善，而且推动了利率市场化的进程，促进了货币政策传导机制的改善，同时，通过为中央银行宏观调控提供良好的市场基础和保证国债和政策性金融债的发行，促进了稳健货币政策和积极财政政策的实施。

（一）中国债券市场发展模式的沿革

我国的债券市场，严格意义上应该说是从 20 世纪 80 年代末 90 年代初开始逐步发展起来的，从其市场发展模式来看，基本上可分为场外柜台市场、场内市场、场外市场三个阶段。

1. 以柜台市场为主的阶段（1988～1992 年）

1988 年初，国家首先在 7 个城市进行国债流通转让的试点，试点地区的财政部门和银行部门成立了证券公司或国债服务部，办理持券人买卖国债的业务，同年6月，又批准了54个大中城市进行国库券流通转让的试点工作，这标志着我国债券流通市场的正式形成。1991年初，国家决定扩大国债市场的开放范围，允许国债在全国400个地、市一级以上的城市进行流通转让，国债二级市场的发展和国债中介机构也随之大量增加。这一时期的债券交易主要是通过证券机构及非银行金融机构开设的柜台市场进行的。

2. 以场内市场为主的阶段（1992～1997年）

1992年，国债现货开始进入交易所内交易，1993年，在证券中介机构和银行之间以及证券中介机构之间出现了国债回购交易，接着，国债期货开始在上海证券交易所进行试点。由于在武汉证券交易中心、STAQ系统进行的场外交易缺乏全国统一的国债托管结算和清算系统，交易双方无法得知对方真实的国债库存，加上国债比例抵押，真实的国债交易量很小，出现了严重卖空现象和金融欺骗。1995年开始，国债交易的主体已全部转入证券交易所场内市场，其债券大多数集中托管在交易所。但由于交易所国债交易的风险控制机制未建立起来，1995年开始，交易所发行交易的国债也相继出现了一些问题。"3·27"国债期货风波及债务数额达上千亿元的国债回购债务链问题等违规事件频频出现，在此背景下，国家决定暂时关闭国债期货市场，并对武汉交易中心、天津证券交易中心和STAQ系统的回购市场进行整顿。

3. 以场外市场为主的阶段（1997年至今）

1997年6月，根据国务院统一部署，人民银行发布了《中国人民银行关于各商业银行停止在证券交易所证券回购及现券交易的通知》（银发［1997］240号），要求商业银行全部退出上海和深圳交易所市场，全国银行间拆借市场开始办理银行间债券回购和现券交易，由此全国银行间债券市场正式形成。2000年四季度开始，为满足广大居民和企业投资者购买记账式国债的需要，推出了在商业银行柜台购买和交易记账式国债的业务。商业银行柜台市场是银行间债券市场的延伸。自1997年以来，银行间债券市场在规范中发展，交易规模不断扩大，交易品种也不断增加，2003年，银行间债券市场的债券交易量已达15万亿元，同期证券交易所的债券交易量为6万亿元，以场外市场为主的格局已基本形成。

（二）我国债券市场发展基本情况

10多年来，我国债券市场取得了长足的发展，初步建立了比较完善的法律法规体系，安全高效的托管结算体系，基础设施建设取得重大进展，市场交易量快速增加，交易品种日渐丰富，参与者逐步增加。

1. 建立了比较完善的法律法规体系，从制度上保证债券市场的健康运行

在银行间债券市场的建设过程中，人民银行始终遵循"制定规则在前，业

务开展在后”的原则，不断完善市场法规，使各项业务有法可依，有章可循。在市场建立之初，人民银行就制定了《银行间债券回购业务暂行规定》、《银行间债券现券交易规定》等一系列规章制度。2000 年之后，银行间债券市场步入法制建设重要时期。人民银行在总结银行间债券市场发展两年多的实践经验基础上，结合债券市场未来发展方向制定了《全国银行间债券市场债券交易管理办法》、《债券结算代理业务管理规定》、《双边报价商管理规定》和《商业银行柜台债券交易管理办法》等与之配套的规章，使银行间债市走向更加规范、健康的发展轨道。为配合人民银行的相关规定，同业拆借中心和中央结算公司就报价、交易、托管和结算业务制定了一系列的操作规程，有力配合了人民银行的相关政策，规范参与者的行为。2004 年，又出台了《买断式回购管理规定》、《银行间债券市场债券交易流通审核规则》、《商业银行次级债券发行管理办法》等一系列规章制度，使银行间债券市场的法律法规体系进一步健全和完善。

目前银行间债券市场仍然没有建立起权威的市场自律组织，为了弥补自律机构的缺失造成的空白，人民银行组织同业拆借中心、中央结算公司和市场参与者制定行业自律性文件，其中《银行间债券市场债券质押式回购主协议》是我国债券市场第一部较为系统、全面的行业自律性规范文本，对于提高银行间债券市场交易和结算效率，减少违约风险，强化市场自律行为发挥了重要的作用。

2. 加强基础设施建设，提高市场交易效率

基础设施建设是债券市场发展的重要条件。几年来，人民银行非常重视市场基础建设工作，积极推动各项系统的建设。

首先，指导和推动簿记系统和交易系统的建设，不断优化系统功能。人民银行注重加强对债券簿记系统的建设和管理，组织指导中央结算公司研究、建设债券簿记系统，完善债券一级托管系统，强化托管账户管理和结算等服务功能，增加债券结算方式，实现债券交易的实时结算；增设债券结算语音查询功能。人民银行积极组织同业拆借中心加强对交易系统的建设，改进原有的公开报价、对话报价、双边报价和分销报价等报价功能，完善现券买卖净价交易功能、债券收益率计算功能和声讯中介服务功能，新增匿名交易、市场分析与风险管理、数据下载等多项交易服务功能。2004 年 11 月 8 日，实现债券簿记系统与中央银行大额支付系统的连接，在债券结算方式上实现国际组织所倡导的券款对付（DVP）方式，大大提高了结算的安全性与效率。

其次，推动债券发行系统日渐完善。根据债券发行的新变化、新需求，人民银行及时组织完善发行系统的招标、投标和中标功能设计，扩充债券发行约束条件等功能，为发行主体采用多样化发行技术组合，灵活使用利率招标、利差招标和价格招标等招标方式，设立不同的招投标约束条件，以及选择不同的中标确定方式提供技术性支持，保证固定利率债券、浮动利率债券、零息债券、可赎回债

券、本息剥离债券等不同品种债券的顺利发行。

最后，指导推动信息系统建设。市场信息对参与者至关重要。人民银行指导中央结算公司和同业拆借中心加强信息系统的建设，相继推出“中国债券信息网”（www. chinabond. com. cn）和“中国货币网”（www. chinamoney. com. cn）专业网站，加强信息服务，提高市场透明度。目前，“中国债券信息网”和“中国货币网”已成为市场参与者和社会了解、研究、分析债券市场，进行融资和债券投资的重要信息来源通道，已成为我国影响较大的财经专业网站。

3. 银行间债券市场飞速发展，初步奠定了以场外市场为主，以场内市场为辅的格局

自1997年成立以来，银行间债券市场飞速发展，交易量迅速增加，交易品种日益丰富，参与者也逐步增多。银行间债券市场的快速发展初步奠定了我国债券市场以场外市场为主，以场内市场为辅的格局。2003年，银行间债券市场回购交易达到117203亿元，比1997年增长380倍；现券交易量达到30848亿元，比1997年增长3100多倍。市场可交易券种也由最初单一类型的几只增加到国债、中央银行票据、政策性金融债和公司债等4大类、10多种小类的180余只债券。交易主体从启动之初的16家商业银行总行，增加到11大类、2895家机构投资者。银行间债券市场在整个市场的份额从1997年的1.9%上升到70.44%，我国以银行间市场为主体，以交易所市场为补充的市场格局初步形成（参见表3）。

表3　债券市场债券交易量变化表

单位：亿元

	1997	1998	1999	2000	2001	2002	2003
债券市场	16666	22702	22308	35584	61391	139573	210187
银行间市场	317	1054	4024	16465	40973	106297	148051
占比（%）	1.90	4.64	18.04	46.27	66.74	76.16	70.44
交易所市场	16349	21648	18284	19119	20418	33276	62136
上交所	15268	21252	17447	16896	19794	30877	61596
深交所	1081	395	837	2223	624	2398	540
占比（%）	98.10	95.36	81.96	53.73	33.26	23.84	29.56

注：以上银行间债券市场回购和现券交易均不包括公开市场业务交易数据。

4. 建立高效、安全的债券托管系统

回顾我国债券市场发展的历史，债券市场发展初期市场秩序的混乱与当时实行的分散托管、各自为政的托管体制不无关系。在总结前期教训的基础上，在人

民银行和财政部的推动下，1997 年，中央国债登记结算有限公司正式成立，对国债、政策性金融债和企业债进行统一托管。后又针对交易所市场的特点，成立了中国证券登记结算有限责任公司，对交易所市场的债券进行分托管。目前银行间债券市场采用一级实名托管体制，有效地杜绝了债券挪用，提高了风险防范能力，确保了银行间债券市场的健康运行。

（三）债券市场的作用

1. 完善金融市场体系，促进直接融资的发展

20 世纪 90 年代中期以来，银行间债券市场的成立与快速发展，改变了我国长期以来重股市轻债市，金融市场跛足发展的不平衡局面，在这个意义上说，银行间市场的发展促进了直接融资的发展，一个完整的金融市场体系初步形成。7 年来，银行间市场上的交易品种和交易量不断增加，市场参与者逐步增多，法律法规体系不断完善，形成了较为完善的场外债券市场，规范、合理的运作机制和程序，不仅为国债、政策性银行债券提供了交易流通的场所，也为资产抵押债券、信贷资产证券化、银行本票、商业本票和公司债券等新兴债务工具的发展提供了广阔的市场发展空间。

2. 推动利率市场化进程，促进了货币政策传导机制的改善

我国利率市场化是从货币市场开始起步的。继 1996 年 6 月 1 日放开同业拆借利率之后，中央银行又相继放开了债券回购利率、现券交易利率以及债券发行利率，利率基本反映了双方资金供求，这些极大地推动了我国利率市场化的进程。目前，同业拆借、债券市场和公开市场业务利率体系已经初步建立，中央银行已经具备了通过公开市场业务影响货币市场利率的能力（如图 3 所示），货币政策传导机制的改善大大提高了货币政策的有效性。

3. 为中央银行宏观调控提供市场基础，促进稳健货币政策的有效实施

银行间债券市场的迅速发展，为中央银行公开市场操作提供了广阔的空间，促进了货币政策调控从直接向间接的转化。中央银行公开市场操作始于 1996 年，由于缺乏足够的债券资产数量，加之其他诸多客观因素，当年的公开市场成交额仅为 21.8 亿元。进入 2003 年，公开市场业务主要通过正回购和发行央行票据的方式实施操作，及时收回市场过多的流动性资金；2003 年人民银行通过银行间债券市场累计发行 63 期、共 7226.8 亿元票面的央行票据，加上正回购操作，共计收回基础货币 3700 亿元，有效对冲了增加过快的外汇占款，确保了中央银行基础货币的平稳增长，保证了稳健货币政策的顺利实施。

4. 保证国债和政策性金融债的顺利发行，支持积极财政政策的实施

1998 年以来，为了保持经济的持续快速增长，我国确定了扩大内需的方针，实行积极的财政政策，国债和政策性金融债发行大量增加。几年来，记账式国债

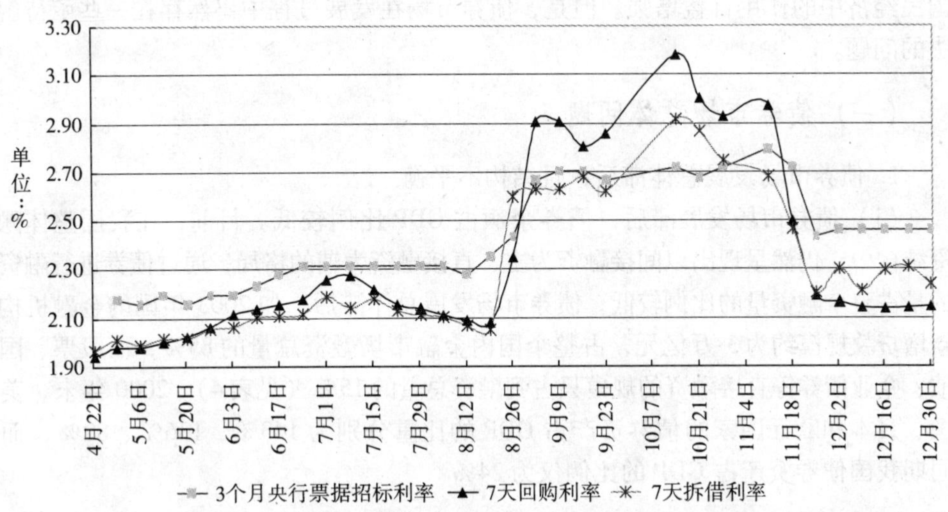

图3　2003 年央行票据招标利率与货币市场利率走势图

绝大部分通过银行间债券市场发行。同时，由于市场规模的迅速扩大和市场流动性快速提高，为单只债券发行规模提升和分销期的缩短创造了条件，提高了债券的发行效率，降低了财政部和政策性银行的筹资成本。1998～2003 年，财政部和政策性银行在银行间债券市场累计发行债券 35831 亿元，其中：2003 年共发行 7675 亿元债券，是 1998 年债券发行量的 4 倍。

5. 银行间市场逐步成为金融机构进行流动性管理的重要场所，为商业银行等金融机构的商业化有效经营创造了良好的外部条件

长期以来，我国商业银行的资产负债结构以存贷款为主，单一的存贷款业务限制了商业银行的进一步发展。银行间债券市场的快速发展，为商业银行持有债券、及时调节流动性、降低超额储备水平提供了广阔的空间，为金融机构流动性管理提供了一个最佳的场所。近几年来，商业银行债券持有量不断增加，其资产单一状况的局面明显改观。1997 年末，商业银行债券资产为 3500 多亿元，占资产总额的 5%，至 2003 年 6 月末，商业银行债券资产增加到 21500 亿元，在总资产中的占比超过了 13%。与此同时，由于银行间债券市场交易活跃，商业银行以所持有的债券进行回购融资，大大降低了其超额储备的需求，促进了其流动性管理水平的提高，提高了头寸管理效率，增强了盈利能力，从这个意义上说，银行间市场为商业银行商业化经营创造了良好的外部条件。

四、我国债券市场发展中存在的主要问题

1997 年银行间债券市场成立以来，我国债券市场取得了快速发展，2003 年债券市场债券存量比 1997 年增加了 7 倍，交易结算量增加了 12 倍，债券市场在

国民经济中的作用日益增强。但是，债券市场在发展过程中仍然存在一些亟待解决的问题。

（一）债券市场总体问题

1. 债券市场发展总体滞后，且结构不平衡

（1）债券市场发展滞后，债券余额占 GDP 比例较低。目前，在我国整体融资结构中，仍然呈现出以间接融资为主，直接融资为辅的格局，通过债券进行融资的量占整个融资量的比例较低，债券市场发展总体滞后。如 2003 年国内金融机构新增贷款规模约为 3 万亿元，占整个国内金融市场融资总量的 85%，而股票、国债、企业债券等直接融资的规模只占到融资总量的 15%（见表 4）。2000 年末，美国、日本和欧元国家的债券资产占 GDP 的比重分别为 143%、136%、82%，而同期我国债券资产占 GDP 的比例仅为 24%。

表 4 国内金融市场融资情况表

单位：亿元

工具＼年份	2001		2002		2003	
	融资量	占比%	融资量	占比%	融资量	占比%
贷款	12558	75.7	19228	80.0	29936	84.9
国债	2598	15.7	3461	14.5	3525	10.0
股票	1252	7.6	962	4.0	1357	3.8
企业债	175	1.0	370	1.5	458	1.3
总计	16583	100	24021	100	35276	100

注：贷款、国债采用的是当年末新增规模，企业债券由于到期很少，采用当年发行规模，股票采用发行规模（即当年新增筹资量）。

资料来源：中国人民银行统计司：《中国人民银行统计季报》、《金融市场统计月报》。

（2）债券市场内部发展结构不平衡。从债券融资主体来看，债券市场内部的发展也很不平衡。政府债券及准政府债券市场发展快，企业债券市场发展明显滞后。2003 年，国债和政策性金融债发行规模分别为 6280 亿元和 4520 亿元，与之相比，企业债券 458 亿元的融资规模微乎其微，仅占当年债券市场融资规模的 4.1%。

2. 债券市场管制过严，创新力度不够

（1）交易品种仍然不够。经过几年的发展，目前债券市场的交易品种已经包括了国债、政策性金融债、中央银行票据、商业银行次级债券、企业债券、美元债券等，应该说目前债券市场的交易品种已经有了很大的丰富，但与国外成熟市场相比，还存在一定差距，如市政债券、资产抵押类债务工具、一般性金融债

券、商业票据（CP）、大额可转让存单（CD）等还没有发展起来。我国企业债券市场有了一定的发展，但总体仍显相对滞后。企业融资渠道单一，主要依赖银行信贷资金间接融资的格局没有大的改变，企业债券作为一种有效的直接融资手段没有得到充分的运用。

（2）衍生工具品种缺乏。目前，我国债券市场还不能提供具有避险功能的丰富的衍生性产品。由于债券市场缺乏做空机制和利率风险的规避工具，市场参与者面对利率风险往往只能被动承受，缺乏主动管理利率风险的手段。随着市场化改革的深入和债券市场的发展，对避险类产品的需求会越来越强烈。尽管买断式回购的推出在国内债券市场首次引入了做空机制，为市场参与者提供了套期保值的工具，但它毕竟还只是走出了一小步，市场迫切需要尽快推出债券远期交易、利率期货乃至其他债券衍生工具。

3. 信用评级制度不健全

目前，我国债券市场上，合理的信用评级机制没有形成，评级机构的诚信责任不足、专业性和独立性受到普遍质疑。评级机构信用评级的权威性不够，加上目前我国企业债发行数量少，且由发行人和承销商选择评级机构并支付评级费用，导致评级机构依附于发行人而生存，往往根据发行人的意愿对企业债进行信用评级。信用评级缺乏统一的规范，也没有建立持续跟踪评价制度。这样，债券的信用评级便流于形式，只是为了满足发行程序上的需要，不能真正揭示企业债的风险特征。

4. 会计税收制度改革需进一步跟上债券市场的发展需要

债券市场的健康发展，需要一个制度完善、运行规范、流动性强的债券二级市场。随着金融改革的深化和市场经济的发展，会计税收制度改革滞后对债券市场发展的制约越来越明显，如贴现国债应计利息划分不明，债券买断式回购等金融衍生产品会计处理和税收政策不明确等都在一定程度上影响了参与者的积极性，阻碍了债券市场的发展。

5. 市场自律组织功能发挥不充分

完善的债券市场监管体制应包括参与者内部控制、行业自律以及市场主管部门的监督三部分。其中，行业自律是通过行业自律组织制定行业公约、章程、准则等，并据此对成员的市场活动进行约束来实现的。行业自律组织对于规范业务形式、降低交易成本提高市场流动性发挥重要作用，比如公共证券协会和国际证券市场协会制定并组织成员签署的回购主协议、远期交易主协议、互换主协议等市场自律文件对于降低违约风险、减少法律纠纷发挥了重要作用。经过7年的发展，我国债券市场已经形成了以场外市场为主体，交易所场内市场为补充的发展格局。在此期间，为加强行业自律，中国人民银行组织同业拆借中心和中央结算公司先后制定了质押式回购主协议和买断式回购主协议等行业自律文件，并通过两家中介机构不断对市场参与者进行业务培训，起到了市场自律的效果。但随着银行间债券市场的不断发展壮大，交易品种和交易工具的不断丰富，市场监管的任务也会越来越繁重，行业自律组织功能发挥的不充分对债券市场的长远健康发展终将产生不利影响。

6. 银行间债券市场与交易所债券市场连通不充分

我国的债券市场包括银行间债券市场和交易所债券市场，两个市场基于投资者的不同需求形成了各自统一但又相互区别的交易制度和监管体系，因此，债券市场的统一并非是指两个市场应该有相同的交易、托管和结算制度，统一的实质是债券市场的交易要素——信息、资金、交易券种、交易主体——能够在市场间自由流动。以这一标准衡量，两个市场的连通只是初步的，连通不足的问题依然存在。

（二）场外债券市场存在的主要问题

1. 交易主体结构单一

机构投资者由于资金量大，风险承受能力较强，并且具有专业判断能力，成为债券场外市场的主要参与者。目前，绝大部分机构投资者都可以进入银行间债券市场进行债券交易，但从交易量看，市场主体仍然是以商业银行为主（参见表5、表6）。2003年银行类金融机构的现券和回购交易量占全市场交易量比例分别约为88%和96%，其中商业银行的现券交易量又占到全市场交易量的71%和83%左右。

表5 2003年银行间市场现券交易机构分类统计表

单位：亿元

	现券买入量	占比（%）	现券卖出量	占比（%）	总交易量
银行类金融机构	27294.59	88.48	27304.91	88.51	30848.44
其中：商业银行	21771.91	70.58	21843.43	70.81	30848.44
证券公司及基金	2733.48	8.86	2927.82	9.49	30848.44
保险公司	820.35	2.66	615.67	2.00	30848.44

表6 2003年银行间市场回购交易机构分类统计表

单位：亿元

	融入资金量	占比（%）	融出资金量	占比（%）	总回购量
银行类金融机构	111224.7	94.90	114490.9	97.69	117203.5
其中：商业银行	87661.2	74.79	107276.5	91.53	117203.5
证券公司及基金	2791.9	2.38	335.8	0.29	117203.5
保险公司	3186.5	2.72	2376.9	2.03	117203.5

2. 做市商制度还不成熟，债券经纪制度尚未确立

从2000年起，人民银行制定了《全国银行间债券市场交易管理办法》、《中国人民银行关于规范和支持银行间债券市场双边报价业务有关问题的通知》等一系列的规范性文件，就做市商的资格条件、权利和义务等进行了规范，确定了做市商制度的基本框架，并先后批准了15家商业银行和证券公司成为做市商。但银行间债券市场的做市商制度在以下方面还有待完善：第一，双边报价券种比例仍然偏低，通常只占市场流通券种的30%左右；第二，双边报价价差偏大，不容易被市场成员接受，双边报价成交量较低；第三，双边报价的连续性不够。这主要是因为：首先，在现行做市商制度下，对做市商的支持力度不够、报价价差限定不尽合理，使得做市商为规避风险而不愿积极报价；其次，做市商制度中没有明确的准入和退出制度，没有相应的监督和惩罚条款，做市商没有积极做市的压力和动力。

与做市商制度一样，经纪制度也是场外债券市场的重要制度。同业经纪人为市场参与者提供买卖信息中介服务，为客户寻找交易对手，保证交易的便捷畅通，对增进市场流动性具有重要意义。银行间债券市场在2000年建立的结算代理人制度，规定中小金融机构和非金融机构法人可以通过结算代理人进行交易与结算，为建立债券经纪制度进行尝试。截至2004年底，银行间债券市场有市场参与者5310家，其中4640家通过结算代理人进行交易与结算，为建立经纪制度奠定了一定基础，但目前结算代理制度仍存在以下不足：第一，规定非金融机构委托人只能与其结算代理人进行交易，同时，为避免对银行的企业存款产生影响，规定非银行金融机构参与时只能进行正回购，这些限制与真正的债券经纪业务尚有差距；第二，开办结算代理业务的机构类型单一，当前市场中的43家结算代理人全部为商业银行等存款类金融机构。

3. 市场基础设施建设有待加强

债券市场的基础设施主要包括支付系统，债券的交易系统和登记托管结算系统，提高支付系统的效率和完善债券交易与簿记系统可以为市场参与者提供一个安全、高效的交易和结算平台。目前银行间债券市场基础设施建设中存在的问题主要包括：第一，交易系统仍不能提供匿名报价和交易的功能，不能有效防止因大宗交易而导致交易成本的增加（市场冲击成本），阻碍了交易效率的进一步提高；第二，簿记系统与交易系统不能连通，还不能实现国际上推崇的“直通式”处理，另外，两个系统在数据共享方面也存在障碍，妨碍了交易效率的提高。

（三）场内债券市场存在的问题

1. 目前场内债券市场存在的主要问题

（1）交易制度问题。在交易所债券市场，为了将本不适合指令驱动的债券

回购进行改造后以适应撮合交易的需要，交易所建立了标准券制度，将回购划分为标准的期限品种，并就每只债券公布一个折算比例，将不同债券根据折算比例统一折算为标准券。这一制度安排的缺陷在于：

第一，债券回购本来是根据交易双方的个性化需求“量身定做”的，一旦被改造成标准的期限品种，参与者就只能进行固定期限的融资，计划融资期限与回购品种的期限往往无法完全匹配，参与者通常需要以较高成本融入较长期限的资金，白白增加了资金成本，也使资金运用产生不便。

第二，债券统一折算成标准券加大了中国证券登记结算公司和证券公司的结算风险。首先，债券价格的波动幅度一般会随持有时间长短而变化，客观要求不同期限回购品种有不同的折算比例，但在交易所债券市场，同一只债券各期限回购的折算比例都是一样的，这样，一旦债券价格持续下跌，回购期限较长的资金融入方的违约动机便会大大增加。其次，由于标准券的折算比例是根据债券过去一段时间的价格来设定的，无法及时、准确地反映债券的真实市场价值，从规避风险的谨慎性原则出发，折算后的债券价格应尽量低于市场价格。但考虑到回购资金大部分被投入股票市场，交易所为了保持股票市场交易活跃，容易放宽折算比例，结果将本来分散在交易双方的信用风险集中到中国证券登记结算公司和证券公司，形成系统性风险隐患。

第三，根据现券价格走势确定折算比例的做法加大了现券市场波动。由于交易所实行标准券制度，所有债券均按一定比例折算成标准券，因而折算比例是决定融入资金量的重要因素。这诱使一些机构在折算比例调整前，通过控盘单只债券，人为抬高现券价格，迫使交易所提高折算比例；在折算比例调整后通过打压现券市场，以更低价格买入现券，继续回购套取更多资金。上述两种行为加剧了交易所现券市场价格的非正常波动。以近期标准券折算比例调整为例，现券市场下跌促使交易所调低折算比例，而折算比例的调低又诱使参与者继续打压现券市场，以便以更低价格买入现券继续进行回购，如此恶性循环，引起交易所现券市场价格大幅波动（参见图4）。

第四，债券回购与股票在交易所市场混同交易，使回购市场承载了为股票市场融资的功能，并因此导致回购市场价格信号扭曲。根据国际经验，债券市场与股票市场在价格、交易量方面呈负相关关系。而在我国，由于交易所回购市场主要承担着为股票市场融资的功能，债券与股票在多数时间内呈现出高度正相关关系，在股市波动时会放量交易，加大股市波动；或在新股申购时抬高利率，并因此导致货币市场价格信号扭曲，无法反映资金的真实供求关系。

（2）托管制度问题。按现行的交易所债券市场业务规则，回购标准券实行席位二级托管，证券公司自营债券和客户债券折算的标准券不进行分账管理，因此证券公司只要在主席位中保留部分标准券以防投资者卖出现券导致标准券

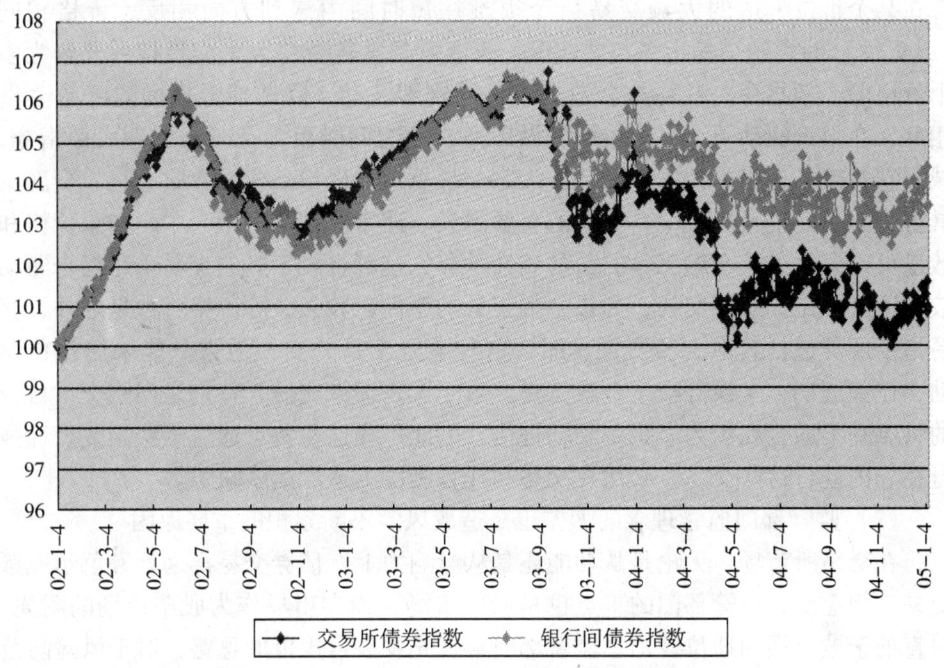

图4 银行间债券指数与交易所债券指数走势比较

"欠库"，就可挪用客户的标准券。同时，证券公司仍然可按客户原有的托管量出具虚假的托管证明，使客户无法了解其债券托管的真实状况。中国证券登记结算公司虽然是一线监管者，但在席位托管制下，也仅了解标准券总量和托管现券总量，无法辨别标准券对应的现券账户，一级托管人、二级托管人和托管客户之间缺乏有效制衡机制，为证券公司违规挪用客户标准券打开了方便之门。

（3）结算制度问题。由于登记结算机构的现金交收对手只能是交易所的会员，结果就造成登记结算机构直接为证券持有人办理过户，但却是与证券持有人的委托人办理现金交收，参与人主体的错位是目前交易所市场不能实现券款对付的重要原因。在不能实现券款对付的情况下，交易所债券市场对债券T+0交收、资金T+1交收，债券与资金结算时间相差一天，而且在这段时间内没有任何信用保证或抵押。一旦会员出现交收违约，中国证券登记结算公司将被迫垫款，而这种垫款如果超过中国证券登记结算公司用于补偿结算损失的风险基金，就会引起"多米诺骨牌"效应，使整个市场的债券结算无法正常运转。

2. 场内债券市场存在上述问题的原因

（1）债券交易、特别是债券回购交易的特点决定其不适合在场内进行，这是目前场内债券市场出现各种问题的主要原因。

金融工具的单笔交易规模是影响交易方式的主要因素。在指令驱动下，投资者在某个价位下达的大额交易指令很难在短时间内遇到方向相反、价格相同（或更优）的大额交易指令与之匹配，投资者通常需要将大宗交易指令分解为多个价格的小额指令，这往往会造成价格的剧烈波动，降低债券市场的流动性①；相反，在报价驱动下，实力雄厚的做市商或经纪商能更为及时地处理大额指令，减缓它对市场价格的冲击。因此，大宗交易更适合以报价驱动方式进行。金融工具自身的属性也是决定交易方式的重要因素。通常，在交易指令中，如果价格和数量可以完整描述金融工具的交易属性，那么这种金融工具的交易采用指令驱动较为适宜，比如股票交易；如果金融工具的个性化较强，除价格、数量之外，交易指令还需包括其他交易要素，那么这种金融工具的交易通常只能采用报价驱动，比如远期、互换等衍生金融工具。由于大宗债券交易、特别是回购交易自身的特点并不适合在场内以指令驱动进行，因此不顾这些特点通过某些制度设计强行在场内进行这些交易，必然在交易和托管制度上造成诸多缺陷。

（2）监管部门监管理念的偏差也是造成风险不断累积的重要原因。

在交易所市场，无论是从功能还是从影响力上，债券交易都远远逊色于股票交易，相应地，监管部门的重点也是股票市场，债券市场作为股票市场的附属，一直处于被忽视的地位，加之监管部门奉行先发展再规范的思路，对于风险防范的忽视直接导致了交易所债券市场制度建设的落后和大量监管盲区的存在。同时，作为一线监管者的交易所，从保持股票市场的交投活跃以及加强自身地位和影响力的角度出发，客观上存在放松对投资者债券交易的某些必要限制和应有的监管，以不断强化债券市场为股票市场融资的功能，这种监管理念上的偏差导致了托管结算制度的设计本身就存在问题，制度上存在的漏洞和缺陷客观上助长了交易所债券市场的各种违法违规行为，并因此成为交易所债券市场的风险隐患不断累积的重要原因。

五、完善我国债券市场发展的思路

2004 年 2 月 1 日，国务院发布《关于推进资本市场改革开放和稳定发展的若干意见》，指出大力发展资本市场是一项重要的战略任务，对实现 21 世纪头 20 年国民经济翻两番的战略目标具有重要意义。2004 年 7 月 16 日，国务院发布的《关于投资体制改革的决定》中也明确指出，要“逐步建立起多种募集方式相互补充的多层次资本市场”，要“在严格防范风险的前提下，改革企业债券发行管理制度，扩大企业债券发行规模，增加企业债券品种”。这些都对债券市场

① 在指令驱动制下，买单和卖单的暂时失衡都将影响交易，小额的交易指令也可能引起证券价格的大幅波动，对伦敦证券交易所的实证研究发现，从报价驱动到指令驱动，市场价格平衡能力大大降低，日内的价格波动明显提高。

发展提出了新的要求。一方面，国民经济发展和金融体制改革的深入迫切要求一个发达的债券市场，另一方面，我国经济每年9%左右的快速增长也为债券市场规模的扩大提供了一个良好的现实基础。因此，在今后几年，把握机遇，大力发展我国债券市场仍然是我国金融体制改革的重要方面。我们要把握时机，以金融产品创新为重点，加强金融市场的基础性建设，加强风险监测与防范，推进债券市场的快速稳定健康发展。

（一）完善我国债券市场发展的思路

发展我国债券市场，应该从发展社会主义市场经济的内在要求出发，依靠市场主体的积极性和创造性，遵循金融产品创新和金融市场建设的客观规律，按照科学发展观，坚持创新力度、发展速度和市场承受度的有机统一，循序渐进，实现金融产品创新和金融市场建设的跨越式发展。

根据这一指导思想，借鉴国际经验，结合我国债券市场发展的实际，我国债券市场发展的具体思路是：坚持以银行间债券市场为主体，以交易所市场和柜台市场为补充的发展方向，在此基础上，积极引导市场创新，完善市场运行组织架构，大力推进企业债市场发展，与此同时，进一步规范证券交易所债券市场，消除风险隐患，促进市场健康发展，通过资金和信息的流动，以及交易主体、交易工具的相互交叉，实现充分的连通。最终目标是建立一个“统一高效、分层有序、相互联系、协调发展”的债券市场。

（二）加强和完善市场基础性建设

1. 完善债券市场法律法规制度建设

首先，研究建立债券市场登记托管管理办法，加强登记托管内容的立法；研究债券托管法、债券登记法等相关法律；进一步完善债券交易管理办法及相关的信息披露制度；协调相关部门的相互关系。

其次，充分发挥行业协会的作用，加强债券业行业自律组织建设。通过行业协会的作用，发挥其中介服务作用。

最后，细化与债券市场相关的管理条例、规则与办法。随着债券市场的发展，原有的一些条例、规则需要根据变化的情况不断完善，同时对于空缺的法规、规则等应根据实际情况及时制定。

2. 加强债券市场基础设施建设

基础设施建设是银行间债券市场顺利健康发展的基础，一个安全、高效的交易和结算平台对市场的重要性是毋庸置疑的。尽管目前我国银行间债券市场债券交易与簿记系统已经有了很大的发展，但从服务市场的角度看，还应对两个系统进行升级改造，提升系统速度、安全性和稳定性。在全面债券市场券款对付结算方式的前提下，加快实现交易系统与簿记系统的连接，使债券交易结算实现“直通式处理”，为市场参与者提供更好的服务。

另外，加强信息系统建设也将是下一步完善市场基础设施建设的一件大事。由中央国债登记结算公司提供的中国债券网和由全国同业拆借中心提供的中国货币网是目前债券市场发展的两个重要的信息平台，要继续加强对这两个信息平台的建设，进一步丰富信息内容，为债券市场发展提供优质、高效的信息服务。尤其是对于债券市场的公共信息如做市商报价信息等进一步增加规范性与透明度，进一步增加市场的透明度。

（三）进一步完善债券市场的运行机制

1. 大力发展债券信用评级制度

公正、独立、客观的债券信用评级机构是保证债券市场长期健康发展的基石，完善的信用评级制度可以为投资人提供客观、真实的信息资料，有效地解决债券投资者和债券发行人之间的信息不对称。随着银行间债券市场上债券品种的增加，债券发行主体的多元化，特别是企业债券的增加，建立和完善资信评级制度将成为债券市场发展的头等大事。企业债券虽然在发行时要求进行信用评级，但对信用评级的公正、客观、真实性一直都没有建立法制监督，对一些虚假、错误评级以及信息不充分，给投资人造成损失等问题，没有严厉处罚。众多的评估机构执行各自的评级标准，中介机构对债券发行后的信息披露及其信用变化情况没有跟踪监督，缺乏公正的资信评级机构将是制约我国未来债券市场的大问题。所以，必须大力加强信用评级机构建设。

首先，要大力培育信用评级机构。要引进国际权威评级机构（如标准普尔）的竞争，允许中外资中介服务机构合作或重组，逐渐培养出一批具有国际声誉的中国自己的大型评级公司。其次，建立主债权人监控下的信用评级制度。凡是发行债券（国债除外）的主体必须接受中介机构对其定期不定期的跟踪信用评级并定期向社会公布，同时改变目前由发行主体自行选择信用评级机构的现状，改由投资者为发行主体指定评级机构，以杜绝发行主体与信用评级机构之间的“共谋”现象，同时，要按照独立、公正、中介、监督的原则健全对评级中介机构的监督，建立中介机构按其鉴证信誉竞争淘汰的机制，以保证评级的客观公正。具体方案是：对于首次公开发行的公司债券由承销团成员为主来选择债券评级机构；首次公开发行时每只债券的评级机构都由承销团成员和其他市场成员投票选择产生，可由主管部门授权市场中介机构（如中央国债登记结算公司）通过指定公众网（如中国债券信息网）进行投票采集、统计与发布。而对于已上市的公司债券评级机构由市场参与者通过指定公众网投票自主选择，决定是否更换评级机构。

2. 完善信息披露制度

为充分向投资者揭示风险，保证债券市场的平稳运行，必须建立一套完善的企业债券信息披露制度，保证发行人在发行前及债券流通期间真实、准确、完整、及时地披露一切对价格有重大影响的信息，从而保证市场透明度和公正、公开、公平的市场原则。

3. 逐步建立由市场选择的担保制度

目前我国对企业债要求必须提供担保，其实是由商业银行变相承担了企业债券的风险，应允许企业自主选择是否担保发行，投资者根据企业披露的信息来制定投资决策，风险自担。

（四）推动债券市场的金融创新

未来中国债券市场的金融创新应重点围绕工具创新和产品创新两个方面展开。

1. 产品创新：丰富投资者选择

（1）大力发展储蓄替代型基金产品。应鼓励商业银行和基金管理公司开办货币市场基金业务，在制定专项管理办法时应该考虑给予货币市场基金一定的管制豁免，比如在提取管理费、债券回购比例限制等方面的政策优惠。在适当的条件下，也可以考虑允许货币市场基金试办银行承兑汇票（BA）的转贴现业务。在此基础上，要创造条件，发展非政府短期债务工具，如商业票据（CP）和大额可转让存单（CD），为货币市场基金提供更加有吸引力的投资产品。结合稳步推进利率市场化的进程，逐步允许商业银行开办货币市场账户（MMDA），在货币市场形成多种集合投资产品平等竞争的市场环境。

（2）积极推进资产证券化业务创新。运用金融工程和现代信息技术，实现信贷资产证券化（ABS），包括住房、信用卡、应收款等资产的证券化，把这些非标准化的信贷资产经过打包处理。可以先选取部分条件成熟的银行和部分贷款项目开展信贷资产证券化业务试点，根据实践经验再逐步推开。第一，考虑到信贷资产证券化与货币信贷总量扩张和金融总体稳定密切相关，且国际上资产证券化融资发债的对象主要都是风险辨别能力和风险承担能力较强的机构投资者，银行业初期开展信贷资产证券化业务的发债和流通的平台选择全国银行间债券市场。在证券交易所市场由席位托管改为客户托管的条件成熟后，资产证券化的发债和流通平台可随之扩展到交易所市场。有条件时，还可适时允许合格的境外投资者投资。第二，凡符合资产证券化条件、愿意开办资产证券化业务的境内银行业金融机构，都可以按照规定程序开办资产证券化业务。第三，对资产证券化业务的监管，由行业监管部门与市场监管部门根据各自的法定职责进行持续性监管。

(3) 转变监管观念，推动企业债券市场发展。第一，要积极推动企业债券市场的市场化管理。从国际经验来看，发达国家对企业债券市场的发行管理较为宽松，一般采用“注册制”① 或 “核准制”②，为推动企业债券市场的发展，应在建立和完善如信用评级制度、信息披露制度等市场化配套制度的基础上，逐步取消对发行主体资格和发行额度的限制，将发行管理从目前严格的审批制逐步向核准制过渡，并最终实现注册制管理。

第二，要拓展企业债券交易流通渠道。借鉴国际经验，应允许企业债券进入全国银行间债券市场交易流通，这将大量增加企业债券机构投资者的数量和类型，拓宽市场的承受能力，对提高企业债券流动性，扩大企业债券发行规模都将发挥极其重要的作用。

2. 工具创新：深化债券市场功能

随着债券市场发展和利率市场化程度的提高，对于规避市场风险的金融衍生产品的需求越来越强烈。金融衍生产品不仅有利于规避市场风险，而且有利于价格发现以及提高市场流动性。在推进金融衍生产品发展时，应该在借鉴国外成功经验的同时，从我国当前金融市场的实际情况出发，按照从易到难，从低风险到高风险的原则，循序渐进地推动；与此同时，积极采取各项措施，创造条件，引导市场创新，加快金融衍生产品的推出进度。

债券远期和期货交易，可以有效地衔接债券的发行和交易过程，充分发挥价格发现功能，促使国债收益率发展成为整个金融市场体系的基准利率，同时，它也为市场参与者提供了良好的避险工具和投机工具，有助于市场流动性和有效性的提高。作为一种非标准化的合约，债券远期对市场环境的要求相对较低，一般不实行保证金制度，也不存在杠杆风险，且在市场不成熟的情况下，其避险功能更为有效，可以先行推出，满足投资者规避市场风险的需要。待条件相对成熟时，对远期交易经验进行总结，将债券远期标准化，就可顺利推出利率期货产品。

(五) 发展市场中介机构，完善运行架构

1. 进一步发展和培育做市商制度

2000 年，银行间债券市场就已经开始进行做市商制度的尝试，但由于多方面原因，做市商的报价券种目前仅占全部银行间市场交易券种的 30% 左右，期

---

① 注册制要求发行人在发行债券之前按程序向监管部门申请注册，申请材料送达监管部门后，若监管部门在法定期限内无异议，则发行申请自动生效。在注册制下，发行人的发行权无须由监管部门授予。

② 核准制则要求发行人按规定格式向监管部门提出申请，由监管部门审核发行人是否具备相关法律规定的条件，具备条件的，准许其发行债券。在核准制下，发行人的发行权由审核机构以法定方式授予。

限结构分布集中，而且报价不连续，时常出现中断，必须进一步完善。

在完善做市商制度方面，当前必须做好以下工作：第一，制定做市商报价券种管理办法，完善报价券种的期限结构。第二，加强对做市商的支持力度。要考虑到做市商对债券持有量的需求，适时开办融券业务。为保证做市商能有足够的债券保证成交，必须使其有正常的融券渠道。目前，中央银行通过公开市场业务对其融券需求给予一定的满足，在市场体制和监管体系进一步完善后，可以考虑允许做市商融券，在保证债券总头寸余额为正值的前提下，对交割券种进行调换，即在指定交割券种数量不足时，以其他券种与央行或其他市场成员进行隔夜自动纯券回购，换得交割中所缺的券种，以促进市场的流动性。另外，还可考虑在费用收取上对其进行优惠以及通过考评等手段，提高其做市积极性。第三，改进报价价差、报价量等控制指标，提高报价的连续性和积极性。第四，加强对做市商的监管。(1) 监控做市商的交易行为。鉴于做市商在银行间债券市场上的特殊地位和重大影响，央行应对其行为进行严格监控，防止其操纵市场。(2) 建立做市商的准入和退出制度。一方面要严格对做市商的市场准入管理，另外一方面要加强对做市商的考核，考核应主要集中在是否连续双向报价、是否保证成交以及是否有违反“公开、公平、公正”原则的内幕交易等方面，对不履行义务或有严重违规行为的，取消其做市商资格。(3) 加强做市商的信息披露。做市商应定期向市场公开其资信状况、业务经营情况以及其对市场的分析预测等，这一方面有利于正确引导市场，另一方面也便于中央银行和市场参与者的监督。

2. 进一步完善结算代理制度，同时大力推动债券经纪业务的开展

结算代理业务开办以来，发展很快，但业务发展很不平衡，有些结算代理人业务拓展力度不够，获准开办结算代理业务的机构种类比较单一，对非金融机构投资人的交易限制比较严格，这些都制约了结算代理业务的进一步发展。为了促进债券结算代理业务的进一步发展，应在对债券结算代理业务和债券经纪业务进行通盘考虑的基础上，建立债券结算代理业务优胜劣汰的竞争机制，提高结算代理人的积极性，取消对非金融机构投资人逆回购交易的限制，扩大非金融机构投资人的交易对象，积极创造条件，丰富开办结算代理业务的机构类型，促进债券结算代理业务的发展。

同时，要在大力发展债券结算代理业务的基础上，积极推动债券经纪业务的开展。要加快研究债券经纪商运作框架及其业务规则，明确债券经纪商的权利与义务，制定有关管理办法，积极推动有条件的交易主体开办债券经纪业务，或成立专门的债券经纪公司，推动债券经纪业务的开展。

（六）培育和发展机构投资者

从国际成熟债券市场发展的经验来看，社保基金、企业年金、公积金等机构

投资者是债券市场的主力，而目前我国债券市场还是一个由金融机构，尤其是商业银行主导的市场，这不仅不利于提高货币市场和债券市场的流动性，而且由于其投资行为的趋同，在市场发生重大变化时，容易加大市场的波动幅度。同时，基金业发展相对滞后，使得个人投资者间接进入银行间市场的渠道过于狭窄。为进一步培育和发展机构投资者，建议采取以下措施：

第一，引入非法人的投资性资金集合。抓紧研究明确企业年金、社保基金、住房公积金、商业银行理财产品等非法人的资金集合进入银行间市场进行投资运作的条件和程序，增加机构投资者的类型，提高市场交易的活跃程度。

第二，配合人民币资本项目的逐步放开，允许境外合格机构投资者（QFII），如亚洲债券基金（ABF）等直接进入银行间债券市场进行投资。在条件成熟的时候，可以允许国外的法人机构投资我国银行间债券市场。

第三，鼓励商业银行开办基金管理公司，主要发行货币市场基金和债券型基金，使中小机构投资者和个人投资者能间接地参与债券市场。

（七）积极推动债券市场的税收与会计建设

会计税收制度是债券市场健康发展的重要制度基础，没有规范、合理的会计税收制度，债券市场将难以健康发展。目前，我国债券市场处于创新发展的关键时期，对会计税收制度的需求日益突出。今后，应建立债券市场发展与会计税收制度建设方面的互动机制，在借鉴国际经验基础上，加强对中国债券市场的会计税收制度研究，尤其是债券衍生产品方面的会计制度建设，实现市场创新措施配套，信息互通，确保会计税收制度跟上并促进债券市场的发展。

（八）规范交易所债券市场，促进银行间债券市场与交易所债券市场的连通

目前交易所债券市场的制度缺陷和风险隐患已经成为中国债券市场发展中的一个突出问题，如果不下大力气，采取切实措施加以解决，不仅影响中国债券市场的稳定发展，还会给整个宏观经济带来巨大的风险。

首先，要积极创造条件，逐步限制，直至取消交易所债券市场回购交易（质押式回购和买断式回购）。

回购交易的属性及功能决定其不适合在交易所以撮合方式进行，除我国外，无论是在发达国家还是发展中国家，回购交易均在场外进行；同时，我国场内回购交易在制度上存在重大缺陷，在运行中积累了巨大金融风险，进行改革涉及交易、托管和结算各环节，改造成本高，且存在许多不确定因素，因此可以考虑逐步缩小乃至取消交易所市场回购交易，将其回购交易转至银行间债券市场进行。在现有回购问题未彻底解决情况下，对于新上市的债券停止开展回购或缩短债券

回购期限，如只保留 7 天期回购品种等。

其次，要对交易所债券市场托管结算体制进行改造。

在我国，由于目前交易所债券市场的托管结算制度仍存在重大缺陷，要有效防范交易所债券市场的托管结算风险，必须对交易所债券托管结算体制进行彻底改造。银行间债券市场 7 年多来的健康快速发展表明其实行的实名制债券一级托管制度是成功的，而交易所债券市场的席位托管制度潜存着代理人挪用客户债券等风险隐患。因此，可以以银行间市场的债券托管制度为范本，对交易所的债券托管制度进行改革，交易所债券市场的投资者统一在中国证券登记结算公司开立实名制债券一级托管账户，债券的托管与结算均以实名账户为单位进行。要建立债券交易查询系统，使所有投资者都可以便捷地通过电话或者网络查询系统实时查询债券托管账户及各子账户的债券余额，建立投资者、代理人和债券托管人的制约机制，从制度上杜绝代理人挪用客户债券的行为。

最后，完善债券转托管制度，促进银行间债券市场与交易所债券市场的连通。

目前，银行间债券市场上的债券是由中央国债登记结算公司托管和结算，交易所市场的债券是由交易所的债券托管系统负责托管结算，加强转托管效率是目前条件下促进两个市场沟通的重要措施。首先要制定出台债券转托管业务管理规定，规范跨市场投资者的转托管行为，明确托管结算机构在债券转托管过程中的职责，建立转托管的应急机制；其次要组织协调债券托管结算机构制定转托管业务的操作细则，明确转托管的业务流程，加强对转托管业务的实时监测和分析。

参考文献

1. 刘振亚主编：《美国债券市场》，经济科学出版社，2001。

2. 文宗瑜著：《证券场外交易的理论与实务》，人民出版社。

3. 谢百三主编：《证券市场的国际比较》，清华大学出版社，2003。

4. 吴林祥著：《证券交易制度分析》，上海财经大学出版社，2002。

5. 阿尔弗雷德·施泰因赫尔：《金融衍生产品的发展与监管》，上海远东出版社，2003。

6. 高坚：《中国债券》，经济科学出版社，1999。

中国区域性系统性金融风险的监测和预警系统研究

中国人民银行重庆营业管理部课题组

课题主持人：杨国中

主要参与者：李亚军　李木祥　袁　卫

钟子明　杨运哲

我国金融监管职能已经从中央银行中分离出来，中央银行的三大职能转变为：制定和执行货币政策、维护金融稳定和提供金融服务。中央银行维护金融稳定的职能首次写入了《中国人民银行法》中。金融稳定重点关注的是系统性金融风险，同时，也关注对金融系统的稳定和安全影响较大的个体或事件。在我国，地区金融稳定是宏观金融稳定的基础，因此，研究区域性系统性金融风险对于实现我国地区金融稳定和宏观金融稳定有重要作用。

一、系统性金融风险的理论分析

（一）单一金融风险和系统性金融风险

金融风险是经济主体在从事金融业务过程中遭受损失的可能性。在现代市场经济制度下，随着经济货币化和证券化程度的不断提高，金融风险不仅客观存在，而且在相当大的程度上反映和显示了微观经济主体的经营风险和宏观经济的运行风险。

金融风险所产生的原因、引致的后果及影响程度与范围不同，金融风险一般可分为单一金融风险和系统性金融风险。单一金融风险是指某个金融机构在营运过程中发生资产损失或收入损失的可能性。系统性金融风险是指金融业的行业风险。该风险是由于单个金融机构出现重大风险或破产倒闭，而引起整个金融系统的连锁反应，致使金融系统的债权人（政府、企业和居民等经济主体）的资产及其收益发生损失，从而使整个金融业和宏观经济陷入不景气状态。这种金融风险在严重的情况下，可能会引致严重的经济、社会乃至政治危机。因为，在市场经济社会，金融机构作为经营特殊商品的企业与一般的工商企业存在着很大差别。金融机构的中介功能意味着它是一个财务杠杆（即负债与股权资本比率）

很高的行业，通过对社会公众的高负债来运营的。金融机构的风险基本等价于其债权人的风险，金融机构的倒闭与破产，将直接给债权人带来损失，这是其一。其二，金融机构在经营过程中的运营资金不仅来自于一般的社会公众，而且相当一部分资金来源于货币市场上的同业拆借，整个金融业构成了一个庞大的债务链，若一个金融机构倒闭破产，很容易导致“多米诺骨牌”效应，使大批债权人的财产蒙受损失，从而破坏正常的经济金融运行秩序，进而引发经济、政治危机和社会动荡。

（二）系统性金融风险的特征

从系统论的角度看，金融系统是一个非线性系统。在非线性系统中，整体不等于部分之和。因此系统性金融风险并不是各类单一风险的加总，单一金融风险通过金融系统的非线性机制——某个信号按几何级数放大，而并非只是线性加总，诱发系统性金融风险甚至金融危机。系统性金融风险的特征是：

1. 传染性和外部性

金融以信用为基础，金融机构作为融资中介，实质上是由一个多边信用共同建立起来的信用网络。信用关系的原始借贷通过这一中介网络后，不再具有一一对应的关系，而是形成一个相互交织，相互联动的复杂系统，任何一个环节出现的风险损失都有可能通过这个网络对其他环节产生影响；任何一个链条断裂，都有可能酿成较大的金融风险，甚至引发金融危机。

金融系统的最重要组成部分——银行系统中的各家银行被同业支付清算系统联系在一起，从而形成了相互交织、错综复杂的债权债务网络。这种多边清算差额的存在，使得任何微小的支付困难都可能酿成全面的流动性危机。银行之间错综复杂债务网络的存在加重了金融风险的传染性，并且每一轮的影响后果都是递增的。这样，单一金融机构的风险，经过关联效应迅速扩张，最终演变成整个金融体系的系统性风险，甚至导致金融危机。

系统性风险有明显的外部性，是单个金融机构强加于全社会的高于其实际价值的成本，风险的溢出和传染是系统性的风险发生时最为典型的特征，而且系统性金融风险的这一特征不仅仅局限于一国的金融领域。尤其是20世纪80年代以来，全球经济一体化和金融全球化的趋势使各国金融系统极易受到国际经济环境变化的冲击；股票市场和外汇市场价格联动机制的形成使系统性金融风险的连锁反应速度加快；现代通讯技术及金融交易的高科技程度也为信息的传播及风险的溢出创造了条件，某个金融市场的动荡结果会通过计算机网络体系迅速得到蔓延，影响到世界其他地区的经济和金融局势的稳定。

2. 动态性和非线性叠加性

动态性是指研究非线性关系必须与时间相联系，并且时间是一维的、不可逆的。因此，金融体系是一个演化的动态系统。我们在分析单一金融风险向系统性金融风险转化这个不可逆的过程时，可以发现金融风险的累积和演化明显带有时间依赖性。由于金融系统中非线性关系的存在，确定性系统中的内在随机性是必然的，因而在复杂的金融体系中，确定性与随机性是统一的，系统性金融风险与金融危机就是由确定的非线性机制和随机的偶然事件共同促成的。金融体系中宏观变量的大幅度波动，可能来自于体系中微观元素的小的变化，即存在所谓的“蝴蝶效应”。

系统动力学认为，系统内各元素之间的“副反馈回路”使系统行为收敛，“正反馈回路”使系统行为发散。金融系统的信用关系的本质就是金融系统的构成主体（金融机构、政府、企业和个人）之间有稳定的相互信任和相互依赖关系，各主体之间要么“相互信任”，要么“相互不信任”。这是一个典型的正反馈回路，也是一种非线性机制。金融的本质是一种信用关系，随着金融的发展，信用关系不断扩张，但信用关系本身是不稳定的，其形成和消亡都具有正反馈的特点。一旦存在信用，金融系统则会创造更多的受信机会，但是一旦信用受到质疑，则信用体系也会加速崩溃。这种非线性机制会使单一金融风险得到非线性的叠加和放大，最终演化成系统性金融风险。

3. 风险和收益的不对称性

在存在单一金融风险的金融活动中，也存在获取额外收益的机会。而且这种正效应正是人们所渴求的，属于风险收益的范畴，才激励人们勇于去承担风险，富于竞争和创新精神，以促进金融的深化与发展。因此，单一的金融风险具有“两重性”特征，即收益和损失的机会并存，这给金融主体产生一种约束机制和激励机制，有利于金融业的发展。

风险和收益的不对称性是系统性金融风险的一个重要特征。这种不对称性主要表现在两个方面：一是有限的收益和无限的损失不对称，系统性风险往往是单一金融风险演化而来，形成单一风险的金融机构获得的收益是非常有限的，而系统性风险给整个金融体系带来的损失和破坏却是无限的。二是收益的主体和风险的承受主体不对称，在系统性金融风险中，获得收益的往往是单一风险的原始制造者，而造成的系统性风险却要整个金融系统、政府、企业和个人来承担。因此，系统性风险的发生往往是小部分人渔利，而宏观经济和金融系统却会受到很大的损害，风险和收益具有显著的不对称性。

4. 层次性和可控性

层次性是我国系统性金融风险的一个重要特征。它有两个方面的含义：

第一，政府主导型是中国经济的重要特征，这使中国经济活动和金融活动有明显的区域性和地域性。中国系统性金融风险由各地区的系统性金融风险组成，各地区的系统性金融风险既相对独立，又相互传染和影响。因此，研究我国区域性系统性金融风险的监测和预警对于我国从整体上、全局上控制和防范系统性金融风险有重要意义。全国性系统性金融风险与区域性系统性金融风险是整体与部分的关系、是宏观与微观的关系。控制区域性系统性金融风险是控制全国性系统性金融风险的基础和出发点。

第二，一个地区的金融系统由该地区不同类别的各金融机构组成，银行业、证券业、信托业、保险业、基金公司、财务公司和租赁公司等是金融系统的构成单元。这些金融机构的风险既相对独立，又相互传染和影响。对于一个地区而言，区域性系统性金融风险和单一金融机构的风险也是整体与部分的关系，要控制区域性系统性金融风险就必须控制住单一金融机构的风险。由于各金融机构之间的关联性和互通性，如果一个地区某一金融机构出现了很大的风险，如果处理不好就会在该区域整个金融系统传染，而演化成系统性金融风险。系统性金融风险的层次性是我们建立区域性系统性风险的监测和预警模型的基础。

此外，系统性金融风险是可以控制的。尽管系统性金融风险对宏观经济金融的影响巨大，由于系统性金融风险具有层次性，而且系统性金融风险一般都是由单一金融风险转化而来的，而单一金融风险作为金融主体行为的后果也可以通过人为控制和把握，并采取积极的防范措施。单一金融风险的可控性演绎出了系统性金融风险的可控性。

（三）系统性金融风险形成机制

1. 金融主体的有限理性与“羊群效应”

在西方经济学中，“经济人”是指既具有自利性又具有完全理性的人，这是一种理论上的假设。在实际经济活动中，受个人经验、知识面、认识水平和人文环境的影响，一个人要做到完全理性是不可能的，而是处在“有限理性”状态之中。

有限理性使金融体系中存在一个非常著名的非线性机制，即所谓的“羊群效应”（herd behavior）。在信息不充分的条件下，经济主体很难对未来的不确定性做出合理的预期，他们往往把希望寄托在别人身上，通过观察周围人的行动来做出决策。在这种信息的不断传递和交互作用过程中，人们掌握的信息和做出的决策将不断地同化，从而做出相同的预期，采取相似的行动，这就是从众行为，又称“羊群效应”，它是个体对周围环境做出的适应性反应。心理学家认为，人天生害怕孤独，总在本能上寻求一种安全感，其手段之一就是保持自己的行为同大多数个体的行为一致，模仿其他人的行为，个体不仅改变了自己的行为，而且也改变了自己原来对事物的认识和看法。在金融活动中，“羊群效应”最突出的表现就是过度投机和盲目恐慌。

第一，“羊群效应”使过度投机愈演愈烈。在投机狂潮到来时，由于大众的盲从心理，人们不断地加入投机行列。此时，人们很难抵抗住两种力量：一是在狂热的信念下发展起来的强大的个人利益冲动，其次是公众压力和为此信念而产生的占优势的舆论。这两种力量把有着明智意识的个体变为笨蛋。只有极少数头脑冷静的观察家对这种伴随投机狂热而来的既得利益心存疑虑，但不会引起大众的重视。那些卷入投机涡流的人正经历着财富的增长变得有钱或更加富有，没有人愿意相信这是偶然的或不应得到的，所有人都认为这是他们独到的眼光和直觉的结果，正是这种增加值捕获了参与投机者的聪明才智。

第二，“羊群效应”使投资者在金融体系出现波动时盲目恐慌。在金融体系出现波动时，比如，在一家有问题的金融业出现支付困难的时候，存款人可能挤兑所有的金融机构，而不管这些金融机构是否也存在问题。这样的恐慌性挤兑，会给金融体系造成极大的困难，很容易导致金融体系的崩溃。恐慌在大多数情况下是没有充分依据的，甚至在宏观经济运行和整个金融体系处于正常状况时，也可能发生恐慌。恐慌发生的动机和原理与金融业投机完全相同，只不过一个是为了追逐较高的利润，一个是为了防止损失。从直接后果看，恐慌对金融体系的冲击更大。因为恐慌往往是将资金全部从金融体系中抽出，意味着脱离金融体系，会直接导致金融体系功能的丧失，形成毁灭性的系统性金融风险。

明斯基（Hyman P. Minsky）认为，“代际遗忘”（generational ignorance argument）是历史上反复出现投机狂潮的重要原因。即由于上一次金融危机已经过去很久，一些利好因素推动着金融市场的繁荣，投资者对眼下利益的贪欲战胜了对过去危机的恐怖，认为当前的资产价格上涨的趋势会继续下去，并且相信自己会在价格最高时抽身而出，于是一次又一次地重复着从投机狂潮到金融危机的故事。

2. 金融活动的时空分离性与不确定性

金融过程在时间上的分离，使交易者之间充斥着时间上的变数。金融活动的阶段性和周期性都与时间有关。商品交易市场上存在买与卖的分离；信贷市场上存在存款与取款、贷款与收回以及借款与偿还等环节在时间上的分离；股票市场上存在筹资与项目投资和买股与卖股的时间分离。时间因素对衍生金融市场的影响更是具有决定性的意义。金融活动各环节在时间上的分离是形成不确定性的基础。

金融活动的基本表现形式是金融中介或经纪机构通过信用关系将资金提供者和资金需求者联结在一起。金融机构的介入以及信用的作用，使金融活动在时间上和空间上出现了分离。由于时间和空间的分离，资金提供者难以获得资金需求者的完全、确定的信息；由于环境的不确定性，可能导致资金需求者的情况不断发生变化；由于相关法律监管不严或道德约束不力，资金需求者可能提供虚假信息，或干脆不履行归还资金的义务；资金提供者对于相关信息真伪的辨别能力以及信息加工处理能力有限等等，这些都有可能使资金提供者提供的资金不能获利，甚至部分或全部不能收回。因而，金融过程的这种分离使信用关系变得脆弱。

金融活动在空间上的分离，增加了金融交易的不确定性。金融活动在地理空间上的不断扩展使金融过程的空间分离更为明显。通信技术的发展为这种分离提供了便利。空间分离不等于空间的隔绝，而是金融活动不同环节在空间上的分布和紧密的联系。一旦这种联系变动中断，就可能会严重影响各地的金融活动，同时这种影响还能相互传递和扩散，形成系统性金融风险。

3. 金融体系的内在脆弱性与系统性金融风险的传染

在现代市场经济条件下，金融的内在脆弱性日益成为系统性金融风险生成的重要根源。明斯基的金融脆弱性假说认为，银行类金融机构和与他相关的贷款人的内在特性，使得它们不得不经历周期性危机和破产浪潮，银行部门的困境又被传递到经济体的各个组成部分，产生经济和金融危机。

金融体系的脆弱性首先取决于金融活动主体对经济活动变化的敏感程度。从金融体系整体考察，如果多数的经济主体都存在高负债，而且负债中短期负债较多，那么金融体系的对经济活动变化的敏感程度就很高，经济活动在金融体系中的传递速度就很快。此外，金融市场上投资者投资行为的短期化和过大的游资数量会导致金融体系过于敏感，脆弱性较强，由经济风险导致系统性金融风险的可能性就越大。

金融体系的脆弱性还决定于金融体系的结构问题。如果一个金融体系过于单一，金融机构和金融市场的种类和数量有限，而金融产品的种类也很有限，那么金融体系就会具有较大的脆弱性。这是因为在发生变化时，经济主体很难在金融体系中寻找其他的融资途径，没有应付变化的备选方案。同时，由于金融体系结构单一，那些不利的异动在金融体系中的传递速度就更快；而且一类金融机构或金融产品的交易遭到破坏，往往就意味着整个金融体系遭到了破坏和系统性金融风险。

决定金融体系脆弱性的第三个因素是金融体系中各个组成部分的相对强弱。因为在金融体系中，不同金融机构在业务上具有交叉性。这样，如果竞争比较激烈的话，金融机构就会降低金融产品和服务的价格和其他限制条件。为了争夺市场，相对较弱的部分也必须以相对较强的部分提出的条件为条件，而这种条件对相对较弱的部分可能是非常危险的。如果经济活动发生小的变化，可能会导致相对较弱的部分陷入困境，进而引发系统性金融风险。

决定金融体系脆弱性的第四个因素是金融体系内部联系的强弱。金融体系的脆弱性表现之一就是传染性的强弱。一个金融机构的问题可能传染到其他的金融机构，一个市场的问题可能传染到其他的金融业市场。金融体系内部联系越紧密，则传播渠道越畅通，由单一金融风险向系统性金融风险转移的可能性就越大。

4. 金融活动的外部性：季风效应、溢出效应和净传染

所谓外部性是指金融主体的活动对其他主体和整个社会的影响。金融活动的外部性主要有这样一些表现：一是由于某个金融主体在金融市场上的异常活动，引起市场的剧烈反应，导致金融体系出现紊乱。比如，东南亚金融业危机中投机

商的行为，从其自身看符合利润最大化目标，但是却引发了东南亚国家的系统性金融风险和金融危机。二是某个金融主体的陷入困境或违约，引起恐慌，导致其他金融业主体受到冲击，影响系统性金融风险和整个金融体系的稳定，这种外部性最好的例子是传染性银行挤兑。外部性不仅表现在一个国家内部的企业、个人和金融机构之间，在金融深化的国际进程逐步加快的条件下，还会表现为不同的国家之间的相互影响，形成系统性金融风险的国际传播机制。梅森（Masson，1998）把这种传播机制分为三类：

一是"季风效应"（mosoonal effect），是指一国的政策调整对全球各国经济基础和金融系统的总冲击。例如，美国利率的提高使国际资本的供应缩减，会同时减缓许多国家的经济增长，并使全球性许多国家的金融市场一起波动，金融市场之间的关联度也会增加。这种影响有时会诱发其他国家的系统性金融风险。在季风效应中，往往是大国的政策调整对小国的影响更大。

二是"溢出效应"（spillover effect），是指一国金融市场的波动对其他国家金融市场的冲击。表1的数据表明，在美国与新兴市场之间，存在波动性从美国股票市场向这些新兴市场的溢出，尤其是在证券投资流量波动最激烈时，溢出效应最为强烈。而1997年东南亚金融危机也直接证明了这一效应。外部性是金融业市场缺陷的一种重要的表现，也是诱发系统性金融风险的重要原因。

表1 若干新兴市场对波动溢出的相关性

	时期	波动溢出的相关性程度 b
中国香港特区	低流入时期（1988年1月～1991年8月）	0.068**
	高流入时期（1991年9月～1993年10月）	0.023
	波动流入时期（1993年11月～1994年7月）	0.150*
韩国	低流入时期（1988年1月～1991年12月）	0.055*
	高流入时期（1992年1月～1993年6月）	0.029
	波动流入时期（1993年7月～1994年7月）	0.120*
泰国	波动流入时期（1988年1月～1991年4月）	0.296***
	适量流入时期（1991年5月～1992年10月）	0.115***
	高波动流入时期（1992年11月～1994年7月）	0.103**
墨西哥	低流入时期（1988年1月～1990年4月）	0.048
	波动流入时期（1990年5月～1994年1月）	0.324***
	相对稳定流入时期（1993年2月～1994年7月）	0.003

注：b为每日国内收益的平方和滞后的道·琼斯工业平均指数每日收益的平方之间的相关系数。***、**和*为分别在1%、5%和10%水平上显著。

资料来源：国际货币基金组织：《亚太经合组织地区的资本流动》，中国金融出版社1995，43页。本表反映的是美国某日股票价格的波动与若干新兴市场次日股票价格波动的相关性。

三是“净传染”（contagion），是指一个国家的金融危机会诱发另一国家的系统性金融风险，但无法用宏观经济和金融理论来解释其原因，即两国之间没有贸易、金融和政策协调的传播渠道。这是因为一个国家的金融危机导致了市场风向的变动，或者改变了人们对已有信息的认识，重新评价其他国家的经济形势及其面临的风险，虽然这些国家的宏观经济并没有恶化；或者改变了投资者对风险的忍受程度，而迅速调整其投资行为，从而引发其他国家的系统性金融风险。

二、系统性金融风险定量监测和预警模型

（一）系统性金融风险的层次结构分析

近几年来，国内一些学者对我国金融风险问题进行了定量分析，但从其建立的模型看，多为理论模型。这些理论模型的缺陷在于：一是理论模型一般都高度抽象，与复杂多变的金融风险问题的现实相去甚远，可操作性差；二是这些理论模型没有运用系统的观点来对金融风险问题进行系统分析，对复杂的金融风险问题的内在构成及其各因素之间的相互作用机制分析得不清楚，得出结论的可信度不高；三是这些理论模型的指标体系的设立脱离了现有的统计制度基础，模型的运用性差。

本研究将对系统性金融风险进行层次结构分析，建立系统性金融风险的层次分析模型（参见表2）。从系统论的角度看，系统性金融风险的影响因素极为复杂，主要有：

金融机构经营风险。既单一金融机构的风险，系统性金融风险主要是由单一金融风险转化而来。金融系统是由许多单一的金融机构组合而成的，包括银行机构、证券机构、保险机构、信托机构、基金公司和财务公司等。银行业的风险又由信用风险、资本风险、流动性风险、合规性风险和盈利性风险构成。

货币市场风险和资本市场风险。即使单一金融机构的经营状况很好，但如果货币市场的流动性和资本市场出现问题，也会诱发系统性金融风险。货币市场风险的主要影响因素有 M_0 增长率、M_1 增长率、M_2 增长率、M_1 与 M_2 的比率和贷款增长率。资本市场风险的主要影响因素有经济证券化比率、股票市值占 GDP 的比重、股票市场换手率、上证综合指数波动率和上市公司市盈率等。

宏观经济风险。经济是金融业发展的基础，宏观经济出现大的动荡也会传染成系统性金融风险。宏观经济风险的主要影响因素有投资增长率、通货膨胀率、房地产投资比例、国内债务占 GDP 的比重、工业流动比率、工业资产利润率等。

外资外债风险。在经济全球化的大背景下，外资的流入和外债的增加促进了我国经济增长，提高了我国经济对外国经济的依存度，增加了我国的偿债风险及其引发的系统性金融风险。

表 2　系统性金融风险的层次结构分析

金融机构经营风险 　银行业风险 　证券业风险 　保险业风险 　信托业风险 　投资基金风险 　财务公司风险 货币市场风险 　M_0 增长率 　M_1 增长率 　M_2 增长率 　M_1 与 M_2 的比率 　贷款增长率	资本市场风险 　证券化比率 　股票市值占 GDP 的比重 　股票市场换手率 　上证综合指数波动率 　上市公司市盈率 宏观经济系统的风险 　投资增长率 　消费价格指数 　房地产投资比例 　国内债务占 GDP 的比重 　工业流动比率 　工业资产利润率	外资外债风险 　外债总量占 GDP 的比重 　外债总量占出口的比重 　外债还本付息占出口的比重 　外国商业贷款的比重 　短期外债占的比重

（二）系统性金融风险的递阶层次结构模型

1. 模型的基本框架

目前，对我国系统性金融风险进行计量分析的文献还很少，我们的研究带有很大意义上的开拓性。这里我运用层次分析法来建立系统性金融风险计量分析模型。将复杂的系统性金融风险问题进行层次分析，明确系统性金融风险内部的层次结构关系及其各组成因素之间的相互关系，通过两个因素之间相对重要性的比较和计算分析，得出定量化的结论，从而实现对系统性金融风险问题的定性认识到定量认识的飞跃，这就提高了我们对系统性金融风险问题认识的精确度。层次分析法得出的定量结论是各因素或指标相对重要性的权重大小，即下一层次各因素对上一层次因素影响的权重分布。

在层次分析法中，首先要建立从上到下的递阶层次结构模型。通过系统分析，我们首先要弄清楚影响系统性金融风险的各类因素。然后分析各类因素又由哪些子因素构成，各子因素又由哪些指标构成。这样便构成了一个以总体层、若干中间层和指标层所组成的系统性金融风险的递阶层次结构。

我们构建的中国系统性金融风险的层次分析模型的基本结构为：

（1）总体层：为了全面反映一个地区的系统性金融风险状况，把总体的系统性金融风险分为五个方面：金融机构的经营风险、货币市场风险 、资本市场风险、宏观经济系统风险和外资外债风险。

（2）中间层：这是从不同侧面对金融风险状况进行多层次展开，以便达到量化评价的要求。根据不同侧面风险的复杂程度不同，我们在总体层与指标层之间设计了不同的层次。例如，为了准确反映金融机构的经营风险，我们设计了 2 个中间层来分解、展开其风险，以至达到可量化的指标层。而货币市场风险、资本市场风险、宏观经济系统风险和外资外债风险则没有中间层，直接用具体的指标层来反映。

（3）指标层：这是描述和反映金融风险状况的基础，其实质是模型用于评价金融风险的指标体系。在该模型中，我们一共采用了 91 个指标来综合评价区域性的系统性金融风险。

该递阶层次结构模型有下面一些特点：第一，从上到下顺序的支配关系。这种关系类似于集合、子集、元素间的从属关系。第二，最高层次的元素只有一个，即系统性金融风险，同一层次的元素一般不超过 9 个，这是出于两两比较判断要尽可能一致的考虑。第三，层次之间的联系比同一层次各元素间的联系要大得多。

2. 相对重要性的判断系数和判断矩阵

系统性金融风险监测系统的难点在于对系统内各因素对系统性金融风险的影响大小进行定量测度。但影响系统性金融风险的各因素之间均有其相对重要性。这种相对重要性的测算是由人的判断和经验来完成。对此，层次分析法提出了相对重要性的判断系数，对同一层次的各种影响因素的相对重要性进行两两比较，两个指标的相对重要性和判断系数如表 3 所示。

表 3　相对重要性的判断系数

相对重要性的判断系数	定性标准	含 义
9	极重要	一个因素比另一个因素极重要
7	很重要	一个因素比另一个因素很重要
5	重　要	一个因素比另一个因素重要
3	略重要	一个因素比另一个因素略重要
1	相　等	两个因素一样重要
1/3	略不重要	一个因素比另一个因素略不重要
1/5	不重要	一个因素比另一个因素不重要
1/7	很不重要	一个因素比另一个因素很不重要
1/9	极不重要	一个因素比另一个因素极不重要

假定系统性金融风险的影响因素有 n 个，即 C_1，C_2，…，C_n，给定一个准则，利用上面的相对重要性判断系数方法，对于元素 C_i 和 C_j 作相互比较判断，便可获得一个表示相对重要度的数字 a_{ij}。如此，构成 n 阶矩阵：

$$A = \begin{bmatrix} a_{11} & a_{12} \cdots a_{1n} \\ a_{21} & a_{22} \cdots a_{2n} \\ \cdots & \cdots \\ a_{n1} & a_{n2} \cdots a_{nn} \end{bmatrix}$$

这个矩阵，我们称之为判断矩阵。根据相互比较的特点，很明显地有：

$$a_{ij} > 0,\ a_{ij} = 1/a_{ji},\ i,j = 1,2,\cdots,n$$

因此判断矩阵 A 是一个正互反矩阵。实际上，在构成判断矩阵 A 时，我们只需要做 n（n－1）/2 次判断即可。

比如，银行业流动性风险的影响因素备付金率、资产流动性比率、对流动负债依存率、资金净拆入比率和存贷款比率。假定一个专家认为备付金率比资产流动性比率很不重要（1/7）、比对流动负债依存率不重要（1/5）、比资金净拆入比率略重要（3）、比存贷款比率略重要（3）；资产流动性比率比对流动负债依存率略重要（3），比拆入资金比率很重要（7），比存贷款比率极重要（9）；对流动负债依存率比资金净拆入比率重要（5）、比存贷款比率略重要（3），向中央银行借款比率比拆入资金比率不重要（1/5）；资金净拆入比率与存贷款比率相等，则得到一个如表4所示的判断矩阵：

表4　判断矩阵的实例：银行业流动性风险

	备付金率	资产流动性比率	对流动负债依存率	资金净拆入比率	存贷款比率
备付金率	1	1/7	1/5	3	3
资产流动性比率	7	1	3	7	9
对流动负债依存率	5	1/3	1	5	3
资金净拆入比率	1/3	1/7	1/3	1	1
存贷款比率	1/3	1/9	1	1	1

判断矩阵有以下几个明显的特征：一是对角度上的系数都等于1，因为两个相同因素对金融风险的影响总是相同的，二是它是一个互反数矩阵，根据我们前面设定的相对重要性的比例标度，可以看出，如 A_1 比 A_2 极重要，系数为9，那么反过来 A_2 比 A_1 就极不重要，系数为1/9，所以，判断矩阵中以对角线为轴的对称位置的比较值均互为倒数。

3. 层次分析模型计算结果和各因素的权重

在专家问卷的汇总信息基础上，利用层次分析法特有的计算方法，我们可以得到模型各个层次影响因素的权重如表5～表7所示。

表5　系统性金融风险的层次结构及其权重分布

风险因素分类	权重β	风险因素分类	权重β
1. 金融机构的经营风险	0.408	4. 宏观经济系统风险	0.151
2. 货币市场风险	0.173	投资增长率	0.319
M_0 增长率	0.334	消费价格指数	0.280
M_1 增长率	0.227	房地产投资比重	0.157
M_2 增长率	0.194	国内债务占GDP的比例	0.109
M_1/M_2 比率	0.145	工业流动比率	0.073
贷款增长率	0.100	工业资产利润率	0.062
3. 资本市场风险	0.201	5. 外资外债风险	0.072
证券化比率	0.266	外债总量占GDP的比例	0.237
股票市值/GDP比率	0.265	外债总量占出口的比例	0.178
股票市场换手率	0.163	年度外债还本付息占出口的比例	0.260
上证指数波动率	0.183	外国商业贷款的比重	0.123
上市公司市盈率	0.123	短期外债占的比重	0.202

表6 银行业经营风险的层次结构及其权重分布

风险因素分类	权重 β	风险因素分类	权重 β
1. 资本充足性风险	0.144	3. 流动性风险	0.234
资本充足率	0.418	备付金率	0.299
核心资本充足率	0.338	资产流动性比率	0.274
风险资产准备金率	0.244	对流动负债依存率	0.192
2. 安全性风险	0.474	中长期贷款比率	0.128
次级贷款比率	0.188	存贷款比率	0.107
可疑贷款比率	0.226	4. 盈利性及合规性风险	0.148
损失贷款比率	0.384	资本利润率	0.396
加权风险资产比率	0.129	收息率	0.353
十大客户贷款比率	0.074	费用利润率	0.251

表7 非银行金融机构经营风险的层次结构及其权重分布

风险因素分类	权重 β	风险因素分类	权重 β
证券业风险	0.265	信用风险	0.336
资本风险	0.372	不良贷款的比重	0.632
资本风险资产系数	0.712	信贷集中度	0.222
资本收益率	0.288	对外担保比重	0.146
投资风险	0.304	流动性风险	0.216
股票投资比重	0.835	资产流动性比率	0.593
国债投资比重	0.165	中长期贷款比率	0.271
信用风险	0.186	拆入资金比率	0.136
对外担保的比重	0.725		
证券抵押贷款的比重	0.275	投资基金风险	0.040
流动性风险	0.139	投资风险	0.478
资产流动性比率	0.534	股票投资比重	0.808
现金及银行存款的比重	0.287	国债投资比重	0.192
应收账款的比重	0.178	信用风险	0.223
		拆出资金比重	0.666
信托业风险	0.091	对外担保的比重	0.334
资本风险	0.363	资本风险	0.162
风险资产的比率	0.483	资本充足率	0.732
资本充足率	0.355	资本收益率	0.268
资本收益率	0.162	流动性风险	0.137
信用风险	0.301	资产流动性比率	0.537
不良贷款的比重	0.635	资产变现率	0.313
信贷投放的集中度	0.238	拆入资金的比重	0.151
对外担保的比重	0.127		
投资风险	0.206	保险业风险	0.133
国债投资比重	0.294	偿付风险	0.504
股票投资比重	0.503	综合赔付率	0.596
基金投资比重	0.203	综合费用率	0.223
流动性风险	0.130	准备金率	0.181
资产流动性比率	0.486	流动性风险	0.315
资产变现率	0.320	资金运用率	0.453
拆入资金的比重	0.194	资产负债率	0.221
		不良资产比率	0.327
财务公司风险	0.057	资本风险	0.182
资本风险	0.449	资本风险比率	0.566
风险资产比率	0.425	资金运用收益率	0.226
资本充足率	0.409	资产利润率	0.209
资本收益率	0.166	银行业风险	0.414

（三）系统性金融风险指数的计算步骤

1. 单一因素评判标准的确定

要计算一个地区的系统性风险指数，首先必须确定指标层每个指标的评判标准，该评判标准的确定依据主要是根据监管当局对该指标的基本要求。

以银行业经营风险为例，银行业经营风险的指标层有 16 个评价指标，形成包含 16 个指标的评判因素论域 U。

$$U = \{U1, U2, U3, U16\}$$

其中，U1——资本充足率

U2——核心资本充足率

……

U16——利润费用比率

根据风险评价的需要，评判等级论域划分为 A，B，C，D，E 共 5 个评判等级，分别代表“满意”、“基本满意”、“关注”、“ 不满意” 和 “很不满意”，构成评判论域 V。

$$V = \{A, B, C, D, E\}$$

其中，A = 满意，对应的风险临界值为 0；B = 基本满意，对应的风险临界值为 20；C = 关注，对应的风险临界值为 40；D = 不满意，对应的风险临界值为 60；E = 很不满意，对应的风险临界值为 100。根据各监管当局对金融机构监管的要求和专家判断，可以得到各种风险单因素评判标准表（参见表 8 ~ 表 17）。

表 8　银行业风险单因素评判标准表

指标名称	标准值	A	B	C	D	E
资本充足率	≥8	>12	9 ~ 12	9 ~ 6.5	4 ~ 6.5	<4
核心资本充足率	≥4	>6	4.5 ~ 6	3.3 ~ 4.5	2 ~ 3.3	<2
风险资产准备金率	≥14	>16	16 ~ 13	13 ~ 10	10 ~ 6	<6
次级贷款比率	≤5	<5	5 ~ 7	7 ~ 9	9 ~ 11	>11
可疑贷款比率	≤3	<3	3 ~ 5	5 ~ 7	7 ~ 9	>9
损失贷款比率	≤1	<1	1 ~ 2	2 ~ 3	3 ~ 4	>4.5
加权风险资产比率	≤40	<40	40 ~ 53	53 ~ 67	67 ~ 80	>80
十大客户贷款比率	≤50	<50	50 ~ 63	63 ~ 77	77 ~ 90	>90
备付金比率	≥5	>8	6 ~ 8	4 ~ 6	2 ~ 4	<2
资产流动性比率	≥25	>40	30 ~ 40	20 ~ 30	10 ~ 20	<10
对流动负债依存率	≤30	<10	10 ~ 23	23 ~ 37	37 ~ 50	>50
存贷款比率	≤75	>70	70 ~ 75	75 ~ 80	80 ~ 85	>85
中长期贷款比率	≤120	<80	80 ~ 110	110 ~ 140	140 ~ 160	>160
资本利润率	≥15	>15	6 ~ 10	3 ~ 6	1 ~ 3	<0
收息率	≥80	>90	80 ~ 90	70 ~ 80	60 ~ 70	<60
利润费用比率	≥50	>50	50 ~ 40	30 ~ 40	30 ~ 20	<20

表 9 证券业风险单因素评判标准表

证券业风险	满意区间	基本满意区间	关注区间	不满意区间	很不满意区间
加权风险资产比率	<40	40~53	53~67	67~80	>80
资本收益率	>8	6~8	2~6	0~2	<0
股票投资比重	<60	60~70	70~80	80~90	>90
国债投资比重	>80	80~60	60~20	20~10	<10
对外担保的比重	<50	56~60	60~80	80~90	>90
证券抵押贷款比重	<50	56~60	60~80	80~90	>90
资产流动性比率	>2	1~2	0.5~1	0.2~0.5	<0.2
现金及银行存款比重	>80	40~80	40~20	20~10	<10
应收账款的比重	>20	20~30	30~60	60~80	>80

表 10 投资基金风险单因素评判标准表

投资基金风险	满意区间	基本满意区间	关注区间	不满意区间	很不满意区间
股票投资比重	<60	70~80	80~90	90~95	95~100
国债投资比重	>80	80~60	60~20	20~10	<10
拆出资金比重	<20	20~30	30~60	60~80	80~100
对外担保的比重	<20	20~50	50~60	60~80	80~100
资本充足率	>8	6~8	4~6	2~4	<2
资本收益率	>8	6~8	2~6	1~2	<1
资产流动性比率	>2	1~2	0.5~1	0.2~0.5	<0.2
资产变现率	>80	80~70	70~40	40~20	<20
拆入资金的比重	<40	40~60	60~80	80~90	>90

表 11 信托业风险单因素评判标准表

信托业风险	满意区间	基本满意区间	关注区间	不满意区间	很不满意区间
加权风险资产比率	<40	40~53	53~67	67~80	>80
资本充足率	>8	6~8	4~6	2~4	<2
资本收益率	>8	6~8	4~6	2~4	<2
不良贷款比重	<5	5~8	8~12	12~16	>16
信贷集中度	<30	30~40	40~50	50~60	>60
对外担保比重	<10	10~20	20~30	30~40	>40
国债投资比重	>50	50~40	40~20	20~10	<10
股票投资比重	<30	30~35	35~45	45~50	>50
基金投资比重	<30	30~35	35~45	45~50	>50
资产流动性比率	>50	50~40	40~30	30~20	<20
资产变现率	>5	5~4	4~3	2~3	<2
拆入资金的比重	<100	100~120	120~140	140~160	>160

表12 财务公司风险单因素评判标准表

财务公司风险	满意区间	基本满意区间	关注区间	不满意区间	很不满意区间
加权风险资产比率	<40	40~53	53~67	67~80	>80
资本充足率	>8	6~8	4~6	2~4	<2
资本收益率	>8	6~8	4~6	2~4	<2
不良贷款的比重	<5	5~8	8~12	12~18	>18
信贷集中度	<30	30~40	40~50	50~60	>60
对外担保比重	<10	10~20	20~30	30~40	>40
资产流动性比率	>50	50~40	40~30	30~20	>20
中长期贷款比率	<50	50~57	57~64	64~70	>70
拆入资金比率	<100	100~120	120~140	140~160	>160

表13 保险业风险单因素评判标准表

保险业风险	满意区间	基本满意区间	关注区间	不满意区间	很不满意区间
综合赔付率	<60	60~70	70~80	80~90	>90
综合费用率	<30	30~35	35~40	40~45	>45
准备金率	>20	20~15	10~15	5~15	<5
资金运用率	>80	80~70	70~60	50~60	<50
资产负债率	<70	70~80	80~90	90~100	>100
不良资产比率	<8	8~12	12~16	16~20	>20
加权风险资产比率	<40	40~53	53~67	67~80	>80
资金运用收益率	>4	3~4	2~3	1~2	<1
资本收益率	>8	6~8	4~6	2~4	<2

表14 货币市场风险单因素评判标准表

货币市场风险	满意区间	基本满意区间	关注区间	不满意区间	很不满意区间
M_0 增长率	12~14	10~12 或 14~15	11~12 或 15~16	10~11 或 16~17	<10 或 >17
M_1 增长率	16~18	14~16 或 18~20	12~14 或 20~22	10~12 或 22~24	<10 或 >24
M_2 增长率	16~18	14~16 或 18~20	12~14 或 20~22	10~12 或 22~24	<10 或 >24
M_1 与 M_2 比率	30~35	35~37	37~39	39~41	>41
贷款增长率	16~18	14~16 或 18~20	12~14 或 20~22	10~12 或 22~24	<10 或 >24

表15 资本市场风险单因素评判标准表

资本市场风险	满意区间	基本满意区间	关注区间	不满意区间	很不满意区间
证券化比率	<30	30~50	50~60	60~70	>70
股票市值占 GDP 的比重	40~60	60~80	80~100	100~130	>130
股票市场换手率	<30	30~40	40~60	60~100	>100
上证指数波动率	<15	15~20	20~25	25~30	>30
上市公司市盈率	<15	15~20	20~25	25~30	>30

表16 宏观经济系统风险单因素评判标准表

宏观经济系统的风险	满意区间	基本满意区间	关注区间	不满意区间	很不满意区间
投资增长率	14~16	12~14 或 16~18	10~12 或 18~20	6~10 或 20~25	<6 或 >25
消费价格指数	2~3	0~2 或 3~4	-1~0 或 4~7	-2~1 或 7~12	< -2 或 >12
房地产投资比重	13~15	15~18	18~21	21~24	>24
国债余额占 GDP 的比重	<10	10~13	13~16	16~20	>20
工业流动比率	>200	180~200	160~180	140~160	<140
工业资产利润率	>8	6~8	4~6	2~4	<2

表17 外资外债风险单因素评判标准表

外资外债风险	满意区间	基本满意区间	关注区间	不满意区间	很不满意区间
外债总量占 GDP 的比重	<20	20~30	30~40	40~50	>50
外债总量占出口的比重	<125	125~175	175~225	225~275	>275
外债还本付息占出口的比重	<20	20~30	30~40	40~50	>50
外国商业贷款比重	<40	40~50	50~60	60~70	>70
短期外债占的比重	<15	15~20	20~25	25~35	>35

2. 应用隶属函数确定各指标实际值的隶属度

根据评判标准确定不同等级的标准值，各标准值一般取各区间的中间值。银行业风险各指标不同评判等级的标准值见表18，其他略。

表18 银行业风险各指标不同评判等级的标准值

指标名称	A	B	C	D	E
资本充足率	14	11	7.7	5.2	2.7
核心资本充足率	7	5.3	4	2.7	1.4
风险资产准备金率	16	15	12	8	5

续表

指标名称	A	B	C	D	E
次级贷款比率	5	6	8	10	11
可疑贷款比率	3	4	6	8	9
损失贷款比率	1	1.5	2.5	3.5	4.5
加权风险资产比率	34	47	60	73	86
十大客户贷款比率	44	57	70	83	96
备付金比率	9	7	5	3	1
资产流动性比率	45	35	25	15	5
对流动负债依存率	4	17	30	43	56
存贷款比率	69	72.5	77.5	82.5	85
中长期贷款比率	70	95	125	150	170
资本利润率	15	8	4.5	2	0
收息率	95	85	75	65	60
利润费用比率	60	45	35	25	15

对任意一个实际值 X_i（$i=1, 2, \cdots, 16$），可通过与其对应评判等级的标准值 A_i、B_i、C_i、D_i、E_i（$i=1, 2, \cdots, 16$）相比较，可以得出该实际值对应于某一评判等级的隶属度（ξ）。具体计算方法如下：

（1）当 $A_i > E_i$，且 $X_i > A_i$ 时，则其隶属度：$\xi_A = 1$，ξ_A 为实际值 X_i 属于标准值 A 的隶属度；

（2）$A_i < E_i$，$X_i > E_i$，则其隶属度：$\xi_E = 1$，ξ_E 为实际值 X_i 属于标准值 E 的隶属度；

（3）若 $A_i < X_i < B_i$，则隶属函数为：

$\xi_B = |X_i - A_i| \div |B_i - A_i|$ 和

$\xi_A = |B_i - X_i| \div |B_i - A_i|$，

且有 $\xi_A + \xi_B = 1$。ξ_B 为实际值 X_i 属于标准值 B 的隶属度。

3. 系统性风险指数（R）的生成

（1）单一类别风险指数的计算

用综合判断向量对应风险临界值｛0，20，40，60，100｝，计算加权算术平均数，即可得到量化的系统性风险中的单一类别风险指数 R_{nm}。

$$R_{nm} = A \times 0 + B \times 20 + C \times 40 + D \times 60 + E \times 100$$

（2）同类金融机构的总风险指数

首先利用单一类别风险指数汇总计算出单一机构的风险指数，再计算各机构风险的加权平均数得到同类金融机构的总风险指数 R_n。

$$R_n = R_{n1} \times \alpha_1 + R_{n2} \times \alpha_2 + \cdots + R_{nm} \times \alpha_m$$

式中，α_m 为某一金融机构的资产占区域内同类金融机构总资产的比重。

3. 系统性风险指数的计算

利用单一类别风险指数，经过逐层加权汇总计算，可以计算出一个地区的综合系统性风险指数 R：

$$R = R_1 \times \beta_1 \times \alpha_1 + R_2 \times \beta_2 \times \alpha_2 + \cdots + R_n \times \beta_n \times \alpha_n$$

式中 β_n 为同一层次中不同影响因素的权重，n 为同一层次影响因素的个数，α_n 为某一类金融机构资产总额占该地区全部金融资产的比重。

4. 系统性金融风险等级的定量判断

根据 5 个评判等级的下限值，结合标准值可以计算出 A 级下限值为 8.9，B 级下限值为 29.6，C 级下限值为 50.5，D 级下限值为 81.5。系统性金融风险不同等级的判断区间如下表 19 所示。

表 19　系统性金融风险不同等级的判断区间

风险等级	满 意	基本满意	关 注	不满意	很不满意
风险值区间	0 ~ 8.9	8.9 ~ 29.6	29.6 ~ 50.5	50.5 ~ 81.5	81.5 ~ 100

（四）系统性金融风险的预警模型

在对系统性金融风险进行综合评价的基础上，对系统性金融风险进行预警，是本研究的重要内容之一。目前国内对这一领域的研究处于起步阶段，可以借鉴的研究成果或经验很少，本研究也仅能做一些探索性的工作。

对系统性金融风险进行预警，就是如何根据前一段时间的风险指数来对未来一段时间的风险指数作出尽可能准确的预测，为中央银行监测系统性金融风险并判断其走势提供支持。

这里我们以前面系统性金融风险的综合评价指数为基础数据，应用回归分析方法来建立系统性金融风险预警的自回归模型。

$$R = C + \alpha_1 \times R(-1) + \alpha_2 \times R(-2) + \beta \times t$$

式中：R 代表本期的预测值，R（-1）和 R（-2）为滞后 1 期或 2 期的实际值，t 是时间变量。对于某种风险，最终的预警模型可能是一元线型回归模型，也可能是二元或多元线型回归模型，回归模型中解释变量的多少，是以最佳的预测效果和最小的预测误差为目标，以 Econometric Views 软件包为分析工具，运用逐步回归分析方法，经过多次试验、逐步调整得到的，该模型可以对系统性金融风险进行预测。

三、研究结论与模型运用

（一）研究结论

1. 金融机构的经营风险是系统性风险的主要来源

在系统性风险的几个主要影响因素中，各因素的影响差异很大。金融机构的经营风险影响最大，其权重达到了40.8%，其次是资本市场风险，占20.1%，再次是货币市场风险，占17.3%，宏观经济系统的风险也比较大，占15.1%，影响最小的是外资外债风险，占7.2%。因此，控制金融机构的经营风险是控制系统性风险的关键。

2. 银行业的经营风险是金融机构经营风险的主要来源

其权重占41.4%，其次是证券业风险，占26.5%，再次是保险业风险，占13.3%，信托业、财务公司和基金公司的风险相对较小，其权重分别为9.1%、5.7%和4.0%。可见，银行业作为我国金融业的主体，其机构数量最多、业务量最大、与经济主体的联系最广，在金融系统中创造的价值和利润最多，但其带来的风险也最大。因此，控制银行业的经营风险是控制金融机构经营风险的关键。

3. 银行业风险的主要来源是安全性风险和资本风险

在我国，银行业风险的形成原因很复杂，由于社会信用环境较差、体制转轨、银行风险管理能力等方面的原因，信用风险和银行资产的安全性是目前我国银行风险的主要来源，其权重为40.6%，其次是资本的充足性，其权重为25.6%。而流动性风险、合规性风险和盈利性风险的影响相对较小，其权重分别为12.9%、12.0%和8.9%。因此，控制银行贷款的安全性是防范银行业风险的关键。

4. 货币市场风险的主要来源是 M_1 和 M_2 的增长率

M_1 和 M_2 的权重分别为29.7%和27.4%，现金 $\dot{M}_0$ 的权重为18.4%。这说明，在现代信用经济中，银行系统的信用创造能力是货币市场风险的主要来源，现金投放引起货币市场风险的可能性减小。证券业风险的主要来源是股票市场换手率、上证指数波动率和上市公司市盈率，三者的权重分别为26.3%、28.3%和22.3%。这三个都是反映市场投机性的指标，可见，我国证券市场浓厚的投机气氛是形成证券业风险的主要原因。宏观经济系统风险主要来自于投资增长率和消费价格指数，二者的权重分别为31.9%和28.0%，投资增长过快或过慢、物价上涨幅度或下降幅度过高，都很容易导致宏观经济系统的风险。

5. 证券业的风险主要来自于投资风险和资本风险

投资风险和资本风险的权重分别为40.4%和27.2%，保险业风险主要来自于偿付风险，权重为50.4%。信托业的主要风险来自于信用风险和资本风险，二者的权重分别为40.1%和26.3%。财务公司的主要风险来自于信用风险，其权重为53.6%。投资基金公司的主要风险来自于投资风险，其权重为47.8%。这些结论与我国金融机构的实际情况吻合。

区域性系统性风险的形成有其特殊性，某些指标对于区域性系统性风险的影响明显小于其对全国性系统性风险的影响。比如，国债余额占GDP的比重和外债余额占GDP的比重，对于一个国家的系统性金融风险形成来讲是非常重要的指标，而对于一个地区来讲，它的重要性就会明显下降，因为这种指标不是区域经济金融关注的重点。

系统性金融风险的形成原因极为复杂，涉及的部门很广，要控制区域性的系统性金融风险，需要对一个地区的金融机构的经营情况、宏观经济形势、货币市场和资本市场的运行情况和对外负债的总量和结构等问题进行认真细致的分析和研究，对各风险形成源点进行准确的观测和记录，运用真实、翔实的数据资料和科学的监测模型才能对一个地区的系统性金融风险进行准确的监测和评估，从而采取有效的治理对策。

（二）模型运用

该模型可以作以下运用：

（1）对一个地区的系统性金融风险的历史和现状进行观测和评估，对不同地区之间的系统性金融风险进行比较。利用模型中各指标的数据，可以计算出一个地区不同时期的系统性金融风险指数，也计算出不同地区不同时期的系统性金融风险指数。利用这些系统性金融风险指数可以进行纵向比较和横向比较。

（2）对单一金融机构风险的历史和现状进行观测和评估，对不同地区之间的同类金融机构的风险进行比较。我们建立的系统性金融风险监测模型是一个结构化模型，利用该模型的局部模块可以计算出单一金融机构不同时期的风险指数和不同地区同类金融机构的风险指数，利用这些金融风险指数可以进行纵向比较和横向比较。

（3）对一个地区同类金融机构的风险现状进行观测和排序，对一个地区不同类型金融机构的风险进行比较。利用该模型的局部模块可以计算出一个地区同类金融机构的风险指数，并利用风险指数对一个地区同类金融机构的风险大小进行排序。也可以计算出一个地区不同类型金融机构的风险指数，利用这些风险指数可以比较同一地区银行业、证券业和保险业等风险的大小。

四、实证分析：农业银行的风险评估与预警

在理论分析的基础上，我们运用层次分析方法建立了区域性系统性金融风险的监测系统和预警模型，该模型的科学性、有效性和可操作性如何，是本研究必

须回答的问题。本章选用中国农业银行 1988 ~ 2002 年季度的历史数据，对农业银行的风险进行监测、评估和预测。

（一）农业银行的风险监测与评估

采用上述风险监测评估方法和农业银行的历史数据，可以计算出该银行的各种风险值如表 20 ~ 表 24 所示。

表 20　中国农业银行的信用风险值

时间	呆账贷款比率	呆滞贷款比率	逾期贷款比率	风险加权资产比率	十大客户贷款比率	信用风险值
1998. 03	0. 384	0. 226	0. 188	0. 129	0	0. 927
1998. 06	0. 384	0. 226	0. 188	0. 129	0	0. 927
1998. 09	0. 384	0. 226	0. 181	0. 129	0	0. 92
1998. 12	0. 384	0. 226	0. 089	0. 129	0	0. 828
1999. 03	0. 384	0. 226	0. 096	0. 129	0	0. 835
1999. 06	0. 384	0. 226	0. 099	0. 129	0	0. 838
1999. 09	0. 384	0. 226	0. 103	0. 129	0	0. 842
1999. 12	0. 384	0. 226	0. 086	0. 129	0	0. 825
2000. 03	0. 384	0. 226	0. 044	0. 105	0	0. 759
2000. 06	0. 384	0. 226	0. 045	0. 074	0	0. 729
2000. 09	0. 384	0. 226	0. 010	0. 070	0	0. 69
2000. 12	0. 384	0. 226	0. 000	0. 069	0. 013	0. 692
2001. 03	0. 384	0. 226	0. 000	0. 068	0. 014	0. 692
2001. 06	0. 384	0. 226	0. 000	0. 068	0. 015	0. 693
2001. 09	0. 384	0. 226	0. 000	0. 067	0. 016	0. 693
2001. 12	0. 384	0. 226	0. 000	0. 063	0. 019	0. 692
2002. 03	0. 384	0. 226	0. 000	0. 060	0. 023	0. 693
2002. 06	0. 384	0. 226	0. 000	0. 058	0. 026	0. 694
2002. 09	0. 384	0. 226	0. 000	0. 064	0. 027	0. 701
2002. 12	0. 384	0. 226	0. 000	0. 058	0. 030	0. 698

表 21　中国农业银行的流动性风险值

时间	对流动负债依存率	短期流动资产比率	存贷款比率	中长期贷款比率	备付金比率	流动性风险
1998. 03	0	0	0. 107	0. 054	0	0. 161
1998. 06	0	0	0. 107	0. 088	0	0. 195
1998. 09	0	0	0. 107	0. 128	0	0. 235

续表

时间	对流动负债依存率	短期流动资产比率	存贷款比率	中长期贷款比率	备付金比率	流动性风险
1998. 12	0	0	0. 107	0. 128	0	0. 235
1999. 03	0	0	0. 107	0. 128	0	0. 235
1999. 06	0	0	0. 107	0. 128	0	0. 235
1999. 09	0	0	0. 107	0. 128	0	0. 235
1999. 12	0	0	0. 107	0. 128	0	0. 235
2000. 03	0	0	0. 107	0. 128	0	0. 235
2000. 06	0	0	0. 063	0. 128	0	0. 191
2000. 09	0	0	0. 059	0. 128	0	0. 187
2000. 12	0	0	0. 065	0. 128	0	0. 193
2001. 03	0	0	0. 059	0. 056	0	0. 115
2001. 06	0	0	0. 060	0. 063	0	0. 123
2001. 09	0	0	0. 057	0. 07	0	0. 127
2001. 12	0	0	0. 050	0. 093	0	0. 143
2002. 03	0	0	0. 035	0. 071	0	0. 106
2002. 06	0	0	0. 033	0. 075	0	0. 108
2002. 09	0	0	0. 031	0. 086	0	0. 117
2002. 12	0	0	0. 031	0. 12	0	0. 151

表 22　中国农业银行的收益合规性风险值

时间	资本利润率	利息回收率	费用利润率	收益合规性风险
1998. 03	0. 396	0. 108	0. 251	0. 755
1998. 06	0. 396	0. 138	0. 251	0. 785
1998. 09	0. 396	0. 161	0. 251	0. 808
1998. 12	0. 396	0. 107	0. 251	0. 754
1999. 03	0. 396	0. 000	0. 251	0. 647
1999. 06	0. 396	0. 092	0. 251	0. 739
1999. 09	0. 396	0. 159	0. 251	0. 806
1999. 12	0. 396	0. 159	0. 251	0. 806
2000. 03	0. 396	0. 000	0. 251	0. 647
2000. 06	0. 396	0. 353	0. 251	1. 000
2000. 09	0. 396	0. 189	0. 251	0. 836
2000. 12	0. 396	0. 156	0. 251	0. 803

续表

时间	资本利润率	利息回收率	费用利润率	收益合规性风险
2001. 03	0. 396	0. 289	0. 251	0. 936
2001. 06	0. 237	0. 198	0. 194	0. 629
2001. 09	0. 319	0. 201	0. 233	0. 753
2001. 12	0. 246	0. 178	0. 228	0. 652
2002. 03	0. 257	0. 299	0. 114	0. 67
2002. 06	0. 164	0. 196	0. 102	0. 462
2002. 09	0. 159	0. 179	0. 139	0. 477
2002. 12	0. 197	0. 151	0. 211	0. 559

表 23 中国农业银行的资本充足性风险

时间	资本充足率	核心资本率	风险资产准备金率	资本充足性风险
1998. 03	0. 418	0. 268	0. 244	0. 93
1998. 06	0. 418	0. 294	0. 244	0. 956
1998. 09	0. 412	0. 016	0. 244	0. 672
1998. 12	0. 418	0. 054	0. 244	0. 716
1999. 03	0. 418	0. 079	0. 244	0. 741
1999. 06	0. 418	0. 110	0. 244	0. 772
1999. 09	0. 418	0. 121	0. 244	0. 783
1999. 12	0. 418	0. 166	0. 244	0. 828
2000. 03	0. 418	0. 125	0. 244	0. 787
2000. 06	0. 418	0. 087	0. 244	0. 749
2000. 09	0. 418	0. 081	0. 244	0. 743
2000. 12	0. 418	0. 090	0. 244	0. 752
2001. 03	0. 418	0. 105	0. 244	0. 767
2001. 06	0. 418	0. 109	0. 244	0. 771
2001. 09	0. 418	0. 099	0. 244	0. 761
2001. 12	0. 418	0. 092	0. 244	0. 754
2002. 03	0. 418	0. 093	0. 244	0. 755
2002. 06	0. 418	0. 108	0. 244	0. 77
2002. 09	0. 418	0. 114	0. 244	0. 776
2002. 12	0. 418	0. 113	0. 244	0. 775

表 24 中国农业银行的总体风险

时间	信用风险值	流动性风险	收益合规性风险	资本充足性风险	总风险值
1998.03	0.927	0.161	0.755	0.93	0.723
1998.06	0.927	0.195	0.785	0.956	0.739
1998.09	0.92	0.235	0.808	0.672	0.707
1998.12	0.828	0.235	0.754	0.716	0.662
1999.03	0.835	0.235	0.647	0.741	0.653
1999.06	0.838	0.235	0.739	0.772	0.673
1999.09	0.842	0.235	0.806	0.783	0.686
1999.12	0.825	0.235	0.806	0.828	0.685
2000.03	0.759	0.235	0.647	0.787	0.624
2000.06	0.729	0.191	1.000	0.749	0.646
2000.09	0.69	0.187	0.836	0.743	0.602
2000.12	0.692	0.193	0.803	0.752	0.600
2001.03	0.692	0.115	0.936	0.767	0.604
2001.06	0.693	0.123	0.629	0.771	0.561
2001.09	0.693	0.127	0.753	0.761	0.579
2001.12	0.692	0.143	0.652	0.754	0.567
2002.03	0.693	0.106	0.67	0.755	0.561
2002.06	0.694	0.108	0.462	0.77	0.533
2002.09	0.701	0.117	0.477	0.776	0.542
2002.12	0.698	0.151	0.559	0.775	0.561

上述风险测算的结果表明，从 1998 年 3 月到 2002 年 12 月，中国农业银行的风险变化显现出以下几个特点：农业银行的总体风险很大，在 0.8 ~ 0.5 之间，落在不满意区间内。从发展趋势看，总体风险逐步降低，风险指数由 0.723 降低到 0.561。其风险主要来自于不良贷款比例过高而形成的信用风险。另外该行的收益合规性风险和资本风险都处在较高的水平，主要是由其盈利能力低、资本充足率过低和风险资产准备金不足引起的。该行的流动性风险不大。

（二）农业银行风险的预警模型

经过逐步回归分析，我们可以得到该银行如下的各种风险的预警模型。在模型中，RFX 代表总风险指数，RXY 代表信用风险指数，RLD 代表流动风险指数，RSY 代表收益性风险指数，RZB 代表资本风险指数，T 代表时间变量。

总风险系数的预警模型：

$$RFX = 0.652 + 0.108 \times RFX(-1) - 0.009 \times T$$
$$(3.18)\quad(0.39)\quad(-2.92)$$
$$R^2 = 0.890 \quad D.W = 1.73 \quad F = 64.74$$

信用风险系数的预警模型：

$$RXY = 0.134 + 0.826 \times RXY(-1) - 0.001 \times T$$
$$(0.84)\quad(4.88)\quad(-0.37)$$
$$R^2 = 0.850 \quad D.W = 1.83 \quad F = 34.74$$

流动性风险系数的预警模型：

$$RLD = 0.134 + 0.509 \times RLD(-1) - 0.004 \times T$$
$$(3.05)\quad(3.10)\quad(-2.80)$$
$$R^2 = 0.823 \quad D.W = 1.84 \quad F = 37.3$$

收益合规性风险系数的预警模型：

$$RSY = 0.471 \times RSY(-2) + 0.598 \times RSY(-3) - 0.008 \times T$$
$$(2.34)\quad(2.74)\quad(-1.43)$$
$$R^2 = 0.375 \quad D.W = 1.81 \quad F = 4.21$$

资本风险系数的预警模型：

$$RZB = 0.614 + 0.334 \times RZB(-1) - 0.133RZB(-3)$$
$$(3.67)\quad(2.04)\quad(-1.73)$$
$$R^2 = 0.571 \quad D.W = 1.57 \quad F = 9.32$$

利用上述模型，可以对农业银行的各种风险进行预测，结果如下表25 所示。

表 25　中国农业银行风险系数的预警值

时间	总风险	信用风险值	流动性风险	收益合规性风险	资本充足性风险
2003.03	0.533	0.691	0.131	0.341	0.770
2003.06	0.521	0.683	0.117	0.381	0.768
2003.09	0.510	0.676	0.105	0.319	0.767
2003.12	0.500	0.670	0.096	0.254	0.768

本模型的预测值有一定的误差，预测误差的来源主要有两个方面：一是建立模型的基础数据的时间长度较短；二是预测模型本身带来的系统误差。虽然预测值存在误差，但误差比较小，在回归分析预测方法可以接受的范围内，随着时间的推移和样本个数的增加，预测误差会越来越小，向后推一个季度的预测精度会越来越高。

由于数据采集和计算的工作量很大，本研究只选择了一家银行进行实证分析，其主要目的是对模型的科学性和有效性进行检验。案例分析表明，我们建立的模型是有效的，可以对区域性系统性金融风险进行监测和预测。在该研究的基础上，编制一个计算机自动计算系统，就可以对一个地区的系统性金融风险进行方便的计算。

参考文献

1. 石俊志:《金融危机的生成机理与防范》，中国金融出版社，2002。

2. 张灿:《金融泡沫理论研究》，上海财经大学出版社，2003。

3. 黄金老:《金融自由化与金融脆弱性》，中国城市出版社，2001。

4. 冯芸、吴冲锋:《金融市场波动及其传播研究》，上海财经大学出版社，2003。

5. 成思危主编:《虚拟经济理论与实践》，南开大学出版社，2003。

6. 国际货币基金组织:《金融稳健指标编制指南》，中国金融出版社，2003。

7. 国际货币基金组织:《银行稳健经营与宏观经济政策》，中国金融出版社，1997。

8. 唐旭主编:《金融理论前沿课题》(第二辑)，中国金融出版社，2003。

9. 洪虹主编:《中国金融前沿课题研究》，中国金融出版社，2001。

10. 刘新宪、朱道立:《选择与判断——AHP（层次分析）法决策》，上海科学普及出版社，1978。

11. 陈华、毛一文:《中国金融脆弱性监测指标体系框架之设计》，载《海南金融》，2004（5）。

政策性金融支农效应研究

——以河南省为例

中国人民银行郑州中心支行课题组

课题主持人：张树忠

主要参与者：骆 波 李天忠 勾京成 刘延红

本报告以中国中部（以河南省为例）一个典型的经济、社会环境为背景，从经济运行（市场）层面考察农村金融需求与金融供给总量与结构是否适应；从农村金融经营管理和金融服务体系运行层面考察金融内在的运行机制是否适应农村经济发展；从宏观金融管理体制或政策及相关制度（决策）层面，按照行为——价值——规范的视角依次递进，综合分析金融体制和制度变迁对农村经济的影响或效应，特别是对有关的农村政策性金融效应进行研究。

一、概况

河南省是中国人口与粮食生产第一大省。土地总面积16.7万平方公里，耕地面积718.72万公顷，其中有效灌溉面积489.22万公顷；人口9717万人，其中乡村人口6908万人，占全省人口的71.1%，人均耕地占有0.104公顷（1.56亩）。

改革开放以来，河南省农业和农村经济发生的最大变化，就是彻底改变了农产品短缺的状况，实现了大多数农产品由供不应求到供大于求的转变。至2004年末，河南省国民生产总值（GDP）为8815.09亿元，人均生产总值突破1000美元。河南省农业在全省GDP中占的比重，1980年为40.7%，1990年降到34.9%，2000年和2004年又分别降到22.6%和18.7%。

（一）阶段特征及主要问题

河南省目前正处于传统农业向现代农业转型的起步阶段，制约农业经济、社会发展的基本矛盾是人多地少，收入低、风险大。

1. 农民收入增长缓慢

1997~2003年，7年间农民收入年均仅增长4.3%。2003年因灾农民人均纯收入仅增长0.9%，扣除价格因素，下降0.4%。城乡居民收入差距不断拉大。

1997 年城乡居民收入比为 2.36∶1，2003 年达到 3.1∶1；2002 年河南省城市与农村居民人均收入差距是 4029.4 元，2003 年扩大到 4690.4 元。河南省农民收入与全国平均水平的差距由 1997 年的 156 元，扩大到 2003 年的 386 元。此外，受城镇化进程相对滞后和经济结构变化等因素制约，农民家庭经营非农产业所得收入的增长亦十分困难。

受城乡居民收入差距拉大影响，全省城乡居民生活消费水平差距也在不断扩大，城乡居民人均生活消费支出差额由 1997 年的 2107.5 元扩大为 2003 年的 3432.93 元。2003 年每个农民的收入和生活消费支出水平仅相当于每个城镇居民的 32.3% 和 30.5%。

2. 结构性矛盾依然突出

●产业结构：第一产业在全省生产总值中的比重为 17.6%，比全国平均水平高 3.2 个百分点。

●就业结构：第一产业从业人员占总从业人数的比重为 53.1%，比全国平均水平高 13 个百分点。

●人口结构：乡村人口占 71.1%，比全国平均水平高 12 个百分点。

●农产品加工深度：全省农业总产值与农产品加工企业总产值的比例为 1∶0.5，全国为 1∶0.7，而发达国家一般为 1∶4 左右①。

●经济外向度：河南省 2003 年农产品出口额为 4.1 亿元，与山东、浙江、福建等省相比，差距十分明显，与河南省农业在全国的位置很不相称。

●组织化程度低：河南省人多地少，平均每个务农劳动力经营土地不足 5 亩，只相当于世界平均水平的四分之一。农民基本上维持着“人人包地、户户种田”的分散经营格局（且土地按优劣等级平均到户分割），各种农村专业合作组织发展还很落后，农业社会化服务体系不够健全，农民抵御风险的能力十分有限，农业生产效率不高。

●规模化、标准化、产业化程度较低：农业产业化经营发展不平衡，龙头企业数量不多，整体实力不强。据统计，372 家国家重点龙头企业中，河南省仅有 14 家。另外，龙头企业和各类农业合作经济组织与农民的利益机制不完善、不规范，甚至流于形式，带动能力差。农民生产经营的组织化程度低，已经成为制约全省农业和农村经济加快发展，实现农业现代化的重要因素。

●农业基础设施建设投入不足，缺乏风险补偿机制：生态环境整体脆弱，部分地区水土流失严重，全省旱涝保收田面积仅占耕地面积的 49.9%；频发的旱涝病虫害等对农业生产仍有很强的制约作用，2003 年全省农作物受灾面积达

① 目前我国的农产品加工转化率仅为 20%～30%，而西方发达国家的平均水平是 90%～95%。我国每 1 元初级农产品加工后的增值仅为 0.38 元，而美国是 3.72 元（资料来源：《河南农村统计年鉴》）。

6433.8千公顷，成灾面积4931.9千公顷，绝收面积2061.5千公顷，受灾人口6581.42万人，成灾人口4965.32万人，农业直接经济损失达241.96亿元；农民人均从农业获得的纯收入比上年减少102.35元，下降10.4%。

3. 体制性问题和矛盾较多

特别是农村发展缺乏金融支持，农村金融体制改革滞后，农村资金外流，需求与供给差距加大，农村资金短缺已成为制约农民增收的瓶颈之一。

（二）东部与中西部地区差距仍在拉大

全面实现小康的综合指标显示：东部与中西部地区的差距仍在拉大，全国农业经济与社会明显地可区分为“二元”三级。

1. 东部地区与中、西部地区农村全面小康实现程度差距拉大，中、西部地区差距缩小

2003年东、中、西部地区农村全面小康实现程度分别为35.6%、13.8%和-9.7%，分别比2002年提升4.8、4.0和4.4个百分点，中、西部地区提升程度均比东部地区低。从全面小康实现程度看，中、西部地区比东部地区分别低21.8个百分点和45.3个百分点。中部与东部地区的差距比2002年扩大0.8个百分点，西部与东部地区的差距扩大0.4个百分点，由于西部大开发的实施和“中部塌陷”，中、西部地区的差距缩小0.4个百分点。

2. 人口素质、经济发展和生活质量方面差距较大

从农村全面小康的六个方面看，东、中、西部全面小康实现程度差距较大的是人口素质、经济发展和生活质量等方面，其中人口素质东部和西部差距为76.7%，东部和中部差距为10.6%；经济发展东部和中、西部差距分别为41.9%和56.7%；生活质量东部和中、西部差距分别为34%和44.8%。分指标看，东、中、西部全面小康实现程度差距最大的是平均受教育年限、人均可支配收入、第一产业劳动力比重、居住质量指数和农民信息化程度等指标，这些方面是缩小东、中、西部差距，实现农村全面小康社会的重点。

表1 2003年东、中、西部农村全面小康实现程度

指标	单位	全面小康值	2003年实际值			实现程度		
			东部地区	中部地区	西部地区	东部地区	中部地区	西部地区
1. 经济发展						38.7	-3.2	-18
人均可支配收入	元/人	6000	3436	2243	1795.8	32.5	1	-11
第一产业劳动力比重	%	35	40.2	54	58	65.6	-26	-54
小城镇人口比重	%	35	22.8	16.7	14.5	36	3.5	-8
2. 社会发展						34.6	23.2	20

续表

指标	单位	全面小康值	2003 年实际值			实现程度		
			东部地区	中部地区	西部地区	东部地区	中部地区	西部地区
农村合作医疗覆盖率	%	90	19.7	10.4	8.5	12.1	0	-2
农村养老覆盖率	%	60	9.4	4.7	3.1	13	5	2.2
万人农业科研人员数	人	4	2.1	1.3	1.1	36	10	3.2
农村居民基尼系数	—	0.3~0.4	0.36	0.33	0.34	100	100	100
3. 人口素质						28.7	18.1	-48
平均受教育年限	年	9	7.8	7.6	6.5	25	15.3	-55
平均预期寿命	年	75	71.9	71.1	68.4	43.6	29.1	-20
4. 生活质量						49	15	4.2
恩格尔系数	%	40	42.5	47.4	49.9	72.2	17.8	-10
居住质量指数	%	75	42.7	22.8	21.6	43.3	8	6.3
文化娱乐支出比重	%	7	3.8	3.4	3.5	28.9	20	22.2
农民信息化程度	%	60	46	35.8	28	56.3	24	0
5. 民主法制						29	69.3	76.3
对村政务公开满意度	%	85	64	75	78	30	67	76.7
农民社会安全满意度	%	85	67	78	79	28	72	76
6. 资源环境						1	-3	-100
常用耕地面积变动幅度	%	0	-2.4	-1.4	-7	-100	-100	-100
森林覆盖率	%	23	31	24	9	100	100	-100
万元农业 GDP 用水量	立方米/万元	1500	2012	2183	3773	53.5	37.9	-100
综合实现程度						35.6	13.8	-9.7

注：平均预期寿命为2000 年人口普查数，森林覆盖率为第五次全国森林资源清查数。

表 2　2003 年河南省农村全面小康实现程度

指 标	单位	总体小康值	全面小康值	实际值	实现程度	权数	分值
1. 经济发展					-15.5	29	
农村居民人均可支配收入	元/人	2200	6000	2120.74	-2.1	20	-0.4
第一产业劳动力比重	%	50	35	60.2	-68.0	5	-3.4
小城镇人口比重	%	16	35	12.7	-17.2	4	-0.7
2. 社会发展					37.0	20	

续表

指 标	单位	总体小康值	全面小康值	实际值	实现程度	权数	分值
农村合作医疗覆盖率	%	10	90	15.1	6.4	8	0.5
农村养老覆盖率	%	1.8	60	**2.3**	0.9	4	0.03
万人农业科研人员数	人	1	4	**3.2**	73.3	4	2.9
农村居民基尼系数	—	0.35	0.3~0.4	0.35	100.0	4	4.0
3. 人口素质					2.0	15	
平均受教育年限	年	7.4	9	7.2	-12.5	12	-1.5
平均预期寿命	年	69.5	75	**72.8**	60.0	3	1.8
4. 生活质量					8.3	23	
恩格尔系数	%	49	40	**48.2**	8.9	4	0.4
居住质量指数	%	18	75	**21.0**	5.3	11	0.6
农民文化娱乐支出比重	%	2.5	7	3.0	10.4	3	0.3
农民信息化程度	%	28	60	**31.7**	11.6	5	0.6
5. 民主法制					90.0	6	
农民对村政务公开的满意度	%	55	85	85.71	100.0	3	3.0
农民社会安全满意度	%	60	85	80.0	80.0	3	2.4
6. 资源环境					0.28	7	
常用耕地面积变动幅度	%	-0.3	0	**-3.0**	-100.0	3	-3.00
森林覆盖率	%	16.5	23	**19.8**	50.8	2	1.02
万元农业 GDP 用水量	立方米/万元	2600	1500	938	100.0	2	2.00
农村全面小康实现程度合计							10.5

3. 西部地区农村全面小康建设比东部地区至少落后 10 年，比中部地区落后 5 年左右。从全面小康的进程看，2003 年东部地区全面小康实现程度 35.6%，比 2002 年提升 4.8 个百分点，已经走了农村全面小康进程的 1/3 路程。中部地区全面小康实现程度为 13.8%，比上年提升 4 个百分点，走了 1/7 的全面小康路程，但经济与社会发展不均衡，经济发展的实现程度为负值，其中第一产业劳动力比重、人均可支配收入实现程度均很低。西部地区实现程度 -9.7%，比上年提升 4.4 个百分点（距 2000 年全国总体小康水平还差 1/10 的路程）。

从全国整体上看，在反映农村全面小康的六个方面 18 项指标中，农村经济发展、农村社会发展、农村人口素质和生态环境等方面发展相对缓慢。农民人均可支配收入、第一产业劳动力比重、农村合作医疗覆盖率、农村养老覆盖率和农村人口平均受教育年限等指标的实现程度较低，分别只有 7.5%、6%、5.3%、

6.9%和12.5%，这些方面是今后农村全面小康社会建设的重点。

表3　2003年分省农村全面小康实现程度排序

地区	实现程度（%）	位次	地区	实现程度（%）	位次
上　海	85.2	1	江　西	11.2	17
北　京	76.2	2	安　徽	10.6	18
天　津	64.2	3	河　南	10.5	19
浙　江	51.1	4	内蒙古	6.4	20
广　东	43.1	5	重　庆	5.8	21
江　苏	41.4	6	陕　西	5.8	22
山　东	37.5	7	四　川	2.6	23
福　建	33.6	8	广　西	2.3	24
辽　宁	26.1	9	云　南	-0.2	25
河　北	24.4	10	新　疆	-2.8	26
黑龙江	21.7	11	宁　夏	-6.0	27
吉　林	21.5	12	甘　肃	-13.4	28
湖　北	16.7	13	贵　州	-15.7	29
湖　南	15.2	14	青　海	-17.8	30
山　西	13.9	15	西　藏	-24.6	31
海　南	13.0	16			

综上所述，河南省省情是中国国情典型的缩影："二元"三级差距加大，反映了我国改革与发展中的基本矛盾或城乡之间、地区之间经济发展和人均收入之间的特有的不平衡性，恰似我国东、中、西三级自然梯度；适时适度地把握并处理好效率与公平的关系，事关改革、发展和稳定的大局，也是国家财政、金融等宏观经济政策的基本出发点。

二、金融需求

（一）需求主体：三农的内涵与外延的演变

1. 经济成分及特征

根据调查分类，经过26年的农村改革，农村金融的服务对象——农民的经济成分或阶层发生了嬗变。当前，农村已基本上分化为如下阶层：

●农业劳动者阶层，是一个由承包集体耕地，以农业劳动为主的农村劳动者所组成的社会群体。农业劳动者阶层还可以细分为：一般农民，这是最大量、最普遍，也是最主要的；专业户，专门从事一定规模种植业、养殖业的农业户。

●农民工人阶层，是一个在乡、村集体企业里从事非农业劳动为主的群体。他们对集体生产资料具有所有权、经营权与使用权。

●雇佣工人阶层，是在本地或进城由受雇于私营企业、个体工商户而提供劳动能力、获得工资收入的农村劳动者组成的社会群体，一般还兼营、托营或出租一小块土地（责任田或口粮田），和农业仍有着天然的联系。

●智力型职业者阶层，由具有一定专门技能，从事农村教育、科技、文化、医疗卫生、艺术等智力型职业的农村劳动者组成的社会群体。他们都具有一定的技能或某方面的知识，用智力为其他阶层服务。他们的收入、地位、声望因地区差别而异，一般与当地经济发展水平正相关。

●个体工商业户与个体劳动者阶层，多为农村中的能工巧匠。

●私营企业主阶层，指生产资料归私人所有、以雇佣劳动为基础、营利性经济组织的主要经营者组成的社会群体。他们的经济收入较高，但政治地位与社会声望不一定很高，他们对党的方针、政策极其敏感。

●集体企业管理者阶层，他们对企业的兴衰、盈亏负责，承担的风险较大，经济收入、政治地位与社会声望都较高。

●农村社会管理者阶层，包括村民委员会与村党支部委员会的组成人员与村民小组长。他们是农村政治、经济和社会生活的主要组织者。一个明显的趋向是，经济发展水平，特别是集体经济发展水平越高，他们的地位与收入就越高，权威性就越大。

以上处于顶端的后三个层次，他们与金融机构的关系均较为密切，对经济金融政策反应较为敏感；同时，由于各阶层的经济状况不同而具有不同的社会、经济地位及金融交易条件，并有着截然不同的经济取向和金融需求。

2. 经济组织及其特征

目前，河南省农村基本经济单位仍是农户。2004 年全省农户总数达 2005. 8 万户，拥有符合国家标准的各类农业产业化经营组织 4620 家，其中，国家重点龙头企业 14 家，省重点龙头企业 57 家，区域性重点龙头企业 255 家，形成了不同层次、不同类别的龙头企业群体。农民专业合作经济组织发展迅速，全省各类农民专业合作经济组织 8473 个，加入农户达 183 万户，占全省农户总数的 9. 12%，并有继续壮大的趋势。从组织构成方式上划分主要有以下几种模式：

●企业—基地—农户型。合作方式主要依托较强的龙头企业，企业在部分乡村建立连片成规模的原料生产基地，基地联动农户，企业向农户提供种苗、技术、包销等服务，企业建立较松散的协会，负责协调农户与企业之间，企业内部成员之间的利益纠纷和技术培训等事宜。

●同行业企业合作型。主要由同类农产品生产企业为协调价格、市场和品质鉴评等事宜，在政府部门的牵头协调下成立的行业协会。

●同行业农户合作型。主要在某一个“能人”牵头下，由生产经营同类产品的农户所联结起来的组织。

●工商户经纪人农户型。由某个有固定场所从事购销和简单包装加工的农户为中心，以从事购销和运输的经纪人为外围，把农户零星生产和外销市场相联结的合作形式。

●合作社型。多以集体所有制形式出现，是老体制下的沿袭和完善，如县农村供销合作社系统（以农特产品、农资购销为主）等。

●股份制企业型。由某个“能人”牵头，以股份合作形式组成的各类经济合作体。

●官办民助型行业协会。由政府相关职能部门牵头成立，对本行业进行管理和协调。

（二）需求形式与类别

由于上述农村金融需求的特殊主体——农户及其经济组织所具有的传统和当代的特殊性或层次差异性，决定了农村金融需求的形式多元化、多方位、多层次和多样化的特征，如表4所示：

表4 农村金融需求类别特征一览表

分类	需求特征	共性要求
用途	生产性与非生产性并存、农业与非农业并存、投资性与消费性并存	
成本	付息与不付息（或贴息）并存	
融资渠道	正规金融机构与非正规或民间信用并存	适用
融资方式	直接金融与间接金融并存	
贷款性质	经营性与政策性并存	有利
期限	临时性/季节性与开发性/长期性并存	
贷款条件	信用贷款与抵押/担保贷款并存	
保障	寿险与财险并存	适应
不同阶层	小额/信用/低息多种组合 大额/可抵押/可高息	便捷
相关服务	效率、结算、政策宣传、取现 开户/信用证/银行卡等	

（三）需求取向

根据日常掌握的金融情况及实地调研情况分析，河南省农村未来金融需求将呈现趋多、趋旺、趋广、趋活四种基本趋势。

1. 农户贷款需求面广、用途多，但相对集中；选择面广、途径多，但金融机构占比仍较大

农户问卷调查结果显示：在“当您需要钱时（包括生产和消费），您的借款首选是哪里?”一题中，有46%的农户首选金融机构，这说明相当多的农户对正规金融机构的信赖（其余首选占比分别是：向亲友借款占44%；民间借贷或其他方式占10%）。

从贷款用途上来看，农户问卷调查结果显示：农业，主要是种植业和养殖业占43.2%；办厂经商占23.9%；建房占10.6%；子女教育占10.1%；婚丧嫁娶占3.5%；医疗费用、信息通讯费用和其他支出分别占2.8%和5.8%。这说明目前一般农户贷款（主要是生产性小额贷款）仍然主要集中于种植业和养殖业，这也是河南省农业经济发展整体水平所决定的。

2. 对贷款的需求与相应的满足程度，在不同层次的农户之间及不同区域之间差别较大

截至2004年9月末，调查的961位农户申请贷款753笔，金额861.84万元，实际贷款636笔，金额716.26万元，贷款笔数满足率84.5%，金额满足率83.1%。其中，周口地区调查农户中家庭人均年收入在5000元以上的占比为58%，这些农户的贷款申请全部得到满足，最高一笔贷款额达70000元；而在驻马店地区被调查农户贷款笔数满足率和金额满足率分别为51%和75%（最少的贷款需求仅为20元），而这些被调查农户中有87%的家庭人均年收入不足3000元，他们普遍反映收入高的大户钱也好贷。确实，这些农业或工商业经营大户经济效益和信用状况一般也相对较好，还款有保证，较易得到信用社的青睐。在信用社明显的“爱富”倾向下，农户间分层分化呈加速趋势，农民由于收入差别造成发展机会和空间的差距仍不断拉大。

3. 随着工资性和货币性收入增加及市场交易频繁，农户对金融储蓄、投资理财、金融政策信息等相关金融现代服务的需求也相应增加

4. 农户对贷款需求方面趋于投资性和多样性，要求适用、有利、便捷

我们在与农户座谈和调查问卷中了解到，不少农户（主要是农业大户）对农户贷款金额小、期限短多有不满。在问卷中认为贷款金额小的占18.3%；认为贷款期限短的占15.8%。

农户认为，农村信用社贷款最需改进的环节依次是完善农户贷款办法、简化贷款手续，减少贷款审批环节，改进贷款工作作风，改进信用社开户、结算、取现等相关金融服务，加强金融业务宣传，降低农户贷款利率。

5. 随着农业多种经营的投入不断追加和农民社会保障机制的先天欠缺，农民仅仅依赖过去迫于提高储蓄的替代经济保障是远远不够的

农户对保险的内在需求、特别是农业保险需求将日趋强烈；同时对国家宏观

经济政策和市场（国内、国际市场）的敏感度也趋强——当前的农业形势和农民各种行为反应也是充分的佐证——在欠发达的中西部农业发展或转型尤其需要国家政策的扶持和保护。

6. “国退民进”，在农村金融中民间信用也不乏表现

调查问卷显示，961 份问卷中，回答通过民间信用方式借款的有 118 笔，占有效问卷的 12.28%，占向金融机构贷款笔数的 18.55%；共借入资金 130.70 万元，占向金融机构贷款 716.26 万元的 18.22%；贷款期限最低为 1 个月，最长为 24 个月；贷款利率最低为 7.2%，最高为 28.8%；平均每笔借款为 11056.78 元。

综上所述，河南省农村金融内在需求呈现明显的多样性和差异性，诸如：潜在需求与现实需求并存，投资性需求与消费性需求并存，创业性需求和防备性需求并存，内源性需求与外源性需求并存，个性化需求与组合化需求并存，小额、短期需求与大额、长期需求并存，等等。

三、金融供给

（一）支农金融体系概况

截至 2004 年末，河南省共有银行类（含信托公司、财务公司、信用社）金融机构 13595 家，其中：国有商业银行机构 4272 家，股份制商业银行机构 1422 家，农村信用社机构 6758 家，财务公司 2 家，信托公司 2 家。从业人员 15 万多人，资产总额 10342 亿元，负债总额 10382 亿元，其中：农村信用社资产总额 2236 亿元，负债总额 2175 亿元；财务公司资产总额 16.7 亿元，负债总额 8.3 亿元；信托公司资产总额 51 亿元，负债总额 42 亿元。法人证券公司 1 家，证券咨询机构 4 家，证券营业部 74 家，证券服务部 29 家。保险公司 16 家，其中，产险公司 8 家、寿险公司 7 家、政策性公司 1 家，拥有保险分支机构 2306 家。保险代理公司及其分支机构已达 204 家，保险经纪公司及分支机构 9 家，保险兼业代理机构 4001 个。

但河南省县域以下直接为“三农”提供贷款支持的主要的金融机构仅有 3 家，即农业发展银行、农业银行和农村信用社。直接为农户提供金融服务的仅有农村信用社一家。其余的银行、邮政储蓄机构和保险机构等由于权限上收和业绩欠佳，多为吸收资金机构，且除邮政储蓄以外均呈业务萎缩趋势。

从提供的金融产品品种看，主要是传统银行的存款、贷款和结算，且存款和贷款品种屈指可数，多年不变。信用社多年来不具备独立办理结算功能。从提供金融服务的功能上看，除了信用和寿险功能外，农业保险（财险）功能、证券融资功能和信托服务等金融功能几乎是空白。从信用方式来看，间接融资方式仍是主体，并且信用社主要是依赖于人民银行的再贷款支撑放贷。从机构属性来

看，正规金融占主体，其中包括国家政策性银行、国有商业银行和农村信用社。非正规金融依然存在，并有活跃的迹象，但仍是在“地下”或“水平面”以下，犹如冰山一角，偶尔浮现。

（二）支农金融总量与结构

1. 支农金融贷款资金总量与结构

截至2004年12月末，河南省金融机构人民币各项贷款余额为7145.1亿元。其中，农业贷款余额为939.8亿元，占各项贷款的13.2%；农副产品贷款余额为703.3亿元，占各项贷款的9.8%。两项合计，直接支农（包括生产环节和销售环节）贷款占各项贷款的22%，余额为1643.1亿元。此外，乡镇企业贷款占各项贷款的8%，亦属间接支农。但贷款投向产业分布（如图1所示）显示，全省投向第一产业的贷款为12%，低于河南省2004年第一产业占比6.7个百分点。

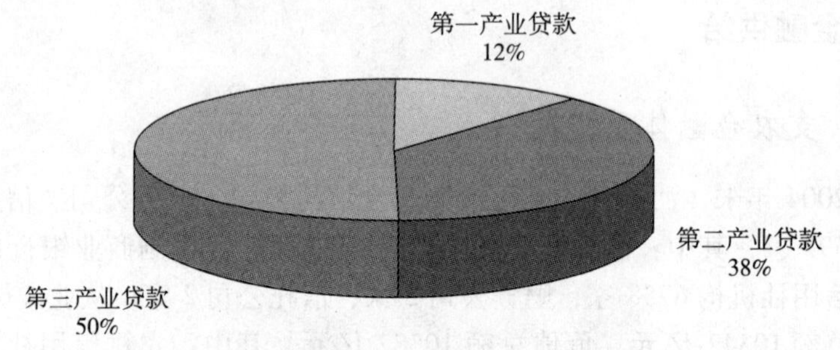

图1　2004年河南省贷款产业分布

2. 支农金融机构构成

截至2004年12月末，河南省金融机构人民币农业贷款中，各金融机构所占比重分为：农村信用社占比89%；农业银行占比11%。农副产品贷款中，各金融机构占比分别为：农业发展银行占比95%，农业银行占比5%。乡镇企业贷款中，农村信用社占比为62%，农业银行占比为38%。显然，直接支农贷款中，以农村信用社、农业发展银行和农业银行为主体。

3. 政策性支农贷款总量与结构

截至2004年末，河南省政策性金融支农贷款总量余额为867.5亿元，即农副产品贷款，加扶贫开发性贷款，再加小额信用贷款，占全省各项贷款的12.1%（也即全省有87.9%为经营性贷款）。仅从生产开发性贷款（扶贫开发性贷款和小额信用贷款之和）来看，余额为164.2亿元；占全省农业贷款的2.3%（也即97.7%为农业经营性贷款）。

4. 金融有效需求与需求满足率

2004年，全省在农村信用社开户的农户总数达1904万户，有贷款需求的农户数为942万户，占全部开户农户的49.47%，同比增加8万户，其中符合农村信用社贷款条件的具有贷款有效需求的农户为718万户，占农户总数的37.71%，不符合农村信用社贷款条件的农户为224万户。贷款农户户数为600万户，农户信贷需求满足率达63.69%（贷款农户数与有贷款需求农户数之比），贷款农户数占符合贷款条件农户总数的83.57%（贷款有效需求满足率）。

当前，从总体上看，在农村储蓄与投资相分离的条件下，农村存款机构多、贷款机构少；经营性金融机构业务占比大，政策性金融机构业务占比小；且政策性的农村生产开发性贷款分别是委托农业银行和农村信用社发放，邮政储蓄只吸存不放贷，吸走了大量农村基础货币。其结果，大部分经营性金融机构资金向高利润、高回报的方向流动或集中，造成农村增量资金回流不足和后续不足，金融供需脱节：在总量与结构上不对称；政策性金融效应减弱、扭曲、抵消（参见表5）。

表5 政策性贷款效应调查评估一览表

贷款种类	成效	问题	原因	政策评估
农户小额信用贷款	1. 促进农村和农业产业结构调整； 2. 促进农民增收； 3. 信用社发展业务，改善经营，改善服务； 4. 扩大农村市场，促进农村经济发展； 5. 密切基层党政与群众的关系； 6. 增强农村信用社与广大农民的联系； 7. 提高农村信用社的知名度； 8. 培育社会信用环境。	1. 贷款担保难，抵押难； 2. 贷款额度、期限与农业产业结构调整不协调； 3. 贷款门槛仍有点高，并存在预收利息现象； 4. 制约机制与激励机制不配套，影响放贷积极性； 5. 信用社资金严重不足； 6. 信贷力量薄弱影响贷款发放； 7. 管理成本高，风险大，效益低。	制度安排不当 管理机制不健全 体制改革滞后 信用环境差	一举多得 有待改进
扶贫开发性贷款	1. 生产和生活条件明显改善； 2. 农民收入水平有了较大提高； 3. 贫困人口大幅度下降。	1. 机制异化，向经营大户倾斜； 2. 资金到位较迟； 3. 有规模没资金； 4. 抵押担保难，手续烦琐； 5. 贷款审批难； 6. 发放渠道单一； 7. 贷款沉淀多。	制度安排不当 管理机制不健全 体制改革滞后 信用环境差	问题较多 重新定位
收购贷款	1. 支持国家粮食流通体制改革； 2. 解决卖粮难，保护农民利益； 3. 支持国家政策性粮储； 4. 支持农村粮食加工业发展。	1. 管理问题多； 2. 资金来源单一，依赖中央银行（有限）； 3. 贷款沉淀多，周转慢，效率差； 4. 业务单一，直接支持受限。	制度安排不当 管理机制不健全 制度安排不当	问题较多 形势变化 重新定位

四、供需矛盾

进入21世纪以来，我国的农业和农村经济已经进入了一个新的发展阶段。以规模化生产、一体化经营、社会化服务、高附加值、高度开放、高度市场化为特征的现代农业初露端倪，过渡时期农村金融呈现需求主体的多元化、多层次，需求品种的全方位、多样化，这就对金融业及其制度安排提出了更高、更多的要求。

（一）“非农”与支农的矛盾：这是当前对“三农”所有认识问题的基点

在主流经济理论和主导当前的区域经济政策中，“二元结构论”由农业向工业转移被进一步扩展为“农民”转变为“市民”，城市化与工业化同被誉为推动当前经济增长的双引擎。随着宏观调控的进行，一部分人开始对这种理论提出质疑，认为城市化的有限发展，无法容纳众多农民转移的要求，大量的耕地被占用，导致粮食生产与国际贸易潜在危机日趋加重，贫富差距使得农民所能承受的心理底线正在被突破，由此引发的一系列社会问题引起越来越多人的关注。特别是作为中原农业大省的河南，城市化是一个长期过程，拿“百米冲刺”的速度来跑“马拉松”是不足取的，在这个过程中，突出一极而忽视另一极必然要出问题。

（二）供给与需求的矛盾：这是基于上述不同认识在国家或区域财政、金融政策当中所面临的必然抉择或反映

当前，农村信贷供求至少存在三个方面的矛盾，即需求总量扩大化与信贷供给缩小化的矛盾，需求主体多元化与农贷主体单一化的矛盾，信贷需求多样化与贷款品种单一化的矛盾；并表现为内生的非正规的“草根金融”与外部的正规的“盆景金融”的矛盾——好看的未必中用；还表现为“吃饭金融”和“投资金融”的矛盾——顾此失彼，难以兼得。实行集约化经营、追求利润最大化的农业银行退出农村市场，对农业和农村经济的信贷支持越来越少，除投放部分农村电网改造贷款外，对涉及农业的其他贷款基本没有投入。农村信用社在支农中的作用越来越突出，但由于体制问题、服务功能、人员素质、资金来源渠道狭窄，再加上历年不良资产、财务包袱严重等影响，远不能适应资金需求迅猛增长的广大农村市场。农村金融融资功能的整体萎缩，导致农村大部分有效信贷需求找不到有效的服务主体，农村金融服务“断层”、空位问题突出。

（三）总量与结构的矛盾：这是中央与地方、全局与局部、国家宏观经济、金融政策与区域经济发展规划或战略关系在当前转型时期的突出反映

当前，农村金融供需的结构性矛盾比较突出地表现为：一是贷款需求多样化与支持重点单一化的矛盾。目前，农村信贷需求主要有三类。（1）生产性信贷需求。即农业生产向规模化、专业化、多元化和产业化发展而产生的金融需求，这类需求具有单笔金额大、需求量不断增长的特点；此外，农户维持简单再生产也产生部分借贷需求，但这类需求金额小，数量不大。（2）消费性信贷需求。主要是农户因修建房屋、医疗看病、婚丧嫁娶、子女教育而产生的借贷需求，这类资金需求量大，仅靠农户自己无法解决，迫切需要信贷支持，这类需求呈现逐年增加的趋势。（3）农业综合开发性信贷需求。主要是农村扶贫、农业综合开发、农村基础设施和小城镇建设而产生的借贷需求。当前农业信贷投向非常单一，如商丘市农村信用社，2004 年前 8 个月发放的农业贷款中，农户贷款占 80%，农户小额信贷占 11.5%，农户联保贷款占 5.5%，而农业经济组织贷款仅占 3%。在农户类贷款占农业贷款的 97%，而农业银行和农业发展银行支农功能严重萎缩的情况下，使农村经济组织、农业产业化龙头企业、乡镇企业等贷款需求得不到满足，而且具有强大需求的消费信贷、助学贷款等农村信用社基本没有开展，又进一步抑制了部分信贷需求。

二是借贷金额多样化与贷款金额小额化的矛盾。据对河南省商丘地区 68 户有贷款需求的农民典型调查，需求金额在 1000 元以下的有 3 户，需求金额在 1000～3000 元之间的有 15 户，需求金额在 3000～5000 元之间的有 14 户，需求金额在 5000～8000 元之间的有 12 户，需求金额在 8000～10000 元之间的有 7 户，需求金额在 10000 元以上的达 17 户，信贷需求整体呈现大额化趋势。但作为农村信贷主体的农村信用社信贷投向呈现小额化趋势，特别是近年来农村信用社农户小额信贷的推行，又进一步加剧了这一趋势。据调查，农村信用社 80% 的贷款为 5000 元以下的小额贷款，对于 5000～10000 元的贷款一般严格控制。

三是需求期限多样化与贷款掌握短期化的矛盾。在农业生产经营形式多样化的情况下，农村信贷需求在时间上也呈现多样化的特点。如农民从事养殖业一般需要 1～3 年，农产品加工和储运业一般需要 1～4 年，林果业需要 3～5 年才能产生效益，这就要求贷款期限也要与之相适应。但目前能提供贷款支持的农村信用社贷款短期化趋势十分明显。如 2004 年前 8 个月，商丘市农村信用社发放的贷款全部为短期贷款，平均期限不足 6 个月。部分农村信用社为多收利息，甚至故意缩短贷款期限，人为造成贷款期限与农业生产经营周期不匹配，又加剧了这

一矛盾。

(四) 存量与增量的矛盾：这是基于历史与现实对农村资金紧张状况的不同认识

通过本次调研，我们已对当前农村信用社对中央银行支农再贷款的依赖性有了一个大致的概念。实际上，河南省乃至全国城乡资金紧张问题的关键，不在于资金存量和增量的多少，而在于如何提高资金的使用效率，如何加速资金的循环。

(五) 收益与风险的矛盾：这正是当前"非农"与支农的主要差别所在

一是农业固有的高风险同农村商业金融信贷投向高盈利性之间存在矛盾。农业是弱质产业，其自身固有特点决定了它的高风险性。同工商业相比，除了市场风险外，农业还要面临自然灾害的风险。如种植业，风调雨顺时每亩收益可达几千元，但如遇冰雹则颗粒无收。再者，农产品多以时令鲜活为主，运输、贮存过程中风险也很大。同时由于风险度大，赔付率高，保险公司也往往不愿意承保农业险。因此，相对于工商业贷款而言，农业贷款的风险更大。而商业银行在转轨过程中不断调整经营战略和市场定位，希望把资金投向效益好、风险小、盈利高的行业，这恰与农业效益低、风险大形成反向，自然会产生矛盾。

二是社会信用环境差，制约了农信社农户贷款的发放。一些农户信用观念淡薄，对原贷款不认账，千方百计逃废信用社债务，导致农信社不同程度地产生慎贷、恐贷的心理，影响了小额农户信用贷款业务的进展。一些农户把扶贫资金误认为是无偿资金、救济款，违背了扶贫贷款"自愿申请、严格审批、有借有还、到期收回"的基本信贷原则，给扶贫资金回收工作带来了不利的影响和较大的难度。

三是目前农业银行和农信社普遍实行了贷款责任追究制度，规定谁发放贷款谁负责收回，否则轻则扣发工资，重则下岗清收。对于小额农户信用贷款的发放，信贷人员更是顾虑重重，不敢"冒风险"。另一方面，农信社在强化信贷风险约束的同时，没有建立相应的奖励机制，信贷人员感觉到自己承担的风险和收益不对等，就自然形成不愿发放小额农户信用贷款的心理。

四是农村信用社农户贷款利率执行过高，直接增加了农业和农村经济发展和结构调整的成本，增加了农民的负担。调查发现农村信用社农户贷款利率普遍上浮50%～100%，6个月以内贷款年利率高达10.08%，6个月至1.年贷款利率高达10.62%。虽然规定一般信用户在此基础上可优惠5%，信用村的信用户最多优惠12%，因此以上两类贷款一般信用户贷款利率仍然高达9.575%和

10.089%，信用村的信用户贷款利率也达到8.870%和9.346%。

（六）政策性与经营性矛盾：这正是当前农业银行、特别是农村信用社角色冲突情况下面临的两难选择

一是一家一户分散经营方式对金融业服务的要求同农村商业金融集约化经营发展战略之间的矛盾。虽然经过26年的改革，我国农业生产的规模化有了一定程度的提高，但就整体而言基本上还是以农户为单位分散经营。农业贷款发放的对象是农户，农户贷款需求最突出的特点是额度小，笔数多，流动快，需要投入大量的人力管理、服务、清收。而农村金融部门在向商业化转轨的过程中，为了提高经营集约化程度，制定了减人增效，撤并机构，收缩战线的发展战略，这使农业结构调整中的经营分散化与金融服务集约化成为一对矛盾。

二是农业贷款抵押难、担保难同商业银行审慎贷款原则之间的矛盾。鉴于东南亚金融风暴的警示和商业化运作的风险，国有商业银行不约而同地加大了对资产的风险管理力度，基本上取消了信用贷款。但对于农民而言，一般没有合格的、有价值的资产充当抵押物，也缺乏合法合格的担保单位，所以农业银行对农民放款只能采用存单质押贷款。而实际情况却往往是有存单的农户不贷款，想贷款的又没有存单，而且农户之间转借存单也存在不少困难，其后果是一方面存单质押业务发展缓慢，另一方面农户的贷款需求得不到满足，形成资金供需之间的矛盾。

三是金融部门要求贷款对象明确同农业贷款承贷主体模糊的矛盾。贷款主要是支持经济实体，这是从还款有保证的角度考虑的，但目前部分农业贷款的承贷主体却比较模糊或产权关系不明晰。比较突出的一个是乡镇企业的产权不明晰的问题。20世纪90年代初期，各地乡镇政府都投资发展自己的乡镇企业，但乡镇企业毕竟是体制转轨的产物，随着市场的深化，乡镇企业显露出的颓势愈加明显，最终造成大量的信用社债务悬空。另外政策性贷款业务等，贷款对象多为乡、村级委员会，而乡村级委员会仅是行政组织而非经济实体，自身无还款能力，前几年发放的这类贷款形成了大量的沉淀死滞，收回难度很大，也影响了银行发放贷款的积极性。

农业银行和农村信用社目前或多或少地都有一些政策性金融业务。但金融改革至今，农业银行和农村信用社目前都有“非农”或离农倾向性——实行商业化运营。

（七）发展正规金融与非正规金融的矛盾：这是当前农村金融制度安排所面临的两难抉择

无论从历史上看，还是从现实（如上述调查所述）情况来看，民间信用实

际从来就有，而且在“与时俱进”，是与商品经济相伴相生的；在过渡时期，民间信用活跃也有其现实必然性。当前我国一些地方出现的农村信用互助社和一些小型自募基金组织，运行灵活自如，具有较强的生命力，并有别于前些年由乡镇政府管理下的农村互助基金会等。但在我国现实国情下，并考虑到加入世贸组织以后全球农业的格局变化，仅仅依靠自发生长的民间信用打造现代农业显然不行。迄今为止的农村金融体制，包括正规金融与非正规金融，也包括作为我国政策性金融、商业性金融和合作制金融及其相应的制度安排，已经明显不适应当前新形势的要求。

当前农村金融弱化的根本原因：

1. 农村金融市场调节失灵

（1）外生金融体系面临较大变革，信贷支持不足

首先，政策性银行无力直接延伸到最基层去顾及农户的基本金融需要。农业发展银行“有头无脚”，业务单一，服务农村经济的政策性功能明显缺乏。一是对农副产品收购资金的封闭管理，由于在乡镇无分支机构监督，资金流失的情况时有发生；二是农业发展银行仅承担粮、棉、油收储贷款业务，事实上成了粮食部门的总管，根本不与农民发生信贷业务关系；三是农发行作为政策性银行，原规定其对农业提供基本建设和开发性贷款，但受多种因素影响而无力顾及，致使农业政策性金融有名无实。

其次，农业银行超负荷运行情况严重，资金供求矛盾突出。近年来，农业银行的工作主要放在筹措资金保证支付和清算票据上，难以保证足够力量支持农业及农业产业化龙头企业。同时，农业银行经营明确地向商业化方向转变。这一转变的重大结果是，近年来农业银行分支机构向城市收缩，设在乡镇的分支机构被大量撤并。仅 1998～2003 年间，全国农行网点由约 6 万个下降到不足 4 万个，县域网点收缩 1/3 强。信贷重心向城市倾斜或优质大项目集中，信贷管理权限全面采取上收一级的办法，县支行以下机构基本上只能发放 5 万元以下本行存单质押贷款，农行在乡镇的营业所主要任务是组织存款。中国农业银行 1998～2003 年农业贷款下降 1/4 强。

最后，农村信用社由于改革不到位，始终处于漂浮状态，且历史包袱沉重，没有能力为农村经济发展提供足够的资金支持。同时，出于自身利益的考虑，许多农信社相继放弃了为农村服务的宗旨，向盈利水平较高的领域发展，继而导致农村金融领域出现资金供给缺口，农民的贷款有效需求难以及时解决。

（2）民间借贷、地下钱庄有一定市场，但很不规范，孕育了高风险

被视为正规金融组织之外的为数众多的农村非正规金融组织和民间借贷活动，是因体制内金融制度（国有银行和农信社）的信贷供给不能满足农村经济发展的需求而不断内生出来的。

非正规金融组织（半公开状态的以历史上的农村合作基金会为代表）虽然具备金融深化的一些重要特征，但由于一开始就不具备法律地位，管理不够规范，且发展过快而出现了许多问题。比如，私人钱庄很多，高利贷发生率很高。

（3）农村金融资源非农化趋势加剧，农业信贷投放不足

由于内生金融的风险问题和外生金融支持不足，我国农村金融资源的非农化趋势加剧。农村资金不仅得不到“反哺”，反而日益流入非农产业（仅河南省县域邮政储蓄 1998 ~ 2003 年平均每年分流 240 亿元）。

2. 政策（制度）失灵

（1）不当的制度安排

农村信贷供给与需求差异，表面上是信贷资金投入数量、贷款结构和信贷品种不适应农村经济的需求，但本质是经济与金融的关系问题。从我国农村经济与金融的发展历程看，农业生产和农村经济的每一次大的飞跃，必然带来农村金融制度的大变革；另一方面，农村金融制度的变革又极大地影响和促进了农村经济的发展进程。以市场化为取向的农业和农村经济结构调整，极大地促进了农村生产力的提高；以商业化为取向的农业银行改革，主动撤并农村低效网点，提高资金效率和自身经济效益，其正确性毋庸置疑；在国家放开粮棉市场的背景下，政策性农副产品收购贷款投放减少无可厚非。关键是在农业银行撤出农村信贷市场、农业发展银行削减政策性业务减少农村信贷供给的同时，面对农村产业结构调整升级产生的巨大信贷需求，并没有金融机构为农村经济提供多元化和多样化的金融服务，而农村信用社作为支农主力军的改革不过是体制变动下的次优安排。国家没能从整体上对农村经济与金融改革进行统筹设计和制度安排才是形成农村信贷供求差异的体制原因。

（2）欠发达地区或传统农村金融在一定程度上具有准财政的性质

我国农村金融分为“吃饭金融”和“投资金融”。“吃饭金融”是指消费性借贷行为，这种借贷行为的需求弹性极小，往往构成传统意义上高利盘剥的基础；而“投资金融”是指投资性借贷行为，这种借贷行为的弹性较大，并且是农村经济发展的基础。

“吃饭金融”实际上是财政的职责，要求国家提供大量低利率资金维护农村地区的生产和再生产，乃至基本生存。农业生产和农村脱贫问题在世界上任何一个地方、任何一个时期都是一个需要财政巨额补贴的环节和方面。即便是 16 世纪的法国，19 世纪的日本还是现在的美国，都是如此。

“投资金融”则是市场经济发展的产物，是经济增长的前提，是金融安排的支持对象。这种金融安排关系到农村的资本形成。

但是在我国农村，农村金融的问题在于同时具有这两种金融的特点，而且相互之间很难加以区分。比如说，春荒赈粮，可以维持生命，也可能是投资获利。

然而正如前所述，“吃饭金融”经济效益差社会效益好，事关政局稳定；而“投资金融”不属于体制内，地位就没有那么重要了。

当财政在农村缺位时，金融就必然行使财政的职能。而当使用金融的方式去处理财政的问题时，就减少了“投资金融”的可用数量。当合理的投资资金需求在正式金融安排渠道中得不到满足时，非正式金融安排就必然盛行。

(3) 农业和非农业经济之间的金融困境

一般而言，农业发展更多地需要国家的扶持，而非农业经济的发展主要从蓬勃发展的农村工业或者服务业中得益。这种生产力的发展更加需要那些体制上更为灵活、更加市场化的金融支持。可以说，农村经济的发展在很大程度上由中国乡镇的企业或各类经济组织托起，而这些企业或组织能否得到足够的资金支持，是事关改革成败的重要问题。

而现状在于，农业的资金需求得不到财政的全面、有效的支持，政府就不得不通过“政策性金融”安排来弥补对农业的财政投入缺口；而为了保证这种金融安排的可行性，就必然对资金的价格、数量和获得资格作出限定，而不是像完全竞争市场中那样依靠价格调节供求。这样，农村非农业经济部门就被划分到了“体制外”，合理的金融要求就得不到正式金融安排应有的扶持，甚至会因为“破坏国家资金供求局面、增加农村金融风险”的原因遭到打压。这样，蓬勃发展的农村非农经济就只能借助于非正式金融安排来获取宝贵的资金。

(4) 缺少对农业信贷风险补偿和分散机制

一方面，农业是受自然灾害影响最大的行业。近年来，虽然国家加大对农业基础设施改造的投入力度，农业生产条件显著改善。但农业受旱涝和冰雹等自然灾害的事件年年都有发生，造成农业贷款项目不同程度地受损，部分农业贷款不能按时归还。另一方面，由于市场瞬息万变，而大部分农民信息观念不强、信息不灵，生产经营具有较大的市场风险，农户单一的小生产与大市场的矛盾突出，使农业贷款更具不确定性。在农村经济发展受到自然条件、市场双重约束，具有相当高的不稳定性和风险性的情况下，国家并没有真正建立起对支农信贷风险补偿机制和担保机制，必将导致支农信贷资金难以持续快速增长。

综上所述，市场与政策双失灵的后果是金融市场分割：正式金融与非正式金融的市场分割；生产性借贷（投资金融）和消费性借贷（吃饭金融）的市场分割；正式金融主体之间自然垄断、分业经营所形成的市场分割；政策性金融与商业性金融的分割，等等，形成资金链条中断或阻滞，资金循环或回流延缓，沉淀增多，并同时造成农村资金向城市、向东南沿海地区、向大企业、大项目集中，农村资金“大失血”，金融服务供给空缺。无论从历史和现实考察，其根本症结在于金融制度强制性变迁与金融体制改革与金融制度创新滞后并存，其效应叠加，造成的整体金融效率低下，储蓄与投资难以及时有效地转化、融合，农村金融需求压抑和金融供给不足已比较严重；在此背景或基本约束条件下，政策性金融效应受到严重限制、扭曲和抵消；农村金融资源自我整合能力下降，分离有余而协同不足，从而难以带动和引导农村生产要素的整合和产业结构升级。

五、农村金融政策抉择、制度安排及配套措施

当前，制约我国、特别是中西部地区“三农”发展的基本国情是农村人多、地少，成本高、风险大。商业银行从农村逐步淡出，亦属理性之举。综观全球金融服务业的变革态势，可概括为从“机构金融”向“功能金融”的转变：金融服务业正在整顿、兼并、重组，银行与非银行金融机构之间的实质差别越来越模糊，甚至金融中介与直接金融机构间的差别也在缩小，以前所明确划定的各类型金融机构的组织界限正在失去意义，金融服务业越来越倾向于突出其功能特色。引人注目的是，始于20世纪80年代的金融自由化浪潮，并没有因几次货币和金融危机的爆发而停滞不前，相反，在信息技术的飞速发展和国际服务贸易制度变迁等因素的推动下，全球再次掀起了势不可挡的金融自由化高潮。所不同的是，本次金融自由化正在致力于将工业部门的竞争原则引入到金融服务业中来，目的是要改善市场的效率和为用户提供方便。其结果是金融的经济功能得到了更有效的发挥，金融服务水平日益提高，储蓄者和投资者不仅能够享受到更优质的服务以及更高的投资回报，而且还拥有更多的分散风险的机会和手段。

欠发达地区的农村经济发展状况和金融需求有着明显的自身特点：差异性与多样性并存。因此，应始终坚持“因地制宜，与时俱进”的原则，在修正制度缺陷或进行制度创新时，可以借鉴但不能套用国外的或全国统一的模式；金融制度安排和金融方针、政策制定要具有科学性、适应性、前瞻性和可操作性；金融政策的实施要有明确的导向性、针对性和灵活性。

为了适应农业发展新阶段的要求，推动转型时期农业的可持续发展，首先必须对农村金融制度进行创新和调整，既要有利于加强农村金融管理，又要有利于改善农村金融服务。

（一）基本导向：转变增长方式，促进产业升级

在增长方式上，从主要是数量扩张的粗放型的金融服务转向质量与数量并重的集约型的金融服务。改革开放以来，农村金融方面走的基本上是数量扩张的粗放的外延型发展道路，无论是在组织规模上，还是在业务规模上，贪大求快，不注意质量和效益，形成潜伏着的金融风险。今后，应当按照数量与质量并重、集约化、内涵型为主的增长方式，以市场为导向，以效益为中心，切实防范和化解农村金融风险，寻求一个实实在在的经济效益和长远的社会效益，从而，以金融增长方式的改变影响或带动经济结构调整和产品升级。

（二）运行层面：扩大服务领域，提供多样化金融服务

在服务领域上，从主要是信贷方面的单一的金融服务转向投资、证券、保险等多样化的、综合型的金融服务。长期以来，对农业的金融服务主要是传统的存款、贷款和汇兑结算，近些年来，虽然发展了一些保险、信托、证券等业务，但还远远满足不了农业的多样化需求。农业发展不但需要传统的信贷工具，更需要金融市场的多种工具，需要金融业成为一个“百货公司”以供农业发展选择，供广大农民选择。特别是在世贸组织框架下，金融创新已经是摆在面前的一个紧迫而现实的课题。

●拓宽农业发展银行业务范围，充分发挥现有政策性银行的金融导向作用。在继续办理粮棉购销业务的同时，将农业综合开发、粮食生产专项贷款、农村基础设施建设和扶贫贷款等业务纳入农业发展银行业务范围，使农业发展银行真正成为资本实力强、支农力度大、名副其实的农业政策性银行。同时，国家开发银行也要创新服务方式和手段，探索有效增加“三农”和农村中小企业、民营经济等信贷投入的信贷品种和服务方式，满足农村经济多元化的资金需求。

●创新信贷支农方式和品种，满足农村多元化的信贷需求。农业银行上级行要加大对农业产业化企业的授信额度，允许县级行在上级行的授信额度内自主放贷，做到一次授信，循环使用，随用随贷，简化手续；探索对农业产业化企业的风险抵押金和仓单质押贷款操作办法。农村信用社的农户小额贷款，应根据农户的种养殖规模适当扩大贷款额度，一般情况下，单个种植业信用农户贷款余额可放大到1万元，单个养殖业信用农户可放大到2万元，对规模农户可发放额度更大的农户贷款；在贷款投向上，既要支持农户的生产经营加工，同时还要适当支持农户的投资和消费，做到为“三农”的产前、产中和产后提供系统化的优质服务。在贷款期限上，要根据农业生产经营周期合理确定贷款期限，使农业贷款期限与农业生产周期相匹配。同时，要尽力开办消费贷款、助学贷款等业务，扩大农村消费。

（三）市场环境：拓展融资渠道，增加直接融资

在融资形式上，从主要是间接融资的金融服务转向逐步扩大直接融资的农村金融服务。长期以来农村经济发展的外来资金除少量的财政拨款外，大部分是靠贷款，而贷款是靠中介机构金融部门提供的。这种间接的融资有着诸多的约束，往往满足不了借款者的要求。而政府对于民间自由借贷，无论是企业还是农户，基本上采取的是打击、抑制的态度，因此，造成了农业发展的资金困难。近年来，尽管对民间自由借贷采取了宽容的态度，但还没有赋予一个合法的地位，更没有民间借贷法的规范和约束。同时，近年来，随着资本市场的发展，一些大型

农业企业开始发行股票募集资金，但上市的企业和规模还适应不了农业需要，因此，适应农业发展新阶段的要求，一方面要提供优质的信贷服务，一方面要允许并规范直接融资行为，进一步扩大资本市场的筹资能力。同时，对于那些大型龙头农业企业，也可以进行将银行贷款变为企业股权的尝试，发展金融业的投资业务。

（四）体系层面：基于功能要求，发挥所有金融部门的作用

在金融部门为农业服务问题上，从主要是农村金融部门提供金融服务转向所有的金融部门都可向农业提供金融服务。提出这一制度，必须有相应的激励约束相容机制保障。首先，农村金融部门必须坚持为农业、农村和农民服务的方向，同时，政府及其中央银行和财政部门应当给予其一定的优惠政策。其次，对非农村金融部门，如果对农业、农村和农民提供了金融服务，那就应当让其享受与农村金融部门同样的待遇。这种政策在发达国家和发展中国家都曾有过，如美国的一般商业银行，如果对农业的放款达到全部放款的一定份额，就可以享受低税率的照顾。随着中国金融业的相互渗透和重新组合后，在农业发展新阶段中，单靠农村金融部门难以满足农业发展的需求，因此，应当面向整个金融部门寻求农业金融服务的政策出路。

（五）宏观层面：建立具有适应性的农村金融政策调控体系

全国统一的金融宏观调控模式，缺乏完善有效的适应性，不利于中西部地区农业的发展。在金融宏观调控上，我国实行的是全国各地区统一的运行模式，都受到上级行的直接控制，而上级行的政策规定又很难顾及区域经济发展特点，这就使得地方金融机构在支持当地经济发展和服从上级行调控之间产生矛盾。特别是中部地区主要以农业生产为主，相对于其他非农业地区而言，农业对经济增长的作用突出，强化中部地区金融对农业的支持，对于促进该地区国民经济的增长至关重要。然而，由于农业是一种“弱质”产业，潜在的风险较大，各金融机构在其上级行效益目标原则指导下，很难自主加大农业信贷投入。在政策倾斜上，中央银行给中部地区农业的金融优惠仅限于部分专项优惠资金的供给，而全方位的优惠政策支持则明显不足：一是缺乏有区别的有针对性的区域农村货币政策。目前，无论是从货币供应量还是准备金比例、利率管制和再贷款等货币政策手段的运用上，均未体现对中部地区金融支持的倾斜性。二是缺乏引导完善中部地区农村金融组织体系的鼓励性政策，且对金融机构的市场准入和退出、业务经营范围限制过死。三是对有关直接融资的市场准入条件等方面的政策管制过严，缺乏灵活性。四是缺乏因地制宜、“适销对路”具有较为灵活应变能力的产业金融和区域金融分层次、分区域、分重要产业的金融结构调整体系和制度安排。在

宏观调控中首当其冲的往往是相对落后的地区和基础产业。

（六）政策导向：加大经济结构调整力度

在农产品生产上，从主要是对初级农产品生产的服务转向逐渐增加农业产业化的服务；在农产品的市场上，从主要是对面向国内市场的服务转向面向国内、国际两个市场的服务；在农业的所有制结构上，从主要是对公有制经济的服务转向支持各种经济成分发展并逐步扩大对非公有制经济的服务；在农业的经营规模上，从主要是对小规模生产的服务转向对具有规模效益的适度规模生产的服务；在农业与农村社会的综合发展上，从主要对农业生产的服务转向逐渐扩大对乡村中小企业发展及小城镇建设的服务；在提高农民生活质量上，从主要是对生产经营的服务转向对教育、信息、交通、建房等消费也提供服务。上述有些政策可以一步到位，有些政策必须循序渐进；有些政策可以单独操作，有些政策则必须综合动作，有所为，有所不为，根据农村农业生产的发展变化适时调整，从政策上切实实现农村金融对农村、农业发展的支持作用。

（七）加快县域金融体系重构

当前，县域金融体系整体萎缩，是金融政策传导阻滞和制约县域经济及“三农”发展的重要原因。重构县域金融体系既要重视并充分发挥现有的县人民银行和政策性银行的政策引导和金融服务功能，以及农村信用社的主力军作用，还应尝试在政策和法规约束引导下，在县域面向广大乡村建立正规的民营合作金融机构，为广大农民提供“可口对路”的自助式金融服务，并与农村存款保险机制同步建立。此举将对探索建立民营银行提供成功经验，对及时满足广大农民现代金融需求产生积极和深远的影响。

（八）发展农村担保与重构社会信用体系同步

对贷款的农户或企业提供担保，应当成为完善农村金融服务中的一项新业务。政策性保险公司可以开办贷款担保业务，其保险的对象可以是借款方——农户或企业，也可以是贷款方——农村金融机构。这应是一种优化考虑的办法。也可以探索成立担保公司或担保合作社，由借款人（农户或企业）合资组建，当发生风险损失时，由担保公司或担保合作社负责补偿。针对农户和农村中小企业的实际情况，研究实行多种形式的抵押、质押办法，鼓励政府出资的各类信用担保机构积极拓展农村担保业务，有条件的可设立农业担保机构，建立担保基金。鼓励现有商业性担保机构开展农村担保业务。同时，建立适合农村社会特点的征信、评估体系，进一步加快农村信用乡村建设和农村金融生态培育步伐，从总体上降低社会融资成本。

（九）发展农村互助基金和农民互助组织，促使民间信用健康、有序地发展；积极探索农村小额信贷的多种实现途径

在现有金融机构不能充分满足农民贷款需要的情况下，要切实研究在农村发展直接为农业和农村经济服务的多种所有制的金融组织，充分利用和引导民间的各种资金，为农业和农村经济发展服务。同时，可以由民政部门通过向社会发彩票的办法募集资金，反哺农村文、教、卫等公共福利事业；也可以吸取云南省村民自治信贷基金（YUEP）的经验，设立贫困地区的农民互助基金，周转使用；还应积极探索农村小额信贷的多种实现途径。

（十）通过融资机制创新，促进信用环境或金融生态的改善

云南省村民自治信贷基金（YUEP）的经验，以及茅于轼陕北村民信贷基金的建立和成功运作，不单纯是解决了农民的温饱问题，更重要的是培养了农民守信的意识。因此，对守信与失信的研究仅仅停留在现实需求上是不够的。需要反思的不仅仅是市场的外部性，更重要的是政府为市场所安排的制度环境的优劣影响。

（十一）对农村政策性保险等提供强有力的政策扶持和法律保障

确定农业保险的模式——政策支持型。鉴于农业保险的高风险，完全的市场化模式很难让农业保险发展下去，因此，立足于中国的实际情况，借鉴国外的经验，可以考虑建立以商业为主，以政策支持为辅的农业保险模式。根据我国的情况，可实行以下具体做法：建立中央与地方两级保险机制，建立国家农作物保险公司，地方各级设立分公司，由分公司选择一些商业保险机构来直接经办业务，国家保险公司则从政策上给予支持，并对下面的分公司经营再保险业务，分公司同样对其选择的商业保险机构实施再保险。

要尽快制定保护农业保险发展的《农业保险法》。目前我国的《保险法》主要是对商业性保险的规定。要切实保证农民的收入，首先要重视农业保险的立法，用法律的形式明确政府在开展农业保险中所应发挥的职能和作用。避免政府支持农业保险的随意性，或因财政而忽视对农业保险的支持，并以此提高农民的保险意识。同时，也要明确经营主体应该享受的政策支持、农业保险补偿体制框架、政府各部门的协调机制，等等。另外，鉴于目前我国农民的保险意识仍比较淡薄，还要从政策上规定对农业保险部分险种实行法定保险。

我国成为世贸组织成员国后，应该充分利用世贸组织规则所允许的农业收入扶持政策，即“绿箱政策”，对关系国计民生的重要的种植业和养殖业标的保险进行保费补贴，将中央和地方对农业保险的财政补贴纳入每年的财政预算中，既

减轻农民的保费负担，增强农民对农业保险的有效需求，又使农业保险经营主体成为农民灾后补偿的主要经济主体。

（十二）近期应加大农村金融整合作用

当前，在现有金融体制条件下，要尽力尽快地加大金融支农力度，关键是正视现实国情，基于未来，基于农户金融需求及金融功能，要改变拿国外或用城市金融的模式或金融体系去解决我国农村金融问题的思维模式。对于我国农村，要切实转变正规的、严谨的、大的、现代化的、机构多的就是好的固化观念（反向思维，我国农村现实国情恰恰相反）。可采取四法并用的整合协同方式，从整体上强化金融支农的作用。

●加法：基于农户金融需求及金融功能，增加全方位的金融服务供给，提高农民的综合生产能力，增加农民收入和提高农民生活质量。贷款需求方面，应增加为农村基础建设服务的开发性贷款和为农户服务的投资性（主要是交通工具与建房等）及消费性（主要教育与医疗等）贷款等，进一步加大小额信贷支农力度，进一步完善小额贷款办法（贷款条件、金额、品种、周期等）；在融资方式上应加大包括民间融资在内的直接融资比重；在政策和制度层面进一步加大对政策性农业保险和互助基金保险等农业补偿组织的支持力度；进一步完善农村信用证发放办法，进一步建立健全农户和农村中小企业档案，逐步形成健康的有中国农村特色的基于农户信用和未来成长的良性、高效的金融生态环境。

●减法：基于我国农村特点和农村经济金融需求功能，减少金融制度性和功能性障碍。一是降低农村金融组织准入门槛，逐步形成功能齐全、有序竞争的完善的农村金融服务体系；二是降低农户金融服务门槛，减少农民开户、取现、办证、存款、贷款、保险等相关金融服务环节，尽快形成基于农户的金融服务，通过代理委托等形式实现综合化、一站式、及时便捷、全方位的金融服务，不断提高农村金融服务的效率与质量。

●乘法：基于未来农村经济改革和对外开放、产业结构调整的发展趋势，农村金融要着眼于农业现代化（产业化和特色化及标准化）支持，并通过重点对农业科技开发和教育的金融支持，倍增农业附加值，进而倍增农民收入，从而实现农村金融与经济的良性循环。一是充分发挥龙头企业和合作农民经济的带动或纽带作用，关注并择优给予大力支持；二是对于农民工培训基地和农村教育事业的资金不足及时给予支持；三是对于农村各类内外贸市场基础建设给予适当支持。

●除法：主要是着眼于全面提高三农的整体产出率（减小分母）。一是除加大农民工培训力度以外，还要加大对县域中小企业的支持力度，不断提高农民工本地就业率；在全国加大教育贷款支持力度和大学毕业生创业贷款支持力度（同样是基于本人信用和未来成长性）。二是逐步降低或减免从事农村金融服务机构的税赋和及时冲销政策性亏损，逐步形成农村金融正向激励与约束相对称的长效机制，并有利于农村资金回流机制和良性金融生态的逐步形成。

参考文献

1. 白钦先、曲昭光：《各国政策性金融机构比较》，北京，中国金融出版社，1993。

2. ［美］理查德·基钦：《发展中国家的金融》，中译本，哈尔滨，黑龙江人民出版社，1990。

3. 徐更生：《美国农业政策》，北京，中国人民大学出版社，1991。

4. 刘斌等：《中国三农问题报告》，北京，中国发展出版社，1994。

5. 张杰主编：《中国农村金融制度》，北京，中国人民大学出版社，2003。

6. 于海：《中外农业金融制度比较研究》，北京，中国金融出版社，2003。

7. 宋宏谋：《中国农村金融发展问题研究》，太原，山西经济出版社，2003。

8. 河南省农调队：《河南农村统计年鉴》，郑州，河南省农调队编印，2004。

9. 河南省统计局：《河南统计年鉴》，北京，中国统计出版社，2004。

10. 中国人民银行：《中国金融年鉴》，北京，中国金融年鉴社，2003。

11. 张炜：《中国金融制度结构和制度创新》，北京，中国金融出版社，2004。

12. 曹和平：《中国农户储蓄行为》，北京，北京大学出版社，2002。

13. 唐旭等：《金融理论前沿课题》，北京，中国金融出版社，1999。

14. ［英］基恩·卡恩伯森：《货币供求》，北京，中国金融出版社，1990。

15. 朱明春：《产业结构·机制·政策》，北京，中国人民大学出版社，1990。

16. 吕福新：《中国经济过渡的典型分析》，北京，中国人民大学出版社，1998。

17. 胡炳志：《中国金融制度重构研究》，北京，人民出版社，2003。

18. 江其务：《制度变迁与金融发展》，浙江，浙江大学出版社，2003。

19. 林毅夫：《再论制度、技术与中国农业发展》，北京，北京大学出版社，2000。

20. 苏明：《中国农村发展与财政政策选择》，北京，中国财政经济出版社，2003。

21. 樊胜根：《经济增长，地区差距与贫困》，北京，中国农业出版社，2002。

22. 杨德才：《工业化与农村发展问题研究》，北京，经济科学出版社，2002。

存款人及投资者保护制度研究

中国人民银行金融稳定局课题组

课题主持人：易　诚

主要参与者：严海波　魏加宁

第一部分　研究概况

一、研究现状

（一）国际

根据美国联邦存款保险公司出版的《存款保险：文献批注》统计，1989～2002年，有关存款保险研究的文献共有800多篇，既有理论研究也含实证分析。有关研究主要集中在六个方面：一是存款保险基础理论，主要研究存款保险和金融稳定的关系；二是存款保险制度设计，侧重分析和借鉴其他国家存款保险经验，结合国情提出最优设计方案；三是存款保险定价，研究如何估计存款保险的价值，应用期权定价公式计算存款保险费率，以及固定费率和风险调整费率对银行投资行为的不同影响；四是政府对投保银行的管制和监管措施，研究如何对投保银行进行有效监管，并且讨论不同的银行监管政策对存款保险价值的影响；五是存款保险的经济学，研究在存款获得保险的情况下银行投资行为如何变化，并且分析存款保险的成本和收益；六是国家案例，主要分析不同国家和地区存款保险制度的特点以及存在的问题。此外，一些国际组织如国际货币基金组织、世界银行等专门成立了存款保险研究小组，不定期举行国际研讨会、在网站公布相关数据库和研究成果，为打算建立或进一步完善存款保险制度的国家提供技术指导和政策建议。国际组织的研究主要集中在两个方面：一是评估各国现行存款保险制度的运行绩效，并提出改革建议；二是研究具有哪些特征的存款保险制度有利于金融稳定。另外，国际存款保险者协会（International Association of Deposit Insurers，IADI）也不定期举行国际研讨会，邀请成员和非成员国家参加，交流有关存款保险制度发展和存款保险研究的最新动态。

（二）国内

国内对存款保险的研究始于20世纪90年代初。据中国学术期刊网数据库统计，1994～2004年，国内有关存款保险研究的文献共计513篇，其中357篇是1999年以后发表的。据课题组搜索，有关存款保险制度研究较为系统的学术专著有三部、译著一部，分别是：《存款保险制度及中国模式》（杨家财，中国金融出版社，2001年），《存款保险制度研究》（何光辉，中国金融出版社，2003年），《存款保险：理论和实践》（贺瑛，上海财经大学出版社，2003年），《存款保险制度的现状与良好做法》（吉莉安·加西亚著，陆符玲译，中国金融出版社，2003年）。另外，段辰菊博士的学位论文《存款保险制度研究》（北京大学，2004年5月）也对存款保险的理论、制度和实践进行了系统研究，但未公开出版。

人民银行对存款保险的系统研究始于1998年8月，经历了两个阶段。第一个阶段是1998年8月至2002年11月。1997年全国金融工作会议提出，要研究和筹建全国性中小金融机构的存款保险机构。根据此次会议以及《中共中央国务院关于深化金融改革，整顿金融秩序，防范金融风险的通知》精神，人民银行于1998年8月开始着手研究存款保险制度。经过约四年时间的研究，在借鉴国外经验的基础上形成了有关中国存款保险制度基本框架和关键要素选择的专题报告。第二个阶段是2004年初至今。2004年初，温家宝总理在全国银行、证券、保险工作会议上的讲话中明确要求，人民银行要“探索建立存款保险和投资者风险补偿机制”。据此，人民银行在前期研究的基础上，针对我国经济金融领域出现的新情况、新问题，继续就建立我国存款保险制度的必要性、可行性和有关制度设计等问题进行深入研究。与此同时，证监会、保监会也进一步加快了有关投资者保护制度和保险保障制度的研究步伐。

从研究现状看，2004年以前，国内存款保险研究主要集中在两个方面：一是介绍和比较国外存款保险制度和经验；二是对中国建立存款保险制度的一般性建议。对中国建立存款保险制度的可行性分析、存款保险体系具体制度设计等操作或准操作层面的研究和讨论涉及不多。而对投资者保护制度和保险保障制度的全面、系统研究则是2004年以后才开始的。

二、课题重点

较为完善的金融服务赔偿体系一般由存款保险制度、投资者保护制度和保险保障制度三部分构成，其中存款保险制度是核心。本课题研究循上述三部分内容分头展开，但重点在存款保险制度。另外，根据我国存款人（投资者）保护制度建设进程的实际需要和相关研究已经形成的成果情况，每一部分的研究各有侧重。

（一）存款保险制度

在国外存款保险成功经验归纳和制度比较方面，我国的研究已经比较成熟和系统，代表性的文献至少包括：《构建中国存款保险体系的若干思考》（中国人民银行存款保险课题组，《中国金融》，2003 年，第五期）、《存款保险及其国际实践经验》（刘元等，《中国金融》，2003 年，第五期）、《存款保险与道德风险》（潘颖等，《中国金融》，2003 年，第五期）、《存款保险制度的现状与良好做法》（吉莉安·加西亚著，陆符玲译，中国金融出版社，2003 年）、《存款保险制度研究》（段辰菊，北京大学博士研究生学位论文，2004 年 5 月）等。

另一方面，存款保险制度建设进程进一步加快，已经由单纯的学术讨论发展到具体制度设计、相关法规制定和推出时机选择的政策实施阶段。与此相应，存款保险研究的重点也应当由国外经验介绍适时转移到如何建立我国存款保险制度等具体政策建议层面上来。

从以上两方面考虑，本课题对存款保险制度的研究主要侧重两个方面，一是我国建立存款保险制度的必要性和可行性，二是中国存款保险制度框架设计。但是，为保持研究的完整和延续，在引用他人研究成果（刘元等，《存款保险及其国际实践经验》，《中国金融》，2003 年，第五期）的基础上，本报告对国外存款保险最佳实践经验也作了相应的介绍。

（二）投资者保护制度和保险保障制度

与存款保险制度相比，投资者保护制度和保险保障制度相对简单，涉及面较窄，对金融体系的影响也比较小。另外，《保险保障基金管理办法》已经公布并开始实施，有关证券投资者保护制度建设的各项准备工作也已基本就绪。

因此，与存款保险正好相反，本课题对投资者赔偿制度的研究，重点在国际比较和制度原理的说明，对我国有关制度建设情况仅作简要介绍；对保险保障制度的研究本打算也把重点放在国际比较，但由于时间和资料获取等方面的原因，对保险投保人保护制度的国际比较研究不够充分、系统，仅对美、日两国的情况进行了简要介绍。

第二部分　存款保险制度

一、存款保险及其国际实践[①]

存款保险是指为从事存贷款业务的金融机构建立专门的保险机构，投保成员机构定期向保险机构缴纳保费，当投保成员机构面临危机或破产时，保险机构向其提供流动性资助或者代替破产机构在一定限度内对存款人予以赔付的制度。存款保险制度的核心在于为金融体系提供有效安全网，防止存款人因个别金融机构倒闭而对其他金融机构失去信心，由此导致银行挤兑，从而引发金融危机。

由于经济体制、金融体制、法律体系和经济发展水平不同，世界各国存款保险制度存在较大差异，但是其基本目标却是相同的：一是保护存款人尤其是中小存款人利益；二是建立对出现严重问题濒于倒闭的银行进行处置的合理程序；三是提高公众对银行业的信心，保证银行体系的稳定。

（一）存款保险的基本模式

存款保险制度最早出现在19世纪。1993年美国联邦存款保险公司的建立确立了现代存款保险制度的基本模式。对于存款保护（保险），通常有以下几种方式供选择：（1）政府明确宣布拒绝对存款人提供保护，如新西兰；（2）政府不对存款人提供存款担保，但是明确规定存款人在银行破产清算过程中的清偿顺序优于其他债权人，如澳大利亚；（3）政府提供隐性的存款保险；（4）政府明确对存款人提供优先赔付额度的保护；（5）政府明确宣布对所有存款提供保护。从各国实践看，选择前两种方式的国家极为少见，最后一种方式常见于发生金融危机的国家。因此，按照国际通行的理论，存款保险可以分为显性存款保险和隐性存款保险两种。

显性的存款保险制度是指国家以法律的形式对存款保险的要素、机构设置以及有问题机构的处置等问题作出明确规定。显性存款保险制度的优势在于：（1）明确银行倒闭时对存款人的赔付额度，稳定存款人的信心；（2）建立专业化机构，以明确的方式，迅速、有效地处置有问题银行，节约处置成本；（3）增强银行体系的市场约束；（4）明确银行倒闭时各方责任。

---

① 对国际存款保险成功经验的归纳，国内外的研究已经比较成熟和系统，因此本报告对这方面的阐述，引用了下列文献的成果：《构建中国存款保险体系的若干思考》（中国人民银行存款保险课题组，《中国金融》，2003年，第五期）、《存款保险及其国际实践经验》（刘元等，《中国金融》，2003年，第五期）、《存款保险与道德风险》（潘颖等，《中国金融》，2003年，第五期）、《存款保险制度的现状与良好做法》（吉莉安·加西亚著，陆符玲译，中国金融出版社，2003年）。

隐性的存款保险是指国家没有对存款保险作出制度安排，但是由于政府在以往银行倒闭时对存款人提供了某种形式的保护，因而形成了公众对存款保护的预期。目前有55个国家实行隐性存款保险制度，其基本特征包括：（1）法律没有明确规定对存款人的保护以及存款保险制度的相关要素；（2）没有建立处理银行市场退出以及赔付存款人的相关机构；（3）在银行倒闭时，没有建立专门负责赔付的基金；（4）社会公众对政府提供存款保护存在一定程度的预期。

理论上，隐性存款保险也有一定优势。首先，由于无须建立专门的存款保险机构，因而可以维持较低的管理成本；其次，政府在处理银行倒闭时，可以针对不同问题采用不同的保护措施；再次，由于政府没有明确赔付标准，存款人的预期具有一定的不确定性，因此可以促进存款人监督金融机构，在一定程度上降低道德风险。但是从各国的实践经验来看，由于缺乏专业机构和人员，低成本的好处往往会被危机处理过程中的低效率所抵消；由于没有事先的基金积累，缺乏足够的资金来处置有问题银行，必然会削弱政府在处置过程中的灵活性；存款人比较倾向于相信政府不会让大银行或国有银行倒闭，因此降低道德风险的作用也只能对中小银行有一定的作用。

（二）存款保险机构的职能

由于各国存款保险机构设立的目的不同，其功能和职责也有所不同。国际货币基金组织（IMF）的调查结果①显示，在建立存款保险制度的68个国家中，有34个国家的存款保险机构职责较为单一，仅负责对存款人进行赔付，也称为“付款箱”（pay－box）功能。其他国家存款保险机构的职能则比较广泛，主要包括：

1. 向存款人提供存款保险

存款保险体系在政府直接或间接支持下，对保险的存款进行担保，维护公众对银行业的信心，防止银行的“挤兑传染”，保持银行系统稳定。各国存款保险机构都具有这一基本功能。

2. 对投保成员机构实施监管

部分存款保险机构在提供存款保险的同时，还被赋予对其成员机构进行监管的职能。存款保险机构对银行的监管包括定期与不定期要求商业银行提供财务报表，采用CAMEL评级法对资本充足水平、资产质量、流动性等进行评估，必要时有的还可以进行现场检查。

3. 对有问题银行实施市场退出

对出现严重问题、破产或行将破产的银行进行处置，是存款保险机构的重要

---

①　吉莉安·加西亚著，陆符玲译，《存款保险制度的现状与良好做法》，中国金融出版社，2003。

职能之一。处置办法包括：（1）对倒闭银行进行清算，并负责赔付受保存款。（2）由其他银行竞价购买倒闭银行有价值的资产，包括现金、有价证券、不动产等。竞胜者在收购这些资产的同时承担倒闭银行的存款债务。在倒闭银行资不抵债的情况下，存款保险机构提供额外的资金以填平缺口。（3）由存款保险机构公开承诺对被处置银行的所有存款和其他债务予以完全保护，使银行现有服务不被中断，以此恢复公众信心，同时将银行坏账予以剥离，并通过购买银行优先股和债券向银行注入资本，以达到救助目的。

存款保险机构对有问题的银行的尽早介入，可以有效控制有问题的银行的风险，降低处置成本。在有问题的银行市场推出的过程中，通过对存款人进行赔付，可以稳定公众信心，同时，对有问题的银行的有效处置和专业化的清算工作，使有问题的银行能够迅速、有序、平稳地退出市场，达到优化金融资源配置的目的。

（三）存款保险可能引发的负面影响

各国的实践证明，在经济状况和银行体系稳定的条件下，设计良好的存款保险制度可以使金融安全网的功能得到充分发挥。但是，存款保险制度设计中可能出现的负面影响也不容忽视，设计不佳的存款保险制度会降低对参与者的激励，削弱市场约束，从而引发道德风险、逆向选择和代理问题，不利于金融长期稳定。

1. 道德风险问题

道德风险问题是指由于存款保险制度的存在，存款人放松了对银行的监督，削弱了银行的市场约束。同时，在实行统一费率的情况下，投保银行的风险不与保费挂钩，银行的经营者意识到由于有政府提供贷款保护，挤兑是不可能发生的，因而银行倾向于选择风险更大的资产组合。许多研究表明，存款保险最大的负面影响就在于可能引发道德风险。在建立存款保险体系的同时，可以通过一系列的措施来有效防范和控制道德风险。这些措施包括：健全银行的公司治理结构，通过合理设计存款保制度框架和要素来加强市场约束，强化银行监管等。

2. 逆向选择问题

逆向选择问题是指在自愿型、统一费率的存款保险制度中，存款保险制度对经营不善的银行会更加具有吸引力，经营状况最佳的银行有可能选择退出存款保险体系。由此就会引起其他银行的保费上升，用以抵补处置有问题机构产生的成本。此举势必引发另外一些经营状况良好的银行退出存款保险机制。周而复始，最后只有有问题的银行会保留在体系内，使存款保险体系变得十分脆弱。

3. 代理问题

代理问题源于在存款保险制度下，存款保险机构与政府部门、投保银行、存款人与纳税人各方之间的委托—代理关系。例如，存款保险机构有可能将自身利益置于存款人和纳税人的利益之上，从而延缓对有问题银行的处置，导致处置成本增加。此外，存款保险机构还有可能受到行政因素影响，对一些机构予以特殊对待，因而损害了存款人的利益。因此，存款保险机构必须在独立运作与决策的同时，与中央银行、监管当局以及其他政府部门相互合作，共享信息，提高决策与实施过程中的透明度。

（四）存款保险的最佳实践

存款保险制度自 1933 年于美国问世以来，便处于不断完善之中。实践表明，为了使存款保险能够有效地促进金融体系的稳定，除了制度本身设计良好外，还必须依靠监管当局的审慎监管、银行稳健的财务制度和信息披露体系以及行之有效的法律法规作为强大支持。设计良好的存款保险制度应该是一种激励兼容型机制，也就是通过制度环节的设计来形成各种合理的激励机制，以促进存款保险制度所涉各方良性发展，从而达到维护金融稳定的目的。

国际最佳实践经验表明：有效的存款保险制度首先应具有足够的社会公众信任度。因此，存款保险制度必须以法律的形式予以明确规定，以作为存款保险得以实施的重要保证。同时存款保险机构所代表的应是存款人和纳税人的利益，拥有足够的透明度，以增强公众信任度。此外，存款保险机构还应具备充足的资金来源以及特别融资的权利，保证在需要时保险基金足够赔付存款人和承担处置有问题机构的成本。

其次，在机构设置上，由于存款保险与最后贷款人和银行监管者的作用不同，因此应设立独立（或相对独立）的存款保险机构，专门行使存款保险的职能，以避免受其他行政因素的影响。如果中央银行同时负责存款保险，势必影响中央银行货币政策的独立性与公正性，并且与中央银行最后贷款人的功能在一定程度上存在利益冲突。此外，如果存款保险机构隶属于银行监管当局也可能导致道德风险。由于银行倒闭在某种程度上证明监管工作存在不足，因此监管当局更倾向于采用各种方法使濒临倒闭的银行继续经营，很难以最小成本原则对有问题银行及时关闭，时机的拖延无疑会造成处置成本的增加。与此同时，为更有效地履行职能，存款保险机构必须与金融安全网的其他参与者紧密合作，共享信息资源。

此外，在存款保险制度的要素设计上，应形成对各方的合理激励机制，有效防范与控制道德风险和逆向选择。

1. 强制型的存款保险制度

如前所述，自愿型的存款保险制度容易引发逆向选择问题。因此，在目前建立了存款保险制度的国家和地区中，80%实行强制型存款保险制度，一些实行自愿型存款保险的国家也正逐步向强制型转变。

2. 风险差别费率制度

这种费率制度是指投保成员银行按照自身不同的风险等级，以不同费率缴纳不同金额的保费。单一费率制度计算方法简单，且易于管理，而按照风险评级制定的风险差别费率制度则更能准确反映银行承担风险的状况，使风险与收益相匹配，从而有效防范道德风险，约束银行的风险行为，督促银行审慎经营。

3. 合理的保险范围和较低的赔付标准

在确定保险范围的时候，通常会将部分存款排除在外，以有效提高市场约束，降低道德风险。这些存款包括银行同业存款、政府存款、专业投资者存款（如共同基金）、银行所有者和经营者存款等。有的国家还采取存款人与存款保险机构共同保险的方式，也就是说，保险机构按照一定比例对存款人进行赔付，使双方共同承担风险损失，以增强存款人对银行进行监督的激励。保险赔付的最高标准一般按照人均 GDP 的若干倍数来确定，国际货币基金组织推荐的标准为 3 倍。另一个在国际上比较认同的赔付标准是使 90% 的存款人得到全额赔付。赔付标准的制定应当做到在保护存款人利益的同时，将标准降到最低，以有效防止道德风险的产生。

4. 及时处置有问题银行和赔付存款人

建立存款保险的目的是为了增强公众对体系的信心，因此无论对有问题机构的处置还是对存款人的赔付，都必须做到迅速、及时。

二、中国建立存款保险制度的必要性和可行性

（一）建立存款保险制度的必要性

无论在发达国家还是发展中国家，个别银行出现流动性问题甚至发生倒闭，都是不可避免的事情，这是由银行业的资产负债特点所决定的。因此，对银行进行救助或对倒闭银行的处置是各国政府都必须面对的问题。对经营失败的银行，最直接简单的处置办法就是破产清算，由股东、存款人来承担破产损失，无须动用政府的财政资金补贴，纳税人几乎不用付出任何代价。这既符合优胜劣汰的市场原则，又可以提高监管的效率，防范因政府财政性救助而引起的道德风险。然而，银行存款、同业拆借等业务所具有的公共性、外部性特征，决定了银行风险极易在行业之间相互传导，产生共振，银行的倒闭会引起社会公众信心危机，进而会冲击金融体系和经济体系，给整个社会带来严重的负面影响。所以大多数国家的银行监管机构都不会对银行倒闭坐视不管。

建立存款保险制度，由成员银行分担个别机构经营失败风险，是国际上比较通行的做法。目前，有 67 个国家和地区先后建立了存款保险体系，主要发达国

家都有比较完善的存款保险制度。这些国家多年的实践证明，良好的存款保险制度，在提高公众对金融机构的信心、形成有效的市场退出机制、减轻政府负担、降低金融风险、维护金融安全等方面发挥了巨大作用。存款保险制度与金融监管当局的审慎监管以及中央银行的最后贷款人功能共同构成金融安全网的三大基本要素。

从近几年我国金融机构市场退出的实践看，国家事实上承担了对银行存款的保险责任。在对金融机构实施市场退出的过程中，中央银行和地方政府承担退出机构的债务清偿；对个人债务实行全额偿付；机构债权人只能参与退出机构支付个人债务之后的剩余财产清盘。这种做法对保护个人利益、维护社会稳定曾起过一定的积极作用。但随着经济金融改革的不断推进，其严重弊端也不断暴露出来，必须尽快转变。

1. 国家动用财政资金全额补偿金融机构的个人债务缺乏公平公正，会引发巨大的道德风险，易于鼓励或诱发金融机构的恶意经营

对个人储蓄存款优先偿付，没有体现对债权人的公平原则。《中华人民共和国商业银行法》第七十一条规定："商业银行破产清算时，在支付清算费用、所欠职工工资和劳动保险费用后，应当优先支付个人储蓄存款的本金和利息。"《金融机构撤销条例》第二十三条规定："被撤销的金融机构清算财产，应当先支付个人储蓄存款的本金和合法利息。"这些规定使个人和机构债权人处于不公平的受偿地位，而且也引发了一些名义为机构债但实质为个人债的纠纷，比如社保基金存款、职工互助储蓄存款、村民征地款等。

从中国近几年关闭的金融机构看，这些金融机构的清算资产均不足以全额清偿个人债务，但国家为了保社会稳定，让财政出资（地方政府向中央专项借款）或直接用中央银行再贷款全额补偿了个人债务的合法本息（其实许多债务是违规、非法的），这不但不能提高居民的风险意识，还鼓励了他们的侥幸心理，使他们不关心金融机构的经营状况，不关心金融产品的合法合规性和风险度，削弱了对金融机构的市场约束。

此外，国家出资全额补偿个人债务，也鼓励或诱发了金融机构的恶意经营行为，使客户成了恶意经营者手中的"人质"。有的金融机构在从事不正当经营活动造成大量亏损后，采取非法手段吸取资金，进一步进行赌博式经营，有的甚至有意掏空转移资产，化公为私，甚至在国家出面关闭、清盘时，伪造存款凭证，再次骗取国家资金补偿。其深层次的原因，就在于有国家最终补偿兜底的思路作祟。

2. 建立存款保险制度是社会主义市场经济的必然要求

如果说在计划经济制度下，所有银行是国家所有，当其出现支付危机时，国家优先照顾个人有其合理性。目前，随着市场经济体制的逐步建立，金融机构股

权的多元化，金融机构中外资、民营资本逐步增多。当这些机构发生支付危机时，由国家出面拿纳税人的钱去补偿，无疑是一种角色错位。通过建立显性的存款保险制度，要求存款类金融机构都缴纳保费，用这些资金来救助出问题的个别金融机构，是比较合理的，也将大大缓解政府的压力。

另一方面，在社会主义市场经济条件下，市场约束力与外部监管同样非常重要，而国家补偿从根本上削弱了市场约束作用的发挥。取消国家补偿、建立市场化的有限补偿机制，必然促使居民、企业、各类社团增强风险意识，主动判断金融机构的风险程度，并加以慎重选择，充分发挥市场约束作用。同时，根据金融机构风险程度的高低，设置不同的保险费率。风险越大，破产概率越高，保费就越高；经营状况越好，抗风险能力越强，保费就越低。由此形成正向的激励机制，也可起到辅助风险监管的作用。

3. 建立存款保险制度是我国金融改革的需要

目前，农村信用社改革已在八个省（市）试点的基础上扩大至其他 21 个省（区、市）。从试点情况看，改革后的农村信用社，产权模式有合作制、股份合作制和股份制；新注资本多来自农民、个体工商户和私营企业等民间成分。改革全面推开后，农村信用社法人机构数仍将保持在一万余家。由于信用风险、内控机制和监管手段等因素，农村信用社出现倒闭肯定是存在的。在这种情况下，农村信用社因经营不善无法偿付债务时，地方政府不可能用财政资金“兜底”，中央银行也不可能用“再贷款”偿付农村信用社的债务，建立存款保险是必然的制度安排。对于拟实施或正在实施股份制改造的四大国有商业银行，国家应当依出资额承担有限责任，不宜再由国家信用对存款作全额担保，将它们纳入存款保险体系也是较好的制度安排。

4. 建立存款保险制度是实施新《企业破产法》的必然要求

过去，我国金融机构的市场退出多采取行政关闭的方式。该方式使政府成为矛盾的焦点，个人债务是否全额偿付、机构债务偿还比例等问题无法可依，难以妥善抉择。个人债权人往往要价过高，机构债权人又要求平等的偿债权利，造成关闭过程漫长，矛盾重重，影响了社会稳定和社会公平。建立市场化的风险补偿机制，完善法律法规，确立明确的补偿规则，使金融机构的市场退出更多地采取破产的方式，减少行政关闭方式，是金融业健康发展的方向。新的《企业破产法》已于 2004 年 6 月进入一审。审议中的《企业破产法》将所有商业银行和其他金融企业纳入调整范围。因此，应当加快存款保险制度的建立，使之与新的企业破产法相配套。

（二）建立存款保险制度的可行性

从建立存款保险制度国家的成功实践来看，良好的外部环境，如发达的社会信用、健全的金融体系、有效的金融监管等是存款保险体系有效发挥作用的基础。目前，我国建立存款保险制度的外部条件已初步具备。

1. 金融改革的深化为建立存款保险制度创造了微观基础。国有商业银行开始实施股份制改造，农村信用社改革试点全面铺开，其他商业银行也在深化产权制度改革和加强内部管理，风险控制和自我约束机制正在逐步完善，将形成以国有商业银行为主体，其他银行类金融机构并存，功能齐全、形式多样、分工协作、互为补充的多层次机构体系。这些银行类金融机构的股权趋于多元化，历史包袱已经摘除，在金融市场上是相互独立的竞争主体，优胜劣汰的规律已经显现，银行不倒闭的神话已被打破，社会公众的金融风险意识已经明显增强。

2. 金融监管进一步加强，成立了中国银行业监督管理委员会，使存款保险体系能够获得制定完善的差别保费的依据。

3. 建立存款保险可进一步促进外部条件的成熟。与发达国家相比，尽管我国银行业风险控制能力和监管水平还有差距，但从东欧转轨国家的实践看，这阶段更需要存款保险制度，其建立未必等到外部条件完全具备。

4. 国际经验相对充分，可将负面影响降低到最小。从一些国家的经验看，存款保险制度的推出也有可能带来负面影响。一是可能引发“存款搬家”，二是如果制度设计不当可能导致道德风险。

2002 年，日本曾经因为取消对存款的全额保护改行有限赔付制度，出现过存款由中小金融机构向大型金融集团、外资银行和邮政储蓄机构转移的现象。究其原因主要是中小存款人对存款保险制度缺乏必要的了解，从而造成公众信心下降。因此，在存款保险制度正式出台之前，有关存款保险制度的宣传解释工作十分必要。要让存款人对存款保险有充分了解，并且把握好存款保险制度出台的有利时机，就能稳定公众信心，避免或最大程度地降低存款保险制度的推出对银行体系可能产生的扰动。

设计不当的存款保险制度会通过降低存款保险制度参与者的激励，削弱市场约束，引发道德风险、逆向选择和代理问题。存款保险制度本身自 1933 年问世以来，便处于不断完善的过程中。实践表明，为了使存款保险能够有效地促进金融体系的稳定，设计良好的存款保险制度应该是一种激励兼容型机制，也就是通过制度环节的设计来形成各种合理的激励机制，以促进存款保险制度所涉及的各方的良性发展，从而达到维护金融稳定的目的。在具体制度设计上应当力求做到：参加成员是强制性的，实行风险差别费率制度，并设置较低的保险额度，以避免引发道德风险和逆向选择问题。我国存款保险的制度设计正是这样做的。

三、关于中国建立存款保险制度的若干问题

（一）建立存款保险计划，设立存款保险基金

构建维护金融安全与公众信心、正向激励机制相对完善、充分发挥市场约束作用的存款保险体系，建立相对独立的存款保险公司，是我国金融安全网建设的长远目标。但是，我国存款保险制度的建立不可能一蹴而就，应当分步进行。当前的首要目标是形成一个以市场原则为基础的、规范的金融机构市场退出机制，主要任务是通过建立存款保险计划、设立存款保险基金，初步形成存款保险制度的基础性框架。待条件成熟再组建独立的存款保险公司。

1. 存款保险基金资金来源

存款保险体系的资金来源一般由三部分构成：一是存款保险成员银行缴纳的保费；二是政府（财政）出资；三是中央银行临时再贷款。由于我国存款类金融机构历史包袱重、盈利能力低，存款保险费率厘定又不能过高，并且保费只能逐年提取，因此，这部分资金的累积需要一个比较长的过程。目前我国中央财政负担比较重，能为存款保险基金提供的资金十分有限，而目前面临市场退出的银行类金融机构较多。为应对商业银行当前面临的风险，存款保险制度建立之初，如果财政出资有困难的话，可考虑由中央银行先行用再贷款垫付，以后逐年由保费收入偿还。比较可行的做法是：先制定并实施存款保险计划，以中央银行提供再贷款额度的方式来设立并运转存款保险基金。

2. 存款保险基金管理机构

存款保险基金实行政策性运作，执行财政部制定的财务会计制度，预决算由财政部负责审批。存款保险基金的决策机构为存款保险基金理事会。理事会属相对独立的事业单位，其基本职责是：制定存款保险基金管理制度；决定存款保险基金日常管理机构设置和相应高级管理人员任免；审查存款保险费率调整；监督存款保险基金运作；决定存款保险偿付范围和补偿限额；决定存款保险基金特别融资事项等。理事会下设常设机构，负责存款保险基金的日常管理，其基本职责包括：归集、管理、营运存款保险基金；监控成员机构的风险，建立及时纠正机制；参与对成员机构市场退出的清算工作；为出现严重问题的成员机构进行兼并重组提供融资服务；按规定向存款人进行偿付；在银行业面临严重系统性风险时，依法向财政部或中央银行获得特别融资。

存款保险基金也有风险监控职能，但监控重点在成员机构抵御风险冲击的能力方面，主要关注风险指标；对成员机构风险费率档次的确定和调整，必须依据监管部门（银监会）对金融机构的风险评级（监管评级）。由于监控重点不同，存款保险基金管理机构和银监会之间职能上的重复是有限的。如果信息共享和协

调机制建立且运行正常，两者之间还能形成监管上的互补，使监管重点更为突出。

考虑到存款保险的后援职能事实上主要由人民银行承担，因此，可考虑存款保险计划由人民银行负责制定，并且在存款保险计划实施的最初几年，存款保险基金由人民银行归口管理。以后随着存款保险基金运行机制不断完善，存款保险费累计达到一定规模，人民银行逐渐减少再贷款，届时可组建存款保险公司并使之逐步走向独立。

（二）明确存款保险范围

1. 实行强制型存款保险制度

从维护系统稳定和公平公正的原则出发，建议实行强制型存款保险制度，将所有吸收公众存款的金融机构，包括国有独资商业银行、股份制商业银行、城市商业银行、城乡信用社、外资银行在华营业性机构和邮政储蓄都纳入存款保险体系。

从国际实践看，建立存款保险制度的国家和地区，绝大多数实行强制型存款保险。国际经验表明，要求所有的储蓄机构参加存款保险是保证存款保险体系成功的关键。从我国国情来看，我国目前事实上实行的是国家对个人实行全额偿付的隐性存款保险制度，在隐性存款保险制度向显性存款保险制度切换过程中，如不采用强制型，则会因面临“逆向选择”和“软约束”问题而使计划落空：风险低的机构嫌保费过高而不愿加入；高风险的机构即使不加入，一旦出现支付危机国家还得救助。因此，目前情况下实行强制型存款保险制度是我国的现实选择。

从存款金融机构的类型来看，对于股份制商业银行、城市商业银行以及已经实施股份制改造的中国银行、建设银行，不宜再由国家承担全额担保责任，国家应当依出资额承担有限责任，因此，它们应当纳入存款保险体系。

中国工商银行和中国农业银行的改革也在酝酿中，把它们纳入存款保险体系，不仅有利于存款保险制度建设的规范化和法制化，还有利于对其加强市场约束，促进其加快改革。

农村信用社改革在8个省试点的基础上已全面展开。这次农信社改革的核心是“花钱买机制”。这次改革之后，还会有一定比例的农信社经营失败，如失败者仍由国家承担损失，仍吃国家的大锅饭并要求国家再次给予财务支持，则必然产生重大的道德风险和逆向选择，会使整个农村金融改革功亏一篑。因此，建立存款保险机制已是迫在眉睫。另一方面，农信社改革后注入的资本金，其来源具有了民营性质，不应再由国家补偿。

对于外资银行，加入世界贸易组织后，随着非审慎性限制措施逐步取消，外资银行无论机构数量还是业务范围都会不断扩大。因此，把外资银行在华营业性机构纳入存款保险体系将有助于维护整个金融体系的稳定，也符合公平税赋的原则。

按现行体制，邮政储蓄机构的资产主要是在中央银行的转存款和拆放其他金融机构，资产的风险度较低，但从邮政储蓄体制改革方向上讲，资产的市场化运作比例会不断提高。因此，为避免不公平竞争，邮政储蓄机构也应当纳入存款保险体系，但其缴纳保费可以低于上述机构。

从存款金融机构的风险来看，如果把当前的高风险机构排除在外，虽然可以减少存款保险体系自身的财务负担，但不利于形成市场化的金融机构退出机制，且实际操作上有可能加速这些机构的存款转移而致其倒闭，反而不利于金融体系稳定。把这些高风险机构纳入存款保险体系后，由于处置这些遗留的、有问题机构所用资金数额较大，可能会使存款保险基金负担较重，可考虑先用中央银行再贷款予以垫支，在以后较长的年份内逐步偿还，以保证整个存保与退出机制的严密、完整和财务可持续。

2. 合理确定保险范围

从存款保险的资金范围来看，应当既包括人民币存款，也包括外币存款，以及由商业银行存管的证券投资者以个人名义开户的客户交易结算资金。但银行同业存款、政府存款、非法存款、银行所有者和经营者存款等应排除在存款保险范围之外，以有效提高市场约束，降低道德风险。

（三）实行差别存款保险费率

存款保险费率的确定方式有两种：一种是单一费率方式，另一种是差别费率方式。差别费率方式就是存款保险机构根据成员银行不同的风险等级，确定不同的存款保险费率档次；成员银行缴付存款保险费率的高低与反映其风险状况的资本充足水平和监管评级挂钩，资本充足率和监管评级越高，保险费率就越低；反之亦然。鉴于目前我国不同类别银行间风险差别较大，从公平原则和防范道德风险角度出发，应当实行差别费率。基本思路是：

1. 确定存款保费收取额度

综合考虑我国金融机构的风险状况、存款分布与增长趋势和对保费支付的承受能力等因素，存款保费暂以每年20亿元人民币的规模来计算分类保费率较为合适，以后根据存款总额递增的幅度和币值变化指数，相应收到的保费的数量会有所增加。

在实行存款保险计划阶段，全部保费用于风险应对，不作成本开支，即存款保险基金的管理成本在人民银行费用中列支。

2. 对金融机构进行分类

按资产规模将所有存款类金融机构分为四大类别：第一类机构的资产总额为10000亿元（含10000亿元）以上；第二类机构的资产总额在2000亿元（含2000亿元）至10000亿元之间；第三类机构的资产总额在50亿元（含50亿元）至2000亿元之间；第四类机构的资产总额为50亿元人民币以下。

3. 确定每类金融机构的基准费率

根据每年应收存款保费规模和各类金融机构风险差异，确定每类机构应缴保费的比例，并以此确定各类金融机构的基准费率。

4. 确定风险费率档次

在基准费率的基础上，根据监管部门对金融机构的风险评价指标及重大风险事件确定风险费率档次，并按每家金融机构所在的档次确定其应缴费率。风险较低、抗风险能力较强的中小金融机构，其费率等级也可以低于风险较高、抗风险能力较弱的大型金融机构。

存款保险费率厘定是存款保险制度设计的核心环节，对存款保险制度有效运作起举足轻重的作用。因此，在费率设置基本原则确定之后，需根据历史数据及风险概率模型另行专门制定各类金融机构存款保险费率标准，并在实践中逐步加以完善。

（四）对存款人实行有限偿付

从国际经验看，全额偿付的最高标准一般按照一国人均GDP的若干倍数来确定，国际货币基金组织推荐的标准为3倍。另一个在国际上比较认同的偿付标准是使90%的存款人得到全额偿付。如果按人均GDP的3倍来计算，我国存款保险全额偿付的最高限额不到3万元人民币。考虑到我国居民投资渠道单一，金融资产主要表现为银行存款，为保护绝大多数中小存款人的利益，应以覆盖面为主考虑偿付限额，以使90%以上的存款人得到全额偿付，具体金额可在存款分布情况调查结果的基础上研究确定（初步估算，存款保险全额偿付的最高限额设置为10万元比较合适）。在限额偿付时个人及机构债权人同等受偿。对于超出全额偿付最高限额的部分，按清算资产受偿。

（五）其他有关问题

1. 加快制定《存款保险条例》，一旦存款保险制度正式出台，即着手修改《中华人民共和国商业银行法》第七十一条，将其中的“商业银行破产清算时，在支付清算费用、所欠职工工资和劳动保险费用后，应当优先支付个人储蓄存款的本金和利息”，改为“商业银行破产清算时，在支付清算费用、所欠职工工资和劳动保险费用后，债权人以清算财产平等受偿。参加存款保险制度的机构，其存款人按存款保险制度有关规定受偿”。

2. 明确地方政府的责任。农村信用社改革后，对农村信用社的管理责任交由省级人民政府，而存款保险制度要反映地方政府管理的有效性。为防止道德风险，在建立存款保险制度时应当明确农村信用社保费率是按省计算的。

3. 建立一支高效精干的金融机构清理、清算专业队伍，提高金融机构市场退出效率。

4. 做好有关存款保险制度的宣传解释工作，防止因存款人对存款保险制度缺乏了解而引发“存款搬家”。

第三部分 证券投资者保护制度

一、证券投资者保护制度国际比较

证券投资者保护制度（又称投资者补偿计划或证券投资者补偿制度）目前已成为许多国家或地区证券市场不可或缺的重要环节。较早建立这一制度的是加拿大（1969 年）和美国（1970 年），20 世纪 80 年代是建立投资者补偿计划的高潮阶段，90 年代有更多的国家（地区）加入进来。欧盟 1997 年制定了《投资者补偿计划指引》，建立了统一协调的欧盟内部投资者补偿制度。

（一）基本概念

投资者补偿制度类似于保护存款人的存款保险制度，是世界各国普遍建立的一种中小投资者保护制度。它主要以组建公司或基金的形式，通过证券公司按一定比例缴纳会费和其他来源，筹集充足、适度的资金，对因证券经营机构破产而承受损失的投资者予以补偿。

投资者补偿制度的意义在于：

1. 保护中小投资者利益，按市场原则给予公平补偿。保护中小投资者权益是证券市场健康发展的重要基础之一。世界各国除了通过加强对证券公司的监管来保护投资者权益外，还普遍建立起投资者补偿制度作为最后的保护措施。

2. 增强投资者对证券市场的信心，防止市场崩溃。投资者补偿制度的建立使得中小投资者的权益得到保障，他们可以放心地从事证券投资活动。即使证券公司出现经营失败的风险，也可以避免金融市场动荡期间发生投资者“挤兑”，防止金融风险的传递和扩散，稳定投资者信心，防止市场崩溃。

3. 建立合理的投资者补偿渠道，防止出现道德风险。如果没有证券投资者补偿制度，在证券公司破产时，国家为保护中小投资者利益和维护金融稳定，通常要注入资金对证券公司予以救助，这对其他纳税人是不公平。如果通过中央银行来救助，会产生通货膨胀压力。经营失败的证券公司不能按照市场原则退出市场也容易引起证券公司不顾风险进行经营的道德风险。而证券公司自身缴纳一定费用建立投资者补偿制度，使其作为市场参与者承担相应的风险和责任，符合市场约束的原则。

（二）投资者补偿制度的法律基础

各国（地区）投资者补偿制度的法律基础各不相同。大体可分以下几种类型：

一是有明确的国家（地区）立法。大多数国家（地区）的投资者补偿制度建立在明确的国家（地区）立法基础之上。如美国国会在1970年通过了《证券投资者保护法案》，并据此成立了证券投资者保护公司。澳大利亚1987年颁布了《国家担保基金法》。爱尔兰于1998年出台《投资者补偿法》。德国1998年颁布的《存款保护和投资者补偿法案》中，对存款保护和投资者保护计划作出了统一的规定。英国2000年颁布的《金融服务和市场法（FSMA)》中对建立综合性的金融服务补偿计划作出了规定，由金融服务补偿计划来合并过去的投资者补偿计划（ICS）和存款保护计划（DPS）。香港交易所补偿基金的法律基础为1970年《证券条例》第10条，投资者补偿安排体现在2000年11月提交立法会审议的《证券及期货条例草案》中。

二是部门行政规定。例如我国台湾“财政部”证券暨期货管理委员会于1995年颁布了《证券投资人保护基金设置及运用办法》，对证券投资人保护基金的设置及运用等相关事宜进行了详细规定。

三是没有明确立法。例如，加拿大没有针对投资者补偿方面的法律，而是由加拿大自律监管组织和加拿大投资商协会等于1969年发起建立了国家意外基金(1990年更名为加拿大投资者保护基金（CIPF))。加拿大投资者保护基金的操作主要遵循加拿大破产清算法及其他相适宜的法律。

（三）投资者补偿制度的组织模式

总体上，投资者补偿制度的组织模式可分为两种：一种是公司型模式，即成立独立的投资者补偿（或保护）公司，由其负责投资者补偿基金的日常运作，美国、英国、爱尔兰、德国等证券市场采用了这种模式。

最典型的公司型模式是美国的证券投资者保护公司（SIPC)。该公司成立于1970年12月30日，是一个非营利性的会员制公司，其会员为所有符合美国《1934年证券交易法》第15（b）条的证券经纪商和自营商。截至2000年12月31日，SIPC共有7033家会员。该公司的董事会由7位董事构成。其中5位董事经参议院批准由美国总统委任，在这5位董事中，3位来自证券行业，2位来自社会公众。另外两位董事分别由美国财政部长以及联邦储备委员会指派。董事会的主席和副主席由总统从社会公众董事中任命。证券投资者保护公司共有雇员2228位，担负了所有与会员清算、邀请受托人及其律师和会计师、检查索赔要求、审计财产分配等相关事宜。

爱尔兰和英国也属于公司型模式。根据1998年颁布的《投资者补偿法》，爱尔兰建立了投资者补偿有限责任公司（ICCL）来负责组织管理投资者补偿。英国金融服务局（FSA）组建了金融服务补偿计划有限责任公司负责管理金融服务补偿计划，该计划包括了原有的投资者补偿计划和存款保护计划。

另一种是基金模式，即由证券交易所或证券商协会等自律性组织发起成立补偿基金，并负责基金的日常运作。加拿大、澳大利亚、中国香港、中国台湾等市场采用了基金模式。

香港是较为典型的基金型模式，补偿基金附属于香港联合交易所。香港联合交易所补偿基金是根据《证券条例》设立的。补偿基金的资金来源于香港联合交易所会员。香港联合交易所成立了补偿基金委员会，行使补偿基金所拥有的权力、职责与职能。补偿基金委员会由5人组成，他们都必须由香港证监会任命，其中至少有2人必须来自证监会（其中1人任委员会主席），还有2人为交易所提名。目前，香港正对基金型模式进行改革，将成立统一独立的投资者补偿公司，该公司由香港证监会认可及监管，负责管理新成立的投资者补偿基金。

加拿大投资者保护基金附属于加拿大自律监管组织，由自律监管组织于1969年创设。

澳大利亚的情况较为特殊，其投资者补偿计划附属于澳大利亚证券交易所。1987年，澳大利亚的六家州属证券交易所合并为全国性的澳大利亚证券交易所（ASX），与此同时，这些证券交易所的担保基金也合并为国家担保基金（NGF）。为具体运作该基金，成立了证券交易担保公司（SEGC）作为国家担保基金的托管人，该公司是澳大利亚证券交易所独资公司，具体负责国家担保基金的日常运作。

采用何种模式，取决于各国具体的法律背景和金融市场结构。对于那些金融市场历史悠久、存在多个证券交易所的国家和地区而言，采取公司型模式能够更好地覆盖全国（地区）证券投资者，为投资者提供“一站式”的补偿服务。而对于那些证券市场集中在一个证券交易所或者存在一个统一的自律监管组织的国家和地区，将投资者补偿计划附属于证券交易所或者其他自律监管组织，操作更为方便，能够以较小的成本实现为所有投资者提供保护的目标。

（四）补偿基金的筹资方式

投资者补偿基金通过固定或浮动的年度会费等正常筹资方式来应对正常的投

资者补偿，但当出现较为严重的金融机构倒闭或者金融危机时，投资者补偿基金一般都可以向会员征收额外会费，自行或者在相关监管部门同意后从银行或其他机构借款。补偿基金的投资收益也是其重要收入来源之一。

美国证券投资者保护公司（SIPC）要求所有在证券交易所注册的证券商都必须加入SIPC，并缴纳毛利润的5‰作为会费，建立统一的基金，这些资金被用以投资美国政府债券，其利息也作为SIPC资金的一部分，目前此部分资金约为7.9亿美元，SIPC在银行还有高达10亿美元的融资额度，如有需要，SIPC亦可向美国财政部借调10亿美金资金。

加拿大投资者保护基金（CIPF）的资金主要来源于自律组织会员的缴费及其投资收益。CIPF每年收缴的费用比率以不超过全部成员单位总收入的1%为限。每个季度基金管理委员会对会员应缴费比率进行评估，以确定每个成员单位缴费比例是否适当。此外，CIPF还可动用两家加拿大特许银行给予的贷款额度。投资收益也是CIPF的资金来源之一。目前CIPF的全部资金中，有63.4%投资于具有固定收益的高等级债券，36.6%用于对银行机构拆借。通常情况下，CIPF资产每年的投资收益率约为4%～7%，并且具备很好的流动性。

少数国家的政府给投资者补偿计划提供了少量的初期融资。荷兰投资者补偿计划成立时，就是由荷兰金融监管部门提供了初期资金。

（五）补偿范围及补偿限额

所有的补偿都是针对投资者而言，这里的投资者在多数国家（地区）的计划中指个人投资者、小型机构投资者。而且每个国家（地区）都明确地规定了不属于补偿保护范围的事项，中介机构的一般合伙人、董事、监事、高级管理人员、中介机构的大股东及不为投资者提供投资服务，而只出于自身经营需要的经纪人一般不在补偿范围之内。

每个国家（地区）都规定了一个补偿限额，其金额根据各国（地区）情况而定（参见表1）。多数国家（地区）在补偿限额的规定中，除了最高补偿金额的规定外，还有补偿比例的限制。例如欧盟《投资者补偿计划指引》规定，补偿计划的最高补偿额至少为每位投资者20000欧元，如果实际索赔额小于20000欧元，则为索赔额的90%。大多数成员国规定的每位投资者补偿上限为20000欧元。德国、爱尔兰和芬兰还规定了在索赔额低于20000欧元时，有90%补偿额的限制。葡萄牙的限额为25000欧元，瑞典为28000欧元，规定的限额要大大高于《指引》的要求。英国规定的是73000欧元，并对低于此金额的补偿有比例要求；法国的限额是70000欧元。美国规定每位客户最多可获得50万美元的补偿，其中现金部分最高可达10万美元。加拿大对每个账户损失补偿总金额最高限为100万加元。

表1 各国（地区）投资者补偿计划的补偿限额

国家（地区）	最高补偿限额
欧盟各国	《投资者补偿计划指引》要求各成员国的补偿限额不得低于20000欧元，同时授权成员国可以根据自己的意愿提供更高水平的限额
爱尔兰	补偿90%，最高补偿额为20000欧元
英国	30000英镑金额内，100%赔付；然后赔付另外20000英镑的90%；总额最多补偿48000英镑
美国	50万美元（包括现金+证券，其中现金≤10万美元）
中国香港	15万港元（单个会员限额800万港币），但有可能追加补偿
中国台湾	100万元台币（单个经纪商限额1亿元台币）
德国	补偿90%，最高补偿额为20000欧元
加拿大	100万加元

二、关于建立我国证券投资者保护制度

（一）目前证券公司风险状况

自1998年证券公司审批职责由人民银行移交证监会以来，经清理整顿和增资扩股，证券公司在资本规模、经营管理能力和抗风险能力等方面有了一定程度提高。但由于市场持续低迷等原因，部分证券公司巨大历史遗留风险不仅没有消化，反而有所扩大，少数证券公司已出现支付危机。

据证监会客户交易结算资金监控系统（以下简称“3号令系统”）周报数据，截至2003年12月5日，证券公司挪用客户交易结算资金总额达304亿元，约占客户交易结算资金总额的12.3%。此外，到2004年1月底，有11家证券公司存在个人柜台债务，总额达33亿元；2家证券公司在中央登记结算公司透支达77亿元；2家证券公司代企业发行企业债6.81亿元。以上四项合计达420.8亿元。

上述客户交易结算资金缺口中未包含由下列因素造成的实质性挪用：一是客户交易结算资金被证券公司用于担保或质押融资，由此造成对客户交易结算资金的实质挪用未反映在3号令系统中，如南方证券公司被行政接管后，发现其有约20亿元客户交易结算资金被质押给商业银行或信用社；二是证券公司通过短期拆借弥补客户交易结算资金挪用缺口，实际挪用额也不反映在3号令系统中，如中国科技证券有限公司实际挪用客户交易结算资金约12亿元，长期用短期拆借资金粉饰月报表和年报表，掩盖挪用行为；三是证券公司故意隐匿客户交易结算资金，不纳入3号令系统监管范围，该系统无法反映这部分挪用额，如新华证券

公司被撤销前，该公司高管人员才向证监会反映约有5亿元客户交易结算资金未向3号令系统报备。最近，证监会在抽查亚洲证券公司部分证券营业部客户交易结算资金时，发现被抽查的营业部均有1/3至2/3的客户交易结算资金未纳入3号令系统监管。

由于存在上述因素，根据证监会处置风险证券公司的经验，证券公司实际挪用客户交易结算资金的情况要比统计数字高出40%左右。据此判断，证券公司挪用客户交易结算资金和个人柜台债务支付缺口总额应在600亿元以上。根据证监会证券公司风险预警系统指标，目前已列入高风险和风险类公司有28家，约占机构总数的20%，这些公司存在相当大的风险隐患。挪用客户交易结算资金和个人柜台债均涉及投资者切身利益，极有可能引发柜台挤兑事件，已实际形成市场系统风险，并有可能进一步酿成社会风险。在上述评估中，尚未涉及国债回购可能形成的巨大风险。

（二）关于设立投资者补偿基金

1. 建立证券投资者风险补偿基金的必要性

以往证券公司风险处置都是个案处理，一事一议，证券公司撤销、关闭、行政接管或破产前存在的挪用客户交易结算资金缺口和个人柜台债主要用人民银行再贷款弥补，具体处置工作由证监会商人民银行、财政部、公安部和有关地方政府报国务院批准后操作。近两年采用这种方法，有效控制和化解了部分证券公司的风险，实现了维护社会稳定、客户稳定、员工稳定和市场稳定的处置目标。但这种风险处置方式也反映出一些明显欠缺：一是前期准备仓促，工作效率不高，出现亟待处置的风险个案后，相关部门往往处于紧急应对状态，而达成共识，形成具体处置方案以及落实资金所必需的沟通、研究与协调，往往需要较长时间；二是处置方式标准化程度低，不利于处置政策和实际把握尺度的稳定性、连续性和一致性；三是处置工作涉及部门和相关环节较多，责任不够明确；四是人民银行再贷款的承贷主体与还款责任难以落实；五是监管机构难以掌握处置风险的主动权，往往是在证券公司风险暴露后才被迫进行事后处理，日常监管工作也因投鼠忌器，影响了执法的力度和严肃性。

我国证券公司风险积累十分严重，在现有的133家证券公司中，已列入高风险和风险类的证券公司有28家，约占20%。因此，无论从近期还是从长远看，证券公司风险处置都将是一项经常性的工作。对风险公司所采取的措施包括：(1) 实行“讲真话给出路”的政策，鼓励证券公司如实揭示风险情况并督促其改正；(2) 对风险证券公司的客户交易结算资金实施强制性独立存管制度；(3) 加大监管力度防止形成新的风险；(4) 对自救无望的高风险证券公司及时处置。采取这些措施，好处是有利于摸清底数，控制风险扩大，增加证券公司整改压力，有利于保全客户资产，建立防止挪用客户资产的新机制，不利之处是会使证券公司的风险摆在明处，如果没有必要的资金准备，可能会引发兑付风险。因此，借鉴国际经验，建立以证券投资者风险补偿基金为基础的证券公司风险处置长效机制势在必行。

建立证券投资者风险补偿基金，有助于处置证券公司现有客户交易结算资金缺口和个人柜台债风险；有助于建立处置证券公司风险的常规程序，及时、主动地依法处置高风险证券公司；有助于强化对证券公司的日常监管。

2. 关于实行投资者限额补偿制度

对证券投资者风险补偿基金的资金来源、机构设置、日常管理、使用范围等，证监会已有比较成熟的研究和方案，下面主要讨论对投资者的限额赔付问题。

近年来，国家在处置金融业风险实际工作中，一直实行自然人债权和储蓄全额偿付的政策。在清理整顿信托公司和地方中小金融机构时，国家付出近千亿元资金，用于偿付自然人储户和债权人。在鞍山证券、大连证券、新华证券、南方证券等证券公司风险处置中，国家也垫付约160亿元再贷款，用于弥补投资者客户交易结算资金缺口和偿付证券公司个人柜台债务。从金融风险处置工作实践看来，国家采取全额偿付的政策是迫不得已的做法。采取这一做法的原因，一是为确保社会稳定和金融安全；二是我国尚未建立完善的补偿制度，在银行业尚未建立存款保险制度，在证券业尚未建立投资者补偿制度，给储户或投资者补偿时没有可以遵行的标准；三是目前金融企业的会计标准和财务信息披露水平尚不能向投资者揭示应有的风险状况，由投资者承担金融企业财务风险所带来的损失有不合理的因素；四是现在金融机构的风险大多是历史上形成的，考虑到偿付政策的连续性和一致性，不宜在单个行业率先推行限额补偿制度。

全额偿付政策存在较为严重的制度缺陷，主要是难以防范金融机构管理人员和投资者滥用这一政策形成的道德风险，国家实际在承担对自然人金融债权的无限责任，不符合市场经济的一般原则，一旦条件成熟就应当予以废止，改行限额偿付。

从证券公司风险处置工作实践看，在证券公司撤销、破产、清算中实行投资者限额补偿需要的条件主要包括：一是摸清证券公司历史上形成的挪用客户交易结算资金和个人柜台债务总额，从政策连续性出发，对历史风险进行适当处置；二是建立证券公司客户交易结算资金独立存管制度，确保不再出现新增挪用；三是通过实施新的金融企业会计制度，充分公开披露与揭示证券公司日常经营状况和财务风险，使投资者能够全面了解证券公司真实的财务状况，从而对自己的投资行为负责；四是尽量与存款保险制度出台保持同步，以免对个别行业单独行动给市场造成冲击。

第四部分　保险保障（投保人保护）制度

一、美、日投保人保护制度

（一）美国对有问题寿险公司的处置方式

美国各州都有自己的保险法，保险公司在各州注册并开展业务，受所在州保险法的约束。各州设有自己的保险业监管机构，依本州保险法规行使监管职能。联邦政府没有统一的保险法，也未设立保险监管机构。本课题所介绍的主要是纽约州的情况。

由于寿险公司经营的业务品种牵涉普通居民，一旦保险公司不能履行保单规定的义务，将对投保的普通居民产生不利影响，甚至可能影响普通居民的正常生活。因此，法律对寿险公司不能赔付情况下如何保障投保人的利益做出了相应规定，一旦寿险公司倒闭，公共部门就会出面促成并购，或者拿出资金给持有保单的普通居民以补偿，投保人的利益就能得到相应保障。必须指出，由于美国保险市场上并购活动比较活跃，总有比较大的公司伺机吞并较小的公司，因而一家公司经营出了问题，往往并不需要政府出面，市场就已经解决问题了。

总体而言，美国对有问题寿险公司的处置可分为四个层次，分别为再保险、市场兼并、公共救助（保险保障制度）以及强制性重组、清盘和解散。

1. 再保险。寿险公司一般根据自己经营业务品种的风险特点，向再保险公司购买再保险单。再保险公司根据投保的寿险公司的风险状况确定再保险费率。一旦投保寿险公司流动性出现困难而导致赔付无法兑现，则再保险公司会根据再保险合同条款进行赔付。寿险公司可以根据自身的风险特点和需要投保再保险。

2. 市场兼并。美国保险市场的竞争比较激烈，一旦某家保险公司经营出现困难，就会有其他保险公司或想进入保险行业的公司采取并购行动。并购的形式有三种：一是收购，即有问题公司被并入另外一家保险公司。收购方接受被收购方的全部资产、负债并承担对投保人理赔义务。被收购方的损失是股本价格下跌，主要是公司股东和持股雇员承受损失，但投保人和受益人的利益一般不受影响。二是合并，即两家公司合并成一个新的公司，新成立的公司接受原被合并公司的全部资产负债，进行业务重组、人员重组后按新的经营战略经营，新公司承担各被合并公司的保险合同的全部义务。三是资产收购，即收购方将被收购方的全部资产买进或将某一方面业务形成的资产买进，通过自己的业务处理系统重新处理。收购方对收购资产涉及的合同义务负责。被收购方损失的是被收购业务的潜在盈利，但免除了相应的合同义务。

3. 公共救助（保险保障制度）。纽约州设有寿险公司保障公司，是一个依法设立的非营利性机构。纽约州法律规定，在纽约州开业的保险公司必须加入寿险公司保障公司，成为其成员。一旦因寿险公司严重亏损或破产而影响了投保人持有的保单的赔付，寿险公司保障公司会提供保护以保障保单持有人、受益人的利益。但受保护的保单必须是直接寿险保单。寿险公司保障公司经州保险厅长批准，向亏损或破产的寿险公司发行的保单提供保障，保证亏损或破产的寿险公司的合同业务得以履行，并提供必要的资金、抵押、担保和承诺等。

4. 强制重组或清盘。根据纽约州《保险法》，纽约州保险厅长可以向法院申请对有关保险公司下达进行重组、清盘、保全资产和解散的命令，并据以执行。

（1）重组。在保险公司破产、没有能力执行保险厅长关于补充资本的命令、继续营业可能对保单持有人有害、违背了本公司章程或法律、全部资产或几乎全部资产已经并入另一家公司、保险公司自愿清盘或解散等情况下，纽约州保险厅长可以申请对保险公司实行重组的命令，并据以执行。

（2）清盘。不论保险厅长申请重组令与否，只要出现上述保险公司破产等情形，保险厅长可以申请对国内保险公司或外国保险公司在美分支机构进行清盘的命令，并据以执行。

（3）资产保全。当外国保险公司在美分支机构出现了破产、没有能力执行保险厅长关于补充资本的命令、继续营业可能对保单持有人有害、违背了本公司章程或法律、全部资产或几乎全部资产已经并入另一家公司、或者保险公司同意等情况下，纽约州保险厅长可以申请保全外国保险公司在美分支机构的资产的命令。

（4）解散。在保险厅长已经申请了清盘令或已经得到清盘令的基础上，保险厅长可以申请解散令，并据以解散国内保险公司。如果保险公司在成立一年内没有建立起完整机构，也没有得到开业许可，则保险厅长也可以申请解散令并据以解散国内保险公司。

（二）日本投保人保护制度[①]

1998 年 12 月，在新修改的日本《保险业法》中增加了有关“投保人保护机构”的条文（该法于 1998 年 6 月公布，12 月起正式实施），从而建立了“偿付保证制度”。

此前设立的“生命保险投保人支援制度”是受大藏大臣的指定作为寿险协会的一项事业运营至今。而新建立的“偿付保证制度”则是作为独立于寿险协

① 高圣智：《日本寿险业概况及其对危机事件的处理》，载《中国人民银行驻东京代表处专题报告》第（7）期，2004 年 3 月 4 日。

会的组织另行设立。前者是寿险公司自愿参加的组织，而投保人保护机构则是作为认可法人设立，法律中明文规定所有寿险公司都有义务参加，是强制性的，从而确保了制度的安全性。保护机构的主要业务是向接受倒闭公司合同转移的救援公司提供资金救助，在没有救援公司出现的情况下保护机构自身接受倒闭公司的保险合同转移。

投保人保护机构的资金来源主要由三部分构成：一是投保人保护机构会员——寿险公司所缴纳的负担金；二是财政资金——由政府斥资；三是民间金融机构贷款，此为商业行为。投保人支援制度是在保险公司倒闭发生后由各寿险公司缴纳负担金，即事后出资制度。而投保人保护机构则是采取了即使没有发生保险公司倒闭，各寿险公司每年仍然要提存责任准备金的事先出资制度。

以前的投保人支援制度对每宗倒闭处理的资金援助上限是2000亿日元，对补偿范围也未进行明确规定。投保人保护机构规定责任准备金的90%为补偿范围，并且明确了每单合同都会在一定程度上得到补偿。当然，如果投保人保护机构进一步扩大补偿范围，肯定会赢得投保人的安全感，但各寿险公司必须为此提供更多的资金，负担最终将由健康经营的寿险公司的投保人来承担。

日本原定于从2001年4月1日起，开始实施对银行存款限额赔付制度（后推迟至2005年4月1日起实施），即银行倒闭时存款保险机构对存款本金赔付的最高限额为1000万日元。日本处理倒闭寿险公司时也要求投保人自身承担部分责任。但是，由于银行存款在实行限额赔付制度之前受到100%的全额保护，同样，对寿险投保人的保护在限额赔付制度实施之前也适用特别措施，即全额保护。

2000年6月，日本再次修改《保险业法》，寿险业界向投保人保护机构所缴纳的负担金额由原先的4600亿日元扩大到最高5600亿日元（规定到2003年3月末止，保险公司发生倒闭时，寿险业界在4600亿日元负担范围的基础上补充负担1000亿日元）。此外，再加上4000亿日元的政府资金（即资金不足以处理倒闭时，由政府斥资最多可达4000亿日元）。这样，目前日本寿险安全网的资金总量已由原来的4600亿日元扩充到9600亿日元。

二、关于我国的保险保障制度

（一）保险业的特殊性和保险业稳定机制

由于业务性质的差异，保险业稳定制度有着行业自身的特点，主要是经营寿险业务的保险公司被依法撤销的或被依法宣告破产的，其未了债务不能以清算的方式结束公司的法律存在，对其持有的人寿保险合同及准备金，必须转移给其他经营有人寿保险业务的保险公司；不能同其他保险公司达成转让协议的，由保险监督管理部门指定经营有人寿保险业务的保险公司接受。正是基于保险公司的这一特点，保险业稳定机制的设计和实践，更加侧重于对公司偿付能力的监管。目前我国保险业稳定机制的制度安排主要体现在两个层面上。

第一个层面是对保险公司实施偿付能力监管。依据《保险法》，保险公司应当具有与其业务规模相适应的最低偿付能力，保险公司的实际资产减去实际负债的差额不得低于保险监督管理部门规定的数额，低于规定数额的应当增加资本金，补足差额。实践中，偿付能力监管的实施分两个步骤。第一个步骤是通过预警指标体系对保险公司的偿付能力状态和变化趋势进行检测，对指标超过正常范围的公司，保监会将要求公司进行解释、提交改进报告，或者实施进一步的检查以评估其偿付能力。第二个步骤是强制性的偿付能力额度监管。凡是实际偿付能力额度低于法定最低偿付能力额度的，保监会将要求保险公司提交整改计划，在规定的时间内达到偿付能力要求，否则将根据偿付能力不足的程度采取相应的监管措施以促使其偿付能力逐步好转。对偿付能力充足率低于法定水平的保险公司，保监会可根据《保险法》进行接管。

第二个层面是建立保险保障基金，为保险业的稳定提供救助和支持。建立保险保障基金的依据是《保险法》关于为了保障被保险人的利益，支持保险公司稳健经营，保险公司应当按照保险监督管理部门的规定提存保险保障基金；保险保障基金应当集中管理，统筹使用的规定。

（二）设立保险保障基金

为完善保险机构破产救济制度，2005 年 1 月 5 日保监会公布了《保险保障基金管理办法》（以下简称《管理办法》）。按照《管理办法》要求，保险保障基金由保险公司缴纳形成，按“集中管理、统筹使用”的原则，在保险公司撤销、破产等情形下，用于向保单持有人或者保单受让公司等提供救济的法定基金。也就是说当保险公司破产或撤销，如果其有效资产无法全额履行其保单责任时，保险保障基金可以按照事先确定的规则，向保单持有人提供全额或部分救济，减少保单持有人的损失，确保保险机构平稳退出市场，维护金融稳定和公众对保险业的信心。《管理办法》的出台，意味着我国长期以来实行的“金融机构破产，国家出资兜底”体制在保险行业被率先冲破，今后偿付能力严重不足的保险公司可以按照市场原则，平稳地退出市场。

参考文献

1. 刘士余等：《关于建立中国存款保险制度若干问题的研究》，载《金融研究》，1999（11）。

2. 谢平等：《存款保险的理论研究与国际比较》，载《金融研究》，2001(5)。

3. 中国人民银行存款保险课题组：《构建中国存款保险体系的若干思考》，载《中国金融》，2003（5）。

4. 刘元等：《存款保险及其国际实践经验》，载《中国金融》，2003（5）。

5. 潘颖等：《存款保险与道德风险》，载《中国金融》，2003（5）。

6. 贺瑛：《存款保险：理论和实践》，上海财经大学出版社，2003。

7. 何光辉：《存款保险制度研究》，中国金融出版社，2003。

8. 吉莉安·加西亚（著），陆符玲（译）：《存款保险制度的现状与良好做法》，中国金融出版社，2003。

9. 段辰菊：《存款保险制度研究》，北京大学博士研究生学位论文，2004－05。